KB264303

복음서의 예수 그리스도

복음서의 예수 그리스도
2009년 2월 초판 l 2022년 10월 3쇄
옮긴이 · 김병학 l 펴낸이 · 박현동
펴낸곳 · 성 베네딕도회 왜관수도원 © 분도출판사
찍은곳 · 분도인쇄소
등록 · 1962년 5월 7일 라15호
04606 서울시 중구 장충단로 188(분도출판사 편집부)
39889 경북 칠곡군 왜관읍 관문로 61(분도인쇄소)
분도출판사 · 전화 02-2266-3605 · 팩스 02-2271-3605
분도인쇄소 · 전화 054-970-2400 · 팩스 054-971-0179
www.bundobook.co.kr
ISBN 978-89-419-0903-3 94230
ISBN 978-89-419-0151-8 (세트)

신학 텍스트 총서 1.3

루돌프 슈낙켄부르크

복음서의 예수 그리스도

김병학 옮김

분도출판사

추천사

평생을 사제 양성에 종사해 오신 원로 사제 김병학 신부님께서 후학들에게 도움을 주고자 루돌프 슈낙켄부르크의 명저 『복음서의 예수 그리스도』 *Jesus Christus im Spiegel der vier Evangelien*를 번역하셨습니다. 이 역작을 간결하고 분명한 필체로 훌륭하게 번역하신 김병학 신부님의 후학 사랑과 노고에 우선 감사를 표하고 싶습니다. 앞으로도 또 다른 역작에 대한 좋은 번역서를 내시리라 기대해 봅니다.

『복음서의 예수 그리스도』는 세계적인 신약성서학자 슈낙켄부르크 최후의 역작으로, 온전히 인간이면서도 온전히 하느님이신 예수 그리스도의 모습을 네 복음서에 기초하여 현대인에게 전해 주는 좋은 작품입니다. 교황 베네딕도 16세께서도 당신의 명저 『나자렛 예수』 *Jesus von Nazareth* 서문에서, 20세기가 낳은 가장 위대한 가톨릭 성서학자 중 한 분인 슈낙켄부르크의 이 저서가 참으로 위대한 걸작이라고 칭찬하셨습니다.

저도 이 책을 읽으면서, 예수님의 인성과 신성 간에 괴리를 조장하는 책들로 혼란을 겪는 이들이 이 책을 통해 균형 잡힌 모습의 예수님을 만나 견고한 신앙을 되찾을 수 있으리라 확신했습니다. 부디 이 책의 도움으로 주님이신 예수 그리스도께 대한 믿음이 더욱 충만해지기를 기원합니다.

2008년 예수 성탄 대축일, 명동 주교관에서
추기경 정진석

머리말

교황 비오 12세의 성경 연구에 관한 교서 *Divino Afflante Spiritu*(1943)가 반포되자 가톨릭 성서학계는 크게 고무되어 성경 연구에 더욱 매진하게 되었다. 나 역시 성경 연구의 필요성과 중요성을 절감하면서 오늘에 이르기까지 이 연구에 매달려 왔다. 그러나 예수 연구에 매우 상이한 결과를 초래한 '역사비평적 방법'에 회의와 불안을 느껴 또 다른 연구 방법, 즉 역사 속에 들어오셨으며, 하느님과 함께 계시고, 교회 안에 계속 살아 계시는 예수 그리스도의 실체를 파악할 수 있는 새로운 연구 방법을 모색하게 되었다. 이 연구 방법은 네 복음서 저자들이 지닌 믿음의 시각에서 출발한다. 이 시각은 예수에 관한 역사적 전승에 의존하고 있으며, 각각의 복음서 저자가 처한 시대와 환경에 따라 서로 다른 예수 그리스도의 모습을 낳게 되었다. 이 과정에서 예수 이야기의 기초가 되는 역사적 사실들이 믿음으로 바라본 모습으로 변화·발전하게 되었고, 이 믿음의 모습은 네 복음서에 각각 다르게 반영되었다. 그러나 이 믿음의 예수 그리스도의 모습은 네 복음서 저자들이 공통적으로 지닌 신앙의 확신을 보여 주며, 세기를 관통하여 우리 시대에 이르기까지 인류의 길잡이가 되어 왔다.

나는 이런 시도가 야기할 문제점을 충분히 의식하고, 이 책의 출판을 오랫동안 망설여 왔다. 그럼에도 이 책을 출판하는 것은 독자들이 살아 계신 예수 그리스도, 앞으로도 영원히 살아 계실 예수 그리스도, 현재 우리에게 결단을 촉구하시는 예수 그리스도를 만나는 데 궁극적으로 도움이 되었으면 하는 일념에서다. 그러나 그것은 결코 쉬운 일이 아닐 것이다. 현대인들은 성경에 관한 이성적 설명과 역사학적 방법을 통한 설명을 자주 듣고, 그에 관한 현대 홍보 매체의 보도에 자주 접하기 때문에, 역사상 실제로 무슨 일이 일어났고, 나자렛 예수에 대해 실제로 무엇을 알 수 있으며, 확실하게 단언할 수 있는 것은 무엇인지 끊임없이 물을 것이다. 그러나 우리가 예수에 관하여 연구할 수 있는 자료는 네 복음서뿐이다. 우리의 과제는 이 복음서들의 입장과 의도에 따라 역사적 지평을 뛰어넘어, 전승과 편집에서 오는 온갖 난제들을 무릅쓰고, 이 네 복음서들이 실제로 우리에게 말하고자 하는 것이 무엇인지 밝혀내는 데 있다. 이 복음서들이 믿음의 공동체를 눈앞에 두고 그들에게 메시지를 전하는 것은 분명하다. 물론 그들은 공동체의 상황에 따라 자기들이 특별히 말하고 싶은 것을 전하고 있다. 그러므로 이 책은 신앙과 역사 사이에 자리 잡게 될 것이다. 그렇다고 비평적 예수 연구를 도외시하는 것은 아니다. 그 연구 결과를 일일이 참조할 것이다. 그러나 그 세부 사항까지 언급하지는 않으려 한다. 이러한 시도를 감행하도록 여러 학우들과 동료 교수들이 많은 성원을 보내 주었음을 이 자리를 빌려 밝혀 둔다.

이 작업을 수행함에 있어 나는 각 복음서에서 우리가 분명히 알 수 있다고 생각되는 것만 논했다. 복음서 저자들의 서술에 따라 연구를 진행하고 (2-5장), 그것을 종합하여 정리하고 요약하고자 했다. 각 장마다 복음서 저자들이 복음서 서술을 어떻게 전개하고 있는지, 그리고 그들이 말하고자 하는 것이 무엇인지에 관하여 학자들이 연구 발표한 것들을 모두 비판적으로 검토할 필요가 있었다. 그러나 서로 다른 주장을 펴고 있는 이 방대한 문헌들을 일일이 다 점검할 수는 없었다. 따라서 내 판단에 따라 그렇게 주장할 수 있고, 공감을 얻을 수 있으며, 앞으로도 더욱 발전시킬 수 있는 견해에 한하여 언급했다. 이 책에서 연구 논문들을 제한적으로 인용한 것은, 비판적이며 박식한 동료 학자들의 많은 연구를 과소평가하거나 도외시해서가 아님을 이해해 주기 바란다. 오랜 세월 연구하고 사색하는 가운데 태어난 이 저서가 그리스도인들에게 근본 문제들을 새롭게 고찰해 보는 계기가 되었으면 한다. 과학적 탐구와 비판적 토론의 영향으로 오늘날 그리스도인들의 신앙은 혼미해져 가고 있다. 그들이 구세주요 세상의 구원자이신 예수 그리스도에 대한 믿음을 굳게 지키는 데 이 책이 작은 도움이 된다면 더 바랄 것이 없겠다.

이 책이 출간될 수 있도록 원고를 정리하고 컴퓨터 작업을 하는 데 수고를 아끼지 않은 페르너H. Ferner 부인과 원고를 교정해 준 헤르더 출판사 교정 책임자 요나F. Johna 씨에게 특별히 감사드린다.

1993년 2월, 뷔르츠부르크에서
루돌프 슈낙켄부르크

□**차례**□

4 루카 235

약어

ABR	*Australian Biblical Review*
AJBI	*Annual of the Japanese Biblical Institute*
AnBib	Analectca biblica
AThANT	Abhandlungen zur Theologie des Alten und Neuen Testaments
AThD	Acta theologica danica
ATR	*Anglican Theological Review*
BBB	Bonner biblische Beiträge
BEThL	Bibliotheca ephemeridum theologicarum lovaniensium
BEvTh	Beiträge zur evangelischen Theologie
BGBE	Beiträge zur Geschichte der biblischen Exegese
Bib	*Biblica*
BiLe	*Bibel und Leben*
BSt	Biblische Studien
BU	Biblische Untersuchungen
BWANT	Beiträge zur Wissenschaft vom Alten und Neuen Testament
BZ	*Biblische Zeitschrift*
BZNW	Beihefte zur *ZNW*
CBQ	*Catholic Biblical Quarterly*
EKK	Evangelisch-katholischer Kommerntar zum Neuen Testament
EB	*Etudes Bibliques*
EThL	*Ephemerides theologicae lovanienses*

EThSt   Erfurter theologische Studien

EuA   *Erbe und Auftrag*

EWNT   H. Balz und G. Schneider (Hgg.) *Exegetisches Wörterbuch zum Neuen Testament*

FRLANT   Forschungen zur Religion und Literatur des Alten und Neuen Testaments

FS   Festschrift

FzB   Forschung zur Bibel

HJ   *Heythrop Journal*

JBL   *Journal of Biblical Literature*

JSNT   *Journal for the Study of the New Testament*

JSNT.S   Journal for the Study of the New Testament, Supplements

JTS   *Journal of Theological Studies*

KBANT   Kommentare und Beiträge zum Alten und Neuen Testament

KuD   *Kerygma und Dogma*

LeDiv   Lectio divina

MBTh   Münsterische Beiträge zur Theologie

MD   *La maison-Dieu*

MSSNTS   Manuscripts New Testament Studies

MThZ   *Münchener theologische Zeitschrift*

NF   neue Folge

NT   Novum Testamentum

NTS   *New Testament Studies*

NT.S   Novum Testamentum, Supplements

NRT   *La nouvelle revue théologique*

NTA   Neutestamentliche Abhandlungen

NTD   Das Neue Testament Deutsch

NTS   *New Testament Studies*

OBO   Orbis biblicus et orientalis

PL	*Patrologica Latina*
QD	Quaestiones disputatae
RAC	*Reallexikon für Antike und Christentum*
RB	*Revue biblique*
RdQ	*Revue de Qumran*
RSR	*Recherches de science religieuse*
RThom	*Revue Thomiste*
RTL	*Revue théologique de Louvain*
SBB	Stuttgarter biblische Beiträge
SBM	Stuttgarter biblische Monographien
SBS	Stuttgarter Bibelstudien
SE	*Studia Evangelica*
SNTSMS	Society for New Testament Studies Monograph Series
SPAW	Sitzungsberichte der preussischen Akademie der Wissenschafen
ST	*Studia Theologica*
StANT	Studien zum Alten und Neuen Testament
StNT	Studien zum Neuen Testament
StUNT	Studien zur Umwelt des Neuen Testaments
SWJT	*Southwestern Journal of Theology*
ThF	Theologische Forschung
ThLZ	*Theologische Literaturzeitung*
ThQ	*Theologische Quartalschrift*
ThRe	*Theologische Revue*
ThRu	*Theologische Rundschau*
ThV	*Theologische Versuche*
ThWNT	G. Kittel und G. Friedrich (Hgg.) *Theologisches Wörterbuch zum Neuen Testament*
TS	*Theological Studies*

TThSt	Trierer theologische Studien
TuU	Texte und Untersuchungen zur Geschichte der altchristlichen Literatur
TV	*Theologia Viatotum*
TynB	*Tyndale Bulletin*
ThZ	*Theologische Zeitschrift*
VC	*Vigiliae christianae*
WMANT	Wissenschaftliche Monographien zum Alten und Neuen Testament
WUNT	Wissenschaftliche Untersuchungen zum Neuen Testament
ZNW	*Zeitschrift für die neutestamentliche Wissenschaft*
ZThK	*Zeitschrift für Theologie und Kirche*

1
신앙과 역사

신앙과 역사는 상호 독특한 관계를 지니고 있다. 역사가 전개되는 과정에서 자주 신앙 운동이 일어나, 역사의 흐름에 영향을 주고, 그 흐름을 바꾸게 했다. 역사에는 위대한 인물들이 나타나 그들이 지닌 신앙의 확신으로 개인과 민족들에게 깊은 감명을 주고, 그들이 가는 길을 따라오게 했다. 역사 가운데 하나의 신앙이 태어나고, 그 신앙은 다시 역사에 영향을 끼치곤 했다. 이러한 신앙의 확신은 개인적 영역에서 개인의 행동에 영향을 주었을 뿐 아니라, 인간의 문화적·사회적·정치적 영역에도 영향을 끼쳐 왔다. 정치 지도자들도 세계관과 이념의 영향에서 벗어날 수 없었다. 통치자와 군인들, 그리고 새로운 세계 건설을 선전하는 사람들도 모두 특정 사고방식에서 유래하는 어떤 이상理想의 지배를 받아 왔다. 그러나 막강한 위력을 발휘한 이상들 가운데서 종교적 메시지보다 인간에게 더 큰 영향을 준 것은 없다. 이 종교적 메시지는 인간 내면 깊은 곳까지 파고들어 인간에게 새로운 세계관과 실존 양식을 선택하게 하기 때문이다. 철학과 종교는 인간 사색과 탐구의 원천이며, 세계사적 사건이 일어나게 한 내적 동력이다.

그리스도교 역시 하나의 종교적 메시지로부터 출현했다. 그리스도교는 2,000년이라는 긴 세월을 통해 많은 이의 정신적·문화적·사회적 생활에 큰 영향을 끼쳐 왔다. 바로 이 그리스도교에 신앙과 역사가 서로 얽혀 나타나고 있다. 그것은 외형만이 아니라, 이미 그 기원과 내적 구조에 있어서 그렇게 나타난다. 신앙과 역사의 문제는, 말하자면 이미 그리스도교의 요람 속에 들어 있었다. 예수 그리스도가 역사적 인물이기 때문이다. 그러나 그분은 사람들이 그분을 하느님과 함께 계속 살고 계시며, 십자가에서 죽으셨다가 부활하신 분임을 믿을 때 비로소 세계사적 영향력을 행사하셨다. 이 책은 역사의 인물 나자렛 예수와 믿음의 그리스도와의 관계를 규명하는 데 진력하고자 한다. 이 문제는 이미 200년 전 계몽주의가 등장한 이래 학문적 연구와 신학적 토론에서 항상 주요한 주제가 되어 왔다. 그렇지만 우리는 이 관계를 밝히는 데 새로운 방법으로 접근할 것이다. 그것은 우리가 '역사적' 예수에 대해 아는 것이 별로 없다는 것과, 그분에 관하여 알아볼 수 있는 방법이 없다는 사실에서 출발한다. 우리가 그분에 관하여 알 수 있는 것이 있다면, 그것은 그분에 관해서 서술하고 있는 복음서들을 통해서뿐이다. 복음서 저자들은 각각 자기들이 믿고 확신하고 있는 예수 그리스도의 모습을 구상해서 전해 주고 있다. 우리는 이 복음서 저자들의 예수관을 탐구함으로써, 이 문제를 해결하고자 한다.

1. 나자렛 예수 · 예수 그리스도

나자렛 예수, 그분은 도대체 어떤 분이셨는가? 우리를 뒤흔드는 물음은 끊임없이 제기되고 있다. 우리가 사용하고 있는 연대(서기)가 시작될 때 역사에 등장하신 이분은, 고작 이삼 년 정도만 공적으로 활동하셨을 뿐이다. 갈릴래아라는 작은 지방을 돌아다니시며 당신의 메시지, 곧 '복음'(기쁜 소식)을 선포하고, 병자들을 고치시며, 놀라운 일들을 행하셨다. 많은 군중을 끌어 모으고, 제자들을 가르치셨다. 그러나 당신 백성의 지도자들의 반발을 불러일으키기도 하셨다. 결국 그들은 예수를 죽음 속으로 몰아넣고 만다. 그분께서 활동하신 기간이 어느 정도인지 우리는 정확히 알 수가 없다. 그분은 30여 년 동안, 내세울 것이라곤 아무것도 없는 고을, 나자렛의 한 목수 가정에서 조용히 사셨다. 그러고 나서 요르단 강으로 요한을 찾아가 그에게 세례를 받으셨다. 그러나 그분은 광야의 설교자 요한이 전개하고 있던 회개 운동에 동참하지 않고, 그와는 독립적으로 다음과 같은 구원의 메시지로 역사의 무대에 등장하셨다. "때가 차서 하느님의 나라가 가까이 왔다. 회개하고 복음을 믿어라"(마르 1,15).

타오르는 불꽃과 같은 그분의 설교는 엄청난 결과를 낳았다. 물론 이러한 결과는 그분께서 돌아가신 다음에야 나타났다. 즉, 그분의 제자들이 십자가에 죽으신 이분이 다름 아닌 하느님께서 부활시키시고 인류의 구세주로 예정하신 분이라고 선포함으로써 이루어졌다. 그분은 죽음 속에 계시는 것이 아니라 살아 계시는 분이 되셨고, 인류의 구원을 위하여 앞으로도 계속 하느님과 함께 계시는 분이 되셨다. 이때부터 그분은 '예수 그리스도'라는 존칭을 받으셨다. 이 이중 명칭은 본디 신앙고백어였다. 즉, 나자렛 예수야말로 '기름부음받은이', '그리스도', '메시아'라고 고백하는 말이었다.[1] 그리스도에 관한 가장 오래된 신앙고백문은 이러하다. "그리스도께서는 성경 말씀대로 우리의 죄 때문에 돌아가시고 … 케파에게 또 이어서 열두 사도에게 나타나셨다"(1코린 15,3-5). 이것이 바로 '복음'이고 구원의 기쁜 소식이다. 이것을 사도 바오로가 받아들여(1코린 15,1-2) 인류 구원을 위해 온 세상에 전파했다. 이것이 비로소 나자렛 예수에 관한 모든 이야기이고, '살아 계신 분의 이야기'[2]다. 당신의 십자가와 부활을 통하여 이 세상에 등장하신 예수께서 계속해서 살아 계시며 활동하신다는 사실이, 우리가 '그리스도교'라고 부르는 세계사적 운동에 불을 붙였고 이 사실이 오늘까지 수많은 사람들의 삶에 결정적 영향을 주며, 세상의 모습을 바꾸어 놓을 만한 신앙을 가지게 했다.

---

[1] M. KARRER, *Der Gesalbte: Die Grundlagen des Christustitels*, FRLANT 151 (Göttingen 1990). M. KARRER는 이 저서에서 그리스도 칭호의 유래에 관한 인상적인 연구 결과를 발표했다. 그에 따르면 그리스도라는 지칭은 어떤 통치자(제왕) 메시아나 어떤 사제 메시아에 대한 기대에서 출현한 것이 아니라 — 그리스도(기름부음받은이)의 개념에 관한 수많은 자료들이 입증해 주듯이 — '기름부음받은분'으로서 독특하게 하느님과 가까이 계시는 분이고, 경쟁자라고는 있을 수 없는, 하느님과 결합되어 계시는 분이며, 하느님과 인류를 위하여 죽음으로 자기 자신을 봉헌한 분을 말한다.

[2] 참조: E. SCHILLEBEECKX, *Jesus: Die Geschichte von einem Lebenden* (Freiburg - Basel - Wien ³1975); H. KESSLER, *Sucht den Lebenden nicht bei den Toten: Die Auferstehung Jesu in biblischer, fundamentaltheologischer und systematischer Sicht* (Düsseldorf 1985) 특히 311-362: "Der auferweckte Gekreuzigte als Mitte und Paradigma des christlichen Glaubens". H. KESSLER는 여기서 이렇게 적고 있다: "지상에 등장하시어 십자가에 죽임 당하셨으나 하느님께 들어 올림을 받으신 이분을 믿는 사람은 인생을 완전히 발견하고 넘치게 누린다"(356). 예수께 대한 역사적 탐구는 **과거의** 그분에 대한 연구를 목표로 하고 있기 때문에, **현재의** 그분을 제시하여 줄 수 없고, 있는 그대로 생생하게 보여 줄 수 없다. 십자가에서 죽으시고 들어 올림을 받으신 주님은 "외로운 '천상적' 그리스도가 아니라 살아 계신 현재의 그리스도시다"(364).

　　예수 그리스도는 그리스도교 신앙의 근원이자 동시에 초점이다. 그분을 단지 한 ‘종교의 창립자’라고만 한다면, 그분이 지닌 의미를 매우 피상적으로 그리고 대단히 불충분하게 표현하는 것에 지나지 않는다. 그것은 그분을 모세, 모하메드, 짜라투스트라, 부처와 같이 여러 ‘종교의 창립자’ 중 한 분으로 보는 것에 불과하다. 이러한 시각으로는, 어느 누구와도 비교할 수 없을 만큼 위대한 인물임을 실감케 해 주는 그분의 생생한 영향력을 감지할 수가 없다. 그분의 이러한 모습을 드러내는 요소로 다음 두 가지를 들 수 있다. 첫째는 그분의 지상 출현과 말씀과 활동이고, 둘째는 그분의 운명과 참혹한 죽음이다. 이 죽음이 믿음으로 그분을 따르는 사람들을 부활로 이끌어 준다. 이 두 요소가 어우러져 ‘예수 그리스도’의 참된 모습을 자아낸다. 부활하신 그리스도 없이는 지상적 예수를 제대로 이해할 수 없고, 또한 초대교회에서, 십자가에 죽으시고 부활하신 이분은 지상에서 활동하신 나자렛 예수 아닌 다른 분일 수가 없었기 때문이다. 그러나 그분의 역사적 출현과 오로지 신앙으로써만 인식되는 그분의 초역사적 현재, 곧 세기를 통하여 계속 활동하고 계시는 그분의 현존을 결합시키는 데 긴장이 없을 수 없다. 그것은 일회적이며 구체적인 역사적 사실들과 새로운 인식의 지평에 뿌리를 내린 신앙을 어떻게 조화시키고 일치시킬 수 있는가 하는 문제를 제기한다.

　　믿음의 눈으로 볼 때, “예수 그리스도는 어제도 오늘도 또 영원히 같은 분”(히브 13,8)임이 분명하다. 그렇다면 이 예수 그리스도께서 복음서에 등장하는 나자렛 예수와 동일한 분인가? 초대교회가 선포한 그리스도께서 복음서의 기록대로 복음을 선포하신 그분과 같은 분인가? 계몽주의 시대부터 몇몇 사람들이 주장해 온 대로 우리가 복음서에서 만나는 예수와 십자가에 죽으시고 부활하신 그분 사이에 ’넓고 흉측한 계곡’이 가로놓인 것은 아닌가? 여기서 사도 바오로가 특별히 돋보인다. 그는 사람으로 오신 예수를 알지 못했다. 그럼에도 그는 자기가 전파한 복음을 전적으로 예수 그리스도의 십자가와 부활이라는 사실 위에 구축했다. 다시 말하면 역사적 예수를 되돌아보는 일은 거의 없이 예수 그리스도의 복음을 선포했다. 그렇다면 우리가 예수에 관해 알 수 있는 모든 것과 또 우리가 그분에 관하여 알고 싶어 하는 모든 것이 이 복음 선포에 의해서, 이 '케리그마'*Kerygma*에 의해서 흡수되었다는 것을 의미하는 것이 아니겠는가?

오랜 세월 동안 이 점은 그리스도 신앙에서 전혀 문제가 되지 않았다. 예수께서 선포하신 것은 곧 사람이 되신 하느님 아드님의 말씀이었다. 이 말씀은, 이 말씀이 뜻하는 그대로 하느님의 계시로 받아들여져 왔고 또 그렇게 실행되어 왔다. 그런데 이제 의문이 생겨난 것이다. 그 말씀의 의미가 항상 그렇게 분명했던가? 그리고 그것은 역사적 예수께서 실제로 말씀하신 그대로인가? 예수는 한 인간으로서 당대 사람들 속에서 매우 단순하게 사시고 활동하셨던 분인데, 이 말씀으로 말미암아 실제의 예수와는 전혀 다른 예수 모습이 생겨난 것은 아닌가? 예수께서 말씀하실 때, 율법을 해석하실 때(마르 1,22; 마태 7,29), 죄를 용서하여 주실 때(마르 2,10), 병자들을 치유해 주실 때(마르 1,27; 3,15; 6,7; 참조: 6,55-56 등) 나타난 '권위'는 하느님 곁으로 높이 들어 올림을 받으신 분의 권위다(마태 28,18 참조). 그분께서 물 위를 걸으신 것(마르 6,45-52)과 산 위에서 영광스러운 모습으로 변모하신다는 것(마르 9,2-10)은 '발현 이야기'Epiphaniegeschichte로 서술되었으며, 이 배후에는 부활하신 분에 대한 신앙이 깔려 있다. 그러므로 이 거룩한 변모의 증인들에게 사람의 아들이 죽은 이들 가운데서 살아날 때까지 이 발현에 관하여 아무에게도 말하지 말라는 명령이 내려졌다(마르 9,9; 마태 17,9). 수난과 죽음의 길은 부활의 빛 속으로 사라진다(마르 8,31; 9,31; 10,33). 그렇다면 역사적 예수의 실제 모습을 밝혀내기 위하여 예수의 모습 위에 덧칠해진 믿음의 색채를 걷어 내야 하는 것은 아닐는지? 근본적으로 마르코 복음서는 전반적으로 '은밀한 발현들'die geheimen Epiphanien을 수록한 문헌이다(Martin Dibelius). 이 발현들을 통하여 하느님의 아드님은 믿음의 눈을 가진 사람들에게, 그리고 오로지 이런 사람들에게만 당신 자신을 보여 주신다. 복음서의 모든 이야기, 그리고 그 속에 전해지는 모든 것은 공동체 신앙의 반응과 견고히 얽혀 있어서 여기서 실제로 일어난 옛일을 가려내기란 불가능하다. 인간은 믿음을 가지고 마음의 문을 열 때만, 예수께서 당신 말씀을 통해서 우리에게 말씀하신다는 것을 깨닫게 되고, 그분께서 하신 일이 우리와 관련되어 있다는 것을 알게 된다. 또한 그분의 수난과 죽음의 길이 우리를 위한 것임을 절감하게 되면서 우리에게 결단을 요구하신다는 것을 이해하게 된다. 하지만 믿음이 없고 마음이 열려 있지 않다면, 예수에 관하여 복음서들이 말하는 것은 모두 낯설고 나와는 거리가 먼, 이해할 수 없는 것에 지나지 않을 것이다. 믿음이 없다면 우리는 방음벽 앞에 서 있는 것과 같고, 마르코가 묘사한 제자들처럼 복음서의 말씀들이 수수께끼처럼 들리며, 미궁 속으로 빠져 들게 된다. 마르코에 따르면 마음이 완고해진 제자들은 아무것도 이해할 수가 없었고, 예수께서는 눈이 멀고 귀가 막힌 그들을 꾸짖으셨다(마르 6,52; 8,17-18). 역사가의 차디찬 거리감을 가지고 예수의 모습에 접근하는 사람은 예수의 신비에 관한 물음에 아무 대답도 할 수 없다. 그분에게서 발산되는 강력한 힘, 그분의 말씀과 행동에서 솟아 나오는 생명력, 그분의 수난과 죽음이 지닌 감화력에 대해 어떻게 대답할 수 있겠는가?

그럼에도 불구하고 역사에 등장하신 나자렛 예수를 역사적으로 규명하려는 것과 그분의 말씀과 행적을 사실 그대로 파악하려는 노력을 잘못이라거나 빗나갔다고 볼 수는 없다. 오히려 역사성은 도외시하고 십자가에 죽으시고 부활하신 분의 메시지만 중요시한다면, 그분을 이상화하고 신화화하고 관념화하는 위험에 빠지게 될 것이다. 그리되었다면, 믿음의 고백은 우리가 딛고 설 수 있는 사실적 기반을 모두 잃어버리고 말았을 것이다. 이 점을 초대교회는 철저하게 의식하고 있었다. 초대교회는 예수께서 선포하시고 가르치신 것을, 바로 부활하신 분께서 예수 그리스도에 대한 믿음으로 만민이 구원받도록 전하라고 자기들에게 맡겨 주신 사명으로 이해했기 때문이다. "내가 너희에게 명령한 모든 것을 가르쳐 지키게 하여라"(마태 28,20). 그들에게는 다른 이가 아닌 바로 십자가에 죽으신 나자렛 출신 예수께서 메시아가 되셨고 주님이 되셨다(사도 2,36). 그리고 그들은 본시오 빌라도 통치하에서 십자가에 처형되신 이 예수께 죄의 용서를 기대했다(사도 2,38; 3,18-19; 13,38).

복음을 선포하신 예수와 복음으로 선포되신 그리스도 사이에 균열이 있다는 것을 의식하게 된 이래, 학자들은 나자렛 예수에 대해 교의신학적 색깔로 덧칠되었던 것을 전부 벗겨 내고, 역사에 나타난 그분의 모습을 있는 그대로 복원해 내려고 노력했다. (부족한 감이 없지 않은) 사료에 근거하여, 학자들은 실제 '역사적' 예수를 규명해 내고 그분을 믿음의 그리스도와 구별하고자 했다. 1778년, 레싱Gotthold Ephraim Lessing이 발간한 『볼펜뷔텔의 단편』Die Wolfenbüttelschen Fragmente의 실제 저자는 라이마루스Hermann Samuel Reimarus였다. 라이마루스의 영향을 받아 학계에 대두한 '예수 생애 연구'Leben-Jesu-Forschung는 19세기를 온통 지배했다. 그러나 이런 연구 활동은 이 문제에 확신을 줄 수 있는 아무런 성과도 제시하지 못한 채, 학자마다 다르고 각자의 주관에 따라 다른 예수 모습을 제시하는 데 그쳤다. 그것은 각자의 세계관을 전제로 구상한 예수 모습이었다. 고된 작업에도 불구하고 이 연구는 실패할 수밖에 없었다. 그것은 복음서들이 역사를 주목적으로 기록한 저서가 아니라, 역사적으로 전승된 모든 것을 그대로 믿음의 예수 그리스도의 모습 속에 편입시켜 완성시킨 작품이기 때문이다. 역사적 예수는 예수 그리스도에 대한 신앙고백 속에 편입되어 하나가 되어 버렸다.

'예수 생애 연구'의 역사에 관하여 슈바이처Albert Schweitzer는 빛나는 업적을 남겼다. 그는 자신의 연구를 끝맺으면서 이런 소회素懷를 남겼다. "그리스도교의 역사적 기초는 주지주의적·자유주의적·현대주의적 신학이 주장하는 대로는 더 이상 존재하지 않는다. 그렇다고 그리스도교가 역사적 기반을 상실했다는 뜻은 아니다. … 우리 시대에도 예수는 큰 의미를 지닌 실체다. 그분에게서 흘러나오는 어떤 강력한 영적 힘은 우리 시대에도 여전히 넘쳐흐르기 때문이다. 예수에 대한 역사적 지식을 가지고는 이러한 사실을 부인할 수 없고 그렇다고 강화시킬 수도 없다."[3] 슈바이처도 예수에 관한 연구를 발표했다. 그가 묘사한 예수는 임박한 하느님 나라를 기대하면서 모든 활동을 하신 분이다. 그러나 이것은 성경 본문과 부합하지 않는다. 슈바이처는 예수께서 '잠정적 윤리'Interimsethik를 선포하셨다고 주장한다. 이 잠정적 윤리는 종말을 눈앞에 두고 긴박한 시기를 살아가는 인간에게 각자 근본적으로 결단을 내리도록 촉구한다는 것이다. 그것은 봉사와 참회의 윤리이고, 본질적으로 개인적인 것이며, 현세를 부정적으로 본다. '논리적으로 일관된 종말론'die konsequente Eschatologie(Johannes Weiss)의 기조 속에 제기된 이 견해는 본디 정확하게 이해된 하느님 나라의 종말론적 성격을 시간적인 것으로(예수께서 활동하시는 시기에 이루어지는 것으로) 위축시키면서 왜곡하고, 또한 하느님 백성과 관계되는 예수 설교의 집단적 성격과 하느님 나라의 우주적 · 보편적 성격을 도외시하고 만다. 그러나 슈바이처는 강력하게 요구하시는 예수의 윤리, 인간을 가차없이 하느님 앞에 세우는 이 윤리를 철저하게 밝혀냈고, 자신도 그것을 원시림의 의사로서 삶을 통하여 몸소 실천하려고 노력했다('생명에 대한 경외심').

그 이후의 연구 활동, 곧 예수 생애 연구의 폐허 위에서 시도된 역사적 예수 연구는 그 막다른 골목에서 한 발자국도 헤어나지 못했다. 브레데William Wrede는 마르코 복음서에서 마르코가 비역사적 예수를 초대교회가 지녔던 확신, 곧 예수 그리스도는 메시아이자 하느님의 아드님이라는 이 확신과 조화시키려고 노력했음을 발견해 냈다.[4] 이로써 그 '균열'은 더욱 뚜렷이 드러나게 되었다. 제1차 세계대전이 끝난 후 학계에는 복음서 연구의 양식사Formgeschichte적 시각이 등장했다. 이 방법론으로 학자들은 예수의 말씀 대부분이 초대교회의 신앙에 의해 형성 · 변형되었음을 발견했다. 그리고 예수께서 행하셨다고 기록된 행적들, 특히 기적들이 믿음의 공동체에 의해 그 형태를 갖추게 된 것으로 여기게 되었다. 불트만Rudolf Bultmann

---

[3] A. SCHWEITZER, *Geschichte der Leben-Jesu-Forschung* (Tübingen ⁶1951) 632.

[4] W. WREDE, *Das Messiasgeheimnis in den Evangelien: Zugleich ein Beitrag zum Verständnis des Markusevangeliums* (Göttingen 1901/³1963).

은 예수 행적에 관한 이야기 자료들이 전설적으로 형성되었고, 예수에 관한 이야기는 부분적으로 그리스도교 전례에서 유래했다는 결론을 내렸다.[5] 그럼에도 불구하고 그는 예수의 설교를 기본 자료 삼아 예수에 관한 책을 한 권 저술했다. 이 설교는 공동체가 받아들이고 형태를 바꾸어 다시 전해 준 그대로다. 그는 예수의 생애와 인격에 관하여 우리가 아는 것이 거의 없다고 한다. 이 그리스도교 사료들이 이에 대해 전혀 관심이 없었기 때문이라는 것이다.[6] 한편 그는 이렇게 말한다. "우리는 예수의 생애와 인격에 관해서는 아는 것이 거의 없지만, 그분의 설교에 대해서는 아는 것이 많기 때문에, 우리는 이를 서로 연관시켜 그분에 관한 하나의 종합적인 모습을 그려 낼 수 있다고 본다."[7] 그는 예수의 윤리적 가르침을 인간 실존을 새롭게 인식하라는 하나의 촉구로 파악한다. 즉, 인간은 자기 실존을 새롭게 인식함으로써 자기 자신을 지금과는 전혀 다르게, 그리고 새롭게 인식해야 하며 또한 자신이 근본적인 순명을 요청받고 있다는 사실을 깨달아야 한다는 것이다. 그는 이렇게 주장한다: 하느님 나라는 "전적으로 미래의 것이긴 해도, 현재를 완전히 규정하는 하나의 힘이다. 그것은 인간에게 결단을 내리도록 강요함으로써 현재를 규정짓는다. 이를 통해 인간은 자기의 전체적 현존 속에서 이렇게 혹은 저렇게 선택된 사람으로, 또는 배척된 사람으로 규정되는 것이다".[8] 불트만의 이 실존적 해석이 깊은 인상을 주는 것은 사실이지만, 예수의 가르침을 그렇게 이해하는 것이 과연 올바른 것인가 하는 의구심이 생긴다. 즉, 예수를 그분의 유다적 배경에서 볼 때, 특히 유다교 율법에 대한 그분의 관점에서 볼 때, 더군다나 하느님 나라에 관한 해석을 놓고 그분을 그렇게 이해하는 것이 정당한 것인가 하는 의구심이 생기는 것이다.

---

[5] R. BULTMANN, *Geschichte der synoptischen Tradition* (Göttingen 81970) 260-369.

[6] R. BULTMANN, *Jesus* (Tübingen 1926/1951) 11.

[7] 같은 책 14.

[8] 같은 책 46.

예수 전승Jesusüberlieferung의 역사적 신빙성에 관한 이런 극단적 비판에 대하여 불트만 학파 내에서도 반론이 일어났다.[9] 케제만Ernst Käsemann은 핵심을 찔렀다. "복음서들은 그 복음서들이 수록한 케리그마가 어디에서 왔건 간에 최종적으로 지상의 예수로부터 유래한 것이라고 여겼으며, 따라서 그분에게 누구나 알 수 있는 최고의 권위를 부여하고 있다. 예수의 역사에 관한 이 복음서들의 시각차가 얼마나 크든, 그리고 각 복음서가 선포하는 내용 속에 예수의 실제적 역사가 얼마나 깊이 가려져 있든, 이 복음서들은 예수 이야기에 관심이 있었기 때문에 이 세상에 출현하게 되었고, 또한 그 외 신약성경과 당대 문헌들과 구별되는 독특한 형태를 띠고 탄생하게 된 것이다."[10] 이로써 새로운 비평적 차원에서 예수 연구가 태동하게 되었다. 이 연구는 '역사적 예수와 케리그마적 그리스도'의 관계를 밝히는 데 모든 힘을 쏟아 부었다.[11] 이 문제와 관련하여 그 세부 상황까지 다 언급할 필요는 없다. 이 연구 방법은 매우 세련되었다. 학자들은 예수 전승의 진실성을 판별할 기준이 무엇인지 탐구했고, 이로써 예수의 말씀과 행적을 규명할 확고한 토대를 마련하게 되었다. 이렇게 '역사적 예수 연구'는 다시 자기의 정당한 위치를 확보하게 된 것이다.[12]

이것이 오늘날 우리가 처한 연구 환경이다. 역사적 예수의 현상, 그분의 설교, 그분의 의도에 관한 연구 업적이 끊임없이 쏟아지고, 또 이와 관련

---

[9] E. KÄSEMANN, "Das Problem des historischen Jesus", *ZhTK* 51 (1954) 125-153.

[10] 같은 논문 139.

[11] 50~60년대 학계가 천착한 문제다. 참조: H. RISTOW/K. MATTHIAE (Hrsg.) *Der historische und der kerygmatische Christus* (Berlin 1960); W.G. KÜMMEL, *Dreißig Jahre Jesusforschung (1950~1980)* (Königstein/Ts.-Bonn 1985) 2-5에 제시된 참고문헌. 그 후에도 이 문제에 관한 논의가 계속되었다.

[12] 참조: K. KERTELGE (Hrsg.) *Rückfrage nach Jesus: Zur Methodik und Bedeutung der Frage nach dem historischen Jesus*, QD 63 (1974, 특히 F. HAHN, F. LENTZEN-DEIS, F. MUSSNER의 논문); SCHILLEBEECKX, *Jesus* [각주 2] 70-88; R. RIESNER, *Jesus als Lehrer: Eine Untersuchung zum Ursprung der Evangelien-Überlieferung* (Tübingen ²1984) 87-95; J. GNILKA, *Jesus von Nazaret: Botschaft und Geschichte* (Freiburg - Basel - Wien 1990) 28-32.

된 그리스도론을 다룬 논저도 계속 출간되고 있다. 이것들은 말하자면, 역사적 예수께서 어떻게 케리그마적 그리스도가 되셨는지, 또 이러한 최초의 그리스도론적 신앙이 어떻게 그리스도론적 신앙고백으로 발전하여 차별화된 단계에까지 이르게 되었는지 연구한 성과물들이다. 큄멜Werner Georg Kümmel은 신학 학술지 *Theologische Rundschau*에 그동안 예수 연구에 관하여 발표된 수많은 논문에 대한 논평을 정기적으로 게재하면서 예수 연구의 흐름(1950년부터 1980년까지)을 되짚어 주었다. 그의 서평들은 이제 모두 정리되어 묵직한 단행본으로 출간되었다.[13] 그는 역사적 예수에 관한 역사적 관점을 다룬 논문들이 엄청나게 출판되는 데 경악을 금치 못했거니와 그것들을 일일이 다 살펴볼 엄두도 내지 못했다. 그러나 그가 더욱 놀란 것은 학자들 간에 이견이 너무 무성할뿐더러 많은 경우 상호 배타적이라는 사실이었다. 주장들이 중구난방이라 혼란스러웠다.[14] 그럼에도 불구하고 큄멜은 역사비평적 방법으로 역사적 예수께 다가갈 가능성을 의심치 않았다. 예수 연구의 방법론과 기준에 관한 토론에서 입증되지 못할 가설들은 도태되고, 일방적인 주장들은 부적합한 것으로 판명될 것이다. 이 문제에 관해 큄멜은 다음 세 가지를 긍정적으로 보았다.

① 우리가 예수의 전기Biographie를 쓸 수는 없지만 예수 설교의 골격은 알 수 있다. 예수 설교의 일부는 당시 유다교의 기본 사상과 일치했고, 또 다른 부분에서는 반대되는 것이었다. 이 대립이 점점 더 심각해지자 예수께서는 당신 백성의 지도자들과 충돌하게 되었고, 그것이 결국 예수를 잔인한 죽음으로 몰고 가게 되었다는 것도 알 수 있다.

② 학자들은 대개 예수의 설교가 임박한 하느님 나라에 대한 기대로 이루어져 있다는 것에 원칙적으로 공감한다. 그러나 그들은 하느님 나라를 현재적이며 동시에 미래적인 것으로 규정하고 있다.

---

[13] W.G. KÜMMEL, *Jesus-Forschung* [각주 11]. 그간 연구 논문이 꾸준히 발표되었다: *ThRu* 53 (1988) 229-249; 54 (1989) 1-53; 55 (1990) 21-45; 56 (1991) 27-53; 391-420.

[14] 같은 책 535.

③ 예수 설교의 밑바탕에는 예수의 절대적 권위의 요구가 깔려 있고, 이 요구는 **하느님** 나라의 선포와 연관되어 있다는 것이 학자들 사이에 널리 인정되고 있다.[15] 예수께서는 당신이 하느님으로부터 보냄받으셨다는 것, 하느님으로부터 사명을 받고 전권을 받으셨다는 것, 그리고 하느님께 근거하는 당신 권위를 분명히 의식하고 계셨다.

이렇게 학문적 · 역사비평적 성경 주석은 예수 그리스도의 실체를 규명하는 데 실제로 기여할 수 있다. 이 방법이 예수께서 등장하시고 활동하신 역사적 상황을 밝혀내고, 그분 설교의 기본적 내용들을 규명해 내며, 그 속에 담겨 있는 그분의 요청이 무엇인지도 알게 해 주기 때문이다.[16] 그것은 비평적으로 규명된 예수 모습을 제시해 줄 뿐 아니라, 믿음의 그리스도에 관한 문제에 문을 열어 주는 것이기도 하다. 그러나 물론 그 이상은 아니다. 이 문을 통하여 들어간다는 것은 오로지 초대교회와 더불어 십자가에 죽으신 예수의 부활을 믿는 사람에게만 가능하기 때문이다. 역사적 예수를 탐구한다는 것은 믿는 사람에게 필수 불가결하다. 이러한 노력은 우리의 근본 문제를 해결하기 위한 기초가 된다. 나에게, 믿음의 공동체에게, 모든 사람에게 예수 그리스도는 어떤 분인가? 바로 이런 관점에서 복음서 저자들은 역사적 예수를 되돌아보았고, 그분의 행적과 운명이 지닌 불멸의 의미를 밝혀 주고자 했다. 복음서 저자들에게 예수를 역사라는 범위 안에 한정시켜 소위 '역사적 예수'만을 바라보려는 의도는 전혀 없었다. 그들의 시선은 이미 영광을 받으신 그리스도, 당신 교회에 머물러 계시는

---

[15] 같은 책 540.

[16] 역사적 상황에 관하여: G. BORNKAMM, *Jesus von Nazareth* (Stuttgart 1956) 24-47; K. SCHUBERT, "Die jüdischen Religionsparteien im Zeitalter Jesu", in: DERS., *Der historische Jesus und der Christus unseres Glaubens* (Wien 1962) 15-101; G. BAUMBACH, *Jesus von Nazareth im Licht der jüdischen Gruppenbildung* (Berlin 1971); J. JEREMIAS, *Jerusalem zur Zeit Jesu* (Göttingen 1963³); B. REICKE, *Neutestamentliche Zeitgeschichte: Die biblische Welt 500 v. bis 100 n. Chr.* (Berlin 1965); H.G. KIPPENBERG/G.A. WEWERS, *Textbuch zur neutestamentlichen Zeitgeschichte* (Göttingen 1979); J. GNILKA, *Jesus von Nazaret* [각주 12] 35-74.

주님께로 향하고 있었고, 항상 그분을 바라보고 있었다. 복음서 저자들에게 그분은 예수 그리스도, 약속된 메시아, 하느님의 아드님이다. 이것은 모든 예수 이야기에서 분명히 드러난다. 캘러는『소위 역사적 예수와 사화적·성서적 그리스도』(1892/³1953)에서 '역사적' 예수를 주장하는 학자들의 편협한 시각과 그들의 '예수 연구'를 (충분하지는 않지만) 강력하게 비판했다. 그는 이렇게 썼다. "예수에 관한 이야기 그 자체는 무엇이며 또 우리에게는 어떤 의미가 있는가? 이를테면, 그분은 보통 어떻게 행동하셨으며, 어떤 분이셨으며, **어떤 분이신가**? 풀밭 풀잎마다 맺힌 이슬 방울이 햇빛에 빛나듯이, 그렇게 예수의 작은 이야기마다, 우리 주님께서는 친히 우리에게 다가오신다."[17]

언급해야 할 것이 아직 더 있다. 실제로 역사에 나타나신 예수는 우리 시야에서 완전히 자취를 감추셨고, 우리는 그분을 역사비평적 연구 방법으로도 알아볼 길이 없다. 대대적 연구 계획을 세워 온갖 방법론을 다 동원하여 얻은 결과라 할지라도, 그것은 역사학계에서 통상적으로 실시하는 연구 과정을 통해 얻어 낸 구성물에 지나지 않는다. 나자렛 예수처럼 인간 세계에서 좀처럼 볼 수 없는 분, 오로지 믿음으로만 이해되는 분을 이런 방법으로 규명하겠다는 것 자체가 아주 부적절하다. 예수께서는 카이사르 Caesar, 나폴레옹 또는 그 밖의 세계사적 위인과 같은 그런 분이 아니다. 그분은 역사를 부수고, 역사 위에 계시는 분이다. 그분은 플라톤, 아리스토텔레스, 그 밖의 철학자들과 같은 그런 위대한 지성이 아니라, 전혀 다른 지평에서 말씀하시는 분이다. 그분은 모든 인간의 문제, 곧 인간 실존의 의미와 인생의 과제에 해답을 주시려는 분이다. 그분은 인간 존재가 하느님 안에 근거한다는 깊은 시각에서, 그리고 하느님 안에 기초를 둔 진리(요한 18,37)로서 그 해답을 주신다. 원시 그리스도교는 그것을 확신하고 있었다. 예수 그리스도에 관한 모든 현존 문헌은 이러한 종교적 이해의 지평에

---

[17] Martin KÄHLER, *Der sogenannte historische Jesus und der geschichtliche, biblische Christus*, neu hrsg. von E. WOLF (München 1953) 60f.

뿌리박고 있다. 모든 복음서와 서간 성경들도 이러한 교류의 차원을 전제로 한다. 이 점은 복음서 저자들이 예수의 등장을 서술하는 데 사용한 서술 양식, 곧 문학 유형 속에 잘 나타난다.

2. 복음서

최초의 복음서 저자 마르코는 자기 복음서를 '예수 그리스도의 복음의 시작'이란 말로 시작한다. 이 서두를 '예수 그리스도에 관한 복음의 시작'으로도 번역할 수 있다. 현재 우리에게 전해진 이 복음서 서두에는 '하느님의 아드님'이 추가되어 있다. 고사본 연구에 의하면, 이 '하느님의 아드님'이란 어구가 성경에 처음부터 있었는지 확실하지 않지만, 마르코 복음서에는 예수 그리스도께서 '하느님의 아드님'으로 등장하기 때문에, 학자들은 이 어구도 성경 본문으로 여긴다. 예수의 세례 때, 그리고 그분의 영광스러운 변모 때 들려온 하느님의 음성이 예수를 하느님의 아드님이라고 증언했다(마르 1,11; 9,7). 마귀들도 그분을 — 방어적으로 그리고 마지못해 — '(지극히 높으신) 하느님의 아드님'(마르 3,11; 5,7)이라고 고백한다. 포도밭 소작인의 비유에서도 예수가 "사랑하는 아들"(마르 12,6)로 묘사된다. 끝으로 다른 민족 사람 백인대장도 예수께서 숨을 거두시는 것을 본 후 "참으로 이 사람은 하느님의 아드님이셨다"(마르 15,39)라고 증언했다.[18]

---

[18] 예수를 '하느님의 아드님'으로 지칭하는 문제에 관하여, 일반적으로 학계에서는 그것이 마르코에게 어떠한 의미를 지니는지 특별히 검토하지 않고, 신약성경 그리스도론 전체 테두리 안에서 다룬다. 그러나 이에 대해 Ph. VIELHAUER는 독특한 견해를 발전시킨다: Ph. VIEL-HAUER, "Erwägungen zur Christologie des Markusevangeliums", in: E. DINKLER (Hrsg.) *Zeit und Geschichte*, Dankesgabe an R. BULTMANN (Tübingen 1964) 155-169: 세례 때 하느님의 아드님이 되심, 영광스러운 변모 때 하느님의 아드님으로 소개됨, 십자가에서 하느님의 아드님의 착좌 등인데, 이 견해는 논란의 여지가 많다. 문제 전반에 관해 C.R. KAZMIERSKI, *Jesus the Son of God: A Study of the Markan Tradition and Its Redaction by the Evangelist*, FzB 33 (Würzburg 1979) 참조.

마르코 복음서 서두에 나오는 복음의 '시작'의 의미에 관하여 학자들의 의견이 분분하다. 이 '시작'은 세례자 요한과 연결시키면서 예수의 등장까지를 말하는 것인가(마르 1,13까지의 내용), 아니면 그분께서 복음을 선포하기까지의 기간을 뜻하는 것인가(마르 1,15까지), 그것도 아니면 죽음에 이르기까지 예수의 모든 역사적 활동은 물론, 그 후 교회의 복음 선포 속에서 계속 활동하는 것까지 포함하는 것인가? 여기서 언급된 '복음'과 더불어 이 복음서의 다른 대목들과 대조해 볼 때, 셋째 주장이 가장 적합하다고 본다. 이 복음은 예수께서 떠나가신 다음에도 지속적으로 선포되어야 하고, 그 복음 속에서 예수는 계속 활동해야 한다고 보기 때문이다(참조: 마르 8,35; 10,29). 그리고 이 복음은 모든 민족에게 선포되어야 하기 때문이다(마르 13,10; 참조: 14,9). 끝으로 이 복음서 서두 '예수 그리스도의 복음'에서 예수를 하느님 복음의 선포자로 보아야 하는지(마르 1,14 참조: 그렇다면 '예수 그리스도의'는 주어적 소유격이 된다), 아니면 예수를 이 복음의 주된 내용으로 보아야 하는지(그렇다면 '예수 그리스도의'는 목적어적 소유격이 된다), 하는 문제가 제기된다. 둘 다 충분한 근거를 제시할 수 있다. 사도 바오로는 이 어구로 주로 십자가에 죽으시고 부활하신 예수 그리스도에 관한 복음을 의미했지만, 그가 '하느님의 종'으로 이 복음을 선포했기 때문에, 그것은 '하느님의 복음'이기도 하다(1테살 2,2.8.9; 로마 1,1; 15,16; 2코린 11,7). 그러나 마르코 복음서가 복음서들 가운데 가장 오랜 형태를 띠고 있기 때문에, 마르코 복음 1장 14절을 참고할 때, 예수를 하느님 복음의 선포자로, 즉 임박한 하느님 나라의 선포자로 보는 것이 더 적합하다고 여겨진다.[19]

마르코 복음 서두 중에서 가장 많은 것을 시사하는 낱말은 '복음'Evangelium이다. 이 용어는 문헌의 종류와 유형을 시사한다. 이 낱말은 본디 동사

---

[19] 참조: G. STRECKER, "Das Evangelium Jesu Christi", in: DERS., (Hrsg.) *Jesus Christus in Historie und Theologie*, FS H. CONZELMANN (Tübingen 1975) 503-548, 여기서는 535-537; G. DAUTZENBERG, "Die Zeit des Evangeliums. Mk 1,1-15 und die Konzeption des Markusevangeliums", *BZ* 21 (1977) 219-234; 22 (1978) 76-51; H. FRANKEMÖLLE, *Evangelium. Begriff und Gattung. Ein Forschungsbericht*, SBB 15 (Stuttgart 1988) 141-144.

'기쁜 소식을 전하다', '복음을 선포하다'와 더불어 구두로 구원의 소식을 전해 준다는 것을 뜻했다. 이 '복음'을 마르코가 자기 저서의 제목으로 삼음으로써 그와 비슷한 저서의 문학 유형을 가리키는 전문 용어가 되었다.[20] 이로써 이 복음서는 전체적으로, 임박한 하느님 나라의 징조로 감싸이게 된다. 마르코는 이사야 52장 7절에 기록된 예언 말씀을 자기 저서의 출발점으로 삼은 것이 아닌가 생각되기도 한다. "얼마나 아름다운가, 산 위에 서서 기쁜 소식을 전하는 이의 저 발! 평화를 선포하고 기쁜 소식을 전하며 구원을 선포하는구나. '너의 하느님은 임금님이시다' 하고 시온에게 말하는구나." 초대교회는 이 기쁜 소식을 전하는 이가 다름 아닌 예수 자신임을 확신하고 있었다. 예수께서 당신 스스로도 자신을 이사야서에 예언된 이 기쁜 소식의 선포자로 의식하셨는지 확실하지 않지만, 초대교회는 그렇게 확신하고 있었다.[21]

다음으로 마르코가 염두에 두고 있었다고 생각되는 성경 대목은 하느님께 기름부음받은이가 하신 말씀이다. "주님께서 나를 보내시어 가난한 이들에게 기쁜 소식을 전하고 마음이 부서진 이들을 싸매어 주며 잡혀 간 이들에게 해방을, 갇힌 이들에게 석방을 선포하게 하셨다"(이사 61,1). 이 대목은 루카 복음 4장 18-19절에도 그대로 인용되는데, 거기서는 이 말씀이 나자렛에서의 예수 설교와 관련하여 나타나며 예수의 구원 활동을 종합하여 알려 주는 역할을 한다. '복음'이라는 단어의 출처와 그 전승의 역사를 밝혀내기란 쉬운 일이 아니다.[22] 이 명사가 그리스 · 로마 시대에 통용되던

---

[20] 참조: G. STRECKER, "Das Evangelium" [각주 19] 517-523, 524-531; P. STUHLMACHER, "Das paulinische Evangelium", in: G. STRECKER (Hrsg.) *Das Evangelium und die Evangelien* (Tübingen 1983) 157-182; H. MERKLEIN, "Zum Verständnis des paulinischen Begriffs 'Evangelium'", in: DERS., *Studien zu Jesus und Paulus* (Tübingen 1987) 279-295; H. FRANKEMÖLLE, *Evangelium* [각주 19] 130-136.

[21] 참조: H. FRANKEMÖLLE, "Jesus als deuterojesajanischer Freudenbote? Zur Rezeption von Jes 52,7 und 61,1 im Neuen Testament, durch Jesus und in den Targumim", in: H. FRANKEMÖLLE/K. KERTELGE (Hrsg.) *Vom Urchristentum zu Jesus*, FS J. GNILKA (Freiburg - Basel - Wien 1989) 34-67.

의미(예컨대 통치자 공경, 황제숭배)로 사용되었다는 것은 입증할 수가 없다. 그러나 제2 이사야서에 사용된 동사 '복음을 전하다'를 그리스도교가 받아들여, 이 용어가 출현하게 되었다는 것은 입증할 수 있다. '복음'이라는 이 개념이 어떻게 수용되었든, 마르코가 이 개념을 자기 저서에 받아들여 활용했다는 사실은 그의 저서를 이해하는 데 상당한 영향을 준다. 이 저서는 예수께서 직접 설교하던 때로부터 오랜 세월이 흘러, 이제 그것을 초대교회에서 선교와 교리 교육에 활용할 수 있도록 정리해서 출간해야 할 필요를 절실하게 느끼게 되었을 때 생겨났다. 이 작업은 예수 전승을 수집하고 그것을 그리스도 신앙의 빛으로 편집함으로써 이루어졌다. 우리가 이 독특한 문학작품(이 작품은 이어서 나타나는 마태오·루카·요한 복음서에 큰 영향을 끼친다)의 특성을 파악하려면 다음 몇 가지 사항도 분명히 이해해야 한다.

① '복음서'는 고대 위인전의 양식을 따라 서술된 예수 생애를 기록한 전기가 아니다.[23] 또한 위인들의 일생에 일어난 일화들을 수집해서 엮은 '회상록'Memoiren-Literatur으로 분류될 책도 아니고, '기적을 행하는 인물들'의 놀라운 행적을 기리는 이야기Aretalogie도 아니며, 인간 예수의 영광을 드러내기 위한 책은 더더구나 아니다. 복음서는 하나의 '케리그마적 역사 서술'eine kerygmatische Geschichtsschreibung이다.

② '복음서'는 하느님께서 인간을 내적 속박에서 해방시키고 외적 고통에서 자유롭게 해 주시려고, 예수 안에서, 그리고 예수를 통하여 활동하신다는 것을 보여 주는 책이다. 그러므로 복음서는 죄를 용서해 주시고, 병자들을 낫게 해 주시며, 위험하고 사악한 권세를 제압하시는 것(마귀를 쫓아내시는 것)을 내용으로 한다. 이 모든 것은 하느님으로 말미암아 이루어진

---

[22] 참조: H. Frankemölle, *Evangelium* [각주 19] 204-214.

[23] Ph.-L. Shuler, "The Genre(s) of the Gospels", in: D.L. Dungen (ed.) *The Interrelations of the Gospels*, Jerusalem Symposion (Louvain 1990) 459-483. Ph.-L. Shuler는 이 논문에서 '복음서'와 헬레니즘적 전기傳記(Encomia)와의 연관성을 새삼 입증하려 했으나 그의 주장에는 의문점이 많다. 반론에 대해서는 P. Stuhlmacher, "Das paulinische Evangelium", 484-494와 그곳의 참고문헌 참조.

다. 예수는 다만 인류를 구원하시려는 하느님의 뜻을 보여 주고 하느님의
권능으로 그것을 실현하시는 분이고, 하느님의 계획을 수행하는 분이며,
이 세상에서 활동하시는 하느님의 강력한 오른팔이다.

③ 이 복음서는 예수의 '인품'을 서술하기 위하여 기획된 것도 아니다.
그분의 외모에 대해서는 한마디도 하지 않는다. 경우에 따라서는 예수의
감정(동정, 자비, 분노)에 관한 기사가 있기는 하지만, 그것은 그분의 인간적
정서를 묘사하려는 것이 아니라 당신 사명을 수행하면서 드러나게 되는
그분의 인성人性과 또한 인간과의 일체성을 보여 주기 위한 것이다. 그분
은 신뢰하며 당신께 다가오는 사람들에게 자비를 베푸시고, 당신의 구원
활동을 무시하고 그것을 방해하는 사람들에게 분노하신다. 그분은 의인을
부르러 오신 것이 아니라 죄인을 부르러 오셨고(마르 2,17), 사람의 생명을
구하러 오셨지, 죽이러 오신 것이 아니다(마르 3,4).

④ 이 '복음서'는 예수의 수난과 죽음에 특별한 관심을 쏟는다. 수난기
Passionsgeschichte는 수난하는 의인을 모델로 삼고 신학적 심사숙고를 통해
자세하게 전개된다(마르 14-15장). 하느님께서는 당신을 깊이 신뢰하고 당신
께 절대 복종하는 이분을 지켜 주시고, 끝에 가서는 그분을 의롭게 하시고
높이 들어 올리신다. 복음서에는 십자가의 길이 처음부터 굳게 자리를 잡
고 있다(마르 2,20 참조). 그리고 이러한 사고는 복음서들을 '자세한 안내를
곁들인 수난기'라고 부를 수 있을 만큼 복음서 전체를 지배하고 있다.[24]

⑤ 이 '복음서'에는 예수의 뒤를 따라 그분의 길을 가고 있는 믿음의 공
동체를 바라보는 시각과 이 예수를 바라보는 시각이 결합되어 있다. 이 복
음서에서는 마치 복음서 전체의 구도를 보여 주듯이 예수께서 당신의 수
난과 죽음의 길에 관하여 말씀하신 다음(마르 8,31-33), 제자들에게 이렇게
요구하신다. "누구든지 내 뒤를 따르려면 자신을 버리고 제 십자가를 지고
나를 따라야 한다"(마르 8,34). 이러한 맥락에서 마르코는 '복음'이라는 용어

---

[24] M. KÄHLER, *Des sogenannte historische Jesus* [각주 17] 60.

를 사용한다. "나와 복음 때문에 목숨을 잃는 사람은 목숨을 구할 것이다"(마르 8,35). 복음이란 공동체를 향하여 하시는 말씀이고, 특히 예수께서 이르신 윤리적 행동 지침들이 들어 있는 말씀이다.

⑥ '복음서'에는 공동체의 제례도 내포되어 있다. 성찬례Eucharistie 제정과 더불어 예수의 최후 만찬(마르 14,22-25)은 수난 직전에 있었던 중요한 사건이었다. 이것이 예수의 죽음을 끊임없이 기억하면서, 또한 하느님 나라에서 모든 것이 이루어지기를 바라면서 교회에서 지속되고 있는 것이다. 기도하면 틀림없이 들어주시리라는 예수의 말씀에 힘입어 공동체의 기도 생활도 활기차게 이루어지고 있다(마르 11,23-25).

⑦ 복음서에는 사람의 아들이 다시 오시기를 간절히 바라는, 재림에 대한 전망이 거듭 나타난다(마르 8,38; 13,26; 14,62). 그런데 공동체가 이해하는 이 사람의 아들은 바로 예수 당신이시다. 이 종말론적 관점은 현재의 예수의 활동에 반드시 보완되어야 한다. 하느님 나라는 미래에 가서 비로소 완성될 것이다.

전체적으로 보면 '복음서'는 아주 독특한 종류의 문학 유형이며, 당대 어떤 문학작품과도 비교될 수 없는 문헌이다. 복음서는 예수의 활동에서 생겨났고, 예수의 정신에서 태어났으며, 예수께 초점을 맞추어 전개되고 있다. 이 예수는 바로 지상에서 활동하셨고, 하느님과 함께 계속 살아 계시며, 당신 교회 안에 현존하시는 분이다. 복음서는 예수에 관한 기억을 깊이 간직하고 있을 뿐 아니라, 섬김을 받으러가 아니라 섬기러 오셨고, 또한 많은 사람을 대신해서 당신 목숨을 속전으로 내놓으신 그분에 대하여 이야기하고 있다(마르 10,45). 인류를 위한 예수의 헌신, 인간을 위한 그분의 '이타적 실존'Proexistenz을 이해할 수 있을 때만, 비로소 우리는 복음서에 기록된 그분의 모습을 이해할 수 있다.

지금까지 마르코 복음서에 기록된 예수를 살펴보았다. 그 밖의 세 복음서에는 예수의 또 다른 면이 강조되고, 예수의 새로운 면모가 서술된다. 예수 생애에 관한 이야기는, 마태오 복음서에 예수의 전사前史(마태 1-2장)가 첨가되고, 루카 복음서에 예수의 유년기 이야기(루카 1-2장)가 추가됨으로써 확대되었고, 끝 부분에 첨가된 부활하신 그분의 발현 이야기로 계속된다. 예수의 모습은 각 복음서가 편찬된 조건에 따라, 그리고 각 복음서 저자의 경향에 따라 저마다 고유한 색조를 띠게 되었다. 당시 사람들과의 대화를 통해, 당대의 문화적 여건에 따라 복음서 서술 형태가 이루어졌다. 그리스도 신앙이 팔레스티나 주변에서 정립되었는가, 유다 · 헬레니즘 문명권에 서인가, 아니면 다른 민족과의 접경 지역에서 형성되었는가에 따라 그 형태가 각각 다르게 나타났다.

이 책은 그리스도 서술의 이 형태들을 탐구한다. 가장 좋은 예가 네 복음서다. 불트만은 요한 복음서를 예수 설교의 자료가 될 수 없다고 배제시키려 했지만,[25] 우리는 이 요한 복음서도 다른 세 공관복음서와 함께 고찰할 것이다. 예수 활동에서 유래하는 특별한 전승들이 보존되어 있을 가능성이 있다는 사실만 제외하면,[26] 요한 복음서는 그리스도의 모습을 독특하게 반영하고, 예수의 권위의 요구를 가장 강력하게 표현하며, 예수의 말씀이 지닌 항구한 힘을 모든 믿는 사람에게 제시해 준다. 예수의 지상적 활동은 그리스도론적 시각 속에 흡입되어 있다. 이 시각은 영광을 받으신 그리스도께서 이미 지상에서 깊은 뜻을 지닌 '표징'(기적)들을 행하시는 분으로 보고, 또 전에 하셨던 예수의 말씀을 훨씬 초월하는 말씀을 하시는 분으로 본다. 네 복음서는 예수의 '독특한 모습'을 묘사하는 것이 아니라, 믿음에서 바라본 그분의 모습을 서술하고 있다. 즉, 역사의 예수를 되돌아보며 그분의 역사적 등장과 십자가에 이르기까지의 길을 충실히 묘사하면서, 부활하시고 영광을 받으신 그분의 찬란한 모습을 보여 준다.

---

[25] R. Bultmann, *Jesus* [각주 6] 15.

[26] 참조: C.H. Dodd, *Historical Tradition in the Fourth Gospel* (Cambridge - New York 1963); B. Lindars, *Behind the Fourth Gospel* (London 1971); G. Schille, "Traditionsgut im vierten Evangelium", *ThV* 12 (1981) 77-89; B. Schwank, "Ortskenntnisse im vierten Evangelium?", *EuA* 47 (1981) 427-442.

3. '네 형태의 복음서'

리옹의 이레네우스Irenäus von Lyon(202년경 순교)는 교회의 정경Kanon인 이 네 복음서를 '네 형태의 복음서'로 지칭한 바 있다.[27] 그는 이렇게 말했다: 이 세상에 동서남북 네 방향이 있고 우주적 네 신령이 있듯이, 더 많지도 더 적지도 않은 네 권의 복음서가 있다. 교회는 온 세상에 퍼져 있다. 복음은 이 교회의 기둥이며 기반이고, 생명의 혼이다. 그에 상응하여 교회에는 네 기둥이 있는데, 이 네 기둥이 사방으로부터 불사불멸의 빛을 발하며 인간에게 생명을 베푼다. 커룹 위에 좌정하시며, 모든 것을 하나로 모으시는, 세상의 창조주 로고스께서 인간에게 나타나시어 우리에게 네 형태의 복음서를 주셨다. 이 복음서는 오직 하나의 영으로 결속되어 있다. 그러고 나서 이레네우스는 예언자 에제키엘이 환시 속에 본 네 생물과 연관지어 설명한다: 이 네 생물은 각기 다른 얼굴을 하고 있는데, 사람과 사자와 황소와 독수리의 얼굴이었다(에제 1,10). 이 생물들은 그 후 에제키엘이 하느님의 어좌차에 관한 환시를 설명할 때 나오는 그 커룹들이다. 다만 여기서는 얼굴 묘사에 차이가 있다(에제 10,14).

이레네우스는 에제키엘 1장 10절에 묘사된 커룹의 네 얼굴을 네 복음서 저자와 연관시키면서 그들에 대한 상징적 형상으로 삼았다. 즉, 요한에게는 사자를, 루카에게는 황소를, 마태오에게는 사람을, 마르코에게는 독수리를 적용시켰다. 그러나 후대에 와서는 복음서 저자들에게 적용되는 상징이 바뀌었다. 즉, 마르코에게는 사자를, 요한에게는 독수리를 적용시켜 그들의 상징이 되게 했다. 신약성경 정경으로 수용된 이 네 복음서에서 이레네우스는 하나의 상징적 시각을 얻게 된다. 그는 이 넷이라는 숫자는 하느님의 우주 설계에 의해서, 곧 동서남북 네 방향에 의해서 정해진 것이라고 생각했다.

---

[27] *Adversus haereses* 3.11.8 (Harvey 2: 46-50).

이레네우스는 네 복음서 저자들의 상징을 각각 이렇게 설명했다: 사자(요한)는 강력한 능력을 나타내며, 제왕의 위치에서 행사하는 지도력을 상징하고, 황소(루카)는 제사와 사제직과 관련됨을 말하고, 사람(마태오)은 그분께서 사람으로 나타나셨음을 암시하고, 독수리(마르코)는 교회를 감싸고 있는 영을 뜻한다. 복음서들은 모두 이 복음서 속에 예수 그리스도께서 살아 계시고 다스리신다는 사실에 동의한다. 그 동물들도 네 형태를 지니고, 복음도 네 형태로 이루어져 있고, 주님께서도 네 형태의 위상을 점하고 계시다.

이 복음서 저자들의 상징에 관하여 이레네우스는 각각 그 복음서에서 한 구절씩 인용하여 설명했는데, 그것은 매우 인위적이며 특별한 의미는 없다. 오히려 그 후에 생겨난 전승이 더 적절해 보인다. 즉, 요한을 독수리로 보는 것은 높은 곳에서 모든 것을 내려다봄을 상징하고, 마르코를 사자로 보는 것은 사자가 예수의 일생을 힘차게 표현하기 때문이다. 그러나 중요한 것은 이 동물들의 형상에 관한 상징적 해석이 아니라, 각 복음서가 결정적 그리스도의 모습을 지니고 있다는 사실을 통찰하는 시각이다. 각 복음서가 보여 주는 주님은 교회가 가르치는 바로 그 주님이시다. 그러나 각 복음서는 고유한 시각에 따라 같은 주님을 나름의 방식대로 전해 준다. 우리에게는 이 네 복음서들 가운데 하나라도 없으면 안 된다. 앞에서 살펴본 복음서 외에 또 다른 복음서가 더 있다고 하거나 혹은 더 적어야 한다고 주장하며 복음서의 성격을 무시하는 사람들은 허황하고, 무지할 뿐 아니라, 만용을 부리는 것에 지나지 않는다.[28] 이레네우스가 이 네 복음서를 계시의 원천으로 확립시키면서 신학에 기여한 것은, 이 네 복음서에 예수 그리스도께서 중심으로 현존하시지만 각각의 복음서에 고유한 모습으로 등장하신다는 사실을 일깨워 준 것이다.

---

[28] *Adversus haereses* 3.11.9 (Harvey 2: 50-52). 이레네우스는 여기서 복음서를 축소시키려는 Marcion을 반박하며, 또한 더 많은 복음서를 가지고 있다고 자랑하는 발렌티누스파를 배격한다. 그들은 무엇보다도 '진리의 복음서'까지 가지고 있다고 내세운다.

모든 복음서가 출현하게 된 근원인 역사적 예수, 그리고 부활 이후의 시점에서 깊이 묵상되어 온 이 역사적 예수는 네 복음서에 각각 다른 방식으로 반영되어 있다. 복음서 저자들이 인식한 역사적 예수와 믿음의 그리스도를 구별해 낼 방법이 없으므로, 우리는 예수 그리스도의 모습을 전체적으로 고찰해 볼 수밖에 없다. 그러나 복음서마다 특성이 다르므로 그에 상응한 고유한 방식으로 연구해 보려 한다. 바로 이것이 이 책에서 탐구하고자 하는 과제다. 그리고 예수 그리스도의 모습들이 서로 얼마나 일치하는지 혹은 서로 얼마나 차이가 나는지 규명하는 것이 이 책의 임무다.

우리는 이 연구를 역사비평적 연구 방법으로 규명된 어떤 확정된 예수 모습에서 출발할 수도 없고, 또 그것을 활용하여 각 복음서 저자가 제시해 준 예수 그리스도의 면모를 점검해 볼 수도 없다. 오히려 역사적 예수 그리스도의 모습이 그리스도관에 따라 영향을 받으며 좌우된다는 사실을 인식해야 한다. 네 복음서에서 나자렛 예수는 서로 다른 모습으로 반영되고 있다. 이 예수가 복음서 저자들의 믿음에서 우러나온 그들의 그리스도관과 연관되어 있기 때문이다.

끝으로 이 네 형태의 복음서가 하나의 정신으로 통합되는지 규명해 볼 계획이다. 이 과정에서 복음서들 간의 상호 유사한 특성들과 아울러 상이한 경향들도 발견될 수 있으며, 동시에 그리스도론이 계속 발전해 가고 있었다는 사실도 알 수 있을 것이다. 그러나 이 그리스도론은 역사적 예수 모습과 분리·발전된 것이 아니라, 오히려 이 모습에 영향을 주고 바로잡아 가며 발전되어 왔다. 이렇게 '역사적 예수'와 '믿음의 그리스도'의 문제가 새롭게 대두되었다. 즉, 믿음의 그리스도와 겹친 역사적 예수 모습이 네 복음서에 서로 다르게 묘사되어 있다. 역사적 나자렛 예수는 이 그리스도론적 시각에 의해 네 복음서에 각각 다른 모습으로 나타났다. 이것이 예수 그리스도의 실체를 이해할 방향을 제시해 주며, 이분은 전체적으로만 파악될 수 있다는 것을 말해 준다. 이제 네 복음서라는 거울에 비친 예수 그리스도의 모습에 시선을 집중시키자.

　　지금까지 예수 그리스도의 모습을 다룬 수많은 저서와 논문이 발표되었다. 그 대부분 저서의 시각과 이 책의 시각의 차이점을 요약하면 이렇다: 일반적으로 학자들은 나자렛 예수(당신의 복음 선포와 활동을 통하여 복음서에 등장하는 그 예수)에 대하여 그 역사적 출현을 규명하고 나서, 그 모습과 그분 위에 덮인 그리스도론적 지층을 비교해 가면서 그것을 그분에게서 걷어 낸다. '그리스도론적 지층'이란 그분에게 부여된 존칭과 칭호, 그분의 기적과 발현 이야기, 적들에 대한 도발적 말씀과 대결에 관한 이야기를 말한다. 학자들은 예수 그리스도의 모습을 예수의 역사적 요소와 그분에 관한 초대교회의 해석을 결합시킴으로써 밝혀내려고 노력한다. 이와 대조적으로 나는 예수 그리스도의 모습을 밝혀내는 데 역사적 예수 모습을 정확하게 규명하는 것을 포기하고(이 역사적 예수 모습은 그분의 그리스도론적 모습과 구별할 수 없을 만큼 서로 얽혀 있기 때문에) 곧바로 복음서 저자들이 지니고 있던 예수 그리스도에 대한 포괄적 시각을 밝혀내고자 한다. 이것은 이 복음서 저자들이 각각 역사적 예수를 기억하면서 발전시킨 그대로다.

　　그러므로 우리의 기본 관심사는 초대교회에서와 마찬가지로 역사가 아니라 케리그마다. 즉, 십자가에 죽으신 분이 부활하셨다는 믿음에서 어떻게 역사적 예수가 선포되었으며, 또 어떻게 구원의 의미를 지닌 분으로 공동체에 제시되었는가 하는 점이다. 지상적 예수 모습은 이 복음 선포 속에 흡수되어 그 속에서 조금씩 변형하면서 오늘 우리가 보는 모습으로 형성되었다. 확실히 우리는 예수 모습 속에 담긴 역사적 요소들을 충분히 알아볼 수 있다. 그러나 이 역사적 요소들을 밝혀내는 것이 우리가 시도해야 할 우선과제는 아니라고 본다.

　　이 책에서는 예수 그리스도를 각 복음서 저자의 신앙적 시각으로 바라보고, 또한 각 복음서가 서술한 것들을 비교·연구하고자 한다. 이 과정에서 전승사Traditionsgeschichte적 차이도 물론 주목할 것이다. 마르코가 복음서 저자들 가운데 최초로 믿음의 예수 그리스도의 모습을 그려 냈다. 이 마르코 복음서가 그 후 다른 두 공관복음서 저자 마태오와 루카에게 예수에 관한 자료로 제공되고, 그들의 예수 그리스도관에 결정적 영향을 미치게 되었다. 요한 역시 이 공관복음 전승을 모르고 있었다고는 생각할 수 없다. 다만 그는 이 공관복음의 예수 그리스도관을 뛰어넘어 그리스도 신앙에서 발전된, 역사적 토대를 초월하는 예수 그리스도의 모습을 제시해 준다. 이는 그의 신학에서 발전된 것이다. 네 형태로 이루어진 복음서는 네 가지 양상의 그리스도론을 품고 있다. 그러나 이 그리스도론은 나자렛 예수라는 역사적 기반을 포기해 본 적이 결코 없다.

2
마르코

부활 이후의 상황에서 마르코가 서술한 예수 모습을 분명하게 밝혀내는 일은 거의 불가능하다. 마르코 복음서의 편집에 관해서는 너무나 많은 문제가 얽혀 있다. 어떤 편집 의도가 엿보이는 소위 '메시아 비밀'Messiasgeheimnis이 특히 그러하다.[1] 마르코의 그리스도론Christologie에 관해 논할 때, 학자들은 일반적으로 예수의 두 가지 존칭 혹은 칭호Titel, 곧 '하느님의 아드님'과 '사람의 아들'을 집중적으로 다룬다. 그러나 이에 관한 성경 본문을 검토하기 전에, 예수의 활동에 관한 기록들을 자세히 살펴보는 것이 타당하다. 예수께서는 처음에 갈릴래아에 등장하여 활동하시다가 후에 유다 · 예루살렘에서 활동을 마치신다. 예수의 등장에 관한 적극적 언급들은 지상에서 활약하신 예수에 대해 마르코가 마음에 그리던 모습이 무엇인지 알아볼 수 있게 확증해 준다.

1. 예수의 활동에 관한 서술

1.1 예수의 복음 선포

예수께서는 요르단 강에서 세례를 받으시고, 광야에서 마귀에게 유혹을 받으신 다음, 세례자 요한이 붙잡힌 다음에야 비로소 나타나 다음과 같은 복음을 선포하셨다. "때가 차서 하느님의 나라가 가까이 왔다. 회개하고 복음을 믿어라"(마르 1,15). 이 말씀은 그분께서 선포하신 복음의 총요약이고, 인류에게 전하고 싶은 말씀의 핵심이다. 복음 선포를 뜻하기 위하여 사용된 이 그리스어 동사 $\kappa\eta\rho\acute{u}\sigma\sigma\epsilon\iota\nu$[2]은 세례자 요한의 설교(마르 1,4.7)까지 포함하면서 새로운 내용을 담게 된다. 그것은 곧 임박한 하느님 나라에 관

---

[1] W. WREDE, *Das Messiasgeheimnis*[제1장, 각주 4]가 출간된 이래 이 문제는 극도로 활발히 논의되었고 매우 다양하게 전개되었다. 참조: R. PESCH, *Das Markusevangelium* 2 (Freiburg - Basel - Wien ³1984) 46f, 572f. 이 문제는 제2장 끝에 재론될 것이다.

[2] 참조: G. FRIEDRICH, *ThWNT* 3 (1938) 701-714; O. MERK, *EWNT* 2 (1981) 711-720 (zu Mk: 715f).

한 '하느님의 복음'(기쁜 소식)의 선포다. 하느님 사자(使者)의 이 외침은 예수의 활동을 지속적으로 지배하게 된다. 예수의 이 복음 선포는 그분에게 으뜸 되는 사명이고 가장 중요한 임무다. 예수께서 많은 병자를 고쳐 주신 카파르나움에 계속 머무시기를 제자들이 바랐을 때, 예수께서는 그들에게 이렇게 말씀하셨다. "다른 이웃 고을들을 찾아가자. 그곳에도 내가 복음을 선포해야 한다. 사실 나는 그 일을 하려고 떠나온 것이다"(마르 1,38). "그리고 나서 예수님께서는 온 갈릴래아를 다니시며, 회당에서 복음을 선포하시고 마귀들을 쫓아내셨다"(마르 1,39). 이것은 그분 마음속에 자리 잡고 있던 가장 중요한 것이었다. 이러한 사실은 그분께서 그동안 가르치신 제자들을 같은 목적으로 파견하시는 것에서도 엿볼 수 있다. 예수께서는 "그들을 파견하시어 복음을 선포하게 하시며, 마귀들을 쫓아내는 권한을 가지게 하시려는 것이었다"(마르 3,14-15). 이 복음 선포는 다음 두 사실이 말해 주듯이 권위와 강한 힘을 가지고 하는 행동이다. 곧, 이 복음 선포는 마귀를 쫓아내는 것과 관련되어 있고, 예수께서는 이런 목적으로 열둘을 뽑아 제자단을 세우셨다. 마귀를 쫓아내신다는 것은 하느님 나라가 다가오고 있으며, 악의 권세를 제압하고 있다는 사실을 외적으로, 눈에 보이게 입증해 준다.

이어서 마르코는 예수께서 율법 학자들과 논쟁을 벌이는 사건에 대해 서술한다: 그들은 예수께서 마귀들의 두목 베엘제불에 사로잡힌 것은 아닌지, 그리고 그의 도움을 받아 마귀들을 쫓아내는 것은 아닌지 의심을 품고 있었다. 예수께서는 그들에게 어떤 나라도 갈라서면 그 나라는 버티어 내지 못한다는 것(마르 3,24)을 분명히 말씀하신다. 아무 생각 없이 이 나라에 관한 예를 든 것이 아니다. 이 은유는 예수께서 세우러 오신 하느님 나라에 관하여 생각하게 해 준다. 예수께서는 마귀의 나라와 싸우시며 하느님 나라를 위한 길을 닦으신다. 예수의 원수들은 이때 무엇이 이루어지고 있는지 알지 못했다. 예수께서 마귀 들린 사람들에게서 마귀를 쫓아내신 것은, 겉으로 보면, 중병에 걸려 고통받는 사람들을 고쳐 주신 것이었을 것이다(마르 5,1-10 참조). 그러나 실제로 그것은 인간을 해방시켜 줄 예수의 나라가 다가오는 것을 가로막는 악의 권세를 제압하고 있음을 상징적으로 보여 준다. 예수의 복음 선포 속에는 인간을 구원하시는 하느님의 힘이 현존한다. 예수의 복음 선포가 마귀를 쫓아내는 것과 실제적으로 연관되어 있음을 생생하게 보여 준다.

예수는 구원을 베푸는 복음 선포를 시작하신 분이다. 그분은 이 복음이 하느님 백성 전체에 전해지기를 바라셨으며, 그렇게 하기 위하여 열두 제자를 뽑아 제자단을 세우셨다. 이는 온 이스라엘에 대한 요구를 상징적으로 강조하는 것이다.[3] 예수께서는 열두 제자를 파견하시며, 그들에게 당신과 같은 권한, 곧 마귀를 쫓아낼 수 있는 권한을 주셨다(마르 6,7). 복음 선포자 예수께서는 당신의 메시지가 전파되고, 사람들이 회개하고, 병자들이 완쾌되고, 마귀들이 쫓겨나는 표징이 이루어지게 배려하셨다(마르 6,13). 이렇게 예수께서는 구원을 베풀어 주는 복음 선포의 창시자가 되셨다. 이 복음 선포는 우선 하느님 백성인 이스라엘에 실현되어야 하겠지만 모든 민족에게도 똑같이 이루어져야 한다(마르 13,10). 마르코가 볼 때 예수께서는 지상에서 활동하던 시기에만 복음을 선포하신 것이 아니라 복음서 속에서 계속 당신 말씀을 들려주시며 복음을 선포하신다. 복음서는 예수 시대에 일어난 모든 것은 말할 것도 없고, 예수의 죽음까지 포함한다. 이 죽음도 복음의 일부다. 어느 날 예수께서 베타니아에 오셨을 때, 한 여자가 사랑의 표시로 예수 몸에 향유를 발라 드렸다. 이 행동은 예수의 죽음을 눈앞에 두고 행한 장례의 상징으로 해석되었다. 이 장면에서 예수께서는 말씀하셨다. "온 세상 어디든지 복음이 선포되는 곳마다, 이 여자가 한 일도 전

---

[3] 예수께서 열두 제자를 뽑아 세운 사실에 자주 의문이 제기되기도 했지만, 그것은 예수께서 이스라엘에 파견되셨다는 사실 범주 내에서 역사적으로 충분히 입증된다. 마르코도 이 사실을 확인하고 있다. 참조: J. ROLOFF, *Apostolat – Verkündigung – Kirche* (Gütersloh 1965) 138-152; G. SCHMAHL, *Die Zwölf im Markusevangelium*, TThSt 30 (Trier 1974); K. STOCK, *Boten aus dem Mit-Ihm-Sein, das Verhältnis zwischen Jesus und den Zwölf nach Markus*, AnBib 70 (Rom 1975).

해져서 이 여자를 기억하게 될 것이다"(마르 14,9). 이 대목은 복음 선포가 어떻게 이해되고 있는지 보여 주는데, 예수의 운명, 그 죽음이 복음 속에 편입되어 있다는 것을 뜻한다. 이 대목을 예수 수난기 맨 앞에 배치함으로써, 뒤따라 나오는 수난 기사들이 전부 이 복음 선포의 빛 속에 전개된다. 예수의 수난과 죽음 이야기는 이제 모두 깊은 의미를 지니게 되면서, 초대교회의 복음 선포 속에 편입된다. 예수 몸에 향유를 발라 드린 이 여자를 칭찬하는 말씀에서, 예수께서는 이어서 나오는 사람의 아들의 말씀(마르 14,21.41)에서처럼 당신 운명을 잘 아는 분으로 나타나신다. 예수께서는 이렇게 당신 수난의 선포자가 되신다.

마르코 복음서에는 예수와 제자들이 복음을 선포하는 이야기뿐 아니라, 그분이 치유한 사람들이 복음을 선포하는 이야기도 나온다. 어느 날 예수께서 한 나병 환자를 고쳐 주시면서 그에게 이 사실을 아무에게도 말하지 말라고 엄히 이르셨다(마르 1,44). "그러나 그는 떠나가서 이 이야기를 널리 알리고(선포하고) 퍼뜨리기 시작하였다"(마르 1,45). 또 예수께서 게라사의 마귀 들린 사람에게서 마귀를 쫓아내시며 그를 깨끗하게 고쳐 주신 다음 집으로 돌려보내시자, "그는 물러가, 예수님께서 자기에게 해 주신 모든 일을 데카폴리스 지방에 선포하기 시작하였다"(마르 5,20)라는 기록도 나온다. 또 예수께서 데카폴리스 지방에서 귀먹고 말 더듬는 사람을 고쳐 주신 다음, 이 사실을 목격한 증인들에게 그것에 관하여 말하지 말라고 분부하셨음에도, "그렇게 분부하실수록 그들은 더욱더 널리 알렸다(선포하였다)"(마르 7,36)라는 기록도 있다. 불치병을 고치시는 이 엄청난 사실을 목격한 사람들이 받은 인상이 너무 강렬하여, 그들이 이 사실에 관하여 입 다물고 있기란 거의 불가능했다. 이렇게 예수께서는 당신 말씀을 통해서뿐 아니라 당신이 행하시는 기적 행위를 통해서도 복음의 선포자가 되셨고, 이스라엘뿐 아니라 다른 민족들이 사는 지역에서까지 복음의 선포자가 되셨다. 이 귀먹고 말 더듬는 사람을 고치신 이야기는 마귀 들려 고생하던 어떤 시리아 페니키아 여자의 딸을 고치신 이야기에 이어서 나온다(마르 7,24-30).

두 이야기 모두 유다 지방 밖에서 일어난 일이었다. 예수께서 유다 지역에서 유다 지역 밖으로 넘어가 활동하셨다는 사실을 보도함으로써 이 복음서 저자는 이제 복음이 다른 민족들에게로 넘어가 널리 전파되어야 함을 말하고자 한다.[4]

여기서 드는 사례들은 복음이 온 세상에 선포되는 가운데 전적으로 실현되었다(마르 13,10). 말씀과 행동으로 복음을 선포하시는 예수께서는 당신의 역사적 등장이라는 한계를 뛰어넘어 활동하신다. 마르코 복음서라는 거울은 이 세상에 등장하신 예수께서 부활 이후의 교회가 계속 선포한 그리스도와 결합되어 있음을 보여 준다. 그럼에도 불구하고 마르코는 예수께서 생전에 이스라엘에 국한하여 활동하신 사실을 알고 있었다(마르 7,27 참조). 지상에 출현하신 예수께서는 당신이 기적으로 병을 고쳐 주셨던 사실들을 비밀에 붙이려고 무던히 노력하셨다(이 점은 고대 기적 이야기와 비교해 볼 때 주목할 만하다). 그러나 그분의 복음 선포의 위력은 대단하여 복음 선포사에 불을 붙이며, 부활 이후 온 세상을 뒤덮었다.

마르코 복음 1장 14-15절에 따르면 예수의 복음 선포 내용은 하느님 나라가 가까이 왔다는 '하느님의 복음'에 초점이 맞추어져 있다. 그러나 이 구절을 제외하면 그 후 예수 또는 제자들이 복음을 선포했다는 기사(마르 1,39; 3,14; 6,12)에서는 이에 관한 설명이 더 이상 나오지 않는다. 하느님 나라를 비유로 설명하고 그 내용이 전개되는 곳에는(마르 4장), 예수께서 복음을 선포하시는 것에 대해 아무 언급이 없고, 다만 그분께서 가르치셨다는 말만 나올 뿐이다(마르 4,1.2). 가르치는 분으로서의 예수 모습이 널리 부각

---

[4] 참조: K. KERTELGE, *Die Wunder Jesu im Markusevangelium: Eine redaktionsgeschichtliche Untersuchung*, StANT 23 (München 1970) 154-156; L. SCHENKE, *Die Wundererzählungen des Markusevangeliums*, SBB (1974) 261f; D.-A. KOCH, *Die Bedeutung der Wundererzählungen für die Christologie des Markusevangeliums*, BZNW 42 (Berlin - New York 1975) 91f: '마르코에 의하면, 예수께서 친히 교회로 하여금 선교를 시작하게 하셨느냐는 문제와 상관 없이, 교회의 선교 활동(참조: 마르 13,10!)은 예수 자신에 의해 정당화된다.' 우리는 일반적으로 이 선교신학적 관점을 유념해야 한다.

되어 나타나기 때문에, 이제 우리는 가르치는 분이라는 예수의 이 신분에
특별히 주목해야 한다.

1.2 예수의 가르침

마르코 복음서에는 예수께서 가르치셨다는 말이 모두 15번 나온다. 그분
의 제자들이 가르쳤다는 말도 한 번 나오지만(마르 6,30), 문맥으로 미루어
보아, 예수에게서 임무를 부여받아 그렇게 한 것으로 보인다. 가르치는 교
사로서의 예수 모습은 그분 제자들뿐 아니라(마르 4,38; 9,38; 10,35; 13,1) 다른
사람들도 그분을 자주 선생님이라 부르면서 더 분명해진다. 여기 등장하
는 '선생님'이라는 호칭은, 학문이 깊은 율법 학자들을 가리키는 전문 용어
가 되기 이전, 유다인들이 일반적으로 자기 스승을 높여 부를 때 쓰던 말
이고, 아람어 '라삐'*Rabbi* 혹은 '라뿌니'*Rabbuni*의 번역어다.[5] 마르코 복음서
에는 라삐라는 호칭이 '선생님' 혹은 '스승님'이라는 호칭 대신 모두 네 번
사용된다(마르 9,5; 10,51; 11,21; 14,45). 하지만 이런 사실만으로는 이 호칭이
예수의 가르침과 특별한 관련이 있다고 싸잡아 말할 수는 없다. 어떤 구도
자가 예수께 "선하신 스승님, 제가 영원한 생명을 받으려면 무엇을 해야
합니까?"(마르 10,17) 하고 물었을 때, 올바로 살라고 대답하신 것이 예수의
가르침으로 나타난다. 어떤 율법 학자가 예수께 "모든 계명 가운데에서 첫
째 가는 계명은 무엇입니까?"(마르 12,28) 하고 물었을 때도 역시 마찬가지
였다(마르 12,32). 바리사이들과 헤로데 당원 몇 사람이 예수께 아첨하는 말
로 접근하며 세금에 관하여 물을 때(마르 12,14), 그리고 사두가이들이 예수
께 죽은 사람의 부활에 관하여 물을 때(마르 12,19) 예수를 '스승님'이라고 부
른 것은 그분에게 올가미를 씌울 꼬투리를 잡으려고 저들이 원하는 대답
을 유도했을 뿐이었다. 전체적으로 보아 예수를 '선생님'(스승님) 혹은 '라
삐'로 부른 것을 근거로 그분께서 가르치는 일을 주로 하신 분이라고 단정

---

[5] 참조: G. DALMAN, *Die Worte Jesus* (Leipzig ²1930) 272-280; E. LOHSE, *ThWNT* 6
(1959) 962-966; R. RIESNER, *Jesus als Lehrer*, WUNT 2/7 (Tübingen ²1984) 266-276.

할 수는 없다. 이것은 당시 '별생각 없이 통용되던 관용어'[6]였다.

선생님으로서의 예수 모습이[7] 전면으로 떠오른 것은 예수께서 '가르치셨다'라고 분명히 언급되면서부터다. 마르코 복음서에는 예수께서 유다인들의 회당에서(마르 1,21; 6,2), 성전에서(마르 14,49), 겐네사렛 호숫가에서(마르 2,13; 4,1) 그리고 마을에서(마르 6,6) 가르치셨다고 기록되어 있다. 그분은 큰 군중도 가르쳤다. "그들이 목자 없는 양들 같았기 때문이다"(마르 6,34). 그리고 예수께서는 유다와 요르단 강 건너편에서 모여든 큰 무리를 가르치셨다(마르 10,1). 그런데 왜 여기서는 예수께서 (복음을) '선포하셨다'라고 하지 않고 '가르치셨다'라고 했을까? 그것은 임박한 하느님 나라에 관한 예수의 선포가 공동체에서 지속적으로 들을 수 있는 가르침이 되었다는 것과 관련 있어 보인다.

예수께서 행하신 구원의 선포는 교회 생활 안에서 생긴 문제들을 표면 위로 끌어 올린다. 이 점에 관하여 마르코 복음 10장 1절에 삽입된 편집자적 언급은 특히 시사하는 바 크다. "예수님께서는 늘 하시던 대로 다시 그들을 가르치셨다." 이어서 이혼장 논쟁이 따라 나온다. 즉, 이혼의 합법성에 관하여 토론하는 장면이다(마르 10,1-12). 그리고 이 장면에 이어 어린이를 축복하시는 대목이 나온다. 공동체에서 어린이의 위치를 평가하는 데 이 축복은 중요한 의미를 지니고 있었다(마르 10,13-16). 부유함과 가난함에 관한 긴 복합문(마르 10,17-31)은 공동체가 물질적 풍요로움을 포기하고 가난

---

[6] F. HAHN, *Christologische Hoheitstitel: Ihre Geschichte im frühen Christentum*, FRLANT 83 (Göttingen 1963/⁴1974) 77.

[7] 스승으로서의 예수 모습은 발전을 거듭했다. 참조: F. NORMANN, *Christus Didaskalos: Die Vorstellung von Christus als Lehrer in der christlichen Literatur des ersten und zweiten Jahrhunderts*, MBTh 32 (Münster 1967); R. RIESNER, *Jesus als Lehrer* [제1장, 각주 12] 74-79에 게재된 참고문헌. 이 문제를 자세히 다룬 R. RIESNER는 이 책으로써 '복음서 전승의 기원에 관한 연구'(그의 저서 부제)에 기여하려 했다. 그는 예수께서 스승으로 이스라엘에 등장하시고 가르치셨다는 사실의 역사성을 입증하려 했지, 복음서 저자들의 서술 속에 나타나는 스승 예수의 모습을 제시하려는 것은 아니었다. R. RIESNER는 몇 가지 개별적 문제점을 드러내기는 하지만, 전체적으로 역사적 예수께서 가르치는 활동을 하셨다는 데 대해 결정적이고 적극적인 판단을 내리고 있다(참조: Zusammenfassung 499-502).

함을 선택했을 때 누리게 될 축복에 관한 내용으로 가득 차 있다. 끝으로 예수 수난 예고(마르 10,32-34)가 삽입된 다음, 제베대오의 아들들이 하느님 나라에서 자기들이 첫째 자리를 차지하게 해 달라고 청하는 것이 계기가 되어, 출세와 섬김에 관한 언급이 나온다(마르 10,35-45). 이 모든 것은 공동체의 구체적 삶 속에서 일어난 문제들이었고, 예수의 말씀으로 해결되어야 할 문제들이었다.[8] 마르코 복음서에서 예수께 모여들었던 수많은 사람의 모습은 독자들로 하여금 교회의 모습을 떠올리게 해 준다. 예전에 복음을 선포하셨던 예수는 이제 당신 공동체의 '스승'이 되셨다. 예수의 이 모습이 '스승'이신 그리스도의 모습으로 확대된 것이다.

예수의 가르침이 하느님 나라의 선포와 관련되어 있다는 것은 어린이를 축복하시는 대목에서 특히 잘 드러난다. "어린이와 같이 하느님의 나라를 받아들이지 않는 자는 결코 그곳에 들어가지 못한다"(마르 10,15). 어린이를 인정하고 그들을 끌어안아야 할('어린이들을 막지 마라') 교회는 하느님 나라의 전 단계로서, 하느님 나라에 들어가기 위해 대기하고 있는 사람들의 집합소다. 어린이들은 그들 나름의 방식으로, 어린이다운 직접적 믿음과 신뢰로 하느님 나라에 부름을 받는다. 교회가 이 어린이들을 배제하면 안 된다. 예수께서는 그들을 끌어안으시고 축복해 주셨다. 교회는 하느님의 가정이 되어야 한다. 예수 때문에, 그리고 복음 때문에 집과 재산을 포기하고 가족들을 떠난 사람들에게 교회가 보금자리가 되고, 그들이 박해를 받고 있더라도 이제는 하느님과 더불어 누릴 영원한 생명을 기대해도 좋을 것이다(마르 10,29-30). 이 공동체 식구들에게 하느님 나라가 보장되어 있다. 즉, 누구나 느낄 수 있게 역동적으로, 이 세상에 임박한 하느님 나라와 더불어 다가올 영광이 이들에게 약속되어 있다는 말이다. 제베대오의 아들들은 다가올 하느님 나라에 대해 잘못 생각하고 있었다. 그들은 예수의 수난과 죽음에 동참해야만 그곳에 이를 수 있다는 것을 배우게 된다. 예수께

---

[8] K.-G. REPLOH, *Markus – Lehrer der Gemeinde*, SBM 9 (Stuttgart 1969) 173-210; R. BUSEMANN, *Die Jüngergemeinde nach Markus 10*, BBB 57 (Königstein/Ts. - Bonn 1983).

서 모든 제자에게 내려주신 지침, 곧 섬기라는 요구도 이 세상의 구체적 상황 속에서 이루어진다. 지상의 권력자들은 백성을 힘으로 내리누른다. 그러나 예수의 제자들에게는 전혀 다른 원칙이 적용된다. "너희 가운데에서 높은 사람이 되려는 이는 너희를 섬기는 사람이 되어야 한다"(마르 10,43-44). 예수 친히 이 가르침의 귀감으로 등장하신다. 예수께서는 마지막 봉사로서 많은 사람을 위하여 당신 목숨까지 바치셨다(마르 10,45). 예수께서 가르치신 것이 예수 자신 안에서 그대로 실현된다.

이렇게 마르코는 예수를 어떤 추상적 가르침을 설교하는 분이 아니라 지상 현실을 파고드는 어떤 힘의 선포자로, 즉 우리에게 그에 상응하게 처신하고 행동할 것을 요구하는 어떤 힘의 선포자로 여긴다. 이러한 요구들은 당시 제자들에게는 말할 것도 없고 후대의 공동체에게도 똑같이 해당한다. 하느님 나라는 종말을 향하여 나아가고 있는 현재 시간 속에서, 교회라는 이 실체 속에서 그 위력을 발휘해야 하고 입증되어야 한다. 이 점을 감안하면, 마르코가 자기 복음서 4장에 수록한 예수의 비유들도 새로운 빛으로 고찰해야 한다. 여기서 예수께서는 큰 군중을 당신 앞으로 불러 모으신 다음 겐네사렛 호수에서 배를 타고 그들을 가르치셨다. 말하자면 예수께서는 당신 강단 위에 올라가 많은 것을 그들에게 비유로 가르치셨다는 것이다(마르 4,1-2). 이것은 예수께서 하느님 나라의 기쁜 소식에 접하면서 살아가는 공동체에게, 그 삶에 대해 깊이 숙고해야 할 것들을 가르쳐 주시는 모습이다. 마르코는 자기 복음서에서 예수의 비유 중 세 편만 골라 전해 준다. 씨 뿌리는 사람의 비유(마르 4,1-9), 저절로 자라는 씨앗의 비유(마르 4,26-29), 겨자씨의 비유(마르 4,30-32)가 그것이다. 이 비유에 관한 해석이 학자마다 다르기 때문에, 이 비유들이 공동체 상황과 어떤 관계가 있는지 먼저 검토해야 한다. 예수께서 복음을 선포하실 때, 이 성장의 비유들을 어디서 어떻게 말씀하셨든 간에, 마르코가 전해 준 이 비유들은 어떤 구체적 상황 속에 살아가는 공동체를 눈앞에 두고 하신 말씀이라는 것을 느끼지 않을 수 없다.

① '뿌려진 씨의 비유'(마르 4,1-9)[9]는 공동체로 하여금 말씀을 받아들이는 데 장애가 되는 것과 위협이 되는 것들을 되새기게 해 준다. 그러나 종국에는 이 하느님 말씀이 풍성한 수확을 거두어들이게 된다는 신뢰를 심어 주기도 한다.

② 마르코는 이 '뿌려진 씨의 비유'를 소개한 다음, 그 의미를 성찰하는 대목을 삽입한다(마르 4,10-12). 이 대목에서 하느님 나라의 신비가 주어진 제자들과 바깥사람들을 대비시킨 사실만 보아도, 이 비유가 공동체를 두고 하신 말씀이라는 것이 분명하다.

③ 이어서 이 비유를 '설명'하는 부분이 나온다(마르 4,13-20). 이 부분은 일찌감치 이곳에 도입된 설명으로서, 비유가 지닌 본디 의미를 뛰어넘어, 그것을 우의寓意(Allegorie)적으로 해석하면서, 전적으로 선교적·교훈적 목적으로 설명한다. 이런 의도는 부활 이후의 공동체에서 생겨난 것이다.

④ 등경 위에 있어야 할 등불에 관한 말씀(마르 4,21-22)과 올바로 알아듣고 열매를 맺어야 한다는 말씀(마르 4,24-25)도 이를 받아들이는 교회를 향하여 하신 말씀이다. 여기서 상징어와 경구警句로 구성된 이 대목이 공동체의 지침으로 제시될 수 있음을 알 수 있다. 그러나 형태가 전혀 다른 이 두 가지 말씀이 어떻게 결합하게 되었는지에 대해서는 쉽게 파악할 수가 없다. 공동체는 예수의 복음 선포와 그분의 가르침을 통해서 밝혀 주는 이 빛을 집 한구석에 처박아 두어서는 안 된다. 모든 것은 공개되어야 하고 널리 알려져야 한다. 이것은 복음을 선포하라는 선교적 소명을 깨우쳐 준다.[10] 그리고 사람들에게 각성을 촉구하는 경구(마르 4,23)는 인간의 올바른 처신에 관한 말씀으로 어어진다. 올바른 처신에 관한 이 말씀은 본디 독자적으로 전해진 것으로, 아마 종말 심판에 관련된 말씀으로 추정된다. 이

---

[9] 이 비유는 다양하게 해석되고 있다. 어떤 이들은 이 비유를 '씨 뿌리는 사람의 비유'라고 한다. 그렇다면 이 비유의 해석은 부분적으로 예수께 더 중점을 두게 된다. 또 이 비유를 '네 가지 밭의 비유'라고 하는 이들도 있다. 그렇다면 비유의 초점은 밭의 상태에 맞추어진다. '뿌려진 씨'가 비유 성격에 가장 잘 들어맞는다고 본다.

말씀의 내용은 예수 말씀을 정신 차려서 듣고, 들은 것을 모두 마음속에 깊이 간직하며, 그 결과도 생각해 보라는 것이다(마르 4,24-25). 마태오 복음 7장 2절 그리고 루카 복음 6장 38절과 비교해 보면, 이 말씀은 공동체 상황에 걸맞게 조정되었다는 사실을 알 수 있다. 또 다른 공관복음서의 이 말씀과 유사한 어록에는 명심해서 말씀을 듣는 자세에 대한 언급이 없다. 그 대신 예수 말씀을 더 깊이 알아듣기 위해서 그 말씀을 전적으로 받아들이는 것이 공동체의 중요한 임무라는 말씀이 나온다. 올바로 듣지 않는 사람에게는 그 말씀의 참된 뜻이 사라지고 만다. 그러나 말씀을 깨닫는 사람에게는 하느님의 약속이 주어진다. 즉, 복음을 제대로 받아들일 때, 하느님께서는 헤아릴 수 없을 만큼 많은 보상을 약속하신다. 이 두 가지 말씀은 우리에게 매우 충격적이다. "말씀을 들어야 하는 사람의 의무가 매우 강조된다."[11]

⑤ '저절로 자라는 씨앗의 비유'(마르 4,26-29)는 공동체를 하느님의 힘으로 성장하는 하느님 나라의 시간 속에 자리 잡게 해 주고, 아울러 자기 힘으로 모든 것을 할 수 있다는 허망한 자신감에 빠지지 않도록 경고한다. 땅은 스스로 열매를 맺고, 어느 날 추수 때가 다가올 것이다.[12]

⑥ '겨자씨의 비유'(마르 4,30-32)는 보편적으로 완성된 하느님 나라를 내다보면서 승리의 기쁨으로 가득 찬 전망을 내놓는다. 하느님 나라는 하나

---

[10] '등불의 비유'(마르 4,21-22)와 '새겨들어라'(마르 4,24-25)의 어록 단절어는 상호 보완적 의미 단절어로 이해해야 한다. 등불의 비유는 원시 그리스도교의 복음 선포가 (예수와 그분의 가르침처럼) 누구에게나 공개적으로 이루어져야 함을 뜻한다. 예수 말씀이 어떤 밀교적 집단에게 은밀히 전해질 수는 없다(R. PESCH, *Markusevangelium* 1 [각주 1] 250). 제자들은 '새겨들어라'(마르 4,24-25)는 말씀대로 '하느님 나라의 미래를 믿고 그 믿음이 그들의 선교적 헌신의 척도가 되게 하여야 한다'(같은 책 254). 참조: REPLOH, *Markus* [각주 8] 67-71.

[11] R. PESCH, *Markusevangelium* 1 [각주 1] 254.

[12] 여기서 '추수 때'는 요엘 4,13과 그 밖의 유다 문헌에서와 달리 심판의 때가 아니라 기쁨의 때로 이해되어야 한다(참조: 9,2; 시편 126,5-6). 참조: J. SCHMID, *Das Evangelium nach Markus* (Regensburg ³1954) 102f: 낫을 대어 거두어들이는 사람들의 외침은 환희의 외침이다. 참조: J. JEREMIAS, *Die Gleichnisse Jesus* (Göttingen ³1962) 151. 반론: R. PESCH, *Markusevangelium* 1 [각주 1] 257f (Ausblick auf das Gericht).

의 역동적 실체다. 그 시작은 미미했으나 온 세상을 뒤덮게 된다. 여기서 다시금 교회의 선교 활동을 내다보고, 그 활동으로 말미암아 하느님 나라가 크게 성장하는 모습을 감지할 수 있다. 여기서 예수께서 '가르치시는' 것이 교회에서 실현되고 또 이 하느님의 말씀을 받아들이도록 교회에 권장하고 있다. "예수의 관심사, 곧 임박한 하느님 나라는 말씀 속에서 매우 강도 높게 이루어지는 것이지, 믿으라고 외치는 어떤 추상적 호소 속에 실현되는 것이 아니다."[13] '뿌려진 씨의 비유' 마지막 부분에서(마르 4,33-34) 예수께서 제자들에게는 이 비유의 의미를 모두 설명해 주셨다고 기록되어 있다. 그리고 이 비유는 그들이 예수의 복음과 가르침을 알아듣도록 돕기 위한 것이었지만, 예수께서 그들에게 이 비유의 뜻을 풀이해 주셨을 때야 비로소 그들은 그 뜻을 알아들을 수 있었다(마르 4,33-34 참조).[14]

'선생님'인 예수께서는 이렇게 하느님 나라의 선포를 받아 그것을 교회의 영역으로 넘겨주셨다. 이렇게 함으로써 마르코는 역사의 테두리를 뛰어넘어 그리스도의 모습을 우리에게 제시해 주었다. 이 모습은 말씀 속에 계시는 예수의 현존을 생생하게 느끼게 해 준다. 그렇다면 여기서 이렇게 물을 수도 있겠다: 마르코의 시각에서 볼 때, 이 '씨 뿌리는 사람'은 예수 그리스도가 아닐 수도 있지 않은가? 그러나 이 비유의 초점은 씨앗의 운명에 맞추어져 있고, 씨 뿌리는 사람은 처음에만 잠깐 등장할 뿐이기 때문에, 이 물음은 근거가 매우 빈약하다. 그러나 복음 말씀이 그분에게서 나오고 또 교회 안에서 계속 전파되기 때문에, 이 씨 뿌리는 사람은 예수를 암시한다고도 할 수 있다. 이 비유의 설명이 교회의 영역에 더욱 강력하게

---

[13] J. ERNST, *Markus: Ein theologischer Portrait* (Düsseldorf 1987) 35.

[14] 마르 4,33-34는 마르 4,34와 긴장 관계에 있다. 청중들은 아직 이 비유들을 이해하지 못하고 있다(참조: 마르 4,11-12). 그리고 예수께서는 당신 제자들에게 그 뜻을 따로 설명해 주셔야 했다. 우리는 여기서 전승(마르 4,33-34)과 편집(마르 4,34)을 구별해야 한다. J. GNILKA 는 *Evangelium nach Markus* 1 (Zürich 1978~79) 190f에서 34절은 복음서 저자에게서, 33-34절은 마르코 이전의 편집에서 왔다고 설명한다. 그러나 마르 4,34는 마르코의 경향을 드러내고 있다. 참조: $\kappa\alpha\tau'\iota\delta\iota\alpha\nu$(마르 6,31; 9,2.28; 13,3); 참조: H. RÄISÄNEN, *Die Parabeltheorie im Markusevangelium* (Helsinki 1973) 48-64.

적용되기 때문에, 이 씨 뿌리는 사람은 "말씀을 뿌리는"(마르 4,14) 원시 그리스도교의 복음 선포자들과 선교사들을 가리킨다고도 할 수 있다. 그러나 그것은 비유에 관한 이야기를 시작하면서 말문을 열기 위함일 뿐이고, 모든 관심은 말씀을 받아들이는 것과 더불어 그 말씀을 받아들이는 사람의 자세에 집중되어 있다. 즉, 이 말씀을 받아들일 만한 자세가 준비되어 있는가 아닌가에 집중되어 있다. '가르치시는' 예수께서는 교회 안에 복음이 지속적으로 선포되도록 문을 열어 놓는 것으로 충분하다.

예수의 '가르침'이 역사의 테두리 안에서 언급되는 경우가 잦다(마르 1,22.27; 4,2; 11,18; 12,38). 예수가 당시 유다인들의 스승 중 한 분으로 거론되기도 하지만,[15] 그들과는 엄격히 구별된다. 예수께서 카파르나움 회당에서 가르치셨을 때, "사람들은 그분의 가르침에 몹시 놀랐다. 그분께서 율법 학자들과 달리 권위를 가지고 가르치셨기 때문이다"(마르 1,22). 예수께서 마귀를 쫓아내시자 사람들은 모두 놀라 이렇게 말했다. "이게 어찌 된 일이냐? 새롭고 권위 있는 가르침이다. 저이가 더러운 영들에게 명령하니 그것들도 복종하는구나"(마르 1,27). 우리는 예수께서 회당에서 무엇을 가르치셨는지 알 수가 없다. 사람들이 그분의 가르침을 어떻게 받아들였는지, 그것만 알 수 있을 뿐이다. 그것은 하느님의 권능으로 하신 말씀, 하나의 '새로운' 가르침이었다. 마귀를 쫓아내시고 더구나 그 후 성전에서 상인들을 쫓아낸 행동으로 말미암아(마르 11,18) 그분의 '가르침'은 매우 강력한 인상을 남겼다. 사람들도 그분의 말씀을 듣는 것을 좋아했고, 그분의 가르침을 율법 교사들이 가르치는 방식과는 판이한, 일종의 도전으로 받아들였다(마르 12,38 참조). 예수께서 회당과 지방 곳곳에서 백성들을 가르치실 때, 가령 윤리적 지침 같은 어떤 일정한 주제를 정해 놓고 말씀하셨다고, 제한적으로 생각해서는 안 될 것이다(마르 6,2.6 참조). 예수께서는 사람들에게 "많은 것을 비유로 가르치셨다"(마르 4,2).

---

[15] 참조: K.H. RENGSTORF, *ThWNT* 2 (1935) 155-158.

예수께서는 유다인들의 공적 교육자들과 대비됨으로써 비로소 스승으로서의 당신 면모를 드러내셨다. 그분은 절대 권위를 가지고 말씀하셨고, 그 배후에는 하느님이 계셨다. 그분은 당신 공동체의 스승으로서 똑같은 권위로 공동체 생활에서 일어나는 문제들에 관하여 가르치신다. 이렇게 당신 백성을 가르치던 예수께서 이제는 자연스럽게 교회에 대하여 말씀하시는 그리스도가 되셨다. 예수께서 당신 수난과 죽음의 길을 제자들에게 '가르치셨음'도 우리는 오직 이렇게만 이해할 수 있다(마르 8,31; 9,31). 예수의 '가르침' 속에는 신자들이 부활 후에야 비로소 알아들을 수 있는 것까지 포함되어 있다.

1.3 병자 치유와 구마驅魔

마르코는 자기 복음서 앞부분에 예수께서 전권을 가지고 가르치시고, 마귀들을 쫓아내셨다는 것(마르 1,21-28)을 기술한 다음, 병자들을 고치신 이야기를 시작한다. 우선 베드로 장모의 열병을 고치신 이야기(마르 1,29-31)를 하고 나서, 안식일 이후 많은 병자를 고치시고 마귀들을 쫓아내셨다고 기록한다(마르 1,32-34). 예수께서는 복음을 선포하시려고 나서지만, 그때마다 잊지 않고 병자들을 보살펴 주셨다. 예수께서는 어떤 나병 환자(마르 1,40-45)와 중풍 병자(마르 2,1-12)를 고쳐 주시고 손이 오그라든 사람도 낫게 해 주셨다(마르 3,1-6). 그 후 예수께서 몇 가지 비유로 가르치신 다음, 여러 가지 기적을 행하신 이야기가 이어서 나온다. 호수를 건너다가 풍랑을 가라앉히시고(마르 4,35-41), 게라사에서 마귀 들린 사람을 정상으로 회복시켜 주셨으며(마르 5,1-20). 하혈하는 부인을 고치시고 죽어 가는 야이로의 딸을 살려 주셨다(마르 5,21-43). 그리고 겐네사렛에서 병자들을 고치신(마르 6,53-56) 다음, 다시 시리아 페니키아 여자의 딸을 치유해 주시고(마르 7,24-30), 귀먹고 말 더듬는 이를 고치셨다(마르 7,31-37). 벳사이다에서는 눈먼 사람에게 시력을 회복시켜 주시기도 하셨다(마르 8,22-26). 산 위에서의 영광스러운 변모가 있은 다음, 예수께서는 간질병에 걸린 소년을 낫게 해 주셨다(마르

9,14-27). 예루살렘으로 올라가는 도중 예리코에 들렀을 때도, 눈먼 거지 바르티매오를 불쌍히 여겨 다시 볼 수 있게 해 주셨다(마르 10,46-52). 이렇게 병을 고쳐 주는 일은 예루살렘에 입성할 때까지 예수의 전 활동 기간 내내 계속된다.

마르코가 전승으로부터 물려받아 활용한 이 치유 이야기들은 예수의 모습을 그려 내는 데 본질적으로 기여한다. 예수는 구마자요 치유자다. 그분은 병자들에게 치유의 힘을 불어넣거나 병자를 만지거나 또는 그 밖의 치유 방법을 써서 병을 고치셨다. 마귀를 쫓아내는 것과 병을 고치는 것이 비슷한 행동이기는 하지만, "구체적으로 구마 행위와 치유 행위는 엄연히 구분된다. 싸우는 행동과 치유의 힘을 불어넣는 행동은 다르기 때문이다".[16] 병을 고치는 힘은 마르코가 편집하여 작성한 집약문(마르 6,54-56) 속에 분명하게 묘사된다. 사람들은 "그 지방을 두루 뛰어다니며 병든 이들을 들것에 눕혀, 그분께서 계시다는 곳마다 데려오기 시작하였다. 그리하여 마을이든 고을이든 촌락이든 예수님께서 들어가기만 하시면, 장터에 병자들을 데려다 놓고 그 옷자락 술에 그들이 손이라도 대게 해 주십사고 청하였다. 과연 그것에 손을 댄 사람마다 구원을 받았다". 하혈하는 부인을 고쳐 주신 이야기에서 보았듯이, 병을 치유하는 힘이 예수로부터 나오고 있다. 이 집약문은 예수께서 즐겨 활동하신 겐네사렛 호수 북서부 인근 지역에서의 치유 활동을 기술하는데, 우리는 이를 예수의 활동에 관한 전형적 표현으로 보아야 한다.[17] 이는 예수께서 지상에서 활동하신 내용들을 요약하여 기록한 것이다. 이 기록은 예수를, 창조 때 하느님께서 인류에게 내려 주신 축복을 회복시켜 주고, 메시아 시대가 도래했음을 알려 주는 구세주로 특징짓는다. 예수께서 데카폴리스 지역에서 귀먹고 말 더듬는 사람을 고쳐 주자, 사람들은 넋을 잃고 이렇게 말했다. "저분이 하신 일은 모두

---

[16] G. Theissen, *Urchristliche Wundergeschichten* (Gütersloh 1974) 102.

[17] 마르코의 집약문(1,32-34; 3,7-12; 6,53-56)에 관하여: Kertelge, *Die Wunder Jesu* [각주 4] 30-39; Koch, *Wundererzählungen* [각주 4] 160-171.

훌륭하다. 귀먹은 이들은 듣게 하시고 말못하는 이들은 말하게 하시는구나"(마르 7,37). 우리는 이 문장이 창세기와 이사야서에서 인용했다는 것을 알 수 있다. 이 구절은 하느님께서 손수 만드신 조물을 보고 "참 좋았다"라고 한 창세기 1장 31절(칠십인역)과 메시아 시대의 축복을 기록한 이사야 35장 5-6절이 결합된 것이다.

이런 관점에서 우리는 마르코가 이 치유 사건을 구원 시기의 표징으로 보고 있음을 알 수 있다. 하느님께서는 장애인과 병자들을 고치되 인간 예수를 통해서 행하신다. 그리고 이 일이 다른 민족 지역에서도 이루어진다. 이는 새로 창조된 세상에서 모두가 행복하게 살아야 한다는 뜻이다. 귀먹고 말 더듬는 이를 고치신 이야기에서 예수께서 하늘을 우러러 머리를 들었다는 것(마르 7,34)은 병을 고치는 일은 오로지 하느님의 힘으로 행하신다는 뜻이고, 병자의 몸을 만진 것은 병자의 육체적 장애를 없애라고 하느님께서 내려 주신 힘을 사람들이 체험할 수 있도록 보여 주시는 것이다. 귀먹은 이의 귀를 한 말씀으로['에파타(열려라)!'] 열어 주시고, 묶인 혀도 풀어 주신다. 이렇게 치유됨으로써 그 사람은 말하고 대화할 수 있게 되었다. 그의 인격은 완전히 회복되어 새 삶을 살게 되었다.[18] 마르코는 예수의 이 치유 행위를 당시 사람들이 행하던 치료 방법에 따라 묘사한다. 그러나 마르코는 예수를 마술로 기적을 행하시는 분으로 묘사하려는 의도가 전혀 없고, 단지 하느님께서 주신 치유 능력을 행사하시는 분으로 소개하고자 할 뿐이었다. 여기서 예수께서는 나병 환자를 고치셨을 때와 마찬가지로 치유 사실을 아무에게도 말하지 말라는 함구령을 내리셨는데(마르 1,44), 사람들은 또다시 그 명령을 따르지 않는다. "그렇게 분부하실수록 그들은 더욱더 널리 알렸다"(마르 7,36).

---

[18] 여기서 그리스도론적 경향도 유념해야 한다. K. KERTELGE는 *Die Wunder Jesu* [각주 4] 160에서 이렇게 말한다: "이미 여기에 예수께서 부활 이후(마르 9,9 참조) 당신 제자들과 신자들에게 하실 일이 상징적으로 나타난다." 그러나 이 이야기에서 직접 이런 결론을 이끌어 낼 수는 없다.

벳사이다의 눈먼 이를 고치시는 이야기에서도 유사한 경향을 찾을 수 있다(마르 8,22-26). 여기서도 예수께서는 눈먼 이를 마을 밖으로 데리고 나가 사람들에게서 멀리 떨어진 곳에서, 그를 온전하게 고쳐 주신다. 그 과정은 단계적으로 이루어진다. 맨 먼저 예수께서는 그의 두 눈에 침을 바르고 그에게 손을 얹는다. 그러자 그 사람은 사람들을 '나무처럼' 뿌옇게 볼 수 있게 된다. 예수께서 다시 그의 두 눈에 손을 얹으시자, 이제 모든 것을 똑똑히 보게 된다. 마르코가 전승에서 물려받은 이 단계적 치유는 이 병의 심각성과 끊임없이 솟아나는 예수의 힘을 보여 준다. 이 두 가지 치유 이야기는 닮은 점이 많다. 즉, 사람들에게서 격리시켜 고치는 것, 치료제를 활용하고 치유 동작을 통해서 집중적으로 고치는 것, 그리고 또다시 군중들에게서 거리를 두게 하는 것이다. 이 치유에 내포된 상징적 의미도 간과할 수 없다. 이 치유 직전에 제자들은 예수께 눈이 멀었다고 꾸중을 들은 적이 있었다(마르 8,18). 이제는 이들이 점차적으로 보게 되어야 한다.[19] 눈먼 제자들이 참으로 눈을 뜨게 되는 치유는 예수의 죽음을 통해서 이루어지고(마르 8,31-32), 그다음으로 예수의 부활을 통해서 이루어진다(마르 9,9).

예수께서 내리는 함구령(마르 1,44; 5,43; 7,36), 즉 예수께서 공적으로 노출되지 않고 조용히 있으려는 노력(마르 5,19; 8,26)과 사람들이 예수의 명령을 무시하고 그분이 기적적으로 병을 치유한 사실을 널리 알리려는 행동은 긴장감 넘치는 광경을 연출한다. 한편으로 하느님의 기적 행위는 여느 기적을 행하는 사람의 행적처럼 공개되어서는 안 된다는 것이고, 다른 한편으로 이 기적이 은밀한 것이기는 하지만, 그 위력이 너무 커서 그 소문을 막는다는 것은 불가능함을 의미한다. 이 복음서 저자의 시각에서 볼 때 이 두 측면은 예수의 구원 행위 자체에 근거를 두고 있다. "소문을 퍼뜨리지 말라고 금지하시는 것과 그 명령을 어기는 것은 전승이나 편집 과정에서

---

[19] 참조: J. GNILKA, *Evangelium nach Markus* 1 [각주 14] 315: "보는 눈을 지니고 싶은 사람은, 즉 그분의 말씀을 신앙으로 이해하고 싶은 사람은, 예수와 결합되어 있어야 한다."

유래한 것이 아니다. 마르코 복음 7장 36절에서 이 두 요소가 동시에 강조되는 것은 바로 마르코의 편집적 특징이라고 보아야 한다.”[20] 치유자요 구마자이신 예수의 활동(마르 5,1-20)은 이렇듯 신적 활동의 시야 속에 들어 있다. 이 활동은 감추어져 있는 신비다. 그렇지만 전대미문의 광채를 발하고 있다. 사람들은 예수의 이런 행동이 뿜어내는 힘에서 강한 인상을 받을 수밖에 없다. 그러나 그 뜻을 알지 못하고, 오히려 거부 반응을 일으킨다(마르 6,2-3). 이 독특한 서술이 ‘메시아 비밀’과 얼마나 깊이 연관되어 있는지는 앞으로 좀 더 검토해 보아야 한다.

예수의 치유 활동과 관련하여 몇 가지 더 고찰하는 것이 유익하겠다. 예수께서 하혈하는 부인을 고치실 때(마르 5,25-34), 큰 군중이 그분을 에워싸며 밀쳐 대고 있었다. 그때 그 부인이 예수로부터 흘러나오는 치유의 힘을 남몰래 받아 입고자, 슬그머니 그분의 옷에 손을 댔다. 그러나 예수께서 알아채시고 누가 그렇게 했는지 물으셨다. 그때 그 부인이 두려워 떨며 앞으로 나아가 사실대로 실토했다. 율법에 금지된 것을 저질렀음을 잘 알고 있던 그 부인이 공포에 질린 채 예수 앞에 서게 되었다. 그러나 예수께서는 그 부인을 단죄하지 않으시고 오히려 따뜻하게 ‘딸아’ 하고 부르시며, 그 여인이 지닌 주술적 믿음을 높은 단계로 끌어올리시어 올바른 믿음으로 이끌어 주셨다. 예수에 대한 신뢰가 이 부인을 ‘낫게 하였고’(마르 5,34), 하느님의 평화 속에 몸과 마음이 완쾌되어 집으로 돌아갈 수 있었다. 예수께는 하느님의 치유 능력이 이렇게 현존하기 때문에 아직 정화되지 않은 믿음도 병의 치유를 받을 수 있게 인도해 준다.

그다음 간질병에 걸린 소년을 고치시는 이야기에서는 믿음과 치유 문제가 더 깊이 다루어진다. 제자들은 이 중병에 걸린 불행한 소년을 구해 줄 방법이 없었다. 그의 아버지는 이 아이가 벙어리 영이 들려 이 병을 앓고 있다고 하였다(마르 9,17). 절망에 빠진 그 아버지는 예수께 매달리며 이렇게

---

[20] KOCH, *Wundererzählungen* [각주 4] 73.

애원했다. "하실 수 있으면 저희를 가엾이 여겨 도와주십시오." 그러자 예수께서 그를 꾸짖으시며 "'하실 수 있으면'이 무슨 말이냐? 믿는 이에게는 모든 것이 가능하다" 하시고, 그 소년에게서 벙어리 귀머거리 영을 쫓아내셨다. 예수의 이 말씀은 예수 당신은 하느님에 대한 끝없는 신뢰로 치유에 임하실 뿐 아니라 그 사람에게 당신처럼 이러한 신뢰를 가지라고 요구하는 것으로밖에는 달리 알아들을 수가 없다.[21] 예수의 치유 능력은 그분께서 천상 아버지와 깊이 결합되어 있다는 데서 온다. 예수께서는 인간적으로 불가능한 것은 모두 아버지께 맡기면서, 아버지께서 해결해 주시리라는 것을 굳게 믿는다. 이는 예수께서 제자들에게 가르치는 말씀에서 확인할 수 있다. 예수께서는 이렇게 말씀하셨다! "그러한 것은 기도가 아니면 다른 어떤 방법으로도 (그 악한 영이) 나가게 할 수 없다"(마르 9,29). 예수께서는 신뢰로 가득한 기도 속에 모든 것을 하느님께 맡기면서 그분께서 이루어 주시기를 빈다. 이 기도는 인간의 모든 사고와 제약을 극복한다. 이 이야기는 믿음만 있으면 산도 옮길 수 있다는 예수의 말씀이 아직도 귀에 쟁쟁한, 부활 이후의 교회의 지평에까지 옮겨 전해지고 있다(마르 11,22-24; 참조: 마태 17,19-20). 교회가 신뢰로 가득한 믿음을 굳게 지닐 때, 이 교회 안에도 예수의 치유력이 발휘된다.

그러나 예리코의 소경 바르티매오를 고치시는 이야기는(마르 10,46-52) 오랫동안 고통 속에 살아온 한 사람이 예수와 또 다른 각도에서 관계를 맺고 있음을 보여 준다. 자비를 갈구하는 사람의 간청을 예수께서는 물리치지 않으신다. 눈먼 이 사람은 예수께서 다윗의 자손이라는 믿음을 가지고 그분께 달려온다. 그때 예수께서는 걸음을 멈추고 그를 불러오라고 하신다. 이것은 고통 중에 있는 사람들을 불쌍히 여기는 예수의 인간적인 모습이자 그 사람에게 믿음을 요구하는 모습이다. 예수께서는 눈먼 이 사람에게

---

[21] GNILKA, *Evangelium nach Markus* 2 [각주 14] 48: "그 아버지가 아니라 예수께서 믿음의 모델이 되신다. 오로지 이분만이 믿는 분의 전능한 힘의 말씀을 하실 수 있다."

도 하혈하는 부인에게 하신 것과 같은 말씀을 하신다. "가거라. 네 믿음이 너를 구원하였다"(마르 10,52). 이렇게 예수께서는 이 사람을 당신과 친교를 이루도록 이끌어 주셨다. 그러자 그는 그분의 제자가 되어 예수를 따라 길을 나섰다(마르 10,52). 예수께서는 치유받은 이 사람을 제자로 받아들였고, 그는 예수를 따라 예루살렘으로 길을 떠나게 된다. 수난의 길을 같이 가게 된다는 뜻이다. 여기서도 역시 후대 교회에 대한 전망이 나타난다.[22]

이렇게 우리는 예수께서 병을 고쳐 주시는 이야기들이 제시되는 맥락이 서로 다르다는 것을 알 수 있다. 마르코는 자기가 활용할 수 있는 전승을 바탕으로, 구마자요 치유자인 예수의 모습을 그려 냈다. 이 예수 모습은, 곧 하느님께서 당신에게 내려 주신 치유의 힘을 드러냄과 동시에 고통당하는 사람들을 만나고 그들 곁에서 온정을 베푸는 그분의 인간적인 면도 보여 준다. 여기에는 헬레니즘적 '신적 인간'을 연상시키는 요소도 들어 있다. 그렇지만 당신 아버지이신 하느님에 대한 예수의 관계가 주도적으로 나타난다. 예수께서는 하느님에 대한 무한한 신뢰를 가지고 그분의 힘에 의지해서 활동하시기 때문이다.

병을 고치는 예수의 모습은 매우 다채롭다. 그러나 전체적으로 이 모습은 예수께서 메시아이자 하느님의 아드님임을 선포하는 데 기여한다. 복음을 선포하는 예수는 큰 권능을 지니고 활동하며 인류의 상처를 치유해 주는 분이다.

1.4 기적과 발현

성서학자들이 일반적으로 '자연의 기적'으로 분류하는 사건들 속에는 유형적으로 서로 다른 이야기들이 포함되어 있다. 가령 사람들을 생명의 위험에서 건져 주시는 기적(마르코 복음서에서는 거센 풍랑에서 구해 주신 사건), 굶주린

---

[22] 마르코 복음서가 말하는 믿음에 관해서는 Th. SÖDING, *Glaube bei Markus: Glaube an das Evangelium, Gebetsglaube und Wunderglaube im Kontext der markinischen Basileia- theologie und -christologie*, SBB 12 (Stuttgart 1985) 385-511 참조.

사람들에게 음식을 마련해 주시는 기적(빵의 기적), 발현Epiphanie(산 위에서의
예수의 영광스러운 변모와 호수 위를 걸으심) 등이다.[23]

마르코 복음에서 '기적 혹은 기적의 힘'$\delta \upsilon \nu \acute{\alpha} \mu \epsilon \iota \varsigma$에 관해 언급할 때(마르
6,2.14), 그것은 일반적으로 상식을 초월하는 행동, 기적처럼 보이는 행위를
말한다. 특히 병을 고치고 마귀를 쫓아내는 행위를 일컫는 말로 사용되었
다. 예수에 대하여 회의적이며 불신을 품고 있던 나자렛 주민들이 (예수께
서 말씀하실 때) 그분에게 이런 지혜가 부여되었고 또 그분의 손을 통해서
이런 기적들이 이루어지는 것을 보고 놀라움을 금치 못했다. 예수께서 카
파르나움 회당에서 가르치고 마귀를 쫓아내실 때 사람들이 보고 확인한
것(마르 1,27)과 같이 여기서도 권위 있는 가르침과 비범한 힘의 행사가 결합
되어 있다. 나자렛 주민들을 놀라게 했던 예수의 '기적들'은 마르코 복음
5장에 기록된 기적 이야기들인 것 같다. 즉, 게라사에서 마귀 들려 고생하
던 사람에게서 더러운 영을 쫓아낸 것, 하혈하는 여자를 고친 것, 야이로
의 딸을 살려 낸 것이다. 기적을 행하시는 분이라는 명성이 이제 당신 고
향 나자렛까지 전해졌다. 그러나 그곳에서는 그들의 불신 때문에 예수께
서는 아무런 기적도 행하실 수 없었고, 다만 몇몇 병자에게만 손을 얹어
그들의 병을 고쳐 주셨을 뿐이다. 하지만 마르코의 시각에서 볼 때 예수께
서는 기적을 통하여 당신의 치유 활동을 뛰어넘고 있으며 상식을 초월한,
기적을 행하는 분이셨다.

헤로데 안티파스 왕은 예수의 강력한 힘, 즉 기적 이야기들을 전해 듣고
백성들과 같은 생각을 하게 되었다. 즉, 얼마 전에 자기가 목 베어 죽인 세
례자 요한이 예수라는 인물로 되살아났기 때문에 그분에게 이런 힘이 작용
하고 있다고 여겼다(마르 6,14-16). 여기 등장하는 '강력한 힘'$\delta \upsilon \nu \acute{\alpha} \mu \epsilon \iota \varsigma$[『성경』(한
국 천주교 주교회의 2005)은 '기적의 힘'으로 번역 — 역자 주] 역시 예수의 기적 행위를
일반적이면서도 포괄적으로 표현한다. 세례자 요한이 이런 행위를 했다고

---

[23] 참조: THEISSEN, *Wundergeschichten* [각주 16] 102-114.

전하는 것은 아무것도 없다. 그러나 여기서는 그런 일을 했다고 분명히 전제되고 있다. 막강한 성과를 이룬 요한의 활동이 더욱 강화되어 예수께 옮겨 전해진 것으로 본다. 그렇다고 예수 모습에 새로운 면이 추가된 것은 아니다. 예수의 부활을 두고 하는 말도 아니다. 항간에 퍼져 있던 사람들의 생각이 예수를 "죽은 이들 가운데에서 되살아난"(마르 6,14) 요한이라는 인물로 믿게 했다. 그렇다고 이것이 죽은 이들의 종말론적 부활에 관한 언급이라고 생각할 필요는 없다.[24] 요한은 예수의 선구자다. 마르코 복음 9장 13절에 따라 그는 메시아에 앞서 온 엘리야로 여겨질 수 있다. 또한 자기 운명을 통해서 예수의 수난과 죽음을 미리 보여 준다. 그러나 결코 예수의 부활을 암시하지는 않는다. 예수라는 인물로 '다시 살아난' 세례자 요한이 지상에서 그분의 강력한 힘을 행사하고 있다고 그들은 생각했다.

그러나 발현 이야기에서는 지상에서 강력한 힘을 행사하시던 예수의 모습 배후에 부활하신 그리스도의 모습이 나타난다. 그분은 하느님의 아드님이시다. 그것은 이미 예수께서 세례를 받으실 때, 그리고 그분의 영광스러운 변모 때, 하느님께서 입증하신 바 있다. 예수의 세례도 하나의 발현 이야기다. 여기서 예수의 본질이 '신적 발현'die göttliche Theophanie을 통하여 밝혀진다. 마르코 복음서에는 예수께서 활동을 시작하실 때 하느님께서 하신 증언[하늘이 갈라지며(열리며) 들려오는 하느님의 음성]을 오직 예수만 감지하신 것으로 기록되어 있다. **그분은** 하늘이 열리고 영께서 비둘기 모습으로 당신께 내려오시는 것을 보셨고, **그분은** 하느님께서 당신에게 하시는 말씀을 들으셨다. "너는 내가 사랑하는 아들, 내 마음에 드는 아들이다"(마르 1,9-11). 물론 이 세례 장면은 하느님이 보내신 구세주를 교회에 소개하는 역할도 한다. 마르코 복음서에서는 산 위에서 예수의 영광스러운 변모(마르 9,2-10)가 일어날 때 비로소, 그 자리에 있던 제자들이 하느님의 음성을 듣

---

[24] GNILKA, *Evangelium nach Markus* 1 [각주 14] 248: "그 종말론적 예언자가 죽음과 부활의 운명을 지니게 될 것이라고 예수 시대의 유다인들이 기대하고 있었다는 확실한 증거는 제시할 수 없다. … 부활에 관한 종말론적 개념은 아직 존재하지 않았다."

게 된다. 이 음성은 예수를 가리키며 힘주어 말씀하신다. "너희는 그의 말을 들어라"(마르 9,7). 그때 예수의 옷은 천상 광채로 빛났고, 그분은 천상 인물들과 말씀을 나누고 계셨다. 제자들 앞에서 드러낸 예수의 영광스러운 변모는 그들에게 부활하신 그리스도의 모습을 미리 앞당겨 보여 준 것이다. 그것은 영광 받으신 그리스도를 예수의 지상 생애에 투영시켜 보는 것이다.

그렇다면 이 영광스러운 변모는 이 복음서 저자의 예수 모습에 어떤 의미를 지니고 있을까? 지상에서 복음을 선포하고 가르치는 예수, 병자들을 고치고 마귀를 쫓아내는 예수에게는 장차 부활하실 때 드러날 미래의 영광이 잠재해 있다. 그리고 하느님께서 예정하신 예수의 수난과 죽음은 이 영광이 드러나기 위한 전제 조건이다. 지상에서의 예수의 활동, 곧 적들로부터 끊임없이 공격과 위협을 받고 있던 이 활동은 하느님의 은밀하신 인도로 이루어지고 있다. 예수의 영광스러운 변모 이야기가 부활하신 그리스도의 빛을 얼마나 강력하게 받고 있는지는 산에서 내려올 때 예수께서 세 제자들에게 내리신 함구령으로 알 수 있다. "사람의 아들이 죽은 이들 가운데에서 다시 살아날 때까지, 지금 본 것을 아무에게도 말하지 말라고 분부하셨다"(마르 9,9). 그때까지 제자들에게만 미리 보여 준 예수의 이 영광은 공개될 수도 없고 또 공개되어서도 안 된다. 교회는 이 세상에 등장하시어 활동하는 예수의 행동 속에 그분의 신적 권위가 작용하고 있다는 사실을 알아야 한다. 그러나 그 권위는 아직 덮개로 덮여 있어서, 오로지 믿음만이 그 덮개를 열어젖힐 수 있다.

이와 비슷한 또 다른 발현 사건이 예수께서 호수 위를 걸으신 이야기 속에 기록되어 있다(마르 6,45-52). 예수께서 거센 파도 위를 걸으셨다는 것은 인간을 파멸시키는 악의 권세를 극복하시는 하느님의 힘을 생생하게 보여 주는 사건이다. 하느님께서는 "바다의 등"(욥 9,8)을 밟으시고, 그분의 어좌는 큰 물의 세찬 소리보다 높은 곳에 자리 잡고 있으며(시편 93,2-4), 거센 큰 물에서 구원하여 주실 수 있으시다(시편 144,7). 이런 위협 세력들을 제어하시는 하느님의 위대함이 예수께 옮겨졌다. 예수께서는 이제 힘차게 파도 위를 걸으시며, 제자들 곁을 "지나가려고 하셨다"(마르 6,48). 이 "지나가려고 하셨다"라는 표현은 하느님의 영광이 모세(탈출 33,21-23)와 엘리야(1 열왕 19,11-12) 앞을 지나간 것을 떠올리게 한다. 하느님의 큰 힘이 아주 가까이 계셔서 그들을 보살피심이 드러난다. 이렇게 그리스도 발현Christophanie이 제자들에게는 동시에 구원이 되었다. 예수께서는 이제 당신의 자기 계시Selbstoffenbarung를 통해 그들을 격려하신다. "나다, 두려워하지 마라"(마르 6,50). 그러고 나서 그들이 탄 배에 오르시자 바람이 멎었다. 이 구원의 동기가 전에 이미 호수에서 거센 폭풍을 가라앉히시며 제자들을 살려 주신 사실을 암시해 준다(마르 4,39). 이 이야기에서도 예수의 신성神性이 외적 사건의 덮개를 뚫고 나온다. 호수 위를 걸으시는 예수를 보고 '유령'인 줄 알았던 제자들에게, 예수께서는 이제 계시자가 되신다. 신적 권능으로 풍랑을 제압하며 위험해진 제자들을 구해 주는 계시자가 되신 것이다. 그러나 제자들은 얼이 빠져 그 사건의 의미를 전혀 깨닫지 못했다. 그것은 일전에 많은 사람을 먹인 빵의 기적의 의미를 깨닫지 못했던 것과 같다. 그들의 마음이 완고해졌기 때문이다(마르 6,52). 여기서 제자들이 이해하지 못하는 것은 마르코 복음서 '메시아 비밀'의 일부분이다.

많은 사람을 배불리 먹인 사건(마르 6,30-44; 8,1-10)도 예수 기적의 하나로 분류된다. 예수께서는 예언자 엘리사가 행한 것을 모델로 삼아 이 기적을 행하셨다. 엘리사는 보리빵 스무 개로 백 명을 배불리 먹였다(2 열왕 4,42-44). 그러나 이 두 사건에서 예수의 행동은 엘리사를 훨씬 능가한다. 배불리 먹은 사람 수만 해도 그렇다. 마르코와 마태오 복음서에는 예수께서 빵의 기적을 두 번 행한 것으로 나온다(마르 6,30-44/마태 14,13-21; 마르 8,1-10/마태 15,32-39). 그러나 실제로 빵의 기적이 두 번 있었던 것이 아니라, 먼 지방에서 일어난 같은 사건이 마르코(와 마태오)에게 전해지는 과정에서 두 형태를 띠게 된 것 같다. 이렇게 이 이야기들은 이 복음서 저자들에 의해서 역사적 전승의 문제와 해석의 문제를 배태하게 되었다. 이 전승을 받아들이고 그것을 교회 생활에 유익하게 활용하던 초대교회 당시, 이 빵의 기적은 틀림없이 여러 가지 많은 생각을 자아냈고, 또 상징적으로 해석되었으리라는 점을 감안해야 한다. 여기서는 이 모든 문제를 상론詳論하지 말고, 다만 마르코가 다룬 이 두 편의 빵의 기적 이야기가 예수의 모습에 어떻게 기여했는지만 구명해 보고자 한다.

빵의 기적을 행할 때 예수는 예언자 엘리사의 경우처럼 '하느님의 사람'으로 나타난다. 그러나 실제로는 그 예언자를 훨씬 능가하는 분이다. 예수께서는 이 기적을 하느님의 힘으로 이루신다. 이 점을 마르코는 예수께서 '하늘을 우러러'(마르 6,41) 찬미의 기도를 드렸다는 말로 암시하고 있다. 두 번에 걸쳐 전하는 빵의 기적 이야기는 예수께서 백성을 불쌍히 여기신 것을 강조한다. 첫 번째 빵의 기적 이야기에서는 예수께서 사람들을 목자 없는 양들과 같다고 했고(마르 6,34), 두 번째 이야기는 사람들이 먹을 거라곤 아무것도 없이 사흘 동안 예수와 함께 지냈기 때문에 집으로 돌아가는 길에 허기져 쓰러지지나 않을까 염려하셨다고 전한다(마르 8,2-3). 예수께서 기적을 행한 동기가 이렇게 서로 다르다. 첫 번째 기적에서 예수께서는 목자 없는 양들에게 당신 가르침으로 방향과 목표를 제시하여 주신다. 가르치는 선생님은 하느님 백성의 영도자이기도 하다. 마르코는 이 구절(6,34)을 민수기 27장 17절이나 에제키엘 34장 5절에서 인용했을 수도 있다. 민수기 27장에서 하느님께서는 여호수아를 공동체 지도자로 임명하셨고, 에제키엘 34장에서는 이전까지 활동했던 목자들의 비행을 개탄하며 질타하고 나서, 좋은 목자를 보내 주겠다고 약속하셨다. 이분은 공동체의 유일한 목자이자, 양들을 풀밭으로 인도할 분이다. 하느님께서는 이분, 곧 '나의 종 다윗'(에제 34,23)을 목자로 세우신다. 마르코는 이 이야기의 배후로 다윗 가문 출신 메시아를 생각했을 가능성도 있다. 이 첫 번째 빵의 기적 이야기에서 예수께서는 군중을 가르치고 난 다음 저녁이 되자 빵의 기적을 행하셨다. 여기서도 불쌍히 여기는 마음에서 행한 듯하다. 이 빵의 기적을 행하시게 된 동기가 이 이야기 첫머리에 암시되어 있다. "오고 가는 사람들이 너무 많아 음식을 먹을 겨를조차 없었던 것이다"(마르 6,31).[25] 예수께서는 제자들의 생각과는 달리 허기진 군중을 그대로 돌려보내지 않고, 친히 그들에게 먹을 것을 마련해 주고자 하셨다. 예수께서 베푸는 이 식사가 후대 교회에 투명하게 드러나도록 기록되었다. 그것은 곧 하느님의 백성이 식탁에 (50~100명씩) 모여 앉아 메시아와 함께 기쁨의 축제를 지내는 것이다. 이 식사가 성찬례를 암시한다고까지 주장하는 것은 납득이 가지 않는다.[26] 그렇지만 여기서 그들을 초대한 분이 예수라는 것을 감안한다면, 이 빵의 기적 이야기는 교회를 내다보고 있다는 것을 알 수 있다. 예수께서는 바로 이 교회에 당신의 선물을 베푸신다. 예수께서 뽑은 열두 사도들 때문에 여기서 열두 광주리도 언급된다(마르 3,13-16 참조). 그리고 배불리 먹은 사람 수가 많았다는 것도 후대 교회를 암시하는 상징성을 지닌다. 제자들 앞에서 행하신 예수의 이 행동은 이렇듯 깊은 의미를 지닌다. 물론 제자들조차도 그것을 알아들을 수가 없었다. "그들은 빵의 기적의 의미를 깨닫지 못하였다"(마르 6,52; 8,17-21). 이 큰 기적은 제자들의 무지를 더해 줄 뿐이었다. 그것은 '메시아 비밀'이라는 맥락 속에서 보아야 비로소 이해될 수 있다.

두 번째 빵의 기적 이야기(마르 8,1-10)에는 지친 사람들에 대한 예수의 인간적 동정이 더욱 강하게 나타날뿐더러 당시 상황과도 더 긴밀히 결부되어 있다. 이 이야기(마르 8,1-10)가 첫 번째 빵의 기적 이야기(마르 6,31-44)보다 더 오래된 전승 형태를 띤다는 주장에 대해서는[27] 이 속에 나타나는 헬레니즘적 지평으로 미루어, 의구심을 가지지 않을 수 없다. 마르코 복음 8장

---

[25] SCHENKE, *Wundererzählungen* [각주 4] 218: "군중이 모여들어 제자들이 식사할 겨를조차 없었다는 표현(마르 3,20 참조)은 마르 6,34-44에 기록될 빵의 기적을 은근히 앞당겨 말해주는 것 같고, 또 이 기적은 제자들 때문에 일어났다는 것을 암시하고자 하는 것 같다."

[26] GNILKA, *Evangelium nach Markus* 1 [각주 14] 261.

[27] 참조: SCHENKE, *Wundererzählungen* [각주 4] 220-228(두 이야기에는 모두 이차 작업이 가해졌다); A. SEETHALER, "Die Brotvermehrung – Ein Kirchenspiegel?" *BZ* 34 (1990) 108-112.

6절이 성찬례적으로 표현되어 있기 때문에, 이 구절은 틀림없이 성찬례 식사를 암시한다고 보아야 할 것이다. 물고기를 축복하신 다음 나누어 주라고 이르신 대목도 성찬례 때 실행되던 주님의 만찬에 대한 기억을 간직한 것으로 생각된다(요한 21,12-13 참조). 이 이야기에서 언급되는, 먼 데서 온 사람들(마르 8,3), 곧 유다인들과 함께 한식탁에 앉아 같이 식사하는 사람들은 종말론적 식사das eschatologische Mahl에 초대받은 다른 사람들을 두고 하는 말로 생각될 수도 있다(루카 13,29). 교회의 성찬례에서 종말론의 실현이 이미 가시화되고 있다.[28] 그러나 지금까지의 이 모든 설명은 빵의 기적을 상징적으로 이해하는 하나의 가능성에 지나지 않으며, 광야에서 일어난 사건에 다양한 색을 덧입혀 보는 것일 뿐이다. 이 두 빵의 기적 이야기가 의도하는 상징을 정확히 파악하기란 매우 힘들다. 그러나 이 **두** 이야기의 '삶의 자리'Sitz im Leben는 교회다. 마르코에게는 지상에서 이런 기적들을 행하신 예수가 부활 이후 교회에 현존하시는 그리스도인 셈이다. 백성에게는 자비로우신 구세주이시며 교회에는 교회를 보살펴 주시는 주님이신 예수의 모습이 이렇게 나타난다.

1.5 대립과 충돌

지상적 예수 생애는 당신 백성의 지도자들과의 충돌로 점철되어 있다. 마르코 복음서 첫 부분에 이미 다섯 편의 '논쟁 기사'Streitgespräche[29]가 나란히 제시된다. 이 논쟁 기사는 적들을 압도하는 예수의 우월성을 보여 줄 뿐 아니라, 한 걸음 더 나아가 판단하고 행동하는 데도 예수의 절대적 권위를

---

[28] 참조: SCHENKE, *Wundererzählungen* [각주 4] 296; 상당히 유보적인 입장: SEETHALER, "Brotvermehrung", 109.

[29] 이 용어는 M. ALBERTZ, *Die synoptischen Streitgespräche* (Berlin 1921)에 의해 처음 도입되었다. 수집된 자료의 범위에 대해서는 학자들 간에 의견이 일치하지 않는다. 참조: H-W. KUHN, *Älterer Sammlungen im Markusevangelium*, StUNT 8 (Göttingen 1971); W. THISSEN, *Erzählung der Befreiung: Eine exegetische Untersuchung zu Mk 2,1-3,6*, FzB 21 (Würzburg 1976); SCHENKE, *Wundererzählungen* [각주 4] 149-152; GNILKA, *Evangelium nach Markus* 1 [각주 14] 131f.

보여 준다(마르 2,1-3,6). 중풍 병자를 고치시는 이야기(마르 2,1-12)에서 예수께서는 먼저 그에게 죄의 용서를 베푸신다. 이에 못마땅하게 여긴 율법 학자 몇 사람이 마음속으로 생각한다. "이자가 어떻게 저런 말을 할 수 있단 말인가? 하느님을 모독하는군. 하느님 한 분 외에 누가 죄를 용서할 수 있단 말인가?"(마르 2,7). 그러나 예수께서는 그 중풍 병자를 고쳐 주심으로써 사람의 아들이 이 세상에서 죄를 용서할 권한을 가지고 있음을 보여 주신다. 율법 학자들은 마음속으로 은밀히 이런 생각을 하고 있었고, 예수께서 그 것을 알아차리셨지만, 아직 공개적인 충돌은 일어나지 않았다. 그러나 이 제 이 충돌이 점점 커지기 시작한다.

예수께서 세리들과 함께 식사를 하시는 이야기(마르 2,15-17)에서 바리사이파 율법 학자들이 예수께서 세리들뿐 아니라 죄인들과도 어울려 식사를 한다 하여, 그분의 제자들을 공격한다. 그러나 죄인들을 구하기 위한 사명을 지니고 이 세상에 오신 예수께서는 당신의 처신을 정당화하신다. 그것은 죄인들에게 베푸시는 하느님의 자비다. 단식 논쟁(마르 2,18-22)에서도, 의혹의 눈으로 예수와 그분의 제자들을 지켜보던 사람들이 예수께 직접 다가가, 요한의 제자들과 바리사이들은 단식을 하는데 당신과 당신 제자들은 왜 단식을 하지 않느냐고 따져 물었다. 예수께서는 당신이 가져다 베풀어 주신 이 구원의 시간과 기쁨의 시간을 상기시켜 주시면서 그 항의성 질문을 일축해 버리신다. 여기서, 혼인 잔치 손님들이 신랑을 빼앗길 날이 오리라는 전망에 주목할 필요가 있다(마르 2,20).

이것은 마르코 복음의 구도상 예수 수난에 관한 최초의 전망을 드러내는 것이고, 공동체가 처한 변화된 상황을 보여 주는 말씀이다. 이 부가적 말씀이 마르코에게는 매우 중요하다. 예수께서 지상에서 활동하시던 시간에서 그분의 죽음 이후의 시간으로 넘어가는 상황을 두고 말하는 것이기 때문이다. 예수께서는 여기서 이미 미래를 내다보고 당신 수난 이후의 시간을 예언자적으로 보여 주신다. 밀 이삭을 뜯어 먹은 사건과 관련된 단식 논쟁(마르 2,23-28)에는 안식일 문제가 내포되어 있다. 예수께서는 또다시 제자들의 행동을 정당화하시며 이 문제에 근본적인 해답을 내리신다. "안식일이 사람을 위하여 생긴 것이지, 사람이 안식일을 위하여 생긴 것은 아니다"(마르 2,27). 예수께서는 전권을 부여받아 지상에서 활동하시는 '사람의 아들'로서 유다인들도 이해할 수 있는 결단을 내리신다(마르 2,10 참조). "사람의 아들은 또한 안식일의 주인이다"(마르 2,28). 이어서 안식일에 손이 오그라든 사람을 고치신 이야기(마르 3,1-6)에서는 논쟁의 절정에 이른다. 예수께서는 여기서 당신을 지켜보고 있는 적들을 노기 띤 눈으로 둘러보시며 "그들의 마음이 완고한 것을 몹시 슬퍼하셨다"(마르 3,5). 예수께서 그 사람을 고쳐 주시자 바리사이들은 회당에서 나와 헤로데 당원들과 모의하여 예수를 없애 버리기로 했다.

이 대목들은 예수께서 앞으로도 지각 없고 악의적인 적들과 계속 싸우게 될 것임을 예고한다. 이 싸움에서 예수께서는 당신을 인간의 모든 편협함을 거슬러 하느님의 거룩한 뜻을 이루려고 투쟁하는 분으로, 또 인간에게 새 삶을 요구하는 새 시대를 선포하는 분으로(마르 2,21-22 참조) 드러내신다. 이러한 예수의 모습에서 우리는 죄인에 대한 그분의 한없는 사랑을 느낄뿐더러 당신을 공격하며 완강하게 대드는 적에 대한 불쾌감과 분노도 엿볼 수 있다. 예수에 대한 이런 공격은 베엘제불 논쟁(마르 3,22-30)에서 더욱 거세게 나타난다. 그들은 예수께서 하느님의 힘으로 마귀를 쫓아내신 것을 두고 마귀 우두머리의 힘을 빌려 그리했다고 하며 예수를 사탄의 편이라고 몰아붙였다(마르 3,26 참조). 예수께서는 분명 성령의 힘으로 마귀를 쫓아내셨다고 그들의 비방을 일축하시면서, 이런 식으로 성령을 모독하는 자는 영원히 용서받을 수 없다고 엄하게 이르신다(마르 3,28-29).

예수 친척들이 예수를 배척하는 대목(마르 3,20-21), 즉 그들이 예수를 미쳤다면서 붙잡아 집으로 데려오려 하는 대목과 나자렛 대목(마르 6,1-6)에서 우리는 마르코가 그리는 예수의 또 다른 모습을 볼 수 있다. 그분은 당연히 환영받아야 할 바로 그곳에서 전혀 이해받지 못하는 다른 민족 사람에 지나지 않았다. 친척들은 예수께서 사람들을 위하여 자신을 온전히 바치며 희생하신다는 것을 이해하지 못했다. 이렇게 하느라 그분과 그분의 제자들은 음식을 제대로 들 수조차 없었다고 기록되어 있다(마르 3,20). 여기서 예수께서는, 사람들 가운데서 당신의 참된 가족은 피를 나눈 당신 어머니와 형제들이 아니라, 당신의 가르침을 받아들이고 하느님의 뜻을 따라 사는 사람들이라고 말씀하신다(마르 3,31-35). 믿는 사람들로 이루어질 미래의 공동체를 내다보고 하시는 말씀이다. 예수에 대한 이런 몰이해와 예수에 대해서 느끼는 이런 이질감은 나자렛 고향 사람들이 그분을 배척하는 대목에서 더욱 도드라진다. 그들은 예수의 지혜와 그분의 기적에 대하여 감탄하기는 하나 믿음에까지 이르지는 못한다(마르 6,1-6). 그분은 고향에서 천대받는 예언자에 지나지 않았고, 당신 이웃들의 불신에 대하여 그저 의아해했을 뿐이다. 믿는 사람과 믿지 않는 사람의 구별이 점점 더 뚜렷해진다. 예수의 활동은 식별하는 힘이 있다. 초대교회가 체험하는 것들이 예수께서 지상에서 활동하실 때 체험하신 사건들 속에 이렇게 앞질러 반영되고 있다. 비유 논리, 곧 '바깥사람들'에게는 모든 것이 그저 비유일 뿐이고 그들은 아무것도 알아듣지 못한다는 이 논리(마르 4,11-12)는 부활 이후 초대교회가 선교 활동을 통해 경험하는 것을 반영하고 있다.

정결 문제에 관하여 새로운 논쟁이 벌어졌다(마르 7,1-13). 유다인들은 식사 전에 종교적 예식 행위로 손을 씻었다(das rituelle Waschen). 그런데 예수의 몇몇 제자들이 이것을 생략하자 바리사이들과 율법 학자 몇 사람이 예수께 항의했다. 왜 당신 제자들은 조상의 전통을 지키지 않느냐는 것이었다. 이를 계기로 계명 준수와 그 규정 해석에 대한 근본적 논쟁이 벌어졌다. 이 규정들은 초기 유다 사회에서 하느님의 계명을 준수하기 위하여 제정된 것들이었다. 예수께서는 바리사이들과 율법 학자들을 비판하신다. 그들이 '코르반 서원'das Korban-Gelübde을 지킨다는 구실로, 정작 부모 봉양을 소홀히 하고 하느님의 지엄한 계명을 어기고 있음을 질책하신다.[30] 예수의 이 신랄한 공격에도 불구하고 예수께 반박하는 부분이 여기서는 나타나지 않는다. 이것은 마르코 복음 7장 1-23절 전체가 교육을 목적으로 하기 때문이다. 그러므로 예수께서는 여기서 사람들을 당신 곁으로 모아 놓고 참으로 사람을 더럽히는 것이 무엇인지 한마디 하신다. "사람 밖에서 몸 안으로 들어가 그를 더럽힐 수 있는 것은 하나도 없다. 오히려 사람에게서 나오는 것이 그를 더럽힌다"(마르 7,15). 문제의 초점이 이제 음식에 관한 계명으로 옮겨 오게 되었다. 예수께서는 군중을 떠나보내시고 ('집에 들어가시어') 사적으로 제자들에게 수수께끼 같은 이 말씀의 뜻을 풀이해 주신다(마르 7,17-26). 그것은 곧 사람들의 마음에서 솟는 악한 생각과 욕정에 관하여 공동체에게 주시는 가르침이다. 이 가르침을 본보기로 하여 사람들이 지녀야 할 윤리적 기본 자세를 가르쳐 주시고, 그것을 구체적으로 인간의 실존 상황에 적용시켜 주신다. 이것은 율법 해석을 놓고 유다인들과 대결하시는 장면을 통해 예수를 윤리 교사로 묘사하고 있음을 의미한다. 이 부분 말고는 예수를 이렇게 묘사한 곳이 전혀 없다.

예수께서 오천 명이나 되는 사람을 먹인 빵의 기적을 행하시고 나자, 바리사이들이 또다시 예수께 몰려와 논쟁을 벌이기 시작했다. 그들은 예수께서 행하신 기적을 보고 예수께서는 하느님이 보내신 분임을 확인했을 법한데도, 그들은 예수께 하늘에서 오는 표징(기적)을 보여 달라고 요구했다. 그들은 하늘로부터 오는 기적을 통하여 상식을 초월하는 비상한 방법으로 확인시켜 주기를 바랐다. 그러나 예수께서는 이 요청을 단호히 거부

---

[30] 유다인들이 자기 소유에 대해 '코르반 서원'을 하면('이것은 하느님께 바친 예물입니다'라고 선언하면), 부모도 그것에 대한 용유권을 행사할 수 없었다. 이 '코르반 서원'(마르 7,10-12)이 예수께서 바리사이들과 율법 학자들의 잘못을 꾸짖으시는 구체적 예가 된다. 예수께서는 이사 29,13(칠십인역): "그들은 사람의 규정을 교리로 가르치며 나를 헛되이 섬긴다"(마르 7,7)를 인용하면서 그들을 질책하셨다. 율법의 이해에 관하여 유다인들과 논쟁을 벌이는 대목이 마르 7,1-23에 나오는데, 여기서 예수께서는 이 문제에 근본적인 대답을 내놓으신다. 이 대목에 나타나는 편집의 흔적에도 불구하고, 그 내용(특히 마르 7,15)은 예수로부터 유래했을 가능성이 있다. 참조: W. PASCHEN, *Rein und Unrein*, StANT 24 (München 1970) 177-187; W.G. KÜMMEL, "Äußere und innere Reinheit des Menschen bei Jesus", in: *Das Wort und die Wörter*, FS G. FRIEDRICH (Stuttgart 1973) 35-46; J. LAMBRECHT, "Jesus and the Law: An Investigation of Mark 7,1-23". *EThL* 53 (1977) 24-53; H.-J. KLAUCK, *Allegorie und Allegorese in synoptischen Gleichnistexten*, NTA NF 13 (Münster 1978) 268f. 이견: H. RÄISÄNEN, "Jesus and the Food Laws: Reflections on Mark 7,15", *JSNT* 5 (1982) 79-100.

하신다(마르 8,11-13). 예수께서는 이런 믿지 않는 세대에는 등을 돌리신다.
설사 그런 기적을 행하셨다 할지라도, 그들은 결코 믿지 않을 것이기 때문
이다. 예수께서는 "그들을 버려두신 채 다시 배를 타고 건너편으로 가셨
다"(마르 8,13). 그러고 나서 제자들에게 바리사이들의 누룩과 헤로데 당원
들의 누룩을 조심하라고 경고하신다(마르 8,15). 이 두 부류의 사람들이 예수
께 품은 적개심(마르 3,6)이 매우 위협적이었기 때문이다. 악의(누룩)[31]가 그
들을 움직이고 있었다. 그러나 제자들은 그 위험한 상황을 깨닫지도 못 할
뿐더러 빵의 기적으로 그들에게 보장해 주신 하느님의 보호와 축복조차도
감지하지 못한다(빵·누룩의 대화: 마르 8,17-21). 제자들도 현세적으로만 생각
하고, 예수 행적의 의미를 깨닫지 못했기 때문에 신앙을 잃어버릴 위기에
처하게 된다. 이는 후대 교회에 주시는 경고의 말씀이기도 하다.

예수께서 예루살렘을 향해 가실 때, 그리고 수난과 죽음이 다가오는 것
을 보셨을 때, 이 충돌은 비로소 매우 험악하게 전개된다. 예수께서는 더
욱 분명한 어조로 당신이 유다 백성을 대표하는 최고 의회(Synedrium)로부
터 배척받아 다른 민족 사람들에게 넘겨져 죽임을 당하게 되리라는 것을
예고하신다(마르 8,31; 9,31; 10,33). 이제까지의 논쟁적 대결이 지금부터는 생
존의 위협으로 나타난다. 유다 지도층과의 대결을 마르코는 예수께서 무
화과나무를 저주하여 말라죽게 하신 행동을 통해 암시한다(마르 11,12-14.20-
21). 어느 날 허기진 예수께서 무화과나무에서 따 먹을 만한 열매를 찾지
못하자, 그 나무를 저주하신 예수의 이 이상한 행동은 도저히 역사적으로
는 설명할 수가 없고, 오직 상징적으로만 이해할 수 있을 뿐이다.[32] 여기서

---

³¹ 유다교에서는 누룩의 형상어를 대개 이렇게 이해했다. 참조: H. WINDISCH, *ThWNT* 2
(1935) 904-908; P. BILLERBECK, *Das Evangelium nach Matthäus, erläutert aus Talmud und
Midrasch* 1 (München 1922) 728f. 마태오와 루카와는 달리 마르코에는 '누룩'에 관한 자세한
설명이 나오지도 않는다. 마르코에는 이 형상어에 관한 설명이 없다. 마르코는 이 형상어로
예수를 배척하고 그분께 대한 적개심을 불러일으키는 불신앙을 표현하려 했던 것 같다. 참
조: SCHENKE, *Wundererzählungen* [각주 4] 301-307: 여기서 공동체의 현실적 신앙 상황이
드러난다고 본 그의 해석은 타당하다(305-307).

무화과나무를 저주함으로써 벌하려는 것은 예수의 뜻이 아니고, 이스라엘을 벌하는 심판관으로 예수를 묘사하려고 마르코가 이 이야기를 전하는 것도 아니다. 이는 교회로 하여금 하느님께서 심어 가꾼 무화과나무, 곧 이스라엘의 잘못을 정신 차려 살펴보고, 이것이 빚을 결과를 생각해 보라고 하시는 말씀이다. 제자들이 말라죽은 무화과나무 곁을 다시 지나가게 되었을 때, 예수께서는 그들에게 믿음을 가지라고 격려하시고, 꼭 들어주시리라는 확신을 가지고 기도하라고 가르치신다(마르 11,20-24). 믿음 없고 열매 맺지 못하는 이스라엘과는 다르게 그리스도 공동체는 하느님을 전적으로 신뢰해야 한다는 말씀이다. 생명의 위협을 무릅쓰고 이스라엘과 싸우는 이 대결은 인간적 차원에서 이루어지는 것이 아니라 하느님의 계획에 따라 하느님의 안배 속에서 전개된다. "하느님을 믿어라"(마르 11,22)는 이 말씀은 하느님의 권능을 깊이 신뢰하며 기도함으로써 열매를 맺으라고 촉구하시는 말씀이다.

마르코는 무화과나무를 저주하신 사건과 그 나무가 말라죽는 사건 사이에 성전 정화 사건을 끼워 넣는다(마르 11,15-19). 따라서 이 사건은 이스라엘과의 대결 선상에 놓임과 동시에 예수의 상징적 행동으로 나타나게 된다. 예수께서 성전 이방인들의 구역에서 이루어지던 상거래를 질책하시면서 상인들을 쫓아내셨다는 사실은 역사적으로 의심할 여지가 없다. 그것은 사두가이파 성전 관리들이 주관하던 제례 행위에 반기를 드는 행동이고, 편협한 성전 신심을 거부하는 상징적 사건이었다.[33] 마르코는 이 성전 정화 사건을 무화과나무에 대한 예수의 상징적 행동 사이에 삽입시킴으로써

---

[32] 참조: G. MÜNDERLEIN, "Die Verfluchung des Feigenbaums", *NTS* 10 (1963/64) 89-104; H. GIESEN, "Der verdorrte Feigenbaum – eine symbolische Aussage? Zu Mk 11,12-14.20f", *BZ* 20 (1976) 95-111.

[33] 참조: M. TRAUTMANN, *Zeichenhafte Handlungen Jesu: Ein Beitrag zur Frage nach dem geschichtlichen Jesus*, FzB 37 (Würzburg 1980) 119-128. 주목할 만한 해석: J. ROLOFF, *Das Kerygma und der irdische Jesus* (Göttingen 1970) 89-100. 그는 예수의 행동을 종말 시기의 이스라엘을 속죄와 회개로 이끌어 주기 위한 예언적 표징으로 이해한다(95).

이스라엘이 열매 맺지 못하는 무화과나무에 지나지 않는다는 것을 보여 주려고 했다. 구체적으로 그것은 제관귀족의 잘못된 통치로 그렇게 되었다는 것을 확인시켜 주기 위함이다. 그러나 마르코에게 이 사건은 하느님께 예배를 드리는 새로운 전례 공동체를 내다보게 해 주는 것이기도 하다. 예수께서 '가르치시기'(마르 11,17) 위하여 인용하신 이사야 56장 7절 말씀("나의 집은 모든 민족들을 위한 기도의 집이라 불리리라")은 하느님을 공경하기 위해 이방인들까지 포함한 모든 민족이 모여 이룬 교회를 가리킨다. 이 말씀을 이렇게 이해하는 것은 예수 수난기 속에 전해지는 '성전 어록'Tempellogion에도 그 근거가 있기 때문이다. 이 어록에는 예루살렘 성전이 파괴되리라는 예언과 사람 손으로 지어지지 않은 또 다른 성전에 관한 전망이 결합되어 있다(마르 14,58). 이 성전 어록이 뜻하는 바가 불확실하다 해도, 새로운 하느님의 공동체를 두고 말하는 것이 틀림없어 보인다.[34] 성전 정화에 있어서도 마르코의 예수께서는 유다 지도층을 비판하는 것으로 끝내지 않고, 그것이 장차 구원의 공동체에 대한 하나의 예언이 되게 하신다. 마르코에게 대결이란 단순히 싸운다는 사실만을 뜻한 것이 아니라 사람들에게 예수의 생각과 의도를 적극적으로 알리는 기회이기도 했다.

이 성전 정화에 대하여 예수의 적들, 곧 수석 사제들과 율법 학자들은 과격한 반응을 보이며 다시는 화해할 수 없는 지경에 이른다. 그들은 예수를 없애 버릴 방도를 찾기 시작했다(마르 11,18). 최고 의회 대표자들은 무슨 권한으로 이런 일을 했는지 예수께 따져 물었다. 예수께서는 이 권한에 대해(마르 11,27-33), "요한의 세례가 하늘에서 온 것이냐 아니면 사람에게서 온 것이냐?"라고 되물으심으로써 우회적으로 대답하신다. 백성의 지도자

---

[34] 참조: O. MICHEL, *ThWNT* 4 (1942) 888; W. GRUNDMANN, *Das Evangelium nach Markus* (Berlin ²1959) 301; E. SCHWEIZER, *Das Evangelium nach Markus* (Göttingen 1975) 180. PESCH, *Markusevangelium* 2 [각주 1] 434는 사람 손으로 지어지지 않은 이 성전을 '종말 시기의 메시아적 성전'을 가리킨다고 본다. 이에 반하여 GNILKA, *Evangelium nach Markus* 2 [각주 14] 280은 그리스도의 부활을 생각하고 있다. 그러나 이것은 요한 2,21의 해석이지 마르 14,58의 해석은 될 수 없다.

들은 요한의 세례가 하늘에서 비롯했다고 감히 대답하지 못한다. 그들은 요한을 믿지 않았기 때문이다. 이처럼 예수께서는 그들이 자기 모순에 빠지도록 되물으셨다. 즉, 그들도 요한의 권위가 하느님으로부터 유래한다는 것을 인정해야 하지 않느냐는 말씀이다. 그러나 그들은 이를 인정하기 싫어서 입을 다물고 자취를 감추고 만다.

그러고 나서 예수께서는 포도밭 소작인의 비유(마르 12,1-12)를 들어 말씀하신다. 이것은 분명 하느님의 종들을 끊임없이 괴롭히고 박해하고 죽이기까지 하는 유다 지도자들을 질책하는 내용이다. 이 이야기는 비유로 전개된다. 그리고 하느님께서 당신 아들까지 보내셨으나 그들은 그 아들까지 죽이고 만다는 데서 절정에 이른다. 그리스도 공동체에서 이 이야기가 지닌 의미는 명료하다. 예수에 대한 유다 지도자들의 적개심이 하느님께서 '사랑하시는 아들'(예수)을 죽음으로 몰아넣고 말았지만, 하느님께서는 이 포도밭을 그들로부터 빼앗아 다른 소작인(그리스도 교회)에게 맡기신다. 하느님께서는 유다인들이 내버린 그 돌을 이 교회 모퉁이의 머릿돌이 되게 하신다. 마르코의 예수께서는 유다 지도자들과 충돌한 배경과 과정을 비유의 형태로 밝혀 주신다. 그러나 이 복음서 저자에게는 예수의 그리스도론적 측면을 드러내는 것도 중요했다. 즉, 예수께서 돌아가시자 하느님께 높이 들어 올림을 받으시고, 새로운 하느님 집 모퉁이의 머릿돌이 되신, 하느님의 '사랑하시는 아들'이라는 것이다. 이런 관점에서 이 이야기는 예수와 유다 지도자들과의 대결의 절정에 이른다. 예수께서는 여기서 투구의 면갑을 열어젖히고 싸우신다. 최고 의회 신문 장면에서 예수께서는 유다 지도자들을 더욱 강력하게 공격하신다. 대사제가 직접 예수께 물었을 때, 예수께서는 메시아라는 당신 신분을 공개적으로 천명하면서 맞대응하신다(마르 14,53-64 참조). 포도밭 소작인의 비유를 끝내며 마르코는 분명히 말한다. "그들은 예수님께서 자기들을 두고 이 비유를 말씀하신 것을 알아차리고" 그분을 붙잡으려고 하였으나 군중이 두려워 그분을 그대로 두고 떠나갔다(마르 12,12).

논쟁과 가르침에 관해 이어지는 이야기들(마르 12,13-37)도 유다 지도층과 예수와의 갈등이 계속되고 있음을 보여 주고는 있으나 위협적 상황에까지 이르지는 않는다. 여기서는 황제에게 바치는 세금, 죽은 사람들의 부활, 가장 큰 계명, 그리고 다윗의 자손에 관한 문제를 다루고 있다. 이 문제들도 공동체를 염두에 둔 지침으로 제시된다. 이 대화들이 여기에 삽입된 것은 적을 압도하는 예수의 우월성을 보여 주기 위해서이지만, 교회의 방향을 제시하기 위한 의도도 깔려 있다. 이러한 경향은 특히 예수께서 가장 중요한 계명에 관하여 율법 학자들과 토론을 벌일 때 본격적으로 나타난다. 이 대목을 마르코는 논쟁 담화로 보지 않고, 하느님 나라에 들어갈 수 있도록 인도하는 그리스도교 생활의 근본 가르침으로 본다(마르 12,34). 이야기 끝에 이런 말이 나온다. "그 뒤에는 어느 누구도 감히 그분께 묻지 못하였다"(마르 12,34). 이렇게 예수의 말씀으로써 모든 것이 결정된다. 그러고 나서 예수께서는 친히 교회가 명심해야 할 메시아 문제를 제시하신다(마르 12,35-37). 즉, 예수께서는 다윗의 자손 그 이상이고, 하느님께서 사실대로 보증하여 주신 '주님'이시다.

마르코 복음서에서 이 대립과 충돌은 치유와 기적처럼 이 복음서 전체를 관통한다. 이 대립과 충돌은 최고 의회 법정에서 예수와 유다 지도자들 사이의 갈등이 극복할 수 없을 만큼 악화되어 파국으로 치달을 때까지 계속된다. 대사제가 정식으로 "당신이 찬양받으실 분의 아들 메시아요?" 하고 물었을 때, 예수께서는 분명히 "그렇다"고 대답하신다. "너희는 사람의 아들이 전능하신 분의 오른쪽에 앉아 있는 것과 하늘의 구름을 타고 오는 것을 볼 것이다"(마르 14,62). 이제 예수께서는 당신이 메시아임을 공개적으로 천명하신다. 그러나 그분은 당신이 하느님 오른쪽에 앉으실 사람의 아들이며 하늘의 구름을 타고 오실 사람의 아들임을 계속 말씀하심으로써, 당신께서 메시아임을 새로운 지평에서 이해하도록 설명해 주신다. 이 말씀은 구약의 두 구절, 시편 110의 1과 다니엘 7장 13절을 반영하고 있거니와, 이 두 구절은 초대교회 그리스도론에서 중요한 역할을 한 성경 말씀이다.[35] 예수께서는 최고 의회에서 당신의 사명과 역할을 이렇게 천명하셨고, 초대교회는 바로 예수께서 하느님 곁으로 들어 올림을 받으신 사람의 아들이자 권능을 지니고 다시 오실 사람의 아들임을 고백했다. 그러나 예수께서 대사제와 실제로 이런 방식으로 대결하셨고 이 복음서에 기록된 그대로 말씀하셨는지는 확실하지 않다. 그러나 그때 예수께서 당신의 메시아적 사명에 관하여 친히 천명하셨다는 것만큼은 역사적 사실로 보아야 한다. 그것은 '진리의 시간'[36]이었다. 즉, 예수께서는 대사제의 물음을 피하지 않으셨고, 당신의 사명 의식을 뚜렷이 드러내셨다. 이와 동시에 예수의 대답에는 사람의 아들이 주관할 심판에 관한 암시와 함께 엄청난 위협이 담겨 있다. 예수께서는 대사제와 그곳에 모인 최고 의회 의원들에게 대놓고 말씀하셨다: **너희는** … 보게 될 것이다.' 이것은 '최고 의회'로 대표되는 유다 사회에 대한 강력한 도전이다. 유다인들의 불신 때문에 이것은 결국 치명적 충돌을 낳게 된다. 예수의 대답을 신성모독으로 느낄 수밖에 없었던 대사제의 반응은 보지 않아도 알 수 있다.

최고 의회에서 고백한 예수의 말씀이 마르코의 예수 모습에 어떤 의미를 지니는지 정리하면 이렇다.

① 마르코에게 예수는 '하느님의 아드님'이자 '사람의 아들'이다. 예수께서 대사제의 물음에 "그렇다"고 대답함으로써 하느님의 아드님임을 밝히셨고, 다니엘 7장 13절의 예언을 자신에게 적용함으로써 당신이 장차 권능과 영광 속에 오실 주님이요 판관인 사람의 아들임을 확인해 주셨다. 하느님께서는 예수를 위하여 당신 오른쪽에 자리를 마련하시고 그분에게 심판할 권리를 일임하심으로써 이 모든 일을 마치셨다. 예수의 이 말씀은 마르코의 그리스도론 전체를 요약·압축한 것이다(제2장 2절 참조).

---

[35] 시편 110,1과 관련하여, 참조: 마르 12,36 병행구; 16,19; 사도 2,34-35; 7,56; 1코린 15,25; 에페 1,20; 콜로 3,1; 히브 1,3.13; 8,1; 10,12-13; 12,1. 다니 7,13과 관련하여, 참조: 마르 8,38 병행구; 13,26 병행구; 마태 19,28; 요한 5,27; 사도 1,7.13; 11,15; 14,14. 시편 110,1에 관하여: HAHN, *Hoheitstitel* [각주 6] 126-132.

[36] AUGUST STROBEL, *Die Stunde der Wahrheit*, WUNT 21 (Tübingen 1980) 69-71.

② 최고 의회와 예수와의 대결은 예수의 운명(죽음)이 결정되는 이 순간에 일어났다. 마르코는 예수께서 받아들인 수난이 그분이 가야 할 지상 길의 목적지임을 드러내기 위해, 의식적으로 이 순간과 이 청중을 선택한다. 예수께서는 이 목적지를 향하여 당신의 길을 두려워하지 않고 끝까지 걸어가셨다.

③ 여기서도 예수의 시선은 공동체로 향한다. 예수는 당신 자신을 하느님 곁에 살아 계시는 분으로, 그리고 곧 오실 사람의 아들로 이 공동체에 계시하신다. 공동체가 바라보는 분도, 공동체가 기다리는 분도 바로 이분이다. 대사제의 물음이 '아드님'께 대한 원시 그리스도교의 신앙고백의 색채를 띠고, 예수의 대답도 원시 그리스도교의 지배적인 그리스도론의 개념으로 이루어져 있다면, 이 말씀이 공동체와 관련되어 있다는 사실을 의심할 수 없다. "공동체는 여기서 자기네 문제를 다루고 있다는 사실을 알아야 한다."[37] 이로써 예수께서는 당신 공동체의 대표 역할을 하시게 된다.

이 도발적 유다 지도자들과의 대립과 충돌은 예수 그리스도의 모습을 형성하는 데 필수적인 요소다. 이것이 그분을 수난으로 이끌기 때문이다. 마르코에게 수난은 예수 이야기가 지향하는 목표점이다. 이 대결에서 적들이 제기하는 이의를 자신만만하게 제압하고, 그들의 공격을 단호하게 물리치는 예수 지존의 모습도 볼 수 있다. 예수께서는 오직 하느님하고만 긴밀히 결합하여 그분의 뜻을 실현하시는 분이기에, 원수들의 이의나 공격은 그저 인간 중심적인 생각에 불과하며 무가치하다는 것을 이 대결에서 보여 주신다. 구원의 기쁜 소식을 전하고 그것을 당신 활동으로 실현하시는 예수의 모습에 이제는 싸워 이기는 새로운 모습이 더해진다. 그것은 바로 하느님 사업을 대행하면서 겪는 모든 저항을 하찮게 여기며 그것과 싸워 이겨 내시는 분, 십자가의 길을 당신 공동체와 함께 가시는 분, 죽음 속에서도 부활을 통해 이 공동체에 승리를 보장해 주시는 분의 모습이다.

---

[37] GNILKA, *Evangelium nach Markus* 2 [각주 14] 281.

1.6 예수의 수난과 죽음의 길

마르코의 서술은 계획대로 예수 수난으로 절정에 이르고 마무리된다. 수난에 관한 서술은 그 분량만 보더라도 이 복음서 저자가 예수의 수난과 죽음의 길에 얼마나 큰 무게를 싣고 있는지 알 수 있다. 내용적으로도 이 수난기는 예수의 재판을 거쳐 그분의 죽음으로 절정에 이르는데, 그 사이사이에 갖가지 사건들이 긴장을 자아낸다. 즉, 그때 온 땅에 어둠이 덮이고, 예수께서는 큰 소리로 부르짖으시고, 성전 휘장이 두 갈래로 찢어지고, 다른 민족 사람 백인대장이 예수를 '하느님의 아드님'이라고 고백한다. 여기서 마르코가 전승 사료들을 얼마나 수용했고, 거기에 자기 생각을 얼마나 첨가했는지, 그리고 문헌비평적 분석과 전승사적 분석으로 얼마나 확실한 결론을 이끌어 낼 수 있는지, 학자들 사이에 의견이 분분하다.

이렇게 학자들의 연구가 매우 다양한 현실에서 루돌프 페슈는 마르코 이전의 예수의 수난기로 추정되는 부분을 구체적으로 제시하면서 이 문제 해결에 주목할 만한 방향을 제시했다. 그의 주장에 따르면, 마르코 이전의 수난기는 마르코 복음 8장 27-33절로 시작되며, 예수의 수난과 부활에 관한 세 차례의 언급을 포함한 몇몇 대목으로 본문을 형성했고, 마르코 복음 14장 1절에서 16장 8절로 절정에 도달했다. 그러니까 우리는 지금까지 이 마지막 대목(14,1-16,8)만을 이 복음서 본래의 수난기로 여기고 있었다는 것이다.[38] 즉, 마르코는 전승에서 매우 오래된 초기 수난기, 어쩌면 대사제 카야파 재임(A.D. 37년까지) 중에 이미 기록되었을 법한 수난기를 몇 가지 보충 자료와 함께 넘겨받아, 그것을 바탕으로 자기가 생각하고 있던 예수의 수난·죽음·부활의 모습을 그려 냈다는 말이다. 마르코가 적지 않은 사료를 전승에서 넘겨받아 활용했다는 사실은 의심할 여지가 없다. 그러나 페슈의 연구 성과에도 불구하고, 마르코가 활용한 자료가 얼마나 되는지

---

[38] PESCH, *Markusevangelium* 2 [각주 1] 1-27, Exk.: "Die vormarkinische Passionsgeschichte".

그 정확한 범위에 관해서는 논의의 여지가 있다. 특히 '초대교회의 복음서'[39]가 베드로의 메시아 고백 이야기(마르 8,27-30)까지 연결되어 있었다는 주장에 대해서는 지금도 의견이 분분하다. 그러나 마르코가 자기 복음서의 수난기를 서술할 때 초기 원시 그리스도교에서 유래한 옛 기록을 따랐다면, 이것은 거기에 나타난 예수 그리스도의 모습을 자기 것으로 받아들이고, 이를 자기의 예수 그리스도 모습으로 발전시켰다는 뜻일 수밖에 없다. 그렇다면 그는 자기보다 앞서 출현한 이 기록에 비추어 예수라는 인물을 되돌아보고 있는 것이다.

마르코의 예수 모습을 이해하는 데는 예수 수난기의 다음 네 측면이 많은 것을 시사한다.

① 예수 그리스도의 모습을 묘사함에 있어 마르코는 우선 길게 서술된 수난기를 채택한다. 마르코는 원수들이 예수를 붙잡아 죽이려 했다고 전에 언급한 것(마르 3,6; 8,15; 11,18; 12,12)을 이제 자세히 말하려 한다. 예수 활동 초기에는 바리사이들과 헤로데 당원들을 조심하라고 경고한 바 있는데(마르 3,6; 8,15), 성전 정화 후에는 예수를 박해하는 주역들이 수석 사제들과 율법 학자들로 바뀌었다(마르 11,18; 14,1). 이것은 역사적 정황과 잘 부합한다. 마르코는 성전 정화(마르 11,15-19)가 "어떻게 하면 속임수를 써서 예수를 붙잡아 죽일까"(마르 14,1) 하고 기회를 '찾고 있던' 그들에게 예수를 사형에 처할 결정적 빌미를 제공해 주었다고 보았다. 따라서 이제 예수 수난의 전 과정이 자연스럽게 전개된다. 한밤중에 예수를 붙잡아 최고 의회에서 신문하고, 빌라도에게 넘겨서 사형선고를 받게 하고, 드디어 형을 집행한다. 이 사이에 몇 가지 사건 기사들이 삽입되어 수난의 전 과정을 이해하는 데 도움을 준다. 그것은 유다 이스카리옷이 예수를 배신하고(마르 14,10-11.17-21), 예수께서 올리브 산으로 가시고(마르 14,26), 그리고 그곳에서 체포되신 사건(마르 14,43-50)이다.[40]

---

[39] 참조: R. PESCH, *Das Evangelium der Urgemeinde*, Herder-Bücherei 748 (Freiburg - Basel - Wien 1979).

② 예수의 모습을 수난신학적 해석으로 조명한다. 예수께서는 '반드시 많은 고난을 겪어야 할' 사람의 아들이다. 원로들과 수석 사제들과 율법 학자들에게 "배척을 받아"(마르 8,31), "사람들의 손에 넘겨"(마르 9,31)질 것이다. 더 정확히 표현하면, 수석 사제들과 율법 학자들에게 넘겨지고 "다른 민족 사람들에게 넘겨"(마르 10,33)질 사람의 아들이다. '사람의 아들'이라는 칭호와 결합된 이 언급들은 수난기에 삽입된 사람의 아들의 말씀을 통하여 더욱 깊은 차원에 도달한다. 배신자에게 예수께서는 이렇게 말씀하신다. "사람의 아들은 자기에 관하여 성경에 기록된 대로 떠나간다. 그러나 불행하여라, 사람의 아들을 팔아넘기는 그 사람!"(마르 14,21). 당신의 가장 가까운 제자 가운데 하나가 저지르게 될 배신의 어두운 사건까지 포함한 이 모든 것은 하느님 계획 속에 이미 예견되어 있다. 겟세마니 동산에서 예수께서 홀로 기도하며 분투하실 때 나머지 제자들은 졸고 있었다. 예수께서 "시간이 되어 사람의 아들은 죄인들의 손에 넘어간다"(마르 14,41)라고 말씀하셨을 때, 그들은 예수께 무슨 말씀을 드려야 할지 몰랐다. 제자들의 이 잘못된 태도(이는 베드로가 예수를 부인한 행동 때문에 더욱 가증스럽다)는, 모든 것을 의식하면서 수난을 온몸으로 받아들이는 사람의 아들의 태도와 대조를 이룬다. 마르코 복음 10장 45절에서 천명하신 예수의 기본 자세, 즉 사람의 아들인 당신은 섬기러 왔고 많은 이의 몸값으로 목숨을 바치러 왔다는 것(마르 14,24 참조)이 이제 당신 죽음의 길에서 실현된다. 여기서 예수의 수난은 많은 사람을 구원하기 위해 치러야 할 속전贖錢으로 묘사된다. 그러나 정작 수난기에는 이런 개념이 전혀 없고, 그 대신 예수의 수난이 고난을 당하는 의인을 배경으로 묘사되고 있다. 그렇다고 이런 두 시각의 차

---

40 M. DIBELIUS, *Die Formgeschichte des Evangeliums* (Tübingen ⁴1961) 178f는 베타니아에서 한 여자가 예수의 머리에 향유를 부은 이야기(마르 14,3-9)가 본디 예수 수난기에 들어 있지 않고, 독립적으로 전해지던 이야기로 본다. 그러나 대부분의 학자들은 여러 개별적 이야기가 모여서 수난기가 형성·발전했다고 보며, 이 향유를 부은 이야기도 그중 하나로 여기고 있다. 이 이야기는 다음 말씀 때문에 수난기 맨 앞에 배치되었다고 본다: "이 여자는 … 내 장례를 위하여 미리 내 몸에 향유를 바른 것이다"(마르 14,8).

이가 마르코가 제시하는 모습, 곧 죽음을 향해 가고 있는 예수의 모습에 손상을 입히지는 않는다. 마르코는 단지 전승에서 여러 수난신학적 내용을 받아들였을 뿐이다.

③ 수난과 죽음을 통하여 부활에 이르는 과정을 주목해야 한다. 이것은 마르코가 소개한, 영광스러운 변모 때(마르 9,2-10) 산 위에 있던 제자들에게 당신의 본디 모습을 보여 주신 분, 즉 전권을 가지고 활동하시는 하느님의 아드님, 하느님께서 사랑하시는 아드님 모습과 일치하고(마르 9,7), 또 포도밭 소작인의 비유(마르 12,1-12)에서 유다 지도자들이 내버린 돌(예수)을 주님께서 '모퉁이의 머릿돌'로 삼으셨다는 설명(마르 12,10-11)과도 일치한다. 영광스러운 변모의 산에서 내려오실 때, 예수께서는 제자들에게 당신 부활에 관한 생각을 알려 주신다. "사람의 아들이 죽은 이들 가운데에서 다시 살아나실 때까지, 지금 본 것을 아무에게도 말하지 말라고 분부하셨다"(마르 9,9). 이것은 사람들의 생각을 완전히 뒤엎는 사건이다. 하느님으로부터 오는, "우리 눈에 놀랍기만 한"(마르 12,11) 사건이다. 그러므로 수난에 관한 언급에는 항상 예수께서 죽으신 지 사흘 만에 다시 살아나리라는 부활의 전망이 첨가된다(마르 8,31; 9,31; 10,34). 예수 수난에는 어둠이 짓누르고 있지만, 또한 거기에는 예수의 죽음에서 솟아 나오는 빛도 있다. 예수께서 숨을 거두시는 것을 지켜보던 다른 민족 사람 백인대장은 이렇게 고백한다. "참으로 이 사람은 하느님의 아드님이셨다"(마르 15,39). 이것은 무덤으로 달려간 여인들에게 천사가 전해 준 기쁜 소식으로 말미암아 승리의 사건으로 완전히 확실해진다. "너희가 십자가에 못 박히신 나자렛 사람 예수를 찾고 있지만 그분께서는 되살아나셨다. 그래서 여기에 계시지 않는다"(마르 16,6). "저의 하느님, 저의 하느님, 어찌하여 저를 버리셨습니까?"(마르 15,34)라고 십자가 위에서 절규하던 절망적 상황에서 벗어나 이제는 하느님께 가장 가까이 나아가게 되었고, 하느님과 함께 만물을 다스릴 통치자로 책봉되셨다(마르 12,36 참조). 마르코에게는 지상적 예수와 부활하신 그리스도가 극명하게 대비되는 모습으로 그려졌던 것이다.

④ 수난기는 교회를 내다보며 기록되었다. 수난과 죽음의 길을 가신 예수께서는 미래의 교회를 염두에 두고 계셨다. 그 길에서 예수께서는 이 교회로 하여금 당신을 따르라고 외치고, 당신의 죽음을 기억하며 그것을 거행하라고 명하신다. 교회는 당신이 세우려는 새로운 성전이다. 예수께서 겪으시는 수난과 제자들이 그분을 따라 겪게 될 수난을 긴밀하게 연결시켜 바라보는 입장이 첫 번째 수난 예고 직후에 분명히 드러난다. 예수께서는 군중과 제자들을 당신 가까이 부르시며[41] 말씀하셨다. "누구든지 내 뒤를 따르려면 자신을 버리고 제 십자가를 지고 나를 따라야 한다"(마르 8,34). 이것은 교회 전체에 촉구하시는 말씀이다. 이어서 예수와 복음 때문에 자기 목숨까지도 바쳐야 할 거라고 강조하신다(마르 8,35-38). 예수께서 걸어가신 이 죽음의 길은 교회가 어떻게 살아가야 하는지에 대한 하나의 전형 Paradigma이다. 교회는, 예수가 처했고 예수와 함께 박해받은 의인이 처한 상황 속에 있다. 두 번째 수난 예고를 하신 다음 예수께서는 한 어린이를 그들 가운데 세우시고, 이 어린이를 지배욕과 계급 차별 포기의 상징으로 제자들과 교회 전체에 내보이신다(마르 9,33-37). 누구든지 예수 이름으로 이런 어린이 하나를 받아들이는 것은 예수를 받아들이는 것이고, 모든 사람의 종이 되신 예수 자신을 받아들이는 것이다. 세 번째 수난 예고가 있은 후(여기서는 예수께서 가야 할 치욕의 길이 더욱 뚜렷해진다) 제베대오의 아들들이 높은 자리를 청하자 이를 거절하신다. 이때 하신 말씀은 모든 제자가 따라야 할 근본 규범이다. "너희 가운데에서 높은 사람이 되려는 이는 너희를 섬기는 사람이 되어야 한다"(마르 10,43). 이 규범의 근거가 되는 예는 다름 아

---

[41] 공관복음서 저자들은 예수께서 말씀하신 대상을 각각 다르게 기록한다. 마태오(16,24)는 '제자들에게', 루카(9,23)는 '모든 사람에게'로 적고 있다. 그러나 이 세 복음서 저자 모두 교회를 내다볼 생각이었다. 마르 8,34에 제자들과 더불어 거론되는 군중(ὄχλος)도 자주 '교회'라는 어감을 풍긴다. 참조: 마르 6,34; 7,14; 8,1-2; 10,1; 11,18; 12,38. 마태오 복음서에서는 제자들이 후대의 신앙 공동체를 대표한다. 참조: U. Luz, "Die Jünger im Matthäusevangelium", *ZNW* 62 (1971) 141-171, 특히 159. 루카는 '모든 사람에게'라는 표현으로 예수를 뒤따르는 무리와 좁은 의미에서의 제자들을 구분한다.

닌 많은 이의 몸값으로 자기 목숨을 바치신 사람의 아들이다(마르 10,35-45).
이 세 차례의 수난 예고는 교회도 예수의 죽음의 길을 따라 헌신과 수난의
길을 가야 한다는 근본 관심사를 점층적으로 강조한 것이다.

　최후 만찬은 예수의 죽음과 결부된 교회 이해에 많은 것을 시사해 준다.
이 기사에는 전승사적 · 성서주석학적 난제들이 포함되어 있지만, 이 기사
는 예수께서 어떤 특별한 성찬례를 제정하려 하셨음을 복음서 저자가 확
신하고 있었다는 사실을 보여 준다. 이 성찬례는 예수의 수난과 죽음을 기
억하면서 이 성찬에 참여하는 사람들에게 예수의 몸과 '계약의 피'를 받아
영할 수 있게 보장해 준다(마르 14,22-25). 이 최후 만찬 서술에는 부활 이후
교회의 시각이 나타난다. 성찬례를 거행하기 시작한 이래 교회는, 완성될
하느님 나라를 향한 도상에서(마르 14,25) 이 예식을 거행함으로써 십자가에
못 박히신 주님의 현존을 끊임없이 체험해 왔다. 예수께서는 곧 떠나셔야
함에도 불구하고 하느님 나라가 가까이 다가오고 있음을 보고 계셨다. 하
느님 나라에 관한 이러한 생각과 이 나라가 오고 있다는 사실이 교회로 하
여금 십자가에 죽으시고 부활하신 예수를 바라보게 해 주었다. 수난이 시
작되기 직전 저녁, 배신자가 예수와 함께 저녁 식사를 하고 있을 때, 예수
께서는 사람의 아들은 반드시 넘겨져야 한다고 말씀하셨다(마르 14,18-21).
이것은 예수의 피로써만 구원을 받을 수 있다는 것을 공동체에게 깨우쳐
주시기 위함이다. 그리고 이 공동체는 예수께서 하신 말씀을 간직하며 살
아가게 되었다. 그들은 모두 흩어지겠지만, 갈릴래아에서 예수를 다시 뵙
게 될 것이라는 확신을 가지게 되었던 것이다(마르 14,27-28 참조). 여기서도
부활 사건의 전망이 나타난다(마르 16,7). 그다음 올리브 동산에서 하신 권고
말씀은 모든 사람에게 적용된다. "너희는 유혹에 빠지지 않도록 깨어 기도
하여라"(마르 14,38). 이 모든 것은 교회를 바라보며 기록되었다. 교회도 예
수처럼 유혹을 이겨 내며 수난을 감수하면서 살아가야 한다는 것이다.

　교회의 전망은 그 밖에, 예수께서 성전을 허물어 버리겠다고 말씀하셨
다는 위증자들의 최고 의회 거짓 증언에서도 나타난다(마르 14,56). 그러나

마르코는 이 말에도 진실이 들어 있다고 본다. 그것은 다름 아니라, 예수
께서 지금의 이 성전이 파괴되면, 짧은 시간 안에 사람의 손으로 짓지 않
는 또 다른 새 성전을 짓겠다고 말씀하신 것으로 보는 것이다.[42] 이 대목에
관하여 획틀레A. Vögtle는 새롭고 주목할 만한 해석을 내놓는다. 그는 마르
코 복음 15장 38절에 기록된 '성전 휘장이 두 갈래로 찢어지는 장면'을 마
르코 복음 14장 58절에 나오는 위증자들의 말을 해석할 열쇠로 보면서, 이
장면을 예수 그리스도의 구원 공동체로 인해 유다인들의 성전 공동체가
와해되고 새 구원 공동체가 탄생하는 것을 예고하는 것으로 해석한다.[43]
'사람의 손으로 지은 이 성전을 허물어 버리겠다'(마르 14,58)고 하신 예수
말씀의 참뜻은 이해하기가 매우 어렵다. 헤로데 왕이 지은 성전, 그 석조
건물을 허물어 버리겠다는 뜻으로 이해되기 때문이다(마르 13,2 참조). 바로
이 점이 위증자들의 오해를 불러일으키지 않았나 생각되기도 한다. 획틀
레에 따르면 예루살렘 성전을 허물어 버린다는 것도 은유적으로 이해해야
한다. 성전 휘장이 찢어진 사건이 시사하듯이, 옛 성전 제례Tempelkult가 예
수의 죽음으로 종말을 고했다는 의미로 보아야 한다는 것이다.[44]

이로써 성전에 관한 말씀은 통일된 해석을 갖게 되었다. 예수의 죽음을
통해 유다인의 제례를 상징하는 옛 성전이 붕괴되고 동시에 새 구원 공동
체인 또 다른 성전이 세워졌다고 보는 것이다. 마르코가 14장 58절의 성전
예언을 그렇게 이해했다면, 그것은 "신약성경 구원 메시지의 정곡을 찌르
는 것이다".[45] 그 말씀을 교회에 관한 언급으로 해석하는 이유는 이렇다.

---

[42] 성전에 관한 말씀이 여러 변형으로 전해지기 때문에(마태 26,61; 요한 2,19; 사도 6,14),
현재로서는 그 원형을 확인하기가 매우 어렵다. 그러나 이 말씀을 반복하여 십자가에 못 박
히신 예수를 모욕하는 데서 보듯이(마르 15,29; 마태 27,40), 이 성전에 관한 말씀은 수난기
에서 중요한 역할을 하고 있다. (요한 2,19와는 달리) '나는 이 성전을 허물겠다'가 원형으로
보이며, 이 말씀이 증인들에 의해서 잘못 해석되고 있다.

[43] "Das markinische Verständnis der Tempelworte", in: U. LUZ/H. WEDER, *Die Mitte des
Neuen Testaments*, FS E. SCHWEIZER (Göttingen 1983) 362-383, 재수록: DERS., *Offenba-
rungsgeschehen und Wirkungsgeschichte* (Freiburg - Basel - Wien 1985) 168-188.

[44] 같은 책 177, 180, 183.　　　　　　　　　　　　[45] 같은 책 188.

① 성전 정화 장면에서 예수께서 인용하시고 마르코가 삽입해 넣은 성
경 말씀, "나의 집은 모든 민족들을 위한 기도의 집이라 불릴 것이다"(마르
11,17)는 다른 민족들까지 포함된 보편 교회를 내다보고 있다.

② 교회를 '건물'로 보는 은유는 쿰란Qumran 문헌에서도 사용되었다는
것이 입증되고, 또 그것이 그리스도 교회를 지칭하는 말로 옮겨져 사용되
었다는 것도 쉽게 이해된다.[46]

③ 예수께서 숨을 거두실 때 성전에 관한 말씀의 해석처럼 보이는 사건
들이 일어난다(온 땅이 어둠으로 뒤덮이고, 성전 휘장이 두 갈래로 찢어졌으며, 백인대장
이 그분을 하느님의 아드님이라고 고백한다). 획틀레는 이 사건들과 성전에 관한
말씀의 연관성을 밝혀냈다. 이로써 마르코 복음 14장 58절(성전에 관한 말씀)
의 교회론적 해석은 대단한 설득력을 얻는다. 마르코에게 예수의 죽음은
새로운 구원 공동체가 탄생하는 순간이기도 하다.

이 모든 것을 종합해 볼 때, 박해받으시고 수난 당해 죽으시는 예수의
모습은 초대교회가 십자가에 죽으시고 부활하신 분으로 고백하던 그 예수
그리스도상像의 완성을 의미한다. 이 모습 속에는 십자가 사건이 강조되고
있다. 그렇지만 그 속에 부활의 전망이 희미하게 내다보이는 것도 사실이
다. 이 부활하신 분께서는 항상 '십자가에 못 박혀 죽으신 그분'(마르 16,6)으
로 남아 계시다. "마르코가 서술하는 이분, 곧 하느님의 뜻을 인류에게 가
르쳐 주시고 강력한 힘(기적)을 행사하시는 지상적 하느님의 아드님은 동시
에 십자가에서 당신 사명을 완수하신 분이기도 하다. 그리고 그 헌신은 십
자가에서 절정에 이른다."[47]

---

[46] 참조: 1QS 5,5-6; 8,7-10; 1QH 6,26-28; 4QpPs 37: III,16; J. MAIER, *Die Texte vom To-
ten Meer* 2 (München - Basel 1960) 93f; B. GÄRTNER, *The Temple and the Community in
Qumran and the New Testament*, SNTSMS 1 (Cambridge 1965); G. KLINZING, *Die Bedeu-
tung des Kultus in der Qumrangemeinde und im Neuen Testament*, StUNT 7 (Göttingen
1971) 202-205.

[47] J.D. KINGSBURY, *Jesus Christ in Matthew, Mark, and Luke* (Philadelphia 1981) 58.

2. 예수의 칭호와 존칭

2.1 하느님의 아드님

예수를 '하느님의 아드님'으로 칭하는 것은 마르코 복음서에 모두 다섯 번
이다(마르 1,11; 3,11; 5,7; 9,7; 15,39). 성경 본문에 본디부터 들어 있었는지 고사
본 연구만으로는 확실하지 않지만, 사실 마르코 복음 1장 1절에 한 번 더
나온다. 여기에 예수를 하느님의 '사랑하는 아들'로 암시한 포도밭 소작인
의 비유를 더하면(마르 12,6) 그 범위는 더욱 넓어진다. 대사제의 질문도 주
목해야 한다. 예수를 신문訊問할 때 그는 예수에게 '메시아'라는 칭호를 추
가하면서, "당신이 찬양받으실 분의 아들 메시아요?"(마르 14,61) 하고 물었
다. 마르코 복음 13장 32절에 나오는 '아들'에 관해서는 설명이 필요하다.
여기서는 '하느님의 아드님'이라 하지 않고 단순히 '아들'로 표현한다. "그
날과 그 시간은 아무도 모른다. 하늘의 천사들도 아들도 모르고 아버지만
아신다." 하느님의 아드님이라는 예수 칭호를 마르코가 원시 그리스도교
전승에서 물려받았다는 사실에 대해서는 학자들 간에 이견이 없지만, 이
그리스도론적 칭호의 기원사와 전승사를 두고는 의견이 분분하다.[48] 여기
서는 이 난제에 매달리지 않고, 마르코 복음서 테두리 안에서 이 지존의
호칭이 지닌 의미와 영향만 살필 것이다. 물론 이 과정에서 전승 속에 전
제된 배경을 도외시할 수는 없다. 여기서 주제와 관련하여 규명해야 할 바
는 이것이다: 예수를 '하느님의 아드님'으로 칭하는 것이 마르코 복음서의
예수 그리스도상에 뜻하는 바가 무엇인가?

---

[48] 참조: O. CULLMANN, *Die Christologie des Neuen Testaments* (Tübingen ³1963) 276-
313; HAHN, *Hoheitstitel* [각주 6] 280-333; E. SCHWEIZER, *ThWNT* 8 (1969) 367-392 (zu Mk
380f); F. MUSSNER, "Ursprünge und Entfaltung der neutestamentlichen Sohnes-Christolo-
gie", in: L. SCHEFFCZYK (Hrsg.) *Grundfragen der Christologie heute*, QD 72 (Freiburg -
Basel - Wien 1975) 77-113; C.R. KAZMIERSKI, *Jesus, the Son of God: A Study of the Markan
Tradition and Its Redaction by the Evangelist*, FzB 33 (Würzburg 1979); M. HENGEL, Der
Sohn Gottes (Tübingen ²1977); GNILKA, *Evangelium nach Markus* 1 [각주 14] 60-64.

예수의 이미지에는 하느님의 아드님이라는 관념이 깊이 배어 있다. 이 칭호는 마르코 복음서 주요 대목마다 등장하는데, 예수 수난의 절정에서 백인대장도 그분을 '하느님의 아드님'이라 고백한다(마르 15,39). 여기서 이 칭호는 예수 이해의 정수精髓다. 그러므로 마르코 복음 1장 1절에 제목처럼 쓰인 어구, **"하느님의 아드님** 예수 그리스도의 복음"은 단연코 원문으로 인정되어야 한다. 마르코 복음서는 하느님의 아드님에 관한 고백을 중심으로 이루어져 있다. 하느님의 아드님 개념을 예수의 지상 등장과 활동에 대한 하나의 해석 범주Deutungskategorie로 보아도 무방할 것이다. 예수께서는 '하느님의 아드님'으로서 사명을 완수하셨고, '하느님의 아드님'으로서 참혹한 십자가 죽음을 당하셨다. 이 십자가의 길은 '사람의 아들'의 말씀(제2장 2.2 참조) 외에, 아버지와 '사랑하는 아들'과의 관계를 통해서도(마르 12,6) 밝혀진다. 예수의 십자가 죽음 장면에서 루카는 십자가 아래 서 있던 백인대장의 고백을 전한다. "정녕 이 사람은 의로운 분이셨다"(루카 23,47). 죽음 직전 아버지께 바친 예수의 마지막 기도도 전해 준다. "아버지, 제 영을 아버지 손에 맡깁니다"(루카 23,46). 마태오도 이 백인대장의 고백을 전승에서 넘겨받았다. "참으로 이분은 하느님의 아드님이셨다"(마태 27,54). 그러면서 그는 예수께서 돌아가실 때 그분에게서 큰 힘이 솟아났다는 사실을 그때 일어난 놀라운 우주적 사건을 통해 강조한다. 지진이 일어나고 무덤이 열려 죽었던 성인들이 다시 살아났다(마태 27,52-54). 반면 마르코는 이 두려운 사건들을 모두 생략하고, 성전 휘장이 찢어졌다는 사실만 전한다. 그것이 그에게는 분명 상징적 의미를 지닌 표징이었기 때문이다.[49] 마르코

---

[49] 이 장면의 상징적 의미는 성전 제례의 종말에 대한 처벌적 표징이나(참조: 마르 14,58; 13,2), 이민족들에게도 성전 문이 열린다는 표징으로 이해된다. 복음서 저자들이 지성소의 휘장을 생각하고 있었다면, 그들은 "그것을 예수의 죽음이 지성소에 들어가는 통로를 열었다는 생각과 결부시키고 있었다"[C. SCHNEIDER, *ThWNT* 3 (1938) 631, 28-33]; 참조: E. LINNE-MANN, *Studien zur Passionsgeschihte*, FRLANT 102 (Göttingen 1970) 158-163. 그렇다면 여기에는 마르 14,58에서 보듯이 종래의 성전 제례에 대한 신랄한 논박과 함께 하느님의 새로운 공동체의 도래(참조: 마르 15,39)에 대한 적극적 전망, 이 모두가 포함될 수 있다. 지금까지 논구된 바는 많으나 아직 명쾌하게 해결되지 못한 문제다.

복음서에서는 백인대장이 "참으로 이 **사람**은 하느님의 아드님이셨다"(마르 15,39)라고 말한다. 그가 이렇게 고백한 것은 우주적 이변이 무서워서가 아니라 예수께서 '(큰 소리를 지르시고) 숨을 거두시는 것'(마르 15,37)을 목격했기 때문이다. '사람'과 '하느님의 아드님' 사이의 이 대조가 죽음에 임한 예수의 품위와 지존을 빛나게 해 준다.

최후의 순간에 그 지존성이 만천하에 드러나는 이 하느님의 아드님은 누구인가? 예수께서 세례 받을 때 들려온 하느님의 목소리를 통해 그 최초의 대답을 듣자. "너는 내가 사랑하는 아들, 내 마음에 드는 아들이다"(마르 1,11). 이 말씀과 관련해서 다음 두 견해는 무조건 배제해야 한다: 첫째, 예수께서는 형이상학적으로 하느님의 아드님이라는 견해다. 즉, 예수께서는 아버지 하느님과 같은 신적 본성을 당신 안에 지니신다는 것이다. 그러나 여기서는 이런 뜻으로 말씀하신 게 아니다. "내 마음에 드는 아들이다"라는 말씀처럼, 하느님께서는 예수를 당신 사랑 속에서 아들로 받아들이셨다는 뜻이다. 둘째, 예수께서는 오직 은유적 의미로 하느님의 아드님이라는 견해다. 이것은 헬레니즘 세계에서 통용되던 개념과 거의 같은 뜻으로, 역시 배제되어야 한다. 이 하느님 말씀의 형태가 어떤 구체적인 배경을 암시하고 있기 때문이다. 그것은 구약성경의 구절들을 반영하며 유다적 배경에 뿌리내리고 있다. 이 하느님 말씀을 자세히 들여다보면, 구약성경의 말씀들과 관련되어 있을 가능성이 드러난다. 이 하느님 말씀의 배경이 되었을 구약성경 말씀으로, 학자들은 대개 네 곳을 주목한다. 그들은 각 구절의 의미를 규명하면서 하느님 말씀의 배경이 되었을 가능성을 찾았는데, 그 네 구절은 다음과 같다.

> (1) 시편 2의 7에 기록된 제왕적 메시아: "너는 내 아들, 내가 오늘 너를 낳았노라."
> (2) 시편 2의 7과 이사야 42장 1절을 연결한 '메시아적 대사제'. 이 두 구절을 연결하면 사제적 메시아에 대한 기대를 갖게 된다.

경우에 따라서는 다윗의 후손으로 나타날 정치적 메시아도 기
대된다(참조: 쿰란 문헌 IQS 9,11; CD 19,10; 20,1 그리고 "열두 선조들의 유
언" TLev 4,2; 17,2; 18,6-7).

(3) 이사야 42장 1절에 언급된 '하느님의 종'.

(4) 창세기 22장 2.12.16절에 기록된 '사랑하는 아들': 아브라함이
이사악을 희생의 제물로 ('묶어') 바칠 때 언급된다.[50]

이 성경 구절들은 모두 예수께서 세례를 받으실 때 들려온 하느님 말씀의
배경이 된다. 또한 하느님 음성에 포함된 '사랑하는 아들'의 본디 모습을
설명하기 위해 구약성경 또는 초기 유다 문헌에 그 근거를 둔다. 그러나
각 성경 구절을 가지고 사랑하는 아들의 일면만 설명하면 이 아들의 실체
가 규명될 수 없으니, 이유인즉 이러하다:

① 시편 2의 7 말씀이 (서방 계열의) 몇몇 성경 고사본(D와 it) 속의 루카
복음 3장 22절에 실려 있는 것은 사실이다. 그러나 이 사본들은 비교적 후
대의 것이고, 이 말씀은 그리스도론적 반성에 의해서 이곳에 삽입된 것이
기 때문에, 이 말씀은 이차적인 것에 지나지 않는다. 이 시편(2,7)은 다윗 가
문 왕손의 착좌식Inthronisation을 묘사하고, 그분을 아들로 삼아 온 세상의
통치자로 임명하고 메시아로 봉하는 것을 그리고 있다. 그런데 마르코에
서는 이런 착좌식 장면은 전혀 찾아볼 수 없고, 오로지 예수께서 어떤 분
이신지, 그에 관한 선언이 있을 뿐이다. 즉, 그분을 시편 2의 7에서처럼 단
순히 아들이라 하지 않고, 하느님께서 **사랑하는** 아들로 선언한다. 여기 첨
가된 어구, "내 마음에 드는 아들이다"는 이사야 42장 1절(히브리 본문)에서
온 것으로, '하느님의 종'과 관련이 있다.

② 둘째 구절과 관련하여, 당시 사람들이 대사제적 메시아, 즉 당신 아
버지이신 하느님과 이야기를 나눌 수 있는 대사제적 메시아를 기대했다는

---

⁵⁰ 참조: KAZMIERSKI, *Son of God* [각주 48] 35-61.

것은 사실이다(TLev 17,2). 그러나 '깨닫게 하여 주시고 거룩하게 하여 주시는 영'께서 그분 위에 내리시는(TLev 18,7) 세례 장면과 이 말씀을 연결시킬 경우, 이 대목이 그리스도교적 영향하에서 이루어졌다는 생각을 하지 않을 수 없다. 이 대목 말고는 어디서도 이런 '대사제적' 그리스도론을 발견할 수 없다. 있다면 "하느님의 거룩하신 분"(마르 1,24)이라는 칭호뿐이다.[51]

③ 세례 때 하느님께서 하신 말씀이 이사야 42장 1절에 언급된 '하느님의 종'에 근거한다고 설명하는 것은 특히 요아킴 예레미아스의 주장이다. 그에 따르면 그리스어 $\pi\alpha\hat{\imath}s$에는 '종'과 '아이'라는 두 가지 뜻이 있는데, 이 '종'이 마르코에 와서는 '아들'이 되어 버렸다는 것이다.[52] 가능한 설명이긴 하지만 '사랑하는 아들'이라고 특별히 강조하여 말하는 이유는 설명되지 않는다. 그렇다면 적어도 마르코가 구약성경 본문을 의도적으로 바꾸어 인용했고, 이 '하느님의 종'은 마르코적 콘텍스트에서 새로운 모습으로 나타나게 되었다고 보아야 한다.

④ 세례 때 예수를 두고 '너는 내가 사랑하는 아들, 내 마음에 드는 아들이다'라고 하신 말씀을 이사악의 봉헌(묶음)과 비교하는 것은 이사악을 '사랑하는 아들'로 불렀다는 데 근거를 둘 수 있다(창세 22,2: "너의 아들, 네가 사랑하는 외아들"). 그는 외아들이었고, 아브라함은 그 아들마저 아낌없이 바칠 준비가 되어 있었다(창세 22,12.16). 이 이사악 예형론Typologie이 원시 그리스도교 그리스도론에 영향을 끼친 것은 사실이다(로마 8,32; 추정컨대 마르 12,6). 그러나 마르코 복음 1장 11절의 배후에 이 예형론이 깔려 있는지에 대해서는 의문의 여지가 있다. 하느님 말씀이 담긴 이 본문(마르 1,11)과 그 모든

---

[51] 특히 G. Friedrich가 대사제적 메시아론을 주장한다: G. Friedrich, "Beobachtungen zur messianischen Hohepriestererwartung in den Synoptikern", *ZThK* 53 (1956) 266-311; 비판: Hahn, *Hoheitstitel* [각주 6] 231-241에 따르면, (히브리 서간 말고는) 예수의 활동을 대사제적 메시아론의 의미로 해석한 흔적을 찾을 수가 없다.

[52] Joachim Jeremias, in: Ders., *Abba: Studien zur neutestamentlichen Theologie und Zeitgeschichte* (Göttingen 1966) 192-198; Ders., *Neutestamentliche Theologie* 1: *Die Verkündigung Jesu* (Gütersloh 1971) 60f.

요소들을 자세히 검토해 보면, 그것을 전체적으로 그리고 일관되게 설명해 줄 만한, 즉 그 말씀의 원본이 되었을 만한 어떤 성경 구절도 발견할 수가 없다.[53] 오히려 이 말씀(마르 1, 11)은 구약성경의 여러 구절을 동시에 연상케 하는데, 특히 이사야 42장 1절이 가장 뚜렷하게 떠오른다. 그러나 이 구절들은 모두 하느님께서 선택하신 사랑하는 아들의 독특한 모습, 유일하고 새로운 모습을 말하고 있다.

마르코가 전승에서 넘겨받은 이 세례 장면에는 좀 더 고찰되어야 할 두 가지 요소가 남아 있다. 그것은 예수께서 세례 받으실 때 하늘이 갈라짐을 보셨다는 것과 그때 영께서 비둘기 모습으로 당신에게 내려오셨다는 것이다. 이사야 63장 19절에는 이렇게 기록되어 있다. "아, 당신께서 하늘을 찢고 내려오신다면!" 이것은 하나의 종말론적 사건이고, 지금 이 시간 예수께 실현되고 있다. 하느님께서 내려오심은 영이 예수께 내려오시는 방식으로 실현된다. 영은, 영을 가득히 받아 누리시게 될 '기름부음받은이', 곧 메시아의 표징이다(이사 11,2; 61,1). 하느님 종의 노래에서도 하느님께서는 당신의 영을 선택된 분에게 내려 주신다. 그리고 이것은 무엇보다 이사야 42장 1절에서 유래했을 것이다. 그러나 세례 때 언급된바 하느님께서 선택하신 분은 하느님의 종이 아니라 하느님과 긴밀한 관계를 맺고 계시는 하느님의 사랑하는 아들이시다. 이 상징적 언어 속에는 여러 요소가 함축되어 있다. 그리고 이 요소들은 예수께서 인간의 모든 기대를 초월하신다는 의미로 약속된 그 메시아임을 입증해 준다. 유다인들이 현세적 해방자로 기다리던 그런 다윗적 메시아의 개념(시편 2,7)만으로는 하느님과 긴밀하게 결합해 계시는 예수를 설명하기에 너무나 부족하다. 메시아는 그런 분이 아니라는 것을 마르코 복음 12장 35-37절의 다윗 자손에 관한 대화가 반증한다. 예수께서는 여기서, 메시아가 다윗의 자손이라는 율법 학자

---

[53] 참조: KAZMIERSKI, *Son of God* [각주 48] 61. 그는 마르 1,9-11이 두 단계의 발전을 거쳐 이루어졌다고 생각한다. 맨 먼저 이사 42,1에서, 그다음 창세 22장에서 영향을 받았다. 그러나 후자는 내게 그리 확실해 보이지 않는다.

들의 주장을 되받아 그들이 근거로 내세우는 시편 110의 1을 인용하면서 이 구절의 난점을 제시하신다. 즉, 다윗이 어떻게 성령을 가득히 받아 자기 후손을 두고 '주님'이라고 부를 수 있느냐는 것이다. 여기서 메시아가 다윗의 자손이라는 점에 대해서는 이견이 없다. 율법 학자들의 주장대로라면 성경 말씀에 모순이 있는 것이 아니냐라고 반문하시면서(유다인들의 성경 주석 방식인 하가다*Haggadah*식으로 문제를 제기하면서), 예수께서는 유다인들의 기대를 훨씬 초월하는 메시아의 모습을 제시해 주신다. 예수께서는 그들이 생각하는 메시아보다 더 고귀한 신분의 소유자이고 하느님과 밀접히 결합한 분이다. 모든 정황으로 미루어 보아 마르코의 배후에는 다시금 예수께서 하느님의 아드님 또는 사람의 아들이라는 사고가 자리 잡고 있음을 알 수 있다. 예수께서는 신정 체제神政體制 속의 제왕 정도가 아니라 그 이상인 분이다. 그분은 하느님과 함께 하느님 어좌에 앉으시어 통치하는 분, 부활하신 후 초대교회가 경배하던 그 '주님'이다.

하느님의 영이 비둘기 모습으로 예수께 내려오심으로써, 예수께서는 영으로 가득 찬 분임을 만천하에 드러내신다. 영은 하느님께서 사랑하시는 이 아드님을 광야로 내보내신다. 거기서 예수께서는 마귀에게 유혹을 받지만 성령의 힘으로 모든 유혹을 물리치신다. 그때 예수께서는 들짐승들과 함께 지내셨는데, 천사들이 내려와 그분의 시중을 들었다. 낙원의 평화가 이렇게 재현되었다(마르 1,12-13). 예수께서 하느님과 가장 가까이 계시는 분이라는 사실이 악을 물리치는 과정 속에 잘 드러난다. 그리고 이것은 예수의 전 생애를 통해 나타나는 프로그램이다. 예수께서 악령을 쫓아내고 적과 대결할 때 영으로 무장하신 분이라는 것이 입증된다. 요한에게 세례를 받을 때 영을 가득히 받아 입음으로써 예수께서는 영으로 무장하게 된다. 마르코는 하느님의 사랑하는 아드님의 이런 모습(모든 악으로부터 떨어져 계시고 사탄의 모든 공격을 물리치는 모습)을, 자기 복음서 맨 앞부분, 예수 등장 첫머리에 배치함으로써, 독자들로 하여금 앞으로 예수께서 행하시게 될 활동을 이해하는 데 도움이 될 길잡이로 제시한다. 즉, 그분께서 병자들을

고치고 마귀들을 쫓아내시며, 임박한 하느님 나라를 선포하심을 이해할
수 있도록 도움을 주고자 한다.

카파르나움 회당에서 쫓겨난 마귀는 예수께 이렇게 말한다. "저는 당신
이 누구신지 압니다. 당신은 하느님의 거룩하신 분이십니다"(마르 1,24). 마
귀를 쫓아내는 또 다른 장면에서 더러운 영들이 예수께 "당신은 하느님의
아드님이십니다"(마르 3,11) 혹은 "지극히 높으신 하느님의 아들, 예수"(마르
5,7)라고 하기 때문에, '하느님의 아드님'과 '하느님의 거룩하신 분'이라는
이 호칭들은 서로 연관성이 있다고 보아야 한다. 예수께서 영으로 무장하
신 분이라는 개념은, 마르코 복음 1장 24절에서 더러운 영이 하느님의 거
룩하신 분인 예수로부터 오는 위협을 피해 보려 했을 때 작용한다. 성령과
더러운 영 사이에는 '치명적 대립 관계가 형성되어 있다'.[54] 이 더러운 영들
은 예수께서 하느님의 힘으로 무장한 강력한 '하느님의 아드님'임을 알아
보았고, 예수를 보자, 집처럼 들어가 살고 있던 곳에서 쫓겨나지 않으려
안간힘을 썼다. 그런데 그곳에 그냥 더 있게 해 달라고 애원하는 그들의
간청(마르 3,11; 5,7)이 바로 예수의 신적 신분과 권능을 인정하는 것이다. 마
르코 복음 5장 7절에서 이 마귀는 예수께 자기를 괴롭히지 말아 달라고
'하느님의 이름으로' 애걸한다. 그러나 하느님께 의지해서 아무리 호소해
봐도 소용이 없다. 예수께서는 하느님으로부터 오신 분이고, 하느님의 힘
으로 행동하시는 분이기 때문이다. 예수께서는 마귀들에게 당신이 누구신
지 떠들지 말라고 엄하게 이르신다(마르 3,12). 그분은 당신 비밀이 하느님을
거역하는 이 더러운 영들에 의해 알려지는 것을 원치 않았고, 이 비밀이
온전히 지켜지기를 바라셨다.

이 강력한 투사는 또한 하느님의 사랑하는 아들이시며, 하느님 마음에
드는 분이다. 포도밭 소작인의 비유(마르 12,1-12)에서 그 '사랑하는 아들'(하
느님께서 마지막 보내신 분, 하느님 슬하의 단 하나뿐인 아들)이 죽임을 당하게 된다는

---

[54] O. PROCKSCH, *ThWNT* 1 (1933) 102,28-29.

것은 바로 하느님의 아드님이 수난과 죽음의 신비 속으로 들어간다는 것을 의미한다. 이러한 사고가 세례 때 들려온 하느님의 목소리에 이미 들어 있었다고 말할 수는 없지만 복음서 전체를 놓고 볼 때, 하느님의 아드님이 지상의 삶을 이렇게 마감하고 떠나신다는 시각을 배제할 수 없다. 예수께서 죽으시는 바로 그 순간, 다른 민족 사람 백인대장은 예수께서 하느님의 아드님임을 고백한다. '하느님의 사랑하는 아들'인 예수는 난폭하게 다루어지고 죽임을 당하는 하느님 사람들의 대열 속에 서 계시다. 그분은 포도밭 주인인 하느님께서 당신의 모든 기대와 희망을 거신 그 아들이다. 그러나 포도밭 소작인들은 이 아들도 죽여서 포도밭(이스라엘) 밖으로 던져 버린다(마르 12,8).[55] 그러나 인간들은 상속자이자 아들인 이분에게 걸려 결국 좌초하고 만다. 하느님께서는 이분을 하느님의 집 모퉁이의 머릿돌로 삼으신다(마르 12,10-11). 그리고 이 집은 부활 이후 탄생할 교회를 뜻한다(마르 14,58 참조). 이것은 예수의 죽음과 부활에서 이루어지는 역설적 사건이다. 또한 이것은 하느님께서 이루시는 하나의 기적인바, 인간은 이를 보고 그저 감탄할 뿐이다. 사랑하는 아드님을 바치는 하느님의 이 희생이 당신 백성과 함께 이루어 가시는 역사의 중심축을 이룬다.

하느님의 사랑하는 아들과 그분의 죽음 속에 장차 태어날 교회의 전망이 드러난다. 예수께서 세례를 받고 마귀의 유혹을 이겨 내신 후 하느님 백성을 모으기 시작하신 것처럼, 그분의 죽음에서 새로운 하느님의 집이 생겨나 점점 더 커지고 있다. 세례 장면에서 공동체에 소개되는 이 '하느님의 아드님'은 교회론적 차원을 지닌다. 예수께서 가르치시고 병을 고쳐 주

---

[55] 예언자들의 비참한 운명에 관한 신명기적 개념이 하느님 사자(使者)들의 다양한 사명에 관한 배경을 이룬다. 참조: O.H. STECK, *Israel und das gewaltsame Geschick der Propheten*, WMANT 23 (Neukirchen 1967) 110-264. 마르 12,1-12에 대해서는 J. BLANK, "Die Sendung des Sohnes: Zur christologischen Bedeutung des Gleichnisses von den bösen Winzern Mk 12,1-12", in: J. GNILKA (Hrsg.) *Neues Testament und Kirche*, FS R. SCHNACKENBURG (Freiburg - Basel - Wien 1974) 11-41 참조. 그는 이렇게 정확히 지적한다: '아들'은 심판 전에 하느님께서 파견하신 최후의 종말론적 사자다. 그분이 오심으로써 하느님 사자들의 파견이 정점에 이르며 끝을 맺는다(17).

시는 행동 속에는 항상 미래 교회에 대한 전망이 들어 있다. 이처럼 영을 가득히 받으시고, 죽음으로 나아가시며, 장차 하느님에 의해 부활하실 하느님의 아드님께서는 이 교회가 가야 할 길을 미리 비추어 주신다. 이것은 예수의 영광스러운 변모 장면에서 독특한 방식으로 나타난다. 이때도 세례 때처럼 예수를 '사랑하는 아들'이라 증언하시는 하느님의 목소리가 들렸고, 이어서 "너희는 그의 말을 들어라"(마르 9,7) 하는 말씀이 들렸기 때문이다. 이 말씀으로 종말에 오기로 된 모세 같은 예언자에 관한 예언(신명 18,15)이 이곳에 수용되면서, 이 예언 말씀으로 하느님 아드님의 모습이 더욱 자세하게 드러난다. 그것은 그분의 말씀을 들어야 할 교회 때문이었다. 예수의 영광스러운 변모를 목격한 세 증인은 하느님 현존을 나타내며 그 현존을 호위하는 '구름'에 뒤덮이게 된다. 이집트를 탈출할 때 구름이 계시의 장막을 덮고 있었던 것처럼(탈출 40,35: 칠십인역) 구름은 이 제자들을 '덮었다'(마르 9,7). 이때 들려온 하느님의 목소리는 광야에서 이스라엘 백성에게 내리셨던 하느님의 말씀과 똑같은 권위를 지녔다. 그런데 지금 이 하느님의 목소리는 당신이 사랑하는 예수께서 계시자이고 지도자이며 스승이라는 사실을 증언해 준다.

하느님의 아드님이라는 예수의 신원을 의식하고 바라보면, 그 모습에서 지존의 면모를 발견할 수 있다. 구체적으로, 사탄을 제압하실 때, 마귀를 쫓아내려고 그 큰 힘을 행사하실 때 그런 모습이 가장 잘 드러난다. 뿐만 아니라 당신의 수난과 죽음의 길을 암시하는 하느님 아드님의 또 다른 면모도 발견된다. 이분은 하느님의 사랑받는 아드님이자 순명하며 당신의 길을 가시는 하느님의 종이다. 이분은 당신의 죽음 속에서 하느님의 아드님임을 드러낸 분이고, 당신의 가장 비참한 인간적 모습 속에서 숨겨진 지존과 신성을 드러내 보인 하느님의 아드님이다. 하느님에게 버림받은 듯한 절망 속에서 외치던 그분의 기도야말로 하느님께서 그분을 기꺼이 받아들이셨다는 확신을 갖게 해 준다. 이 하느님의 아드님에 관하여 마르코 복음서가 주는 기본적 인상은 예수께서 하느님과 가장 가까이 계시는 분

이라는 점이다. 이 사실은 죽음 속에서도 결코 변하지 않는다.[56]

그러나 하느님 가까이 계시는 하느님 아드님의 이런 모습은 공관복음서의 '종말에 관한 담화' 속에 나오는 말씀과 상충한다. "그날과 그 시간은 아무도 모른다. 하늘의 천사들도 아들도 모르고 아버지만 아신다"(마르 13,32). 여기서 '아버지'와 '아들'이 확연히 구별된다. 강조컨대, 아버지만 종말이 언제일지 확실하게 아신다. 그러나 여기서 언급하는 것은 '하느님의 아드님'이 아니라, '아들'이다. 우리는 이 표현이 전혀 다른 전승에서 온 것이라고 결론 내릴 수밖에 없다. 즉, 임박한 종말을 기대하고 있지만 그 종말이 언제 시작될지, 그 시간을 아무도 모른다는 모종의 묵시 사상적 전승에서 유래했다고 보는 것이다.[57] 여기서 '아들'이 '아버지'와 관련되어 나타난다. 이와 똑같은 경우를 어록집(Q)에서 유래하는 마태오 복음 11장 27절과 그 병행구 루카 복음 10장 22절에 수록된 '환희의 외침'에서도 찾아볼 수 있다.[58] 그렇지만 이 환희의 외침에서는 하느님께서 아들에게 '모든 것'을 넘겨주셨고, 아들이 아버지를 '드러내 보여 주려는 사람들에게' 계시하여 줄 수 있다고 하는 데 반하여, 마르코 복음 13장 32절에는 매우 유보적으로 나타나며 눈에 띄게 제한적으로 표현된다. 아버지만 재림 때를 아신다. '천사들도 모르고 아들도 모른다'라고 점점 더 강하게 표현하는 것은 여기서 아들을 어떻게 평가하고 있는지 잘 보여 준다. 하느님 나라에 자리를 마련하는 것을 하느님만 하실 수 있듯이(마르 10,40), 종말에 사건들이 어떻게 전개될지 아들은 아는 것이 전혀 없다는 뜻이다. 마르코 이전의 초기 전승에서 유래했을 것으로 보이는 이 말씀(마르 13,32)은 종말 담화의 테두리 안에서 이해되어야 하며, "이 세대가 지나기 전에 이 모든 일이 일어날 것이다"

---

[56] 십자가에서 "하느님께 왜 저를 버리셨습니까?" 하고 외친 예수에 대해서는 G. ROSSÉ, *The Cry of Jesus on the Cross* (New York 1987) 참조.

[57] 참조: 즈카 14,7; PsSal 17,23; syrBar 21,8; 4Esra 4,52. 참조: PESCH, *Markusevangelium* 2 [각주 1] 310.

[58] 참조: HAHN, *Hoheitstitel* [각주 6] 327-329.

(마르 13,30)라는 그 직전의 말씀과 대립되는 것으로 이해되어야 한다. 이런 맥락 속에 이 말씀(마르 13,32)이 들어 있는 것은 사실이지만, 그 자체로도 중요한 의미를 지닌다. 그렇다면 마르코는 어떻게 이 말씀을 '하느님의 아드님'에 관한 자신의 그리스도론과 결부시킬 수 있었을까?[59] '하느님의 아드님' 그리스도론과 이 '아들'의 말씀 사이에서 발생하는 이 긴장은 아무리 토론한다 해도 해결될 사안이 아니다. 마르코는 분명 여기서 어떤 문제점도 발견할 수 없었다. 그에게 '하느님의 아드님'은 아버지 하느님께 기꺼이 순종하며 예속된 분이다.

메시아에 관한 어떤 특별한 모습이 세례 장면에 이미 형성되어 있다는 사실을 감지할 수 있다면, 대사제의 질문도 메시아와 관련된 내용임을 알 수 있을 것이다. "당신이 찬양받으실 분의 아들, 메시아요?"(마르 14,61-62). 대사제의 물음에 함축된 두 표현은 같은 것을 의미한다. '찬양받으실 분의 아들'은 메시아를 가리키는 존칭이다. 유다인들은 메시아를 '하느님의 아드님'으로도 표현했다(참조: 2사무 7,14; 시편 2,7; 4QFlor 1,11; 4Q 243). 그렇지만 여기에 추가된 어구, '찬양받으실 분의 아들'은 그리스도교적 시각에서 유래했을 가능성도 있다. 이 두 메시아 칭호는 "현재 우리가 보는 형태 그대로 원시 그리스도교 헬레니즘 공동체에서는 매우 친숙한 표현들이었다. '찬양받으실 분의 아들'이라는 이 용어는 그분과 하느님과의 독특한 관계에 의거해서 그리스도 칭호를 더욱 분명하게 해 준다".[60] 대사제의 물음에 예수께서는 그렇다고 대답하지만 동시에 유다인들의 잘못된 메시아관을 바로잡아 주신다. 즉, 당신은 하느님 오른쪽에 앉으실 분이고 하늘의 구름을 타고 오실 사람의 아들이라는 것이다(마르 14,62). 여기서 이 '하느님의 아드님'은 또 다른 빛을 받으며 당신 모습을 드러내신다. 그분은 하느님 곁에

---

[59] 마르 13,32에 '사람의 아들' 개념의 원형이 들어 있다고 전제할 것인가? E. Schweizer, *ThWNT* 8, 373f; Pesch, *Markusevangelium* 2 [각주 1] 310 등은 그렇다고 보지만, 편집자에 의해 변형되었다고 보는 편이 더 설득력 있다. 마르 8,38에는 이 변형이 나타나지 않는다.

[60] Strobel, *Stunde der Wahrheit* [각주 36] 73.

들어 올림 받은 분이고 권능을 지니고 다시 오실 사람의 아들이다. 여기서 '하느님의 아드님' 그리스도론과 '사람의 아들' 그리스도론이 결합된다.

마르코에게 '하느님의 아드님'이라는 칭호는 지상에서 활동하던 예수, 하느님에 의해서 영과 힘으로 무장했으나 십자가에 이르기까지 순명하면서 당신의 길을 간 예수를 종합적으로 표현한다. 하느님과 결합되어 있는 하느님 아드님의 신비가 예수의 모든 활동 영역에서(제2장 1절 참조) 드러나고 있다. 목격자들에게는 아직 가려져 있고, 그들이 아직 깨달을 수 없었다 하더라도 그렇다. 하지만 이 칭호 속에 마르코 그리스도론의 모든 측면이 다 수용되어 있는 것은 아니다. 이 그리스도론은 또 다른 존칭들, 특히 '사람의 아들'과도 연결되어 있다. 그러나 이 그리스도론을 예수에 대한 마르코 사상의 핵심이라고 보아도 무방할 것이다.

2.2 사람의 아들

하느님과 긴밀히 결합되어 있음을 나타내는 칭호인 '하느님의 아드님'과 더불어 예수 그리스도를 지칭하는 또 다른 칭호 '사람의 아들'도 마르코 복음서에서 중요한 역할을 한다. 이 칭호는 이 복음서에 각각 다른 맥락에서 모두 열네 번 등장한다.[61] 대개 학자들은 '사람의 아들'과 관련된 말씀을 그분의 (종말론적) 미래 역할, 그분의 현재 활동, 그리고 그분의 죽음과 부활에 관련된 말씀으로 구분한다. 이 칭호가 생성·활용되어 온 전사前史와 초대교회에 수용된 과정(이는 끝없는 논란을 불러일으켰다)을 살펴보면[62] 이 구분

---

[61] 마르 2,10.28; 8,31.38; 9,9.12.31; 10,33.45; 13,26; 14,21.41.62.

[62] 참조: H.-E. Tödt, *Der Menschensohn in der synoptischen Überlieferung* (Gütersloh ²1963); C. Colpe, *ThWNT* 8 (1969) 403-481; U.B. Müller, *Messias und Menschensohn in jüdischen Apokalypsen und in der Offenbarung des Johannes*, StNT 6 (Gütersloh 1972); K. Müller, "Menschensohn und Messias", *BZ* 16 (1972) 161-187; 17 (1973) 52-66; J. Theisohn, *Der auserwählte Richter: Untersuchungen zum traditionsgeschichtlichen Ort der Menschensohngestalt der Bilderreden des äthiopischen Henoch*, StUNT 12 (Göttingen 1975); R. Pesch/R. Schnackenburg (Hrsg.) *Jesus und der Menschensohn*, FS A. Vögtle

은 정당하고도 중요하다. 이 문제를 탐구하는 학자들은 또 다른 문제에 맞닥뜨리게 된다. 그것은 예수께서 친히 이 칭호를 당신을 지칭하는 말로 사용했는지, 사용하셨다면 그 호칭을 어떻게 이해하셨는지 하는 문제다.[63] 한 가지 사실만은 분명하다. 그것은 사람의 아들에 관하여 언급한 이는 예수 한 분이지(예외: 사도 7,56), 하느님의 음성이나 다른 사람들의 말에는 이런 내용이 전혀 나타나지 않는다. 여기에 역사적 탐구 영역이 있다. 성경이 전하는 예수의 말씀이 실제로 역사적 예수의 발언인지, 아니면 공동체가 이차적으로 지금과 같은 예수의 말씀으로 구성한 것인지 규명하는 일이 역사적 탐구의 대상이다. 학자들이 무엇보다 먼저 밝혀내려는 것은, 이 말씀들의 배후에 있는 예수의 자아 인식은 무엇이고, 무엇이 이런 표현들을 초대교회로 하여금 예수의 말씀이 되도록 했는지, 혹은 예수의 입을 통해서 이런 말씀을 하시게 했는지다. 지금 우리는 사람의 아들에 관한 말씀을 통해 마르코가 예수의 모습을 어떻게 제시해 주는지, 즉 믿음의 모습을 어떻게 제시해 주는지 탐구하고 있기 때문에 역사적 · 문헌비평적 방법은 뒤로 미루어 둔다. 한 가지만은 의심할 여지가 없다. 그것은 마르코가 이 칭호를 예수와 연관 지었고 또 오직 예수에게만 사용했다는 점이다. 그에게 예수는 하느님의 아드님이자 사람의 아들이다.

　이것은 결국 의문을 야기한다: 마르코에게 예수 실체의 비밀이 본질적으로 '하느님의 아드님'이라는 신원 서술어에 집중되어 있다면, 왜 그는 사

(Freiburg - Basel - Wien 1975); F. HAHN, *EWNT* 3 (1983) 927-935; V. HAMPEL, *Menschensohn und historischer Jesus: Ein Rätselwort als Schlüssel zum messianischen Selbstverständnis Jesu* (Neukirchen 1990) 373-403.

　[63] HAMPEL, *Menschensohn* [각주 62]은 이 문제를 깊이 탐구하면서, 이 '사람의 아들'의 유다적 개념을 다니엘 7장에서 이끌어 낸다. 그는 공관복음서에 나오는 사람의 아들의 어록들을 전부 철두철미 검토한 후 이런 결론에 도달했다: 맨 처음 예수께서는 사람의 아들로서 메시아적 착좌를 기대하고 계셨다. 그다음 당신의 죽음을 분명히 의식하자 당신 수난과 죽음의 길을 굳건히 걸어가셨다. 바로 이 죽음을 통해 하느님께서는 친히 당신의 메시아 예정자인 사람의 아들에게 이것을 밝혀 주시고, 온 세상에 이 사람의 아들을 메시아로 계시하고자 하셨다(375f).

람의 아들의 말씀들을 끌어들이는가? '사람의 아들'에는 어떤 특성들이 드러나는가? 그리고 마르코에게 이 특성들은 예수 그리스도의 모습을 그려내는 데 왜 그렇게도 중요한가? '하느님의 아드님'과 '사람의 아들'의 관계를 어떻게 규정해야 하는가?

사람의 아들의 말씀들을 살펴보면, 우선 그분의 수난과 죽음에 관한 말씀이 수적으로 많이 등장하는데, 모두 여덟 군데다(마르 8,31; 9,12.31; 10,33.45; 14,21.41). 내용을 보면 이 말씀들은 모두 이 수난과 죽음이 하느님의 뜻에 따라 '반드시' 이루어져야 한다는 점을 강조한다(마르 8,31; 9,12; 14,21). 그것은 성경에 근거를 두고 있다(마르 9,12; 14,21). 사람의 아들의 죽음은 그분의 부활을 위한 필수 전제 조건이다. 수난 예고가 세 번 나오는데(마르 8,31; 9,31; 10,33), 매번 끝 부분에 가서는 부활이 언급된다. 이 세 대목(이것은 예수의 예루살렘 입성을 구분하는 기점이 되기도 한다)은 의도적으로 예수 수난 사건을 정점으로 한 걸음씩 다가가는 선상에 배열되었다. 첫 번째 수난 예고(마르 8,31)는 케리그마로 발전하고, 두 번째 수난 예고(마르 9,31)는 예수를 '넘겨주다'라는 관점에서 서술된 수난기에서 파생된 대목이다. '넘겨주다'라는 표현은 배반자 유다 이스카리웃에 의한 것이든(마르 3,19; 14,10-11.18.21.42.44) 하느님 자신에 의한 것이든 이렇게 이 자리에 삽입되었다(참조: 마르 9,31. 여기서는 이 '넘겨주다'가 '사람들의 손에'라는 표현과 나란히 사용된다. 마르 10,33; 14,41). 이 대목은 케리그마적 문체로 다듬어진 말씀이며, 초대교회의 특정 개념을 내포하고 있다. 세 번째 수난 예고(마르 10,33-34)는 이미 접어드신 수난과 죽음의 길을 각 단계별로 하나씩 묘사하고 있다. 이 예고는 수난기에 기록될 사건의 전개와 그대로 일치한다.

예수의 수난과 죽음을 내다보며 종합적으로 언급한 이 말씀들은 코린토 전서 15장 3-5절에 나오는 그리스도론적 신앙고백문과 거의 같다. 적어도 그 기본 구조는 동일하다. "성경 말씀대로 … 돌아가시고, 성경 말씀대로 사흘날에 되살아나셨다." 그러나 이곳에 추가된 말씀, "우리의 죄 때문에"(돌아가시고)는 마르코 복음서의 수난 예고에 전해지지 않는다. **'사흘날에**

되살아나셨다'도 마르코 복음 8장 31절과 10장 34절에는 '사흘 만에'('직역: 사흘 후에')로 달리 기록되어 있다. 사도 바오로가 전하는 '묻히셨으며'와 '(되살아나시어) … 나타나셨습니다'는 마르코의 수난 예고에 수용되지 않고, 그 대신 수난과 죽음의 길이 더욱 자세히 묘사된다. "사람의 아들이 반드시 많은 고난을 겪으시고 원로들과 수석 사제들과 율법 학자들에게 배척을 받아 죽임을 당하셨다가 …"(마르 8,31). 그분은 사람들의 손에 '넘겨질'(마르 9,31) 것이라고 기록된다. 세 번째 수난 예고에는 수난의 길이 단계별로 자세히 묘사된다(마르 10,33-34). 이렇게 예수의 십자가와 부활에 관한 원시 그리스도교적 케리그마가 전제되어 있다. 그러나 바오로적 케리그마에 나타나지 않는 '사람의 아들'이 마르코의 수난 예고에 언급됨으로써 그 관점과 강조점들이 서로 달라지게 되었다. 마르코 복음 8장 31절에 수록된 첫 번째 수난 예고는 코린토 전서 15장 3-5절에 기록된 말씀보다 더 오래된 전승 단계를 반영하는 듯하다.[64] 마르코 복음 8장 31절에 나오는 '버림을 받다'$\dot{a}\pi o\delta o\kappa\iota\mu a\sigma\theta\hat{\eta}\nu a\iota$라는 이 용어는 시편 117의 22(칠십인역)를 연상케 한다. 이 시편은 마르코 복음 12장 10절에도 인용된다. 예수의 수난을 예수를 '버리다'라고 표현한 것은 "집짓는 이들이 내버린 돌, 그 돌이 모퉁이의 머릿돌이 되었다"라는 시편에 근거한 것이다. 이 표현은 초대교회 전승 여러 곳에서 볼 수 있다. 예컨대 사도행전 4장 11절(여기서는 마르코 복음 9장 12절에서처럼, '버림을 받다'에 해당하는 또 다른 그리스어 동사가 사용되고 있다)과 베드로 전서 2장 7절이다. 그리고 로마서 9장 33절도 참조하기 바란다. 마르코는 사람들이 내버린 돌이 모퉁이의 머릿돌이 되었다는 표상을 받아들이고 첫 번째 수난 예고에 활용하여, 예수의 죽음의 길을 의미하는 상징적 표현으로 삼았을 가능성이 높다. 그리고 이 죽음의 길은 잠시 후에('사흘 만에') 하느님에 의해서 이루어질 예수 부활로써 승리의 길로 변하게 된다.

---

[64] 참조: P. HOFFMANN, "Mk 8,31. Zur Herkunft und markinischen Rezeption einer alten Überlieferung", in: DERS. (Hrsg.) *Orientierung an Jesus*, FS J. SCHMID (Freiburg - Basel - Wien 1973) 170-204, 특히 184.

이 '사람의 아들'이 예수의 수난과 죽음의 길에 편입됨으로써(Q 문헌에서는 아직 결합되어 있지 않았다), 마르코에게 '사람의 아들'은 매우 중요시되었다. 예수께서 성경 말씀대로 죽어야만 한다는 이런 시각이 '하느님 아드님'의 개념 속에는 이런 방식으로 나타나지 않는다. 죽임을 당하신 이분께서는 다시 살아날 것이다. 이것은 하느님에 의해서 이루어지는 것이고, "우리 눈에 놀랍기만 하"(마르 12,11)다. 마르코가 포도밭 소작인의 비유(마르 12,1-12) 끝 부분에 덧붙인 이 말씀은 '사랑하는 아들'과 죽은 다음 하느님께서 부활시켜 주실 '사람의 아들'을 연결시키는 교량 역할을 한다. 이렇게 마르코는 하느님의 아드님에 관한 사고와 사람의 아들에 관한 전승을 결합시킬 수 있었다. 이 '사람의 아들'은 '사랑하는 아들'(마르 12,6-8 참조) 이외에 다른 분이 아니다. 예수께서는 이제 당신께서 '사람의 아들'로 지칭되고 모든 것을 포용하는 사고의 영역으로 들어선다.

마르코 복음 8장 31절 말씀의 배후에는 수난하는 의인의 모습(이 모습은 수난기에서 뚜렷이 드러나게 된다)이 분명히 들어 있다. 지혜서 9장 4절("당신의 자녀들 가운데에서 저를 내쫓지[배척하지] 말아 주십시오") 한곳을 제외하면, 사실 지혜서 본문(2-5장)에는 '배척당하다'라는 표현이 나타나지 않는다. 그렇지만 유사한 문구들은 여러 번 등장한다. 즉, 악인들이 그 의인을 무시하고(지혜 3,10), 그들은 지혜와 교훈을 업신여기며(지혜 3,11), 그 현인의 종말을 비웃는(지혜 4,18; 참조: 지혜 5,1) 내용들이 나온다. 악인들은 이렇게 지껄인다: 그는 "'자기 말로 하느님께서 돌보신다고 하니, 그[의인]에게 수치스러운 죽음을 내리자.' 이렇게 생각하지만 그들이 틀렸다"(지혜 2,20-21). 여기서 한 의인의 죽음을 찬미한다. 그러나 여기에는 속죄의 의미가 전혀 들어 있지 않다. 비록 수난 당하지만 하느님께서 의롭게 해 주실 이 의인에 대하여 자세히 예언하고 있을 뿐이다. 사람의 아들은 반드시 '많은 고난을 겪어야 한다'(마르 8,31)는 언급은 시편 34의 20 말씀을 반영하는 것이 분명하다. "의인의 불행이 많을지라도, 주님께서는 그 모든 것에서 그를 구하시리라." 그 의인이 지닌 '양면성'Diptychon, 즉 악인들에게 죽음으로 내몰리는 모습

(지혜 2,12-20)과 '하늘의 영광을 누리며 전에 자기를 괴롭히던 자들 앞에 그들의 악행을 말없이 입증하는 증인으로 나서는 모습'(지혜 5,1-7)이 하느님의 아드님의 수난·죽음·부활에 대한 밑그림이 되고 있다.[65] 이렇게 예수 수난기와의 연결선이 나타난다. 아무 잘못이 없지만 박해받고 고난당해야 하는 의인이 예수 수난을 해석할 모델이 되는 것이다.

최후 만찬 때 예수께서는 당신과 함께 식사를 하고 있는 사람 중 하나가 당신을 배신하여 넘겨주리라고 미리 말씀하신다. 이 소름끼치는 사실을 이 복음서 저자는 이렇게 묘사한다. "사람의 아들은 자기에 관하여 성경에 기록된 대로 떠나간다. 그러나 불행하여라, 사람의 아들을 팔아넘기는 그 사람! 그 사람은 차라리 태어나지 않았더라면 자신에게 더 좋았을 것이다"(마르 14,21). '열두 제자' 중 하나이며, 굳게 믿었던 한 제자의 배신에 대한 경악이 이 서술 속에서 요동치고 있다. 그러나 이것은 하느님께서 정해 놓으신 길을 가고 있는 '사람의 아들' 개념 속에 흡수되고 만다. 겟세마니에서 생사의 기로에 선 기도를 올리신 다음 예수께서는 제자들에게 말씀하신다: "시간이 되어 사람의 아들은 죄인들의 손에 넘어간다. 일어나 가자. 보라, 나를 팔아넘길 자가 가까이 왔다"(마르 14,41-42). 여기서 예수의 적들은 '죄인들'로 낙인찍힌다. 예수께서는 당신을 붙잡아 오라는 임무를 띠고 덤벼드는 종들에게 말씀하신다: "너희는 강도라도 잡을 듯이 칼과 몽둥이를 들고 나를 잡으러 나왔단 말이냐?"(마르 14,48). 사람의 아들은 잘못이 없는데도 박해받는 의인으로서 수난의 길을 내디디신다.

그러나 이 '사람의 아들'과 관련하여 그분을 지존하신 분으로 언급하는 대목도 분명히 등장한다. 이것이 가장 확실하게 나타나는 곳이 종말에 관한 담화다. 현재 진행되는 이 시대가 뒤흔들리고 시험받고 난 후, '큰 환난'이 일어나고 우주적 표징들이 나타난 후, 사람들은 사람의 아들이 큰 권능을 지니고 영광 중에 구름을 타고 오는 것을 보게 되리라는 말이 이 담

---

[65] 참조: L. Ruppert, *Jesus als der leidende Gerechte? Der Weg Jesu im Lichte eines alt- und zwischentestamentlichen Motivs*, SBS 59 (Stuttgart 172), 24쪽에서 인용.

화에 나온다(마르 13,26). 이것은 다니엘서 7장 13절의 예언을 예수 모습과 연관시켜 묘사한 것이다(다니엘서 7장 18.22.25.27절에서는 그 인물을 '지극히 높으신 분의 거룩한 백성', 즉 집단적으로 묘사한다). 이렇게 개별적 인물과 연결시켜 해석하는 것은 그 밖의 묵시 사상의 문헌들과 맥을 같이하고 있다.[66] 그러나 이 말씀(마르 13,26)이 어떻게 이런 형태로 정리되었는지, 그리고 그 과정은 어떻게 진행되었는지, 그 종교사적 · 전승사적 전개 과정을 규명하기란 매우 어려운 일이다.[67] 예수께서 직접 다니엘의 예언을 인용하셨을 가능성은 거의 희박하다. 천사들을 보내어 선택된 이들을 사방에서 모으리라는 말씀(마르 13,27)은 더 발전된 전승을 전제한다. 그러나 이 다니엘서 인용구는 초대교회에서 매우 중요한 말씀이었다. 예수께서 최고 의회에서 천명하신 이 구절을(마르 14,62), 초대교회는 장차 오실 심판관이 바로 예수 자신이라는 말씀의 근거로 여겼기 때문이다. 다니엘서 7장 13절을 근거로 이 말씀이 형성된 것은 초대교회에 의해서였으리라 생각된다.[68] 마르코는 묵시 사상에서 기대하던 그 '사람의 아들'이 바로 예수라는 초대교회의 확신을 의식하면서 받아들였다. 마르코 복음 13장에서 '사람의 아들' 예수는 장차 오실 심판관일 뿐 아니라, 당신께서 선택하신 이들을 불러 모아 그들을 구원하실 구세주로 나타난다. 묵시문학에서는 종말에 나타날 공포의 우주적

---

[66] äthHen 46; 48,2-7; 62,5-9.14; 63,11; 69,26-29; 4Esra 13. 다니엘 7장의 분석과 해석에 관하여: P. WEIMAR, K. MÜLLER, A. DEISSLER의 기고문들, in: FS für A. VÖGTLE, *Jesus und der Menschensohn* [각주 62] (1975), 11-91. 형상어 담화 속에 등장하는 사람의 아들 또는 선택된 이, 또는 그 밖의 인물에 관하여: THEISOHN, *Der auserwählte Richter* [각주 62] 31-49. 4Esra 13에 관하여: C. COLPE, *ThWNT* 8, 429-431.

[67] 참조: 각주 62에 제시된 문헌들, 특히 C. COLPE, *ThWNT* 8, 422-433.

[68] HAMPEL, *Menschensohn* [각주 62]도 마르 14,62에 관하여 이렇게 언급한다: "예수의 복음 선포를 근거로 판단할 때, **이런 형태의** 말씀(logion)은 예수의 말씀으로 귀결될 수 없다. 예수께서는 이 밖의 어디서도 구약성경을 그대로 인용하여 말씀하신 적이 없다. 이 말씀은 오히려 초대교회의 전형적 어법을 그대로 드러내고 있다"(179f). 그러나 HAMPEL은 이 말씀이 '사람의 아들'과 관련된다는 것을 확신했다: "역사적 예수께서 말씀하신 바르 에나샤(*bar enascha*)는 메시아 예정자를 가리키는 말이지, 아직 착좌하지 않은 메시아를 가리키는 말은 아니다"(185).

사건들을 이렇게 묘사한다. "해는 어두워지고, 달은 빛을 내지 않으며, 별들은 하늘에서 떨어지고, 하늘의 세력들은 흔들릴 것이다"(마르 13,24-25). 이런 공포의 우주적 사건들은 종말 직전, 하느님의 준엄한 심판 날이 오기 직전 시기를 묘사한 묵시문학적 요소들이다(참조: 이사 13,10; 에제 32,7-8; 에티 에녹 80,2-8; 102,4; 4에즈 5,3-5; 시빌 3,796-803). 마르코 복음 8장 38절도 사람의 아들의 동반자로 나타날 거룩한 천사들에 관하여 언급하지만, 이들은 오히려 심판의 천사들로 보아야 한다(마태 13,41-42 참조). 그리고 심판의 말씀이 내려진다. 심판받는 자들은 간통을 일삼으며 죄악 속에 사는 이 세대의 인간들이다. 예수와 그분의 말씀을 '부끄럽게 여기던' 자들이며, 그분에게 등을 돌린 자들로서, 종말론적 '사람의 아들'이신 심판관으로부터 배척받을 것이다. 이분이 바로 하느님의 아드님 예수다. 이 사람의 아들이 당신 '아버지의' 영광을 떨치며 올 것이기 때문이다. 이것은 '사람의 아들'이 '하느님의 아드님'과 연결되어 등장하는 또 다른 대목이기도 하다.

여하간 사람의 아들이 재림하실 때 그분은 '큰 권능과 영광을 떨치며', 모든 것을 다스릴 하느님의 힘을 지니고 찬란한 빛을 발하며 나타나신다. 이것은 사람의 아들이 겪을 수난, 죽음과 대조적인 모습이다. 수난 예고에서 전환점을 이루는 것은 예수의 재림이 아니라 그분의 부활이다. 이미 예수의 영광스러운 변모 때, 그분의 옷이 천상의 빛으로 찬란하게 빛났다고 눈에 보일 듯이 묘사한 것처럼(마르 9,3), 예수의 부활은 그분의 영광을 미리 계시해 준다. 그렇다면 종말에 관한 담화에서 문제가 되고 있는 이 재림은 부활로써 누리게 된 그분의 영광이 최종적으로 드러나는 것에 지나지 않는다. 이 재림은 예수에 대한 전권 수여가 전 우주에 공개되는 장소이며 전권을 행사하기 시작하는 시간이다. 그때 통치자로서 하느님 오른쪽에 앉아 있는 사람의 아들이 만인에게 나타날 것이다(마르 14,62 참조). 이것은 하느님에 의해서 보증된 그분의 합법성이 드러나는 것이기도 하다. 부활과 재림은 분리된 것이 아니라, 임박한 종말의 기대로 긴밀히 연관되어 있다. 하나로 통합되어 있지는 않더라도 밀접한 연관이 있다.[69]

'사람의 아들'이라는 칭호로 마르코는 예수에 대하여 이렇게 전망했다: 예수의 죽음은 부활을 통하여 영광으로 승화되며, 또한 종말에 예수께서 다시 오실 것을 기대하게 한다. 이 칭호는 '하느님의 아드님'이라는 칭호로 서는 짐작도 할 수 없었던 구원사적 시야를 열어 주었다.

마르코 복음서에는 사람의 아들을 현재 지상에서 활동하시는 분으로 인식하는 대목들도 나온다. 예수께서 중풍 병자의 죄를 용서해 주시는 것을 보고, 몇몇 율법 학자는 예수께서 하느님을 모독한다고 생각했다. 이때 예수께서는 이렇게 말씀하셨다. "이제 사람의 아들이 땅에서 죄를 용서하는 권한을 가지고 있음을 너희가 알게 해 주겠다"(마르 2,10). 그러고 나서 그에 대한 표징으로 그 중풍 병자의 건강을 회복시켜 주셨다(마르 2,11). 이렇게 예수께서는 하느님만 누리는 전권을 당신도 행사하실 수 있음을 보여 주셨다. 이것이 불신의 유다인들과 대결하는 장면임을 감안하면, 예수께서 최고 의회에서 증언하신 말씀이 연상된다. 그때 예수께서는 당신이 장차 사람의 아들로서 전권을 지니고 영광 중에 오리라고 말씀하셨다(마르 14,62). 여기서 주목할 것은 예수께서 이미 **지상에서** 당신이 죄를 용서해 주실 사죄권을 지니고 있다는 사실을 천명하셨다는 점이다. 마르코 복음서 전체를 지배하는 시각은 예수 지존의 품위가 이미 그분의 지상 활동 속에 그대로 드러나고 있다는 것이다. 이는 그분께서 전권을 가지고 가르치실 때(마르 1,22), 마귀를 쫓아내고 병자들을 고치실 때(마르 1,27.41; 3,10-11; 5,1-20 등) 잘 나타난다. 마귀를 쫓아내실 때는 '하느님의 아드님'임이 분명하게 밝혀졌지만(마르 3,11; 5,7), 여기서 중풍 병자를 고쳐 주실 때는(마르 2,1-12) 이

---

[69] 마르 16,7: "예수님께서는 전에 여러분에게 말씀하신 대로 여러분보다 먼저 갈릴래아로 가실 터이니, 여러분은 그분을 거기서 뵙게 될 것입니다"는 재림에 관한 말씀으로 이해될 수 없다. 오히려 부활하신 분의 발현에 관한 말씀으로 보아야 한다. 그러나 J. JEREMIAS, *Neutestamentliche Theologie* [각주 52] 293f는 예수의 이 발현을 종말의 시작으로 인식하고 있다. "그들은 빛나는 광채 속에 계시는 예수를 보았다. 그들은 그분의 통치가 시작되었음을 증거하는 증인들이었다. 다시 말하면, **그들은 주님의 재림을 체험했다**"(294). 그러나 그것은 초대교회의 확신은 아니었다. 초대교회는 예수의 부활과 재림을 구별하고 있었다. 참조: GNILKA, *Evangelium nach Markus* 2 [각주 14] 343.

호칭이 전혀 언급되지 않는다. 그렇지만 여기서도 예수께서는 앞에서와 마찬가지로 하느님 가까이 계시는 분이다. 이것은 사람의 아들이 다시 오실 때 완전히 계시될 것이다. 마르코에게 지상에서 활동하시는 이분과 장차 오실 분의 모습은 구별되지 않는다.

마르코는 사람의 아들이 지상에서 죄를 용서해 주는 권한을 가지고 있다는 이 말씀을 전승에서 물려받았다. 그것은 마르코가 전해 받은 본디의 기적 이야기 속에 삽입되어 있던 말씀이었다. 그 기적 이야기의 구성은 간단하다: 예수께서 중풍 병자에게 말씀하셨다. "너는 죄를 용서받았다"(마르 2,5). "일어나 들것을 들고 네 집으로 돌아가라"(마르 2,11). 예수께서 병자를 고치시기 전에 (하느님께서) 죄를 용서하시는 이 독특한 행동에 이어서, 사람의 아들이신 예수께서 지니신 전권에 대해 숙고하는 부분이 나온다. 이것은 몇몇 율법 학자와 벌이는 대결(논쟁) 속에 전개된다. '사람의 아들'이 죄를 용서하는 전권을 가지고 있다는 말씀은 마르코 이전부터 전해져 왔다. 용서를 베푸신다는 말씀(마르 2,5)은 구세사의 일부였다.[70] 그러나 사람의 아들이 전권을 가진다는 해석은 초대교회의 예수 모습에서 생겨난 것이고, 이것을 마르코가 받아들였다. 이 '사람의 아들'은 그리스도론적 지존의 칭호이며, 그것은 '사람의 아들 말씀들' 그룹에서 왔다. 이 사람의 아들 말씀들을 발견할 수 있는 곳이 어록집(Q)과 마르코 복음서다. 이 말씀들은 예수의 지상 활동, 곧 당신에게 부여된 전권을 가지고 활동하시는 그분의 행적을 반영한다.[71]

마르코 복음 2장 28절에 기록된 사람의 아들에 대한 시각도 거의 같다. 안식일에 제자들이 밀 이삭을 뜯어 먹은 것을 두고 벌인 논쟁에서, 예수께서는 제자들을 두둔하시면서, 마침내 결단의 논거를 이렇게 피력하셨다.

---

[70] 참조: H.-J. KLAUCK, "Die Frage der Sündenvergebung in der Perikope von der Heilung des Gelähmten (Mk 2,1-12 parr)", *BZ* 25 (1981) 223-248; PESCH, *Markusevangelium* 1 [각주 1] 160; K. KERTELGE, "Die Vollmacht des Menschensohnes zur Sündenvergebung" (Mk 2,10), in: *Orientierung an Jesus* [각주 64] 205-213, 여기서는 211. HAMPEL, *Menschensohn* [각주 62] 192-197은 이 대목 전체의 단일성을 주장하고, 예수의 기원을 밝힌다.

"안식일이 사람을 위하여 생긴 것이지, 사람이 안식일을 위하여 생긴 것은 아니다"(마르 2,27). 다른 두 복음서 저자(마태오, 루카)는 이 기본적 말씀(마르 2,27)을 생략하고, 다만 "사람의 아들은 또한 안식일의 주인이다"(마르 2,28)라는 마지막 말씀만을 전해 준다. 안식일에 관한 이 두 말씀이 마르코 복음서에 나란히 나오는 것을 눈여겨본다면, '사람'(= 사람의 아들)이 또한 안식일의 주인임을 논증하려는 의도가 드러난다.[72] 그렇다면 초대교회에서뿐 아니라 마르코에게도 사람의 아들을 예수를 지칭하는 칭호로 이해하고 있었다는 것은 의심할 여지가 없다. 이 말씀은 마르코 복음 2장 10절의 말씀과 분명히 연관되어 있으며, 지상의 예수께 부여된 전권을 강조한다. 예수께서는 하느님으로부터 전권을 부여받은 유권적 법률 해석가로서, 안식일 계명에 관한 유다인들의 해석을 초월하시는 분이다. 그분은 죄를 용서하는 신적 권한뿐 아니라 인간이 지녀야 할 윤리적 자세에 관한 규범을 제정하는 권한까지 있다(마르 7,15).

그 밖에 마르코 복음서에는 사람의 아들이 예수의 지상 활동과 그분의 길과 함께 언급되는 곳이 또 있으니, 바로 10장 45절이다. "사실 사람의 아들은 섬김을 받으러 온 것이 아니라 섬기러 왔고, 또 많은 이들의 몸값

---

[71] 참조: I. MAISCH, *Die Heilung des Gelähmten*, SBS 52 (Stuttgart 1971) 98f: "교회는 이 대목을 기적 이야기에 삽입함으로써 예수의 전권에 관한 그리스도론적 언급을 하고자 한다. 여기서 죄를 용서하는 예수의 권한(전권*exousia*)이 특별한 예로 제시된다. 이 권한이 예수의 신적 지존성을 특별한 방식으로 드러내 보여 줄 수 있기 때문이다." 참조: TÖDT, *Der Menschensohn* [각주 62] 119: "사람의 아들이라는 이 이름이 예수의 지상 활동에 관한 말씀에 새롭게 사용되고 있다. 이것은 예수의 권한(전권)에 근거해서 해석되었고, 바로 이 어휘에 내재된 의미가 예수를 논쟁에 휘말리게 했을 것이다." K. SCHOLTISSEK, *Die Vollmacht Jesu: Traditions- und redaktionsgeschichtliche Analysen zu einem Leitmotiv markinischer Christologie*, NTA NF 25 (Münster 1992)는 모든 것을 예수의 전권에 귀속시키고, 마르 10,45와 14,25의 말씀도 예수의 겸손을 표현한 것이 아니라, 전권을 지닌 그분의 이타적 실존(Pro-existenz)을 표현한 것으로 본다(223-241). 그러나 나는 이 설명에 확신을 가질 수 없다. *BZ* 97 (1993)에 실린 나의 논평 참조.

[72] PESCH, *Markusevangelium* 1 [각주 1] 185f; HAMPEL, *Menschensohn* [각주 62] 202f도 마찬가지로 마르 2,28의 '사람의 아들'을 종(種)적 의미의 사람으로 이해하고 있다. 다른 해석: GNILKA, *Evangelium nach Markus* 1 [각주 14] 124.

으로 자기 목숨을 바치러 왔다." 예수께서 이런 목적으로 오셨다는 것은
마르코 복음 2장 17절에도 나온다. 그러나 여기서는 '사람의 아들'이라는
칭호를 쓰지 않는다. "나는 의인이 아니라 죄인을 부르러 왔다." 그러나 그
에 상응하는 내용을 담은 루카 복음 19장 10절에서는 '나' 대신 '사람의 아
들'이 말씀하신다. "사람의 아들은 잃은 이들을 찾아 구원하러 왔다." 초대
교회에서 '사람의 아들'이 지존의 칭호였다면, 그분께서 섬기러 오셨다는
말씀은 가히 파격적이다. "종들이나 하는 천한 일들을 패러독스적으로 지
존하신 사람의 아들께서 하시겠다고 말씀하신다." '사람의 아들'이라는 이
칭호는 "예수의 권능을 상징하며 그분의 지상 봉사 활동이 평범하지 않다
는 것을 강조한다".[73]

어떻게 그리되었을까? 지상에서는 아직 사람의 아들의 지존성이 드러
나지 않고 있다. 그분은 오히려 멸시와 핍박을 받는다. 사람의 아들의 이
비천한 모습은 어록집에 수록된 말씀 속에서도 나타난다. "사람의 아들은
머리를 기댈 곳조차 없다"(마태 8,20; 병행구 루카 9,58). 사람의 아들의 지존성
에 관한 언급이 압도적으로 많음에도 불구하고 이처럼 지상 활동에 나타
나는 그분의 비천한 모습도 언급된다. 마르코 복음 10장 45절에 나오는
'섬기다'라는 말씀도 여기 속한다. 여기서 예수의 활동은 지배욕을 버려야
할 제자들의 모범으로 제시된다. 그러나 사람의 아들이 남을 섬긴다는 것,
그분의 '이타적 실존', 이것은 인류를 구원하기 위하여 당신을 희생할 때,
인류를 위해 당신 목숨을 바칠 때, 비로소 완전히 실현된다. 이것은 오로
지 예수께만 유보되어 있다. 이것은 제자들에게 모델로 제시되는 것이 아
니다. 오히려 예수의 이 구원 활동으로 말미암아 그들에게 제자로서의 실
존 가능성을 열어 주는 것이다.[74]

---

[73] K. KERTELGE, "Der dienende Menschensohn", in: *Jesus und der Menschensohn*, FS A.
VÖGTLE [각주 62] 225-239, 여기서는 235; 참조: SCHOLTISSEK, *Die Vollmacht Jesu* [각주
71] 234-238.

[74] 참조: TÖDT, *Der Menschensohn* [각주 62] 190: "그것은 어떤 모범을 열심히 따라 하는
데 그치지 않는다. 오히려 예수/사람의 아들의 행동이 이 세상 질서를 변혁시킬 수 있다."

마르코 복음 10장 45절에 나오는 섬김과 속전에 관한 말씀이 본디 하나의 문장을 이루고 있었는지(1티모 2,5-6 참조), 아니면 이 속전의 말씀이 후에 이차적으로 섬김의 말씀과 결합되어 한 문장을 이루게 되었는지에 대해서는 학자들 간에 의견이 분분하다. 함펠은 마르코 복음 10장 45절을 철저하게 분석한 결과, 처음부터 하나의 문장이라는 결론을 얻게 되었다. 본디 단일문으로 이루어진 어록 말씀(logion)을 마르코 이전의 편집자가 비록 '투박하고 거칠기는 하지만' 마르코 복음 10장 44절과 연결시켜 놓았다는 것이다.[75] 섬김과 속전에 관한 이 말씀이 '사람의 아들'을 통해 실제로 긴밀히 연결된다. 섬기러 오신 분과 인류를 위해 당신 생명을 바치러 오신 분은 똑같은 사람의 아들이다. 루카 복음 22장 26-27절에 나오는 섬김에 관한 말씀은 루카의 편집으로 이 자리에 삽입되었다. 루카는 섬겨야 한다는 이 말씀을 최후 만찬 상황 속에 편입시켜 놓음으로써, 당시 초대교회의 상황에 걸맞은 지침이 되게 했다. 식탁에서 시중드는 것은 교회 성찬례의 출발점이다. 요한 복음 13장 1-10.14-18절에는 이런 사고가 예수께서 제자들의 발을 씻어 주는 행동으로 나타나는데, 그것은 예수의 죽음을 예견하게 한다. 루카 복음서에서 예수의 죽음에 관한 이 사고는 이미 그에 앞서 서술된 주님 성찬례 제정에 관한 기사 속에 포함되어 있다(루카 22,19-20). 루카의 이 본문 속에 속전에 관한 말씀이 수용되지 않은 이유는 제자들에게 섬김의 말씀을 실천하도록 강조하기 위해서라고 생각된다. 함펠은 마르코가 전하는 이 속전 말씀을 이사야서 53장 10-12절이 아니라 잠언 21장 18절과 이사야서 43장 3-4절에서 왔다고 본다.[76] 그러나 이 말씀(마르 10,45)이 최후 만찬 때의 잔에 관한 말씀(마르 14,24)과도 유사하기 때문에, 학자들은 두 말씀 다 예수께서 인류를 대신하여 죽으시는 속죄의 죽음을 뜻한다는 결론을 내릴 수 있었다. 마르코 복음 10장 45절의 말씀이 어떤 경로를 거

---

[75] V. HAMPEL, *Menschensohn* [각주 62] 304-313, 특히 306.

[76] 같은 책 326-333.

쳐 현재 모습에 이르게 되었든지 간에,[77] 마르코는 사람의 아들이신 예수의 비천한 현세적 모습과 그분의 죽음으로 이루어지는 속죄 행위를 '사람의 아들 신학' 속에 담았다. 이 둘은 서로 연관되어 있다. "지상에서 헌신하면서 사신 예수의 일생 중 자기희생이 최종적으로 가장 농밀하게 나타난 것이 그분의 죽음이었다. 바꾸어 말하면, 예수께서 죽음을 통해 당신 자신을 오롯이 속죄의 제물로 바치는 것은 오직 헌신의 전 생애를 통하여 준비되었고, 또 그렇게 이행되었다".[78]

사람의 아들이신 예수의 비천한 지상적 모습과 그분의 죽음으로 이루어지는 속죄 행위는 마르코의 '사람의 아들 그리스도론'에서 새롭게 언급되는 것들이다. 수난 예고대로, 박해받는 의인으로서 죽음의 길을 가시는 사람의 아들은 이제 더 넓은 전망 속으로 들어오신다. 그것은 그분의 지상 활동을 되돌아보고 그 죽음의 의미를 깊이 되새기며 바라본 그분 모습이다. 이것은 이 전승을 눈앞에 놓고 묵상하던 마르코에게, 지상에서 활동하시던 사람의 아들을 이제 지존하신 분으로뿐만 아니라(마르 2,10.28) 비천하신 분으로도(마르 10,45) 바라볼 수 있다는 것을 의미한다.

사람의 아들이라는 개념은 세 측면을 지닌다. 첫째, 그분은 장차 큰 권능을 지니고 오실 분이라는 것, 둘째, 그분은 수난과 죽음의 길을 가셔야 할 분이라는 것, 셋째, 그분은 현재 이 지상에서 활동하시는 분이라는 것이다. 이 모든 측면이 마르코 복음서에 분명히 나타난다. 그중에서도 그분의 수난, 죽음, 부활에 모든 무게가 실려 있다. 초대교회에 생생하게 살아 있던 사람의 아들의 모습을 마르코가 그대로 받아들인 것이다. 이 모습은 마르코가 그리는바 지상에서 활동한 사람의 아들, 그리고 그 후 높이 들어

---

[77] PESCH, *Markusevangelium* 2 [각주 1] 162f은 이 말씀이 초기 헬레니즘 계열의 유다계 그리스도교 공동체에서 유래했다고 본다. 그러나 HAMPEL, *Menschensohn* [각주 62] 339f은 그것을 틀림없는 예수의 말씀으로 생각한다. 참조: H. PATSCH, *Abendmahl und historischer Jesus* (Stuttgart 1972) 170-180.

[78] KERTELGE, "Der dienende Menschensohn" [각주 73] 237. 전권을 지닌 예수의 이타적 실존에 근거한 해석: SCHOLTISSEK, *Die Vollmacht Jesu* [각주 71] 참조.

올림을 받은 사람의 아들의 모습과 일치하며, 또한 예수의 길을 그대로 보여 주기 때문이다.

2.3 그 밖의 칭호들

예수에 대한 가장 중요한 두 그리스도 칭호, '하느님의 아드님'과 '사람의 아들' 외에, 마르코 복음서에는 또 다른 칭호들이 나온다. 일부는 '하느님의 아드님'과 연관되기도 하고, 다른 일부는 전혀 무관하게 새로운 측면을 지니기도 한다. 이 호칭들이 마르코의 그리스도론에 어떤 의미를 지니고 있는지 규명해 보자.

2.3.1 메시아 그리고 '이스라엘의 임금' 혹은 '유다인들의 임금'

'메시아'라는 칭호가 자주 등장하는 편은 아니다. 정확히는 마르코 복음 8,29; 12,35; 13,21; 14,61; 15,32에 나타날 뿐이다. 마르코 복음 9장 14절에는 정관사 없이 메시아가 한 번 거명되고, 마지막으로 이 복음서의 제목에 해당하는 마르코 복음 1장 1절에도 나오는데, 아마 이름으로 첨가된 것 같다. 이 중 가장 중요한 것은 베드로의 고백 속에 나타나는 "스승님은 메시아(그리스도)이십니다"(마르 8,29)라는 말이다. 그러나 예수께서는 당신에 관하여 아무에게도 말하지 말라고 제자들에게 명하신다(마르 8,30). 마르코는 이 메시아 칭호를 두고 오해가 생길까 염려되어 이를 피하고 싶었던 것이 분명하다. 이 칭호는 현세적·정치적 의미로 이해될 가능성이 다분하고, 수난과 죽음의 길로 가시는 사람의 아들 예수의 자의식에도 부합하지 않기 때문이다. 이 점은 마르코 복음 8장 33절, 베드로의 잘못된 생각을 엄하게 꾸짖는 예수의 말씀 속에 잘 드러난다. 이 '메시아' 칭호만으로는 예수께서 말씀하시는 당신의 신원이 충분히 표현되지 못한다. 따라서 마태오는 베드로의 고백 속에 예수께서는 '살아 계신 하느님의 아드님'(마태 16,16)이라는 말을 덧붙임으로써, 예수께서 베드로의 고백을 받아들이실 수 있게 묘사했다.

다른 대목에서도 마르코는 이 메시아 칭호를 매우 신중하게 다루고 있다. 다윗의 자손에 관한 대화(마르 12,35-37)에서는 이 칭호가 유다인들이 기대하던 메시아를 훨씬 초월하는 개념이라는 사실이 강조된다. 마르코 복음서의 종말에 관한 담화에서 예수께서는 메시아에 대해 사실과 다르게 말하며 사람들을 현혹하는 자들을 조심하라고 경고하신다(마르 13,21). 그들이 말하는 메시아는 비정상적으로 왜곡된 모습이기 때문이다. "당신이 찬양받으실 분의 아들, 메시아요?"(마르 14,61)라는 대사제의 물음에는 악의가 깔려 있고, 십자가 아래 서 있던 수석 사제들과 율법 학자들의 조롱 속에는 "이스라엘의 임금 메시아"(마르 15,32)라는 개념이 들어 있다. 그들은 이 호칭을 통하여 예수께서 메시아시라는 것을 부정하고 있지만, 복음서 저자는 수석 사제들과 율법 학자들의 조롱에서 오히려 예수의 신분이 드러난다고 보았다. 유다인들은 '메시아'라는 개념으로 다윗의 자손인 이스라엘의 임금을 생각하고 있었다. 원수들을 굴복시키고 정의롭고 거룩한 이스라엘 나라를 다시 일으켜 세울 임금을 기대하고 있었던 것이다(참조: 솔로몬 시편 17,21.23-51). 이렇게 '이스라엘의 임금'은 명예로운 칭호인 반면(참조: 요한 1,50; 12,13), '유다인들의 임금'은 그 반대 의미로 나타난다. 예수께서는 빌라도 앞에서 '유다인들의 임금'으로 고소당했고, 이 로마 총독의 신문에 "네가 그렇게 말하고 있다"(마르 15,2)라고 대답하신다. '이스라엘이 고대하던 구원자냐'는 의미로 빌라도가 물었더라면, 예수께서는 '그렇다'라고밖에는 대답할 길이 없었을 것이다(마르 14,62 참조). 그렇게 물었더라면 좀 더 분명하게 대답했을 것이다. 그러나 이 로마 판관의 입으로 제기된 물음이 정치적 관심사에 초점을 맞추고 있었기 때문에, 예수의 대답은 애매할 수밖에 없었다.[79] 빌라도는 예수의 무죄를 확신했지만, 바라빠는 풀어 주고 예수는 십자가에 못 박으라는 군중의 요구에 굴복하고 만다(마르 15,7-15). 예수께서는 '유다인들의 임금'으로 로마 군인들로부터 조롱받으며 결국 십

---

[79] GNILKA, *Evangelium nach Markus* 2 [각주 14] 300은 '칭호의 양면성'에 관해 언급한다.

자가에 처형되신다(마르 15,16-20). 십자가 위에는 '유다인들의 임금'이라고 쓰인 죄명 패가 붙어 있었다(마르 15,26). 마르코는 '임금'이라는 이 칭호를 정치적 반란자를 가리키는 말로 왜곡시켜 해석하는 것은 적합하지 않다고 여겨, 그것을 인정할 수 없었다. 그에게 십자가에 처형되신 이분은 임금 이상의 분이다. 곧 하느님의 아드님이다(마르 15,39).

2.3.2 다윗의 자손

이미 살핀 대로, 마르코 복음서에 나오는 다윗의 자손에 관한 대화(마르 12,35-37)에서는 예수께서 다윗의 자손이라는 점이 문제 되지 않았고, (하느님의 아드님 혹은 사람의 아들로서의) 예수의 참된 위상 뒤편으로 밀려나 있었다. 마르코는 당시 유다인들의 '다윗의 자손' 개념이 예수를 지칭하는데 충분하지 못하다고 보았다. 그 밖의 대목에서도 이 '다윗의 자손'은 큰 비중을 차지하지는 않는다. 예수께서 예루살렘으로 입성하실 때 군중은 이렇게 외쳤다. "주님의 이름으로 오시는 분은 복되시어라. 다가오는 우리 조상 다윗의 나라는 복되어라"(마르 11,9-10).

그러나 마태오는 아무 거리낌 없이 군중으로 하여금 이렇게 외치게 한다. "다윗의 자손께 호산나! 주님의 이름으로 오시는 분은 복되시어라"(마태 21,9). 한편 루카는 "주님의 이름으로 오시는 분"(루카 19,38)이라고 표현한다. 따라서 마르코는 이것을 매우 유보적으로 표현하고 있는 셈이다. 군중은 '우리 조상 다윗의 나라', 장차 도래할 나라에 희망을 걸고 있다. 예수께서 군중의 외침에 동의하셨다면, 그것은 다가오는 평화의 나라에 대한 표현으로 이해될 수 있다. 즉, 다윗 가문에서 태어날 메시아께서 이루어 주실 평화의 나라에 대한 표현으로 해석될 수도 있다. 그러나 군중이 다가오는 다윗 자손의 나라를 어떻게 이해하고 있었는지부터 알 길이 없다. 그리고 백성이 기대하는 것도 유동적이었다. 다만, 그것은 하느님으로부터 오는 나라, '위로부터' 오는 나라라는 것이 그다음에 첨가된 구절에서 드러날 뿐이다. "지극히 높은 곳에 호산나!"(마르 11,10).

마르코가 이것을 예수께서 선포할 하느님 나라라고 생각했다면, 그는 좀 더 적극적으로 표현할 수 있었을 것이다. 그러나 그는 다윗의 나라에 대하여 더는 자세히 언급하지 않는다. 예수께서 나귀를 타고 예루살렘으로 입성하시는 장면을 마태오는 즈카르야서 9장 9절을 인용하여 메시아적 사건으로 해석하는 반면, 마르코는 의식적으로 그렇게 처신하시는 예수의 지존적 행위로 이해하고 있을 뿐이다. 이와 관련된 그의 생각은 더 이상 드러나지 않는다. '다윗의 자손' 개념은 배후로 물러나 있을 뿐이다.

예수가 다윗보다 위대한 분이라는 것은 안식일에 밀 이삭을 뜯어 먹은 사건에 관한 논쟁(마르 2,23-28)이 잘 보여 준다. 여기서 예수께서는 하느님께 봉헌된 거룩한 빵을 다윗이 감히 먹었을 뿐 아니라 굶주린 일행에게도 먹으라고 내주신 사실을 상기시키면서 제자들을 옹호하신다(마르 2,25-26). 이 논증은 다음과 같이 보완된다: 다윗도 이미 율법에 금지된 일을 할 수 있었는데, 하물며 사람의 아들이야 안식일 법 정도에는 아무 구애도 받지 않고 자유롭게 행동할 수 있는 권한을 부여받았다고 보아야 하지 않겠는가?(작은 것에서 큰 것으로 전개하며 결론을 도출함: a minori ad majus). 사람의 아들은 안식일 위에 계시는 주님이다. 이 점을 마태오는 더 강하게 표현한다. "성전보다 더 큰 이가 여기에 있다"(마태 12,6).

마르코가 '다윗의 자손'이라는 칭호가 그리스도 칭호로 적절하지 않다고 보았다면, 눈먼 거지 바르티매오가 예수께 두 번이나 "다윗의 자손 예수님, 저에게 자비를 베풀어 주십시오"(마르 10,48.49) 하며 애원하는 것을 예수께서 긍정적으로 받아들이고 그 청을 들어주었다는 것은 놀라운 일이다. 이 점에 관하여 다음 세 가지를 고려해야 한다.

① 이 거지의 절규에 관한 이야기는 전승에 뿌리박고 있다. 마태오 복음서에는 더욱 발전되어, 이제는 하나가 아니라 눈먼 사람 둘이 똑같은 소리로 외쳐 댄다(마태 9,27-31).

② 이때는 예수께서 예루살렘으로 올라가는 중이었고, 이미 거의 다 왔을 때였다. 당신 죽음의 운명이 실현될 예루살렘 도성이 가까워질수록, 당

신의 메시아 비밀을 지켜야 할 필요성이 점점 더 줄어들었다. 완쾌된 이 거지가 입을 다물라는 명령을 받은 일이 없다. 그리고 예수께서 예루살렘에 입성하실 때, 군중이 조상 다윗의 나라가 온다고 환호성을 지르는 것을 보고 만족해하셨다.

③ "다윗의 자손 예수님, 저에게 자비를 베풀어 주십시오"라는 이 거지의 외침은 메시아에 대한 민간신앙의 표현이다. 이 민간신앙은 여러 가지로 해석될 수 있다. 예수께서는 불충분한 신앙이라도 그것을 근거로 그 사람에게 신앙에 대한 더 깊은 이해를 갖게 하시고 구원을 베푸실 수 있다. 하혈하는 부인의 경우가 좋은 예다. 비록 이 여자의 신앙이 '주술적'인 것에 지나지 않았더라도, 예수께서 구원을 베풀기에는 그것으로 족했다(마르 5,25-34). 좁은 의미의 믿음을 가진 눈먼 거지도 예수를 신정적神政的으로 이해하고 있었다. 눈먼 거지의 외침이 예수께서 이 믿음을 편협한 신정적 이해로 받아들이셨음을 의미하는 것은 아니다.

전체적으로 '다윗의 자손'이라는 이 칭호는 마르코가 보는 그대로, 예수의 모습을 표현하는 데 보조 역할을 할 뿐이다.

2.3.3 '주님'

예수를 '주님'Κύριος이라고 지칭하면 상황은 어느 정도 달라진다. 마르코에게 이 칭호가 큰 비중을 차지하고 있음은 다윗 자손에 관한 대화에서 잘 드러난다. 이 대화에서 성경 구절(시편 110,1)이 인용되면서, 성경 말씀 그대로 예수는 다윗의 '주님'으로 선언된다(마르 12,36-37). 여기에 분명히 인용된 성경 말씀 "내가 너의 원수들을 네 발 아래 잡아 놓으리라"는 높이 들어 올림을 받은 분의 통치권을 말한다. 이분이 누리는 통치자 지위는 하느님 곁으로 높이 들어 올림을 받았다는 데 근거한다. 이 복음서 이야기에서 예수께서는 자주 '주님'으로 불리신다. 시리아 페니키아 여자가 예수를 '주님'으로 부른 것(마르 7,28)은 별 의미가 없다. 그러나 예루살렘 입성 직전에 나오는 이야기의 문제는 눈에 띈다. "주님께서는 그것(어린 나귀)이 필요합니다"(마르 11,3). 최후 만찬을 준비하는 장면에는 이렇게 기록되어 있다. "그가 들어가는 집의 주인에게 '스승님께서 ´내가 제자들과 함께 파스카 음식을 먹을 내 방이 어디 있느냐?´ 하고 물으십니다' 하여라"(마르 14,14). 마르코 복음서에서 '주님'과 '선생님', 그리고 '스승님'ῥαββουνί(마르 10,51)은 모두 같은 의미를 지닌 어휘들이다. 제자들도 예수를 '라삐'라고 부른다(마르 9,5; 14,45. 한국 천주교 주교회의 간행 『성경』에는 '라삐'가 '스승님'으로 번역되어 있다 — 역자 주). 적어도 이 호칭에는 예수께서 주님임을 의식한, 깊은 존경심이 배어 있다. 병을 고쳐 주신 분에 관한 호칭이 마르코 복음 5장 19절에서 20절로 넘어가면서 바뀌는 것도 주목할 만하다. 병이 나은 사람에게 집에 돌아가 식구들에게 **주님**(하느님)께서 자기에게 베풀어 주신 것을 이야기하라고 했더니, 그는 가서 **예수**께서 자기에게 베풀어 주셨다고 선포했다. 주님이신 하느님께서 자기에게 베풀어 주신 것이 예수께서 베풀어 주신 그 속에서 이루어졌다는 말이다. 끝으로 예수께서는 종말론적 전망을 피력하시는 말씀 속에서 언제 올지 모르는 집주인이 되셨다(마르 13,35).

지금까지 살핀 모든 것은 예수께서 주님이시라는 점을 측면에서 조명하는 것에 지나지 않는다. 이것은 그분께서 하느님 오른쪽으로 들어 올림을 받을 때, 그분께서 다시 오실 때, 비로소 완전하게 밝혀질 것이다. 다만 이 것을 앞당겨 지상적 예수에 대해서도 이렇게 말할 수 있다. "사람의 아들은 또한 안식일의 주인이다"(마르 2,28). 예수께서 주님이시라는 것은 사람의 아들과 연계될 때 비로소 올바르게 조명될 수 있다.

2.3.4 더 큰 능력을 지니신 분

세례자 요한은 자기 뒤에 오실, 자기보다 '더 큰 능력을 지니신 분'에 대해 이미 언급한 바 있다(마르 1,7). 이것을 마르코는 예수를 가리키는 말로 이해했다(마르 1,7 참조).[80] 마르코 복음 3장 27절에서 예수는 (사탄 또는 마귀의 두목인) 힘센 자를 제압하는 더 힘센 분으로 묘사된다. 이러한 사고는 예수의 다음 두 비유 속에 잘 드러난다. 첫째, 사탄이 사탄을 쫓아낼 수

없다. 그러면 그는 자기 나라를 스스로 무너뜨리고 만다(마르 3,23-26). 둘째,
누가 어떤 집을 털려고 할 때, 즉 마귀가 차지한 집에 들어가 털려고 할
때, 먼저 그 집을 차지하고 있는 자를 묶어 놓지 않고서는 아무도 그 집을
털 수가 없다(마르 3,27). 문맥으로 보아 이 말씀은 예수께서 성령의 힘으로
마귀를 쫓아내신다는 것을 간접적으로 시사하고 있다(마르 3,29 참조). 이런
해석은 마귀를 쫓아내셨다는 사실을 설명하는 데 중요할 뿐만 아니라, 그
배후에 서 계신 예수의 모습을 설명하는 데도 중요하다. 예수께서 세례를
받을 때 성령으로 무장하셨고, 사탄의 유혹을 받을 때는 하느님의 아드님
으로서 그 유혹자와는 비교할 수 없을 만큼 강력한 분임을 드러내셨다. 이
렇게 예수께서 '더 큰 능력을 지니신 분'이라는 표현은 '하느님의 아드님'이
라는 종합적 개념 속에 흡수된다.

2.3.5 예언자

예수께서 당신 자신을 두고 꼭 한 번 '예언자'라는 단어를 쓰신 적이 있
다. 속담처럼 하신 말씀 중에 나온 말이었다. "예언자는 어디에서나 존경
받지만 고향과 친척과 집안에서만은 존경받지 못한다"(마르 6,4). 예수께서
나자렛에 돌아와 고향 사람들을 만났을 때, 그들에게 무시당하시고 그에
대한 불편한 심기를 이렇게 드러내셨다. 예수께서는 여기서 결코 당신이
예언자라고 말씀하시려는 것이 아니라, 당신 심정이 예언자들이 겪은 것
과 거의 같다는 뜻이다. 사람들이 예수를 정말 예언자로 여긴다면(마르 6,15;
8,28), 그것은 예수께서 당신 자신을 두고 하신 말씀과 전혀 맞지 않는다.
카이사리아 필리피 장면에서, 예수께서 제자들에게 사람들이 당신을 누구

---

[80] J. BECKER, *Johannes der Täufer und Jesus von Nazareth*, BSt 63 (Neukirchen 1972) 34-
37. BECKER는 여기서 이 개념에 관한 다섯 가지 해석 가능성을 설명하고, 그중 '사람의 아들'
이 그에 해당하는 인물이라고 결론 내린다. BECKER의 주장과 반대로 M. REISER, *Die
Gerichtspredigt Jesu*, NTA NF 23 (Münster 1990) 171-173은 그것을 '하느님 자신'을 가리키
는 말로 해석해야 한다는 견해를 옹호한다. HAMPEL, *Menschensohn* [각주 62] 222-226은 그
것이 '메시아'를 뜻한다고 해석한다.

라고 하느냐고 물으셨을 때, 제자들은 예언자 가운데 한 분이라 한다고 대답했다. 예수께서는 그것을 받아들이지 않으셨다. 그분은 그 이상이기 때문이다. 그러나 베드로가 "스승님은 메시아[그리스도]이십니다" 하고 대답하자, 예수께서는 아무 이의 없이 그대로 받아들이셨다. 비록 사람들이 오해할 법도 한 이 메시아 칭호와 관련하여 제자들에게 함구령을 내리셨지만, 그 대답은 그대로 인정하셨다(마르 8,27-30). 로마 군인들이 예수의 얼굴을 가린 다음 주먹으로 치면서 누가 쳤는지 알아맞혀 보라고 조롱하며, 예언을 하지 않을 수 없도록 유도하던 장면에서(마르 14,65), 예수께서는 예언자 역할을 단연코 거부하신다는 것을 분명하게 보여 주신다. 다른 복음서에는 군중이 "저분은 갈릴래아 나자렛 출신 예언자 예수님이시오"(마태 21,11; 참조: 21,46)라고 긍정적인 의미로 외치는 소리가 나오지만, 마르코 복음서에는 그런 흔적조차 보이지 않는다. 대체적으로 마르코 복음서는 예수를 예언자로 보는 시각을 멀리한다.

메시아, 다윗의 자손, 예언자 같은 이런 존칭들은 모두 예수의 신분을 올바로 드러내기에 적합하지 않다. 이 모든 것의 배후에는 예수께서 하느님의 아드님/사람의 아들이라는 사고가 깔려 있다. 이 두 칭호만이 예수의 자아 인식에 부합한다. 마르코는 이 두 칭호가 역사적 예수의 주장을 그대로 반영한다고 보았고, 또 이 칭호들을 사용함으로써 예수의 모습을 왜곡 없이 전해 준다고 여겼다.[81]

2.4 메시아 비밀

마르코의 그리스도론을 살폈으므로, 이제 '메시아 비밀'에 관하여 논할 차례다. 이 메시아 비밀이 일부 마르코의 편집으로 성립되었다는 점에 대해

---

[81] HAMPEL, *Menschensohn* [각주 62]는 이제 결정적으로 다음과 같은 견해를 피력한다: 예수께서는 당신 수난이 확실해지기 전에 이미 당신 자신을 사람의 아들/메시아 예정자로 의식하셨다. 그러나 수난의 기대가 확실해진 다음부터는 하느님의 뜻에 따라 수난과 죽음의 길을 가야 한다고 생각하셨다(참조: 239-242). 비판: W.G. KÜMMEL, *Die Theologie des Neuen Testaments nach seinen Hauptzügen Jesus - Paulus - Johannes* (Göttingen 1969) 68-76.

서 논란의 여지가 없지만, 마르코가 그것을 어떻게 이해하고 있었는지에 대해서는 격렬한 논쟁이 벌어지고 있다.[82]

브레데W. Wrede는 『복음서에 등장하는 메시아 비밀: 마르코 복음서 이해를 위한 기고』[제1장, 각주 4]에서 지대한 영향을 끼친 학설을 제시했다. 이 '메시아 비밀'을 통해 마르코는 비메시아적으로 전개되었던 예수의 지상 출현을 초대교회의 예수에 대한 그리스도론적 믿음, 즉 메시아이자 하느님의 아드님인 예수에 대한 믿음과 균형을 이루게 했다는 것이다. 그런데 이 메시아 비밀은 마르코가 구상한 개념이 아니라, 이미 이전 전승 속에 뿌리내리고 전해지던 것을 마르코가 활용했다는 것이다.[83] 브레데가 주장하는 메시아 비밀의 내용은 세 가지로 구성되어 있다. 첫째로 메시아에 관하여 비밀을 지키라는 함구령과, 다음으로 마르코 복음 4장 11-12절에 언급된 비유의 논리와, 끝으로 제자들의 몰이해다. 브레데에 따르면 이 메시아 비밀은 전체적으로 통일을 이루고 있는 개념이며, 역사적 예수에게서 온 것이 아니라 마르코 전승에서 온 것이다. 그는 이 비밀을 푸는 열쇠가 마르코 복음 9장 9절에 있다고 보았다. 예수께서 메시아라는 것을 부활 전까지는 발설해서는 안 된다는 것이다. 메시아 비밀에 관해 일치된 이 해석은 성경 연구사에서 처음에는 아무 이의 없이 수용되었다. 해석 방식은 달라도 그렇게 이해되었다.[84] 라이세넨은 그것을 호교론적 해석, 발현적 해석, 십자가 신학적 해석 그리고 계시사적 해석으로 구분했다.

---

[82] H.J. EBELING, *Das Messiasgeheimnis und die Botschaft des Markus-Evangelisten*, BZNW 19 (Berlin 1939); G. STRECKER, "Zur Messiasgeheimnistheorie im Markusevangelium", *SE* 3 [TuU 88] (Berlin 1964) 87-104; E. SCHWEIZER, "Zur Frage des Messiasgeheimnisses bei Markus", *ZNW* 56 (1965) 1-8; U. LUZ, "Das Geheimnismotiv und die markinische Christologie", *ZNW* 56 (1965) 9-30; G. MINETTE DE TILLESSE, *Le secret messianique dans l'Evangile de Marc*, LeDiv 47 (Paris 1968); H. RÄISÄNEN, *Das "Messiasgeheimnis" im Markusevangelium: Ein redaktionskritischer Versuch* (Helsinki 1976); PESCH, *Markusevangelium* 2 [각주 1] 36-47.

[83] RÄISÄNEN, *Das "Messiasgeheimnis"* [각주 82] 145f.

[84] 참조: 같은 책 33-44.

이 메시아 비밀이 마르코가 지닌 통일적 개념이었다면, 그것은 마르코
의 예수 모습에 지대한 영향을 끼쳤을 것이다. 그러나 학자들은 이 메시아
비밀과 관련이 있다고 제시된 성경 말씀들 배후에 과연 어떤 통일된 개념
이 있기나 한 것인지 점차 의구심을 갖기 시작했다. 루츠는 이 문제에 괄
목할 기여를 했다. 그는 '기적의 비밀'과 실제의 메시아 비밀을 구별한다.
이 실제 메시아 비밀은 예수 자신과 직접 연결되어 있다.[85] 루츠는 예수께
서 기적을 행하시고 누구에게도 알리지 말라고 하신 사례들을 수집 · 분석
한 결과, "예수께서 메시아요 하느님의 아드님임을 비밀로 하라는 것이 아
니라, 기적으로 병이 나았다는 사실을 비밀로 하라는 것"[86]이 그 내용이었
다고 설명한다. 그러나 마귀에게 내린 함구령은 사정이 다르다(마르 1,34;
3,12). 마귀들에게는 예수의 실체를 밝히는 것을 용납할 수 없다. 그들이 예
수를 하느님의 아드님으로 선포해서는 안 된다.[87] 제자들의 몰이해도 이
그리스도론적 구도 속에 포함된다. 제자들은 그것을 이해할 수가 없었다.
그들에게는 예수의 비밀이 부활을 통해 비로소 밝혀지게 되어 있기 때문
이다.[88] 이 문제를 집중적으로 연구한 라이세넨은 『마르코 복음서의 메시
아 비밀: 편집비평적 시도』[각주 82]에서 한 걸음 더 전진한다. 그는 다음과
같은 개별 주제들은 서로 분리시켜 따로 고찰해야 한다고 주장한다: 제자
들에게만 은밀히 따로 가르쳐 주신 것, 함구령, 함구령(더러는 지켜지지 않았
고, 더러는 지켜진)이 포함된 치유 이야기, 마귀들에게 내린 함구령과 제자들
에게 내린 함구령, 제자들의 몰이해. 라이세넨은 이 메시아 비밀에서 비유
논리(마르 4,11-12)를 제거했다. 이 비유 논리는 다른 맥락과 관련되어 있어
서, 메시아 비밀에 관한 마르코의 개념으로는 이해될 수 없기 때문이다.[89]

　이 문제를 연구하는 데 전승과 편집의 문제가 큰 역할을 했다. 과거에는
학자들이 마르코의 편집 활동에 주목하여, 그를 뚜렷한 목표 의식을 가지

---

⁸⁵ Ulrich Luz, "Das Geheimnismotiv" [각주 82].

⁸⁶ 같은 책 17.　　　　⁸⁷ 같은 책 19f.　　　　⁸⁸ 같은 책 26-28.

⁸⁹ RÄISÄNEN, *Das "Messiasgeheimnis"* [각주 82] 51-53 그리고 160.

고 저술 활동을 한 신학자로 보았는데, 지금은 그의 저서 속에 담긴 전승을 더 눈여겨보아 그가 전승과 결부되어 있다는 사실에 더 큰 비중을 둔다.[90] 예수의 활동을 서술하는 가운데 간혹 드러나는 마르코의 경향은 그의 저서에서 전승과 편집을 구분해 낼 때만 인식될 수 있다. 이런 작업은 한계가 있기 때문에 그 결과도 확실하다고 할 수는 없다. 그러므로 소위 메시아 비밀 관련 대목들을 각각 따로 연구하는 것이 바람직하고, 또한 각각 따로 결론을 이끌어 내는 것이 옳다.

2.4.1 병을 고쳐 주실 때의 함구령

예수께서 병을 고쳐 주신 다음 내리신 함구령은 마르코 복음 1,44; 5,43; 7,36에 세 번 등장한다. 직접적 함구령은 아니지만 마르코 복음 8장 26절의 명령도 여기 첨가할 수 있다. 이때 "예수님께서는 그를 집으로 보내시면서, '저 마을로는 들어가지 마라'"고 명령하신다. 이 기사에서 우리는 치유 사실을 퍼뜨리지 말라는 금지 명령을 듣는다. 함구령이 내려지지 않은 치유 이야기도 물론 적지 않게 나타난다.[91] 이런 경우 대개 치유 사실을 말하지 말라는 것이 무의미하기 때문이다. 가령, 예수께서 병을 고쳐 주실 때는 많은 군중이 모여 있거나(마르 2,2; 9,14), 회당에 있던 모든 이가 예수를 지켜보고 있거나(마르 3,1-6), 많은 사람이 치유를 받으려고 예수께 밀려들고 있거나(마르 5,31), 큰 군중이 예수를 따라나설 때였다(마르 10,46). 그러나 이

---

[90] 특히 이렇게 주장하는 학자 PESCH, *Markusevangelium* 2 [각주 1] 37: "마르코는 메시아 비밀설을 구상한 적이 없고, 다만 이미 전승에서 전해지던 동기를 완성시켰을 뿐이다." 또 다른 저서 *Das Evangelium der Urgemeinde*, Herder-Bücherei 748 (1979 u.ö.)에서는, 마르코 복음서 후반부(8,27-16,8)를 통해 전승 속에 전해지던 수난 복음서의 실체를 밝혀 보여 주려고 했다. 그는 말한다: "복음서 저자 마르코는 보수적인 편집자였다. 그는 예수 전승을 자기 복음서에 수용할 때, 모든 자료를 부분적으로라도 수정·보완하는 작업은 거의 하지 않았고, 이야기의 배경(틀)을 만들어 이야기들을 서로 연결시키는 경우도 매우 드물었다"(58). 그러나 '초대교회의 복음서'에 관한 그의 세부 주장은 논란의 여지가 많다(세 그룹으로 나누는 분류도 참조할 것: 89-91).

[91] 마르 1,29-31; 2,1-12; 3,1-6; 5,25-34; 7,24-30; 9,14-27; 10,46-52.

런 경우가 아닌 다른 치유 이야기에서도 함구령이 내려지지 않은 것은 그 이야기들을 전해 준 전승에 전혀 언급이 없었기 때문이 아닐까 싶다. 반대로 마르코가 함구령이 내려졌다고 기록한 곳에는 이미 그에 관한 전승 사료가 있었을 거라는 추정이 가능하다. 고대 기적 이야기에도 비밀을 지키라는 명령이 (특히) 주술적 어구로 많이 나타나는 것을 볼 수 있다.[92] 그리하여 타이센은 이런 결론에 도달했다. "기적 이야기 속에 나오는 함구령은 모두 전승에서 유래하고 …, 기적 이야기가 아닌 곳에 나오는 함구령은 모두 편집에 의해 생성되었다." 더 나아가 "기적 이야기가 아닌 곳에 나오는 함구령은 모두 예수 자신의 비밀과 밀접하게 연관되어 있고, 기적 이야기 속에 나오는 함구령은 전혀 그런 경우가 아니다".[93]

마르코는 전승이 전하는 비밀 유지의 동기를 받아들여 그것을 자기 방식대로 해석했다. 이 점은 예수의 금지 명령이 어떻게 무시되는지 묘사한 장면에서 잘 드러난다(마르 1,45; 5,20). 예수께서는 당신의 비밀을 지키고 싶었지만, 불치병 치유와 같은 비범한 사실이 알려지는 것은 막을 길이 없었다. 이 복음서 저자가 어떻게 이런 시각을 지니게 되었는지는 마르코 복음 7장 36-37절을 통해 분명히 알 수 있다. 예수께서 귀먹고 말 더듬는 사람을 고쳐 주신 다음, 이 일을 아무에게도 말하지 말라고 분부하셨는데도, "그들은 더욱더 널리 알렸다". 사람들은 더할 나위 없이 놀라서 이렇게 말했다. "저분이 하신 일은 모두 훌륭하다. 귀먹은 이들은 듣게 하시고 말못하는 이들은 말하게 하시는구나"(마르 7,37). 예수께서 행사하시는 하느님의 창조력이 이 사람에게 나타난 것이다. 위반될 수밖에 없는 이 함구령은 예수의 능력을 환히 드러내 보여 주는 역할을 한다. 침묵하라는 명령을 어기는 장면들은 이 복음서 저자가 그곳에 손을 대었음을 암시한다. 적어도 마르코 복음 1장 45절과 5장 20절에서는 확실하다. 그렇다면 메시아 비밀의

---

⁹² 참조: G. Theissen, *Wundergeschichten* [각주 16] 144f.

⁹³ 같은 책 153.

초점은 함구령에 있는 것이 아니라, 이 함구령으로 드러나는 은밀한 발현에 있다. 이것은 마르코 그리스도론의 일부이며, 예수께서 하느님 가까이 계시다는 것, 예수께서 하느님의 아드님임을 당신의 모든 활동에서 감지할 수 있다는 사실과 연결되어 있다. 그러나 이런 발현 해석[94]이 이와 관련된 모든 성경 본문에 적용되지는 않는다. 수난하고 죽어야 할뿐더러, 자신을 특별히 당신의 영광 속에서는 드러내지 않는 사람의 아들의 비밀도 있다. 그리고 사람의 아들이 죽은 이들 가운데서 다시 살아날 때까지, 그분의 영광스러운 변모 때 보았던 그분의 영광을 말하지 말라는 금지령도 있다(마르 9,9). 여기에는 예수 계시의 전개 과정이 전제되어 있다. 그러나 기적 이야기의 발현 관련 대목에서는 그것이 파악되지 않는다.

2.4.2 마귀를 쫓아내실 때의 함구령

마귀를 쫓아내실 때도 예수께서는 부마자 속에 든 마귀에게 입을 다물라고 명령하신다(마르 1,25.34; 3,12). 이 함구령은 대개 잘 지켜진다. 왜 예수께서는 당신을 '거룩하신 분'(마르 1,24) 혹은 '하느님의 아드님'(마르 3,11; 5,7)으로 알고 있는 마귀들에게 당신을 알리는 것을 금하셨을까? 그것은 그들이 예수의 비밀을 알고 있었고, 예수께서는 당신의 비밀이 널리 알려지는 것을 원하지 않으셨기 때문이다! 예수는 당신 비밀을 깊이 간직하고 싶으셨다. 그분은 숨겨져 계신 분, 숨겨져 계신 하느님의 아드님이다. 그분은 세례를 받으실 때 이미 하느님의 음성을 통해 믿는 이들에게 하느님의 아드님이라고 소개된 바 있기는 하지만, 앞으로 지상에서 활동하시는 동안 감추어져 계실 것이고 마땅히 그래야 한다. 이 점이 바로 메시아 비밀의

---

[94] 특별히 Ebeling, *Das Messiasgeheimnis* [각주 82]가 이렇게 주장한다. 참조: 171: "부활 사건을 통하여 그리스도 안에 확실하게 드러난 하느님 구원의 제시가 이 복음서 저자의 기본적 사고를 이루고 있다. 지상적 예수나 그 제자들(자기들의 심리 상태를 반영하는 이 제자들)의 특별한 모습을 보여 주려는 게 아니다." 178: "숨겨져 있고 가려져 계신 분이 아니라, 당신 모습을 완전히 드러내 보여 주시는 이 발현적 하느님의 아드님께서 복음서 저자가 생생하게 체험했던 모습 그대로 독자들의 눈앞에 나타나신다."

핵심이다. 마르코는 예수의 지상 모습에서 이 메시아 비밀이 실현되고 있음을 보았다. 여기서 갈등이 생긴다. 하느님 아드님의 권능은 이렇게 드러나는데(권능의 계시), 그분의 참모습은 계속 감추어져 있어야 하기 때문이다(메시아 비밀). 마르코는 이 갈등을 지상적 예수 모습 속에 그대로 그려 놓았고 이를 해소할 길이 없었다.

2.4.3 제자들에게 내려진 함구령

마르코 복음서에는 제자들에게 내려진 함구령 기사가 두 곳에 나타난다. 하나는 베드로의 고백 직후(마르 8,30)이고, 또 하나는 예수의 영광스러운 변모가 있은 다음(마르 9,9)이다. 첫 번째 경우, 베드로의 메시아 고백은 마르코의 예수를 표현하는 데 충분하지 못했다. 이 메시아 칭호도 오해의 소지가 있었기 때문이다. 즉, 사람들이 이 메시아를 현세의 정치적 통치자로, '다윗의 자손'으로 오신 해방자로 인식할 가능성이 있었기 때문이다. 따라서 마르코는 이 개념을 분명하게 밝혀 두어야 했다. 이 메시아는 하느님과 가까이 계시는 분, 하느님 곁에서 하느님과 함께 다스리시는 공동 통치자로서의 '주님'임을 함께 밝혀 둘 필요가 있었기 때문이다(마르 12,35-37 참조). 제베대오의 아들들도 권력욕에 사로잡힌 사람이었다(마르 10,37). 예수께서는 베드로의 메시아 고백을 물리치지 않으셨다. 베드로는 여기서 예수를 군중들의 생각과는 달리 구원을 베푸시는 분으로 고백했다. 이렇게 그의 고백은 마르코 복음서에서 하나의 정점을 이룬다(이 고백으로 마르코 복음서 전반부가 끝난다). 하지만 다른 한편, 예수께서는 그 고백을 그대로 다 받아들일 수가 없었으므로 그것을 백성들에게 퍼뜨리는 것을 **금하셨다**. 그리고 (마르코 복음서 후반부부터) 제자들에게 당신이 참된 메시아임을 드러내 보여 주기 시작하신다. 즉, 하느님의 뜻에 따라 수난하고 죽어야 하는 '사람의 아들'의 비밀을 알려 주기 시작하시는 것이다. 이 함구령 배후에는 예수의 비밀을 하나도 **빼놓지** 않고 모두 밝혀 줄 사람의 아들에 관한 사고가 배태되어 있다.

두 번째 함구령은 예수의 영광스러운 변모가 있은 다음 이 영광의 계시의 증인이 될 세 제자에게 내려졌다. 그런데 이 함구령은 부활 이후의 전망을 내다보고 구상된 것인바, 내용인즉 사람의 아들이 다시 살아나실 때, 그때 비로소 그분의 비밀도 밝혀져야 한다는 것이다. 이것은 공동체가 사람의 아들과 관련된 사건 전체, 곧 그분의 수난 · 죽음 · 부활을 이미 체험했다는 것을 전제한다(마르 8,31). 부활이라는 시각에서 예수의 길 전체를 바라볼 수 있기 때문이다. 이 이야기를 전해 준 사람은 이 발현에서 영광받으신 그리스도의 모습만 부각되어 전파되는 것을 억제하려고 했던 것이 분명하다. 그래서 이 함구령은 마르코 복음 8장 31절에 기록된 것과 같은 정도로 '사람의 아들' 그리스도론 수준에 머물러 있을 뿐이지만, 부활 이후에는 다시 권능을 지니고 오실 사람의 아들에 관한 확신이 압도하게 되었다(마르 8,38 참조). 이 모든 것은 믿음의 공동체를 바라보며 언급된 것이다. 제자들에게 내린 함구령은 병자들을 고쳐 주실 때나 마귀를 쫓아내실 때 내린 함구령과는 또 다른 역할을 한다. 거기에는 한시적으로 덮어 두려는 의도가 있었고, 이 의도는 사람의 아들의 계시 이야기와 연결되어 있다. 산에서 내려오면서 제자들과 나눈 대화 속에는 수난과 죽음을 통해 부활에 이르는 길이 반영되어 있다(마르 9,10-13). 이 함구령이 전승 속에 전해진 영광스러운 변모 대목 속에 이미 포함되어 있었는지, 아니면 마르코가 이곳에 삽입한 것인지 판단하기란 매우 어렵다. 여하간 마르코에게 이것은 그의 '사람의 아들' 그리스도론에 매우 중요한 요소였다.

2.4.4 제자들의 몰이해

마르코 복음서 몇 곳에 제자들의 몰이해가 특히 강조되는 것으로 미루어, 그 이면에는 복음서 저자의 의도가 깔려 있지 않나 짐작되기도 한다. 이것은 특히 예수께서 호수 위를 걸어 제자들에게 다가왔을 때 일어났다. 예수께서 배에 오르시자 제자들은 너무 놀라 넋을 잃는다(마르 6,51). '넋을 잃는다'라는 표현은 기적 이야기에도 등장하는데(마르 2,12; 5,42), 그것은 인간의 상식을 뛰어넘고 자연현상을 초월하는 사건이 일어났을 때, 현장에 있는 모든 사람을 사로잡는 어떤 신적 두려움der numinose Schrecken을 뜻하는 말이다. 그러나 여기서는 그것이 발현하신 그리스도에 대한 믿음으로 이끌어 주지 못하고, 그다음 문장이 지적한 대로 그들을 믿음 없고 완고한 사람으로 만들고 만다. **"왜냐하면** 그들은 빵의 기적을 깨닫지 못하고 오히려 그들의 마음이 완고해졌기 때문이다"(마르 6,52: 직역). 빵의 기적에서처럼 예수께서 호수 위를 걸으신 사건은 이를 목격한 제자들에게 예수가 진실로 어떤 분인지 깨닫게 해 주는 계기가 되었어야 했다. 그러나 마음이 완고하게 닫혀 있어서 그들은 이런 깨달음을 얻을 수 없었다.

제자들의 몰이해가 이 복음서 저자에게 얼마나 중요한 문제였는지는 둘째 대목 빵과 누룩에 관한 대화(마르 8,14-21)에서 잘 드러난다. 여기서 제자들의 몰이해가 여지없이 노출된다. 이 대화는 빵의 기적을 보고도 아무것도 깨닫지 못할 만큼 완고해진 제자들의 마음을 더욱 분명하고 신랄하게 지적한다. 제자들은 온통 빵을 마련하는 데만 신경 썼지, 그들이 처한 위험에 대해서는 아무 관심도 없었다. 그들은 바리사이들과 헤로데처럼 자기들의 잘못된 처신(바리사이들과 헤로데의 '누룩')이 야기한 위험을 전혀 깨닫지 못했다. 궁극적으로 그것은 믿음이 없음을 의미한다. 믿음이 없는 상태는 예수를 통해 일어나고 있는 하느님의 계시를 이해하지 못하는 데서 비롯한다. 안식일에 예수께서 손이 오그라든 사람을 고쳐 주셨을 때, 바리사이들은 완고한 사람들이라 그 뜻을 전혀 이해하지 못했다(마르 3,5). 예수는 분노했다. 그런데 헤로데 왕의 측근인 헤로데 당원들이 이제 이들과 야합한다(마르 3,6). 예수를 다시 살아난 세례자 요한으로 여긴(마르 6,14) 헤로데 왕도 예수의 실체적 비밀을 파악할 수 없었다. 마르코의 시각에서 볼 때, 제자들은 빵의 기적을 보고 눈을 떠야만 했다. 그러나 그들의 처신으로 미루어 보아, 그들은 눈이 있어도 보지 못하고 귀가 있어도 듣지 못하는 사람과 다를 바 없었다. 그들은 아무것도 깨닫지 못했고, 굳을 대로 굳은 마음만 가지고 있었을 뿐이다. 마르코는 이 점을 심각한 문제로 부각시킨다.

마르코는 제자들의 몰이해를 위험한 상황으로 분명히 규정한다. 바리사이들의 누룩과 헤로데의 누룩을 조심하라는 이 경고(마르 8,15)는 마르코 복음 6장 52절에서 지적한 바를 한 번 더 강조하는 역할을 한다. 이 대목(마르 8,14-21)이 마르코 복음서에 두 번씩이나 수록된 빵의 기적과 연관되는 것을 보니 마르코가 이 자리에 삽입해 놓은 것이 확실하다.

마르코는 제자들의 몰이해를 왜 이렇게까지 심각하게 여기는 것일까? 제자들이 아무것도 깨닫지 못하고 있었다는 사실 자체는 전승이 전해 준 요소였다. 제자들이 예수를 모시고 배를 저어 호수를 건너갈 때 거센 돌풍을 만나 두려움에 사로잡히자, 예수께서는 그들에게 믿음이 없는 것을 보시고 꾸짖으셨다(마르 4,35-41). 그것은 그들이 자기들을 살릴 하느님의 힘이 예수 안에 있다는 것과 하느님의 도우심을 헤아리지 못했기 때문이다. 마르코 복음 7장 15절에 언급된 예수의 수수께끼 같은 말씀을 그들은 이해하지 못했다(마르 7,17-18). 사람의 아들이 장차 사람들의 손에 넘겨져 죽으리라는 그 말씀의 뜻을 전혀 이해하지 못했을뿐더러, 그것에 대해 묻는 것조차 두려워했다(마르 9,32). 제자들이 길에서 자기들 가운데 누가 가장 큰 사람인지를 두고 다투었다는 자체가 예수의 가르침을 제대로 알아듣지 못했다는 증거다(마르 9,33-35). 제자들이 어떤 사람으로 하여금 마귀를 쫓아내지 못하게 막으려는 것도 예수의 뜻을 거스르는 것이고, 그들이 전혀 딴생각을 품고 있었다는 것을 드러내는 것이다(마르 9,38-40). 예수께 오는 어린이들을 쫓아 버린 것도 하느님 나라에 대한 예수의 가르침이 안중에도 없음을 보여 준다(마르 10,13-16). 하느님 나라에서 첫째 자리를 차지하고 싶었던 제베대오의 아들들은 식견이 모자라는 사람들이었다(마르 10,35-40).

이 모든 사례가 전승 속에 전해지던 제자들의 모습을 대략 보여 준다. 마르코는 여기서 제자들의 이해 부족을 강조하고 있다. 씨 뿌리는 사람의 비유에 이어 예수께서는 제자들에게 말씀하신다. "너희는 이 비유를 알아듣지 못하겠느냐? 그러면서 어떻게 모든 비유를 깨달을 수 있겠느냐?"(마르 4,13). 빵의 기적 이야기 끝에 제자들의 마음이 굳을 대로 굳었다는 것이

신랄하게 지적되었다시피, 그들에게는 예수의 행적이 지니는 의미가 가려져 있었다. 이 점과 관련하여 마르코 복음서에는 제자들에 대한 별도의 교육이 자주 등장한다(마르 4,10.34; 7,17; 9,28-29.33; 10,10; 13,3). 이것은 (마르코 복음 7장 18절을 제외하면) 대부분 제자들의 몰이해 때문이 아니라, 예수의 활동 이야기를 보완하기 위해 삽입된 것들이다. 그것은 제자들을 책망하는 것과는 무관한 목적으로 편집에 의해 삽입되었다. 교회를 염두에 두고 그리했다는 것은 의심할 여지가 없다. 예수께서 친히 제자들에게만 은밀히 가르쳐 주신 것은 교회로 하여금 그것을 삶의 지표로 세우고 활동 지침으로 삼도록 하기 위해서였다.[95] 마르코 복음 7장 17-18절과 10장 10-12절은 교회가 윤리적으로 어떻게 처신해야 하는지 가르치시는 말씀임이 분명하다. 제자들을 따로 가르치셨다는 이야기는 그 밖에 또 나온다. 비유에 대해 설명하실 때(마르 4,10.34), 기도와 굳건한 믿음이 필요하다고 말씀하실 때(마르 9,28-29), 종말이 임박하여 일어날 사건들을 말씀하실 때(마르 13,3-4)였다. 제자들에 대한 은밀한 가르침은 그들의 이해가 부족하다는 사실을 전제하지만, 그렇다고 그들의 완고함을 질책하려는 의도는 아니었다.

이제 제자들의 몰이해와 관련된 여러 동기를 가려내야 한다. 우선 예수의 수난과 죽음의 길에 관한 그분의 예고를 제자들이 전혀 이해하지 못했음을 마르코가 부각시키고 있는데(마르 8,32; 9,32), 이것은 그가 전승에서 전해 받은 것이다. 이것을 마르코가 자기 복음서에서 더욱 강조한다. 여기서 문제가 되는 것은 제자들이 예수의 죽음의 길에 대해 마음의 문을 굳게 닫고 있었다는 사실이다. 마르코는 이 점을, 십자가에 못 박히신 예수를 따르라고 부름을 받은 교회를 내다보며(마르 8,34-38), 심각하게 지적하려 했던 것이다. 이와는 대조적으로 예수의 영광스러운 변모가 있은 다음 제자들에게 내리신 함구령, 곧 "사람의 아들이 죽은 이들 가운데에서 다시 살아날 때까지, 지금 본 것을 아무에게도 말하지 말라"(마르 9,9)고 하신 것은 수

---

95 참조: REPLOH, *Markus – Lehrer der Gemeinde* [각주 8] 75-88.

난과 죽음을 통하여 부활에 이르는 길을 설명해 주시기 위한 것이다. 예수께서 부활하신 다음에야 비로소 사람의 아들의 수난과 죽음의 길이 이해된다(산에서 내려올 때의 대화: 마르 9,9-13도 참조할 것). 이것은 지상적 예수를, 부활하시고 영광받으신 분과 결합시키는 하나의 그리스도론적 동기다. 지상적 예수께서는 이미 영광스럽게 되셔서 권능을 지니고 오실 분이라는 시각 속에 존재하시고 또 항상 그리되실 것이다.

예수께서 병을 고쳐 주신 사건의 의미를 제자들이 이해하지 못한 데는 그리스도론적 동기와 교회론적 동기가 공존하고 있다. 예수께서 당신의 지상 활동 중에는 지존하신 모습을 드러나지 않게 은밀히 계시하신다는 그리스도론적 동기와, 동시에 교회로 하여금 그 의미를 더 깊이 이해하도록 인도하려는 교회론적 동기가 결부되어 있는 셈이다. 제자들의 부정적인 모습은 교회에 대하여 예수의 자기 계시를 받아들이도록 마음의 문을 활짝 열라는 적극적인 외침으로 나타난다.[96] 교회에 대한 이러한 시각은 제자들을 은밀히 가르치시는 가운데 잘 나타난다. 예수께서 제자들에게 따로 당신 말씀의 참뜻을 설명해 주셨다는 것은 동시에 후대 교회를 이렇게 가르쳐 주신다는 것을 의미한다. 그러므로 제자들의 몰이해는 한편으로는 마귀들에게 내리셨던 함구령의 경우처럼 예수의 비밀을 지키고자 하는 경향을 드러내며, 또 한편으로는 교회를 가르침에 있어 마음의 문을 열게 하는 데 기여한다. 하느님의 아드님께서는 오로지 당신의 말씀과 행동을 통해서만 당신 자신을 드러내 보여 주신다. 그러나 부활 후의 교회에 대해서는(마르 9,9!), 교회가 사람의 아들이 걸어가신 죽음의 길을 받아들여 교회가 살아갈 지침으로 이해한다면, 이 하느님의 아드님을 알아볼 수 있다(마르 8,34-38 참조). 이런 의미로 제자들의 몰이해 속에 나타나는 메시아 비밀은 변증법적 기능을 발휘한다. 숨기는 것과 밝히는 것이 서로 얽혀 있는 것이다.

---

[96] 참조: 같은 책 76-78. 81-86.

2.4.5 비유 논리

비유 논리(마르 4,11-12)란 (하느님께서) 제자들에게는 '하느님 나라의 신비'를 알려 주셨지만, 바깥사람들에게는 그것을 가려 놓으셔서, 그들은 보아도 알아보지 못하고, 들어도 알아듣지 못하는 것을 말한다. 이 비유 논리는 브레데가 메시아 비밀의 일환으로 제기한 것이다.[97] 그러나 여기서 문제 되는 것은 이 '하느님 나라의 신비'가 메시아이자 하느님의 아드님이신 예수의 신비와 대체 어떤 관련이 있는가, 그것이 초대교회의 비유에 관한 해석과 연관되어 있는가 하는 것이다. 예수께서 혼자 계실 때, 예수 주위에 있던 이들과 열두 제자는 공동체를 대표한다(마르 4,10). 이 공동체는 하느님 나라에 관한 비유를 알아들을 수 있지만, 바깥에 있는 사람들은 그것을 알아들을 수가 없다.[98] 따라서 이 하느님 나라의 신비는 제자단에 국한하여 은밀히 가르쳐 주신 것과 연계하여 이해되어야 하며, 이 제자단은 부활 이후 교회의 가르침을 책임지게 될 사람들을 상징한다.[99] 그렇다면 이 가르침은 미래 교회를 내다보며 제자들에게만 은밀히 가르쳐 주신 것인 셈이다. 바깥사람들의 완고함에 관한 이 논리는 교회 밖에서 불신(믿음 없음)을 계속 고집하는 사람들에 대한 논쟁적 성격을 띤다. 마태오는 이 완고함에 관한 문제를 정확하게 파악하고 있었다. 이 대목과 관련하여 마르코가 인용한 성경 첫마디는 "그들이 보게 하기 **위하여**(*ἵνα*)"(마르 4,12: 직역)였

---

[97] WREDE, *Das Messiasgeheimnis* [제1장, 각주 4] 54-67은 예수의 메시아 지위에 근거하여 이 '비밀'을 해석한다.

[98] 참조: SCHUYLER BROWN, "The Secret of the Kingdom of God" (Mark 4:11), *JBL* 92 (1973) 60-74. 그에 동조하여 PESCH, *Markusevangelium* 1 [각주 1] 240은 이렇게 말한다: "말씀은 선교 활동을 반영한다. 따라서 그것은 그 자체로서 마르코 복음 4장에 삽입될 준비가 되어 있었다"(234). 참조: H. RÄISÄNEN, *Die Parabeltheorie im Markusevangelium* (Helsinki 1973) 121-127(변형된 마르코의 개념). 다른 견해: GNILKA, *Evangelium nach Markus* 1 [각주 14] 170-172: "마르코적 비밀은 (그의 자료와는 달리) 그리스도론적으로 이해되고, 역사적 예수께서 행하신 나라에 관한 선포에서 교회의 그리스도 설교로 넘어가는 도상에 있다"(171). 그는 메시아 비밀 혹은 하느님의 아들의 비밀에 관하여 말하는 것이 적절하다고 주장한다(165).

[99] BROWN, "Secret" [각주 98] 74; RÄISÄNEN, *Das "Messiasgeheimnis"* [각주 82] 53.

다. 이것을 마태오가 재인용하면서 전치사 *ἵνα*(위하여)를 *ὅτι*(왜냐하면)로 바꾸어 놓았다: **"왜냐하면** 그들이 보지 못하기 때문에"(마태 13,13: 직역). 마르코는 그들의 불신을 '위하여'로 표현했고, 마태오는 그들이 알아듣지 못하는 원인을 '왜냐하면'으로 표현했다. 따라서 지상 예수를 이해하는 데 마르코가 삽입한 이 독특한 인용구(4,11-12)는 아무 도움이 되지 않는다. 부활 이후의 전망에서 삽입된 이 어구는 예수께서 활동하시던 지상 시기를 파악하는 데도, 마르코를 이해하는 데도 아무 도움이 되지 않는다. 역사적 차원에서 볼 때, 예수께서는 사람들이 알아들을 수 있는 말로 비유를 말씀하셨음이 틀림없다. 그러나 그 속에 담긴 참뜻을 알아들으려면 예수께서 친히 그 비유의 표상들을 설명해 주셔야 했다(마르 4,33-34 참조).

소위 메시아 비밀을 주장하는 학자들은 그것과 관련된 대목들을 각각 다르게 설명한다. 예수의 일생은 비메시아적으로 전개되었다거나, 예수께서는 당신이 약속된 메시아라는 의식을 가지고 말씀하신 적이 전혀 없었다고 주장하는 학자들은, 그것을 뒷받침할 만한 증거를 제시하지 못하고 있다. 적어도 마르코는 예수께서 권능을 가지고 오실 사람의 아들이라는 의미로 당신이 메시아임을 주장하셨다고 증언한다. 예수께서는 베드로에게 대답하실 때, 당신이 메시아로서 수난과 죽음을 통해 당신의 길을 가야 할 분임을 설명해 주셨다(마르 8,31). 그리고 최고 의회에서 친히 신원을 밝히셨을 때, 당신은 하느님에 의해 의롭게 되신 분으로 종말에 심판관으로 오실 바로 그 사람의 아들 메시아라고 천명하셨다(마르 14,62). 예수께서 메시아이자 하느님의 아드님이라는 사실은 때로 감추어져야 하고 또 때로는 밝혀져야 하므로, 여러 표현 양식과 경향들이 교차할 수밖에 없다. 기적 이야기에 나타나는 함구령은 이미 전승 속에 전해지고 있던 것을 마르코가 활용한 것이다. 그러나 예수께서 지니신 지존의 권능을 덮기에는 역부족이었다. 마귀들에게 내려진 함구령은 독특한 측면이 있다. 그것은 예수께서 하느님의 아드님이라는 이 사실이 처음에는 무조건 감추어져야 했던 비밀이라는 점이다. 제자들에게 비밀을 지키라고 명령하신 것은 메시아에 대한 오해를 예방하기 위해서였고, 사람의 아들이 가야 할 수난과 죽음의 길을 예비하기 위해서였다(마르 8,30-31). 영광스러운 변모의 산에서 내려오실 때 제자들에게 내리신 지시, 곧 예수께서 부활하신 다음에야 그들이 본 영광에 관하여 말해도 좋다고 하신 말씀은, 교회가 훗날에 가서야 비로소 예수의 실체를 이해할 수 있게 되리라는 내적 근거를 암시하신 것이다.

마르코는, 지상에서 활동하셨으되 뚜렷하게 드러나지 않는 예수의 모습에 관한 여러 경향들을 제시해 주었다. 이 모습은 부활 후에야 비로소 믿는 사람들에게 확연해진다. 마르코는 예수 이야기 속에 나타나는 계시의 전개에 관하여 감을 잡고 있었다. 그는 예수에 관한 자료들을 전승으로부터 수집하여, 거기에 강조할 것은 강조하면서, 다양한 측면이 있으나 서로 완전히 조화를 이루지 못한 예수 모습을 구성했다. 궁극적으로 그의 그리스도론은 '하느님의 아드님'과 '사람의 아들'에 집중되어 있다. 하느님의 아드님은 예수의 활동 속에 당신 자신을 드러내면서도 동시에 감추신다. 그리고 사람의 아들은 수난과 죽음을 통하여 부활에 이르는 당신의 길을 가시며, 어느 날 권능과 영광 중에 오실 분임을 입증하신다. 그분에 대한 완전한 고백은 죽으실 때(마르 15,39) 또는 부활하신 다음에야(마르 9,9) 비로소 가능해진다. 전승을 활용하고 그것을 그리스도론적으로 해석하는 데 마르코는 자기의 고유한 노선을 걸었다. 그러나 그의 작업은 완벽한 예수 모습을 보여 주지 못했고, 예수에 관한 다양한 시각을 가질 여지를 남겨 놓았다. 이것으로 예수 그리스도의 모습에 관한 한계가 드러났고, 그것이 마르코 복음서에 그대로 반영되고 있다. 그렇지만 여기서 한 가지 확실한 것은 '하느님의 아드님'과 '사람의 아들'이 마르코의 그리스도론을 이해하는 데 결정적인 열쇠를 제공한다는 사실이다.

3

마태오

마태오 복음서는 마르코 복음서에 비해 내용이 훨씬 더 풍부하다. 예수의 역사적 출현을 서술하면서, 마태오는 마르코 복음서의 구도를 거의 그대로 따르고 있다. 그러나 예수의 말씀에 관한 자료는 마르코보다 현저히 많다. 특히 예수의 '어록집'(Q)에서 많이 인용한다. 학자들은 이 어록집을, 그것을 활용한 마태오와 루카의 복음서로부터 재구성한다. 마태오 복음서는 예수의 말씀을 모두 다섯 단원으로 묶고, 각 단원마다 매듭짓는 말씀으로 끝낸다. 이를 보면 마태오가 '체계적 인물'임을 알 수 있다. 마태오 복음에 수록된 예수의 말씀군은 이렇다: 산상 설교(마태 5-7장), 제자 파견(마태 10장), 비유 말씀(마태 13장), 공동체 지침(마태 18장), 종말(마태 24-25장). 여기서 마태오가 예수 이야기를 역사적으로 연관지어 서술한다는 사실도 간과하면 안 된다. 그에게 예수 이야기는 예수의 가계(족보)와 출생에서 시작하여(마태 1-2장) 무덤 이야기와 부활의 발현으로 끝난다(마태 27,57-28,20).

 이렇게 예수의 생애와 활동은 더 큰 구도 속에 엮여 들었고, 이 구도로 시야는 눈에 띄게 넓어졌다. 마태오가 예수 이야기를 부활 후의 전망에서 서술하는 경향은 마르코보다 더 뚜렷하다. 그는 '역사적' 예수를 '케리그마적' 그리스도와 결합시키고, 예수 그리스도를 교회의 삶 속으로 끌어들인다. 그에 따르면 예수께서 교회('나의 교회')의 기초를 놓으셨고, 반석인 베드로 위에 교회를 세우셨다(마태 16,18; 참조: 18,17). 당신 교회 안에 살아 계시는 그리스도에 대한 교회론적 인식이 이 복음서에 깊이 각인되어 있기에, 이 복음서를 '교회적' 복음서라고 부르는 것은 당연하다. 마태오가 활용한 전승 속 나자렛 예수에 대한 회고가 확실함에도 불구하고, 이 복음서 저자가 그리는 예수 그리스도의 독특한 모습에 관한 문제 제기는 정당하다. 물론 마르코가 이미 제시한 예수 그리스도의 모습(제2장 참조)을 마태오가 널리 수용했음도 고려해야 한다. 마태오가 자기 복음서에 새로 보탠 것과 특히 강조하는 것만이 그가 서술하는 예수 그리스도의 특별한 모습을 밝혀 줄 것이다. 이를 파악하려면 우선 예수 이야기를 담은 이 복음서의 구조를 좇고, 다음으로 예수 모습 속에 드러나는 독특한 요소들을 규명해야 한다.

1. 마태오가 전하는 예수 이야기

1.1 마르코보다 확대된 예수 이야기

예수 이야기를 접하면서 맨 먼저 눈에 띄는 것은 마태오의 이야기가 마르코의 그것보다 훨씬 더 길다는 사실이다. 세례자 요한의 등장에서 시작하여 예수 무덤에서 부활의 기쁜 소식을 듣는 것으로 끝나는 마르코의 이야기 앞뒤에, 마태오는 원시 그리스도교가 선포한 바(참조: 사도 1,22-23; 10,37; 13,24)를 첨가한다. 그는 예수의 이 '이야기' 속에 예수의 기원과 가계(족보)를 추가함과 동시에, 십자가에 죽으신 분의 지상적 등장이 부활을 통해 미치는 영향도 삽입시켰다. 예수의 유년기 이야기가 루카 복음서에서처럼 그 자체로 충분한 사료가 된다고 보는 이도 있겠지만, 그것이 '전기적'bio-graphisch 보충이 될 수는 없다. 믿음 이야기들로 이루어진 이 복음서 구조로 보아 '역사적 · 전기적' 관심이란 있을 수 없다. 루카도 마태오도 오직 믿음으로만 접근할 수 있는 예수의 기원을 밝히려 했고, 또 그러기 위해 당시 헬레니즘 문화권의 유다계 그리스도교 공동체에 퍼져 있던 몇몇 개념들을 수집 · 활용했던 것이다.[1] 마태오 복음서에서 예수 이야기의 구도가 확대된 것은, 역사적 사실보다는 오히려 예수 그리스도의 의미를 깨달을 눈을 밝혀 주고 공동체가 그분을 더 깊이 이해하도록 돕기 위해서였다.

---

[1] 이 문제에 관한 논의는 대개 처녀 출산에 집중되어 있으나 성서적 서술 배경의 신학적 의미는 충분히 파악되지 못했다. 여기서 가장 중요한 언급은 예수께서 성령으로 태어나셨고 하느님으로부터 오셨다는 점이다. 그중 돋보이는 연구로는: R.E. BROWN, *The Birth of the Messiah* (Garden City, N.Y. 1977) 160-164; DERS., excursus: "Virginal Conception", 같은 책 517-533; J.A. FITZMYER, "The Virginal Conception of Jesus in the New Testament", *TS* 34 (1973) 541-575; K.S. FRANK/R. KILIAN/O. KNOCH/G. LATTKE/K. RAHNER, *Zum Thema Jungfrauengeburt* (Stuttgart 1970); H. SCHÜRMANN, "Die geistgewirkte Lebensentstehung Jesu", in: W. ERNST u.a. (Hrsg.) *Einheit in Vielfalt*, Festgabe für H. AUFDERBECK (Leipzig 1974) 156-169; R.E. BROWN/K.P. DONFRIED/J.A. FITZMYER/J. REUMANN, *Mary in the New Testament* (Philadelphia - New York 1978) 83-97, 111-134; U. LUZ, *Evangelium nach Matthäus* 1 (Zürich - Neukirchen 1985) 99-102, 108-111; J. GNILKA, *Das Matthäus-Evangelium* 1, Exk.: "Die Jungfrauengeburt Jesu" (Frieburg - Basel - Wien 1986) 22-33.

1.1.1 구세주 예수를 향해 전개되는 전사前史

예수의 '기원에 관한 문서'(족보)가 말해 주듯이, 예수는 '다윗의 자손'이다. 이 족보는 시조부터 예수까지 모두 세 시기로 구분되는데, 그 시기는 각각 14대의 조상들로 이루어져 있다(마태 1,17). 이 족보는 이스라엘의 시조 아브라함에서 시작된다. 예수 그리스도는 이 가계에 의해 하느님 백성의 역사 속에 편입되신다. 이분이 바로 메시아다. 즉, 마리아의 남편 요셉을 통해 다윗 왕의 합법적 후손으로 입적되었으며, 이로써 '다윗의 자손'이 되셨다. 이 족보에는 네 명의 여인들이 올라 있다. 그들은 독특한 삶을 통해 역사의 흐름(다윗 자손의 전사前史) 속에 비범한 것을 끌어들인다.[2] 이미 정상을 초월하는 예수의 탄생에 관하여 모종의 신호를 보낸 것이다: 성령의 능력으로 한 동정녀에게서 예수가 태어나시리라.

마태오 복음 1장 16절에 언급된 예수의 탄생에 관하여 마태오 복음 1장 18-25절이 설명을 보탠다. 여기서 예수의 기원에 관한 비밀을 꿈의 환시를 통해 요셉과 믿음의 공동체에 알리고, 요셉은 아기 이름을 '예수'(구세주)로 지으라는 지시를 받는다. 이분이 당신 백성을 죄에서 구원하실 것이기 때문이다. 뿐만 아니라 그분은 이사야(7,14)의 예언에 따라 인류가 기다리던 임마누엘('우리와 함께 계시는 하느님')이니, 당신 백성과 늘 함께 계시면서 당신 백성을 보호하고 인도하실 분이다. 마태오에게 이것은 미래의 하느님 백성에 대한 신호다. 바로 이 백성 한가운데 예수께서 계실 것이고(마태 18,20), 세상 끝 날까지 이 안에서 활동하실 것이다(마태 28,20). 예수 안에서 실현되는 신비, 곧 하느님께서 '우리와 함께 계시다'는 메시지는 이렇게 첫

---

[2] 이 여인들은 하느님의 은총이 드러날 죄녀로 인식되고 있었다는 주장이 제기된 바 있다. 그러나 이 견해는 모든 면에서 모범적이었던 룻의 경우를 보면 성립될 수 없다. 이 여인들이 비유다인이라는 점을 근거로 해석하는 것도 설득력이 없다. 마리아는 외국인이 아니기 때문이다. '보편 구원론자들의 여운'(ein universalistischer Unterton)도 들린다(LUZ, *Matthäus* 1 [각주 1] 94f). 예수를 다윗 가문 동정녀에게서 태어나게 하시는 하느님의 예측할 수 없는 길을 마태오가 서술하려 했다고 보는 것이 가장 옳다. 참조: BROWN, *Birth of the Messiah* [각주 1] 71-74.

순간부터 들려와 마지막 순간까지 지속되며, 구약의 하느님 백성에서 시작하여 새로 형성되는 계약의 백성으로 넘어가 완성될 것이다.[3] 여기에 어떤 일관된 전망이 나타난다. 물론 이 전망 속에는 몇 가지 갈등 요소도 숨어 있다: 예수께서는 이스라엘 집안, 잃어버린 양들에게만 보내졌다는 의식을 갖고 계셨고(마태 15,24), 이들에게만 당신 제자들을 파견하셨지만(마태 10,5-6) 다른 한편으로는 부활하신 분으로서 비로소 만민에게 구원의 복음을 선포하라는 사명을 당신 제자들에게 주셨다(마태 28,19). 이 문제와 관련하여 예수 이야기에 내재된 유다계 그리스도인들과 이방계 그리스도인들의 지평도 고려해야 한다(제3장 1.2 참조).

마태오는 예수를 다윗적 메시아, 죄에서 구원하실 구원자, 당신 백성에게 파견된 '우리와 함께 계시는 하느님' 정도로 소개하고 끝내는 것이 아니라, 복음서 2장에서 예수 탄생 이후에 일어난 사건들을 이야기함으로써 예수의 운명과 그분께서 가실 길을 내다보게 해 준다. 유다인들의 미드라쉬 *Midrash*처럼 구성된 예수의 유년기 이야기들, 즉 동방 점성가들의 방문, 헤로데 왕이 판 함정, 이집트 피난, 베들레헴의 유아 학살, 그리고 예수의 부모가 갈릴래아 나자렛으로 돌아오는 이야기 등의 이면에는 상징적 의미가 깔려 있다. 유년기 사건들은 장차 도래할 예수의 운명을 미리 보여 준다. 비유다 세계를 대표하여 동방 점성가들이 찾아와 경배했다는 사실은 이제 만백성에게 복음이 전파되리라는 희망의 표징이다. 헤로데 왕의 적대감, 속임수, 악의에서는 예수를 거슬러 저항할 유다인들의 강력한 불신이 드러난다. 이러한 불신은 예수 이야기 전체를 관통하고 있다. 메시아가 베들레헴에서 태어나리라는 성경의 증언에도 불구하고(마태 2,6) 아기와 그의 부모는 그곳에 머물 만한 곳을 찾지 못해 이집트로 피신을 해야 했다.

---

[3] 참조: W. TRILLING, *Das wahre Israel: Studien zur Theologie des Matthäus-Evangelium*, StANT 10 (München 1964) 143-163; H. FRANKEMÖLLE, *Jahwe-Bund und Kirche Christi*, NTA NF 10 (Münster i.W. 1974/²1984) 7-83. 그에 따르면 마태 28,16-20은 '예수에 의한 계약 갱신'이다(42-47). 마태오 복음서 결론인 이 대목은 이 복음서 서론(1-2장)을 새삼 상기시키며 복음서를 마감한다(321-325).

이집트 유배는 '모세 이야기'의 요소들을 다양하게 보여 준다. 우선 피신해 간 곳이 이집트 땅이라는 사실이다. 이집트는 옛 이스라엘 사람들에게 한때 피난처를 마련해 주기도 했지만, 그 후에는 그들을 박해한 곳이기도 하다. 이집트의 파라오는 언젠가 유다 사내아이들을 몰살시키려 한 적이 있었는데, 이제 그가 헤로데 왕의 모습으로 나타나고 있다. 플라비우스 요세푸스Flavius Josephus의 저서가 전하는 유다인의 '하가다'에 따르면, 이집트 학자 한 사람이 파라오에게, 이스라엘에 한 아이가 태어나 장차 이집트 왕국을 파멸시키고 이스라엘 사람들을 강성하게 만들 것이라고 예언했다고 한다.[4] 마태오 복음 2장에 등장하는 점성가들은 '파라오-모세' 전승 속에 나오는 점성가들에 해당한다. 파라오는 이스라엘 사내아이들을 태어나는 즉시 모두 강에 던져 죽여 버리라고 명령한다. 그러나 놀랍게도, 모세는 파라오의 학살 명령에도 불구하고 살아남는다. 아기 예수도 자기를 해치려는 자들을 하느님의 도우심으로 피할 수 있었다. 이 모든 요소로 미루어 볼 때, 마태오 복음 2장의 이야기가 유다인들의 '모세-하가다'에 배경을 두고 있다는 것은 의심할 여지가 없다.[5] 예수께서 이집트로 피신하셨다가 돌아오셨다는 이야기는 탈출기 4장 19-20절을 바탕으로 구성되었을 가능성도 있다. 탈출기는 어른이 된 모세가, '네 목숨을 노리던 사람들이 모두 죽었다. 그러니 이제 미디안을 떠나 이집트로 돌아가라'는 주님의 명령에 따라 이집트로 돌아갔다고 기록하고 있다.[6] 마태오 복음 2장에 수록된 이야기들 속에 예수께서는 새로운 모세, 약속된 메시아로 소개된다. 그분은 마태오 복음 2장 15절의 예언 실현 인용구가 증언하는 대로 '하느님의 아드님'이시다. 그러나 이 아기를 박해함으로써 이스라엘에게 닥칠 재앙도 라헬의 통곡을 통해 눈에 보일 듯이 묘사된다(마태 2,16-18) — 라헬은 유배

---

[4] Josephus, *Ant.* II,9,2.

[5] 참조: A. Vögtle, *Messias und Gottessohn: Herkunft und Sinn der matthäischen Geburts- und Kindheitsgeschichte* (Düsseldorf 1971) 32-41.

[6] 같은 책 49-52.

지로 끌려가는 자식들을 바라보며 통곡했다(예레 31,15). 베들레헴 아이들의 운명은 자기네 구원자를 배척한 이스라엘의 운명을 미리 보여준다.[7] 나자 렛에서 자리 잡고 살게 된 것을 구약 예언의 실현으로 보며, 그 증거로 성경 구절을 인용한다. "그는 나자렛 사람이라고 불릴 것이다"(마태 2,23). 이 렇게 예수의 고향이 이미 알려진 나자렛이라는 것을 분명히 말하고, 예언 적으로 이해된 '나자렛 사람'이라는 말을 깊이 생각하면서, 나자렛을 선택한 깊은 뜻을 밝힌다.[8]

마태오 복음서 전사(마태 1-2장)는 이미 첫머리에(복음서 본문에서 그분의 활동 과 길을 통해서 더 자세히 소개되겠지만) 그분이 어떤 분인지 밝힌다. 그리고 이 전사는 그분이 누구이며 어디서 오셨는지, 그분의 길은 어떻게 나타나는 지에 답하고 있다.[9] 그분은 새롭고 독특한 의미에서 유다적 메시아일 뿐 아니라, 다른 민족 사람들은 고대하고 있었으나 유다인들은 박해했던 구세주다. 동방 점성가들이 드린 경배(마태 2,11)는 부활 후 제자들이 드릴 경배를 앞당겨 보여 준다(마태 28,17).

---

[7] 참조: W. ROTHFUCHS, *Die Erfüllungszitate des Matthäus-Evangeliums*, BWANT 88 (Stuttgart u.a. 1969) 64f.

[8] '나자렛 사람'과 관련하여 근본적으로 두 가지 해석이 있다. 하나는 유다교에서 이사 11,1 의 '새싹'(히브리어: *nezer*)과 관련지어 메시아 구절로 해석하는 것이고, 또 하나는 하느님께 봉헌된 사람, 곧 '*nasir*'에서 왔다는 해석이다. W.D. DAVIES/D.C. ALLISON, *The Gospel According to Saint Matthew* 1 (Edinburgh 1988) 278-281은 특히 이사 4,3에 의거해서 *nasir* = '하느님의 거룩한 분'에서 왔을 가능성이 더욱 크다고 보지만 나는 이사 11,1의 가능성을 더 크게 본다. LUZ, *Matthäus* 1 [각주 1] 132f는 '나자렛 사람'Nazaräer(Ναζωραῖος)이 시리아 지역에서 그리스도 신자를 지칭하는 말로 사용되었다는 사실을 상기시킨다. "예수께서 이민족 들의 갈릴래아 나자렛에 오심으로써, 당신께 의탁하며 다른 민족 사람들에게 복음을 선포하던 공동체의 스승이자 주님, '그리스도 신자', '나자렛 사람'이 되셨다."

[9] K. STENDAHL, "Quis et unde? An Analysis of Mt 1-2", in: *Judentum, Urchristentum, Kirche*, FS JOACHIM JEREMIAS (Berlin 1960) 94-105. 그는 여기서 마태오 복음서 1장을 예수 가 누구신가의 물음에 대한 대답으로 보고, 많은 지리적 자료가 포함된 2장을 그분이 어디에 서 오셨는가의 물음에 대한 대답으로 본다. 그러나 이 두 장은 예수의 실체(die Person Jesu) 와 그분의 기원, 그분의 메시아적 의미, 그분의 운명을 제시한다. 참조: BROWN, *Birth of the Messiah* [각주 1] 50-54.

1.1.2 부활 사건의 확대 서술

마르코 복음서에 나오는 십자가 처형과 시신 안장安葬 기사에다, 마태오는 예수께서 묻히실 때 일어난 일들과 부활하신 분께서 발현하신 사건들을 추가함으로써 마르코의 기사를 확대했다(마태 27,57-28,20). 마르코에서 암시 정도로 끝났던 것이 마태오에 와서는 더욱 자세히 설명되고, 공동체의 영역에까지 들어오게 된다. 마태오 복음서는 마르코 복음서의 아리마태아 요셉이 예수의 제자임(마태 27,57)을 밝히고, 예수의 시신을 모신 바위 무덤은 그 사람 것으로, 아직껏 시신이 안치된 적 없는 **새** 무덤이었다고 설명한다(마태 27,60). 다음으로 마태오는 (누군가 그분의 시신을 훔친 후 꾸며 낸 이야기가 아닐까 하는) 유다인들의 예수 부활 의혹을 해소시켜야 할 호교적 필요성을 절실히 느끼고 있었다. 사실 이런 소문은 이 복음서 저자 시대까지 떠돌고 있었다(마태 28,15). 마태오는 이 무덤은 예수께서 부활하실 때까지도 경비병들이 지키고 있었다고 기록한다(마태 27,62-66; 28,14). 마태오는 역사적 개연성이 거의 없는 이 이야기를 여자들의 예수 무덤 방문과 연결시켜 기술하고 있다. 무덤을 지키던 경비병들은 큰 지진이 일어나며 천사가 나타나는 것을 보고 두려워 떨다가 "까무러쳤다"(마태 28,4)고 한다. 이렇게 하여 여자들이 예수 무덤을 방문했을 때, 경비병들은 그 현장에서 사라지고 없다. 그때 갑자기 하늘에서 한 천사가 내려왔다는 것으로 이 무덤 장면을 마무리지었다 하더라도(마태 28,2-5), 마태오는 본질적으로 마르코와 똑같은, 천사가 선포한 기쁜 소식을 전하고 있다. "너희가 십자가에 못 박히신 예수님을 찾는 줄을 나는 안다. 그분께서는 여기에 계시지 않는다. 말씀하신 대로 그분께서는 되살아나셨다. 와서 그분께서 누워 계셨던 곳을 보아라"(마태 28,5-6). 부인들은 서둘러 제자들에게 가서 예수께서 그들보다 먼저 갈릴래아로 가실 거라고 전해 주라는 지시를 받는다. 그리고 "여러분은 그분을 거기에서 뵙게 될 것입니다"(마태 28,7)라고.

마태오에게 이것은 부활하신 예수께서 갈릴래아 산 위의 제자들에게 나타나시리라는 것을 미리 알려 주는 역할을 한다(마태 28,16). 부인들은 (마르코 복음 16장 8절과는 달리) 예수의 지시도 이행하면서, 제자들에게 가는 도중에 부활하신 예수도 만나 뵙는다(마태 28,10). 여기서 또다시 부인들은 제자들에게 갈릴래아로 가라는 말을 전하라는 말씀을 듣는다. "그들은 거기에서 나를 보게 될 것이다"(마태 28,10)라고. 갈릴래아에서 다시 만나자는 말씀이 거듭 강조된다. 이것이 바로 마태오가 추가적으로 보완한 이야기의 목표다. 모든 것이 부활하신 예수께서 제자들에게 발현하시는 것을 중심으로 배치된다. 이렇게 나타나신 예수께서는 당신을 천상과 지상의 전권을 부여받은 분으로 계시하시며 제자들을 모든 백성에게 파견하신다.

이렇게 마태오는 모든 것을 이 마지막 대 계시 장면에 집중시키고 있다. 이 장면은 모든 백성에게 복음의 길이 열리고, 예수의 지시에 따라 구원의 기쁜 소식이 온 세상 모든 민족에게 전파되는 것을 눈앞에 선하게 보여 준다. 그것은 예수의 말씀을 전할 사람들을 대표하는 열한 제자에게 내려진 사명이고, 전 교회에 내려진 사명이다. 이로써 교회를 통하여 예수께서 계속 활동하실 수 있는 문이 활짝 열리게 된다. 마태오는 이 세상에 출현하신 예수, 부활의 권능을 지니신 이분을 전적으로 교회와 연관지어 바라본다. 즉, 교회 안에 계속 살아 계시며 그 교회를 통치하고 촉구하시는 분으로 바라보고 있다. 지상에서 활동하시던 예수를 되돌아보며 그분에 관하여 언급할 때는 항상 당신 말씀과 구원의 활동 속에 현존하시는 주님을 바라보며 그 시야를 넓힌다. 마태오는 예수의 지상 이야기를 서술할 때, 맨 앞에는 다윗적인 메시아와 '우리와 함께 계시는 하느님'으로 구성된 예수의 전사를 제시하고, 맨 끝에는 미래를 제시하는 예수 부활 사건을 배치하면서 그 사이에 예수 이야기를 집어넣어 전개시키고 있다. 이 구도의 결과가 마태오 복음서 속에 전개되는 예수의 모습이다.

1.1.3 예수의 등장, 활동, 그리고 운명

마태오 복음서 저자는 예수의 전사와 부활 사건 사이에 예수 이야기(복음서 본론)를 배치해 놓았다. 그러나 이 모든 예수 이야기를 구분하기란 매우 어렵고, 또한 그에 대한 의견도 다양하다.[10] 그렇다면 이 복음서를 저술할 때 저자는 예수의 말씀들을 크게 다섯 편으로 편집함으로써 모세 오경과 대비시키려 한 것일까?[11] 복음서를 수적으로 연관시켜 교차 대구對句적 구조die chiastische Struktur를 형성함으로써 문헌적 단일성을 지닌 작품을 저술하려 했던 것일까?[12] 마르코의 구도를 거의 그대로 따라가며(이 점은 마태오 복음 12장 이후부터 분명히 드러난다) 자기 복음서에서 예수 이야기를 일관되게 전개하려 했던 것일까?[13] 마태오 복음 5-12장에 교육적 의도가 매우 강하게 표출되었다 하더라도, 마태오 자신은 자기 복음서가 예수에 대해 이야기하는 문헌이 되기를 바랐다는 주장을, 나는 지지한다.[14] 마태오가 대체적으로 마르코의 구도를 따라 예수 이야기를 일관되게 전해 주려 했다는 것을 이해한다면, 예수 이야기 속에 나오는 개별 사건들의 윤곽과 전개 과정을 더 자세히 파악할 수 있으며 예수 이야기 속 여러 곳에 분산 수록된 갖가지 긴 말씀들을 더 분명히 알아들을 수 있다. 그렇지만 여기서는 특히 예수의 말씀들이 후대 교회를 겨냥한 것임을 명심해야 한다. 그리고 예수의 활동과 길은 십자가와 부활로 끝나지 않고 교회의 삶 속에서 계속되고

---

[10] 참조: LUZ, *Matthäus* 1 [각주 1] 17-19; 이와는 달리 DAVIES/ALLISON, *Matthew* 1 [각주 8] 58-62는 마태오 복음서의 일관된 3중 구조를 발견했다고 주장한다: "복음서를 3부로 구성한 이 복음서 저자도 어떤 때는 영락없는 마르코의 제자였다(72)."

[11] 특히 D.W. BACON, *Studies in Matthew* (London 1930). 주로 앵글로 색슨계 학자들이 이 학설을 따른다.

[12] C.H. LOHR, "Oral Techniques in the Gospel of Matthew", *CBQ* 23 (1961) 403-435. LOHR는 여기서 마태오 복음서 전체가 교차 대구적 구조를 이루고 있다는 점을 입증하려 하지만 이 과정에서 문제를 너무 단순화하고 작위적으로 비교 · 설명한다.

[13] 참조: J. KINGSBURY, *Matthew: Structure, Christology, Kingdom* (Philadelphia 1975) 7-25. 마태오 4,17과 16,21은 거의 같은 문구로 복음서의 새로운 부분이 시작됨을 알린다("그때부터 예수께서는 … [하느님 나라에 관하여] 선포하기 시작하셨다." 또는 "그때부터 예수께서는 … [당신 수난의 길에 관하여] 밝히기 시작하셨다"). KINGSBURY는 이 구절들이 임박한 하느님 나라에 관한 예수의 선포가 시작되는 곳과, 카이사리아 필리피에서 당신 죽음의 길에 대해 제자들에게 하신 말씀이 시작되는 곳에 찍힌 구두점(caesura) 역할을 한다고 본다. 어쨌든 이것이 기본 구조다. 참조: DERS., *Matthew as Story* (Philadelphia 1986) 57-94.

[14] LUZ, *Matthäus* 1 [각주 1] 24-27; 참조: KINGSBURY, *Matthew* [각주 13].

있다는 것을 유념해야 한다. 예수의 지상 출현과 그분의 운명에 대한 많은 언급의 배후가 이런 관점에서 투명하게 드러난다.

마태오 복음서는 예수 활동의 출발점을 갈릴래아로 잡는다. 기록에 따르면, 예수께서는 유년기를 보낸 나자렛을 떠나 카파르나움에 자리 잡으셨다(마태 4,13). 어록에 따라 서술된 예수 유혹 이야기(마태 4,1-11)는 그 직전에 소개된다. 여기서 예수께서는 세례를 받으실 때, 당신이 하느님의 아드님이라는 하느님의 증언에 도전하는 사탄을 완전히 제압하신다. 이 유혹 중에서 가장 중요한 것은 마지막 유혹이다. 마태오 복음서는 (루카 복음서와는 달리) 권력을 주겠노라는 사탄의 제의를 예수께서 결연히 물리치면서, 오로지 하느님만 섬겨야 한다고 말씀하셨다고 전한다. 그때부터 예수께서는 전권을 가지고 행동하시는 분, 그러나 겸손한 하느님의 종으로 나타나신다. 그분은 인간에게 구원을 선포하시고 병자들과 고통받는 사람들을 치유해 주신다. 예수께서 등장하신 갈릴래아는 예언자들을 통해 약속된 땅이며, 하느님의 빛이 비칠 '이민족들의 갈릴래아'(마태 4,13-17)다. 예수께서 이곳에 등장하심으로써 그 빛이 이곳을 넘어 옛 이스라엘 영토였던 인근 지역까지 비치게 되었다(마태 4,25).[15] 마태오 복음 4장 23-25절은 예수께서 회당에서 가르치시고, 하느님 나라에 관한 복음을 선포하시고, 병자들을 낫게 해 주시는 것으로 예수의 활동을 종합한다. 그리고 제자들을 파견하시기 직전에 한 번 더 그렇게 서술한다(마태 9,35). 그중에서도 치유 활동을 특히 강조하는데(마태 4,24), 이런 기조는 이 복음서 전체를 관통하고 있다.[16] 그러나 마태오 복음서에서 맨 먼저 제시되는 예수의 활동은 산상 설교(마태 5-7장)로 대표되는 가르침의 활동이다. 이 산상 설교는 주로 예수 어록집에서 자료를 뽑아 작성한 방대한 담화록인데, 유다 율법에 대한 예

---

[15] 참조: G. LOHFINK, "Wem gilt die Bergpredigt? Eine redaktionskritische Untersuchung von Mt 4,23-5,2 und 7,28f", *ThQ* 163 (1983) 264-284; DERS., *Wem gilt die Bergpredigt? Beiträge zu einer christlichen Ethik* (Freiburg - Basel - Wien 1988) 15-38, 특히 25-29.

[16] 참조: 마태 4,24-25; 8,16-17; 9,35; 12,15; 14,34-36.

수의 입장을 밝히고, 제자들에게 요구되는 윤리를 가르치는 내용이다. 이런 가르침에 관한 이야기를 마치고, 마태오는 예수께서 병자를 고쳐 주시고 기적을 행하시며 구원을 행하시는 이야기를 기술한다(마태 8,1-9,34).

지금까지 살핀 마태오 복음서의 주요 두 단원에서는 예수의 활동이 전면에 부각되고 제자들은 단지 예수의 동반자요 추종자로 나타나고 있었다면, 이제는 제자들도 드디어 그분의 이름으로, 그분의 권한을 부여받아 더러운 영들을 쫓아내고 "병자와 허약한 이들을 모두 고쳐"(마태 10,1) 주도록 파견된다. 제자들은 이제부터 '열두 사도'(마태 10,2-4)라 불리고, 예수와 똑같은 일을 한다(마태 9,35). 그러나 그들이 '하느님의 추수'를 거두어들이려면 복음을 더 널리 전파해야 한다(마태 9,37-38). 이 복음서의 시야는 복음을 선포하는 교회로 확대된다. 이 점은 이어 등장하는 박해의 전망 속에 분명히 나타난다. 제자 파견 담화 제2부에 나타나는 이 박해의 전망은, 박해하는 자들을 두려워하지 말고 예수를 고백하라는 말씀과 그분을 충실하게 따르라는 격려 말씀이 결부되면서 끝을 맺는다(마태 10,16-42). 그다음 부분은 예수의 활동 이야기로 되돌아와, 예수에 관한 대화와 토론에 대해 서술한다. 즉, 맨 먼저 세례자 요한과의 비교(마태 11,2-19), 다음으로 갈릴래아 마을에 대한 불행 선언(마태 11,20-24), 끝으로 환희의 외침과 구세주의 외침(마태 11,25-30)을 전한다. 마태오 복음 12장에서 저자는 예수께서 적들과 대결하는 내용을 처음으로 언급하는데, 그들은 예수를 감시하고, 예수에게 의혹을 품고, 심지어 죽이려던 자들이었다(마태 12,14). 이 사건들은 모두 전승에서 전해 받은 것이다. 마태오는 그중 한 부분을 마르코에서, 또 다른 부분은 그 밖의 자료들에서 인용하여 자기 복음서의 자료로 활용했다. 이 사건들에 대한 상론은 피하자.

여기서 마태오는 점점 더 과격해지는 이 대결들을 계속 기술함으로써 이를 통해 예수의 본질과 활동을 조명하려 한 것 같다. 마태오 복음서에는 교회 시대의 전망이 도처에 나타난다. 당시 유다교에 대한 대안으로 나타나기도 하고, 새로 형성되고 있는 하느님의 가족으로 나타나기도 한다(마태

12,46-50). 그 중심에 (하느님의) 아들 예수께서 서 계시다. 이분은 아버지께
서 모든 것을 넘겨주신 그 아들이자(마태 11,25-27: 환희의 외침) 하느님의 종이
다. 길거리에서 떠들어 대는 분이 아니라 당신의 구세주 임무를 조용히 수
행하시는 분이고 바로 그리하심으로써 백성들에게 의로움(義)을 누리도록
도와주시는 하느님의 종이다(마태 12,15-21).[17]

　마태오는 이러한 예수의 활동을 서술한 다음, 예수의 비유 말씀들을 들
려준다. 이 비유들은 이 복음서의 현 위치에서 하느님 나라에 관한 예수의
메시지를 더욱 명쾌히 설명해 줄뿐더러, 그분께서 선포하시는 복음에는
알아듣는 사람과 못 알아듣는 사람, 믿는 사람과 믿지 않는 사람을 확연히
구별하는 힘이 있다는 것도 보여 준다. 마태오가 하느님 나라에 관한 이
비유들을 예수 활동 초기에 배열해 놓았더라면, 하느님 나라가 무엇을 의
미하는지 더욱 명쾌히 이해할 수 있었을 법도 하다. 그러나 마태오는 이
설교를 받아들이는 과정에서 이루어지는 사건을 조명해 보고 싶었다. 이
설교를 받아들이는 사람들을 모아 하느님 백성을 이루게 하려던 참인데,
이것이 거센 저항에 부딪치게 되었다는 것이다. 백성들 앞에서 행하신 비
유 말씀은(마태 13,1-35) 제자들에게 하신 말씀과는 명백히 구별된다(마태
13,36-50). 군중에게 하신 비유 말씀은 그들을 갈라놓으며, 하느님 나라가
숨겨진 채 조용히 이루어지기를 기대하는 내용이다. 반면 예수께서는 오
직 제자들과 함께 계셨을 때, 그들에게만 "따로 모든 것을 풀이해 주셨다"
(마르 4,34). 제자들은 모든 것을 알아들어야 했고, 이 기쁜 소식에 온전히 사
로잡혀야 했다(보물의 비유와 진주 상인의 비유: 마태 13,44-46). 그럼으로써 그들은
하느님의 심판을 면하게 된다(참조: 마태 13,41-43.47-50).

　비유 말씀을 끝낸 후 마태오는 이제 마르코 복음서의 구도를 거의 그대
로 따라 자기 복음서를 전개한다. 이때 일어나는 사건들은 나자렛에서 배

---

 [17] 참조: R. SCHNACKENBURG, "'Siehe da mein Knecht, den ich erwählt habe …'(Mt
12,18): Zur Heiltätigkeit Jesu im Matthäusevangelium", in: L. OBERLINNER/P. FIEDLER
(Hrsg.) *Salz der Erde – Licht der Welt*, FS ANTON VÖGTLE (Stuttgart 1991) 203-222.

척을 당하심(마태 13,53-58), 예수에 대한 헤로데의 판단(마태 14,1-2) 그리고 세
례자 요한의 죽음(마태 14,3-12)이다. 마태오에게 세례자 요한은 예수 수난의
선구자로 이해된다(마태 17,12-13). 이러한 사건들은 예수를 둘러싼 위험 상
황이 점점 더 심각하게 전개되고 있음을 시사한다. 그러고 나서 마태오는
예수께서 광야에서 오천 명을 먹이시는 빵의 기적 이야기를 기술하는데,
여기서도 새로 형성되고 있는 하느님 백성에 대한 시각이 드러난다(마태
14,13-21). 그다음 이야기에서도 마르코의 순서를 따르되 마태오가 특별히
강조하는 것이 있다. 예수께서 호수 위를 걸으시는 사건(마태 14,22-33)은 믿
음이 부족한 베드로의 행동을 보여 줌으로써 모든 불신을 떨쳐 버리고 예
수 그리스도를 하느님의 아드님으로 경배하라는 강력한 권고의 의미를 지
닌다. 이어서 마태오는 손 씻는 전통, 즉 정결과 관련된 토론 이야기를 들
려준다. 이 토론은 참된 윤리에 관한 가르침으로 전개된다. 참된 윤리는
마음에서 우러나와야 한다(마태 15,1-20). 예수께서는 눈먼 이들의 눈먼 인도
자가 된 바리사이들을 질책하시고(마태 15,12-14), 죄짓게 하는 사악한 욕망
을 경계하신다. 이런 죄악들은 십계명에 명시되어 있다(마태 15,19). 다른 민
족 사람인 가나안 여인이 자기 딸에게 자비를 베풀어 주십사고 다윗의 자
손 예수께 간청했을 때, 당신께서는 이스라엘 집안의 잃어버린 양들에게
만 보내진 몸이라고, 그 청을 거부하신다(마태 15,24-27). 갈릴래아 호숫가에
서 기적적으로 치유된 병자들(마태 15,29-31)[18]은 하느님 자비의 표징으로 나
타나며, 군중은 '이스라엘의 하느님'을 찬양한다(마태 15,31).[19] 이 모든 서술

---

[18] 마르코는 여기에 귀먹고 말 더듬는 이를 고쳐 주신 이야기를 삽입한다(마르 7,31-37).
그는 그 장소를 데카폴리스 지역으로 보았음이 분명하다(마르 7,31). 참조: K. KERTELGE, *Die
Wunder Jesu im Markusevangelium*, StANT (München 1970) 157-161; L. SCHENKE, *Die
Wundererzählungen des Markusevangeliums*, SBB (Stuttgart 1974) 269-280; J. GNILKA, *Das
Evangelium nach Markus* 1 (Zürich - Neukirchen 1978) 295. 주술적 민간 치유 행위를 못마
땅해한 마태오는 자신의 통상적 성향에 따라 예수의 치유 이야기를 종합해서 전한다.

[19] 이 구절을 근거로 예수께서 이민족 사람들 가운데서 활동하신 치유자로 소개된다고 결
론 내릴 수는 없다. 이스라엘 사람들도 '이스라엘의 하느님'을 찬양할 수 있었기 때문이다. 참
조: 이사 29,23; 시편 41,14; 72,18; 106,48; 루카 1,68.

의 배후에는 마태오의 유다계 그리스도교적 시각이 깔려 있다. 이어서 마태오는 바리사이들과 사두가이들이 표징(기적)을 청했다고 한다(마태 16,1). 그러나 예수께서는 누룩에 관한 말씀을 하시면서 바리사이들과 사두가이들의 누룩을 조심하라고 경계하신다(마태 16,6.11). 그들의 가르침을 두고 하신 말씀이었다(마태 16,12). 여기서 다시 예수께서는 당시 바리사이들과 사두가이들이 대변하던 주도적 유다교에 대한 대안으로 등장하신다. 가르침은 서로 달랐지만, 그들은 당시 유다교를 이끌고 있었다.

이어서 등장하는 대목, 베드로의 고백을 서술하는 카이사리아 필리피 장면(마태 16,13-20)은 마태오 복음서 제1부의 절정에 이른다. 여기서 베드로는 예수를 '살아 계신 하느님의 아드님 그리스도'라고 고백한다. 이에 예수께서는 '베드로'라는 이 반석 위에 당신 교회를 세우겠다고 약속하신다. 마태오 공동체 전승에서 유래하는 이 중요한 말씀과 관련된 문제들을 여기서 일일이 검토할 수는 없다.[20] 다만 우리가 추구하는 마태오의 예수 그리스도 모습과 관련하여 이 대목에 담긴 몇몇 문제를 분명히 밝히고자 한다.

① 마태오에게 예수는 아주 독특한 의미의 메시아다. 그분은 '살아 계신 하느님의 아드님'이자 사람의 아들이신 메시아다. 사람의 아들이란 수난과 죽음을 통해서 부활에 이르는 길을 가시는 분, 하느님에 의해서 의롭게 되시고 영광스럽게 되실 분을 말한다(마태 16,21 참조).

② 그리스도께서는 지상에서 활동하실 때 카이사리아 필리피에서 수제자 시몬 베드로에게 당신이 하느님의 아드님임을 계시하셨다(마태 16,17). 이 제자는 아버지께서 아드님을 통해 "철부지들에게"(마태 11,25) 내려 주시

---

[20] LUZ, *Matthäus* 2 [각주 1] 452-459의 철저한 분석 참조. 그는 전승사와 관련하여 다른 학자들과 차별화되는 여러 결론에 도달했다. 기원 문제에 관하여: R. BULTMANN, *Geschichte der synoptischen Tradition* (Göttingen ⁸1970) 147-150.275-278; O. CULLMANN, *Petrus: Jünger, Apostel, Märtyrer* (Zürich - Stuttgart ²1960) 183-243(최후 만찬 사건에 근거함). C. KÄHLER, "Zur Form- und Traditionsgeschichte von Mt 16,17-19", *NTS* 23 (1976/77) 36-58(비교적 후대에 출현); A. VÖGTLE, "Das Problem der Herkunft von Mt 16,17-19", in: DERS., *Offenbarungsgeschehen und Wirkungsgeschichte* (Freiburg - Basel - Wien 1985) 109-140(비판); GNILKA, *Matthäus-Evangelium* 2 [각주 1] 50-54.

는 계시를 특별한 방법으로 받아 누렸다(마태 11,27 참조). 여기서는 이것을 아버지께서 베드로에게 직접 알려 주신 특별한 은총이라고 표현한다.

③ 예수의 이 비밀을 누설하는 것은 제자들에게 당분간 용납되지 않는다(마태 16,20). 이 비밀이 부활 사건이라는 영역에 속하기 때문이다. 예수께서는 부활하실 때 비로소, 당신이 모든 권한을 물려받으신 분임을 제자들에게 보여 주실 것이다(마태 28,18). 이 지상적 예수는 부활하여 영광을 누리시는 그분 이외에 다른 분이 아니다. 마태오 복음서에서 베드로에게 하신 이 말씀은 부활하신 예수께서 제자들에게 나타나시어 그들에게 전권을 주시며 세상에 파견하는 장엄한 장면과 연결 고리 역할을 한다.

④ 예수 그리스도께서는 당신 교회와 연결되어 있다. 이 교회는 사람들을 하느님 나라에 들여보낼 권한을 그분에게서 받았다. 또한 그분에게서 받은 '맺고 푸는 권한'을 가지고 사람들을 그리스도(이미 높이 들어 올림을 받으신) 왕국의 시민이 되게 해 준다. 죽음의 권세가 이 교회를 제압하는 것은 불가능하다(마태 16,18). 이러한 전망은 마태오 복음서에 서술된, 주님이자 장차 오실 심판관이신 예수의 모습과 조화를 이룬다.

⑤ 베드로에게 약속된 반석 역할은 베드로에게 특별한 임무를 부여하셨음을 상징한다(참조: 마태 4,18; 10,2). 이 일은 예수의 지상 활동 시기로 소급된다. 베드로가 특별한 소명을 받았다고 해서 부름 받은 제자단으로부터 제외되는 것은 아니다(마태 10,2-5; 18,18). 이렇듯 예수 그리스도의 모습에는 지상에서 활동하시던 예수, 부활 때 전권을 넘겨받으신 예수, 그리고 교회에서 당신 구원 임무를 계속 수행하시는 예수 모습이 모두 포함된다.

예수의 길을 서술함에 있어 카이사리아 필리피 장면은 마태오 복음서의 새 단원을 여는 계기가 된다. 이것은 마태오 복음 16장 21절에 다음과 같은 문장으로 표현된다. "그때부터 예수님께서는 당신 제자들에게 밝히기 시작하셨다: 당신은 반드시 예루살렘에 가시어 원로들과 수석 사제들과 율법 학자들에게 많은 고난을 받고 죽임을 당하셨다가 사흘날에 되살아나셔야 한다"(원문 직역). 4장 17절에도 비슷한 문장이 나온다. "그때부터 예수님께서는 선포하기 시작하셨다 …"(원문 직역). 이 두 문장을 비교해 보면, 마태오가 예수 이야기를 서술할 때 의도적으로 이 문구를 삽입시켜 새로운 전환점으로 삼으려 했음을 알 수 있다. 바로 이곳이 예수 이야기의 기점이다. 따라서 마태오 복음서의 구조상, 4장 17절로써 전반부(마태 4,17-16,20)가 시작되고, 16장 21절로써 후반부(마태 16,21-28,20)가 시작된다.[21]

마태오 복음서 후반부는 마르코 복음서의 구조를 거의 정확하게 따르고 있거니와, 무엇보다 수난에 관한 말씀이 그러하다: 마태오 복음 16장 21절 = 마르코 복음 8장 31절; 마태오 복음 17장 23-24절 = 마르코 복음 9장 31절; 마태오 복음 20장 18-19절 = 마르코 복음 10장 32-34절. 그러나 예수의 예루살렘 입성 도중에 일어난 일들을 기록한 부분에서는 마르코 본문 외에 또 다른 전승도 인용한다. 가령 선한 포도밭 주인의 비유(마태 20,1-16)와 두 아들의 비유(마태 21,28-32)가 그것이다. 그 밖에 어록집에서 인용한 자료로 혼인 잔치의 비유(마태 22,1-14)와 탈렌트의 비유(마태 25,14-30)를 들 수 있겠으나 이 자료들은 현격히 가감·수정되었다. 마태오는 마르코(마르 13,2)에서 인용한 성전 파괴 예언 말씀(마태 24,2) 앞에 예루살렘을 두고 한탄하신 말씀(마태 23,37-39)을 덧붙였는데, 그것은 어록집에서 따온 것이다.

여기서 마태오가 인용한 자료들이나 그것에 대한 마태오의 편집과 관련된 모든 문제를 규명할 필요는 없다. 우선 주목을 끄는 것은 마태오 복음 23장에 나오는 반反바리사이적 불행 선언이다. 마르코 복음 12장 37-40절과 루카 복음 20장 45-47절(참조: 루카 11,45-47.52)을 비교해 보면 마태오는 이 자료를 많이 손질하여 불행 선언을 완성했음을 알 수 있다. 이 선언 속에는 저자의 독특한 성격이 드러난다. 그는 당시의 유다 사상을 가차없이 비판하지만, 일곱 가지 불행 선언(마태 23,13-33)을 하기 전에 직접 제자단에 적용될 말씀부터 제시한다(마태 23,8-12). 그리고 교회의 앞길을 비추시는 예수의 모습을 그들에게 보여 준다. "너희는 스승이라고 불리지 않도록 하여

라. 너희의 스승님은 한 분뿐이시고 너희는 모두 형제다"(마태 23,8). 예수께서는 겸허한 봉사를 통해 모든 이가 부지런히 본받아야 할 모범이자 스승이 되신다(마태 20,26-28 참조). 예수로부터 전권을 위탁받은 교회는 형제·자매의 공동체가 된다. 이 점은 마태오 복음 18장의 공동체 지침이 자세히 설명한다. 이렇게 교회의 모습은 전적으로 교회를 이끌어 가시는 예수의 전형에 따라 형성된다.

마태오 복음서에서 예수께서는 항상 스승으로 등장하신다. 그분의 가르침은 당신의 삶을 통하여, 가난하고 고통받는 이들에 대한 봉사를 통하여, 권력의 포기를 통하여, "많은 이들의 몸값으로"(마태 20,28) 바치는 당신 생명의 희생을 통하여 구체적으로 나타난다. 예수께서 예루살렘에 입성하시어 마지막 며칠을 보내실 때 일어난 일들을 서술하면서, 마태오는 마르코가 구성한 구조(마르 11-13장)를 거의 그대로 따른다(마태 21-22장, 24-25장). 이때 일어난 사건들(성전 정화, 무화과나무 저주, 예루살렘 입성), 유다교 집단들(바리사이, 사두가이, 율법 학자들)과 벌인 토론, 그리고 예수의 마지막 긴 담화가 그것이다. 마태오는 마르코 복음 13장의 종말 담화를 계기로 이 담화(마태 24-25장)를 크게 보완하여 완성했다(마태 26,1의 맺는말 참조). 이 담화로 저자는 예수 그리스도의 이야기를 그분께서 예루살렘에 입성하시어 생의 마지막 며칠을 보내신 일까지 기록한 셈이 된다. 이제 마태오는 이 이야기를 예수의 수난기(마태 26-27장)와 연결시킬 수 있게 되었다.

지금까지 간추려 살핀바, 예수 이야기가 일정한 이야기 구도 속에서 전개된다는 사실을 발견했고, 마태오가 이 구도 속에 자기의 자료들을 정리·배치시켜 놓았다는 것도 알게 되었다. 예수와 그분을 배척하던 유다교 집단들과의 대결이 점점 더 예리하게 전개되고, 하느님께서 머릿돌로 삼으신 예수 그리스도의 면모가 더욱 뚜렷하게 드러나며, 예수에 대한 원수들의 공격이 수포로 돌아가고 그분을 통하여 새로운 하느님 백성이 출현하는 모습도 이 구도 속에서 드러난다(마태 21,42-43 참조). 예수 이야기를 서술할 때 마태오는 마르코를 따르면서도 교회에 관한 자료들을 추가한

다. 이 자료들은 장차 교회가 가야 할 길을 제시해 줄뿐더러 교회의 책임
감도 함께 일깨워 주는 내용을 담고 있다(참조: 마태 24,45-25,30의 비유들). 이
어서 세상 심판에 관한 서술이 뒤따른다(마태 25,31-46). 이것은 보편적 지평
을 열고 종말에 관한 전망을 보여 준다. 사람의 아들이 영광에 싸여 오시
어 영광스러운 옥좌에 앉게 되면 모든 민족을 심판하실 것이다.[22]

그러나 이 또한 마태오의 관점에서 본 예수 그리스도의 모습을 보충 설
명하는 것이다. 여기서 세상 심판관이 "너희가 내 형제들인 이 가장 작은
이들 가운데 한 사람에게 해 준 것이 바로 나에게 해 준 것이다"(마태 25,40)
라고 말할 때, 그는 자신을 가난하고 궁핍하고 박해받는 사람들과 동일시
한다. 하느님의 자비로 인류를 위하여 준비된 것이기는 하지만 역사적 인
물 예수와 연계됨으로써 새로운 단계에 도달하는 방식이다. 고통받는 사
람들에게서 예수를 만난다. 이분은 이 세상에서 자비를 몸소 실천하시고
또 그리하라 요구하신 바로 그분이시다. 장차 이 세상에 오시어 만민을 심
판하실 세상 심판관은 예전에 사람들 가운데서 자선을 베푸셨던 바로 그
분이시다. 이 '가장 작은 이들'은 그리스도인이나 그리스도교 선교사들에
게만 국한되지 않고 고통받는 모든 사람을 포괄한다.[23] 이 세상 심판은 모

---

[22] 이 대목의 도입부인 마태 25,31-32는 마태오가 편집한 것이다. 여기서 열거되는 자선 행
위와 유사한 내용이 성경과 라삐 문헌에서도 발견될 수 있다. 참조: P. BILLERBECK, *Kom-
mentar zum Neuen Testament aus Talmud und Midrasch* 4 (München 1928) Exk.: "Die alt-
jüdischen Liebeswerke", 559-610; A. WIKENHAUSER, "Die Liebeswerke in den Gerichts-
gemälden Mt 25,31-46", *BZ* 20 (1932) 366-377; J. FRIEDRICH, *Gott im Burder? Eine metho-
denkritische Untersuchung von Redaktion, Überlieferung und Traditionen in Mt 25,31-46*
(Stuttgart 1977) 164-171. 이집트 문헌과 만다 문헌에도 비슷한 내용들이 나타난다. 참조: E.
BRANDENBURGER, *Das Recht des Weltenrichters: Untersuchung zu Matthäus 25,31-46*, SBS
99 (Stuttgart 1980) 62-67.

[23] 참조: G. GROSS, "Die 'geringsten Brüder' Jesu in Mt 25,40 in Auseinandersetzung mit
der neueren Exegese", *BiLe* 5 (1964) 172-180; P. CHRISTIAN, *Jesus und seine geringsten
Brüder: Mt 25,31-46 redaktionsgeschichtlich untersucht*, EThSt 12 (Erfurt 1975); U. WILC-
KENS, "Gottes geringste Brüder: Zu Mt 25,31-46", in: E. ELLIS/E. GRÄSSER (Hrsg.) *Jesus
und Paulus*, FS W.G. KÜMMEL (Göttingen 1975) 363-383; BRANDENBURGER, *Recht des Wel-
tenrichters* [각주 22] 128-131.

든 민족에게 내려질 것이고, 사람의 아들은 각자 실천한 그대로 갚아 주실 것이다(마태 16,27). 여기서도 교회에 대해 말씀하시되 그 지평을 크게 넓히고 있다. 이 심판은 사람들이 지상의 예수를 알았든 몰랐든 상관없이, 그들이 실천한 자선 행위에 따라 만인에게 내릴 것이다(마태 25,44 참조). "이 대목의 주제는 사람의 아들이 오심으로써 하느님의 세계 질서를 종말론적으로 확립한다는 데 있다."[24] 이로써 마태오 복음서의 시각은 교회의 주님에서 인간 세계 전체를 주관하시는 판관·제왕이신 분으로 확대되고 있다. 부활하신 그리스도, 다시 오실 이 그리스도께서는 심판 말씀을 선포하심으로써 전 우주에 대한 통치권을 확립하신다.

1.2 예수 이야기의 유다계 그리스도교적 지평과 이민족계 그리스도교적 지평

마태오 복음서에서 유다계 그리스도교적인 좁은 전망 말고도 이민족계 그리스도교적인 넓은 전망까지 발견될 때마다 당혹감을 떨칠 수가 없다. 예수와 그 제자들이 '이스라엘 집안의 길 잃은 양들에게'(마태 10,6; 15,24) 파견되었음을 강조하는 것, 예수께서는 율법을 폐지하러 오신 것이 아니라 완성하러 오셨다는 사실을 천명하는 것(마태 5,17), 그리스도교 독서용으로 사용되던 구약성경에서 예언 실현 구절을 인용한다는 사실, 유다교적 윤리관을 참작한 소위 '간음 조항'(마태 5,32; 19,9), '하늘 나라', '의로움' 같은 주요 유다적 개념들, 그리고 다윗 가문 출신이라는 예수의 기원에 관한 대목들은, 마태오 생전에 굳건히 지키던 유다계 그리스도교적 전승을 그대로 반영한다. 그러나 다른 한편으로는 적지 않은 대목이 반대 입장을 표명한다. 반유다적 논쟁, 유다 지도자와는 거리를 두려는 경향('그들의'/'너희의' 회당: 마태 9,35; 23,34), 유다교 법률 조항의 거부(마태 15,1-9; 23,16-22.23-24), 율법학자와 바리사이들의 태도에 대한 통렬한 공격 등이다. 무엇보다 이 복음

---

[24] BRANDENBURGER, *Recht des Weltenrichters* [각주 22] 108.

서가 전개되는 과정에서 보편 교회에 대한 전망은 점점 더 강화된다. 이 교회는 모든 민족으로 구성된 구원 공동체다. 부활하신 분께서 제자들을 온 세상에 파견하시는 장면에서 이 보편 교회의 시각은 절정에 도달한다. 그렇다면 마태오는 어떤 입장에서 복음서를 서술하는가? 그리고 이 서로 다른 대목들을 어떻게 하나로 통합하는가?

마태오를 이민족계 그리스도교 작가로 보는 견해가 근자에 자주 대두된다.[25] 그들은 마태오가 자기 교회에서 유다계 그리스도교 전승을 물려받았다고 본다. 이 문제에 관한 상반된 견해는 늘 공존했다. 최근 루츠는 대작 마태오 복음 주석서를 발표하여 마태오 복음서가 유다계 그리스도교 공동체에서 유래했고 그 저자는 유다계 그리스도교 신자라는 견해를 결정적으로 옹호했다.[26] 이 문제와 관련하여 교부 파피아스Papias의 증언이 (퀴어칭거J. Kürzinger의 해석에 따라) 새롭게 비중을 차지하게 되었다. 마태오의 표현 방식이 유다교적 특징을 그대로 드러낸다는 것을 파피아스가 입증해 준다는 것이다.[27] 이런 외형적 증언 말고도 마태오 복음서가 유다계 그리스도교에서 유래했다는 것을 시사하는 요소들을 발견한 학자는 수없이 많다. 특히 데이비스와 얼리슨은 이 복음서의 언어 자료들을 연구하여[28] 마태오가 히브리어를 아는 유다 사람이었다는 결론에 도달했다. 일견, 이 복

---

[25] 참조: P. NEPPER-CHRISTENSEN, *Das Matthäusevangelium – ein judenchristliches Evangelium?* AThD 1 (Århus 1954); G. STRECKER, *Der Weg der Gerechtigkeit: Untersuchung zur Theologie des Matthäus*, FRLANT 82 (Göttingen ³1971) 15-35["편집의 비유다적 · 헬레니즘적 요소들 때문에 이 저자가 이민족계 그리스도인으로 분류되곤 한다"(34)]; R. WALKER, *Die Heilsgeschichte im ersten Evangelium*, FRLANT 91 (Göttingen 1967) 여러 곳, 특히 127-144; J.P. MEIER, *Law and History in Matthew's Gospel*, AnBib 71 (Rome 1976) 14-21; DERS., *The Vision of Matthew: Christ, Church, and Morality in the First Gospel* (New York 1979) 17-25.

[26] LUZ, *Matthäus* 1 [각주 1] 62-65.

[27] 같은 책 63; 유보적 입장: W.D. DAVIES/D.C. ALLISON, *Matthew* 1 [각주 8] 14-16; 그러나 이들은 언급하기를: "교부 파피아스 시대 이전에 이미 이 복음서는 유다계 저서로 인정되었고, 그 저자는 유다인으로 인식되었다"(17).

[28] W.D. DAVIES/D.C. ALLISON, *Matthew* 1 [각주 8] 32-58.

음서 저자가 유다교에 매우 무지한 듯 보이기 때문에[29] 그의 유다적 배경
에 대해 이의를 제기하는 학자들도 더러 있지만, 실제로 이 복음서의 유다
적 배경을 의심할 만한 근거는 아무 데도 없다.

마태오의 예수 그리스도 모습에 대해 내릴 결론인즉: 그분은 유다교에
서 오신 분이며 유다교의 끊임없는 공격에도 불구하고 유다교와 관계를
맺고 계셨다. 예수에게 '다윗의 자손'이라는 칭호를 썼다는 점, 새롭게 해
석하기는 하지만 유다교 율법을 계속 인정하고 있다는 점, 유다교 신심 행
위를 고수했다는 점(마태 6,1-18: 자선, 기도, 단식) 등이 마태오가 예수를 그리
보았다는 명백한 증거다. 마태오적 교회의 초기 역사는 그 교회가 유다계
그리스도교에서 유래했다는 사실을 말해 준다. 유다계 그리스도교적 요소
들은 그 후 그 교회 삶 속에 잔존했다(마태 18,15-17 참조). 베드로는 "그들의
비위를 건드리지 않으려고"(마태 17,27 직역) 성전 세를 내야 했다. '하느님의
아드님'은 유다적 메시아다(마태 26,63-64). 예수께서 '유다인들의 임금'으로,
선동자로 단죄되셨을 때(마태 27,37), 마태오는 그것을 부적절한 표현으로
생각하지만은 않았다. 예수께서 정치적 해방자로 등장하신 분은 아니었지
만, 예루살렘으로 들어오실 때 평화를 이루시는 분, 구원과 축복을 내려
주시는 임금님으로 입성하셨기 때문이다(마태 21,5). 마태오 복음서가 집필
될 당시 마태오의 교회가 유다인 종교협의회 회원 단체로 가입되어 있었
다고는 보기 어렵다.[30] 바리사이적 유다 사상을 완강히 거부하는 마태오
복음서 대목들이 이를 반증하기 때문이다. 그렇다고 그 연결 고리가 완전
히 끊어진 것도 아니었다. 구원과 멸망의 전 역사가 교회의 체험 속에 들
어와 자리 잡고 있다. 옛것이 붕괴되어 새것으로 완전히 변한 것이 아니

---

[29] 이것을 입증하는 것: 유다인들의 성구갑(*Phylakterien*, 마태 23,5). 성구갑은 기도할 때
쓰려고 성경 구절들을 담아 두는 작은 갑인데, 분명 부적처럼 여겼을 것이다(그러나 DAVIES/
ALLISON, *Matthew* 1 [각주 8] 17-19도 참조); 글자 그대로 해석된 마태 21,5.7의 인용구; 아
람어 표현의 회피. 그러나 이런 논거들은 결정적 논증력을 지니지 못한다.

[30] R. HUMMEL, *Die Auseinandersetzung zwischen Kirche und Judentum im Matthäusevan-
gelium*, BEvTh 33 (München 1963) 28-33.159f에 대한 반론.

다. 구약의 하느님 백성이 교회 안에서 '새로운 이스라엘'이 된 것이다. 이제 새로운 이스라엘이 열매를 맺어야 할 때가 되었다(마태 21,43). 이 둘을 하나로 묶는 매듭이 예수 그리스도다. 그분은 옛 약속을 새로운 방식으로 이행하셨고, 율법의 요구를 그대로 지키면서 "모든 것이 이루어질 때까지"(마태 5,18) 율법에서 한 자 한 획도 없어지지 않을 것이라고 하셨다.

마태오 복음서는 역사신학적 서술로 파악할 때만 이해될 수 있다. 초기 유다계 그리스도인 공동체에서 출발한 이 서술이 이제는 대다수 이민족계 그리스도인 공동체를 위한 것으로 확대되었다. 이 보편적 지평에 관한 단서들이 예수의 말씀과 행동 속에 이미 분명하게 나타나고 있고, 또 예수 자신과 그분의 등장 속에 들어 있다. 마태오는 자기 복음서 첫머리에 예수께서 아브라함 씨족의 후예이며 다윗의 후손임을 밝히는 '족보'(마태 1,1)를 제시한 다음, 제2장에서 비유다계(동방) 점성가들의 희망적인 방문 사건을 기술하고(마태 2,1-12), 예수께서 '이민족들의 갈릴래아'(마태 4,15)에 등장하셨다는 사실을 서술한다. 마태오의 표현 방식에 따르면, 이것은 장차 복음이 비유다 민족들의 세계로 퍼져 나가리라는 예고다. '이민족들의 갈릴래아' 그 자체는 이스라엘 지역을 가리킨다. 그러나 "마태오는 이 구약성서적 표현을 통해 예수의 사명이 또 다른 차원에서 구원사적으로 막 시작되었음을 알리고자 한다. 다른 민족들에게도 구원의 길이 열렸다는 말이다."[31] 요셉이 꿈에서 들은 예수의 이름이 "그분께서 당신 백성을 죄에서 구원하실 것이다"(마태 1,21)라는 의미였다면, 그것은 문맥상 우선 이스라엘 백성을 이르는 말이었을 것이다. 그러나 여기서 이미 이 복음서 저자가 예수 그리스도를 믿는 모든 사람을 포함한 미래의 구원의 백성을 내다보고 있었을 가능성도 다분하다.[32] 최후 만찬에 관해서 기록할 때, 마태오는 마르코의 자료를 인용한다. 이때 마르코가 전해 준 말씀, "많은 사람을 위하여 흘리

---

[31] LUZ, *Matthäus* 1 [각주 1] 171.

[32] 참조: DAVIES/ALLISON, *Matthew* [각주 8] 210(LUZ 반박). λαός는 이스라엘 백성을 뜻하지만 여기서는 마태 4,16에서처럼 새로운 계약의 하느님 백성을 배후에 상정했을 수도 있다.

는 내 계약의 피다"(마르 14,24)에 마태오는 "죄를 용서해 주려고"(마태 26,28)를 첨가한다. 이것은 마태오가 예수의 희생이 이스라엘 백성을 위한 것만은 아니었다고 생각했기 때문이다. 유다적 지평에서 전개되는 산상 설교에 이어서 메시아의 행적에 관한 이야기가 나온다. 그 가운데는 카파르나움 백인대장의 종을 치유해 주시는 이야기도 있다(마태 8,5-13). 다른 민족 사람인 이 백인대장은 그 믿음 때문에 칭찬받는다. 예수께서는 이스라엘의 그 누구에게서도 이런 믿음을 본 일이 없다시며, "많은 사람이 동쪽과 서쪽에서 모여 와, 하늘 나라에서 아브라함과 이사악과 야곱과 함께 잔칫상에 자리 잡을 것이다"(마태 8,11)라고 덧붙이신다. 그러나 루카 복음서에는 이 말씀이 전혀 다른 맥락 속에 등장하는 것으로 보아, 애당초 백인대장 이야기와는 상관 없는 말씀인 듯하다. 본디 믿지 않는 이스라엘을 위협하던 이 말씀(루카 13,28-29 참조)이 마태오에 와서는 다른 민족 사람들에 대한 약속의 말씀이 되어 버렸다. 이 백인대장은 믿음을 가진 다른 민족 사람의 원형이자 "이민족계 그리스도인의 믿음의 시조가 되었다".[33]

마태오가 알던 예수의 지상 활동 영역은 이스라엘에 국한되어 있었다. 그러나 마태오는 개의치 않고 예수의 전도 여행을 이민족 지역까지 확대시켜 서술한다. 그런데 이 지역에서 예기치 못한 일이 벌어졌다. 어떤 가나안 여자가 예수께 달려와 마귀 들린 자기 딸에게 자비를 베풀어 달라고 간청했다. 예수께서는 주저하시며 마지못해 그 여자의 소청을 들어주셨다(마태 15,21-28). 이것은 마르코가 이미 자기 복음서에서 전해 준 이야기다(마르 7,24-30). 그러나 마태오는 이 대목에, 그 여자를 집으로 돌려보내라고 재촉하는 제자들에게 하신 예수의 말씀을 끼워 넣는다. "나는 오직 이스라엘 집안의 길 잃은 양들에게 파견되었을 뿐이다"(마태 15,24). 이 말씀은 그러니까 마태오 복음 10장 5-6절의 관점을 확인시켜 주는 셈이다. 그러나 예수께서는 그 여자의 '큰 믿음'(마태 15,28)에 마음이 움직여 그 딸을 낮게 해 주

---

[33] F. SCHNIDER/W. STENGER, *Johannes und die Synoptiker*, BiH 9 (München 1971) 75-78.

신다. 마르코에게 이것은 예외적 사건이었다. 예수의 치유 활동은 이스라
엘 백성에게 국한되어 있었기 때문이다(마르 7,27: "**먼저** 자녀들을 배불리 먹여야
한다"). 그러나 마태오는 이 이야기를 다른 민족 사람 백인대장의 경우처럼
이민족 사람들의 믿음을 예견하면서 전개시킨다. 티로와 시돈 지방에 살
던 이 이민족 여자는 카파르나움의 백인대장과 더불어 한 쌍의 모범 케이
스다. 부활 이후 큰 믿음을 불러일으킨 이민족 선교는 이미 예수의 말씀과
행적 속에 예고되었다. 반면에 사천 명을 먹이신 빵의 기적(마태 15,32-39; 병
행구 마르 8,1-10)이 예수께서 비유다인들과 식사 공동체를 이루심을 시사한
다고 볼 수는 없다. 그에 관한 어떤 단서도 성경 본문에서 찾을 수 없기 때
문이다. 그것은 오히려 교회의 성찬례Eucharistiefeier(미사)를 예견하고 있다.
물론 그곳에는 비유다인들도 참석하게 된다.[34]

이 반석(베드로) 위에 당신 교회를 세우겠노라고 예수께서 베드로에게 하
신 약속(마태 16,18)은 마태오의 시각에서 볼 때, 장차 개종할 이민족 사람들
도 내다보며 하신 말씀이다. 그에 관한 분명한 언급이 없을 뿐이다. 장차
이민족 사람들이 교회로 몰려들 징조들이 포도밭 소작인 비유(마태 21,43)와
혼인 잔치 비유(마태 22,10)에 강하게 나타난다. 포도밭 소작인 비유에서 하
느님께서는 포도밭을 다른 소작인들에게 넘겨주겠다고 하시고, 혼인 잔치
비유에서 임금은 먼저 초대받은 사람들이 오지 않자 다른 종들을 보내어
만나는 사람마다 다 데려오게 하신다. 종말 담화는 분명히 말한다. "이 하
늘 나라의 복음이 온 세상에 선포되어 모든 민족들이 그것을 듣게 될 터인
데, 그때에야 끝이 올 것이다"(마태 24,14). 마르코 복음서(13,10)에 이미 함축
된 이 말씀이 마태오 복음서에서는 종말을 강조하는 말씀으로 나타난다.
이 복음서에는 특히 '다른 민족 사람들'이 거듭 언급된다(마태 10,18; 24,9.14).

---

[34] 참조: ANGELIKA SEETHALER, "Die Brotvermehrung – Ein Kirchenspiegel?" *BZ* NF 34
(1990) 108-112. SEETHALER는 그 상징적 숫자 때문에 두 번째 빵의 기적 이야기가 원형에 더
가깝다고 본다. 이 숫자는 온 세상에 전파된, 유다인과 다른 민족 사람들로 이루어진 교회를
암시하기 때문이다.

심판 때 '모든 민족'이 사람의 아들의 옥좌 앞으로 모인다. 심판은 모든 사람에게 내리게 될 것이다(마태 25,31-46). 이미 살핀 대로, 이 심판이 생전에 베푼 자선 때문에 자유인이 된 이민족 사람들에게만 내린다고 보는 견해는 입증될 수 없다. 이 사람들이 자선 행위를 통해 구원의 길을 찾았다는 견해다. 그러나 이 대목의 초점이 최종적으로 그들에게 맞추어져 있지 않다는 사실은 유독 마태오 복음서만 전하는 다른 곳에도 나타난다. 12장 18-21절에 인용된 하느님의 종에 관한 말씀이 그것이다. 이 대목은 이사야서 42장 1-4절에 따라 하느님의 종이 조용히 구원을 이룩하시는 모습을 묘사한다. 이 하느님의 종은 하느님의 심판을 선포하고, 이 심판으로써 이민족들을 받아들이고, 하느님의 승리를 거두어들인다.[35] 문맥상, 마태오 복음서 12장의 긴 이사야 인용구는 예수를 죽이려고 혈안이 된 원수들의 적대 행위에도 불구하고(마태 12,14) 하느님의 종이 그들과 다투지 않고 조용히 활동하시는 모습을 보여 준다. 그분은 병자들을 고쳐 주시고(마태 12,15), "부러진" 죄인들을 받아들이신다(마태 12,20). 바로 이렇게 그분은 하느님의 심판을 '승리'로 이끄시고 다른 민족 사람들을 부르실 수 있었다.[36] 이 예언 실현 인용구는 "복음서 중심 부분에서 예수 이야기 전체를 성서적 표현으로 요약하는 것이다. 그러나 그것은 바로 앞 문맥을 뛰어넘어 드러나지 않게 표현된다".[37] 이 복음서는 이제, 유다 백성 가운데서 병을 고쳐 주시던 예수의 활동으로부터 자선 행위를 실천함으로써 구원을 기대하는 이민족 사람들의 세계로 눈을 돌리고 있다.

---

[35] 이사야 인용구(마태 12,18-21) 마지막 구절, "민족들이 그의 이름에 희망을 걸리라"(마태 12,21)만 거의 글자 그대로 칠십인역 성경에서 인용된다. 나머지는 그리스도교 시각에 따라 타르굼(Targum)화된 구절이다. 참조: K. STENDAHL, *The School of St. Matthew* (Uppsala 1954) 107-115.

[36] 참조: ROTHFUCHS, *Erfüllungszitate* [각주 7] 72-77; SCHNACKENBURG, "'Siehe da mein Knecht …'" [각주 17] 특히 217-222.

[37] LUZ, *Matthäus* 2 [각주 1] 224; 참조: J.H. HEYREY, "The Thematic Use of Isaiah 42,1-4 in Matthew 12", *Bib* 63 (1982) 457-473.

이민족 세계에도 복음이 전파되어 다른 민족 사람들도 구원받게 되리라는 전망은, 부활하신 예수께서 갈릴래아의 산 위에서 제자들에게 나타나셨을 때 드디어 절정에 이른다. 부활하시어 하늘과 땅의 모든 권한을 부여받으신 이분께서 제자들에게, 모든 민족에게 다가가 그들을 당신 제자로 삼으라는 사명을 내리신다(마태 28,18-19). '이민족들의 갈릴래아'(마태 4,15)는 이제 이민족 선교의 발원지가 된다. 어둠 속에 살던 백성이 큰 빛을 보게 되고, 모든 민족으로 확산되며 이들에게 복음이 선포될 것이다. 예수의 활동 속에 이미 약속으로 나타났던 것이 이제는 교회의 이민족 선교로써 착실하게 실현된다. 마태오 복음서의 이 마지막 장면이 지니는 '막대한 비중'을 감안할 때, 복음서 저자가 단호히 자기 복음서를 이민족계 그리스도교적 관점에서 쓰지 않았을까 생각되기도 하지만, 그건 일방적인 추정일 뿐이다. 그는 유다인과 다른 민족 사람들로 구성된 보편 교회를 추구했다.

물론 문제는 여전히 남아 있다. 마태오는 지상적 예수의 말씀들, 철저히 유다계 그리스도교적인 예수 말씀들을 왜 자기 복음서에 수록했는가? 여기서 우선 예수의 말씀들이 빚어내는 모순들을 해명해야 한다. 예수께서는 제자들에게, 다른 민족들에게도 사마리아인의 고을에도 들어가지 말고 "이스라엘 집안의 길 잃은 양들에게 가라"(마태 10,5-6)고 명하시면서도, 다른 한편으로는 모든 민족에게 구원의 기쁜 소식을 전하라는 보편적 선교 사명을 부여하신다(마태 28,19). 이 문제에 여러 해법이 제시되었다. 이를테면, 마태오 복음 10장 5-6절은 전승에서 왔고, 마태오 복음 28장 19절은 마태오가 추가했다고 설명하는 것이다.[38] 그렇지만 연구가 진척됨에 따라 지금은 마태오 복음 28장 16-20절에도 전승에서 유래한 요소들이 포함되어 있음이 판명되었다. 가령, 들어 올림 받으신 분의 권능, 세례 명령, 부활하신 분께서 함께 머물러 계시리라는 약속 등이다.[39] 그러나 제자들을

---

[38] S. BROWN, "The Twofold Representation of the Mission in Matthew's Gospel", *ST* 31 (1977) 21-32.

[39] 참조: STRECKER, *Weg der Gerechtigkeit* [각주 25] 208-211.

모든 민족에게 파견하시는 것은 앞서 본 대로 마태오의 생각과 일치한다. 이렇게 마태오는 제자들을 이스라엘에 파견하는 역사적 예수와 모든 민족에게 복음을 전하라는 사명을 부여하는 부활하신 예수를 병치竝置시킨다. 이는 예수의 지상 활동 시기와, 부활하시어 전권을 부여받은 후 변화된 상황을 구분하려는 마태오의 의도가 아니었을까 싶다.[40] 그렇다고 마태오가 예수의 지상 활동 시기에 제자들을 이스라엘에 파견하신 것을 단순한 역사적 사실로 굳히려 했던 것은 아니다. '파견 담화'(마태 10,1-42)에서 그 시각은 부활 후 박해 위협을 받는 선교 상황으로 확대된다(마태 10,17-18). 그 역사적 상황이 후대의 선교를 위해서 '투명해졌다'.[41] 마태오 복음 10장 5-6절의 명령은 "당시 여건에서는 무조건 정당한 것이었다. 그러나 이스라엘이 자신에게 부여된 특혜를 거부하고 자신의 구원사적 특전을 포기하는 순간, 즉 예수의 죽음과 함께, 예수의 이러한 지시는 의미를 상실했다".[42] 마태오는 선교하는 교회를 늘 마음에 두고 있었다. 제자들을 이스라엘에 보내시며 그들에게 복음을 전하라 하신 예수의 명은, '이스라엘에만'이라는 제한만 없애면, 부활 후 교회에도 여전히 유효하다.

정리하면 이렇다: 그분은 지상에 계실 때 이스라엘에서 활동하던 분이고, 약간의 예외를 빼면 유다인들에게 하느님의 구원을 선포하고 중개하려 하신 하느님의 사자다. 다른 한편으로 그분은 그때 이미 당신 십자가와 부활로 유다인의 영역을 뛰어넘어 온 세상에 구원을 베푸신 구세주다. 이것은 당시 유다계·이방계 그리스도 교회가 그분에 대해 고백하던 그대로

---

[40] 참조: R. BARTNICKI, "Der Bereich der Tätigkeit der Jünger nach Mt 10,5b-6", *BZ* NF 31 (1987) 250-256, 특히 254: "마태오 복음서 10,5-6과 28,19가 대비되는 것은 그것이 부활 사건을 통해 변화된 상황을 암시하기 때문이다." 참조: J.P. MEIER, *Law and History* [각주 25] 27-40. "마태오는 '하느님께서 역사하시는' 인류 구원(an 'economy' salvation)에 의식적으로 순서를 매긴다: 우선 유다인들에게, 다음으로 다른 민족 사람들에게"(27).

[41] 참조: F. HAHN, *Das Verständnis der Mission im Neuen Testament* (Neukirchen 1963) 108.

[42] STRECKER, *Weg der Gerechtigkeit* [각주 25] 196.

다. 구원사적으로 이것은 자연스럽게 발전해 왔으며, 부활하신 분께서 선교 사명을 주시는 장면에 그대로 나타난다. 이스라엘에 제시된 하느님 나라가 그 지도자들에게 거부되자 새로운 백성에게 넘어갔다(마태 21,43). 이것이 이스라엘 멸망의 역사다(참조: 마태 23,34-36.37-39; 27,25). 그러나 이 구원의 역사는 예수 실체 속에서, 그분께서 불러 모으신 공동체 속에서 지속된다. "그 연속성은 변함없이 활동하시는 부르심의 주님 속에 있다."[43]

1.3 예수의 지속적 활동 영역으로서의 교회

예수께서 복음을 선포하고 가르치실 때 미래 교회를 눈앞에 두셨고, 또 교회에 지침을 내리시며 교회가 당면할 상황에서 올바로 처신하는 법을 가르쳐 주셨음을 마르코 복음서에서 보았다(제2장 1.2 참조). 그분의 치유와 기적, 유다인들과의 토론, 그리고 그분의 수난과 죽음의 길, 이 모든 예수 이야기가 이제 그리스도 공동체에 투명해졌다. 예수의 말씀과 행적이 지금 우리 눈앞에 그대로 드러나고 믿는 이들의 삶에 항구한 전형이 되었다.[44] 예수께서는 역사적으로 지상에서 활동하셨을 뿐 아니라, 부활하신 후에도 교회로 하여금 당신 모범을 따라 살도록 소리 높여 요구하신다.

마태오에 와서 이런 시각이 강화된다. 예수께서 그리스도교회에 말씀하신다. "너희는 스승이라고 불리지 않도록 하여라. 너희의 스승님은 한 분 뿐이시고 너희는 모두 형제다"(마태 23,8). 23장 8-10절 말씀은 그리스도교 공동체의 규범을 제시한다. 이 세 조항의 규범은 공동체 지도자 역할을 하는 제자들에게 (혹시 생길지도 모를) 다음 사항들을 전면 금지한다.[45]

---

[43] WALKER, *Heilsgeschichte* [각주 25] 117. 이 책에 대한 서평 참조: G. STRECKER, *ThLZ* 94 (1969) 435-437; W. TRILLING, in: *ThRe* 65 (1969) 294-298.

[44] 참조: D. DORMEYER, *Die Passion Jesu als Verhaltensmodell: Literarische und theologische Analyse der Traditions- und Redaktionsgeschichte der Markuspassion*, NTA NF 11 (Münster 1974) 특히 269-287.

[45] 자세한 분석: A.F. ZIMMERMANN, *Die urchristlichen Lehrer*, WUNT 2/12 (Tübingen 1984) 158-189.

제자들이 스승, 아버지, 또는 선생님으로 불리면 안 된다. 마태오 복음 23장 10절은 이민족계 그리스도인들을 위한 헬레니즘적 변형일 가능성이 있다.[46] 23장 8절은 예수 말씀에 근거를 두었다 하더라도, 전체적으로 볼 때, 부활 이후 교회의 지평에서 형성된 것이다. 마태오에게 예수 그리스도는 교회 영역 안에서 유일한 권위를 지닌 한 분뿐인 스승이다. 이렇게 드높여진 지위는 특히 산상 설교에서도 확인된다. 이때 큰 군중이 모였고, 제자들이 예수께 다가가자, 예수께서는 그들을 "가르치셨다"(마태 5,1-2). 예수께서 그들이 실천하는 윤리와 상반된 새로운 가르침을 내리실 때는 늘, "옛사람들에게 이르신" 말씀을 상기시키며 "그러나 나는 너희에게 말한다"(마태 5,22.28.32.34.39.44)라고 강조하신다. 이 말씀은 율법 학자라면 누구나 제시할 만한 의견 표명 수준을 뛰어넘는다. 그것은 토라*Torah*에 대한 유일한 규범적 해석으로, 예수 제자들에게 생활 규범으로 제시되었다.[47]

이 점은 산상 설교를 들은 군중의 반응에서 확인된다. "군중은 그분의 가르침에 몹시 놀랐다. 그분께서 자기들의 율법 학자들과는 달리 권위를 가지고 가르치셨기 때문이다"(마태 7,28-29). 예수께서 율법과 예언서를 따랐음에도(마태 5,17-19), 그 율법을 새롭게 해석하심으로써 당신 가르침을 통해 새로운 것을 이루셨고, 이것은 훗날 교회의 기본 지침이 되었다. 부활하신 그리스도께서는 제자들에게 위임하신 모든 것을 모든 민족에게 가르치라고 분명히 말씀하신다(마태 28,20). 편집에 의해서 마르코 복음서에 가끔 등장하는 '스승'이라는 용어가 마태오 복음서에는 더욱 빈번해진다(마태 8,19; 12,38; 22,36). 사람들이 제자들에게 건네는 "당신네 스승"이란 말은 두 번

---

[46] 참조: 같은 책 169f.

[47] 라삐 세계에서 율법을 설명할 때 예수와 비슷한 어투로 의견을 제시하거나 반대 주장을 펴는 경우가 있었지만, "그러나 나는 너희에게 말한다"라는 예수의 권위에 비견될 수는 없다. 참조: E. LOHSE, "Ich aber sage euch", in: DERS., *Die Einheit des Neuen Testaments* (Göttingen 1973) 73-87; LUZ, *Matthäus* 1 [각주 1] 247: "예수께서 대당명제(Antithese)에 착수할 때 구사하는 어투는 유다인들의 성경 주석 용어와 다소 유사한 바 있지만, 그에 상응하는 유다인들의 어투에 비해 전적으로 독자적이고 새롭다.

나온다(마태 9,11; 17,24). 이는 예수께서 스승이라는 사실이 이 복음서 저자에게 얼마나 중요한지 보여 주는, 작지만 충분한 증거다(마태 10,24-25 참조). 교회의 스승께서는 동시에 교회의 모범이 되신다. 스승은 한 분뿐이라는 말씀에 이은, "너희 가운데에서 가장 높은 사람은 너희를 섬기는 사람이 되어야 한다"(마태 23,11)는 말씀은 ('사람의 아들') 예수께서 목숨까지 바쳐 이웃을 섬기신다는 것을 밝힌 마태오 복음 20장 27-28절을 상기시킨다.

이렇게 마태오는 '스승' 예수를 교회와 더욱 긴밀히 연결시키며, 그분을 교회의 유일한 권위로 확립시켜 놓았다. 예수께는 감당하기 힘들 만큼 무거운 멍에를 교회에 씌울 마음이 추호도 없지만(참조: 마태 11,29-30; 23,4), 교회가 당신 가르침을 무조건 받아들이고 실천하기를 바라신다. 이 점은 복음서의 전반적 기조를 이루고 있다. 예수께서 명하신 것은 교회가 의무적으로 지켜야 할 규정이다. '의로움'에 굶주리고 목말라하는 사람들은 행복하다고 선언하셨다. 마태오가 선호하는 이 단어는 하느님께서 세우신 구원 질서를 위한 노력을 의미하며, 그것은 반드시 실현되어야만 한다. 의로움 때문에 박해를 받는 사람은 행복할 것이라고 선언하셨다(마태 5,10). 예수 제자들의 의로움은 율법 학자와 바리사이들의 의로움을 능가해야 한다(마태 5,20). 예수 친히 모든 의로움을 이루어 주실 것이다(마태 3,15). 제자들은 자신의 의로움을 사람들 앞에 내세워서는 안 된다(마태 6,1). 하느님 나라를 찾으라는 것은 하느님께서 요구하시는 의로움을 위해 노력하라는 뜻이기도 하다(마태 6,33). 마태오 복음서에 나오는 '의로움'은 하느님께서 내리시는 선물이 아니라, 인간에게 요구되는 자세를 말한다.[48] 마태오는 이 점을 교회에 강조한다. 쓰잘 데 없는 일에만 몰두하는 교회 안의 광신자들에게 예수께서는 말씀하신다. "나에게 '주님, 주님!' 한다고 모두 하늘 나라에 들

---

[48] 참조: B. PRZYBYLSKI, *Righteousness in Matthew and His World of Thought*, MSSNTS 41 (Cambridge 1980); A. SAND, *Das Gesetz und die Propheten: Untersuchungen zur Theologie des Evangeliums nach Matthäus*, BU 11 (Regensburg 1974) 194-205; LUZ, *Matthäus* 1 [각주 1] 209-211; DAVIES/ALLISON, *Matthew* 1 [각주 8] 451-453.

어가는 것이 아니다. 하늘에 계신 내 아버지의 뜻을 실행하는 이라야 들어
간다"(마태 7,21). 산상 설교 마지막 비유인 집 짓는 사람들의 비유(마태 7,24-
27)는 예수의 말씀을 들어야 할 뿐 아니라 그대로 실천해야 함을 강조한다.
교회조차 예수의 이 심판 말씀을 피해 갈 수 없다(참조: 마태 13,41-43.47-50;
22,11-14; 25,31-46). 사람은 누구나 자기에게 내린 선물과 능력을 어떻게 활
용했는지에 대해 책임을 져야 한다(마태 25,14-30). 예수는 우리에게 늘 깨어
준비하고 있기를 요구하신다(마태 24,43-44.45-51; 25,1-13).

여기서 마태오가 서술하는 예수 그리스도의 모습은 마르코보다 더 새롭
다. 마르코는 자기 복음서(마르 9,42-48)에서 윤리적 유혹에 대해 강력하게
경고한 바 있다. 이것을 마태오는 '공동체 규범'에 관한 말씀(마태 18,6-9) 속
에 그대로 포함시킨다. 그러나 예수가 당신 교회를 감독·감사監査하시는
주님이라는 것은 마태오 복음서에 와서야 비로소 폭넓게 설명된다. 사람
의 아들 예수의 판관적 역할이 마태오 복음서를 지배한다(참조: 마태 24,50-51;
25,11-12.41-45). 이런 강조는 여러모로 미숙하고 실망스러웠던 마태오의 교
회 상황과 무관하지 않다. 그러나 이 점도 예수 그리스도의 모습에 영향을
끼쳤다. 마태오는 잘못을 저지르는 공동체 구성원들을 단죄의 말씀으로
경고하는 데 추호의 망설임도 없었다. 그들은 바깥 어둠 속으로 쫓겨나거
나 불가마 속으로 던져질 것이며, 거기서 그들은 통곡하며 이를 갈 것이다
(마태 8,12; 13,42.50; 22,13; 24,51; 25,30). 그렇다면 예수께서 선포하신 하느님의
자비는 사라지고 마는가? 결코 그럴 수는 없다. 성실하게 살아온 교회 구
성원에게는 충분한 보상이 베풀어질 것이다. 예수와 함께 성대한 잔치에
참여하고, 영원한 생명을 누리게 될 것이다(마태 19,29; 24,31; 25,10.21.23.34).

예수께서 교회 안에서 계속 활동하신다는 주제는 마태오 복음 18장의
'공동체 규범'에 관한 담화 속에 가장 힘 있게 등장한다.[49] 열두 제자에게

---

[49] 참조: W. VISCHER, *Die evangelische Gemeindeordnung: Matthäus 16,13-20,28* (Zolli-
kon - Zürich 1946); TRILLING, *Das wahre Israel* [각주 3] 106-123; DERS., *Hausordnung Got-
tes: Eine Auslegung von Matthäus 18* (Düsseldorf 1960); W. PESCH, "Die sogenannte

내리신 예수의 말씀들은(마르 9,35) 마르코가 자기 복음서에 수집해 놓았다(마르 9,33-50). 마태오는 이것을 자기 복음서에 받아들여 공동체 규범으로 제시한다. 마태오 복음서 전체 구조로 볼 때, 18장에 수록된 이 공동체 지침은 산상 설교(마태 5-7장), 제자 파견(마태 10장), 비유 말씀(마태 13장)에 이어 넷째로 큰 담화문이다. 이 담화문은 전적으로 부활 후의 공동체를 염두에 두고 구성되었는데, 여러 말씀을 모아 하나의 독립적 담화문을 엮었다는 것 자체가 눈길을 끈다(마태 19,1 참조). 이 담화문은 마태오 복음서 고유 대목인 '성전 세 납부'(마태 17,24-27)와도 연결된다. 이 대목도 교회에 대한 관심을 드러낸다. 이제 담화문(마태 18장)은 제자들의 질문으로 시작된다. "하늘 나라에서는 누가 가장 큰사람입니까?"(마태 18,1). 제자 상호 간의 서열 다툼(마르 9,33-34)이 더 넓은 시야로 확대된다. 주제는 하느님 나라에 들어가는 것이고, 마태오는 그것이 이미 교회 안에서 시작되었다고 본다.[50] 누구든지 큰사람이 되려면 어린이처럼 작아져야 한다. 이런 어린이 하나 혹은 '작은 사람' 하나(자신을 낮추는 제자 한 사람)를 받아들이는 사람은 누구든지 예수를 받아들이는 것이다(마태 18,5). 이렇게 예수께서는 교회를 위하여 어린이들이나 작은 사람들 안에 현존하시므로, '나를 믿는' 이 작은 이들 가운데 하나라도 걸려 넘어지게 하는(신앙을 저버리게 하는) 자들에게는 경고도 내리신다. 작은 이들을 업신여기지 않도록 주의하고 길 잃은 이들을 구해 내라는 말씀(마태 18,10-14)도 이런 시각에서 언급된다. 예수께서는 "이 작은

<hr>

Gemeindeordnung in Mt 18", *BZ* NF 7 (1963) 220-235; DERS., *Matthäus der Seelsorger: Das neue Verständnis der Evangelien dargestellt am Beispiel von Matthäus 18*, SBS 2 (Stuttgart 1966); E. SCHWEIZER, *Matthäus und seine Gemeinde*, SBS 71 (Stuttgart 1974) 106-115; I. MAISCH, "Christsein in Gemeinschaft" (Mt 18), in: L. OBERLINNER/P. FIEDLER (Hrsg.) *Salz der Erde – Licht der Welt*, FS A. VÖGTLE (Stuttgart 1991) 239-266.

[50] 참조: R. SCHNACKENBURG, "Groß sein im Gottesreich: Zu Mt 18,1-5", in: L. SCHENKE (Hrsg.) *Studien zum Matthäusevangelium*, FS W. PESCH (Stuttgart 1988) 269-282, 특히 275-277; DERS., *Matthäusevangelium* 2 (Würzburg 1987) 168. Basileia와 교회의 관계에 관해서는 TRILLING, *Das wahre Israel* [각주 3] 143-163 참조; A. KRETZER, *Die Herrschaft der Himmel und die Söhne des Reiches*, SBM 10 (Würzburg 1971) 225-260; FRANKEMÖLLE, *Jahwe-Bund und Kirche Christi* [각주 3] 264-272.

이들 가운데 하나라도" 잃지 않기를 바라시며(마태 18,14) 눈길을 믿음의 공동체 안에 있는 형제(자매)들에게로 돌리신다. 이 공동체는 죄 지은 형제들도 받아들여야 하지만, 회개하지 않는 죄인들을 퇴출시킬 권한도 함께 지닌다. 이 매고 푸는 권한 배후에는 부활하신 분께서 전권을 행사하신다.[51] 예수 그리스도께서 베드로에게 믿는 사람들의 구원의 운명을 결단할 권한을 맡기셨듯이(마태 16,19), 교회(베드로라는 반석 위에 세워진 교회)에도 그 권한을 위임하셨다. 그러나 형제들의 잘못을 거듭 용서하기를 권하시는 18장 21-35절의 말씀처럼, 교회의 주님이신 예수께서는 형제들의 잘못을 서로 용서해 주기를 더욱 바라신다. 공동체의 현실에 맞는 지침으로 구체화된 이 구절들 속에서, 우리는 교회 안에서 그리고 교회를 통하여 전권을 행사하시는 그리스도의 권위를 느낄 수 있다.

그리스도께서 교회 안에 현존하심은 마태오 복음서에만 나오는 말씀 속에 잘 나타난다. 우선 뜻을 같이하는 공동체의 두 구성원에게, 그들이 함께 구하는 것은 무엇이나 하늘에 계신 아버지께서 다 이루어 주심을 보장해 주신다(마태 18,19). 근거인즉, "두 사람이나 세 사람이라도 내 이름으로 모인 곳에는 나도 함께 있기 때문이다"(마태 18,20). 당신을 정신적·영적으로 그들 가운데 현존하시는 주님이라 소개하는 이 말씀은 일련의 발언 중에도 최고봉이다. 예수께서는 신자들의 기도를 하늘에 계신 아버지께서 들어주시게끔 하시고, 당신 영으로 모인 형제들을 당신 현존을 통해 통합하고 지키고 굳건히 해 주신다. '그들 가운데'라는 말은 '하느님께서 우리와 함께 계심'(마태 1,23)을 상기시키며, 세상 끝 날까지 함께 있겠노라는 부활하신 분의 말씀을 구체적으로 보증한다(마태 28,20). 예수 그리스도께서는 영원토록 교회를 위하여 교회 안에서 그리고 교회와 함께 활동하신다.

---

[51] 참조: R. SCHNACKENBURG, "Das Vollmachtswort vom Binden und Lösen, traditionsgeschichtlich gesehen", in: P.-G. MÜLLER/W. STENGER (Hrsg.) *Kontinuität und Einheit*, FS F. MUSSNER (Freiburg - Base - Wien 1981) 141-157; A. VÖGTLE, "Ekklesiologische Auftragsworte des Auferstandenen", in: DERS., *Das Evangelium und die Evangelien*, KBANT (Düsseldorf 1971) 243-252.

마태오에 따르면 교회는 옛 하느님의 백성인 이스라엘을 대신하여 그 유업을 이어받는다. 그리고 제자들의 공동체가 종래의 하느님 백성을 대신한다. 이 공동체는 이스라엘이 그때까지 자기 것이라 주장해 오던 명예로운 존칭들을 접수한다. 이 공동체는 세상의 소금이며, 산 위의 도시고, 세상의 빛이다(마태 5,13-16). 마태오가 기록한 예수의 이 담화집에는[52] 은유가 사용된다. 적어도 그때까지 '소금'과 '빛'은 이스라엘이 누리던 우월적 지위를 나타내는 은유로 사용되어 왔다. 그런데 '너희는 … 이다'($\acute{\upsilon}\mu\varepsilon\hat{\iota}\varsigma$ $\acute{\varepsilon}\sigma\tau\varepsilon$ …)라는 이 그리스어 강조 구문은 '빛'과 '소금'이라는 고귀한 설명어를 그리스도 제자 공동체로 대상을 바꾸어 적용한다. 동시에 그에 대한 이스라엘의 기득권을 일축해 버리고 만다. 이것은 박해받는 제자들에게(마태 5,11-12) 그들의 존귀한 신분을 일깨워 준다. 그들이 세상 사람들에게 인생의 참맛을 느끼게 하는 '조미료'가 된다는 뜻이며, 그들에게는 만인을 비추는 빛의 힘이 있다는 뜻이기도 하다. 그러나 그들에게는 선행을 베풀 책임이 있다는 것도 분명히 밝힌다. 교회를 '참된 이스라엘'[53]로 보는 이 적극적인 시각은 그리스도의 계명을 따라야 할 교회의 행동 방식까지 요구한다. 제자들의 선행이 드러나 사람들이 그것을 보고 하늘에 계신 아버지를 찬양하게 해야 한다(마태 5,16). 하느님께서 보내신 최후의 예언자, 하느님의 '사랑하시는 아들' 예수를 배척하는 유다인 지도층을 겨냥하여 마태오가 써넣은 다음 말씀도 같은 맥락이다. "내가 너희에게 말한다. 하느님께서는 너희에게서 하느님의 나라를 빼앗아, 그 소출을 내는 민족에게 주실 것이다"(마태 21,43). 그때까지 예수께서는 하느님 나라가 이스라엘 위에 세워졌다는 사

---

[52] 참조: J. SOUČEK, "Salz der Edre und Licht der Welt", *ThZ* 19 (1963) 169-179; M. KRÄMER, "Ihr seid das Salz der Erde … ihr seid das Licht der Welt", *MThZ* 28 (1977) 133-157; R. SCHNACKENBURG, "Ihr seid das Salz der Erde, das Licht der Welt", in: DERS., *Schriften zum Neuen Testament* (München 1971) 177-200.

[53] 참조: TRILLING, *Das wahre Israel* [각주 3] 특히 141f.212-214. FRANKEMÖLLE, *Jahwe-Bund und Kirche Christi*[각주 3]는 옛 이스라엘과 관련하여 새로운 구원 공동체의 성격을 철저하게 규명함과 동시에 그리스도 교회가 지닌 의무의 성격도 밝힌다. 참조: 257-307.

실을 인정하셨다. 그러나 지금은 이스라엘 지도자들이 거부하니 그것을 이스라엘에게서 빼앗아 다른 민족에게 넘겨주시겠다고 하신다. 다만 한 가지 조건은, 그 민족도 기대되는 소출을 내야 한다는 것이다.

마태오는 가라지의 비유(마태 13,24-30)를 설명하는 대목을 편집하여 삽입해 놓았다(마태 13,36-43). 그는 여기서 전권을 부여받으신 그리스도의 지속적 활동을 전제한다. 마태오 복음서에서 '사람의 아들'은 "교회가 낮춤과 수난을 통해 부활에 이르는 길을 가는 동안 전 여정을 동반하시는 심판의 주님으로 나타난다".[54] 바로 이 '사람의 아들'이 세상이라는 밭에 씨를 뿌린다. 그러나 '하늘 나라의 자녀들'만 좋은 열매를 맺는다. 그곳에는 악마의 지배를 받는 '악한 자의 자녀들'도 나란히 자라고 있다(마태 13,38). 좋은 사람, 나쁜 사람이 뒤섞여 살아가는 이런 모습은 세상 끝 날까지 이어질 것이며 세상 종말에 가서야 비로소 좋은 사람, 나쁜 사람이 가려질 것이다. 불의한 것들과 불법을 저지르는 자들은 '사람의 아들의 나라'에서 제외될 것이다. 여기서 '사람의 아들의 나라'를 교회와 동일시하면 안 된다.[55] 좋은 씨가 온 세상 방방곡곡에 뿌려지기 때문이다. 오히려 이 '나라'는 부활하신 분의 통치 영역을 말하며, 교회도 물론 이 영역에 속한다. 교회는 그리스도께서 활동하시는 특별한 영역이다. 그렇다고 구원을 얻기 위한 배타적 장소가 아니다. 교회가 그 구성원들의 구원을 보장하는 것은 아니다. 심판 때 사람의 아들을 알지 못했던 사람조차 선택되고 구원된 무리에 들 수 있기 때문이다(마태 25,37-40). 이런 관점에서 볼 때, 교회는 사람들 가운데서 어떠한 특권적 지위도 누리고 있지 않다. 가장 중요한 것은 오로지 하느님과 예수 그리스도의 뜻을, 특히 사랑의 계명을 실천하는 것이다. 그렇지만 교회는 그리스도의 다스림 속에 살고 있어서 '저승의 세력'이 감히 이기지

---

[54] Luz, *Matthäus* 1 [각주 1] 339.

[55] 참조: Strecker, *Weg der Gerechtigkeit* [각주 25] 218f; J. Kingsbury, *The Parables of Jesus in Matthew 13* (London 1969) 97; A. Vögtle, "Das christologische und ekklesiologische Anliegen von Mt 28,18-20", in: Ders., *Das Evangelium und die Evangelien* [각주 51] 253-272, 여기서는 267-271.

못할 것이다(마태 16,18). 교회는 그리스도께서 늘 함께 계시면서 보살펴 주시는 특전을 누린다(마태 28,20). 따라서 이 교회는 모든 힘을 다해서 그리스도의 길을 가도록 부름 받았다. 그 길은 시련과 수난을 거쳐 목적지에 이른다. 교회는 예수께서 바라시는 존재가 되어야 한다. 그리스도께서는 교회에 영향을 미치며 그 안에서 활동하시지만, 은혜를 베푸는 분으로서만 활동하시지는 않는다. 가라지의 비유에 관한 설명 끝자락의 경고는 복음을 듣는 모든 사람에 대한 냉정한 시각을 드러낸다. "귀 있는 사람은 들어라"(마태 13,43). 그러나 이 마지막 말씀은 의인들이 누릴 구원을 엿보게 해 주기도 한다. 그들은 "아버지의 나라에서 해처럼 빛날 것이다"(마태 13,43).

부활하신 분께서 교회 안에서 계속 활동하심은 사람의 아들의 재림과 연계된다. 그리스도 재림은 교회 시대에 빛과 그림자를 함께 던진다. 사람의 아들이 아직 오지 않았으니 이 시기는 기다리고 준비하는 기간이다. 마태오는 마르코 복음의 종말 담화(마르 13장)를 받아들이되, 세 비유를 첨가하여 종말 상황을 더 자세히 설명한다. 첫째는 언제 올지 모를 도둑을 밤새 지키는 집주인의 비유로, 루카와 함께 어록집에서 인용했다(마태 24,42-44; 루카 12,39-40). 둘째는 충실한 종의 비유(마태 24,45-51)로, 루카 복음 12장 42-46절에 수록된 것과 거의 같다. 끝으로 마태오 고유 전승에서 인용된 열 처녀의 비유(마태 25,1-13)는 마태오 복음서에만 나온다. 이 비유는 경고이자 약속이다. 준비 없는 처녀들은 모두 제외되고, 준비된 처녀들만 신랑과 함께 혼인 잔치에 들어갈 것이다. 재림의 전망은 시련 속에 살아가야 할 교회에 경종을 울린다. 임박한 재림은 여기서 주된 모티프가 아니다. 마르코에서도 그렇듯이 재림 시점은 유동적이며(참조: 마태 24,42.44.50; 25,13) 아예 관심 밖이다(마태 25,5.19). 마르코처럼 마태오도 재림을 기다리는 상황과 종말이 언제일지 모르는 상황이 빚는 긴장을 방치해 두고(마태 24,34-36; 병행구 마르 13,30-32), 종말 담화 끝에 탈렌트의 비유를 끼워 넣었다(마태 25,14-30). 이 비유는 하느님이 주신 능력으로 많은 일을 해야 한다는 뜻이다. 맨 끝에는 사랑의 실천을 촉구하는 최후 심판 장면을 수록했다(마태 25,31-46).

마태오에게 그리스도는 영광 중에 다시 오실 때까지 당신 교회 안에서 계속 활동하시며 복음을 실현시키려는 외침이셨다. 마태오는 자기 교회들의 현실적 여건에 절실한 구체적·실천적 목표를 설정하고, 냉철한 윤리 설교자로서의 개인적 성향에 따라 그리스도를 굵은 터치로 묘사했다. 그가 그린 그리스도는 심판의 주님이지만 동시에 '우리와 함께 계시는 하느님'으로 당신 교회에 머무르시며 결코 교회를 떠나지 않는 계약의 주님이다. 우리와 함께 계시는 하느님이신 이 그리스도 안에서 구약의 모든 약속과 기대가 실현되고 있는 것이다.

2. 마태오 복음서의 예수 그리스도 모습

2.1 예수의 그리스도론적 신원 서술어

마르코 복음서에서는 주로 '하느님의 아드님'과 '사람의 아들'이라는 그리스도론적 용어가 예수를 지칭하는 데 사용되었다. 마태오 복음서에서도 이 두 용어가 매우 중요한 위상을 점하고 있음은 사실이지만 여기서는 예수를 특별한 시각으로 조망하게 하는 새로운 특성을 지닌다. 마태오 복음서에는 이 칭호 외에 다른 칭호들도 나타나는데, 그중에서도 특히 '다윗의 자손'과 '아브라함의 자손'(마태 1,1)이 눈에 띄고, 때로는 '임마누엘'('우리와 함께 계시는 하느님': 마태 1,23)과 '하느님의 종'(마태 12,18)도 칭호로 쓰인다.

2.1.1 하느님의 아드님

예수께서 하느님의 아드님이라는 것이 마르코 그리스도론의 핵심이라면(제2장 2.1 참조), 그것은 마태오에도 똑같이 해당된다. 예수를 하느님의 아드님으로 보는 시각이 모든 그리스도론적 칭호의 정점이다. 킹즈버리는 관련 성경 본문들을 전부 분석하여 다른 그리스도론적 칭호들과 비교 연구함으로써 이를 입증했다.[56]▶ 결정적 성경 본문으로 인정되는 것은, 예수의 세례, 영광스런 변모, 최고 의회에서의 자기 신원 확인, 백인대장의 고백 대목 등이다. 다만 마르코 복음서 첫 구절 "하느님의 아드님 예수 그리스도의 복음의 시작"(마르 1,1)이 마태오 복음서에는 보이지 않는다. 마태오가 자기 복음서 첫머리에 예수 그리스도의 '기원에 관한 문헌'(족보)을 게재함으로써, 아브라함의 자손이자 다윗의 자손이신 예수의 역사를 이야기하기 시작했기 때문이다. 그러나 예수의 전사前史('전복음'前福音)를 통해 마태오는 예수를 하느님의 아드님으로 이야기하고 있음이 곧 드러난다. 마리아에게서 태어나신 이분(마태 1,16)은 성령으로 잉태되셨다(마태 1,20). 그분의 참된 기원은 하느님께 있다. 그분은 '우리와 함께 계시는 하느님'(마태 1,23)이시다. 마태오 복음 2장에는 아기 예수께 경배 드리는 대목이 나온다(마태 2,11). 여기서 예수는 (모두 여덟 번) '아기'로 표기되는데, 이 '아기'라는 단어가 '하느님의 아드님' 대신 사용된 '대리 용어'의 역할을 한다.[57] 마태오 복음 2장 15절의 예언 실현 인용구에서는 본디 이스라엘을 지칭했던 '나의 아들'을 예수를 일컫는 말로 받아들이고, 그분을 '나의 아들'로 선언한다.

예수 유혹 이야기는 Q 전승에서 왔다. 이 이야기에서 예수께서는 당신이 하느님의 아드님이라는 이유로 악마의 도전을 받는다(마태 4,3.6). 세례 받으실 때 하느님께서 당신 아들로 선언하신 예수께서는 악마가 함정에 빠뜨릴 작정으로 권하는 모든 일을 할 수도 있었다. 그러나 하느님과 깊이 결합되신 예수께서는 세상 통치권까지 포함한 악마의 모든 유혹을 단호히 물리치셨다. 이스라엘이 광야에서 유혹을 받았듯이 그분께서도 유혹을 받으셨지만 이제 이스라엘의 대표자로서 악마의 모든 유혹을 물리치셨다.

마태오 복음서 전반부(마태 4,17-16,20)의 핵심은 하느님 나라의 선포이며, 이는 카이사리아 필리피 장면에서 정점에 이른다. 그런데 이 복음서 전반

---

[56] J. KINGSBURY, *Matthew* [각주 13] Cap.2: "The Title Son of God", 40-83; Cap.3 "Other Titles", 83-127. 참조: E. SCHWEIZER, *ThWNT* 8, 381f; F. HAHN, *EWNT* 3, 920.

[57] KINGSBURY, *Matthew* [각주 13] 45; 참조: DERS., "The Title Son of David in Matthew's Gospel", *JBL* 95 (1976) 591-602, 여기서는 594f.

부는 예수께서 하느님의 아드님임을 전제한다. 마태오는 이 복음서 서론에 해당하는 부분(마태 1,1-4,16)을 쓴 후, 본론 첫머리에 예수께서 갈릴래아로 가시어 전도를 시작하셨다고 기록한다. 그러고 나서 산상 설교(마태 5-7장)를 쓴다. 그런데 예수께서 권위를 가지고 가르치셨다(마태 7,29; 참조: 마르 1,22)는 산상 설교 끝 부분 말씀은, 그분이 하느님의 아드님으로서 신적 권위를 지닌 분이라는 것 말고 달리 이해할 수 없다. 예수께서 산상 설교를 위해 산으로 올라가셨다(마태 5,1)는 것은, 부활 후 갈릴래아 산 위에 나타나시어 당신이 하늘과 땅의 전권을 받으셨다는 것을 제자들에게 알려 주시면서, 그들에게 명한 것을 모든 민족에게 전부 가르쳐 지키게 하라고 분부하신 장면(마태 28,18-19)을 미리 떠올리게 한다. 가르치시고, 복음을 선포하시고, 병을 고치시는 하느님 아드님의 신분을 마태오는 복음서에서 분명히 밝히고 깊이 있게 소개한다. 물 위를 걸으신 분, 때마침 당신께 달려가다 물에 빠져 죽을 뻔한 베드로를 건져 주신 예수를 본 제자들이 (그리고 후대 교회가) 감탄하며 이렇게 고백한 것은 당연하다. "스승님은 참으로 하느님의 아드님이십니다"(마태 14,33). 그리고 베드로의 메시아 고백은 마태오에게 부활 후의 교회가 인식하는 것과 동일한, '살아 계신 하느님의 아드님'께 대한 완전한 신앙고백으로 해석된다(마태 16,16). 일찍이 악마들이 '하느님의 아드님'으로 알아보았던 이 지상적 예수(마태 8,29; 마르 5,7의 인용구)께서는 하느님과 가장 가깝게 계시다.

아버지 하느님과 아드님의 독특한 관계는 어록 자료에서 유래하는 예수의 '환희의 외침' 속에 잘 표현되어 있다(마태 11,25-27; 병행구 루카 10,21-22). 아버지께서 이 모든 것을 지혜롭고 슬기롭다는 자들에게는 감추시고, 철부지들에게는 드러내 보여 주심을 찬미하신 후 예수께서는 이렇게 말씀하신다. "나의 아버지께서는 모든 것을 나에게 넘겨주셨다. 그래서 아버지 외에는 아무도 아들을 알지 못한다. 또 아들 외에는, 그리고 그가 아버지를 드러내 보여 주려는 사람 외에는 아무도 아버지를 알지 못한다"(마태 11,27). 요한 복음의 그리스도론과 거의 같은(요한 10,14-15 참조) 이 어록의 말씀에는

'아들'에 관한 두 가지 본질적 언급이 포함되어 있다. 아버지께서 모든 것을 아들에게 넘겨주셨다는 것과 아버지와 아들이 서로 잘 알고 있다는 것이다. 서로 잘 알고 있다는 것은 아들이 '그리해 주려는 사람이라면 누구에게나' 아버지를 알게 해 줄 수 있다는 뜻이다. 아들에게 넘겨주셨다는 것은 부활하신 분께서 넘겨받으신 하늘과 땅의 모든 권한(마태 28,18 참조)을 뜻하거나 아니면 사람들에게 아버지를 알게 해 줄 수 있는 권한을 뜻한다.[58] 그러나 이 둘 모두 지혜문학적 색채를 띤 이 말씀 속에 결합되어 있을 수도 있다. 말하자면, 마태오 복음 11장 27절의 말씀 전면에 부각된 계시의 권한과 신적 생명을 전해 줄 능력(요한 17,2 참조)이 이 말씀 속에 포함되어 있을 수 있다는 뜻이다. 아버지와 아들이 서로 깊이 알고 있다는 이 상호 인식은 사랑 속에 이루어지는 상호 신뢰를 말하며, 상대방의 본질에 대한 깊은 이해를 뜻한다. 마태오 복음 11장 27절의 말씀은 "예수와 아버지의 합일合—에 대해 언급하는데, 이 합일은 상대방의 본질을 인식하는 가운데 이루어진다".[59] '아들'은 아버지와의 관계를 통해 계시의 중개자요 구원의 중개자로 나타나신다. 따라서 그분은 인간 지혜에 의지하지 않고 하느님으로부터 오며, 그리스도를 통해 드러나고 보증되는 계시를 믿음으로 받아들이는 모든 사람에게 유일무이하고 더없는 의미를 지닌다(마태 11,25 참조). 이 환희의 외침은 예수께서 아버지 하느님과 가까이 계시고 아버지와 하나 되어 활동하시며, 또 그것이 그분을 믿는 모든 사람에게 영향을 준다는 것을 시사한다. 이 말씀에 이어 '구세주의 초대 말씀'(마태 11,28)이 나오는 것은 우연이 아니다. 이 말씀으로 예수께서는 영혼의 안식과 영원한 참 행복을 누리려면 당신의 멍에를 메고 당신의 가르침을 받아들이라고(마태 11,29: "나에게 배워라") 초대하신다.[60] 지혜서계 문헌의 영향으로 서술된 이

---

[58] 참조: P. HOFFMANN, *Studien zur Theologie der Logienquelle*, NTA NF 8 (Münster 1972) 104-142, 여기서는 118-122(전권 이양), 132-138; LUZ, *Matthäus* 2 [각주 1] 210-214 (계시 이양).

[59] LUZ, *Matthäus* 2 [각주 1] 212. 그는 아버지께서 아들을 선택하셨으니 인간은 아들을 인정해야 한다는 해석을 반대한다.

'아들'에 관한 묘사(참조: 집회 24,19; 51,23-26)는 마르코 복음서의 '하느님의 아드님'에 관한 시각을 더욱 발전시킨 것이다. 마르코 복음서의 '하느님의 아드님'에는 그분의 지존성과 하느님과의 합일성이 드러나지만, 마태오에서처럼 계시와 구원의 중개자로서의 역할은 아직 드러나지 않는다.

최고 의회 대사제의 물음에 대한 예수의 답변은, 마태오 복음서가 마르코 복음서보다 더 절제되어 있다(마태 26,64: "네가 그렇게 말하였다").[61] 아마 이것은 사람들이 십자가 아래서 예수를 '하느님의 아들'이라고 조롱한 것과 관련 있을 것이다: "네가 하느님의 아들이라면 너 자신이나 구하고 십자가에서 내려와 보아라"(마태 27,40: 독일어 성경). 광야에서 악마가 한 것과 똑같은 요구다. 지나가던 사람들이 한 번 더 조롱을 퍼붓는다. "하느님을 신뢰한다고 하니, 하느님께서 저자가 마음에 드시면 지금 구해 내 보시라지"(마태 27,43; 시편 22,9의 인용). 근거라도 대듯이, 그들은 이어서 말한다. "'나는 하느님의 아들이다' 하였으니 말이야"(마태 27,43). 조롱하던 사람들은 대사제의 물음을 되받아 예수의 말이 얼마나 어리석은 것인지 보여 주려 한다. 수난하는 이 의인은 당신을 조롱하도록 내버려 두심으로써 오히려 당신이 하느님의 아드님임을 보여 주신다. 대사제든 십자가 아래서 조롱하던 사람이든, 어느 누구도 하느님과 결합되어 계신 예수를 하느님에게서 떼어 놓을 수 없다(참조: 지혜 2,16-18; 5,4-5). "저의 하느님, 저의 하느님, 어찌하여 저를 버리셨습니까?"(마태 27,46)라고 기도하신 후 다시 외치신 **두 번째** 절규가 마태오 복음서에서 예수께서 숨을 거두시기 직전의 마지막 절규다(마태 27,50의 πάλιν: "다시"). 마태오 복음서는 마르코 복음서보다 예수의 죽음을 더욱 장렬하게 묘사한다. 하느님께 모든 것을 맡기면서 숨을 거두시는 것이다. 예수의 죽음 후에 일어난 이상한 사건들이 이를 강력히 뒷받침해 준

---

[60] 참조: C. DEUTSCH, *Hidden Wisdom and the Easy Yoke*, JSNT.S 18 (Sheffield 1987); M.J. SUGGS, *Wisdom, Christology and Law in Matthew's Gospel* (Cambridge/Mass. 1970) 71-108.

[61] 이 문제에 관한 논의: D.R. CATCHPOLE, *NTS* 17 (1970/71) 213-226 참조. "내용은 긍정적이나, 마지못해 우회적으로 대답하는 형식으로 표현된다"(226).

다. 성전 휘장이 찢어지고, 지진이 일어나고, 바위가 갈라지고, 무덤이 열리며, 백인대장과 경비병들이 예수를 하느님의 아드님으로 고백하는 것 등이다(마태 27,51-54). 예수의 무능을 조롱하던 것과는 대조적으로 이제 하느님 아드님의 권능이 드러나며, 그분의 죽음 속에서 오히려 그분의 큰 힘이 나타났다. 이때 일어난 우주적 표징들은 마르코의 묘사를 훨씬 능가한다. 예수께서는 세상을 통치하기 시작하셨고, 세계를 완성하기 위한 일을 착수하셨다. 이것은 마태오 복음서를 매듭짓는 마지막 장면에서 확인된다(마태 28,16-20). 제자들을 모든 민족에게 파견하시는 이 사건은 교회를 세계사적 사건 속으로 끌어들였다. 제자들에게 위임하신 구원은 아버지와 아들과 성령의 이름으로 베풀어지는 세례를 통해 가시적可視的으로 이루어진다. 이것은 아드님과 성령의 임무이기도 하다. '아드님'께서는 당신 구원의 권능을 그리스도교 세례에서 행사하신다.

예수를 하느님의 '종'으로 인식하는 것은 특이하다. 이것은 예수의 세례 장면 외에, 마태오가 인용한 구약성경의 두 인용구 속에도 나타난다. 첫째 인용구(마태 8,17)는 예수의 치유 활동과 연관된다. 이 치유 활동은 집약문의 형태로 마태오 복음서 여러 곳에 언급된다(마태 4,23-24; 8,17; 9,35; 12,15; 14,34-36; 15,29-31). 이 하느님의 종이 사람들의 병고를 떠맡아 '그것을 짊어지고' 가서, 없애 버리신다. 긴 둘째 인용구(마태 12,18-21)도 치유 활동의 맥락 속에 나온다(마태 12,15). 바리사이들은 예수의 치유 활동을 몹시 못마땅하게 여긴다(마태 12,14). 이 인용구는 타르굼화된 표현 양식을 빌려 예수를 성령으로 무장한, 하느님의 사랑하는 종 또는 아들παῖς로 소개한다. 예수께서는 병자들과 짓눌린 이들을 불쌍히 여기신다. 바로 이렇게 하심으로써 하느님의 일을 성공적으로 완수하시고, 이민족 백성들도 그 승리의 한 몫을 차지하게 해 주신다.[62] 이러한 서술 배후에 하느님의 아드님이 있다는 사실은 다음 몇 가지를 통해 확인할 수 있다.

---

[62] 참조: R. SCHNACKENBURG, "Siehe da mein Knecht …" [각주 17] 203-222; J.H. NEYREY, "Thematic Use" [각주 37]. 그는 이 인용문을 마태오 본문과 결부시킨다.

① 인용구 가운데 "내가 사랑하는 이"(마태 12,18)라는 표현은 세례 때 그분을 "내가 사랑하는 아들"(마태 3,17)로 분명히 선언하신 하느님의 목소리를 떠올리게 한다. 그러므로 이 하느님의 종은 다름 아닌 바로 하느님 마음에 드는 '하느님의 아드님'이다.

② 그분은 영을 지니셨다. 하느님의 영으로 마귀들을 쫓아내시며(마태 12,28), 이 세상에 하느님 나라가 활동하게 하시는 분이다. '기름부음받은 이'고, 인류의 상처를 치유하기 위해 하느님께서 선택하신 분이다. 이 모습은 하느님의 영이 내리신 그 하느님의 아드님과 거의 같다(마태 3,16).

③ 예수는 당신의 구원 활동에도 불구하고, 또 바로 그 때문에, 민족들에게 하느님의 공평한 심판을 내릴 막강한 힘을 지닌 분으로 나타난다. 이분은 권능을 지니고 오실 사람의 아들이고(마태 16,28; 19,28; 24,30; 25,31 등), 이 사람의 아들은 다름 아닌 하느님의 아드님이다(마태 16,13.16; 26,63.64). 그분의 권한은 하늘로부터 온다(마태 21,23-27 참조). 하느님의 아드님 예수에 대한 모든 불신과 조소는(마태 27,40.43) 십자가에서 숨을 거두는 순간, 하느님께서 이분이 당신 아들임을 세상에 확인시켜 주시자 여지없이 사위어진다(마태 27,50-54). 마태오가 서술하는 하느님 아드님의 모습에는 두 측면이 결합되어 있다. 한편으로 인간을 불쌍히 여겨 도우시고 구원하시는 모습(비천의 모습)과, 다른 한편으로 막강한 힘을 지니고 활동하실 뿐 아니라 하느님의 권능을 지니고 오셔서 원수들을 부끄럽게 만드시고 굴복시키실 모습(지존의 모습)이다. 하느님께서는 십자가에 매달려 외치던 그분의 기도(마태 27,46)를 들어 주셨고, 그분의 마지막 절규를 흘려버리지 않으셨다(마태 27,50). 원수들이 죽여 없애려 했던 이 하느님의 아드님 예수 드라마는 하느님의 개입으로 그들 모두를 이기는 승리로 막을 내린다(마태 21,33-44 참조).

골고타 언덕 위에서 이루어진 이 구원 드라마는 교회 안에서, 즉 예수의 죽음을 통해 이루어질 하느님 백성 안에서 완성된다. 하느님 나라를 이 백성에게 넘겨주시기 때문이다(마태 21,43). 하느님의 아드님은 당신을 믿는 사람들에게 '우리와 함께 계시는 하느님'이 되어 주시고, 그들 한가운데 계

시면서(마태 18,20), 세상 끝 날까지 그들을 지켜 주시고 인도해 주실 것이다
(마태 28,20). 영원히 함께 계실 이 현존은 하느님의 아드님에게만 가능하다.
그분은 아버지와 가장 긴밀한 친교를 이루시는 가운데 하느님의 사업을
계속하신다. 그분은 당신의 말씀과 성사Sakrament를 통해 교회와 가까이 계
시다. 그분은 오직 한 분뿐인 스승이시다(마태 23,8). 우리가 치유 이야기의
투명성을 진지하게 받아들인다면, 그분이 당신 교회 안에서 구원 활동을
계속하신다는 사실도 감지할 수 있을 것이다.

2.1.2 사람의 아들

마태오는 '사람의 아들' 칭호를 주로 마르코 복음서에서 넘겨받았으나
일부는 어록 자료에서 물려받았다. 그는 그것을 부분적으로 특히 종말론
대목(마태 13,41; 19,28; 24,30; 25,31)에 직접 삽입시켰다. 마르코 복음서와 비교
하여 눈에 띄는 점은 다음과 같다.

① 마태오 복음서에서는 사람의 아들이 재림*Παρουσία*하여 교회와 세상
을 심판하시리라는 것을 강조한다. 마르코 복음서는 사람의 아들 관련 대
목들 중 둘째 그룹, 곧 예수의 수난 · 죽음 · 부활에(인간이 이해할 수 없는 하느
님의 뜻에) 큰 비중을 두는 데 반해, 마태오 복음서는 이것 말고도 사람의 아
들이 큰 권능을 지니고 나타나는 열 편 정도의 대목을 추가한다.[63] 이것이
예수 그리스도의 모습에 영향을 미친다. 사람의 아들은 은밀히 당신의 기
적적 치유 활동을 수행하시는 분일 뿐 아니라 인류가 기다리는 구원의 임
금님이시기도 하다. 그분은 당신 백성을 최후의 환난에서 해방시켜 주시
고, 선한 사람과 악한 사람을 갈라놓으실 구원의 임금님이다(마태 13,40-43;
25,31-33). 종말에 일어날 이 모든 것이 '이 세대에 닥칠 것이다'(참조: 마태
12,45; 23,36; 24,34; 25,32-33). 이 세대가 악하고 믿음이 없고 타락한 세대이기
때문에(마태 16,4; 17,17), 심판 때 버텨 낼 수가 없을 것이다(마태 12,41-42). 이

---

[63] 마태 10,23; 12,32; 13,41; 16,27(28); 24,27.30.37.39.44; 25,31.

렇게 종말 담화는 삼엄한 형사재판보다 더 위협적으로 서술되어 있다(참조: 마태 24,27-28.30.37-39.48-51; 25,30). 마르코 복음서에는 예수와 그분 말씀을 부끄럽게 여기는 사람에 대하여 사람의 아들도 그를 부끄럽게 여길 것이라고 단 한 번 언급되는데(마르 8,38), 마태오 복음서에는 이 경고가 예수의 말씀에 여러 번 뒤따라 나온다.[64]

② 마태오 복음서에는 사람의 아들의 지상 활동이 Q 어록의 조명을 받아 더욱 생생하고 강하게 묘사된다. 그분은 사는 방식 때문에 사방에서 충돌을 일으키고, 세리·창녀들과 어울려 먹고 마시는 인물 정도로 폄하되고(마태 11,19), 율법 교사를 강한 어조로 겁주신 분으로 묘사된다. "여우들도 굴이 있고 하늘의 새들도 보금자리가 있지만, 사람의 아들은 머리를 기댈 곳조차 없다"(마태 8,20).[65] 그러나 그분은 지상에서 죄를 용서할 권한을 지닌 분이고(마태 9,6), 안식일의 주인이다(마태 12,8). 오직 섬기다가 자기 생명까지 내주려고 오신(마태 20,28) 이 비천한 분의 모습은 이미 지상에서 신적 권위를 드러내시는 분의 모습과 결합되어 있다. 그분은 세상이라는 밭에 당신의 좋은 씨를 뿌리는 사람의 아들이다(마태 13,37-38). 그러나 가라지에 불과한 자들은 종말에 모두 뽑혀 처벌될 것이다(마태 13,40-42). 사람의 아들의 지상적 삶은 종말에 거두어들일 추수에 초점이 맞추어져 있다.

③ 마태오는 심판관이신 사람의 아들의 활동 범위를 교회에까지 확대시킨다. 교회도 좋은 것과 나쁜 것이 가려져야 할 대상이다. 이 점은 마태오 복음 25장 31-46절의 최후 심판에 관한 서술에서 분명히 나타나고, 다른

---

[64] H.E. TÖDT, *Der Menschensohn in der synoptischen Überlieferung* (Gütersloh 1959) 86: "마태오는 자기 복음서의 큰 부분을 마감하는 대목에, 여러 번 **종말론적 무게**를 싣고자 노력한다. 그는 이러한 의도를 실현함에 있어 우선 사람의 아들의 말씀에서 도움을 받는다."

[65] 이 말씀의 해석을 놓고 논란이 분분하다. 율법 학자는 예수를 따르려 한 어떤 제자와 같은(마태 8,21-22) 그런 제자가 아니다. 집이 없다는 말씀은 자신을 포함한 공동체를 두고 하신 말씀이다. 참조: J.D. KINGSBURY, "On Following Jesus; The 'Eager' Scribe and the 'Reluctant' Disciple (Matthew 8:18-22)", *NTS* 34 (1988) 45-59 (56f: "예수께서는 그를 주저 없이 돌려보내신다." 왜냐하면 그는 예수의 부르심을 받지 않고도 스스로 그분의 제자가 될 수 있다고 여겼기 때문이다).

곳에서도 언급된다. 예수 이름으로 기적과 예언을 행했다는 것을 내세우면서도 그에 상응한 열매를 맺은 것이라곤 아무것도 없는 사람들에게 심판의 주님께서는 이렇게 말씀하신다. "내게서 물러들 가라, 불법을 일삼는 자들아!"(마태 7,23; 참조: 마태 7,21-23). 혼인 잔치에 예복을 입지 않고 온 사람은 바깥 어둠 속으로 쫓겨날 것이다(마태 22,11-13). 예수의 비유 중에는 교회에 대한 것이 더러 있는데, 가령 악한 종(마태 24,48-51), 어리석은 처녀들(마태 25,8-12), 자기 탈렌트를 땅속에 숨긴 종(마태 25,24-30)에 관한 것들은 교회 구성원에 대한 경고 말씀으로 받아들여야 한다. 사람의 아들은 당신이 뽑으신 사람들을 사방에서 불러 모으겠지만(마태 24,31), 그중 입증된 의인들만 당신 아버지의 나라에 받아들이실 것이다(마태 13,43). 이처럼 사람의 아들은 당신 교회에 특별한 의미를 지니신다. 그분은 당신 교회를 끊임없이 격려하고 경고하며, 아버지의 나라에 들어갈 때까지 함께하실 것이다. 이 교회론적 전망은 사람의 아들에 관한 모든 대목에서 관찰된다.[66]

④ 이리하여 사람의 아들은 우주적 위상을 지니게 되었다. 모든 민족과 더불어 온 세상은 사람의 아들의 통치하에 들어간다. 마태오 복음서 마지막 장면에 나오는, 하늘과 땅의 모든 권한을 받으신 분은 이 사람의 아들을 일컫는 듯하다.[67] 여기서 교회적 지평과 보편적 지평이 결합된다. '우리와 함께 계시는 하느님'의 현존을 모시고 모든 민족에게 다가가는 이 교회

---

[66] 참조: H. GEIST, *Menschensohn und Gemeinde: Eine redaktionskritische Untersuchung zur Menschensohnprädikation im Matthäusevangelium*, FzB 57 (Würzburg 1986) 특히 426-428.431-433.

[67] 결정적 옹호: J. LANGE, *Das Erscheinen des Auferstandenen im Evangelium nach Matthäus*, FzB 11 (Würzburg 1975) 179-237. 사람의 아들에 대한 해석 비판: A. VÖGTLE, "Das christologische und ekklesiologische Anliegen von Mt 28,18-20", in: DERS., *Das Evangelium und die Evangelien* [각주 51] 253-272(그분은 전권을 지닌 *Kyrios*다). 그러나 마태오 복음서 전체에 사람의 아들이 견지되고 있다는 견해를 지지하는 학자가 많다. 참조: FRANKEMÖLLE, *Jahwe-Bund* [각주 3] 66f; A. SAND, *Das Evangelium nach Matthäus* (Regensburg 1986) 598-602; GNILKA, *Matthäus-Evangelium* 2 [각주 1] 507f; LUZ, *Matthäus* 2 [각주 1] 501: "마태오는 들어 올림 받으신 사람의 아들을 알고 있다. 그분에 관하여 마태오는 전승적 말씀(마태 26,64) 속에서도 언급할 뿐 아니라, 마태 28,18에서도 사실 그대로 언급한다."

는 세상 종말(완성)을 향해 나아가며, 여기서 보편적 차원을 얻는다. "이스라엘 집안의 길 잃은 양들에게"(마태 15,24) 파견된 사람의 아들은 이제 그 범위를 뛰어넘어 모든 민족에게 파견되신다. 부활하신 사람의 아들은 당신의 목적지에 도달하시어, 드디어 세상의 심판관이 되셨다(마태 25,31-33). 그분은 온 세상을 구원하실 우주적 재림의 그리스도다(마태 24,29-31).

마태오가 서술한 사람의 아들의 길을 전체적으로 되돌아보면, 그 속에 그리스도의 특징적 요소들이 모두 들어 있다는 사실을 발견할 수 있다. 즉, 그분은 지상에서 활동하셨고, 수난과 멸시의 삶을 사셨고, 부활하시고, 들어 올림을 받으셨으며, 심판하러 오실 분이다. '사람의 아들'에 대한 이 서술은 예수 그리스도에 관한 하나의 역사신학적 기록이고, 어떤 의미로는 '수평적' 묘사이며, 시간으로부터 영원으로 인도하여 주시는 예수 그리스도에 관한 기술이다. 한편 '하느님의 아드님'은 어떤 '수직적' 요소를 내포하는 신앙고백적 칭호다.[68] 그러나 이 두 칭호는 서로 밀접하게 연결되어 있다(마태 26,63). 하느님의 아드님의 비밀은 예수께서 제자들과 접촉하실 때만 밝혀지고, 원수들과 대립하게 될 때만 드러난다. 사람의 아들이라고 할 때, 그것은 지상에서 활동하신 예수 그리스도의 파란만장한 역사를 모두 일컫는 것이고, 십자가와 부활을 통해 아버지의 영광 안에서 모든 것을 완성하시는 그분의 길을 포괄하며, 그분께서 아버지의 영광 중에 세상 심판관으로 다시 오시게 될 것까지 모두 포함한다.

2.1.3 다윗의 자손

'다윗의 자손'이라는 칭호는 이스라엘 백성 가운데서의 예수 활동에 한하여 적용된다. 그렇지만 이 칭호는 거기서 탁월한 위상을 점한다.[69]▶ 예수의 족보는 예수의 기원이 '다윗 왕'에까지 소급됨을 보여 준다(마태 1,1.6).

---

[68] Luz, *Matthäus* 2 [각주 1] 502; 그와는 달리 Kingsbury, *Matthew* [각주 13] 113-122는 두 칭호의 특징을 구별한다: '하느님의 아들'은 고백적이고 '사람의 아들'은 공적이다.

이 족보는 시조부터 예수까지 모두 세 시기로 구분되고, 각 시기는 14대씩
으로 이루어져 있다. 이 구분의 기점은 다윗 왕이다(마태 1,17). 그러나 예수
께서는 자연적 출생을 통해 혈통을 이어받은 것이 아니라, 요셉의 아들로
입양됨으로써 이 가계의 대를 잇는다(마태 1,16.20). 이 입양은 하느님에게서
유래하는 그분의 기원에 조금도 손상을 입히지 않은 채(마태 1,18.20.23) 그분
을 다윗의 합법적 자손이 되게 한다. 이로써 예수께서는 아브라함 씨족에
편입되었고, 이스라엘과 특별한 관계를 맺는다. 이 점은 마태오 복음서 전
체를 통해 견지된다. 그분은 구원의 임금님이다. 예수께서 예루살렘에 입
성하실 때 군중이 그분을 그렇게 환영했고, 어린이들도 성전에서 그렇게
환호했다(마태 21,9.15). 그러나 그분은 세상이 고대하던 현세적 해방자가 아
니라, 평화를 가져오시는 온유한 분이고(마태 21,5) 백성들의 병을 모두 고쳐
주는 분이다. 이 다윗의 자손은 이스라엘이 기대한 이상으로 위대하여 그
들의 희망을 송두리째 바꾸어 놓으셨다. 예수께서 다윗의 자손이라는 의
식이 백성들 가운데 서서히 싹트기 시작했지만 아직 그리 진지하지는 않
았다. 과연 그분이 다윗의 자손일까라는 물음에 부정적 반응이 나타났기
때문이다(마태 12,23. μήτι 참조: μήτι는 아니라는 대답이 예상될 때 사용되는 의문사).
예수께서 예루살렘에 입성하실 때 군중은 이렇게 말했다. "저분은 갈릴래
아 나자렛 출신 예언자 예수님이시오"(마태 21,11). 예수를 따라 도성으로 입
성하던 큰 무리와는 달리 예루살렘 주민들은 그분을 다윗의 자손으로 인
정하지 않았다. '예언자'는 '다윗 자손'보다 낮게 평가되곤 했지만(마태 16,14
참조) 그것이 지도자들에게 미치는 영향은 적지 않았다(마태 21,46).

◀69 참조: A. SUHL, "Der Davidssohn im Matthäus-Evangelium", *ZNW* 59 (1968) 57-81;
C. BURGER, *Jesus als Davidssohn*, FRLANT 98 (Göttingen 1970) 72-106; K. BERGER, *NTS*
20 (1974) 3-9; J.D. KINGSBURY, "The Title 'Son of David' in Matthew's Gospel", *JBL* 95
(1976) 591-302; D.C. DULING, "The Therapeutic Son of David: An Element in Matthew's
Christological Apologetic", *NTS* 24 (1977/78) 392-410; W.R.G. LOADER, "Son of David,
Blindness, Possession, and Duality in Matthew", *CBQ* 44 (1982): 570-585; LUZ, *Matthäus* 2
[각주 1] 59-61; M. KARRER, *Der Gesalbte* (Göttingen 1991) 267-294.

다윗의 자손과 관련하여 주목을 끄는 것은 그것이 병자의 치유, 특히 소경의 눈을 뜨게 하는 것과 연관된다는 점이다.[70] 예리코의 소경이 도와 달라고 울부짖는 장면은 마태오 이전의 전승에서 왔다. "다윗의 자손이신 주님, 저희에게 자비를 베풀어 주십시오"(마태 20,30.31). 마르코 복음서(마르 10,46-52)와 달리 마태오는 이곳에 눈먼 사람이 둘 있었다고 기록한다. 또 다른 곳에서도 같은 말로 간청하는 눈먼 두 사람을 고쳐 주는 이야기가 나온다(마태 9,27-30). 일련의 메시아 행적을 열거할 때(마태 8-9장), 마태오는 예수께서 눈먼 사람들을 고쳐 주신 이야기를 빼놓고 싶은 생각이 추호도 없었다. 마태오 복음 12장 22-23절에서 그는 마귀 들린 소경 벙어리를 고쳐 주신 이야기를 전한다. 그것을 본 사람들은 예수께서 혹시 다윗의 자손이 아닐까 하는 반응을 보인다. 이 치유는 바리사이들과 대결하는 가운데 이루어진다. 이들은 예수께서 마귀 두목 베엘제불에게 사로잡혔다고 의심했다(마태 12,24). 눈먼 바리사이들을 질책하는 다른 곳(마태 15,14; 23,16-26)에서와 마찬가지로, 여기서도 바리사이들의 눈이 멀었음을 암시하는 듯하다.

예수의 치유는 상징적 의미가 있다. 이 다윗의 자손은 영육 간에 눈먼 사람들을 해방시켜 주시는 데 반해, 원수들은 무지에 사로잡힌 채 실없는 소리만 내뱉을 뿐이다. 예수를 다윗의 자손이라고 부르며 도움을 간청하던 가나안 여인과 예수와의 만남은 마태오에게 치유 이야기가 되었다(마태 15,21-28). 뒤이은 집약문(마태 15,29-31)에서도 다윗의 자손이 직접 거명되지는 않지만, 마태오는 그런 관점에서 언급한다. 다윗의 자손과 치유 활동이 서로 긴밀하게 연결되어 있음은 성전 정화 직후에 다시 한 번 더 드러난다(마태 21,14-16). 마태오만 이 장면을 이렇게 적고 있다. "성전에서 눈먼 이들과 절름거리는 이들이 다가오자, 예수님께서는 그들을 고쳐 주셨다." 수석 사제들과 율법 학자들은 아이들이 성전에서 "다윗의 자손께 호산나!" 하고 외치는 것을 보고 불쾌해했다.

---

[70] 특히 DULING과 LOADER[각주 69]를 참조할 것.

아이, 절름거리는 이들과 눈먼 사람(마태 21,14), 눈이 멀고 말을 못하는 사람(마태 12,22), 즉 당시 사회에서 인정받지 못하던 사람들이 예수께 몰려와 예수를 다윗의 자손이라 고백하고,[71] 그분이 이스라엘의 메시아임을 증언한다. 그러나 바리사이들이 가진 다윗의 자손 개념은 전혀 달랐다. 그들에게 다윗의 자손이란 다윗 가문에서 태어날 구원의 왕이요 해방자였다(참조: PsSal 17,5.23-25). 예수께서는 다윗이 자기 자손을 '주님'이라 부르는 시편 110의 1을 내세워 바리사이들과 대결하신다(마태 22,41-46). 예수는 다윗의 자손 이상이신 분이다. 마태오가 이해한바, 예수께서는 하느님의 아드님이시다.[72] 이렇게 마태오는 '다윗의 자손'이라는 칭호의 의미를 그리스도교적인 것에 국한한다. 예수께서는 이스라엘에 출현하신 다윗의 자손이요, 구원의 희망을 이루어 주신 분이다. 특히 병자들을 고쳐 주시며 그렇게 하신다. 그러나 그분은 유다인들이 기대하던 인물, 좁은 개념으로 이해될 수 있는 분이 아니다. '다윗의 자손'이라는 칭호가 유다교적 의미로부터 그리스도교적 의미로 전용되는 것을 보면서, 우리는 유다교적 메시아가 그리스도교적 하느님의 아드님으로 발전해 가는 과정을 본다. 구원사적 시각은 다윗의 자손에 관한 토론으로 종지부를 찍는다. 이 시각은 유다적 지평에서 출발하여 그리스도교적 지평으로 흡수된다(제3장 1.2 참조). 그러나 마태오는 자신이 유다계 그리스도교 출신인지라, '다윗의 자손'이라는 칭호를 굳게 견지하면서 그리스도교적 메시아를 지칭하는 출발점으로 삼았다.

2.1.4 그 밖의 신원 서술어

'하느님의 아드님', '사람의 아들', '다윗의 자손'이 마태오 복음서의 주도적 그리스도론적 신원 서술어라면, 이들이 '메시아'(그리스도), '유다인들의 임금'(마태 2,2; 27,11.29.37), '이스라엘의 임금'(마태 27,42), '주님'*Kyrios* 같은

---

[71] 참조: KINGSBURY, "Son of David" [각주 69] 598f.

[72] SUHL, "Der Davidssohn"[각주 69]과 최신 주석서들.

그 밖의 지칭어들과는 어떤 관계를 맺고 있는지 고찰해 보자. 마태오는 원시 그리스도교 전승에서 '기름부음받은이'*Christos*라는 개념을 물려받았다. '기름부음받은이'는 이스라엘 출신으로서 당신의 십자가와 부활의 길을 가신 구세주를 통칭한다. '예수 그리스도'는 나자렛 예수라는 독특한 인물을 지칭하는 확고한 용어가 되었다[마태 1,1.18; 16,20(고사본의 또 다른 형태)]. 그분은 이스라엘이 기대하던 메시아다. 그분 안에서 이스라엘의 모든 희망이 이루어졌다. 이때 메시아의 의미는 유다교적 기대를 훨씬 초월한다(마태 16,16.20). '다윗의 자손'에 관한 유다교적 개념에 따르면 그분은 구원 시기의 임금이다(마태 2,2.4). 정치적 통치자가 아니라, 당신 백성을 죄에서 해방시키시는 임금이다(마태 1,21). 임금이라는 이 칭호가 예수를 '기름부음받은이'로 지칭하는 유일한 근거는 아니다.[73] 빌라도의 신문(마태 27,22)과 사람들이 예수를 조롱하던 장면들(마태 27,28-29.42)은 오히려 '유다인들의 임금' 또는 '이스라엘의 임금'이라는 용어가 그리스도교적 구원자에 대한 시각을 드러내기에 부적절하다는 것을 보여 준다.[74] 마태오가 생각한 메시아는 유다인들이 기대하던 종말 시기의 통치자 그 이상이다. 그분은 살아 계신 하느님의 아드님이며(마태 16,16), 하느님 오른쪽으로 들어 올림 받은 분이고(마태 22,44), 하늘의 구름을 타고 오실 사람의 아들이다(마태 26,64). 이렇게 메시아는 하느님의 아드님과 사람의 아들의 광채를 가득히 받고 계시다. 이 메시아는 유다교적 개념에 부합하면서도, 그리스도교적 신앙고백 속에서 새로운 위상을 점하게 되었다. 유다계 그리스도교 신자인 마태오는 이제 그분을 완전히 원시 그리스도교적 지평 위로 등장시켰다.

유다인들 가운데서 활동하신 이 메시아가 초대교회에서는 '오실 그분'이었다. 그분은 그것을 행동으로 입증하셨다. 세례자 요한은 '그리스도의 행

---

[73] KARRER, *Der Gesalbte* [각주 69] 294.

[74] '이스라엘의 임금'은 대사제, 율법 학자, 원로들의 입에서 나온다. 반면에 '유다인들의 임금'은 비유다인들(빌라도와 로마 경비병들)의 말에 나타난다. 마태오에게 그것은 제4복음서와 달리 존칭이 아니다. 십자가에 달린 칭호, '유다인들의 임금 예수'(마태 27,37)도 그분의 신원을 제대로 파악하지 못한 데서 비롯되었다.

적'(마태 11,2)[75]에 대해 전해 듣고, 제자들을 보내 이 예수가 (그리스도교적 의미로) '오기로 되어 있는 그분'인지 묻게 한다. 예수께서는 당신이 병자들을 고치고 구원의 복음을 전했다는 사실을 상기시키는 것으로 대답을 대신하신다(마태 11,2-4). 여기서 사람들을 불쌍히 여기는 의사의 모습과 구원을 선포하는 분의 모습이 새삼 드러난다. 예수 그리스도를 이렇게 묘사하면서 마태오는 메시아 문제도 충실히 다룬다. 그는 그리스도께서 믿는 사람들(마태 18,6: "나를 믿는 이 작은 이들") 가운데서 활동하시는 부활 이후 시기를 내다보며, 감히 예수의 권위를 사칭하는 사이비 메시아, 메시아 참칭자僭稱者들도 경계한다(마태 24,5). 재림 그리스도는 이런 사이비 그리스도들과 사이비 예언자들을 통해 알려지고 있었다(마태 24,23-24). 이 모든 것은 부활 이후의 그리스도교적 관점에서 이루어졌다. '그리스도' 또는 '기름부음받은이'라는 이 개념은 케리그마적으로 다듬어진 용어다.

예수께서는 자주 '주님'으로 불리는데, 신원 서술어로서의 'Κύριος'(주님)와 호칭으로서의 'Κύριε'(주님)는 구별되어야 한다. 루카 복음서와는 달리 마태오 복음서에서는 '주님'이 21장 3절에 단 한 번 등장하는데, 그것도 마르코 복음 11장 3절을 인용하면서다. 다윗의 자손에 관한 대화(마태 22,41-46)의 초점은, 예수께서 주님이신가가 아니라, 다윗 자신이 그분을 두고 주님이라고 했다면, 유다인의 관념으로 예수께서 어떻게 다윗의 자손이 될 수 있겠는가이다. 주님이신 하느님께서 친히 다윗의 자손을 당신 오른쪽에 앉게 하시고, 그리하심으로써 그분에게 독특한 지위를 부여하셨다는 것이다. 원시 그리스도교는 주님에 관해 언급하는 시편 110의 1이 예수 부활과 높이 들어 올리심을 말하는 것이라 확신했고, 궁극적으로 하느님의 아드님 또는 사람의 아들이라는 그분의 지위를 언급하는 것으로 이해했다

---

[75] LUZ, *Matthäus* 2 [각주 69] 167은 '그리스도의 활동'은 마태 5-9장에 기록된 것이 전부라고 본다(마태오적 구성). 세례자 요한의 물음의 역사성에 관해서는 특히 A. VÖGTLE가 의의를 제기한다: A. VÖGTLE, "Wunder und Wort in urchristlicher Glaubenswerbung" (Mt 11,2-5/Lk 7,18-23), in: DERS., *Das Evangelium und die Evangelien* [각주 51] 219-242. 균형 잡힌 설명: LUZ, *Matthäus* 2 [각주 1] 165f.

(마르 14,62와 병행구. 참조: 사도 2,32-35; 콜로 3,1; 에페 1,20; 히브 1,13; 8,1 등). 가이스트는 마태오 복음서에서 신원 서술어(주격: Nominativ) *Κύριος*는 호칭어(호격: Vokativ) *Κύριε*와 달리 특별한 의미가 없다고 주장한다. 이는 보른캄G. Bornkamm의 주장과 반대다. 보른캄은 예수의 신원 서술어 *Κύριος*와 호칭어 *Κύριε*가 신적 지존의 신분을 나타낸다는 주장을 폈다.[76] 그러나 그는 여기서 *Κύριος*가 종말 비유에 사용되었다는 사실을 고려해야 했다(마태 24,42.45-46.50; 25,18-19.21.23.26). 종말 비유에서 *Κύριος*는 비유의 회화적繪畫的 언어에 동화되었으며, 배후에 사람의 아들이 있다(참조: 마태 24,37.39.44; 25,31). *Κύριος*가 독자적 신원 서술어로 사용된 흔적은 찾을 수 없다.

가이스트에 따르면 마태오 복음서의 호칭어 *Κύριε*는 이와 전혀 다르다. 그는 이 *Κύριε*를 사람의 아들을 부르는 말로 이해하고 있다. 마태오 복음서 도처에서 호칭어 *Κύριε*는 다윗의 자손과 연관되거나(마태 9,27-28; 15,22; 20,30-31), 아니면 사람의 아들(마태 7,21-22; 25,11.20.22.24) 또는 하느님의 아드님과 거의 같은 뜻으로 사용된다(마태 8,25; 14,28.30; 참조: 14,33). 제자들이 예수를 드물지 않게 ‘주님’이라고 불렀다면, 그 호칭에는 예수의 지존성과 신성에 대한 존경심이 내포되어 있었을 것이다(마태 8,21.25; 14,28.30; 17,4; 18,21). 그렇지만 거기에는 헬레니즘적 영향을 받은 공동체 신앙고백의 영향도 반영되었을 것이다. *Κύριος*는 교회의 주님이시다(참조: 마태 13,27; 25,37.44). 이 주님은 교회에 요구도 하시지만(마태 18,21), 교회가 어려움을 겪을 때나 유혹에 빠질 때 힘도 주신다(마태 18,25). ‘하느님의 아드님’과 ‘사람의 아들’에서 발견된 특징(지존성, 교회 안에 살아 계시는 현존, 세상 끝 날까지 베푸시는 보호)들이 *Κύριε*를 통해 확인된다. 제자들이 부활하신 예수를 ‘주님’이라고 부르는 표현은 마태오 복음서 마지막 장면에 나오지 않는다. 그러나 신적 존재이심을 고백할 때 취하는 자세인 “엎드려 경배하였다”(마태 28,17: *προσκυνεῖν*)가 마태오 복음서 전체를 통해 이러한 시각을 입증한다.[77] ▶

---

[76] Geist, *Menschensohn* [각주 66] 350-352.

전체적으로 '메시아', '임금님', '주님'이라는 칭호들이 마태오 복음서에서 예수 그리스도의 모습에 새롭게 기여한 것은 별로 없다. '메시아'와 '임금님'은 이스라엘의 희망이 예수 그리스도 안에서 실현되었고 또한 그들의 희망을 훨씬 넘어 완성되었다는 것을 강조하기 위해 유다적 지평 위에 제시되었을 뿐이다. 다만 한 가지 새롭게 강조된 것이 있다면, '주님'이라 부름으로써 하느님 아드님의 초월적 권위를 표시하거나 사람의 아들께서 누리시는 권능을 나타내고, 이 주님을 교회에 **그들의** 주님으로 보여 주었다는 것이다(마태 24,42: "너희의 주님").

2.2 구약의 예언과 약속을 실현하신 분

마태오는 유다계 그리스도교 관점에서 출발하여, 이민족계 그리스도인들에게 널리 전파된 보편적 그리스도교 관점으로 발전했다(제3장 1.2 참조). 따라서 그가 구약의 예언들을 받아들여 부활 이후의 그리스도교적 시각 속에 편입시킨 것은 그리 놀랄 일이 아니다. 마태오는 마르코와 비교할 수 없을 만큼 구약성경을 많이 활용한다.[78] 전체적으로 마태오 복음서는 구약성경 인용구와 구약성경을 암시하는 구절로 엮여 있으며, 성경에 기록된 하느님 말씀으로 충만하다. 이 면면한 흐름을 살펴보려면, 정식으로 인용된 성경 구절에만 신경 쓸 것이 아니라, 이 복음서에 현저히 많이 반영된 구약성경의 내용에도 주목해야 한다. 이런 내용들은 그 표상과 언어가 유래하는 구약성경의 배경을 잘 드러내 보여 준다.[79] 마르코 복음서의 모든

---

[77] 참조: 마태 2,2.11; 4,10; 8,2; 9,18; 14,33; 15,25; 20,20; 28,9. 참조: H. GREEVEN, *ThWNT* 6, 764f; J.M. NÜTZEL, *EWNT* 3, 420.

[78] 신약성경 원문[NESTLE-ALAND, *Novum Testamentum Greece* (Stuttgart ²⁶1981)]에 외관상 굵은 활자로 인쇄된 구약성경 인용구와 구약성경을 암시하는 구절들이 마태오 복음서에는 대략 72번, 마르코 복음서에는 대략 35번 나타난다. 대부분 종말론적 담화와 예수 수난과 관련된다. 참조: J.C. HAWKINS, *Horae Synopticae* (Oxford ²1968) 154-156 도표; K. STEN-DAHL, *The School of St. Matthew* (Uppsala 1954) 47-142; R.H. GUNDRY, *The Use of the Old Testament in St. Matthew's Gospel*, NT.S 18 (Leiden 1967) 89-147.

[79] GUNDRY, *Use of the Old Testament*, 127-147.

서술 속에 이미 성경 언어가 스며 있었다. 그러나 마태오 복음서에는 그 이상으로 흘러넘친다. 마태오는 많은 것을 전승에서 물려받았다. 그러나 그는 깊이 묵상하며 이 자산을 늘려 간다. 자신이 인용한 성경 구절들이 예수의 삶과 활동과 운명 속에서 그대로 실현되고 있음을 보았고, 그것들을 그리스도교적으로 이해하여 그 성경 구절들을 그에 상응하게 해석했다. 이리하여 유다교에서 출현한 예수 모습, 그리고 양 종교의 공동 성경을 통해 그 성경과 더 긴밀히 연결되는 이 예수 모습이 믿음의 예수 그리스도 모습으로 전이되었다. 십자가에 죽으시고 부활하신 이 믿음의 예수 그리스도는 새로운 모습으로, 유다교를 뛰어넘는 의미를 지니게 되었다. 이제 이 유다교 이해가 정당한 것인지 묻지 않을 수 없게 되었다. 이 빛 속에서 예수의 길이 하느님께서 정하신 길로 드러나며, 가시는 길의 매 단계가 인용된 구약성경을 통해 예정대로 진행되는 의미를 깊이 깨닫게 된다.

마태오 복음서에는 소위 '예언 실현 인용구'라는 독특한 성경 구절 그룹이 삽입되어 이 복음서의 고유한 성격을 드러낸다. 그러나 이 구절들은 본문 인용구 및 전승 인용구와 완전히 분리되지 않고, 오히려 '성경 말씀이 이루어져야 한다'(마태 26,54.56; 참조: 마르 14,49)는 전승과 얽혀 있다.

2.2.1 예수 '이력'의 구분점

① 마태오 복음서는 먼저 예수의 기원과 출생에 대해 언급한다. 예수의 기원에 관한 기록은 그분이 아브라함 씨족, 다윗 가문의 후손이자 '우리와 함께 계시는 하느님'이라고 증언한다. 이 가문의 족보(마태 1,1-17)는 그리스도라고 불리는 예수가 마리아에게서 탄생하신(마태 1,16) 데서 정점에 이른다. 이 탄생은 하느님의 성령으로 이루어진 것이다(마태 1,18.20). 이것을 입증하기 위해 이사야서 7장 14절(칠십인역)이 예언 실현 인용구로 제시된다. 임마누엘을 '우리와 함께 계시는 하느님'으로 해석하는 것이 이 구절의 핵심이다. 예수의 베들레헴 탄생은 미카서 5장 1-3절에 근거한다(마태 2,6). 이곳에 인용된 세 편의 예언 실현 인용구는 예수의 이집트 체류(마태 2,15), 베

들레헴 사내아이 학살 때 들리는 통곡 소리(마태 2,18), 예수의 나자렛 정착(마태 2,23)과 관련되어 있다. 마태오는 예수의 유년기가 그 중요한 사건들과 함께 이미 성경에 예언되어 있고, 그대로 입증되었다고 본다.

② 예수 생애의 둘째 구분점은 예수께서 갈릴래아에서 복음을 선포하기 시작하셨다는 언급이다. 이스라엘 북부 지역, 이 "이민족들의 갈릴래아"(마태 4,15)에 큰 빛이 비친다. 마태오는 갈릴래아에서 이민족의 개종을 내다보았다(마태 8,11; 15,24-28; 24,14; 28,19). 이로써 그는 이사야 예언자가 이사야서 8장 23절에서 9장 1절에 예언한 것이 실현되었다고 보았다(마태 4,14-16).

이때부터 예수께서는 복음을 선포하기 시작하셨다. "하늘 나라가 가까이 왔다"(마태 4,17). 이것은 구원의 희망이 갈릴래아에서 시작되었음을 알리고, 부활하신 분이 갈릴래아에 발현할 것을 예고한다(마태 28,16-20). 이어서 마태오는 산상 설교(마태 5-7장)와 예수의 활동(마태 8-9장)을 쓴 다음, 감옥에서 '그리스도께서 하신 일'을 전해 들은 세례자 요한으로 하여금 제자들을 보내 예수가 오실 그분이신지를 묻게 한다(마태 11,2-3).[80] 유다인과 그리스도인 사이에 논쟁거리가 된 이 문제를 놓고, 예수께서는 당신이 병자들을 고치시고 가난한 사람들에게 복음을 선포하신 것을 되돌아보게 하는 구절들을 이사야서에서 뽑아 엮어 대답하신다. 병자들을 고치시고 가난한 사람들과 억눌린 사람들에게 구원을 베푸시는 메시아의 그리스도교적 모습이 이 말씀 속에 부각되어 나타난다.

---

[80] 세례자 요한이 자기 뒤에 오실 분께서 행하실 임박한 심판을 확고히 기대하고 있었기 때문에(마태 3,10-12), 제자들을 예수께 보내 묻게 했다고는 생각하기 어렵다. 예수의 답변 속에 나타나는 활동들이 아직 그분의 지상 활동 속에 가시화되지 않았기 때문이다. 예수의 대답은 나자렛 설교(루카 4,18-19)처럼 이사야서 인용(이사 61,1-2)으로 이루어지고, 특히 가난한 이들에게 기쁜 소식을 전한다는 점을 강조하고 있어서, 오히려 교회가 이분에 관해 오랫동안 묵상해 온 것을 표현한 것이 아닌가 생각된다. 따라서 이 이야기의 역사성에 의구심을 품은 학자들이 적지 않다. 참조: A. VÖGTLE, "Wunder und Wort in urchristlicher Glaubenswerbung" (Mt 11,2-3/Lk 7,18-23), in: DERS., *Das Evangelium und die Evangelien* [각주 51] 219-242; R. PESCH, *Jesu ureigene Taten*, QD 52 (Freiburg - Basel - Wien 1970) 36-44; A. GORGE, "Paroles de Jésus sur les miracles" (Mt 11,5.21; 12,27.28 et par), in: J. DUPONT (éd.) *Jésus aux origines de la christologie*, BEThL 40 (Louvain 1975) 283-301.

③ 하느님의 종에 관한 상세한 예언 실현 인용구(마태 12,18-21에 인용된 이사 42,1-4)는, 사람들이 점점 더 거세게 반발하고 거부하고 불신하며(마태 11,20-24) 적대감을 표현함으로써(마태 12,9-14) 예수를 본격적인 공적 활동으로 인도하는 중추적 의미를 획득한다. 이것을 예수 생애가 새로운 (셋째) 시기로 들어서는 전환점으로 본다. 예수는 적들과 대결하면서도 강력한 힘으로 차분히 활동하신다. 사람들은 병자를 치유하는 이 인자한 분을 알아보지 못했고(마태 12,17), 그분께 숨어 있는 구원과 희망의 힘을 알지 못했다. 이런 맥락에서 바리사이들은 예수를 죽이기로 결정했고(마태 12,14), 예수께서 마귀 두목 베엘제불의 힘을 빌려 마귀들을 쫓아내시는 것으로 의심했다(마태 12,24). 예언 실현 인용구는 이런 상황에 적용되며,[81] 영으로 충만한 하느님의 아드님(마태 3,17)을 주님으로, 심판하실 하느님의 종으로 예수의 활동 가운데 제시한다.[82] 예수 제자들과 완강한 적들은 비유(마태 13장)가 말하듯 점점 더 멀어진다. 마태오는 이스라엘의 완고함에 대해 이사야서 6장 9-10절(마르 4,12 참조)을 예언 실현 인용구로 제시한다(마태 13,14-15).[83]

④ 다음은 카이사리아 필리피 장면이다. 여기서 예수께서는 제자들에게 수난과 죽음의 길을 밝히신다(마태 16,21). 예루살렘 여정은 전승적 '사람의 아들 텍스트'로 기술되는데(마태 16,21; 17,22; 20,18-19), 이것이 이 예언에 근거한 예수의 수난과 죽음이 하느님의 뜻임을 뒷받침한다. 여기서 마태오는 자기 고유의 예언 실현 인용구를 포기한다. 그는 예수의 예루살렘 입성을 다윗의 자손/임금님의 평화적 행동으로 파악하면서, 이사야서 62장 11절과 스카르야서 9장 9절의 예언이 비로소 실현되었다고 보고 이 두 구절을 예언 실현 인용구로 제시한다(마태 21,4-5).

---

[81] 참조: J.H. Neyrey, "Thematic Use" [각주 37].

[82] 참조: Luz, *Matthäus* 2 [각주 1] 250.

[83] Rothfuchs, *Erfüllungszitate* [각주 7] 23f는 마태 13,14-15를 예언 실현 인용구 속에 결합시키지 않았다. 도입부의 언어와 성격이 전혀 다르기 때문이다[본문은 칠십인역 성경]. 이 구절을 마태오 이후에 삽입된 것으로 보는 학자들이 많다. 반박: Gundry, *Use of the Old Testament* [각주 78] 116-118.

⑤ 성경의 예언과 실현에 관한 마지막 구분점은 복합적이며, 예수 수난기에 수록되어 있다. 예수 체포 장면에 이미, "예언자들이 기록한 성경 말씀이 이루어지려고 이 모든 일이 일어난 것이다"(마태 26,56)라고 나온다. 수난기에서 마태오는 구약성경이 글자 그대로 반영되고 있음을 주목한다. 예컨대 27장 9-10절(은돈 서른 닢), 27장 34절(쓸개즙을 섞은 포도주), 27장 35-36절(겉옷을 나누어 가짐), 27장 39.43절(조롱), 그리고 27장 46절(하느님께조차 버림받았다고 부르짖는 기도)이다. 여기서 마태오는 마르코의 기록을 거의 그대로 따르지만, 부분적으로 성경 구절들을 더 분명하고 구체적으로 표현한다(쓸개즙을 섞은 포도주: 27,34; 하느님의 아드님을 조롱함: 27,39.43). 다만 은돈 서른 닢에 대한 예언 실현 인용구만은 새로 삽입시킨다(마태 27,9-10). 전반적으로 마태오가 예수 수난에 관한 자신의 예언 실현 인용구를 포기했다면, 그에 앞서 형성된 수난 전승을 그대로 받아들여 활용했기 때문일 것이다.

하느님의 뜻이 마지막으로 실현되는 것이 예수의 죽음, 묻힘 그리고 부활이다. 예수의 수난 예고 중, 사람의 아들이 사흗날에 다시 살아나리라는 것은 부활 사건에서 실현된다. '하느님의 아드님'이라고 조롱당하며 십자가에 죽으신 그분은 당신이 참으로 하느님의 아드님임을 백인대장과 경비병들의 고백을 통해 입증하신다(마태 27,54). 무덤으로 달려간 부인들은 그분이 부활하셨다는 기쁜 소식을 전해 듣고 갈릴래아로 가라는 지시를 받는다(마태 28,7.10). 여기서 예수께서 부활하셨다는 것(마태 28,6)과 갈릴래아에서 다시 만나게 되리라는 것(마태 28,7)을 강조한다. 이렇게 성경의 예언(마태 26,31)뿐 아니라, 예수의 예고도 그대로 실현된다. 수난과 죽음의 길을 가신 예수께서는 성경으로 확인된 하느님의 뜻을 잘 아시고 당신 말씀으로 확인해 주셨다. 이 말씀은 부활하신 예수께서 하늘과 땅의 모든 권한을 받으셨다는 것을 언명하실 때 절정에 이른다(마태 28,16-20). 이 말씀은 교회의 미래를 지시하는 예언의 실현 사건을 견지하고 해석해 준다.

예수께서 가신 길은 실현된 약속들로 연결된 긴 사슬과 같다. '성경 말씀이 이루어져야 한다'(마태 26,54.56)라는 원칙이 성경 인용구들을 통해 다양한 개별 사건에서뿐 아니라 전체 흐름 속에서도 확인된다. 마태오 복음서를 성경이 입증하는 예언서로 특징짓는 요소는 그리스도론적 의미가 강한 동사 πληροῦσθαι(플레루스타이: 이루어지다, 채워지다)다. 이로써 예수 이야기가 그리스도 사건을 이스라엘 역사 속에 편입시키는 구원사적 반열에 놓인다. 이 구원사는 예수 이야기를 이스라엘 역사보다 높이 친다. 성경이 선포한 모든 것은 이제 새로운 빛으로 보아야 하기 때문이다. 마태오가 이런 생각으로 복음서를 썼다는 것이 예언 실현 인용구들을 통해 확인된다.

2.2.2 예언 실현 인용구

예언 실현 인용구들은 오래전부터 학계의 주목을 받아 왔다.[84] 이 인용구들은 "예언자를 통하여 하신 말씀이 이루어지려고"라든가 혹은 그 비슷한 문구로 도입되는 특징이 있다. 엄밀히 말하면 다음 구절들이다: 마태오 복음 1,22; 2,15.17.23; 4,14; 8,17; 12,17; 13,35; 21,4; 27,9. 여기에 성경(또는 예언자들의) 말씀이 이루어짐을 언급하거나(마태 26,54.56), "사실 예언자가 이렇게 기록해 놓았습니다"(마태 2,5; 참조: 마르코 복음서를 인용한 마태 26,24.31)라는 문구가 추가되기도 한다.[85] 성경 인용구Schriftzitate('Formula-Quotations')는 특성상 일정한 문구로 인용되기 때문에, 이런 질문이 제기된다: 이 도입 문구는 이 복음서 저자에게서 유래하는가 아니면 전부터 있었는가? 인용구의 출처는 어디인가? 성경 인용구들은 마소라*Masorah* · 타르굼*Targum* · 칠십인역 성경 등, 다양한 성경 본문과 관련되어 있다.[86]

---

[84] 참조: 앞서 소개된 HAWKINS, STENDAHL, ROTHFUCHS, GUNDRY의 저서와 LUZ, *Matthäus 1* [각주 1] 134에 수록된 참고문헌. LUZ는 Exk.(134-141)에서 이 인용구들의 신학적 문제를 다루었다. 이 예언 실현 인용구들은 마태오 신학의 기본 주제를 강조한다.

[85] 참조: ROTHFUCHS, *Erfüllungszitate* [각주 7] 22.31-33.

[86] 참조: STENDAHL, *School* [각주 78] 97-127에 나오는 정확한 비교; GUNDRY, *Use of the Old Testament* [각주 78] 89-127. GUNDRY는 이곳에 혼용된 언어의 다양성 때문에 이 인용구들의 출처를 팔레스티나로 본다. 당시 팔레스티나에서는 그리스어, 아람어, 히브리어가 통용되고 있었기 때문이다.

성경 말씀이 이루어졌다는 것은 인용된 구약성경 본문을 깊이 묵상했다는 뜻이다(그래서 '숙고 인용구'Reflexionszitate라고도 부른다). 성경 인용구를 복음서에 도입한다는 문구는 대개 그 복음서 저자가 써넣은 것으로 추정된다. 복음서 저자만이 그 어구를 해당 문맥에 삽입할 수 있었고, 동사 πληροῦσθαι는 그가 선호하는 단어이기 때문이다. 이 인용구들의 기원에 관해 일부 학자는 초대교회가 사용하던 한 증언집을 마태오가 활용했으리라 추정한다. 다른 학자들은 마태오가 인용한 성경 구절들이 성경 본문과 다르니 인용구는 이 복음서 저자에게서 비롯된 것이라고 설명한다. 그들은 마태오가 자기 의도에 따라, 혹은 해당 문맥과 일치시키기 위해, 성경 본문을 약간 수정하여 인용했다고 본다. 그 밖에도 이 문제와 관련하여 학자들이 이런저런 설명을 달지만 확실한 것은 없다: 가령, 성경이 이렇게 활용된 배후에는 그리스도교적 성서학자들로 구성된 어떤 '믿음 공동체'가 성경을 그렇게 활용했기 때문이라든가(K. Stendahl), 이 인용구들이 전례·강론 전승에서 유래한 것이라든가[87] 혹은 인용된 성경 구절들이 본문과 다소 다른 형태인 것은 그리스어, 아람어, 히브리어가 동등한 자격으로 혼용된 성경의 언어적 배경 때문이라는 것이다(R.H. Gundry). 예언 실현 인용구의 의미도 관점에 따라 학자들의 설명이 다르다. 이 인용구들이 그리스도 교회에 대한 교육적 성향을 지닌다고 보느냐, 그 '삶의 자리'가 교회 전례Liturgie라고 보느냐, 아니면 유다교에 대한 호교적 관심을 드러낸다고 보느냐에 따라 그 뜻을 달리 설명한다.[88] 이 관점들이 모두 어우러져 반영될 수 있겠지만 주도적 경향은 그리스도론이다. 이 성경 구절들은 유다계 그리스도교 성서학자들이 마태오 이전부터 깊이 묵상해 왔고, 그것을 마태오가 상황에 맞게 적용시켜 활용했다.[89] '타르굼화된' 성경 텍스트는 이렇게 생성되

---

[87] 참조: G.D. KILPATRICK, *The Origins of the Gospel according to St. Matthew* (Oxford 1946) 59-100.

[88] 참조: B. LINDARS, *New Testament Apologetic: The Doctrinal Significance of the Old Testament Quotations* (London 1961) 여러 곳, 그리고 예언 실현 인용구에 대해서는 259-265. "호교론적 고려가 중요한 요소다"(259).

었고, 쿰란이나 타르굼처럼 그리스도교의 특별한 용도로 사용되었다.

예언 실현 인용구 선택에서 그리스도론적 의도가 드러난다. 적어도 예수 유년기 이야기에는 더욱 그러하다. 이 인용구들은 하느님에게서 오신 예수의 기원과 그분의 신적 신분을 알리고, 베들레헴을 거쳐 나자렛에 이르는 그분의 길을 암시한다(마태 2,6.23). 그 길은 그곳에서 출발하여 유다 전 지역과 다른 민족 일부 지역까지 뻗어 나간다(마태 4,14-16 참조). 이 모든 것이 하느님의 뜻과 안배로 이루어진다. 하느님께서는 자식을 잃고 울부짖는 라헬의 통곡도 여기 포함시키셨다(마태 2,18). 이런 그리스도론적 경향은 하느님의 종에 관해 예언한 두 성경 인용구(마태 8,17; 12,17-21)에 특히 뚜렷하다. 이 인용구들은 그리스도의 모습을 우리 앞에 선연히 보여 준다. 병자를 보고 가슴 아파하며 낫게 해 주시는 분, 차분하면서도 흔들림 없는 활동으로 하느님의 승리를 이끌어 내시는 그리스도의 모습이다. 평화를 이루는 구원의 임금님 모습은 마태오 복음 21장 4-5절의 인용구 속에 그려지지만, 13장 35절 인용구의 배후가 되기도 한다. 예수께서는 창조 이래 숨겨져 온 것을 선포하셨다: 인간의 머리로는 절대 이해 못할 하느님의 뜻을 밝혀 주실 분이 예수라는 사실이다. 이것은 곧 비유로 가르치는 설교의 종합적 결론이기도 하다. 그러나 비유의 설교는 제자들만 이해할 수 있었다. 예수께서 그들에게는 그 뜻을 밝혀 주셨기 때문이다(마태 13,51-52 참조).

마태오 복음서 본론의 예언 실현 인용구 선택은 매우 부자연스럽다. 마태오가 활용한 전승을 자기 복음서에 그대로 인용했기 때문이다. 그러나 이 예언 실현 인용구들은 전승이 전하는 다른 인용구들과 함께 예수의 모습을 묘사했고, 그 세세한 부분까지 성경의 빛으로 해석되었다. 예언 실현 인용구들은 복음서의 기반이 될 통일적 지층을 형성하지는 못하지만, 암암리에 예수를 그리스도론적으로 이해하게 해 준다. 이 그리스도론적 이해가 마태오 복음서 전체를 통해 빛을 발하고 있다.

---

[89] 참조: LUZ, *Matthäus* 1 [각주 1] 138f.

2.2.3 성경 인용구, 그리고 이스라엘과 그리스도교와의 관계

마태오는 이 성경 인용구로 구약성경과 그리스도 사건을 연결시키려 했지만, 구약의 백성 이스라엘은 예수 그리스도를 해석하는 데 부정적 역할을 한다. 유다 지도자들이 예수를 배척하고 죽이려 했음을 입증하는 성경 이야기와 인용구들이 마태오 이전 전승에 이미 전해지고 있었다. 포도밭 소작인의 비유(마태 21,33-46)에서 하느님의 아드님은 하느님께서 보내신 종들(예언자) 중 마지막으로 죽임을 당하신다. 그러나 이 비유 끝에 인용된 성경 말씀은 하느님께서 사태를 역전시키신다는 것을 암시한다. "집 짓는 이들이 내버린 돌, 그 돌이 모퉁이의 머릿돌이 되었네"(마태 21,42). 마태오는 이 말씀을 마르코 전승에서 취했다(마르 12,1-11). 그러나 마태오는 구원사의 흐름을 연장시키고 예수의 운명을 구체적으로 묘사(아들을 포도밭 밖으로 끌어내 죽임으로써 예언자들의 운명을 암시)함으로써 이 말씀을 해석했다. 하느님의 옛 백성은 자신의 특전적 지위를 소홀히 하고 남용하다가 결국 소출을 내는 다른 백성에게(마태 21,43) 하느님 나라를 넘겨주지 않을 수 없게 된다.

예언자들을 죽이고 하느님께서 보내신 이들을 돌로 쳐 죽이는 예루살렘에 대한 말씀(마태 23,37-39)은 어록집에서 왔다. 이 말씀 끝 부분은 본디 시편 118의 26의 인용구로, 예루살렘 순례자들의 환호성이었다. 이것이 여기서는 이스라엘에 대한 위협의 말씀으로 이해되어야 하는 까닭은, 이 인용구가 "보라, 너희 집은 버려져 황폐해질 것이다"라는 말씀과 연결되기 때문이다.[90] 그 밖에 이스라엘 백성에게 책임을 지우는 말이 마태오 복음 27장 25절에 나온다. 자기는 예수의 죽음에 책임이 없다고 선언하는 빌라도에게 유다 민족을 대표하는 현장의 '백성'이 그 책임을 자기네들이 지겠다고 대드는 말이다. "그 사람의 피에 대한 책임은 우리와 우리 자손들이

---

[90] 참조: STRECKER, *Weg der Gerechtigkeit* [각주 25] 113-115; TRILLING, *Das wahre Israel* [각주 3] 87f; GNILKA, *Matthäus-Evangelium* 2 [각주 1] 305. 다른 주장: A. SCHLATTER, *Der Evangelist Matthäus* (Stuttgart ³1948) 691; R.H. GUNDRY, *Matthew: A Commentary on His Literary and Theological Art* (Grand Rapids 1982) 474; F. MUSSNER, *Dieses Geschlecht wird nicht vergehen: Judentum und Kirche* (Freiburg - Basel - Wien 1991) 95f.

질 것이오." 마태오는 기원후 70년에 일어난 유다 민족의 대재앙을 예견하며 이렇게 표현했을 것이다.[91]

　이를 근거로 우리는 성경 인용구들을 유다교에 대한 그리스도교적 반박 논리 또는 호교 논리로 이해한다. 그렇다면 예언 실현 인용구들도 그리스도교를 유다교로부터 보호하는 데 기여했다고 볼 수 있다. 그러나 이 인용구들의 호교적 해석(B. Lindars)이 인용된 성경과 항상 일치하는 것은 아니다. 마태오는 자기 공동체에 그리스도의 모습을 전해 주려 했다. 이 그리스도의 모습이 유다적 메시아의 모습과 대립되는 것은 사실이지만, 마태오는 이 모습으로 유다적 메시아와 대결하려는 것이 아니라, 이 모습의 깊이를 보여 주고 더욱 현양하려 했다(마태 22,42-44 참조). 마태오 복음서에는 예수의 무덤을 지키던 경비병 이야기(참조: 마태 27,62-66; 28,11-15) 같은 호교론적 기사도 수록되어 있다. 그러나 여기서는 예언 실현 인용구나 성경의 내용이 뒷받침되지 않는다. 저자는 다만 당시에 떠돌던 헛소문을 물리치고(마태 28,15) 구세주의 그리스도교적 이해에 근본적으로 새로운 것을, 십자가를 통해 부활에 이르는 예수의 길을, 죄인들의 죄를 용서받기 위해 자신을 대속의 제물로 바치는 그분의 죽음(마태 20,28; 26,28)을 성경의 빛으로 비추어 주려 했을 뿐이다. 속전의 말씀 배후에 이사야서 53장 10-12절의 예언이 있다는 것은 의심할 여지가 없다.[92] 바로 여기에 유다교와 그리스도교의 경계선이 그어진다. 하느님의 자비가 모든 구원 사건의 근본임을

---

[91] 대단히 잘못 해석된 이 말씀에 관하여: K.H. SCHELKLE, "Die 'Selbstverfluchung' Israles nach Matthäus 27,23-25", in: W.P. ECKERT (Hrsg.) *Antijudaismus im Neuen Testament?* (München 1967) 148-156; FRANKEMÖLLE, *Jahwe-Bund und Kirche Christi* [각주 3] 209f; R. KAMPLING, *Das Blut Christi und die Juden*, NTA NF 16 (Münster 1984); GNILKA, *Matthäus-Evangelium* 2 [각주 1] 458f.

[92] 참조: J. JEREMIAS, "Das Lösegeld für viele" (Mk 10,45), in: DERS., *Abba* (Göttingen 1966) 216-229, 특히 227f; K. KERTELGE, "Der dienende Menschensohn" (Mk 10,45) in: R. PESCH/R. SCHNACKENBURG (Hrsg.) *Jesus und der Menschensohn*, FS A. VÖGTLE (Freiburg - Basel - Wien 1975) 225-239, 특히 231f; DERS., *EWNT* 2, 901-904. F. BÜCHSEL, *ThWNT* 4, 344f는 이사 53장에서 도출하는 것에 대해 회의적이다. 참조: GUNDRY, *Use of the Old Testament* [각주 78] 39f.

일깨우는 예수의 말씀과 행동(마태 9,13; 12,7)은 구원과 구원자에 대한 인식을 새롭게 한다(마태 1,21). 예수는 인류를 위해 존재하신다(Proexistenz). 하느님께서는 당신 아들을 희생 제물로 내주시고 그 아들의 죽음을 받아들이심으로써 그분이 오직 인류를 위해 사신다는 것(마태 20,28)을 확인시키고 보장해 주셨다. 마태오는 이 구원 사건을 바오로나 요한만큼 철저하게 성찰하지는 않지만, 마태오가 활용한 성경 인용구와 성서적 암시를 통해 이 사건은 마태오 복음서 안에 확고한 입지를 구축했다.

성경 인용구의 빛으로 그리스도 교회는 그때까지 이스라엘에게 약속되었던 하느님 나라로부터, 새롭게 이룩된 종말론적 구원의 백성으로 전회한다(마태 21,43 참조). 예수의 미래 전망에는 다른 민족들도 이 백성에 포함된다. 그러나 장차 있을 심판대에는 신약의 이 하느님 백성도 서게 될 것이다. 마태오 복음서는 이들이 예수의 말씀을 행동으로 실천해야 할 의무가 있음을 강조한다. 선택된 사람들과 의인으로 입증된 사람들, 그리고 자선을 거부한 사람들이 최후 심판 때 비로소 가려진다(마태 25,31-46).

2.3 하느님께서 보내신 분, 새롭고 더 큰 의로움을 요구하시는 분

예수께서는 당신의 윤리 교시를 엄격히 따르라고 교회에 요구하셨다(제3장 1.3 참조). 이제 산상 설교를 바탕으로 그분의 윤리 설교 양식을 더 깊이 추적해 보자. 마태오는 예수의 말씀들을 모아 하나의 큰 문단으로 만들었다. 이 문단을 만들기 위해 마태오도 루카처럼 예수 어록집에서 많은 자료를 인용했다. 게다가 자기가 따로 수집한 고유한 전승 사료들을 추가로 편입시켰는데, 그중 일부는 유다계 그리스도교 전승에서 온 것이었다. 이렇게 그는 이 문단을 현저히 확장시켰다. 마태오는 복음서 본문 첫머리에 예수의 출현과, 그분이 갈릴래아에서 활동을 시작하셨다는 것을 기록한다. 이때 예수께서는 가르치시고 복음을 선포하시고 병자들을 고치시며 구원의 빛을 널리 비추신다(마태 4,23-25). 이어서 산상 설교라는 큰 문단이 전개된다. 산상 설교는 의로움을 실천하는 데 초점을 맞추었다. 마르코 복음서에

는 이런 대목이 없지만, 마르코는 그에 해당하는 자리에 예수의 가르침이 백성에 미치는 영향을 기록했다. "그분께서 율법 학자들과 달리 권위를 가지고 가르치셨다"(마르 1,22. 참조: 마태 7,28-29). 군중에게 구원(행복 선언 참조)을 선포하실 때마다, 예수께서는 율법 학자와 바리사이들이 계명을 지켜 이루려 했던 의로움보다 더 큰 의로움을 실천하라고 요구하신다(마태 5,20).

의로움을 실천하도록 사람들을 독려하시던 예수의 모습이 너무도 생생하여, 마태오는 부활하신 예수께서 제자들에게 하신 말씀을 이렇게 기록한다. "내가 너희에게 명령한 모든 것을 가르쳐 지키게 하여라"(마태 28,20). 이것은 분명 산상 설교를 두고 하신 말씀이다. 우선, 예수께서 요구하시는 이 말씀의 핵심이 무엇인지 분명히 알아야겠다.

2.3.1 윤리 교사이신 예수의 사명 의식

행복 선언 전반부 네 말씀은 마음이 가난한 사람, 슬퍼하는 사람, 온유한 사람, 의로움에 주리고 목마른 사람들에게 하느님의 자비와 구원을 약속한다(마태 5,3-6). 이 윤리적 설교의 방향은 여기서 이미 설정된다. '마음이 가난한 사람들'이란 물질적으로 궁핍한 사람들뿐 아니라, 하느님께 대해 일정한 태도를 견지하며 살아가려고 노력하는 사람들을 일컫는다. 아무리 가난하고 억압받아도, 이들은 하느님을 믿고 그분께 모든 것을 맡기고 사는 사람들이다. 찢어진 가슴을 치유해 주시고, 우는 이들에게 용기와 희망을 주시는 하느님께 의지하며 사는 사람들이다(이사 61,1-2). '온유한 사람들'은 땅을 차지하게 될 것이다. 그들이 폭력을 쓰지 않기 때문이다. 사람들은 하느님의 의로움에 '주리고 목말라야' 한다. 이것은 물론 하느님에게서 오는 의로움을 말할 수도 있다. 그러나 다른 곳, 특히 마태오 복음 5장 10절("의로움 때문에 박해를 받는 사람들")의 의로움은 하느님께서 원하시는 태도를 견지하려는 인간적 노력을 말하는 것으로 보아야 한다.[93]▶

행복 선언 전반부 네 말씀에서는 하느님께서 바라시는 인간의 윤리적 기본 자세와 노력에 대해 들을 수 있다. 말하자면 하느님께 더 가까이 다가가고 그분께서 원하시는 덕을 더 많이 쌓으라는 것이다. 이는 행복 선언 후반부 네 말씀에서 더욱 명료해진다. 전반부 말씀처럼 후반부 말씀도 하느님 나라에 대한 약속에서 절정에 이른다(마태 5,3; 참조: 5,10). 행복 선언의 시작과 끝은 예수께서 선포하신 하느님 나라와 연관되어 있다. 이 나라는 지금 임박하여, 인간이 올바로 생각하고 행동하는 데 영향을 미치고 있다. 자비로운 사람, 마음이 깨끗한 사람, 평화를 이루는 사람, 그리고 의로움 때문에 박해받는 사람들은 모두 행복한 사람이라고 칭송받을 것이다. 이들은 사람들을 변화시키고자 하신 하느님의 뜻을 이해한 사람들이다.

이런 예수의 가르침을 받아들이고 따르는 이는 제자 무리에 든다. 그들은 세상의 소금이요 빛으로(마태 5,13-14: "너희는 … 이다") 부각된다. 그러나 곧 어조가 바뀌어 윤리적 권면이 뒤따르는데, 제자들의 빛이 사람들 앞을 비추어 그들이 제자들의 '착한 행실'을 보고 하늘에 계신 아버지를 찬양하게 하라는 것이다(마태 5,16).[94] 구원 선포에는 이렇듯 윤리적 명령이 내포되어 있다. 이제 마태오는 이 윤리적 요청을 더 명료하고 구체적으로 가르치는 데 진력한다. 그는 대당對當명제를 통해 이 작업을 수행한다. 대당명제는 종래 구원의 길로 통하던 율법 준수 대신 하느님께서 원하시는 의로움을 새로운 구원의 길로 제시한다. 이런 가르침을 선포할 수 있는 분은 오직 예수뿐이다. 다른 어떤 사람도 이렇게 가르칠 수 없다. 예수만이 하느님 나라가 바라는 윤리적 태도 변화를 권위 있게 요구하고 선포하신다.

---

[93] 참조: LUZ, *Matthäus* 1 [각주 1] 210: "마태오 복음서 모든 대목에서 $\delta\iota\kappa\alpha\iota o\sigma\acute{\upsilon}\nu\eta$(의로움)은 인간의 처신으로 **이해될 수 있다.** 몇 대목에서는 반드시 그렇게 **이해되어야 한다**"(그는 마태 5,10과 3,15를 지적한다). 또한 G. SCHRENK, *ThWNT* 2 (1935) 200f; G. STRECKER, "Die Makarismen der Bergpredigt", *NTS* 17 (1970/71) 255-275, 여기서는 264f.272; A. SAND, *Das Gesetz und die Propheten* (Regensburg 1974) 202; PRZYBYLSKI, *Righteousness* [각주 48] 96-98; DAVIES/ALLISON, *Matthew* 1 [각주 8] 452f.

[94] 마태오에게 '착한 행실'은 윤리적 선행을 의미한다. 그것은 선한 사람이 맺는 '열매'(마태 7,17-20; 12,33), 또는 회개하는 사람이 맺는 '열매'(마태 3,8.10; 참조: 21,19-20.41)로도 표현된다. 제자들이 반드시 실행해야 할 이 '착한 행실'과 정반대되는 행위가 율법 학자와 바리사이의 행실(마태 23,3) 속에 나타난다.

이제 일련의 대당명제들이 제시되면서, 머리말에 해당하는 말씀 네 구절(마태 5,17-20)이 유다인의 율법에 대한 예수의 입장을 밝혀 준다. 첫째 구절인 마태오 복음 5장 17절은 예수의 사명 의식을 드러낸다. 예수께서는 율법이나 예언서들을 폐지하러 온 것이 아니라 완성하러 왔다는 것이다. 당시 교회에는 예수께서 율법을 폐지하러 온 줄로 여긴 사람도 더러 있었을 것이다. 그러나 예수께서는 율법을 폐지하러 온 것이 아니라, '완성하러' 왔다. 알다시피, 동사 $\pi\lambda\eta\rho\hat{\omega}\sigma\alpha\iota$(완성하다, 이루다, 채우다)의 해석은 학자마다 다르다.[95] 그렇다면 마태오가 염두에 두었던 의미는 무엇이었을까? 일련의 대당명제들이 밝히듯, 율법의 참뜻을 밝히거나 율법의 부족한 점을 보충하여 완성시킨다는 뜻일까? 아니면 예언 실현 인용구가 암시하듯, 구원사적으로 이해하여야 할까? '율법'이라는 말 뒤에는 대개 '~이나 예언서(자)들'이라는 어구가 붙는다. 이로써 구약의 예언적 관점이 도입되며, 이 관점은 예수의 활동에서 절정에 이른다. 이 예언적 관점은 세례자 요한에 관한 말씀에서 더욱 뚜렷이 나타난다. "모든 예언서와 율법은 요한에 이르기까지 예언하였다"(마태 11,13). 루카 복음 16장 16절과 대조하면, 마태오에서는 루카의 어순 '율법과 예언자들'이 '예언서와 율법'으로 바뀌어 있다. 그렇다면 마태오는 예수를 예언서에 약속된 모든 약속의 정점으로 보는가? 이 약속들은 '율법' 속에도 포함되어 있는가? 마태오에게 예수는 신명기 18장 15절에 예언된 종말 시기의 그 예언자인가?[96]

마태오의 사고 속에 구약의 입법자이자 예언자인 **모세가** 어느 정도 깊이 뿌리를 내리고 있는지 분명히 말할 수는 없다. 그러나 모세를 예수의 예형적typologisch 배후 인물로 보고 있음을 암시하는 대목이 많다. 예수께서는 모세처럼 산에 올라가 유다인들의 토라에 관한 당신의 해석을 선포하신다(마태 5,1; 참조: 28,16). 예수의 영광스러운 변모 때 모세가 엘리야와 함

---

[95] 참조: DAVIES/ALLISON, *Matthew* 1 [각주 8] 485-487.

[96] 참조: W.D. DAVIES, *The Setting of the Sermon on the Mount* (Cambridge 1964) 116-118.

께 나타난다. 그런데 (마르코 복음 9장 4절과 달리) 마태오 복음 17장 3절에서는 모세를 맨 먼저 거명한다. 이 두 천상 인물들이 예수와 무슨 대화를 나누었는지는 알 길이 없다. 이 장면은 단지 예수의 영광을 드러내기 위한 것일 뿐이다. 그분은 모세와 엘리야처럼 천상 세계에 속하는 분이며, 부활 후 다시 이 천상 세계에 들어가실 분이라는 것이다. 모세를 예수의 예형적 배후 인물로 보고 있다는 것은 하느님의 목소리를 통해 더 뚜렷해진다. "이는 내가 사랑하는 아들, 내 마음에 드는 아들이니 너희는 그의 말을 들어라." 이 말씀은 신명기 18장 15절의 간접 인용이다. 하느님께서는 동족 가운데서 예언자 하나를 일으켜 그가 하느님이 그에게 명령하는 모든 것을 이스라엘 사람들에게 일러 주게 하신다(신명 18,18). 모세가 약속한 이 종말 시기의 예언자가 백성들에게 하느님의 말씀을 비로소 완전하고 결정적으로 전하실 것이다. 그렇다면 이는 모세 율법을 언급하시되 당신의 해석을 통해 이 율법을 초월하고 완성시키시는, 저 산상 설교자를 두고 하는 말이 아닌가? 이분이 바로 하느님의 이름으로 율법 조항을 자세히 규명하고 그것을 예언적으로 초월하시는 그 예언자가 아니겠는가?[97]

　모세의 권위가 격하되는 대목이 한 번 등장한다. 바리사이들이 아내에게 이혼장을 써 주면 그것으로 충분하다는 모세의 율법을 제시했을 때, 예수께서는 이렇게 대답하셨다. "모세는 너희의 마음이 완고하기 때문에 너희가 아내를 버리는 것을 허락하였다. 그러나 처음부터 그렇게 된 것은 아니다"(마태 19,8). 이렇게 예수께서는 모세의 율법을 인정하지 않고 하느님의 본심을 회복시키신다. 예수께서는 가르침에 관한 모세의 권위에 대해

---

[97] 이 문제를 철저히 연구한 후 DAVIES는 *The Setting*[각주 96]에서, 마태오 복음서에 모세적 동기들이 발견되기는 하나 그리스도론적 · 메시아적 해석이 이 모세적 범주들을 능가해 버리고 만다("Mosaic Categories Transcended" 93-108)는 결론에 도달했다: "그러나 '새로운 탈출', '새로운 모세'의 동기들을 활용하는 것은 매우 자제하고 있다는 사실도 엿보인다"(93). 그는 마태오가 산 위의 예수를 메시아의 법을 선포하는 분으로 묘사하지, '새로운 모세'로 표현하는 것은 삼갔다는 주장을 편다(108). 유다 전통에 있어서 '메시아의 법'에 대해서는, 참조: BILLERBECK, *Kommentar zum Neuen Testament* [각주 22] 3: 577; 4: 1,1-2.

서는 비판적이나 모세를 직접 공격하지는 않으신다. 부활 논쟁에서, 사두가이들은 부활이 없다는 주장의 논거로, 모세의 가르침이 아니라 시동생과의 혼인Leviratsehe에 관한 모세의 규정을 들먹였다(마태 22,24). 예수께서는 직접 대답하는 대신, 다른 각도에서 죽은 자들의 부활 문제를 거론하신다: 하느님은 "죽은 이들의 하느님이 아니라 산 이들의 하느님이시다"(마태 22,32). 사두가이들이 제시한 섬뜩하고 하찮은 논거는 공허하게 사라지고 만다. 끝으로 반바리사이적 대담에서 하나 더 유념할 것은, 율법 학자와 바리사이들이 모세의 좌석에 앉아 있다는 것이다(마태 23,2). 그들은 자기들이 모세의 가르침을 위임받아 행사하고 있다고 주장한다. 예수께서는 그것을 부정하지 않으신다. 이 논쟁에서조차 모세를 공격하는 일은 없다. 오히려 백성들에게, 모세의 제자들이 말하는 것은 모두 지켜야 하지만 그들의 행동을 본받아서는 안 된다고 말씀하신다. 모세의 가르침에 대한 이런 긍정적 평가는, "이혼장을 써 주고 아내를 버려라"는 모세의 허락(마태 19,7), 그리고 바리사이들의 누룩을 조심하라는 경고(마태 16,6)와 긴장 관계를 형성한다. 이 누룩은 마태오 복음 16장 12절에서 분명히 바리사이들과 사두가이들의 **가르침으로** 해석되고 있다.

이러한 긴장에도 불구하고 전반적으로 모세의 권위는 공격받지 않는다. 예수께서 분노하신 것은 율법 학자들의 잘못된 실천으로 말미암은 율법의 오용이었다. 이들은 대의를 망각한 채 율법을 편협하게 해석하여 사람들에게 감당하기 어려운 짐을 지우고(마태 23,4) 하늘 나라에 들어가는 길을 막아 버렸으며(마태 23.5.13), 율법에서 가장 중요하고 소중한 정의·자비·신의를 소홀히 했다(마태 23,23; 참조: 미카 6,8). 정결한 것과 불결한 것에 관한 대화에서 똑같은 비판이 나온다(마태 15,1-20). 율법 학자들은 부모에 대한 효도 계명을 왜곡시켰다. 그들은 자식들이 '코르반 서원'을 하면, 의당 부모에게 바쳐야 할 몫을 부모님 대신 성전에 봉헌해도 좋다고 생각했다. 이렇게 하느님을 입술로만 공경하고 마음은 하느님에게서 멀리 떠나 버렸다(마태 15,7-9). 음식 규정도 마찬가지다. 예수께서 천명하신 기본 원칙은 이렇다. "입으로 들어가는 것이 사람을 더럽히지 않는다. 오히려 입에서 나오는 것이 사람을 더럽힌다"(마태 15,11).[98] 사람의 마음에서 나오는 악한 생각과 행실을 두고 하시는 말씀이다. 마태오는 이것을 십계명과 연계시켜 설명한다(마태 15,19-20).

예수께서 관심을 두신 것은 인간의 윤리적 **행동**이었다. 이제 마태오의 의미로 율법과 예언자들(의 정신)을 '완성한다'는 것이 행동으로 완성한다는 것을 뜻하는지 물어야 한다.[99] 마태오 복음 5장 19절에는 가장 작은 계명 하나라도 어기거나 어기도록 가르치는 자와, 계명을 지키고 가르치는 사람을 대비시켜 놓았다. 마태오가 하늘 나라에 모종의 계급 차가 있다고 생각했는지는 학자들 간에 의견이 분분하다. 계명을 성실히 지킨다는 것을 행동으로 보여 주는 사람에게는 하늘 나라가 보장되지만, 예수의 가르침대로 살지 않는 사람은 그 나라에서 제외된다는 언급은 하나의 수사적 표현이라고 나는 생각한다.[100] 그러나 정작 알아듣기 어려운 것은 마태오 복음 5장 18절의 말씀이다. 여기서 예수께서는 의도적으로 과장법을 써 가며 강조하신다. "하늘과 땅이 없어지기 전에는, 모든 것이 이루어질 때까지 율법에서 한 자 한 획도 없어지지 않을 것이다." 율법은 그 가장 미미

---

[98] 마르 7,15의 비유는 기본 지침을 제시한다. 이 비유의 해석에 논란이 많다. 이 비유는 예수 본래의 말씀인가? 유다인들의 모든 정결법을 거부하는가? 윤리의 새로운 원칙을 세우는가? 이 말씀은 산상 설교에서처럼 모세의 법을 폐기시키지는 않으면서 그것을 해석하고 초월하는 것 같다. 그 법은 새로운 방식과 태도로 준수되어야 한다. 참조: R. SCHNACKENBURG, *Die sittliche Botschaft des Neuen Testaments* 1 (Freiburg - Basel - Wien 1986) 74f.

[99] U. LUZ가 "Die Erfüllung des Gesetzes bei Matthäus (5,17-20)", *ZThK* 75 (1978) 398-435에서 강조한다; DERS., *Matthäus* 1 [각주 1] 232-236. 그러나 그는, "마태오가 **주로** 예수의 순종과 그분의 생애를 생각하고 있었다 하더라도, 여기서 그것이 예언에 관한 생각을 떨쳐 버리려 했음을 뜻하지는 않는다"(236)고 말한다. GUNDRY, *Matthew* [각주 90] 80f는 '예수의 생애와 가르침과 더불어' 예언의 실현을 더욱 강조한다. DAVIES/ALLISON, *Matthew* [각주 8] 486f도 이와 유사하다.

[100] LUZ, *Matthäus* [각주 1] 238f는 이 문제에 대해 결단을 내리지 않는다. 그는 유다계 그리스도교 신자들 중 '반만 자유로운' 입장을 지킨 이들의 가능성을 내다본다. 이들은 하느님 나라에서 제외되는 것이 아니라 단지 미미한 자리를 차지하게 된다는 것이다. 마태 5,20에 의하면, 마태오에게 문제가 되는 것은 하느님 나라에서 제외되는 것일 뿐이다.

한 규정까지도 모두 세상 끝 날까지 유효하다는 말이다. 이러한 법 개념은 유다계 그리스도교적 사상계에서 유래했음이 틀림없다. 마태오는 이것을 자기 것으로 완전히 소화했다. 여기에다 '모든 것이 이루어질 때까지'가 첨가되는 것은 종말 사건 전체를 두고 말하려 했기 때문이다(마태 24,34 참조).[101] 그때까지 율법은 유효하고 또 그대로 준수되어야 한다.

세례를 받으려고 요한을 찾아가셨을 때, 세례를 극구 만류하던 요한에게 예수께서는 이렇게 말씀하셨다. "지금은 이대로 하십시오. 우리는 이렇게 해서 마땅히 모든 의로움을 이루어야 합니다"(마태 3,15). 이것은 하느님께서 요구하시는 올바른 자세를 그대로 취하고 있다는 것으로밖에는 달리 알아들을 도리가 없다. 요한은 "의로운 길"(마태 21,32)을 걸어왔고, 예수께서도 순명의 길을 걸어가신다. '율법과 예언자들(의 정신)'이라는 말에 이어지는 두 대목도 이를 실천하라는 내용이다. 우선 "남이 너희에게 해 주기를 바라는 그대로 너희도 남에게 해 주어라"(마태 7,12)는 결정적 황금률에 "이것이 율법과 예언자들(의 정신)이다"라는 말씀이 뒤따른다. 그리고 하느님 사랑과 이웃 사랑을 동시에 요구하는 가장 큰 계명(마태 22,37-39)에 이어 이렇게 말씀하신다. "온 율법과 예언자들(의 정신)이 이 두 계명에 달려 있다"(마태 22,40). 여기서 사랑의 실천을 강조한다. 이것이 형제를 사랑하고 그들과 화해하라는 요구로 시작하여(마태 5,21-24) 원수를 사랑하라는 명령으로 끝나는(마태 5,43-48) 대당명제들을 이해하는 해법이다.

예수께서는 율법과 예언자들의 가르침을 구원사적으로 완성시키려 하셨는가, 아니면 그것들을 당신의 삶, 가르침, 태도를 통해 행동으로 '완성

---

[101] 마태 5,18에 두 번 나오는 ἕως 문장(··· 전에는, ··· 때까지)은 같은 의미의 병행구인가?(DAVIES/ALLISON, *Matthew* [각주 8] 495); E. SCHWEIZER, "Matth 5,17-20: Anmerkungen zum Gesetzesverständnis des Matthäus", in: DERS., *Neotestamentica* (Zürich - Stuttgart 1963) 399-406은 마태 5,17의 πληρῶσαι (완성하다)를 마태 5,18의 첫 번째 ἕως 문장과 연결시켜 예수가 오셔서 이룬 구원사적 실현으로 설명하고(400), 두 번째 ἕως 문장은 교회가 미래에도 계속 지켜야 할 새로운 토라에 관한 것으로 해석한다(404f). 참조: H. HÜBNER, *EWNT* 2 (1981) 1166f.

시키려' 하셨는가? 둘 다 일리가 있다. 예수께서는 구약성경의 약속을 실현시키신다. 그분은 그때까지 요구되던 것 이상을 요구하시고 그 완성을 바라신다(마태 5,48). 이때 '완성한다'는 것은 그분 친히 실천하시고 모범을 보여 주신 구체적 사랑의 행동을 말한다. 마태오가 볼 때, 율법과 예언자들이 예고한 것들이 예수 안에 농축되어 있으며, 예수의 행동을 통해 분명히 드러나고 강화되었다. 하느님 뜻의 최고 해석가이자 결정적 해설자이신 예수께서는 하느님의 뜻을 이룰 수 있는 방법을 공허한 가르침을 통해서가 아니라 의로움, 특히 사랑을 실천하심으로써 가르쳐 주신다. 그것은 율법 학자와 바리사이들의 율법적 의로움을 훨씬 뛰어넘는 더 큰 의로움이다(마태 5,20). 이런 가르침에 이어, 남에게 보이기 위하여 율법적 의로움을 추구하는 사람들에 대한 비판이 뒤따른다(마태 6,1-18). 겉으로는 의롭게 보일지 몰라도 아버지 하느님 앞에서는 아무 가치 없는 '위선'에 지나지 않기 때문이다. 예수께서는 위선자들을 질책하신다. 겉은 온순한 양처럼 보이지만 속은 "게걸 든 이리"에 지나지 않기 때문이다(마태 7,15). 마태오는 열매를 보면 그 나무를 알 수 있다고 한다. "너희는 그들이 맺은 열매를 보고 그들을 알아볼 수 있다"(마태 7,20). 이 말씀에는 마태오의 공동체에서 말썽을 일으키던 가짜 예언자들에 대한 엄중한 경고가 들어 있다. 마태오의 비판은 예언과 비정상적 행동(마귀를 쫓아내는 짓)으로 자신을 과시하려는 공동체 구성원들도 겨냥한다(마태 7,22-23). 결정적으로 중요한 것은 예수의 말씀을 실천하는 것이다. 그것만이 강물이 밀려오고 바람이 불어 집에 들이쳐도 무너지지 않을 반석이 되어 주기 때문이다(마태 7,24-27). 의로움을 가르치는 스승 예수의 모습이 여기서 두드러진다. 하느님께 뿌리내린 의로움을 몸소 실천하고 가르치시는 스승의 모습이, 겉으로만 신앙심이 깊어 보이는 온갖 종류의 사람들이나 자신의 인간적 우월성을 과시하는 사람들의 모습과 대비된다. 예수께서는 이런 인간들의 작태를 꿰뚫어 보고 계시다. 이렇게 마태오는 더 큰 의로움의 스승을 자기 시대의 맥락 속으로 이끌어들여, 유다인뿐 아니라 그리스도인들에게도 제시해 준다. 이런 배경에서 인간을 해방하는 이 사랑의 복음이 모든 사람에게 새롭게 들린다. 여기 두 관점이 있다. 하나는 유다교의 율법적 의로움은 구원을 얻기에 불충분하다는 시각이고, 또 하나는 그리스도 공동체 안에서 율법을 거부하거나 율법 해석을 완화하려는 경향을 배척하는 시각이다. 마태오는 이 두 그릇된 태도를 직시하고 그에 대한 예수의 분명한 입장을 밝혀 준다.

2.3.2 예수께서 요구하시는 더 큰 의로움의 종류

대당명제들은, 새롭고 더 큰 의로움이 어떤 모습이며 또 어떻게 실천되어야 하는지 설명해 준다. 예수께서 모세 시대의 '옛사람들'에게 선포되었고 성경이 증언하는 율법 준수를 더욱 강화하시는가, 그렇다면 어떻게 강화하시는가, 아니면 율법을 폐지하고 그것을 능가하는 새로운 가르침을 주시는가, 그렇다면 어떻게 주시는가, 이것이 문제가 아니다. 여기서 제기되는 근본 문제는, 예수께서 인간이 하느님의 뜻에 대하여 어떤 태도를 취해야 할지 가르쳐 주셨다는 것이다. 산상 설교의 여섯 대당명제 중에는 기록된 성경인 토라와 어긋나는 가르침도 있다. 이혼에 관한 제3 대당명제(마태 5,31-32), 보복에 관한 제5 대당명제(마태 5,38-39), 원수 사랑에 관한 제6 대당명제(마태 5,43-44) 등이 그것이다.

학자들은 대개 대당명제를 소위 '일차적' 대당명제와 '이차적' 대당명제로 구별한다. 일차적 대당명제들은 루카가 전하는 내용에 비해 토라를 더욱 엄격히 해석한, 제1(살인과 분노), 제2(간통과 마음으로 저지르는 음행) 그리고 제4 대당명제(맹세 금지)를 일컫는다. 이 명제들은 예수께서 실제로 그렇게 대당적으로 말씀하셨을 가능성이 있다. 반면 이차적 대당명제는 루카 복음서에서 그 대당적 형태를 전혀 찾아볼 수 없는 제3(이혼), 제5(복수 금지) 그리고 제6(원수 사랑) 명제를 일컫는다.[102]

---

[102] H. MERKLEIN, *Die Gottesherrschaft als Handlungsprinzip*, FzB 34 (Würzburg ²1981) 254-293; J. LAMBRECHT, *Ich aber sage euch: Die Bergpredigt als programmatische Rede Jesu (Mt 5-7, Lk 6,20-49)* (Stuttgart 1984) 89-93.

그러나 이런 구별은 매우 경직되고 작위적이다. 모든 대당명제에서 예수의 관심사는 당신의 가르침을 토라의 계명과 대비하는 것이었다. "대당명제의 관점에서 보면 (그때까지 생각해 왔듯이) 토라 계명 준수만으로는 구원을 얻기에 충분하지 못하고, 이제부터는 예수의 가르침이 그 기준이 된다. 그러므로 이 대당명제들은 토라를 능가한다. 더 정확히 말하면 이 대당명제들은 근본적으로 토라를 능가하는 예수의 계명으로 여겨져야 한다. 단순히 토라의 계명을 개혁한 정도가 아니라는 것이다."[103] 마태오는 여기서 율법과 예언자들(의 정신)의 '완성'에 관한 예수 전승을 대당명제의 형태로 제시한다. 그는 소위 이차적 대당명제뿐 아니라 일차적 대당명제들 속에서 감지될 수 있었던 예수 전승을 편집함으로써, 모든 대당명제가 그의 손으로 완성되지 않았나 하는 추측을 낳기도 한다.[104] 여하간 마태오는 예수의 개별적 말씀에서 알 수 있는 하느님의 뜻을 근본적으로 다르게 해석한다. 이렇게 함으로써 그는 종래의 관습이나 관행과 달리, 임박한 하느님 나라가 선포될 때 요구되는 새로운 태도를 가지라고 강조한다. "하느님의 종말론적 '행동'은 당시 지배적이던 토라의 권위에 근거하지 않은, 근본적으로 새로운 '반응'을 요구한다."[105]

인간의 의지와 태도가 이 종말론적 하느님 뜻과 대결하는 양상은 대당명제의 전형에 일관되게 나타난다. 제1 대당명제 살인 금지 조목에 분노 금지가 추가되었다면(마태 5,21-22), 여기서 이미 살인의 원초적 근원과 원인이 밝혀지는 셈이다. 인간은 남에게 분노하고 단죄하려는 성향이 있기 때문에, 그것이 궁극적으로 살의를 품게 한다. 예수께서는 이런 위험한 생각을 사람들의 마음에서 송두리째 뽑아내시려는 것이다. 원망을 품은 형제

---

[103] MERKLEIN, *Gottesherrschaft* [각주 102] 256.

[104] H.M. SUGGS, "The Antitheses as Redactional Products", in: G. STRECKER (Hrsg.) *Jesus Christus in Historie und Theologie*, FS H. CONZELMANN (Tübingen 1975) 433-444; I. BROER, "Die Antitheses und der Evangelist Matthäus", *BZ* NF 19 (1975) 50-63.

[105] MERKLEIN, *Gottesherrschaft* [각주 102] 257.

(마태 5,23-24)나 자기를 고소한 자(마태 5,25-26)와 화해하라는 그다음 대목에서 이런 입장은 더욱 뚜렷해진다. 제단에 바치는 제물보다 형제와 화해하는 것을 더 소중히 여기시는 하느님을 보면, 하느님의 척도가 사람들의 보통 생각과는 전혀 다르다는 것을 알게 된다.

간음과 음욕에 관한 제2 대당명제(마태 5,27-28)에서도 행동의 뿌리가 밝혀진다. 하느님께서는 간음하는 사람의 마음을 들여다보고 계시다. 신명기 5장 21절에서도 "이웃의 아내를 탐내서는 안 된다"고 했다. 이런 관점에서 이 대당명제는 '토라를 강화하는 것'이 아니다. 예수께서 보시기에 통제되지 않은 본능적 욕망은 하느님의 뜻을 거슬러 언제라도 제멋대로 분출될 수 있는 위험한 것이다. 죄짓게 하는 눈과 손을 조심하라는 경고(마태 5,29-30)가 여기 첨가된다. 이 말씀은 본디, 죄의 유혹을 단호히 물리쳐라는 마르코 복음 9장 43-47절 말씀을 마태오가 인용하여 간음 경고 말씀으로 활용했다. 그는 인간이 마음속에 본능적으로 일어나는 강한 충동을 그대로 내버려 두어서는 안 된다는 것을 강력한 어조로 경고한다. 그 행동이 사람을 하느님의 종말 심판대에 세울 수도 있기 때문이다.

이혼 금지에 관한 제3 대당명제(마태 5,31-32)는 토라의 규범과 직접적으로 충돌한다(마태 19,8-9 참조). 이혼은 하느님의 본디 뜻에 어긋나기 때문이다. "하느님께서 맺어 주신 것을 사람이 갈라놓아서는 안 된다"(마태 19,6). 하느님 나라에서는 하느님의 창조 의지가 재확립되어야 한다. 복음서에 이혼에 관한 언급들은 서로 다르게 나타나지만 여기서 문제에 천착할 필요는 없다. 마르코(10,12)의 표현은 그리스 · 로마 법 체계에서, 마태오(5,32; 참조: 19,9)의 표현은 유다교적 맥락에서 각각 유래했다. 나는 마태오의 표현에 '불륜을 저지른 경우를 제외하고'라는 단서가 붙는 것은 마태오가 이혼을 금지하는 예수의 근본 가르침에 이의를 제기하지 않으면서도, 당시 유다교적 상황은 참작해야 했으므로 그리 표현한 것이라 확신한다.[106]▶ 산상 설교의 테두리 안에서 마태오는 혼인 생활을 성실히 지속할 의무가 남편에게 있음을 분명하게 밝혀 두고자 했다. 남편은 자기 아내가 다른 남자와 재혼하지 않을 수 없도록 내몰면 안 된다. 예수께서 보시기에 이런 결혼은 불법이고 무효다. 이 대당명제가 결의론적kasuistisch 법조문처럼 보이지만, 실은 그 이상이다. 그것은 하느님께서 요구하시는 한, 그에 반하는 인간의 모든 법적 사고는 무의미하다는 뜻이다. 예수께서는 도발적인 말씀을 통해 예언자적으로 전망하신다. 모든 것을 임박한 하느님 나라의 시각에서 바라보시는 것이다.[107] "남편은 아내를 한 인간으로 대해야 하고, 이 인간을 위해 그곳에 있고, 이 아내를 사랑하기 위해 존재해야 한다는 것을 그분께서는 가르쳐 주신다".[108] 예수께서 율법을 폐지하신 것은 이처럼 하느님께로부터 오는 더 높은 규범을 확립하기 위해서다.

맹세 금지에 관한 제4 대당명제(마태 5,33-37)는 하느님의 거룩하심과 불가침적 위엄을 언급한다. 하느님을 두고 거룩한 맹세를 할 수는 있겠지만, 하느님 앞에서 직접 맹세한 말이라도 그 서원 어구Schwurformel가 정당하지 않으면 이행할 의무가 없다. 라삐들의 결의론적 해석에서 이 서원 어구들이 큰 문제였다(마태 23,16-22 참조). 인간이 하느님 앞에서 한 말은 무엇이든 그대로 실행해야 할 절대 의무가 있기 때문에 대답은 '예' 혹은 '아니오'만으로 충분하다. 따라서 산상 설교는 하느님을 인간적 영역으로 끌어내리는 맹세를 무작정 금한다. 유다인들은 하느님을 두고 맹세할 때 하느님께 누를 끼치지 않기 위하여 하느님의 이름을 직접 부르는 대신, '하늘을 두고', '땅을 두고', '예루살렘을 두고'라는 대체 어구를 사용했다. 그러나 이것도 하느님의 위엄에 누를 끼치는 부적절한 처신이었다. 어떤 식으로든

◀106 '간음에 관한 단서', 참조: J.B. BAURER, "Bemerkungen zu den matthäischen Unzuchtsklauseln" (Mt 5,32; 19,1), in: J. ZMIJEWSKI/E. NELLESSEN (Hrsg.) *Begegnung mit dem Wort*, FS H. ZIMMERMANN (Bonn 1980) 23-33; C. MARUCCI, *Parole di Gesù sul divorzio* (Napoli 1982) 333-406; SCHNACKENBURG, *Sittliche Botschaft* 1 [각주 98] 151f.

107 G. LOHFINK, "Jesus und die Ehescheidung: Zur Gattung und Sprachintention von Mt 5,32", in: H. MERKLEIN/J. LANGE (Hrsg.) *Biblische Randbemerkungen*, FS R. SCHNACKENBURG (Würzburg 1974) 207-217.

108 MERKLEIN, *Gottesherrschaft* [각주 102] 285.

지 하느님의 이름을 불명예스럽게 해서는 안 된다(십계명 중 제2계명). 하느님은 인간의 속 보이는 잔재주를 한없이 초월하시는 분이다.

제5 대당명제는 보복을 금하면서 세 가지 구체적인 예를 통해 인간 감성에 특별한 요구를 한다(마태 5,38-41). 불의를 당하고 폭력에 짓눌린 인간이 그에 상응한 반응을 보이는 것은 자연스러운 일이다. 그러나 예수께서는 비폭력을 요구하신다. 아니 그 이상을 요구하신다. 가해자에게 선을 베풂으로써 그 악의를 완전히 무력하게 만들고, 악을 선으로 극복해야 한다고 하신다(로마 12,21 참조). 여기 열거된 예들은 보복을 해서는 안 된다는 말만 하는 것이 아니라, 내게 해 끼치는 사람을 내버려 둘뿐더러 오히려 더욱 베풀어 주라는 내용을 담고 있다(마태 5,40). 하여, 베풀라는 말씀이 덧붙는다. "달라는 자에게 주고 꾸려는 자를 물리치지 마라"(마태 5,42). 루카 복음서에도 원수를 사랑하라는 주제와 관련된 예수의 말씀을 모은 대목이 나온다(루카 6,27-36). 마태오도 원수를 사랑하라는 예수의 가르침을 루카와 같은 어록집에서 인용하여 자기 복음서의 고유한 대당명제를 작성했다. 이것이 이제 원수를 사랑하라는 가장 강력한 제6 대당명제로 등장한다. 마태오는 이것을 이웃 사랑의 계명과 결부시켰다. 그는 이웃을 사랑하고 원수를 미워하라고 옛사람들에게 이르신 말씀을 (구약의 근거를 제시하지 않은 채) 나란히 적어 놓았다. 이 명제에 대해 예수께서는 이렇게 말씀하신다. "그러나 나는 너희에게 말한다. 너희는 원수를 사랑하여라. 그리고 너희를 박해하는 자들을 위하여 기도하여라"(마태 5,44). 인류가 본받아야 할 하느님의 행동이 그 근거로 제시된다. 하느님께서는 사람들과 전혀 다르게 행동하신다. 하느님께서는 악인에게나 선인에게나 똑같이 해가 떠오르게 하시고, 의로운 이에게나 불의한 이에게나 똑같이 비를 내려 주신다. 하느님의 세상 통치를 증언하는 이 지혜문학의 말씀[109]은 하느님의 자비로우신 활동을 눈앞에 생생하게 보여 준다. 하느님의 이 활동은 인간에게 그

---

[109] 참조: D. ZELLER, *Die weisheitlichen Mahnsprüche bei den Synoptikern*, FzB 17 (Würzburg 1977) 104-110.

와 똑같이 실천할 책임을 지운다. 우리를 사랑하는 사람만 사랑하고, 아는 형제들에게만 인사하는 통상적 태도는 하느님 모습을 바라보면서 반드시 극복되어야 한다. 이렇게 실천함으로써만 인간은 거룩하시고 '완전하신' 하느님의 모습을 닮을 수 있다(마태 5,48). "마태오는 여기서 형용사 *τέλειος*(완전한)로 원수 사랑의 근본 의미를 부각시킨다. 이 원수 사랑은 여러 요구 중 하나가 아니라, 완전함(참조: 마태 5,48; 19,21)으로 인도하는 모든 계명의 중심이며 정점이다."[110]

예수께서 요구하시는 의로움은 하느님의 행동과 인간의 일상적 처신이 대결하는 가운데 나타난다. 당신 나라를 세우시려는 하느님은 지상 인간의 관습적 태도와 반대로 행하신다. 마태오는 대당명제를 통해 하느님께서는 인간과 전혀 다르게 행동하신다는 것을 분명히 밝히고, 그리스도의 제자들도 그렇게 처신해야 한다고 말한다. 하느님 나라는 미래를 현재의 척도로 세운다. 이렇게 함으로써 생겨나는 어려운 점들과 긴장들은 별로 개의치 않는다. 이런 관점에서, 대당명제들이 요구하는 것은 지상적·현세적 영역에서는 도저히 실현될 수 없는 유토피아적인 것이다. 그러나 마태오는 그것을 (자기의 방향 제시적 언급 속에서) 아무도 거역할 수 없는 하느님의 뜻으로 제시한다.

여기서 드러나는 예수의 모습은 어떤 것일까? "대당명제들을 가르쳐 주신 예수는 마태오의 예수다. 마태오는 자기가 그리는 예수 모습을 보완하려고 이 대당명제들을 자기 복음서(5,21-48)에 편입시켰다. 이 자료들은 마태오 복음 5장 1-2.3-12.13-16.17-20절에서 점차 드러나고 있던 예수 모습을 더욱 뚜렷이 보여 준다."[111] 그분은 여기서 인간의 나약함과 무력함을 거슬러 종말론적 새 질서로 인도하는 길을 가르쳐 주신다. 그것은 좌절과 불안에서 구원받는 길이요, 고뇌와 절망에서 해방되는 길이다.

---

[110] LUZ, *Matthäus* 1 [각주 1] 313.

[111] LAMBRECHT, *Ich aber sage euch* [각주 102] 95.

2.3.3 사랑: 새로운 의로움의 핵심

대당명제, 그리고 그것과 연관된 권면 말씀에서 우리가 이해한 것이 마태오 복음서 전반에 걸쳐 인간의 모든 윤리적 활동의 결정적 핵심으로 대두된다. 바로 이웃 사랑이다. 그것은 인간이 하느님에게서 받은 사랑에서 우러나온다. 이 사랑이 형제 사랑에서 원수 사랑에까지 점점 더 확대되는 모습도 이미 살폈다. 마태오가 사랑과 자비를 특히 강조하고 있다는 것은 그만이 전하는 예수의 말씀과 행적에서 두드러진다. '세리와 죄인들'을 변호하러 나서는 대목에서 마태오의 예수께서는 마르코와 루카와 달리 이렇게 덧붙이신다. "너희는 가서 '내가 바라는 것은 희생 제물이 아니라 자비다' 하신 말씀이 무슨 뜻인지 배워라"(마태 9,13; 호세 6,6의 인용구). 허기진 제자들이 안식일에 밀 이삭을 뜯어 먹는 것을 바리사이들이 나무랄 때, 그분은 제자들을 변호하시기 위해 이 말씀을 한 번 더 인용하신다(마태 12,7). 율법 교사들의 엄격한 기준에 따르면 제자들은 안식일 법을 위반했다. 그러나 예수께는 그것이 고발의 대상이 될 수 없다. 구약성경에도 다윗의 경우, 제사 규정의 예외가 있기 때문이다. 다윗과 그 일행이 배가 고팠을 때, 그들은 사제들만 먹을 수 있는 축성된 제사 빵을 먹었다(마태 12,3-4). 그 밖에도 사제들에게는 통상 안식일 제사를 지낼 수 있도록 안식일 법 규정의 제약이 면제되어 있었다(참조: 마태 12,5; 민수 28,3-4). "성전보다 더 큰 것이 여기에 있다"(마태 12,6의 직역)는 말씀은, 마태오 복음 12장 8절("사람의 아들은 안식일의 주인이다")로 미루어 볼 때 예수를 가리키는 말씀이다. 예수께서는 이 말씀으로 당신 권위를 천명하시는 것이다. 그러나 다른 한편으로는 예수께서 요구하시는 자비를 가리키는 것으로도 볼 수 있다. 그렇다면 자비에 관한 사고가 여기서 일관되게 전개된다.[112] 자비를 요구하고 이를 실천하심을 통해 예수께서 성전보다 더 큰 분이심이 드러난다.

---

[112] Luz, *Matthäus* 2 [각주 1] 231f. 마태 12,41-42도 고려해야 한다. 여기서 예수께서는 유사하게, 당신이 요나나 솔로몬보다 더 위대하다고 언급하신다("보라, 요나보다[솔로몬보다] 더 큰 이가 여기에 있다").

일반적으로 마태오에게 '자비'*ἔλεος*와 '자비롭다'*ἐλεεῖν*는 그리스도의 제자들에게 요구되는 사랑의 핵심이다. 행복 선언은 이렇게 표현한다. "행복하여라, 자비로운 사람들! 그들은 (하느님으로부터) 자비를 입을 것이다"(마태 5,7). 이 자비에 관한 말씀을 루카는 자기 복음서에서 원수를 사랑하라는 말씀과 연결시켜 그 대목 맨 끝에 배치한다. "너희 아버지께서 자비하신 것처럼 너희도 자비로운 사람*οἰκτίρμονες*이 되어라"(루카 6,36). 그러나 마태오는 이 말씀을 행복 선언으로 활용하고, 하느님의 자비를 최후 심판에 도입한다. 따라서 자비로운 사람이 되라는 이 요구는 강력한 힘을 지니게 된다. 마태오 복음서에서 율법 학자들을 엄하게 꾸짖는 것은, 자기네가 만든 지엽적인 율법 조항에 스스로 얽매여 율법에서 가장 중요한 의로움, 자비, 신의를 소홀히 하기 때문이다(마태 23,23). 인간은 하느님께서 베푸시는 자비를 한없이 체험하고 있다. 그에 상응하게 인간에게도 사랑에서 우러나오는 자비가 모든 개별적 행동의 기준이 되어야 한다. 여기에는 남을 도울 준비, 너그러운 마음, 용서하는 마음 등이 광범위하게 포함된다.

예수께서는 자비로운 행동의 모범이 되신다. 고통 중에 신음하는 사람들이 자비를 갈구할 때 예수께서 그들의 간청을 들어주는 장면을, 마태오가 자기 복음서에 기록한 것은 우연이 아니다. 마르코 복음서(10,47-48)는 예리코에서 눈먼 거지가 외치는 소리를 이렇게 기록했다. "다윗의 자손 예수님, 저에게 자비를 베풀어 주십시오." 이것을 마태오는 그곳에 눈먼 사람 둘이 있었다고 기록함으로써, 이 사실을 더욱 강조한다(마태 20,30-31). 이 밖에 마태오는 또 다른 눈먼 사람을 고쳐 주시는 이야기(마태 9,27-31)를 각종 치유 사화를 모아 놓은 대목 속에 추가한다. 여기서 이 눈먼 사람들도 앞의 눈먼 사람들과 똑같은 말로 간청하며 예수께 다가간다. 다른 민족 사람인 가나안 여인도 자기 딸을 살려 달라고 예수께 애원한다. "다윗의 자손이신 주님, 저에게 자비를 베풀어 주십시오"(마태 15,22). 끝으로 마태오는 간질병에 시달리는 아들을 둔 가련한 아버지의 간청을 기록한다. "주님, 제 아들에게 자비를 베풀어 주십시오"(마태 17,15). 이 모든 사람을 예수께서 고쳐 주셨다. 여기서 예수의 윤리적 가르침도 당신의 빛나는 모습을 더욱 부각시킨다: 자비는 모든 것에 앞서야 하고, 모든 것 위에 있어야 한다!

마태오가 물려받은 고유 자료 가운데 매정한 종의 비유(마태 18,23-35)는 특별한 가치가 있다. 이것은 '하늘 나라의 비유'로 특징지어지며, 여기 등장하는 임금은 하느님 자신이다. 그분은 종들과 결산을 하신다. 이것은 미래의 심판을 예시한다. 임금에게 엄청난 빚을 진 채무자 한 사람이 임금 앞에 끌려온다. 그에게 맨 먼저 내려진 심판은 그 자신을 포함해서 아내와 자식들, 그리고 그가 가진 모든 것을 팔아 빚을 갚으라는 것이었다. 그 종이 조금만 참아 달라고 엎드려 애걸하자, 임금은 그를 측은히 여겨 놓아주고 큰 부채도 탕감해 주었다. 여기까지만 하더라도 하느님의 한없이 너그러우심과 자비로우심에 대한 전형이 될 수도 있었다. 그러나 이 이야기는 계속되면서, 서로 남의 잘못은 모두 용서해 주라는 절실한 권면의 말씀이 된다. 큰 은혜를 입은 종은 오히려 자기에게 몇 푼밖에 안 되는 빚을 진 동료를 만나자 빚을 갚으라고 호통 치고, 급기야 그를 감옥에 가두었다. 이 동료는 임금에게서 큰 은혜를 입은 그 종에게 조금만 참아 달라고 간곡히 청했으나 아무 소용이 없었다. 이 일을 전해 들은 그 임금은 노하여 이렇게 꾸짖었다. "내가 너에게 자비를 베푼 것처럼 너도 네 동료에게 자비를 베풀었어야 하지 않느냐?"(마태 18,33). 여기서 '자비를 베풀다'가 핵심 단어로 등장한다. 이 이야기 전체가 '자비를 베풀다'라는 말로 요약된다. 이 말이 이 이야기의 요점이다(그다음 구절, 마태 18,34가 핵심이 아니다). 거액의 빚을 탕감받고도 동료에게는 전혀 자비를 베풀 줄 모르는 이 사람을 처벌하는 것은 마태오의 시각에서 볼 때, 하느님의 너그러우심을 가볍게 여기는 사람들에게 울리는 경종이다.[113]

최후 심판 장면(마태 25,31-46)에서는 주제어 '자비를 베풀다'가 나타나지 않는다. 그러나 여기서 유다적 표상에 따라 작성된 사랑의 행위들은 인간

---

[113] 참조: GNILKA, *Matthäus-Evangelium* [각주 1]; 다른 해석에 관해서 제3장 2.3.4 참조.

이 어떻게 자비를 베풀고 선행을 해야 하는지 생생하게 보여 준다. 매정한 종의 비유에서처럼 여기서도 매정한 사람들에게 내려질 심판을 새삼 강조한다. 여기서 특히 눈에 띄는 것은, 굶주리고 목마르고 헐벗고 병들고 감옥에 있는 사람들에게 은혜를 베푸는 것이 곧 사람의 아들에게 베푸는 것이라는 점이다. 예수 안에서 우리는 사랑의 계명을 실천할 이웃을 만난다. 예수께서는 도움이 필요한 이웃(형제)을 우리와 함께 사는 사람들 속에서 보신다. 이 이웃이 바로 하느님께 진 사랑의 빚을 갚으라는 외침이다. 우리는 이 사랑의 빚을 고통당하는 사람들에게 베풀어야 한다. 예수께서는 이들과 운명을 함께하시고, 나아가 당신과 동일하시기 때문이다.

예수 그리스도의 모습에 관해 지금까지 살핀 바를 정리하면 이렇다:

① 예수께서는 하느님의 사랑과 자비를 온몸으로 보여 준 분이다. 그분은 사랑하시는 분이기 때문에, 도움이 필요한 사람들에게 베푼 사랑의 행위가 바로 당신 자신에게 베푼 것이라는 기준에 의해서 판단하신다. 우리에게 사랑의 실천을 요구하실 때 그분께서 베푸신 사랑이 전제가 된다.

② 예수께서는 새롭고 더 큰 의로움의 구체적 표현으로 사랑의 실천을 요구하신다. 산상 설교에서 분명하게 드러난 하느님 계명의 실천이 최후 심판 장면에서 재차 확인·강조된다. 남을 돕는 일을 소홀히 하며 구체적으로 실천하지 않는 사람에 대해서는 어떠한 변명도 용납되지 않는다.

③ 지상의 예수께서 요구하시는 것들은 장차 오실 주님이자 심판관인 그분의 빛에 의해서만 이해될 수 있다. 이 요구들은 장차 그분께서 심판하실 때 그에 대해 보상해 주심으로써 진가가 입증될 것이다. 지금은 감추어져 있지만 그때 가서는 환히 드러날 것이다.

④ 이 사랑을 실천하도록 누구보다 먼저 요구받는 이들이 믿음의 공동체다. 이 공동체는 그들의 주님이신 사람의 아들에게 속해 있으며 각자 행한 대로 심판받을 것이다(마태 16,27 참조). 그 밖의 다른 사람들도 똑같이 이 사랑의 척도에 따라 심판받을 것이므로, 심판 때는 모든 이가 하느님 앞에 평등하다. 이 보편적 지평이 이미 산상 설교의 지혜문학적 논거 속에 나타

나 있고(마태 5,45), 최후 심판 장면에 그대로 보존되어 있다.

⑤ 하느님께서는 인간과 전혀 다른 분이시고 인간의 통상적인 태도와 전혀 다르게 행동하시는데, 이는 하느님의 대리자이며 사람의 아들이신 예수께도 그대로 전이되어 나타난다. 이 심판관께서는 전혀 예상치 못할 판결로 사람들을 놀라게 하시고 충격을 주신다. 그것이 사랑하시는 하느님께서 인간과 다른 점이다. 하느님께서는 먼저 사랑으로 인간에게 다가오시고 인간들이 서로 사랑하지 않을 수 없도록 의무를 지우신다.

이렇듯 산상 설교는, 보복하지 마라(마태 5,38-42), 원수와 악인도 사랑하라(마태 5,43-48), 남이 너희에게 해 주기를 바라는 그대로 너희도 남에게 해 주라(마태 7,12)는 요구와 함께, 포괄적 사랑의 윤리에 속한다. 그리고 이웃 사랑이 하느님에 대한 사랑과 같은 수준의 큰 계명으로 제시된다(마태 22,37-40). 루카가 착한 사마리아인의 비유를 들어 서술한 것(루카 10,30-37)도 내용적으로는 마태오의 윤리적 가르침에 포함되어 있다. 이 사마리아인도 곤경에 처한 사람에게 자비를 베풀어야 한다는 마태오적 예수의 줄기찬 요구를 실천한다(루카 10,30-37).

2.3.4 범죄자와 사랑을 실천하지 않는 이에 대한 심판

마태오 복음서에는 심판에 대한 위협적인 말씀이 거듭 나온다. 그렇다면 마태오 복음서에서 사랑을 예수의 윤리적 선포의 근본으로 볼 수 없는가? 하느님의 자비란, 하느님을 거역하고 예수의 복음을 거부하는 이와 완고한 죄인까지도 당신 나라에 받아들인다는 것을 의미하지 않는가? 예수께서 지상에서 활동하실 때 죄인들을 받아들이셨고, 다른 이도 아닌 세리와 창녀들이 세례자 요한의 설교를 듣고 회개했기 때문에 그들이 율법 학자와 바리사이보다 먼저 하느님 나라에 들어가는 것을 보장해 주셨다면(마태 21,31-32), 하느님께서 대사면을 내리시어 전혀 회개하지 않는 완고한 사람들도 구원에서 제외하지는 않으실 거라고 기대할 수는 없는가? 예수께서는 모든 사람의 "죄를 용서해 주려고"(마태 26,28) 당신의 피를 쏟아 부으

셨고 모든 이가 그분의 은총의 계약에 참여할 수 있게 하기 위해 목숨을
바치셨다면, 예수께서는 바로 죄인들을 위해 죽으신 것이 아닌가?

마태오 복음서에는 하느님의 자비로운 용서와 더불어 가차없는 단죄의
심판도 강조된다(마태 7,23; 8,12; 13,41-42.50; 18,34; 22,13; 24,51; 25,30.41.46). 또한
자비로운 용서와 단죄의 심판 사이에 긴장이 감돌고 있다는 것도 부인할
수 없다. 그렇다면 이 긴장을 어떻게 설명할 것인가? 이 문제를 마태오 윤
리 사상의 몇 가지 전제 조건으로 설명해 보자.

① 행실에 따라 심판하시리라는 것을 마태오는 예수 전승에서 전해 받
았다. 예수께서 당신의 기쁜 소식을 거부하는 사람들을 단죄하신다는 분
명한 심판의 말씀들이 전해진다.[114]

② 인간을 지극히 사랑하시는 하느님의 자비가 구원의 복음 선포에 담
겨 있다. 그러나 이 은총의 복음은 예수께서 선포하시는 기쁜 소식을 받아
들이는 **믿음**을 전제로 한다. 이 믿음에 대한 거부가 자기 탓이라면, 예수
께서 행하시는 기적을 보고도 생각이 바뀌지 않는다면(참조: 마태 11,20-24;
12,41-42; 13,54-57; 21,31-32), 하느님께서 베푸시려는 구원이 이루어질 수 없
다. 이 점은 하느님께서 선포하신 은총의 대헌장과 반대되는 모습이고,
"구원을 거부하거나 멸시하는 데서 연유하는 필연적 귀결이다".[115]

③ 이스라엘 백성 가운데 믿지 않는 이들에 대한 마태오의 비판적 태도
가 이스라엘에 대한 심판의 말씀을 더욱 강화시켰다. 이스라엘은 자기네
에게 보내 주신 예언자·현인·스승들을 박해했기에, 그 땅 위에 흘린 피
의 대가는 고스란히 이스라엘에게 돌아오게 되어 있다(마태 23,34-36). 예루
살렘에 대한 심판은 조만간 이루어질 것이다(참조: 마태 23,37-39; 27,25). 그것
은 하느님의 계획 속에 포함되어 있다. 그에 대한 처벌은 하느님의 사랑을
거부한 데 따른 실망과 하느님 정의의 표현으로 평가되어야 한다.

---

[114] 참조: M. REISER, *Die Gerichtspredigt Jesu*, NTA NF 23 (Münster 1990) 183-250.

[115] REISER, *Gerichtspredigt* [각주 114] 314.

④ 새로운 구원 공동체인 교회가 옛 하느님 백성의 유업을 계승하기 때문에, 이 교회도 옛 이스라엘과 똑같은 기준에 따라 검증받게 될 것이다. 이 공동체에서 범죄자들과 동조하거나(마태 7,23; 13,41) 행동이 하늘에 계신 주님 요구에 미치지 못하는 자들(마태 22,11-13 참조)은 미래의 나라에서 배제될 것이다. 이 심판이 교회 전체를 뒤흔들지는 않겠지만, 부적합한 구성원들은 단죄될 것이다. 몇몇 공동체 구성원의 이런 파괴적 행동 때문에 마태오는 공동체에 대한 요구를 강화한다. 이는 공동체의 강력한 격려자이자 엄격한 경고자인 그의 기본 자세와도 잘 어울린다(마태 21,43; 참조: 5,16; 7,16.20). 그는 공동체가 윤리적으로 올바로 살아서 좋은 열매를 맺도록 애쓰고 있다. 자기 공동체와 관련하여 마태오는 하느님의 한없는 사랑을 보여 줌과 동시에 사랑을 실천하지 않는 사람들에게 위협의 심판을 깨닫게 해 준다(마태 25,31-46). 복음을 거부하는 이스라엘과의 연관성과 차이는 혼인 잔치의 비유(마태 22,1-14)에서 발견된다. 이스라엘은 지도자들의 불신앙 때문에 유다 전쟁과 예루살렘 파괴라는 심판을 받게 된다(마태 22,7). 그러나 다른 민족 사람들까지 감싸 안은 이 새로운 공동체는 현세적·위협적 심판이 아니라 오직 종말론적 심판을 받는다. 그때 부적합한 구성원들은 쫓겨날 것이다. 비유 끝의 경고처럼 부르심을 받은 이들은 많지만 선택된 사람은 적다. 바로 이들이 종말론적 환희를 맛볼 사람들이다(마태 22,14).[116]

마태오는 하느님의 은총과 심판이 병존하고 있다는 사실을 의식이나 하고 있었을까? 되찾은 아들의 비유(루카 15,11-32)에서 선포된 바와 같은 하느님의 무한하고 조건 없는 은총과 아버지의 뜻을 이행하지 않는 이들에게

---

[116] 혼인 잔치 비유를 끝맺는 이 언급은 마태 22,1-10의 혼인 잔치 장면과도 어울리지 않고, 마태 22,11-13의 혼인 예복을 입지 않은 사람 비유와도 잘 맞지 않는다. 이 언급은 구원에 대해 허황된 자신감을 갖는 사람들을 경고하는 마태오의 전형적 어투다. '많다', '적다'는 (마태 7,13-14처럼) 교훈적 표현이기 때문에 산술적으로 이해하면 안 된다. 그러나 여기서 비관적 여운을 간과할 수는 없다(참조: 4Esra 8,1-3). 참조: M.-E. BOISMARD, "Multi sunt vocati, pauci vero electi", *RThom* 52 (1952) 569-585; I. DAUMOSER, *Berufung und Erwählung bei den Synoptikern* (Stuttgart 1955) 186-212.

내리는 준엄한 심판이 병존하고 있다는 사실을 그는 의식하고 있었을까? 마태오에게 있어서 아버지의 한없이 큰 사랑이 사람의 아들의 심판 말씀, 즉 묵시문학적 언급 속에서는 사라진 듯 보인다. 그러나 마태오는 죄인에 대한 예수의 지대한 관심도 전해 준다(마태 9,12-13). 그는 예수를 통해 계시된 하느님의 자비를 잘 알지만(마태 9,1-8 참조) 하느님 나라에 들어가기 위한 조건으로 먼저 회개할 것을 요구한다(마태 21,28-32 참조). 되찾은 아들의 비유에서도 회개가 전제되어 있다. 그러나 여기서 강조되는 것은 회개가 아니라 아버지께서 잘못한 아들을 무조건 받아들이시는 것이다. 마태오가 전승 속에 전해지던 되찾은 아들의 비유를 진작부터 알고 있었는지는 알 길이 없다.

하지만 마태오는 되찾은 양의 비유는 알고 있었다. 그러나 그는, 하느님의 죄인에 대한 사랑은 모든 것을 포용하신다는 관점이 아니라, 공동체의 일원이 길을 잃었을 때 공동체는 그를 찾아 나서야 할 의무가 있다는 관점에서 이 비유를 해석한다(마태 18,12-14). 하늘의 아버지께서는 예수의 제자들인 이 '작은 이들' 가운데 하나라도 유혹에 빠져 죄짓고(마태 18,7-9) 멸망하는 것을 원치 않으신다. 교회의 끊임없는 권면에도 불구하고 회개하지 않는 사람은 교회에서 제외시켜야 한다(마태 18,17). 하느님 나라에 들어가기 위해 취해야 할 윤리적 자세는 이것이다: 동료들을 잘 보살필 것(마태 24,45-51), 재산을 위탁받으면 이윤을 남길 것(마태 25,14-30), 가난하고 억압받는 이들에게 사랑을 실천할 것(마태 25,31-46). 그러나 이 모든 것이 종말론적 지평에서, 최후 심판을 내다보고 이루어진다는 것을 명심해야 한다. 은총과 심판에 관한 것이라면 전혀 다른 맥락에서 언급되었을 것이다. 마태오의 시각은 바야흐로 사람의 아들이 하느님의 이름으로 주관하시게 될 미래의 심판으로 옮겨가고 있다. 이제 모든 것을 용서하시는 하느님의 자비로우심은 더 거론하지 않고, 하느님의 은총에서 비롯되는 의무에 대해 언급한다. 마태오가 제시하는 「주님의 기도」를 보면, 죄지은 동료를 용서하는 것이 마치 하느님의 용서를 받기 위한 조건처럼 보이기까지 한다(마태

6,14-15). 사실 하느님의 자비 자체는 이미 전제되어 있다. 이 자비가 이제 인간에게 용서할 수 있게 해 주고, 그렇게 하도록 동기를 부여해 준다. 기도하는 사람은 당연히 하느님의 용서를 빌어야겠지만, 그 역시 자신에게 잘못한 이를 이미 용서했다는 것을 확실히 해야 한다(마태 6,12).

한없이 베푸시는 하느님의 선의와 그에 대해 당연히 보답해야 할 인간의 윤리성에 관한 문제가 매정한 종의 비유에서 특히 잘 드러난다(마태 18,23-35). 이 이야기의 독특한 점은 한없이 관대하던 주인이 매정한 자기 종을 보자 화를 내며 그를 엄하게 처벌하는 분으로 돌변한다는 것이다. 마태오는 이 이야기 도입부에서, 주인의 신분을 임금으로 격상시켜 놓는다. 이 종은 엄청난 빚을 탕감받았으나 자기에게 몇 푼밖에 안 되는 빚을 진 동료를 보자 그것을 갚으라고 감옥에 집어넣기까지 한다. 이것을 본 임금이 대노하며 그를 처벌한다. 빚진 두 사람에 대한 이 비유는 매우 충격적이다. 그러나 그것은 공포감을 자아낼 의도로 일부러 그렇게 표현한 것이다. 몇몇 학자의 주장대로, 현재의 이 비유가 전승 과정에서 본디 이야기를 윤색한 것이라면, 이 이야기의 요점은 현존하지 않는다고 봐야 한다.[117]

이 이야기는 내적으로 연결된 세 부분으로 구성되어 있다: 주인은 종의 큰 빚을 모두 탕감하는 큰 은혜를 베푼다, 그러나 이렇게 큰 은혜를 입었음에도 그 종은 동료에게 도저히 이해할 수 없는 행동을 취한다, 대노한 주인은 단죄의 판결을 내린다. 이 악한 종의 처사에 분개한 동료 종들의 고발은 구성상 주인의 질책을 이끌어 내는 데 필수적이다(마태 18,33). 여기

---

[117] H. WEDER, *Die Gleichnisse Jesu als Metaphern*, FRLANT 120 (Göttingen 1980) 210-218. 그는 여기서 본디의 비유가 마태 18,30에서 끝나서 18,33은 더 이상 언급될 필요가 없고, 18,34가 강조하는 심판은 오히려 하느님의 너그러우신 자비를 상대화시킨다고 설명한다 (215). 동의: P. FIEDLER, *Jesus und die Sünder* (Frankfurt a.M. 1976) 197-199; W. HARNISCH, *Die Gleichniserzählungen Jesu: Eine hermeneutische Einführung* (Göttingen 1985) 262. 반박: REISER, *Gerichtspredigt* [각주 114] 265-267. A. WEISER, *Die Knechtsgleichnisse der synoptischen Evangelien*, StANT 29 (München 1971) 75-104는 18,31과 18,34의 구체적 형태를 복음서 저자의 것으로 보지만(93), 이 이야기를 구성하는 세 부분이 긴밀히 연결되어 있기 때문에 그중 하나라도 빼면 전체가 무너진다고 설명한다(90).

서 작은 빚을 진 종이 채권자에게 애원하는 소리와 큰 빚을 진 종이 주인에게 애원하는 소리가 똑같다: "제발 참아 주십시오. 제가 다 갚겠습니다"(마태 18,26). "제발 참아 주게, 내가 갚겠네"(마태 18,29). 그리고 셋째 부분은 주인이 진노하여 그 잔혹한 종을 엄벌하는 것으로 귀결된다. 핵심은 분노한 주인의 질책이다. "내가 너에게 자비를 베푼 것처럼 너도 네 동료에게 자비를 베풀었어야 하지 않느냐?"(마태 18,33). 이것이 이 이야기의 내적 논리요, 예수의 지상 활동을 통해 선포된 하느님의 자비를 견지할 뿐 아니라 자비로우신 행동의 결과도 보여 주는 하나의 종말론적 비유다. 매정한 종을 가혹하리만큼 사정없이 처벌하시는 것(고문 형리들에게 넘기는 것)은 당시 상황에서 자연스러운 묘사라 여겨진다. 비유 마지막 구절, "너희가 저마다 자기 형제를 마음으로부터 용서하지 않으면, 하늘의 내 아버지께서도 너희에게 그와 같이 하실 것이다"(마태 18,35)는 마태오적 교훈 말씀이다. 이것은 '은총의 상실이라는 위협'을 경고하는 비유다(E. Schweizer).

마태오 복음서의 예수는 시종일관 인간이 얼마나 성실하게 살았는지 조사한 후 그에 상응한 상벌을 내리는 심판관의 모습으로 그려진다. 그래도 그 심판은 선하고 의로운 사람들에게 베푸는 보상의 성격을 지닌다는 점을 간과하지 말자. 이들은 아버지의 나라에서 해처럼 빛날 것이고(마태 13,43), 이스라엘 시조들과 잔칫상에 자리 잡을 것이며(마태 8,11), 하늘 나라 혼인 잔치에 들어갈 것이고(마태 25,10), 성실한 봉사에 대해 넘치는 보상을 받을 것이며(마태 25,21.23), 영원한 생명을 누릴 것이다(마태 25,46). 지금은 아직 은총의 시기이고 시련을 이겨 내야 할 시기이므로, 공동체는 선한 일을 할 수 있도록 항상 깨어 준비하라고 권고한다. 마태오는 공동체가 목표마저 잃어버릴 큰 위험에 처해 있다고 보기 때문이다. 마태오는 심판에 관한 말씀을 강조하고, 영원한 처벌로 위협하고, 공포 분위기를 조성하지만, 그것은 오로지 하느님의 사랑과 자비에 보답하도록 권장하기 위해서일 뿐이다. 마태오의 예수 모습은 장차 오실 분에 의해 규정되는 종말론적 성격을 띤다. 그리고 예수의 현재적 복음 선포도 이 전망 속에서 실현된다.

전체적으로, 마태오의 예수 그리스도 모습을 마르코에 비해 더욱 발전·변화시킨 요소는 다양하다. 그리스도교를 거부하고 적대시하는 유다교와 대결하던 교회의 시대적 상황이 그리하도록 만들었다. 그러나 유다교와의 이런 대립이 유다교에서 유래한 메시지를 더 깊이 숙고하게 해 준 계기가 되기도 했다('다윗의 아들' 참조). 마태오는 구약성경 본문들이 예수를 두고 예언한다는 사실을 잘 알고 있었고 이것을 입증하기 위해 적지 않은 '예언 실현 인용구들'을 제시했다. 구원사적 노선은 지속적으로 견지된다. 모세의 율법도 폐지될 것이 아니라, 예수께서 해석하시는 새로운 구도 속에 편입되어야 한다. 교회는 옛 이스라엘을 대신하여 그 유업을 계승하며, 예수의 계명을 충실히 지킴으로써 이 유업을 관리할 임무가 교회에 부여된다. 종말에 관한 전망은 장차 재림하실 주님을 더욱 강력하게 부각시킨다. 종말 시기는 불법이 횡행하고 사랑이 식어 버린 시기로 묘사된다(마태 24,12). 그러나 그리스도께서는 그때까지 당신 교회 안에 머무르시면서 계속 가르치고, 권면하고, 보호해 주실 것이다. 그리고 지상의 모든 민족이 공포에 질려 울부짖을 때, 사람의 아들은 선택된 사람들을 사방에서 불러 모으도록 당신 천사들을 보내실 것이다(마태 24,30-31). 유다계 그리스도교적 전망과 교회의 모습을 통해 예수 그리스도에 대한 시각은 변화되었다. 이 교회의 모습이란 예수 그리스도께서 그 안에 현존하시며 당신 구원 사업을 지속하시는 것이다(마태 28,20).

4

루카

루카 복음서를 통해 우리는 나자렛 예수를 되돌아볼 수 있고 그분에게서 유래하는 작품인 예수 그리스도의 교회를 종합적으로 고찰할 수 있는 넓은 지평 위에 들어선다. 마르코 복음서의 공동체 담화에서 윤곽을 통찰했고, 마태오 복음서에서 당시 유다교와 새로 등장하는 그리스도 공동체의 실상을 탐구해 가는 가운데 분명하게 파악할 수 있었던 것이, 이제 루카의 2부작 저서(루카 복음서와 사도행전)에 와서는 하나의 역사적 노선으로 제시된다. 이것은 예수께서 유다 땅에서 활동하신 것뿐 아니라 하느님께로 돌아가신 다음에도 교회 안에서 계속 활동하시는 것까지 포함한다.

루카는 다른 민족 출신으로 헬레니즘계 유다 사회에 뿌리내린 듯하다.[1] 그가 마음으로 소중히 생각했던 것은 무엇인가? 그가 '처음부터 자세히' 탐구하고 싶었던(루카 1,1-4) 예수 그리스도 이야기(루카 복음서)인가, 아니면 예수 활동에서 유래한 교회 이야기(사도행전)인가? 루카는 애당초 자기 저서를 두 권에 나누어 집필하고자 했으므로(참조: 루카 1,1-3; 사도 1,1)[2] 두 권으로 출간된 이 책들은 하나의 저서로 보는 것이 옳다. 이 저서의 기본은 복음서다. 이 복음서에서 그는 나자렛 예수의 행적과 가르침, 이스라엘 군중 가운데서 행하신 그분의 활동 그리고 하느님의 섭리에 따라 전개되는 그분의 운명을 기술하려고 한다. 그렇지만 루카에게는 그 시대(1세기 80년대 전

---

[1] 참조: W.G. KÜMMEL, *Einleitung in das Neue Testament* (Heidelberg ²¹1983) 118: "루카 복음서를 근거로 저자에 관해 확실하게 말할 수 있는 것은 그가 이민족계 그리스도인이라는 것뿐이다." A. WIKENHAUSER/J. SCHMID, *Einleitung in das Neue Testament* (Freiburg - Basel - Wien ⁶1973) 252-256; J.A. FITZMYER, *The Gospel According to Luke*, vol.1, Chap.1-9 (Garden City, N.Y. 1981) 35-47. FITZMYER에 따르면, 루카는 이민족계 그리스도인이다. 그러나 그리스인은 아니었고, 안티오키아 출신 비유다계 셈족 사람이었다. 그는 안티오키아의 헬레니즘 문명 속에서 훌륭한 교육을 받을 수 있었다(42). 저자에 관해, 참조: J. ERNST, *Lukas: Ein theologisches Portrait* (Düsseldorf 1985) 9-18. 최근, 바오로의 동반자 루카에 관한 고대 교회의 전승을 매우 적극적으로 평가하는 학자: C.-J. THORNTON, *Der Zeuge des Zeugen: Lukas als Historiker der Paulusreisen*, WUNT 56 (Tübingen 1991) 7-81.

[2] KÜMMEL, *Einleitung* [각주 1] 78에 따르면 루카는 루카 1,1-4를 자신의 2부작 머리말로 삼고자 했다. 물론 이 주장에 대해 논란도 많지만, 사도행전 첫마디(1,1)가 루카 복음서를 '첫 번째 책'이라고 부르는 것은 루카가 자기 저서를 2부작으로 구상했다는 것을 입증한다.

반으로 추정)에 모습을 드러내기 시작한 교회 이야기도 그에 못지않게 중요
했다. 이 교회는 이제 유다교의 테두리를 벗어나 다른 민족의 구원에 대한
사명감을 절실히 느끼며 그들을 찾아 나서고 있었다.[3] 사도행전은 거듭 예
수 이야기로 되돌아가, 예수께서 이스라엘에서 행하신 권능의 행적, 기적
과 표징, 그리고 무법자들의 손으로 십자가에 못 박히신 예수의 부활과 연
관 지어 설명한다(사도 2,22-24).

　루카는 역사적으로 진실한 예수 모습을 서술하고 싶어서 그리스와 로마
역사가들의 서술 방식을 그대로 추종했다. 그는 '역사가'가 되고자 했으나,
역사를 전적으로 그의 케리그마적(복음 선포적) 목적에 따라 기록했다.[4] 이
복음서 저자는 역사적 사실을 전해 주고는 있지만(참조: 루카 1,5; 2,1-2; 3,1-2),
사건이 일어난 역사적 순서 그대로("순서대로": 루카 1,3) 서술하지는 않는다.
이 점은 나자렛 대목(루카 4,16-30)과 예루살렘 입성('여행 보도': 루카 9,51-19,27)
기사를 어떻게 배치했는지만 봐도 알 수 있다. 루카 복음서도 케리그마적
역사 서술이다. 이 역사 서술은 예수의 출현을 시대사적·세계사적 범주
안에서 파악하려 하지만, 그 시각은 전적으로 예수와 그분이 지닌 구원의
의미에 집중한다. 따라서 이 복음서는 예수의 전기가 아니라, 예수 생애에
일어난 사건, 그분의 말씀과 행적을 모아 놓은 책이 되었다. 그것은 예수
의 활동과 운명을 포괄적으로 보여 준다. 예수 모습을 '역사적으로' 그려
내고자 했음에도 불구하고, 루카도 마르코나 마태오처럼 자기 머릿속에
그리던 예수 모습을 표현하게 되었다. 결국 그는 다른 공관복음서 저자들
보다 역사적 사실에는 한 발자국도 더 가까이 다가서지 못하고 말았다.

---

[3] F. MUSSNER는 사도행전의 여러 이야기가 지닌 의도를 매우 설득력 있게 설명한다. F.
MUSSNER, "Die Erzählintention des Lukas in der Apostelgeschichte", in: C. BUSSMANN/W.
RADL (Hrsg.) *Der Treue Gottes trauen: Beiträge zum Werk des Lukas*, FS G. SCHNEIDER
(Freiberg - Basel - Wien 1991) 29-41: "사도행전은 구원사적으로 본 전도 기록이다. 이 기록
은 초대교회가 이스라엘로부터 서서히 분리되는 과정을 보여 준다"(32).

[4] 헬레니즘 작가 루카에 관하여: E. PLÜMACHER, *Lukas als hellenistischer Schriftsteller:
Studien zur Apostelgeschichte*, StUNT 9 (Göttingen 1972).

루카는 복음서를 쓰기 위해 풍부한 자료를 수집했다. 그가 활용한 사료
는 잘 알려진 마르코 복음서와 예수의 어록집, 루카 이전에 '많은 이'가 손
을 댄(루카 1,1) 예수에 관한 (미지의) 기록들이다. 그리고 여기에 개별적 구
전 전승들도 추가된다. 그는 이 풍부한 자료에서 필요한 부분을 간추려,
그것을 바탕으로 역사적 사실과 일치한다고 여겨지는 예수 모습을 서술했
다. 우리는 예수의 역사적 등장과 활동에 대해 어느 정도 확실히 알 수 있
기 때문에, 이를 근거로 루카 복음서에 서술된 예수 모습을 비판적으로 검
토해 보고 싶은 유혹도 없지 않으나, 이러한 시도는 전적으로 포기하려 한
다. 예수의 역사적 출현에 관한 루카의 서술도 부활하신 그리스도에 대한
믿음에서 이루어진 것이기 때문이다.

루카의 예수는 당신 백성 이스라엘과 함께 계시는 하느님의 포괄적 역
사 속에 편입되어 있고, 이 역사는 예수 그리스도의 교회사 속에서 지속된
다. 세례자 요한까지는 율법과 예언자들로 충분했다. 루카는 예수의 등장
과 구원 활동이 요한과 더불어 시작되었다고 본다(사도 10,37). 루카 복음서
에서는 이때부터 하느님 나라가 선포되기 시작한다(루카 16,16). 이것은 인
류와 더불어 전개되는 하느님의 역사에 하나의 전기를 마련한다. 예수 시
기는 구원 시기다. 이 시기는 악마를 몰아내시고(루카 4,13; 10,18), 성령이 예
수 안에서 활동하시며(루카 10,21), 큰 기적을 행하시고 병자를 고쳐 주시는
활동으로(사도 10,38) 특징지어진다. 그러나 예수를 통해 실현되는 이런 구
원 사건들은 오순절 성령 강림 후에도 계속되어야 하고, 그 결과가 교회
안에서 현실적으로 나타나야 한다. 루카가 구원사의 신학자라고 불리는
것은 당연하다. 그는 구원사를 세 가지 특정 시기로 구분한다: 맨 먼저 약
속의 시기이자 율법과 예언자들의 시기인 예수 이전 시기, 다음으로 하느
님의 구원 활동의 시기인 예수 시기, 끝으로 영의 시기인 교회 시기다. 그
렇다고 예수 시기를 '중간 시기'Mitte der Zeit로 표현할 수 있느냐[5]에 대해서

---

[5] 참조: H. CONZELMANN, *Die Mitte der Zeit: Studien zur Theologie des Lukas* (Tübingen
³1972).

는 회의적이다. 예수 시기가 교회 시기와 연결되고, 교회와 더불어 본격적인 구원 시기가 도래하기 때문이다. 구약성경에 예언된 약속들이 이 시기에 이루어지기 때문에 이 시기는 그리스도 이전 시기와 구원 실현 시기로 구분되거니와, 이 구원 실현 시기도 두 단계로 전개된다. 첫 단계는 예수의 생애와 활동기이고, 다음 단계는 영으로 출현한 교회의 전성기다. 구약성경에 예고된 하느님의 구원이 예수와 교회를 통해 실현되고 있다.

루카 복음서에서, 가령 세례, 영광스러운 변모, 예루살렘 입성이라는 세 발현 장면에서 또 다른 구원사적 시기를 찾아낼 수 있을까?[6] 그러나 예수께서 왕의 신분으로 예루살렘에 입성하신 사건은 지속적으로 전개되는 발현 이야기가 아니다.[7] 이 입성을 시기화하여 고찰하면, 마르코가 전한 전승 노선을 루카가 그대로 인용하고 있다는 사실을 일단 간과하게 된다. 루카는 마르코가 서술한 세 번의 예수 수난 예고를 자기 복음서에 그대로 받아들였다(루카 9,22; 9,44; 18,31-33). 다음으로 예수의 예루살렘 입성(루카 19,28-40)이 예수 여행기의 종결부라는 점을 망각할 수도 있다. 이 여행기는 처음부터(루카 9,51) 예루살렘을 예수의 수난과 죽음의 도성이자(루카 13,31-33), 하느님께 영광스럽게 들어 올림 받게 될 도시로 본다. 교회가 예루살렘에서 출현하게 될 것을 내다보고, 그때부터 많은 제자가 여기 모여 하느님을 찬미하며 누리게 될 기쁨을 미리 보여 준다(사도 2,46-47 참조).

이처럼 루카 고유의 구원사적 시각을 예수 시기와 교회 시기로 제한하면, 구세주 예수 그리스도의 모습이 더욱 분명하게 드러난다. 모든 구원이 그분에게서 온다. 병의 치유와 죄의 용서가 그분에게서 올 뿐 아니라 초대 교회를 당신 축복으로 가득 채워 주실 성령도 그분에게서 오신다(루카 24,41; 사도 2,33). 루카 복음서에는 구세주 예수 그리스도의 모습이 매우 다채롭게

---

[6] 같은 책 180-186.

[7] 참조: W.C. ROBINSON, Jr., *Der Weg des Herrn: Studien zur Eschatologie im Lukas-Evangelium: Ein Gespräch mit H. Conzelmann*, ThF 36 (Hamburg - Bergstedt 1964) 25f.29. CONZELMANN의 진취적 저서에 대한 다양한 반응에 대하여, 참조: F. BOVON, *Luc le théologien; Vingt-cinq ans de recherches* 1 *(1950~1975)* (Genève ²1978) 34-84.

나타난다. 따라서 이 복음서의 예수 그리스도 모습을 종합적·전체적으로 제시한다는 것은 결코 쉬운 일이 아니다. 루카 복음서의 많은 부분이 루카가 활용한 전승에서 왔고, 그 밖의 것은 루카가 자기 시각에 따라 직접 첨가했다. 우선 제1절에서는 예수 모습에 대한 루카의 기본적이고 결정적인 관점을 밝히고, 제2절에서 이 예수 모습을 충족시키고 완성시키는 몇 가지 요소를 규명해 보자.

1. 예수에 대한 기본 시각

1.1 성령의 능력으로 활동하시는 하느님의 사자使者

루카 복음 4장 16-30절의 나자렛 대목은 "어떤 의미로 이 복음서 전체를 함축하고, 렌즈가 빛을 한곳으로 모으듯 향후 전개될 모든 이야기와 부활 후 사건까지 이곳에 끌어들여 시사해 주기 때문에",[8] 루카가 기술한 예수 모습을 밝혀내는 작업을 이 대목에서 시작하는 것이 적절하다고 보고, 또 이 대목에서 예수 모습을 많이 규명해 낼 수 있다고 본다. 여기서 예수께서는 이사야서 61장 1-2절을 인용하여 설교를 시작함으로써 이 대목이 당신에 대한 예언임을 천명하신다.

> 주님께서 나에게 기름을 부어 주시니
> 주님의 영이 내 위에 내리셨다.
> 주님께서 나를 보내시어
> 가난한 이들에게 기쁜 소식을 전하고
> 잡혀 간 이들에게 해방을 선포하며
> 눈먼 이들을 다시 보게 하고

---

[8] 참조: H. SCHÜRMANN, *Das Lukasevangelium 1 (1,1-9,50)* (Freibug - Basel - Wien 1969) 225.

> 억압받는 이들을 해방시켜 내보내며
>
> 주님의 은혜로운 해를 선포하게 하셨다(루카 4,18-19).

예수께서는 당신이 영으로 기름부음받으신 분임을 알고 계셨다. 루카의 맥락에서 이것은 약속된 메시아라는 뜻이다(참조: 루카 2,11.26; 3,15; 4,41; 9,20 등). 이어서 그분은 당신의 역할과 관련하여 사람들에게 해방과 행복을 베푸시는 분으로 묘사된다. 이 '나자렛 대목'은 나자렛 주민들이 들고일어나 예수를 배척하며 그분을 죽이려 드는 것까지 포함한(이런 시도는 예수의 죽음을 암시한다) 예수의 일생을 압축시켜 이야기해 준다. 그럼에도 영을 지니고 영으로 기름부음받으신 예수 출현에 대해 언급하는 이 대목은 루카 복음서의 결정적 출발점이 된다. 루카에 의하면 이렇게 등장하신 예수는 가난한 사람들을 위해 온몸을 바치며, 억압받고 감옥에 갇힌 사람들을 해방시키고, 병자들을 고쳐 주심으로써, 당신께서 하느님의 영으로 무장하신 메시아임을 입증하셨다. 나자렛 대목에 앞서 서술된 예수의 세례 장면(루카 3,21-22)에 따르면, 예수께서 세례를 받으실 때, 성령이 비둘기 모습으로 그분 위에 내리시는 순간 그분은 성령을 가득히 받아 영으로 완전히 무장하게 되었다. 루카는 예수께 내리신 영의 실체를 강조하기 위해 눈으로 볼 수 있고 몸으로 느낄 수 있는 이 사건("성령께서 … 형체로")에 큰 비중을 두었다.

사도행전(10,38)도 예수의 활동을 회고 · 종합 · 요약하면서 예수께서 성령(과 성령의 능력)으로 기름부음받으셨음을 예수 활동의 출발점으로 부각시킨다. 이 대목도 루카 복음 4장 18절에서처럼 이사야서 61장 1절의 예언을 예수께 적용시키면서, 은혜를 베푸시고 병을 고쳐 주시는 예수의 등장을 이 예언의 실현으로 본다. 예수께서는 이 예언대로 마귀의 횡포에 시달리는 모든 사람을 성령의 힘으로 해방시켜 주신다. 영에 의해 기름부음받으셨다는 것은 이 메시아에게 악의 권세를 극복할 큰 힘을 내려 주셨음을 의미한다. 사도행전 4장 27절, 사도들을 원수의 손아귀에서 구해 주신 하느님께 드리는 공동체의 감사 기도에도 예수께서 영으로 기름부음받으셨다는 언급이 나온다. 영께서는 병을 고치고 선을 행할 수 있게 해 주셨을 뿐 아니라, 외부의 적들을 제압할 힘도 내려 주셨다. 루카는 이 외부의 적들이 마귀의 조종을 받아 활동한다고 본다. 이로써 잡혀 간 이들을 해방시킨다는 것은 안팎의 적들을 극복한다는 뜻임을 분명히 밝힌다.

예수께 영이 내리는 것이 예수의 세례와 관련 있고, 이때 비로소 예수께서 영을 가득히 받으셔서 이때부터 마귀를 정복하셨다면, 이는 예수의 유년기 이야기와 긴장 관계에 놓이게 된다. 유년기 이야기는 예수께서 동정녀에게 잉태되실 때 이미 영이 예수께 내리셨고, 또 지극히 높으신 분의 힘이 그분을 덮어 주실 것이라 말하고 있다(루카 1,35). 미래에 관한 이 언급에는 훗날 예수께서 받게 될 세례는 전혀 포함되어 있지 않다. 예수로 태어나신 이 아기는 이미 하느님의 아드님으로 불리게 될 것이기 때문이다. 예수께서 영을 가득히 받아 입으시는 것이 그분께서 잉태되고 탄생하실 때 이미 이루어졌다면, 어떻게 예수께서 세례를 받으실 때 비로소 영이 그분에게 내렸다 할 수 있겠는가? 예수께서 세례를 받으실 때 비로소 그분을 하느님의 사랑하는 아드님으로 선포하는 소리가 하늘에서 들렸다면, 그분은 성령으로 잉태되신 분이기에 잉태되는 순간부터 '하느님의 아드님'으로 불리게 될 거라는 이 말씀(루카 1,35)은 어떻게 이해해야 하는가?

이 긴장감을 어떻게 설명할 수 있을까? 이 긴장이 태동한 근본 이유는 이 복음서에 갖가지 다른 전승들이 수용되어 있다는 사실에서 연유한다. 루카는 예수의 세례 장면을 서술할 때, 세례 때 영이 예수께 내려오셨다고 증언하는 마르코의 기술을 그대로 받아들였다. 한편 예수 유년기 이야기의 기원은 유다계 그리스도교의 해석으로 소급된다. 즉, 유다계 그리스도교에서는 예수께서 하느님에게서 오신 영으로 동정녀 마리아께 잉태되어 나셨다고 믿고 있었다. 세례는 예수께서 메시아임을 입증하며, 이 메시아께서 바야흐로 영의 능력으로 당신 활동을 시작하신다는 것을 알려 준다. 그렇다고 루카에게 이것이 예수께서 이미 모태에서 영을 가득히 받으셨다는 사실을 배제하지는 않는다.

이 복음서 저자는 세례자 요한에 대해서도 기록한다. 그의 아버지 즈카르야는 천사를 통해, 자기 아들 요한이 태중에서부터 성령으로 가득 찰 것이고(루카 1,15), 엘리야의 영과 힘을 지니고 등장하게 되리라는(루카 1,17) 예언 말씀을 전해 받았다. 요한의 유년기도 온통 영의 활동으로 가득 차 있다. 그의 어머니 엘리사벳도 영을 받아 큰 소리로 친척 마리아를 메시아의 어머니로 찬미했다(루카 1,41-42). 아버지 즈카르야도 성령으로 가득 차 하느님께 찬미의 노래를 부른다(루카 1,67). 이 소년은 자라면서 정신도 굳세어진다(루카 1,80). 시메온은 영의 인도를 받아 성전에 올라와(루카 2,25.27), 성령께서 자기에게 내려 주신 예언에 대해 증언한다(루카 2,26). 그리고 예수께서 가실 길을 암시해 주며, 앞으로 겪을 운명에 대해 마리아에게도 예언한다(루카 2,28-35).[9] 마리아도 영으로 점철된 이런 환경 속에 계시다. 성령께서는 마리아에게 모든 예언을 초월하는 동정녀 출산의 기적을 행하신다. 요한의 경우에 비해, 여기서 지금 이루어지고 있는 것은 성령으로 무장한 정도가 아니라, 그것을 훨씬 초월한다. 예수께서는 하느님의 아드님이시고, 하느님께서는 그분에게 조상 다윗의 왕좌를 넘겨주실 것이다(루카 1,32). 그리고 그분은 야곱의 집안을 다스리시고, 그분의 나라는 끝이 없을 것이다(루카 1,33).[10] 탄생 예고 때도 예수께서 장차 메시아로 활동하게 되리라는 것을 마리아에게 알리면서도, 그분이 영의 역사하심으로 탄생하게 되리라는 것과 관련짓는다. 세례 장면은 예수께서 공적 활동을 시작하셨다는 것을 부각시킨다. 이때 하느님께서는 당신 아드님께서 공적 활동을 시작했음을 만천하에 공포하셨고, 이때부터 예수께서는 활동을 시작하셨다.

예수께서 영으로 가득 찬 분이라는 점에 대해 앞서 살핀 두 기사가 서로 모순된다고 볼 필요는 없고, 다만 관점이 다르다고 보아야 할 것이다. 본

---

[9] 참조: FITZMYER, *Luke* 1 [각주 1] 229.

[10] 루카 1,32-33의 메시아 모습(다윗적 메시아)과 루카 1,35의 영으로 가득 찬 하느님의 아들 사이에 발생하는 긴장에 관하여: SCHÜRMANN, *Lukasevangelium* 1 [각주 8] 55: "메시아 예수께서 영을 지닌 분이라는 인식이 이곳(과 마태 1,18.20)에서 고조되며, 예수께서 영에 의해 출생하셨다는 언급에까지 이른다". 자세한 것은 제2장 2절 참조.

디 서로 다른 맥락 속의 내용들이 이곳에 인용되었기 때문이다. 예수 유년기 이야기에는 루카의 영의 신학이 스며 있다. 이 영의 신학은 무엇보다 예언과 표징들을 내포하고 있는데, 이 표징들은 하느님께서 베푸시는 구원의 표징들로 우리가 감지할 수 있다. 한편 예수의 생애와 활동에 관한 서술은 전혀 다른 신학 체계를 따르고 있다. 이제 이 노선을 살펴보자.

성령으로 가득 찬 예수께서는 요르단 강을 떠나 영의 인도를 받아 광야에서 사십 일 동안 지내셨다. 이때 악마의 유혹도 받으셨다(루카 4,1-2). 어록집에서 인용된 이 유혹 대목(마태 4,1-11 참조)이 루카 복음서에서는 예루살렘에 가서야 비로소 끝난다. 이것은 루카가 하느님의 도성 예루살렘에 부여한 의미를 드러내는 표징이기도 하다. 루카 복음서에서 예수의 시선은 온통 예루살렘에 쏠려 있다(참조: 9,51; 13,22; 17,22; 18,31; 19,11.28). 그곳은 예수의 예언자적 운명이 이루어져야 할 곳이다(루카 13,33-34; 18,31). 예수께서는 이 도성을 보고 우신다. 이 도성이 하느님께서 사자使者를 보내 방문해 주시는 은총의 시간을 깨닫지 못하기 때문이다(루카 19,41-44). 이 모든 것은 구약성경의 예언을 통해 예고되었고, 이미 그렇게 예정되어 있었다.

"악마는 모든 유혹을 끝내고 다음 기회를 노리며 그분에게서 물러갔다"(루카 4,13)고 한 유혹 이야기 마지막 말씀에서 예수 수난이 예견된다. 예수 수난 때 사탄이 배신자 유다 이스카리옷에게 들어감으로써(루카 22,3) 암흑의 권세가 그분을 덮쳐누를 시간이 시작되었음을 알린다(루카 22,53). 그렇다고 이를 근거로 사탄의 간섭이 예수의 활동 시기 전체를 포괄하지 않는다는 결론을 내릴 수는 없다.[11] 이 시기에도 악마의 권세가 활동하고 있었기 때문이다(루카 10,17; 11,14-22; 11,24-26; 13,31-37). 그렇기는 하지만 이 시기는 예수께서 악의 권세를 모두 제압하시고, 제자들에게도 원수의 모든 공격을 물리칠 수 있는 권능을 부여하신 시기다(루카 10,19). 이런 권한이 성령을 통해 예수께 부여되었다. 루카가 복음서에 예수께서 "하느님의 손가락

---

[11] CONZELMANN, *Mitte der Zeit* [각주 5] 22의 주장 반박.

으로 마귀들을 쫓아내는 것이면"(루카 11,20) 하느님 나라가 이미 와 있다고 기록한 것은, 사실 "내가 하느님의 영으로 마귀들을 쫓아내고 있다면"(마태 12,28: 직역)이라는 마태오 복음서의 표현과 다를 바 없다.[12] 예수께서 파견하신 제자들이 돌아와, 마귀들까지 자기들에게 복종하더라고 기분 좋게 보고하자, 예수께서 즐거워하셨다는 이야기가 루카 복음서에 나온다. "그 때에 예수님께서 성령 안에서 즐거워하며 말씀하셨다. '아버지, 하늘과 땅의 주님, 지혜롭다는 자들과 슬기롭다는 자들에게는 이것을 감추시고 철부지들에게는 드러내 보이시니, 아버지께 감사를 드립니다'"(루카 10,21). 이것이 예수께서 영으로 가득 찬 분임을 언급하는 두 번째 대목이다.

이 대목이 중요한 이유는 [마태오와 달리(마태 11,25-27)] 루카가 즐거워하시는 예수를, 제자들이 돌아와 부여받은 임무를 성공적으로 수행했다고 보고하는 역사적 상황 속에 배치해 놓았기 때문이다. 루카에게 제자들은 자신의 능력이 아니라 예수께서 부여하신 권능으로(루카 10,19) 악의 권세를 제압하고 병자들을 고쳐 줌으로써 하느님 나라가 오도록 도운 것이다(루카 10,9). 제자들에게 넘친 기쁨은 예수의 기쁨이기도 하다. 제자들에 관해 루카는 이곳에 오래전부터 전해 왔음이 분명한 한 말씀을 첨가한다: "너희가 보는 것을 보는 눈은 행복하다. 내가 너희에게 말한다. 많은 예언자와 임금이 너희가 보는 것을 보려고 하였지만 보지 못하였고, 너희가 듣는 것을 들으려고 하였지만 듣지 못하였다"(루카 10,23-24). 마태오는 이 말씀을 전혀 다른 맥락에 인용한다(마태 13,16-17). 이렇게 제자들이 거두어들인 성공과 기쁨이 구원사에 편입된다. 그들은 예수를 통해 하느님의 권능과 구원의 현존을 체험한다. 성령 안에서 즐거워하시는 예수의 모습은, 그때까지 행하신 모든 활동을 예수 안에서 활동하시는 영의 빛으로 되돌아보게 한다.

---

[12] "하느님의 손가락"은 "하느님의 직접적 · 구체적 개입의 표현"(H. SCHLIER, *ThWNT* 2, 21,10)인데, 시편 8,4와 탈출 8,15에도 같은 어구가 나온다. 거기서 드러나는 하느님의 힘이 Q 자료에는 '하느님의 손가락'으로 강조되고, 마태오는 그것을 이차적으로 '성령'으로 해석했다. 참조: B. COUROYER, "Le 'doigt de Dieu' (Ex VIII, 15)", in: *RB* 63 (1956) 481-495.

그동안 예수께서는 시몬 베드로의 장모를 고쳐 주셨고(루카 4,38-39), 어느 날 해질 무렵에 데리고 온 병자들을 다 낫게 해 주셨으며(루카 4,40-41), 나병 환자도 고쳐 주셨고(루카 5,12-16), 영육이 모두 병든 중풍 병자를 완쾌시켜 주셨다(루카 5,17-26). 예수와 그의 제자들은 마귀도 쫓아냈다.

예수의 설교도 이를 증언한다. 예수께서 원수들이 당신에 대해 품은 의혹들을 모두 물리치셨을 때(루카 5,31-32; 6,1-5.6-11)와 '평지 설교'에서 사랑과 자비의 복음을 설파하셨을 때(루카 6,20-49), 그 속에 이미 마르코와 마태오에서 본 것과 똑같은 메시아의 모습이 드러난다. 지금은 혼인 잔치 손님들이 단식할 때가 아니라 잔치를 마음껏 즐길 때다(루카 5,34). 그리고 사람의 아들이 안식일의 주인임을 드러내시고(루카 6,5), 사람의 목숨을 구하고자 하시며(루카 6,9), 심지어 죽은 이들까지 살려 주신다(루카 7,11-17; 8,49-56). 이 모든 사실들을 루카는 자기가 접한 전승에서 수집했다. 세례자 요한이 자기 제자들을 예수께 보내, 오실 분이 바로 당신이신지 묻게 했을 때, 예수께서는 대답 대신 당신께서 행하신 행적들을 살펴보라 하셨다(루카 7,22). 예수의 대답은 나자렛에서 복음 선포를 시작하실 때 들려주신 첫 설교를 상기시킨다. 나자렛에서의 첫 설교에서 언급하신 것이 그간의 행적과 가난한 사람들에게 행한 구원의 설교에서 모두 실현되었다. 예수께서 즐거워하신 까닭이 이제 이해된다. 루카가 전해 받은 기록들은 예수 안에서 활동하시는 영에 관해 말하는 것이 아니다. "주님께서 나에게 기름을 부어 주시니 주님의 영이 내 위에 내리셨다. …"(루카 4,18)는 구절이 이 기록 전체를 이끌고 밝히는 이정표처럼 서 있다. 예수께서 영으로 기름부음받으셨다는 사실이 이 사건 전체를 설명한다(사도 10,38). 이제 예수께서는 당신에게 내린 영의 충만을 느끼고 영께서 당신 안에서 활동하심을 의식하면서 아버지를 찬미하신다. 이 모든 것을 아버지께서는 당신 안에 감추어진 지혜로부터 베푸셨다.

그렇다면 루카는 왜 예수께서 영의 감도를 받아 활동하신다는 것을 자주 이야기하지 않는가? 이 문제는 그가 활용한 전승과 관련된다. 그것은 이 전승이 예수를 무엇보다 하느님의 아드님이며 메시아로 서술하기 때문이며 루카가 영의 활동 전성기를 교회 시기로 유보해 놓고 있기 때문이다. 루카는, 들어 올림 받으신 후 영을 가득히 받아 입으신 예수께서 믿는 사람들에게 영을 부어 주셨다는 것만 밝히면 충분하다고 본 것이다. 예수의 지상 활동 시기에는 예수만 영으로 가득 찼고 영의 감도를 받아 활동하셨다. 그러나 예수께서 들어 올림 받으신 후에는 모든 믿는 사람에게 영을 부어 주시려고 아버지께서 약속하신 영을 받으신다(사도 2,33). 그렇다면 그전에는 영을 받지 못하셨단 말인가? 이 독특한 표현 방식은 신 중심적theo-zentrisch 시각에서 설명된다. 영은 믿는 사람들에게 반드시 베풀어져야 하되, 예수의 중재를 통해서만 이루어진다. 예수께서 이 종말론적 구원의 선물을 계속 전해야 한다면, 당신이 먼저 이 선물을 하느님에게서 받아야 한다. 여기서 더는 예수 개인에게 내리신 영에 관해 말하지 않고, 공동체에 계속 전해야 할 영에 관해 말하고 있다. 예수께서는 이 영을 "주님과 메시아"(사도 2,36)로서 공동체에 베풀어 주실 것이다.[13]

그 밖의 영에 관한 모든 언급은 초대교회에 영을 보내 주신다는 사실을 전제한다. 루카 복음 11장 13절에 아버지께 깊은 신뢰를 가지고 기도하는 사람에게는 성령을 선물로 주시겠다는 말씀이 나온다. 이것은 그리스도 신자들이 아버지께 기도를 바치게 될 교회 시기를 염두에 두고 하신 말씀이다. 루카 복음 11장 13절에 등장하는 제자들("너희")은 그리스도 신자의 표상이다(참조: 사도 2,38; 4,31; 5,32). 성령을 모독하는 것과 사람의 아들을 모독하는 것은 구별된다(루카 12,10). 성령 모독은 지상의 예수("사람의 아들") 시대가 아니라, 하느님께 들어 올림 받으신 그리스도께서 영을 통해 계속 활동하심을 모든 이가 알 수 있는 시기에 일어난다.[14] 성령 모독은 절대로 용

---

[13] 참조: A. WEISER, *Die Apostelgeschichte* (Kap. 1-12) (Gütersloh - Würzburg 1981) 94f.

[14] 참조: O. HOFIUS, *EWNT* 1, 532: "지상의 예수를 거부하는 사람은 용서를 받을 수 있다. 그러나 성령께서 강림하셨을 때, 증인들의 그리스도 설교 속에 모습을 드러내시는 성령을 배척하는 사람은 용서받을 수 없다"(참조: 루카 24,45-49; 사도 1,8; 4,31; 5,32; 7,51).

서받을 수 없는 죄악이다. 영의 말씀 속에서, 초대교회가 영의 능력으로 행하는 기적 속에서 이 영이 자신을 계시하심을 부인하는 한, 용서받을 길이 없다. 사람들이 영을 통해 선포되는 주님을 거부하는 한 절대로 용서받을 수 없다(루카 12,8의 준엄한 말씀 참조). 다양하게 해석되어 온 이 말씀[15]은 [마르코(3,28-30)와 달리] 루카의 맥락에서는 성령으로 각인된 부활 후 초대교회의 상황에 의해서만 이해될 수 있다. 이것은 루카에게 있어, 아버지께로부터 오는 영의 선물과 더불어(루카 24,49; 사도 1,8) 비로소 영의 시기가 시작된다는 것을 시사한다.

이어서, 제자들이 재판을 받을 때 영이 도와주시리라는 말씀(루카 12,12)은 초대교회가 처한 박해 상황을 전제한다. 사도행전에는 제자들이 유다와 이민족 법정에 서게 되는 박해 상황이 거듭 묘사된다(참조: 사도 4,8-12.19-20; 5,29-32; 7,51-53; 13,9-11; 18,9-10; 24장; 26장). 루카는 예수께서 숨을 거두실 때 시편 31의 6을 따라 하신 말씀, "아버지, 제 영을 아버지 손에 맡깁니다"(루카 23,46)를 예수의 마지막 말씀으로 전한다. 이 말씀은 마르코 복음서의 예수의 마지막 절규, "저의 하느님, 저의 하느님, 어찌하여 저를 버리셨습니까?"(마르 15,34)에 대한 루카의 해석으로, 앞의 말씀을 대치한다. 여기서 예수께서 당신 아버지께 맡기신다는 영은 성령이 아니라, 당신의 인간적 영을 뜻한다. 이 영은 하느님과 완전히 결합되어 있고, 그분 안에 깊이 자리 잡은 예수의 실체를 드러내는 말이다.

루카는 예수께서 영으로 기름부음받으셨다는 것과 성령으로 파견되셨다는 것을 자기 복음서에 일관되게 서술하고 있다. 오직 그분만 영으로 가득 찬 분이고, 이 영의 충만이야말로 그분이 메시아로서 가르치고 활동하는 것을 가능하게 한다. 예수와 함께 활동하는 것은 제자들에게 허락되었으나, 영의 선물을 나누어 받는 것은 허락되지 않았다. 이 영의 선물은 장차 부활하시고 들어 올림 받게 되실 분이 하늘에 오르시어 그곳에서 영을

---

¹⁵ 참조: FITZMYER, *Luke* 2 [각주 1] 964.

통해 당신 활동을 강력하게 계속하게 될 때 주시기로 약속되었다. 영을 지닌 분으로서의 이 예수 모습이 루카가 묘사한 예수 모습의 근본 요소다.

1.2 은총의 복음 선포자

'나자렛 대목'(루카 4,16-30)에 따르면 예수께서는 회당에서 성경을 봉독하신 후 이렇게 선포하셨다. "오늘 이 성경 말씀이 너희가 듣는 가운데에서 이루어졌다"(루카 4,21). 그 말씀을 들은 청중은 "그분의 입에서 나오는 은총의 말씀"(루카 4,22)에 놀라워했다. 이 '은총의 말씀'(참조: 사도 14,3; 20,32)이란 그저 '좋은 말'이라는 뜻이 아니라, 구약성경에 약속된 구원(루카 4,18-19에 인용)이 이제 실현되고 있다는 뜻이다. 약속의 말씀은 이사야서 61장 1-2절과 58장 6절에 나온다. 이 약속된 구원이 드디어 '오늘' 예수 안에서 이루어지면서 청중의 귓전을 울리니 다들 놀란 것이다. 그런데 갑자기 황당한 일이 벌어졌다. 청중의 '감정이 돌변한 것'이다. 처음에는 '은총의 말씀'에 감탄하는 것 같더니, 나중에는 예수를 배척하고 만다. 그들이 예수를 요셉의 아들로 알고 있었기 때문이다.

이 문제와 관련하여 예레미아스는 주목할 만한 해석을 내놓지만, 청중의 갑작스런 감정 변화는 외면한 채 이렇게 설명한다: 예수께서 이사야서 61장 1-2절을 끝까지 인용하지 않고, 오직 당신의 구원 활동을 강조할 목적으로 일부러 마지막 부분 "우리 하느님의 응보의 날을 선포하고 …"(이사 61,2) 직전에 중단했다. 그래서 격분한 청중이 다 들고일어나, 예수가 "주님의 은혜로운 해"만 언급한 채 다음 부분은 모두 생략하여 성경 말씀을 축소·왜곡시켰다고 입 모아 항의했다는 것이다.[16] 그러나 이 대목에서 청중의 반응을 표현한 동사 ἐμαρτύρουν(증언하다, 좋게 말하다: 루카 4,22)을 부정적인 의미로 이해해도 되는지 의심하지 않을 수 없다. 루카의 저서에는 이 동사가 대부분 긍정적 의미로 사용되고 있다.[17] 유다인들의 거부감을 불러

---

[16] J. JEREMIAS, *Jesu Verheißung für die Völker* (Stuttgart 1956) 37-39; 비판: SCHÜRMANN, *Lukasevangelium* 1 [각주 8] 235.

일으킨 것은 예수의 출신 성분이었다. 유다인들은 예수를 하느님의 은총에 대해 해설할 만큼 성경에 해박한 인물로 인정하지 않았다. 청중의 첫 반응처럼 긍정적이든, 구원의 복음이 그들에게 걸림돌이 되어 부정적이든, '은총의 말씀'은 이제 이 장면의 중심이 되었다. 예수와 그분의 말씀 안에 자비와 구원을 베푸시는 하느님이 현존하신다는 것이다.

예수께서 성령으로 파견되셨다는 것과 마찬가지로 이것도 방향 제시적 설명의 성격을 띤다. 이 설명은 앞으로 계속될 예수의 말씀과 행적 서술을 통해 보강될 것이다. 이런 관점에서 예수의 모든 말씀과 활동은 깊은 의미를 지님과 동시에 어떤 공통분모로 요약된다. 그것은 루카 복음 7장 22-23절에서도 새삼 들리는 "예수의 종말론적 환희의 외침"[18]과 같고, 예레미아스의 말처럼 세상 완성의 시작 선언과도 같다. "오실 분이 선생님이십니까?"(루카 7,19)라는 세례자 요한의 물음에 예수께서는 이사야서의 말씀(이사 29,18; 35,5-6)과 비슷한 대답을 하신다(루카 7,22). 그 대답은 요한이 보낸 사람들이 루카 복음 4장 18절에 예고된 바를 직접 보고 들었다고 요한에게 돌아가 전하라는 것이었다. 그것은 "눈먼 이들이 보고(루카 7,21 참조), 다리저는 이들이 제대로 걸으며(루카 5,17-26 참조), 나병 환자들이 깨끗해지고(5,12-16 참조) 귀먹은 이들이 들으며, 죽은 이들이 되살아나고(루카 7,11-17 참조)", 무엇보다 "가난한 이들이 복음을 듣는다"(루카 7,22)는 것이다. 이 말씀은 루카의 '평지 설교'(루카 6,20-49)와 연결된다. 예수께서는 이 설교에서 가난한 이들에게 하느님 나라를 약속하시고, 굶주리는 사람, 우는 사람, 박해받는 사람들에게도 하느님께서 마련해 주시는 새 세상을 눈앞에 펼쳐 보이신다. 은총에 관한 이 주제는 루카의 '평지 설교'에 숨은 채로 거듭 나타난다. "너희가 자기를 사랑하는 이들만 사랑한다면 무슨 인정χάρις('은총'이라는 뜻

---

[17] 참조: 사도 10,43; 13,22, 14,3; 15,8; 22,5; 23,11; 26,5; 20,26; 26,22. 부정적 결과는 루카 9,5에만 나타난다(εἰς μαρτύριον).

[18] J. JEREMIAS, *Neutestamentliche Theologie* I: *Die Verkündigung Jesu* (Gütersloh 1971) 107.

도 있음)을 받겠느냐?"(루카 6,32). 이 맥락에서 명사 χάρις는 세 번 나온다(루카 6,32.33.34). 독일어 성경은 이 말을 통상 '감사'Dank로 번역하는데 그렇게 번역하면 안 된다. 이것은 언뜻 보면 인간 상호 관계를 두고 하는 말씀처럼 보이나, 자세히 들여다보면 하느님에 대한 생각이 그 속에 들어 있다. 하느님께서는 사람들이 자기에게 좋은 일을 해 주기를 바라면서 남에게 좋은 일을 해 주는 것, 남에게 사랑받기 위해 남을 사랑하는 것, 꾸어준 것을 되돌려 받을 수 있기 때문에 남에게 꾸어주는 것을 무가치하게 보시어 그 연결 고리를 끊어 버리신다. 하느님께서는 은혜 모르는 자들과 악한 자들에게도ἀχάριστοι 인자하시다χρηστός(루카 6,35). 예수께서 선포하신 '하느님의 은총'이 인간의 언어로 이렇게 표현되었다.[19] 넘치도록 베풀어 주시는 하느님의 인자하심이 루카가 삽입한 말씀에서는 이렇게 묘사된다. "주어라, 그러면 너희도 받을 것이다. 누르고 흔들어서 넘치도록 후하게 되어 너희 품에 담아 주실 것이다"(루카 6,38).

하느님의 인자하심은 무엇보다 하느님의 자비에 나타난다. "너희 아버지께서 자비하신 것처럼 너희도 자비로운 사람이 되어라"(루카 6,36). 사람의 잘못을 용서해 주는 것, 당연히 단죄받아야 할 사람을 단죄하지 않는 것이 하느님의 은총이다. 예수께서는 바로 이 하느님의 은총을 선포하신다. 선을 행하고 하느님이 원하시는 일을 하도록 제자들을 격려하는 예수의 방향 제시적 담화 속에서 이 문구들은 오직 동기를 부여하는 말씀으로 등장하지만, 한편으로는 하느님의 본질을 드러내 보여 주기도 한다. 하느님께서는 지금 임박한 하느님 나라에서 예수의 말씀을 통해 인간의 태도와 기대를 초월하는 당신의 사랑을 드러내신다. '은총'χάρις은 루카가 매우 선호하는 단어다. 이 그리스어 단어의 뜻은 다채로워서 흔히 '호의'나 '호감'의 뜻으로도 쓰인다. 그러나 '하느님의 은총'이란 표현은 그 이상이다. 죄의 용서(사도 13,43; 참조: 13,38-39)와 구원 소식("당신 은총에 관한 그들의 말": 사

---

[19] 참조: H. Conzelmann, *ThWNT* 9, 382, 18f: "루카 6,32.33.34의 의미는 종교적일 수도 있다". 그는 하느님의 선의를 생각하고 있다.

도 14,3; 참조: 20,24.32)까지 포함한다. "우리도 주 예수님의 은총으로 구원을 받는다고 믿습니다"(사도 15,11).

하느님의 가없는 인간 사랑에 대해 예수께서 말씀하시는 것을 들으면 '은총'을 이렇게 이해해야 마땅함이 더욱 분명해진다. 이는 인간에 대한 예수 자신의 태도로도 입증된다. 은총의 복음에 관한 한 되찾은 아들의 비유(루카 15,11-32)보다 더 확실히 설명하는 것은 없다. 이 비유는 '한없이 인자하신 아버지의 비유'라고 부르는 것이 차라리 더 적합하겠다. 루카 복음서 한가운데 들어 있는 이 이야기는, 하느님이 모든 것을 용서하는 인자하신 아버지임을 보여 준다. 그분은 방탕에 빠졌던 아들을 조건 없이 받아들이고 아들의 모든 권한을 온전히 회복시켜 주시면서 말씀하신다. "나의 이 아들은 죽었다가 다시 살아났고 내가 잃었다가 도로 찾았다"(루카 15,24; 참조: 15,32). 잃었던 아들을 되찾았기에 하느님께서는 크게 기뻐하셨다. 이 기쁨은 바로 앞에 나오는 되찾은 양의 비유(루카 15,1-7)와 되찾은 은전의 비유(루카 15,8-10)에서도 생생하게 묘사되어 있다. 하느님의 기쁨 속에 예수의 기쁜 소식이 그대로 반영된다. "주님의 은혜로운 해"(루카 4,19)는 해방과 기쁨의 시기다. 예수 성탄 때 천사가 들에서 양 떼를 지키던 목자들에게 이렇게 선포했다. "나는 온 백성에게 큰 기쁨이 될 소식을 너희에게 전한다. 오늘 너희를 위하여 다윗 고을에서 구원자가 태어나셨으니, 주 그리스도이시다"(루카 2,10-11). 인류에게 예고된 기쁨이 예수의 등장으로 이루어진다. 그분은 인류를 구원하시려는 하느님의 뜻을 실현하실 분이다. 모든 은총은 하느님에게서 온다. 모든 영광은 당연히 그분의 것이고, 땅의 평화도 그분에게서 온다(루카 2,14). 그러나 하느님의 평화를 인류에게 전하는 것은 하느님께서 보내신 구원자의 몫이다.

이를 실현하기 위해 맨 먼저 할 일은 죄를 용서하시는 것이다. 이 점은 세례자 요한이 이미 예고한 바 있고(루카 1,77), 예수께서도 지상 활동을 통해 그것을 몸소 실천하셨다. 병을 고치러 온 중풍 병자에게 예수께서 맨 먼저 확인시켜 주신 것이 "너는 죄를 용서받았다"(루카 5,20)였다. 육체의 치유와 죄의 용서를 연결시키는 이 이야기는 이미 초기 전승 속에 뿌리내리고 있다.[20] 이 이야기에서 우리는 인간이 구원을 얻는 데 죄의 용서가 얼마나 중요한지 알 수 있다. 육체의 병이 완쾌되어 한 인격체로서 온전한 인간성을 회복하기 전에, 인간은 먼저 죄를 용서받음으로써 하느님에게서 갈라놓은 벽을 허물어야 한다. 예수께서는 인간의 죄를 하느님의 이름으로 용서하겠노라고 약속하신다.

루카는 이 주제를 여러 군데서 다룬다. 예수께서 죄 많은 여자를 용서하시는 이야기가 대표적인 예다(루카 7,36-50). 그 여자는 눈물로 예수의 발을 적시더니 머리카락으로 닦고 그 발에 입을 맞추고 향유를 부어 발랐다. 죄인 주제에 감히 예수 몸에 손을 대는 그 여자를 못마땅해하던 바리사이는 여기서 큰 교훈을 얻는다. 그 여자가 드러낸 큰 사랑을 보고, 사람들은 그 여자가 죄로 인해 얼마나 큰 상처를 입고 있었는지, 하느님께서 그리스도를 통해 베푸신 사랑을 받고는 또 얼마나 큰 변화를 겪게 되었는지 알게 되었다. 그 여자가 예수께 드러낸 사랑은 죄를 용서받았다는 행복한 체험에서 우러나온 감사의 응답이었다. 현재 전해지는 이 이야기의 정황으로 미루어, 예수께서 그 여자의 죄를 용서하시고 인자로이 받아들이셨다는 내용을 전하는 어떤 전사前史가 이미 있었을 것으로 추정된다.[21] 그러나 그 여자의 모든 행동은 저주스런 상황에서 구원받은 것에 대한 감사에서 우러나온다. 예수께서는 그 여자가 사랑을 증명해 보이도록 허락하신 것을 정당화하신다. 그 여자는 흐르는 눈물로 예수의 발을 씻고 향유를 발라 드린다. 그때 예수께서는 당신을 초대한 바리사이에게 두 채무자의 비유를

---

[20] 참조: H.-J. KLAUCK, "Die Frage der Sündenvergebung in der Perikope von der Heilung des Gelähmten (Mk 2,1-12 parr)", *BZ* NF 25 (1981) 223-248. 그는 마르 2,5의 용서 말씀은 본디 치유 사화와 결부되어 있다고 보고, 역사적 예수의 말씀으로 돌린다(242). 루카 5,17-26에 대하여: "예수께서 하느님의 힘으로 무장하시고 전권을 부여받으셨다는 데는 죄를 용서하는 권한까지 포함된다. 그것은 병자들을 고쳐 주시는 일로 확대되거니와, 예수께서는 당신의 사명을 수행하실 뿐이다"(245). 참조: F. BOVON, *Das Evangelium nach Lukas* I (Lk 1,1-9,50) (Zürich - Neukirchen 1989) 245f.248.

[21] 참조: J. JEREMIAS, *Die Gleichnisse Jesu* [제2장 각주 12] 126f.

들어 말씀하신다. 이 비유(루카 7,41-42)는 바리사이의 눈을 열어 그 여자가 얼마나 큰 사랑을 드러냈는지 볼 수 있게 하기 위함이었다. 그 여자는 죄의 용서에 대한 응답으로 예수께 사랑을 드러낸다. 그러나 이 비유는 그 여자 이야기에 잘 들어맞지 않는다. 죄 많은 여자 이야기에서는 사랑이 용서의 근거로 묘사되는 데 반하여(루카 7,47), 두 채무자의 비유(루카 7,43)는 사랑이 용서의 결과임을 보여 주기 때문이다.[22]

그렇다면 그 여자의 사랑이 용서의 근거가 되었을까, 아니면 하느님의 용서가 그 여자의 사랑에 불을 지폈을까? 이 이야기의 긴장은 루카가 예수를 용서하는 분으로 묘사하려는 데서 기인한다. 루카가 여기 첨가하기를, 예수와 함께 식탁에 앉아 있던 이들이 속으로 "저 사람이 누구이기에 죄까지 용서해 주는가" 하고 말했지만 예수께서는 그 여자의 믿음이 그 여자를 구원했다고 이르셨다 한다(루카 7,49-50). 이 이야기의 긴장 혹은 '균열'에 대해 쉬르만은 이렇게 말한다. "루카 복음 7장 36-46.47절, 죄 많은 여자를 용서하시는 이야기, 특히 41-42절 비유 말씀에서, 예수께서는 하느님이 '죄인으로 알려진' 여자를 용서하셨기 때문에 그 여자가 회개했다는 것을 암시함으로써 이 죄 많은 여자에 대한 당신의 태도를 납득시키신다. 이것이 바로 이야기의 핵심이다. 반면, 7장 47절에서는 죄 많은 여자가 여럿이 식사하는 자리에서 사랑에 충만한 참회를 했기 때문에 하느님이 그 여자를 용서해 주셨다".[23] 물론 하느님의 용서가 그 여자로 하여금 예수께 대한 사랑을 입증하게 했다고 볼 수도 있다. 예수께서 그 여자에게 하느님의 용서를 약속하셨기 때문이다. 그분은 그 여자의 사랑에 힘을 실어 주시고, 이를 근거로 죄의 용서를 거듭 확인시켜 주셨다. 이제 여자는 편안히 돌아가게 되었다. 이는 하혈하던 부인이 치유되어 누린 평화, 하느님께서 베푸시는 구원 체험과 같다(루카 8,48; 참조: 병행구 마르 5,34/마태 9,22).

---

[22] J. Ernst, *Das Evangelium nach Lukas* (Regensburg 1977) 255.

[23] H. Schürmann, *Lukasevangelium* 1 [각주 8] 438.

예수의 활동을 통해 인간에게 베푸시는 하느님의 은총은 육체의 치유뿐 아니라 영적 회복까지 포함한다. 중풍 병자의 경우, 이 둘은 결합되어 있다. 은총과 용서로써 인간의 존엄을 온전히 회복시키는 이 내적 치유는 죄 많은 여자의 사랑 이야기 말고도 세관장 자캐오 이야기에도 나온다. 예수께서 자캐오를 만나시는 이야기는 루카 고유 자료에서 따왔다(루카 19,1-10). 세간의 멸시를 받으며 살아온 이 세관장은 예수께서 자기 집까지 방문해 주시는 기쁨을 누린다. 이것은 하느님께서 당신의 사자를 통해 내리시는 은총의 방문이다(참조: 루카 1,68-69.78; 7,16; 사도 15,14). 하느님께서는 이 예언자를 통해 몸소 당신 백성을 찾아오신다(루카 7,16).

예수께서 이 세관장을 만나시는 것도 결국 다를 바가 없다. 예수께서 말씀하신다. "오늘 이 집에 구원이 내렸다. 이 사람도 아브라함의 자손이기 때문이다"(루카 19,9). 이 이야기 끝에 루카가 덧붙인 말(루카 19,10)은 잃었던 이들을 찾아 구원한다는 생각을 담고 있다(참조: 루카 15,6.10.24.32). 그러나 죄 많은 여자와 세관장 자캐오의 경우에는 하느님의 은총으로 받은 은혜에 보답해야 할 사랑의 의무와 그것을 입증해야 할 책임이 있다는 것도 분명히 밝혀진다. 그 부자 세관장은 재산의 반을 가난한 사람들에게 나누어 주고, 다른 사람 것을 횡령한 것이 있다면 네 곱절로 갚겠다고 했다(루카 19,8). 이것은 자기에게 베풀어진 하느님의 방문에 대한 응답이고, 이 방문으로 그는 다시 아브라함 백성의 일원이 되었다. 치유와 구원을 베푸시는 예수의 인자한 모습에는 은혜 받은 사람들이 마땅히 감사하고 그에 상응한 행동을 해야 한다는 요구가 포함되어 있다(루카 17,11-19 참조). 예수께서는 요한의 제자들에게 당신의 구원 활동을 열거하신 후 이렇게 끝맺는다. "나에게 의심을 품지 않는 이는 행복하다"(루카 7,23). 예수께서는 하느님의 은총을 오용하지 말라고 경고하신다(루카 8,11-15 참조). 이것은 후대 교회를 겨냥한 경고이기도 하다. 루카의 예수께서는 세상 재물을 대하는 태도(참조: 루카 12,16-21; 16,19-21)도 여기서 이끌어 내신다: 부를 포기하고 세상 재물을 가난한 이들에게 나누어 주어야 한다(루카 11,41; 12,33-34; 14,33; 18,22).

루카의 예수 구원 선포에 대해 한 가지만 더 언급하자. 예수께서 선포하신 구원 대상자에는 다른 민족 사람들도 포함되어 있다. 루카는 이것을 마르코와 마태오의 전승이 전하는 예수 말씀 그대로 인용할 수도 있었겠지만(참조: 마르 7,27-29; 13,10; 마태 8,10-11), 오히려 비유다인의 회개에 관한 마태오의 관점을 더욱 강화시킨다(참조: 루카 2,1-12; 4,15; 28,19). 예수 유년기 이야기에 이미 민족들의 구원이 이스라엘의 구원과 결부되어 있다. 시메온은 예수를 통해 하느님의 구원이 실현되고 있음을 예견했다. "이는 당신께서 모든 민족들 앞에서 마련하신 것으로 다른 민족들에게는 계시의 빛이며 …"(루카 2,31-32). 이 말은 민족들의 빛이 될 하느님의 종에 관한 예언(이사 42,6; 49,6.9)과 연결된다. 여기서 이스라엘의 우월성이 보장되지만 하느님의 빛은 이스라엘을 넘어 모든 백성에게 비친다.[24] 그러나 사람들이 동쪽과 서쪽에서(루카는 "북쪽과 남쪽에서"를 첨가) 몰려와 아브라함과 이사악과 야곱과 함께 잔칫상에 자리 잡게 될 거라는 어록의 말씀(마태 8,11/루카 13,29)에서, 믿지 않는 이스라엘과의 대결이 더욱 두드러진다. 예수를 거부하는 유다인들은, 선조(루카 13,28에는 "예언자" 첨가)들과 함께 잔칫상을 받는 것은 고사하고 거기서 쫓겨나는 대신, 다른 민족 사람들이 오히려 그 자리를 차지하게 된다. 루카는 꼴찌가 첫째가 되고 첫째가 꼴찌가 될 거라는(루카 13,30) '유행어'를 덧붙인다. 여기서 꼴찌란 다른 민족 사람들을, 첫째란 유다인을 가리킨다. 세례자 요한의 복음 선포에도 "모든 사람이 하느님의 구원을 보리라"(루카 3,6; 이사 40,5의 인용)는 말씀이 들어 있다.

족보에서 예수의 시조가 아담까지 거슬러 올라가는데도(루카 3,38) 어떤 보편적 경향이 나타난다. 바로 예수께서 인류의 구원자라는 점이다. 나자렛 대목에서 예수께서는 당신을 거부하는 유다인들에게, 하느님께서 사렙타 마을의 이방인 과부를 돌봐 주셨고, 시리아 사람 나아만의 병을 고쳐

---

[24] R.E. Brown, *The Birth of the Messiah* (Garden City, N.Y. 1977) 459: "이사야에는 보편주의적 사고가 들어 있다. … 그러나 어디까지나 종속적 보편주의다 — 빛은 이민족 사람들에게도 비치겠지만 하느님 백성은 이스라엘이기 때문에 그들은 예루살렘으로 와야 한다."

주셨다는 이야기를 상기시키신다(루카 4,25-27). 마태오와 달리, 루카 복음서의 산상 설교 현장에는 온 유다 지방과 예루살렘뿐 아니라 다른 민족 지역인 티로와 시돈의 해안 지방에서도 많은 사람이 몰려왔다고 기록되어 있다(루카 6,17; 참조: 마르 3,8). 그러나 마태오는 다른 민족 지역을 언급조차 하지 않는다(마태 4,25). 고기잡이 기적 이야기(루카 5,1-11)에서 루카는 베드로가 건져 올리게 될 많은 사람 가운데는 다른 민족 사람도 포함된다고 생각했을 것이다. 루카 복음 10장 전체가 팔레스티나·유다계 그리스도교적 배경에서 기록된 것이라 해도, 루카는 예수께서 일흔(두) 제자를 파견하시는 대목(루카 10,1)에서 열두 제자를 이스라엘에게 보내실 때와 달리(루카 9,1-6) 어떤 보편적 지평을 열어 둔다. 일흔(둘)이라는 수는 창세기 10장의 민족 계보와 연관된 듯하다. "이 제자들의 파견은 모든 민족에게 이루어질 복음 선포의 예형이다."²⁵ 그것은 미래의 복음 선포를 앞당겨 보여 준다. 예수를 따르라는 말씀과 하느님 나라*Basileia* 선포에 관한 생각도 이를 뒷받침한다.

　이민족 선교에 관한 큰 잔치 비유(루카 14,16-24)의 시야는 더 넓다. 잔치에 초대받은 이들이 다 거절하자, 주인은 종들을 다시 내보내 거리의 사람들을 모두 데려오라고 이른다(루카 14,23). 주인은 가난한 이, 장애인, 눈먼이와 다리저는 이들을 모두 불러들인 다음[루카가 진정으로 마음에 담고 있는 사람들이다(루카 14,21)], 멀리 사는 이와 멀리 떠난 이들까지 다 불러들이려 한다. 이민족 선교라는 관점에서 루카는 이런 사람들을 특별히 언급하고 있다. 포도밭 소작인의 비유(루카 20,16)에서 주인이 포도밭을 맡기겠다는 '다른 이들'은 다른 민족 사람들이라 여겨도 좋다. 그러나 루카는 자기에게 전해진 이 말씀(마르 12,9)을 마태오처럼 부각시키거나 특별히 해석하지는 않는다. 전체적으로 루카는 예수께서 전도를 이스라엘에 국한하신 기억을 지우려 한 적은 없고, 다만 가능하다고 여겨지는 곳에 다른 민족 사람들도 부르신다는 관점을 도입한다. 예수께서는 부활 후에야 비로소 제자들에게

---

²⁵ P. HOFFMANN, *Studien zur Theologie der Logienquelle*, NTA NF 8 (Münster 1972) 251.

복음을 선포하라 명하시며, 용서를 위한 회개를 당신 이름으로 모든 민족에게 선포하라 이르신다(루카 24,47). 이 프로그램이 사도행전에 와서는 초대교회의 선교 활동을 통해 그대로 실행된다.

1.3 유다인과 그리스인에게 계시된 구세주요 메시아이신 주님

예수 구원의 의미를 잘 드러내면서 예수를 포괄적으로 특징짓는 표현은 예수 탄생 때 천사가 전한 기쁜 소식(루카 2,11)에서 가장 분명히 발견된다. "오늘 너희를 위하여 다윗 고을에서 구원자가 태어나셨으니, 주 그리스도이시다." 원문에 관사 없이 사용된 명사 '구원자' σωτήρ 칭호는 결정적 의미를 지닌다.[26] 이 '구원자'와 병존하는 서술어 '주 그리스도' Χριστὸς κύριος도 관사가 없지만 매우 세련된 표현이다. 루카의 저서(복음서와 사도행전으로 구성된 2부작)에는 '구원자'(ὁ) σωτήρ 칭호가 모두 네 번 나오는데(루카 1,47; 2,11; 사도 5,31; 13,23), 한 번은 하느님께(루카 1,47), 세 번은 예수께 사용된다. 사도행전 5장 31절에 따르면 하느님께서는 십자가에 못 박혔던 그분을 "영도자와 구원자"로 삼아 당신 오른쪽에 들어 올리시어 이스라엘이 회개하고 죄를 용서받게 하셨다. 사도행전 13장 23절에 따르면 하느님께서는 약속하신 대로 다윗의 후손 가운데서 이스라엘 백성에게 예수를 구원자로 보내셨다. 유다적 맥락에서 보면 약속된 다윗의 자손인 이 구원자가 자기 백성을 구원하실 분이다. 이분은 하느님께서 이루실 구원의 임무를 이렇게 넘겨받으셨다. 의인들은 구원자 하느님께 희망을 걸고 살아왔다(루카 1,47.69-70.71.74). 이런 구원자 예수의 모습은 천사가 전해 준 기쁜 소식과 정확하게 일치한다. 하느님께서 보내 주시기를 고대하던 이 구원자가 '오늘', 이곳 다윗의 고을 베들레헴에 태어나셨다.

---

[26] 다른 견해: W. FOERSTER, *ThWNT* 7, 1015, 34-40. 그는 '도와 주시는 분'(σωτήρ), 즉 구원자를 고대 판관과 같은 뜻으로 번역한다(참조: 판관 3,9.15; 12,3). F. HAHN, *Christologische Hoheitstitel* [제2장 각주 6] 270f도 그와 유사하다. 최근 주석서들은 '구원자' 칭호 사용을 고집한다.

루카 복음서에는 '구원자' 칭호가 유독 두드러진다. 다른 공관복음서에는 나타나지 않기 때문이다. 이 칭호는 신약성경 후기 문헌에 와서야 비로소 나타난다. 특히 하느님(1티모 1,1; 2,3; 4,10; 티토 1,3; 2,10; 3,4)과 예수 그리스도와 관련해서는(티토 1,4; 2,13; 3,6; 2티모 1,10) 사목서간에 와서야 등장한다. 그러나 칠십인역 그리스어 성경Septuaginta을 깊이 이해한 헬레니스트 루카가 이 칭호를 선택한 것은 이를 통해 구세주의 실체를 근본적·포괄적으로 표현하기 위해서였다. '구원자' 하느님은 칠십인역 성경에 [대부분 개인 기도('저의 구원자')에서] 비교적 자주 언급된다.[27] 그러나 이런 맥락에서 이사야서 45장 15절 "아, 구원을 베푸시는 이스라엘의 하느님! 정녕 당신은 자신을 숨기시는 하느님이십니다"는 기본 어구로 단연 두각을 드러낸다(참조: 이사 45,21-22.24). 마카베오기 상권 4장 30절에서 하느님께서는 "이스라엘의 구원자"로 찬양받으신다. 필론Philo도 하느님을 자주 '구원하다'라는 단어의 어장語場 속에서 지칭한다.[28] 루카가 갓 태어나신 아기 예수를 '구원자'라 부르는 것은 하느님께서 이 아기를 통해 당신 구원의 힘을 드러내실 것이라는 사고가 배후에 깔려 있기 때문이다. 이 소식은 베들레헴 목자들의 입으로 이스라엘 백성에게("온 백성에게") 전해진다. 예수 그리스도를 통해서 하느님께서는 이스라엘의 구원자가 되신다.

물론, '구원자'가 그리스·로마 세계에서 널리 사용되던 칭호였다는 사실도 함께 고려되어야 한다. 당시에는 신神, 통치자, 철학자, 정치가, 심지어 의사까지도 '구원자'로 불렸다.[29] 루카도 당시 널리 사용되던 용어를 받아들여 예수께 대한 칭호로 사용한 것 같다. 아우구스투스Augustus 황제도 '구원자'σωτήρ요 '신'θεός으로 불렸다.[30] 그리고 예수 성탄 이야기에서는 다

---

[27] 시편(칠십인역) 23,5; 24,5; 26,1.9; 61,2.6; 집회 51,1; 미카 7,7; 하바 3,18 등.

[28] 참조: FOERSTER, *ThWNT* 7, 988f.

[29] 그리스·로마 세계의 신원 서술어 σωτήρ 개관: P. WENDLAND, "ΣΩTHP", *ZNW* 5 (1904) 335-353. 참조: FOERSTER, *ThWNT* 7, 1006-1012; G. VOSS, *Die Christologie der lukanischen Schriften in Grundzügen*, SN 2 (Paris - Brügge) 45-56.

윗 고을에 태어난 갓난아기를 로마 제국의 막강한 통치자와 대비시켜 서
술하려는 의도가 엿보인다. '구원자' 칭호를 씀으로써 황제를 능가하는 다
윗의 자손 예수가 참된 구원자임을 강조한다고도 볼 수 있다. 그분은 이어
서 '메시아, 주님'으로 소개된다. 이 '메시아'*Χριστός* 칭호에는 곧 오실 구원
의 임금님, '기름부음받은이'라는 유다적 개념이 포함되어 있다. '구원자'
개념이 유다적·구원사적 사고 속에 수용되면서 황제 숭배와 동화될 위험
은 사라졌다. 예수께서는 이미 성경에 예고된 그리스도이고(사도 18,28) 이
그리스도는 신자들에게 예수 자신, 그분의 길, 그리고 그분의 운명을 뜻하
는 가장 중요한 칭호가 되었기 때문이다. "주님의 그리스도(기름부음받은이)"
(루카 2,26) 혹은 "하느님의 그리스도"(루카 9,20)가 바로 이 예수다.[31]

이 '구원자'가 유다 전승뿐 아니라 헬레니즘 개념과도 연관된다는 사실
을 인정해야 한다.[32] 아기 예수를 '구원자'로 부르고, '그분은 메시아, 주님
이십니다'를 덧붙이는 것은 유다인뿐 아니라 다른 민족 사람들에게도 의미
심장하다. 이 문구가 루카의 편집으로 삽입되었다고는 볼 수 없다. 루카
이전에는 '구원자'에 관한 언급을 찾을 수 없기 때문이다.[33] 그 주된 배경은
이사야서 9장 5절 말씀("우리에게 한 아기가 태어났고, 우리에게 한 아들이 주어졌습니
다")에서 찾아야 하며, 루카가 여기에 아기의 서술어로 '메시아, 주님'을 보

---

[30] 「올림피아 비문(碑文)」 53. 참조: WENDLAND, "*ΣΩTHP*" [각주 29] 342, Anm. 6. 그는 아
우구스투스 황제에게 바친 장려한 송사(頌辭)에 대해 이렇게 말한다: "동방에서는 왕의 탄생
을 신의 발현과 동일시하는 것이 아우구스투스 이전부터 내려오던 관례였다"(343).

[31] 참조: M. KARRER, *Der Gesalbte* (Göttingen 1991) 312f: "물론 루카는 '주님의 기름부음
받은이'를 언급하기 전에 늘 그것을 능가하는 '주 그리스도'*χριστός κύριος* 칭호를 먼저 사
용한다(루카 2,11). 루카는 이 어구의 주어적 속격을 그리스도 신앙의 기름부음받은이 안에
서 활동하시는 하느님을 일컫는 말로 확고하게 인식하고 있었다. … '기름부음받은이'가 통치
자를 의미하던 그 시대에, 예수가 바로 기름부음받은이라는 그리스도교적 믿음이 '기름부음
받은이'를 그리스도의 칭호로 확립했던 것이다."

[32] 참조: VOSS, *Christologie* [각주 29] 54; R.E. BROWN, *Birth* [각주 24] 424, Anm. 50: "(순
수 셈족 형상을 한) 주님의 천사는 마치 로마 황제의 특사 같은 어투로 말했다"; FITZMYER,
Luke 1 [각주 1] 204.

[33] 참조: BROWN, *Birth* [각주 24] 425, Anm. 53.

완했다고 보아야 하기 때문이다.[34] '주님과 메시아'는 이제 루카 복음 2장 26절에서 결합되고, '주님'이라는 용어는 유다이즘과 헬레니즘의 맥락에서 새삼 통치자의 신분을 드러낸다. 예수 성탄 때 천사가 이 두 문명권에 속하는 미래의 독자들에게 전한 소식이 이제 충분히 이해가 된다. "유다인들은 베들레헴 이야기 속의 ὁ Χριστός가 무엇을 의미하는지 분명히 이해했고, 그리스인들에게는 ὁ κύριος가 같은 역할을 했다."[35]

예수에 대한 이 삼중 서술어의 의미를 제대로 파악하려면, 우선 루카의 다른 저서에 나타나는 '구원자' 대목과 비교해 보아야 한다. 사도행전 5장 31절에는 '구원자'가 '영도자'ἀρχηγός와 함께 사용되고, 사도행전 3장 15절에는 영도자가 '생명의 영도자'로 표현된다. 두 대목에서 모두 '영도자'는 사람들이 예수를 십자가에 매달아 죽였다는 맥락에서 언급된다: "여러분은 생명의 영도자를 죽였습니다. 그러나 하느님께서는 죽은 이들 가운데에서 그분을 다시 일으키셨고"(사도 3,15), 사람들이 십자가에 매달아 죽였던 바로 이 예수를 이제 하느님께서는 "영도자와 구원자로 삼아 당신의 오른쪽에 들어 올리"(사도 5,31)셨다. 사도행전 3장 15절을 자세히 들여다보면, 예수께서는 유다인들에게 메시아적 영도자로 소개되고 있다. 예수의 부활로써 메시아적 구원 시기가 시작된 것이다. 청중들은 종말 시기("지금의 이때": 사도 3,24)를 살면서 영도자 그리스도의 재림을 기다리라는 언질을 받는다.[36] 사도행전 5장 31절에는 영도자와 구원자이신 예수께서 이스라엘의 죄를 용서하실 것이라는 내용이 첨가된다. 죄인을 회개시키고 용서하는 임무를 수행하는 가운데, 이 '구원자'께서는 죄의 노예가 된 삶을 청산하게 하고 인간을 삶의 고통에서 구하는 해방자가 되신다. 죄의 용서야말로 하느님과 함께하는 삶의 길로 나아가는 출발점이 되는데, 바로 이 길을 예수께서 열어 주신 것이다.

---

[34] 같은 책 424f.

[35] F. Bovon, *Das Evangelium nach Lukas* 1 [각주 20] 126.

[36] P.-G. Müller, *ΧΡΙΣΤΟΣ ΑΡΧΗΓΟΣ* (Bern - Frankfurt a.M. 1973) 255.

피시디아의 안티오키아에서 행했다고 전해지는 설교(사도 13,16-41)에서 바오로는 예수에까지 이른 이스라엘의 구원사 전체를 소개하고 나서, 하느님께서는 약속하신 대로 이스라엘에게 다윗의 후손 가운데서 구원자 예수를 보내셨다(다른 고사본에는 '일으켜 세우셨다': 사도 13,23)고 역설한다. 여기서도 구원의 영도자라는 모티프가 드러난다. 예수께서는 죽음을 넘어 부활에 이르셨고(사도 13,27-30), 죄의 용서를 중개하시는 분으로 선포된다(사도 13,38-39). 이것은 마태오가 예수의 이름과 연결시킨 생각과 같다. "그분께서 당신 백성을 죄에서 구원하실 것이다"(마태 1,21). 여기서는 예수의 십자가와 부활로 실현될 구원 사건이 전제된다. 이 관점은 후後부활적이고 종말론적이다(사도 3,19-21 참조). 그러나 루카 복음 2장 11절은 미래의 구원자를 현재 가운데 강조하면서 예수 성탄을 '오늘' 우리 앞에 제시한다. "초기 사도들의 케리그마는 복음 선포가 예수의 오심과 더불어 실현된다고 보았지만 (…), 이제는 예수 성탄 사건으로 거슬러 올라가 묵상하게 된다."[37]

루카는 유다 전승에서 유래한 '그리스도'(메시아) 칭호가 하느님께서 부여하신 제왕적 신분과 밀접한 관련이 있다고 보았다. 하느님께서 그분을 기름부음받은이, 당신의 사자使者로 세우셨다(루카 4,18 참조). 예수께서는 "주님의 그리스도"(루카 2,26)이고, 베드로의 고백처럼 "하느님의 그리스도"(루카 9,20)다. 그분 안에 하느님의 강력한 힘과 능력이 충만히 작용한다. 예수 그리스도의 이름으로 치유가 이루어진다(사도 3,6; 4,10; 9,34; 16,18). 하느님의 능력과 기름부음받은이의 힘이 밖으로도 드러나는 것이 초대교회에는 매우 중요했다. 베드로와 요한이 풀려난 것을 감사하는 동료들의 기도에는 시편 2의 1-2가 인용된다. "주님을 거슬러, 그분의 기름부음받은이를 거슬러, 세상의 임금들이 들고일어나며 군주들이 함께 모였구나"(사도 4,26). 그러나 하느님께서는 그들의 계획을 수포로 돌리신다. 교회는 이렇게 기도한다. "주님께서는 손을 뻗으시어 병자들을 고치시고, 주님의 거룩한 종

---

[37] Schürmann, *Lukasevangelium* 1 [각주 8] 112.

예수님의 이름으로 표징과 이적들이 일어나게 해 주십시오"(사도 4,30). 복음서는 하느님의 메시아께서 행하실 권능의 역사를 이미 내다보고 있다.

그러나 당신 지상 생애에서 불신의 유다 지도자들과 대결하실 때, 예수께서는 신적 권능을 주장하시며 그들에게 대항하셨다. 그들은 예수가 "민족을 선동"하고, "황제에게 세금을 내지 못하게 막고, 자신을 메시아 곧 임금이라"(루카 23,2) 한다고 빌라도에게 고발했다. 여기서 메시아 칭호를 "유다인들의 임금"(루카 23,37.38)에 초점을 맞추는 것은 하느님에게서 오는 예수의 나라(루카 19,38)를 현세의 정치적 나라와 대비시키려는 루카의 의도였다. 예수께서는 결국 이 때문에 사형선고를 받으신다.[38] 베드로가 고백한(루카 9,20) 하느님의 그리스도는 증오로 가득 찬 원수들과 정치 권력가들에게 맷돌에 짓눌리듯 탄압을 받게 된다. 유다 지도자들이 십자가에 매달린 예수를 조롱할 때도, 루카는 그들의 입을 빌려 "하느님의 메시아, 선택된 이"(루카 23,35)라고 표현한다. 그리고 예수와 함께 매달린 죄수 하나도 '메시아'라는 말로 예수를 모독한다(루카 23,39). 하느님으로부터 기름부음받은 이가 원수들에게 배척당하신다. 이 날카로운 대립으로 루카의 '메시아'가 더 깊이 이해된다. 사람들이 거부하고 저항해도, 그분은 하느님으로부터 오신 분이고 하느님이 높은 지위에 봉하신 분이다.

예수께서 인류가 기다리던 구원의 임금님으로 묘사될지라도, 루카의 서술을 지배하는 또 다른 생각은 그분이 수난하고 죽는 그리스도라는 점이다. 엠마오로 가던 제자들에게 하신 말씀은 이 점을 분명히 밝힌다. "그리스도는 그러한 고난을 겪고서 자기의 영광 속에 들어가야 하는 것이 아니냐?"(루카 24,26). 루카의 이 '당위성'은 성경에 근거한다. "성경에 기록된 대로, 그리스도는 고난을 겪고 사흘 만에 죽은 이들 가운데에서 다시 살아나야 한다"(루카 24,46). 루카가 성경 어느 구절을 인용했는지는 분명치 않으나

---

[38] Fitzmyer, *Luke* 1 [각주 1] 198: "빌라도가 예수에게 칭한 제왕적 신분은 그분을 분명히 그 시대가 기대하던 메시아로 여기게 했다. 임금으로 십자가에 못 박히자 곧바로 예수께서는 그분을 따르는 사람들에게 '메시아'가 되셨다."

그의 언급은 코린토 전서 15장 3-5절에 전해지는 옛 신앙고백문과 잘 부합한다.[39] 루카는 수난하는 메시아 개념을 초기 사도들의 케리그마에서 넘겨받았다. 유다교에서는 그 단초를 찾을 수 없다. 루카가 선포한 메시아는 그리스도교의 메시아다. 그분은 수난과 죽음을 거쳐 부활하시고 하느님께로 거양되신 분이다. 이렇게 루카는 초대교회 전승과 '사람의 아들' 신학을 수용하여, 그것을 자기 메시아 모습에 담아 완성시켰다. 율법 학자들이 최고 의회에서 예수께 메시아냐고 물었을 때, 그분은 마르코 복음서에서처럼 전능하신 하느님의 오른쪽에 앉을 사람의 아들(루카 22,69)이라고 대답하시지만 하늘의 구름을 타고 올 거라는 말씀(마르 14,62; 루카 21,27)은 하지 않으신다. 루카의 메시아는 지금부터 높이 들어 올림 받으신 사람의 아들이자 하느님의 아드님이다(루카 22,30). '사람의 아들'과 '하느님의 아드님'이라는 가장 중요한 두 서술어가 수용되어 루카의 메시아관을 형성했다.

메시아 수난의 필연성은 사도행전에서도 강조되지만(사도 3,18; 17,3; 26,23) 부활의 증언이 꼭 뒤따른다. 그리스도 칭호에는 초대교회의 그리스도 선포가 함축되어 있다. 그러므로 예수 탄생 때 그분을 '주님이신 메시아'(그리스도)라고 한 천사의 말에서 이분이 죽으시고 부활하실 그리스도라는 여운도 함께 느껴야 한다. 여기서 강조되는 것은 메시아를 통해 이루어지는 구원과 용서, 이로 말미암아 인간이 누릴 하느님의 평화다(루카 2,14).

메시아는 재림παρουσία과도 연관되는가? 사도행전 3장 20-21절은 이 문제를 독특하게 언급한다. "그러면 다시 생기를 찾을 때가 주님에게서 올 것이며, 주님께서는 여러분을 위하여 정하신 메시아 곧 예수님을 보내 주실 것입니다. 물론 이 예수님께서는 … 만물이 복원될 때까지 하늘에 계셔야 합니다." 이 대목은 이스라엘의 회개를 촉구하는 문맥 속에서, 말하자면 수난해야 할 메시아(사도 3,18)를 이스라엘이 이미 거부한 부활 후 상황에

---

[39] K. LEHMANN은 1코린 15,3-5에 나오는 신앙고백문의 성경적 배경, 특히 호세 6,2에 대해 상론했다: K. LEHMANN, *Auferweckt am dritten Tag nach der Schrift*, QD 38 (Freiburg - Basel - Wien 1968) 221-230; 242-261.

서 언급된다. 유다인들이 "무지한 탓으로"(사도 3,17) 그리했으니 그들에게 한 번 더 회개할 기회를 준다. 그들도 이제 모든 죄에서 해방되어 생기를 찾는 구원의 결정적 시기를 맞게 되었다. 하느님께서는 그들에게 예정된 메시아를 보내실 것이다. 하늘에 들어 올림 받으신 메시아는 종말에 다시 오실 것이다. 이스라엘이 자기에게 예정된 메시아를 믿고 지금이라도 그분께 돌아온다면, 아직은 메시아 예수를 이스라엘을 구원하실 분으로 기대해도 좋다는 뜻이다. 사도행전(3,20-21)의 이 독특한 표현 방식은 이곳에 피력된 그리스도론에 관해 다양한 해석을 낳았다. 혹자는 기존의 엘리야 기대 사상이 여기서 그리스도께 전이되었다고도 하고,[40] 혹자는 여기서 가장 오랜 형태의 원시 그리스도론을 발견할 수 있다고까지 한다. 이 그리스도론에 따르면 예수는 단지 예정된 메시아일 뿐이라 미리 메시아로 불리지만, 실은 종말(재림)에 가서야 비로소 메시아로 임하신다.[41] 그러나 메시아께서 종말에 가서야 메시아로 임하신다는 말은 이 대목 어디에도 없다. 오히려 **유다인들의** 회개와 용서를 위해 예정된 메시아로 소개될 뿐이다. 그분은 실제 이런 분으로 지금 여기 현존하신다. 그분은 대기실에 우두커니 서 계시는 분이 아니라, 장차 오실 메시아에게 마음의 문을 활짝 열라고 메시아를 기다리는 유다인들에게 지금 이미 여기서 촉구하고 계시다.[42]

이렇게 예수께서는 인생 여정의 각 단계마다 메시아로 천명되신다. 태어나실 때 이미 메시아로 밝혀지고(루카 2,11; 참조: 1,35), 지상에 사시는 동안 메시아로 활동하시고(루카 4,21.41; 7,20-23), "하느님의 그리스도"라는 베드로

---

[40] 참조: O. Bauernfeind, *Die Apostelgeschichte* (Leipzig 1939) 66-68; U. Wilckens, *Die Missionsreden der Apostelgeschichte*, WMANT 5 (Neukirchen ³1974) 153f.234f; Hahn, *Hoheitstitel* [각주 26] 184f. 비판: E. Haenchen *Die Apostelgeschichte* (Göttingen 1959) 170f.

[41] J.A.T. Robinson, "The Most Primitive Christology of All?" *JTS* NS 7 (1956) 177-189.

[42] 참조: Voss, *Christologie* [각주 29] 151f; G. Lohfink, "Christologie und Geschichtsbild in Apg 3,19-21", *BZ* NF 13 (1969) 223-241; Weiser, *Apostelgeschichte* 1 [각주 13] 118f; G. Schneider, *Die Apostelgeschichte* 1 (Freiburg - Basel - Wien 1980) 322-327.

의 고백도 들으신다(루카 9,20). 그분은 부활로 인도하는 죽음의 길을 메시아로서 가시고(루카 24,26.46; 사도 3,18; 17,3; 26,23), 하느님께서는 부활하신 이분을 주님과 메시아로 세우신다(사도 2,36). 메시아로서 복음을 선포하시며(사도 8,5; 9,22; 18,5.28) 병자들을 고치시고 기적을 행하신다. 그분은 영광을 받으시고 심판하실 분으로서 언젠가 다시 오실 것이다(사도 3,20-21; 참조: 1,11). 이렇게 사도들이 끊임없이 가르치며 메시아 예수를 선포할 때(사도 5,42), 그 속에는 예수 그리스도의 전 여정이 포함되어 있었고 이런 관점에서 '예수 그리스도'라는 이름은 그분의 구원 활동을 표현하게 되었다(사도 2,38; 4,10.12; 8,12; 10,36.48; 15,26; 16,18). '메시아'(그리스도)는 이제 예수의 이름 속에 수용되고 용해되어 그 이름과 온전히 하나가 되었다.

천사가 전한 기쁜 소식(루카 2,11)에 나오는 세 신원 서술어 중 하나인 '주(님)'도 유다·헬레니즘 세계와 관련이 있는데, 야훼를 주님이라 부른 유다 전통과 더 밀접히 관련되어 있다. 칠십인역 성경이 하느님 이름 야훼를 '주님'ὁ κύριος으로 대치했다고 주장할 수는 없어도,[43] 루카의 저서에도 하느님을 주님으로 지칭한 대목은 자주 눈에 띈다. 예수 성탄 이야기만 해도 하느님을 주님으로 부르는 곳이 한두 군데가 아니다. 주님의 천사가 목자들에게 다가갔을 때, 주님의 영광이 그들의 둘레를 비추었다(루카 2,9). 천사들이 하늘로 돌아가자 목자들은 서로 말했다. "베들레헴으로 가서 주님께서 우리에게 알려 주신 그 일, 그곳에서 일어난 일을 봅시다"(루카 2,15). 성탄 때 천사가 새로 태어난 아기를 주님으로 부르는 것은 놀라운 일이다. 예수 유년기 이야기 속에는 '주님'이 모두 스물여덟 군데 나오는데, 천사의 말(루카 2,11)을 제외하면 루카 복음 1장 43절("내 **주님**의 어머니") 한곳에서만 분명히 예수를 가리키는 말로 사용되었다. 한곳 더 있다면 루카 복음 1장 76절("**주님**을 앞서 가 그분의 길을 준비하리니")일 것이다. 학자들은 흔히 이 주님을 하느님으로 해석한다. 요한이 먼저 와서 하느님의 길을 닦는다는 뜻이다. 그

---

[43] 참조: Fitzmyer, *Luke* 1 [각주 1] 201.

럼에도 이 대목은 요한을 예수의 선구자로 읊은 노래이므로, 루카의 생각대로 '주님'이 예수를 가리킨다고도 볼 수 있다.[44]

그러나 새로 태어나신 구원자, 곧 메시아(그리스도)시며 주님이신 이분에 관한 말씀은 예수의 등장과 관련하여 관점을 확대한다. 전체 복음서를 일관하여 예수는 강력하게 주님으로 불린다. 예수를 (예의상) '주님'이라 높여 부를 때 말고도, 그분에 관한 이야기를 할 때도 자주 '주님'으로 소개된다.[45] 부활의 기쁜 소식은 이렇게 전해진다. "정녕 주님께서 되살아나시어 시몬에게 나타나셨다"(루카 24,34). 무엇보다 시편 110의 1에 근거한 예수 부활에서, 하느님께서 그분을 주님과 메시아로 삼으셨다(사도 2,36)는 결론이 도출된다.

대체로 '주님'은 세상 군주들과 대비되는 지존의 칭호다. 루카의 저서에는 사도 바오로가 상소를 올린 로마 황제Sebastos를 *κύριος*(『성경』은 '주군'으로 번역 — 역자)라고 한 경우가 딱 한 번 있다(사도 25,25-26). 천사가 전한 소식에 나오는 '주님'*κύριος*도 같은 맥락이라 헬레니즘 세계 독자들에게는 특별한 함의가 있다. '주님'은 하느님 오른쪽에 앉으신 분일뿐더러(루카 20,42-43 참조), 당신을 거슬러 들고일어나는 세상 임금과 군주들을 헛되이 만드시고(사도 4,26 참조) 당신 앞에서는 황제의 위엄도 허무하게 만드시는 분이다.

강조하건대, 주님이신 예수 그리스도께서는 신적 위엄에도 불구하고 주님이신 하느님께 전적으로 예속되신 분이다. 루카의 신 중심적 시각에서 보면, 예수께서는 당신 옥좌를 주님이신 하느님에게서 받으셨고(루카 1,32), "주님의 그리스도"(루카 2,26)이시며, 하느님께서 메시아적 통치자로 임명하신 분이다(사도 2,34.36). 하느님이 참된 주 하느님이시다(루카 1,68; 4,8.12; 사도 2,39; 3,22). 예수께서는 아버지 하느님과 아주 가까이 계시지만, 하느님께서는 '하늘과 땅의 주님'으로 계시고 예수께서는 모든 것을 당신 아버지로부터 넘겨받으신다(루카 10,22). 예수의 권한은 하늘에서 오며(루카 20,3-8), 예수

---

[44] 같은 책 385-396.

[45] 참조: 루카 7,13.19; 10,1.39.41; 12,42; 13,15; 17,5-6; 18,6; 19,8.

께서 행사하실 통치권은 당신 아버지로부터 위임받으신 것이다(루카 22,29).

목자들에게 한 천사의 '그리스도 선포'가 이렇게 요약된다면, 예수를 특징지을 또 다른 표현은 없는가? 루카는 마르코·마태오 전승과 조화롭게 '하느님의 아드님'을 예수의 특징적 의미로 채택하면서, 그 근거를 마리아에게 한 천사의 말에서 찾는다(루카 1,32.35). 또한 하느님의 아드님에 관한 많은 증언을 공관복음 전승에서 물려받아 자기 복음서에 포함시켰다. 즉, 예수 세례 때(루카 3,22), 광야에서 유혹을 받으실 때(루카 4,3.9), 마귀 들린 사람의 입을 통해(루카 4,41; 8,28), 영광스러운 변모 때(루카 9,35), 성령 안에서 즐거워하면서(루카 10,21), 최고 의회 신문 때(루카 22,70) 하신 증언이 그것이다. 사도행전에도 하느님의 아드님에 대한 고백이 메아리친다(성경 원문인지는 불확실하나 사도 8,37과 9,20). 사도행전 13장 33절에서 예수 부활의 근거로 제시된 시편 2의 7 "너는 내 아들, 내가 오늘 너를 낳았노라"가 특별하다. 이 인용구는 예수를 하느님의 아드님으로 책봉하신다는 것과 그분의 부활을 동일시하지 않는가? 그렇다면 예수를 아들로 책봉하신다는 사실과 그분이 지상에서 이미 하느님의 아드님이셨다는 사실이 어떻게 조화되는가? 이 구절을 피시디아의 안티오키아에서 유다인들에게 한 설교와 연관시켜 읽으면(사도 13장), 이 시편 인용구가 예수 부활을 구원론적 사건으로 파악하고 있음을 알 수 있다. 이 사건은 예수의 구원 활동을 예수 부활로써 확인시킨다.[46] 이 인용구는 예수 여정의 목적지와 연결된다. 예수는 하느님께서 다윗에게 약속하신 구원의 모든 은혜를 베풀어 주신다(사도 13,34). 그것은 죄를 용서하고 의롭게 하심을 말한다(사도 13,38-39). 예수 부활은 예수께서 하느님의 아드님임을 구원의 권능과 함께 드러내 보여 주는 사건이다. 이런 의미로 이 구절(사도 13,33)은 루카 복음 1장 32-33절에 수록된 천사의 선포를 계승하며, 로마서 1장 3-4절 말씀과도 비교할 만한 그리스도론적 언급이다. 로마서(1,3-4)에 따르면, 예수 그리스도께서는 죽은 이들 가

---

[46] 참조: MATTHÄUS R.-J. BUSS, *Die Missionspredigt des Apostels Paulus im Pisidischen Antiochien*, FzB 38 (Stuttgart 1980) 91-98.

운데서 부활하신 후 성령에 의해 "힘을 지니신 하느님의 아드님"으로 확인
되었다. 루카는 예수께서 지상에 계실 때 이미 메시아였다는 것과 부활을
통해 비로소 주님이자 메시아가 되셨다는 것 사이에 아무런 모순도 느끼
지 않았다. 이는 하느님의 아드님에 관한 담화에도 똑같이 적용된다.

또 다른 메시아 칭호는 '하느님의 종'이다. 루카 복음 1장 54절에서는 이
스라엘을, 1장 69절(참조: 사도 4,25)에서는 다윗을 가리키던 이 표현이 사도
행전에 와서는 예수에게 전이된다(사도 3,13.26; 4,27.30). 이 칭호가 이사야서
53장의 수난하고 속죄하는 하느님의 종을 염두에 둔 표현이라는 것은 입
증할 수 없으나(사도행전 3장 13절은 이사야서 53장 11절의 영광받으시는 하느님의 종
과 연관된다), 그 배후에는 '하느님 종의 (넷째) 노래'에 대한 생각이 깔려 있
는 것 같다.[47] 교회 전례에 사용되었을 법한 이 오래된 그리스도 칭호가 여
기서는 거룩하고 의로우신 분(사도 3,14), 다른 데서는 모세 같은 예언자(사도
3,22-23), 그리고 하느님께서 기름부으신 거룩한 종 예수(사도 4,27.30)를 가리
킨다. 루카는 초대교회에 등장했던 이런 신원 서술어들을 받아들여 그리
스도 선포에 활용했다. 비천한 하느님의 종은 하느님과 결합되어 있기에
지존의 신분으로 높이 들어 올려져 원수들을 제압할 수 있는 그리스도가
되셨다. 루카는 오래된 이 표현 속에 예수의 구원사적 전 여정을 함축시켜
놓았다.[48] 그 밖에 "거룩하고 의로우신 분"(사도 3,14)도 그리스도를 지칭하
던 오랜 용어다. 예수께서는 이미 마귀의 입을 통해 "하느님의 거룩하신
분"(루카 4,34)으로 밝혀졌고, 요한 복음 6장 69절에는 메시아를 두고 "하느
님의 거룩하신 분"이라 했다. '의로우신 분'이 오신다는 것은 구약성경 예

---

[47] 이사야서 53장에서 유래했다는 주장: J. JEREMIAS, *ThWNT* 5, 698-713; DERS., "Παῖς
(θεοῦ) im Neuen Testament", in: DERS., *Abba* (Göttingen 1966) 191-216 (*ThWNT* 기고 논문
보완). 비판: HAHN, *Hoheitstitle* [각주 26] 64f.

[48] 참조: E. KRÄNKL, *Jesus der Knecht Gottes: Die heilsgeschichtliche Stellung Jesu in den
Reden der Apostelgeschichte*, BU 8 (Regensburg 1972). 그는 이 신원 서술어의 언어적 형성
과 기원에 관해 따로 상론하되(Exk.), 무엇보다 사도행전 담화(예수의 공적 활동, 죽음, 부활,
거양, 재림) 속에 잘 드러나는 구원사적 시기에 있어서 하느님의 종이라는 예수의 의미를 탐
구하며 사도행전 담화 속의 그리스도론적 개념에 관한 포괄적 시각을 밝힌다.

언에까지 거슬러 올라간다(사도 7,52; 22,14). 루카는 구약성경적 · 그리스도
교적 메시아 칭호의 보고寶庫를 총망라하여 기회가 있을 때마다 활용했다.

　요약하면, 루카는 구약성경에서 발전한 메시아 기대 사상을 깊이 인식
하고, 그와 관련된 모든 관점을 중요시했다. 그는 초대교회의 풍부한 그리
스도론적 고백문들을 수집하여 자신의 구원사적 그리스도론에 편입시켰
다. 또한 메시아 모습을 서술함에 있어 마르코처럼 예수의 지상 활동에 주
력했고 마태오처럼 유다교적 개념들을 활용하면서도, 이들과는 분명한 선
을 그었으며 유다 · 헬레니즘 상황에 따라 넓은 지평에서 작업했다. 이 상
황은 막 태동한 원시 그리스도교 시대에 이미 조성되어 있었다. 루카는 다
양한 자료들을 수집 · 종합 · 정리한 메시아 모습을 그리스도 이후 제3세대
에 전달함으로써, 이 모습이 후대 교회에도 빛을 발할 수 있게 해 주었다.

1.4 죽음과 부활을 통해 하느님께 나아가 거양되신 주님

루카가 예수의 길을 단계별로 서술하는 것은 그의 구원사적 시각과 일치
한다. 그분의 길을 단계별로 구분하면 이렇다: 하느님의 도성 예루살렘을
향해 가시는 동안 전개되는 지상 활동, 십자가 죽음, 부활과 승천, 그리고
하느님 오른쪽에 앉으심('거양'). 그리고 바로 지금 이 순간부터 그분은 당신
교회의 인도자가 되시어, 모든 믿는 사람이 구원이라는 목표에 도달하도
록 성령으로 교회를 이끌어 주신다. 그분은 심판자요 완성자로서 종말에
다시 오실 때까지 활동하실 것이다. 예수의 지상 활동을 전하기 위해 루카
복음서에 기록된 예수의 길은, 사도행전 담화들 속에 재반영된다.[49] 구원
사적 흐름은 사도행전 담화에서 출발하므로 구원사의 끝, 즉 거양되신 주
님의 활동으로부터 탐구해도 좋겠다.

---

[49] 참조: KRÄNKL [각주 48]; J. GEWIESS, *Die Urapostolische Heilsverkündigung nach der
Apostelgeschichte* (Breslau 1939); M. DIBELIUS, "Die Reden der Apostelgeschichte und die
antike Geschichtsschreibung", in: DERS., *Aufsätze zur Apostelgeschichte*, FRLANT 60 (Göt-
tingen 1951) 120-162; U. WILCKENS, *Missionsreden* [각주 40]; E. GRÄSSER, "Acta-For-
schung seit 1960, III: Die Erzählungen", *ThRu* 42 (1977) 35-51.

베드로의 오순절 설교에는 표징과 기적을 행하시는 나자렛 예수의 권능의 행적이 깊이 각인되어 있다. "이스라엘인 여러분, 이 말을 들으십시오. 여러분도 알다시피, 나자렛 사람 예수님은 하느님께서 여러 기적과 이적과 표징으로 여러분에게 확인해 주신 분이십니다. 하느님께서 그분을 통하여 여러분 가운데에서 그것들을 일으키셨습니다. 하느님께서 미리 정하신 계획과 예지에 따라 여러분에게 넘겨지신 그분을, 여러분은 무법자들의 손을 빌려 십자가에 못 박아 죽였습니다. 그러나 하느님께서는 그분을 죽음의 고통에서 풀어 다시 살리셨습니다. 그분께서는 죽음에 사로잡혀 계실 수가 없었던 것입니다"(사도 2,22-24). 여기서 하느님께서 증언하시는 시기가 예수의 치욕적인 십자가 죽음과 대비되어 있다. 그러나 하느님께서는 그 죽음을 예수 부활을 통해 뒤집어엎으셨다.

이것이 예수 부활 후 이 시점에서 뚜렷해지는 예수 여정의 주 노선이다. 오순절 설교를 듣는 청중도 이미 주지하는("여러분도 알다시피": 사도 2,22) 예수의 지상 활동은 복음서에 폭넓게 전개된다. 복음서는 예수의 수난과 죽음,[50] 부활과 현양을 자주 예견한다.[51] 세례자 요한으로부터 시작되는(루카 3,1-20; 사도 1,22; 10,37; 13,24) 예수의 길이 십자가와 부활에 이르는 길로 기록되는 것은 루카의 두 저서(루카 복음서, 사도행전)에서 다 같다. 그러나 하느님께 들어 올림 받으신 그리스도의 활동은 사도행전의 담화에 와서야 비로소 부각된다. 지상의 예수께서 거양되신 그리스도로 변모하시는 것은 복음서 서술의 도달점(루카 24,46-48)이자 사도행전의 출발점(사도 1,4-8)이다. 루카는 이 변모가 예수 승천으로 실현된다고 여겨(루카 24,51; 사도 1,9-11), 예수 승천을 예수 생애에 한 획을 긋는 사건으로 기록한다. 루카의 저서에서 예수 '승천'은 예수께서 계속 살아 계실 뿐 아니라 이때부터는 전혀 다른 방식으로 활동하신다는 것을 표현하는 중요한 서술 방법이다.[52]

---

[50] 참조: 루카 2,34; 4,29; 5,35; 9,22.44; 12,50; 13,33.34-35; 17,25; 18,31-34; 19,41-44.

[51] 참조: 루카 9,22.28-36.51; 10,18; 13,29; 18,33; 19,38; 20,17.42-43; 22,29-30.

이제 예수 생애의 구원사적 시기 중 루카가 중요하다고 생각했던 것, 바로 수난과 죽음을 통한 영광의 길(루카 24,26)에 대해서 논구하려 한다.

1.4.1 예루살렘 가는 길

루카는 예수의 예루살렘 입성 장면 첫머리에 계획을 정한다. "하늘에 들어 올려지실 날들이 차자(직역), 예수님께서는 예루살렘으로 가시려고 마음을 굳히셨다"(루카 9,51). 이 '들어 올려지심'은 죽음을 뜻하는가 승천을 뜻하는가? 사도행전 1장 2.11.22절의 표현에 근거하면 승천을 뜻한다고 보아야겠다. 그러나 그것은 죽음을 전제로 한 승천이다. 예루살렘 가는 길은 죽음의 길이며(루카 13,33; 18,31-33) 부활은 그 후에나 내다볼 수 있기 때문이다. '들어 올려지실 날들'(복수형!)에는 그분의 죽음 · 안장安葬 · 부활 · 승천이 포함되어 있다. 이것은 하느님의 구원 계획에 따른 매우 중요한 날들이다. "사람의 아들은 반드시 … 해야 한다"(루카 9,22; 17,25)는 하느님의 결정을 예수께서는 잘 헤아려 자신의 뜻으로 받아들이셨다. 그 뜻을 이룰 때까지 예수께서는 그 길을 '반드시' 가야 하고(πορεύεσθαι), 당신의 일을 완성시키셔야 했다. 그것은 마귀를 쫓아내고 병자를 고쳐 주시는(루카 13,33) 일이었다.[53] 예루살렘이 여정의 목적지다. 예수께서는 예루살렘으로 가시기로 '마음을 굳히셨다'. 이제부터 이 여행기는 하느님 도성에 드는 과정의 기록이 된다.

여행기 중간쯤 루카는 예수께서 여러 고을과 마을을 지나 예루살렘으로 가신다는 사실을 새삼 상기시킨다(루카 13,22). 그때 바리사이 몇 사람이 예수께 다가와 헤로데 안티파스가 다스리는 이 지역을 떠나라고 했다. 헤로데가 그분을 죽이려 한다는 것이었다. 이 말이 호의에서 나왔건 악의에서

---

[52] 참조: G. LOHFINK, *Die Himmelfahrt Jesu: Untersuchungen zu den Himmelfahrts- und Erhöhungstexten bei Lukas*, StANT 26 (München 1971). 그에 따르면 루카 저술 속의 승천은 성경적 · 유다적 · 헬레니즘적 은신 사화처럼, '갑자기 사라지는' 방식을 취한다(75 u.ö.).

[53] 참조: R. SCHNACKENBURG, "Lk 13,31-33. Eine Studie zur lukanischen Redaktion und Theologie", in: FS G. SCHNEIDER [각주 3] 229-241.

나왔건 예수께서는 거부하시고(루카 13,31-33) 서슴없이 예루살렘을 향한 당
신의 길을 가신다. 루카는 예수께서 "사마리아와 갈릴래아 사이를 지나"
(루카 17,11. 직역: '사마리아와 갈릴래아 한가운데를 통과하여') 예루살렘으로 가셨다
고 한 번 더 기록한다. 여기서 예수의 행보가 사실과 동떨어지고 막연하게
기록된 것은 복음서 저자가 이곳 지리에 밝지 못했기 때문이다.[54]

　이 여행기의 끝을 검토하자. 문헌적으로, 예수의 예루살렘 입성에 관한
마르코의 기록에 루카가 보완한 부분('긴 삽입문')은 루카 복음 18장 14절까
지 계속된다. 그러나 뒤에도 기록이 계속 나오므로(루카 18,31.35; 19,1.11), 여
행기는 루카 복음 19장 27절(예수의 예루살렘 입성)까지 확대되지만 이것은 루
카의 의도가 아니다. 그는 이 여정이 예루살렘 입성 직전에 끝났다고 보지
않으므로(루카 19,28), 여정을 그렇게 마감할 의사가 없음이 확실할뿐더러,
오히려 예수의 예루살렘 성전 활동을 여행 목표로 삼고 있기 때문이다. 루
카의 여행기는 적어도 루카 복음 19장 48절 혹은 20장 1절까지 계속된다.
예루살렘으로 가신(루카 17,11; 18,31.35; 19,1.11.28.37-41) 예수께서 성전을 정화
하고(루카 19,45) 성전에서 가르치면서(루카 19,47) 이 거룩한 도성에서 활동하
심으로써 긴 여정은 드디어 끝을 맺는다.

　루카 신학의 결론인즉 이렇다: 하느님 백성의 성소인 예루살렘 성전은
예수께서 하느님에게서 위임받은 임무를 완수하시는 장소이자 믿음 없는
유다 지도자들의 완강한 저항에 부딪치는 곳이다. 이 성전은 예수 유년기
이야기에서 밝혀진 대로 하느님께서 당신을 계시하시는 장소이고(루카 1,9-
22), 예언 은사를 입은 이들이 구세주께서 오셨음을 만민에게 알리는 곳이
며(루카 2,25-38), 열두 살 소년 예수께서 율법 교사들 가운데 앉아 부모님께
"저는 제 아버지의 집에 있어야 하는 줄을 모르셨습니까?"(루카 2,41-50)라고
말씀하신 곳이기도 하다. 예수께서는 당신 활동의 마지막 순간에도 날마
다 성전에서 가르치셨다(루카 19,47; 21,37; 22,53). 성전은 거룩한 곳이다. 그

---

[54] 참조: CONZELMANN, *Mitte der Zeit* [각주 5] 60-62; FITZMYER, *Luke* 2 [각주 1] 1152f.

러나 장사꾼들은 이 기도의 집을 '강도들의 소굴'로 만들고 말았다. 예수께서는 장사꾼들을 성전에서 내쫓으시고(루카 19,45-46) 급기야 성전이 파괴되고 말 거라고 예언하신다(루카 21,5-6; 참조: 사도 6,14). 이 말씀은 마태오/마르코에도 이미 전해지고 있다. 루카에게 특별한 것은 성전 휘장이 예수께서 숨을 거두시기 전에 이미 찢어졌다는 점이다(루카 23,45). 이것은 분명히 재앙의 징조다. 마태오/마르코에서 성전 휘장이 찢어졌다는 것은 전혀 다른 의미다. 그것은 하느님에 대한 새로운 예배가 시작되고, 만민에게 구원의 길이 열림을 상징한다.[55] 옛 성전은 이제 그 의미를 잃었다. 그러나 루카에게는 그리스도 교회라는 새 성전이 시야에 들어온다. 부활하신 주님의 발현을 몸소 체험한 제자들이 예수 승천 이후 예루살렘으로 돌아와 줄곧 성전에서 하느님을 찬미하며 지낸다(루카 24,53).

이것은 동시에 갓 태어난 교회의 구성원들이 자주 성전(사도 2,46; 3,1), 특히 "솔로몬 주랑"(사도 3,11; 5,12)에 모여 활동하는 전기를 마련했다. 이 성전에서 사도들은 복음을 선포하고(사도 5,20) 백성들을 가르쳤다(사도 5,42). 그러나 성전 제사에는 더 이상 참여하지 않고 자기들끼리 모여 예수를 기억하며 그들 나름의 성찬식을 거행한다('빵을 떼어 나눔': 사도 2,42). 유다인들의 성소에서 이제 막 새 기도 공동체, 새 제사 공동체가 태어난 것이다. 옛 성전과의 연속성은 유지되지만 예수 그리스도에 대한 믿음 속에서 새것이 태동한다. 예루살렘 여정이 예수를 이 거룩한 도성으로 인도하여 성전에서 당신 목표를 이루게 했다면, 이 새 공동체는 예루살렘에서 출발하여 온 세상으로 뻗어 나간다. 여기서 성전과의 관계는 복음 선포라는 전혀 새롭고 독특한 방식으로 유지된다. 스테파노의 설교에는(사도 7,47-50) 성전의 의미가 완전히 달라져 있다. 예루살렘으로 가는 전체 여정은 새로운 구원 공동체를 염두에 두고, 각 대목마다 순례의 길을 가는 하느님 백성을 늘 주목하면서 케리그마적으로 서술되었다.

---

[55] 루카의 표현에서 '구원의 의미'를 발견하기는 어렵다는 FITZMYER, *Luke* 2 [각주 1] 1518f
의 지적은 옳다. 그것은 원수들의 시간과 어둠의 권세를 뜻할 뿐이다(루카 22,53).

루카의 저서에서 하느님의 뜻에 따라 예정된 예수의 십자가 죽음(루카 9,22)은 하느님이 이루실 그분의 부활과 뚜렷이 대비된다. 유다인들은 무법자들의 손을 빌려 예수를 십자가에 못 박았지만 하느님께서는 그분을 죽음의 고통에서 해방시키셨다(사도 2,24.31-32; 3,15.26; 5,30; 10,40; 13,30; 17,3). 이 부활 사건은 예수의 부활 예고에서 강조되고(루카 24,6-8) 성경의 여러 예언으로 입증된다. 우선 베드로의 오순절 설교에 시편 16의 10(칠십인역)이 인용된다(사도 2,25-28.31). "당신께서 제 영혼을 저승에 버려두지 않으시고, 당신의 거룩한 이에게 죽음의 나라를 아니 보게 하실 것이기 때문입니다." 이 말씀은 루카가 찾아내어 예수 부활과 연결시킨 듯하다. 하느님께서 당신의 거룩한 이가 죽음을 보지 않게 하겠노라고 미리 말씀하신 거라면, 이는 다윗을 두고 하신 말씀일 수가 없다. 다윗은 이미 죽어 땅에 묻혔기 때문이다. 이 시편은 나탄의 예언(2사무 7,12-13)에 걸맞게 다윗의 후손, 바로 약속된 메시아를 두고 하신 말씀으로 보아야 마땅하다. 죽은 이가 저승에 버려지지 않으리라는 이 예언(사도 2,31)은 그분께서 하느님 오른쪽에 앉으시리라는 인용과 연결된다. 그것은 초대교회에서 특히 중요시하던 시편 110의 1의 말씀이다(사도 2,34). 초대교회가 예수를 '주님'이라 부른 것은 하느님께서 그분을 주님과 메시아로 세우셨다는 것을 뜻한다(사도 2,36). 그러나 예수의 부활로 현양이 완전히 이루어진 것은 아니다. 그분에게는 아직 당신의 천상 권좌에 착좌하실 일이 남았다(1.4.3 참조).

그 밖에 모세 같은 예언자를 세워 주시겠다는 약속 말씀이 성경적 논거로 여기 추가된다(사도 3,22-26). 물론 이 말씀으로 예수의 부활이 직접 '증명되는 것'은 아니다. 예언자를 '일으켜 주시겠다는 것'(사도 3,22)은 하느님께서 그 예언자를 보내 주시겠다는 것을 의미하기 때문이다(사도 3,26). 하지만 그동안 이 예언자는 하늘에 계시기 때문에(사도 3,21) 이 말씀 속에는 예수의 부활과 거양이 명시되어 있지는 않지만 함축되어 있다. 이 종말 시기의 예언자가 바로 십자가에 죽으시고 부활하신 예수다(사도 7,37 참조). 이 예언자 예형론die Propheten-Typologie은 다른 곳에서도 루카의 그리스도론에 주목할 만한 영향을 끼친다.[56]

피시디아의 안티오키아에서 행한 설교에도 부활에 관해 주목할 만한 성경적 논증이 발견된다(사도 13,33-35). 오순절 설교에 인용된 시편 16의 10(사도 2,31)이 이곳(사도 13,35-37)에 재인용되고, 놀랍게도 시편 2의 7, "너는 내 아들, 내가 오늘 너를 낳았노라"(사도 13,33)가 여기 추가된다. 그리고 이사야서 55장 3절을 연상시키는 구절이 이어진다. "나는 다윗에게 약속한 거룩하고 확실한 것들(τὰ ὅσια)을 너희에게 주겠다"(사도 13,34). 이 세 인용구의 내적 연관성을 살펴보자. 다윗에게 하신 하느님의 약속은 예수를 죽은 이들 가운데서 살려 내시어 당신 아들로 삼으심으로써 실현된다(사도 13,32-33). 오순절 설교(사도 2,25-28)에서처럼 시편 16의 10이 예수 부활에 관한 본격적 '논증'이나, 부활 사건이 지닌 구원의 의미를 강조하기 위해 다른 성경 구절들도 인용되었던 것이다. "우리는 지금 모든 부활 신학의 출발점에 서 있다. 이 신학은 구약성경의 약속이 신약성경에 와서 어떻게 실현되었는지 성찰하는 데서 기원한다."[57] 시편 2의 7과 이사야서 55장 3절 인용구들은 청중에게 부활하신 예수의 역할을 알리고자 한다. 예수는 인간의 완전한 구원을 위해 하느님께서 선택하신 구원사적 핵심 도구라는 것이다.[58]

이사야서 55장 3절은 하느님께서 다윗과 계약을 맺으신다는 말씀이다. 사도행전 13장 34절에 인용된 이 말씀은 하느님께서 하신 구원의 약속을 강조한다. 이 약속은 하느님께서 당신의 거룩한 이가 죽음의 나라를 아니 보게 하심으로써 반드시 이루어진다(사도 13,35). 예수께서는 썩어 없어질 운명을 타고난 분이 아니기 때문에, 당신을 따르는 이들에게도 하느님의 생명을 전해 주실 수 있다. 그분은 "생명의 영도자"(사도 3,15)가 되셨다. '생

---

[56] 참조: O. CULLMANN, *Christologie* [제2장 각주 48] 11-19; HAHN, *Christologische Hoheitstitel* [제2장 각주 6] 351-404; F. GILS, *Jésus Prophète d'après les Evangiles Synoptiques* (Louvain 1957); VOSS, *Christologie* [각주 29] 155-170; F. SCHNIDER, *Jesus der Prophet*, OBO 2 (Freiburg/Schw. 1973).

[57] BUSS, *Missionspredigt* [각주 46] 90.　　　　　　　　[58] 같은 책 91-98.

명'이라는 말은 자주 언급된다: "생명의 말씀"(사도 5,20), "생명에 이르는 회개의 길"(사도 11,18), "영원한 생명을 얻도록 정해진 사람들은 모두 믿게 되었다"(사도 13,48) 등. 이런 것들이 다윗에게 약속하신 구원의 선물이리라.[59]

죽음에서 부활과 생명으로의 전회는 루카에게 지극히 중요하다. 그것은 하느님의 뜻과 권능으로 실현된다. 루카는 예수께서 죽음에서 부활하셨다는 사실을, 부활하신 그분을 직접 목격하고 그분과 함께 식사까지 했다는 이들의 증언을 근거로 전한다(사도 1,22; 2,32; 3,15; 5,32; 10,40-42; 13,31-32). 예루살렘 가는 길은 예수의 구원사적 생애에서 결정적 전환점이 된다. 예루살렘은 예언자들을 죽인 곳, 예수께서도 바로 거기서 죽음을 맞으신다(루카 13,33.34). 한편 예루살렘은 하느님께서 당신의 메시아를 부활시키실 도성이기도 하다. 이는 루카의 저서에서 부활하신 분께서 예루살렘 또는 그 근방에서 부활하신 모습을 드러내셨다는 사실로 강조된다. 루카는 제자들이 갈릴래아로 돌아가야 한다는 생각을 전혀 하지 않음으로써 의도적으로 마태오와 차별성을 둔다. 갈릴래아가 아니라 예루살렘이 복음의 본향으로 눈에 들어온다. 이 예루살렘에서 예수의 길은 계속되고 이곳에 구원의 새 공동체가 모인다. 예수께서 승천하신 곳도 예루살렘 근처 올리브 산이다.

루카의 예수 수난기에는 또 다른 경향이 보인다. 로마인들이 예수를 두둔하며 그분의 무고함을 밝힌다는 사실이다(루카 23,4.14-15.22). 십자가 아래 있던 다른 민족 사람 백인대장은 "정녕 이 사람은 의로운 분이셨다"(루카 23,47)라고 고백하며 예수의 무죄를 증언한다. 예수께서는 조롱받는 순교자지만(루카 23,35.36-37), 뉘우치는 죄수에게 낙원을 약속하시는 분이자(루카 23,43) 당신 원수들을 위해서도 빌어 주시는 분이다(루카 23,34).[60] 그분은 마지막 순간까지 하느님 뜻대로 사셨고 자신을 온전히 아버지 손에 맡기셨다(루카 23,46). 죽음의 길 가시는 예수를 백성의 큰 무리도 따라갔다(루카 23,27). 그분은 통곡하는 예루살렘의 딸들을 가르치셨다(루카 23,28-31). 숨을

---

[59] 같은 책 107-114.

거두실 때, 그분의 모든 친지와 갈릴래아에서부터 따라온 여자들도 멀찍이 서서 지켜보았다. 루카는 부활 후 이렇게 모여 이루어질 그리스도 공동체 모습을 미리 보여 준다(루카 23,49). 예수의 경건한 면모들, 수난을 이긴 강한 힘과 깊은 신심은 후대 그리스도인들과 최초의 순교자에게(스테파노: 사도 7,54-60; 사도들: 사도 5,40-41) 모범이 된다. 이 모든 것은 공적으로 활동하시고 자비하시며 하느님의 일이라면 단호히 대처하시는 예수의 모습과 잘 어울린다. 이 모든 것이 부활 후 전망에 수용된다. 돌이켜 보건대, 예수 수난은 유다 지도자들과 점점 더 격렬하게 대립해 가던 상황에서 야기된 필연적 결과이며, 또한 이스라엘이 완고함과 그 때문에 당하시게 될 예수의 운명에 대해 거듭 언급하신 예수의 예언이 확인되는 것으로 나타난다.

전반적으로 루카의 예수 수난기는 일종의 순교록과 비슷한 점이 많다. "하지만 예수께서는 단순한 귀감 이상의 분이다. 그분은 몸소 앞서 가심으로써 제자들에게 길을 열어 주셨다."[61] 그 길을 좀 더 자세히 들여다보면, 수난의 예수께서 십자가를 지시고 마침내 그 위에 피를 쏟으신 부분이 가장 인상적이다. 이는 또한 교회가 나아갈 길을 가르쳐 준다. 메시아께서 수난을 통해 당신 영광에 들어야 하셨듯이(루카 24,26), 그분을 따르는 사람들도 하느님 나라에 들어가려면 많은 환난을 겪어야 한다(사도 14,22).

1.4.3 승천과 하느님 오른쪽에 앉으심

예수 부활에서 천상 착좌로의 이행은 루카의 독특한 시각이다. 예수께서는 부활 후 사십 일 동안 제자들에게 여러 번 나타나시어 하느님 나라에

---

[60] 매우 인상적인 구절 "아버지, 저들을 용서해 주십시오. 저들은 자기들이 무슨 일을 하는지 모릅니다"(루카 23,34)가 발견되지 않는 고사본이 많다. 따라서 후대에 첨가된 것으로 믿는 학자들도 있지만, 이 구절은 루카의 사고 체계와 잘 부합하기에(참조: 사도 7,60과 '무지'의 동기) 본디 성경 구절이라고 볼 수 있다. "그러나 유다교와의 대결이 점점 더 심각하게 전개되는 바람에 훗날 삭제되었을 수도 있다"(ERNST, *Evangelium nach Lukas* [각주 22] 634). 참조: 역시 A. SCHLATTER, *Das Evangelium des Lukas* (Stuttgart ²1960) 446; W. GRUND-MANN, *Das Evangelium nach Lukas* (Berlin 1961) 432f.

[61] G. SCHNEIDER, *Das Evangelium nach Lukas* 2 (Gütersloh 1977) 437.

관해 말씀하셨다(사도 1,3). 지상적 예수의 가르침은 부활 후에도 그렇게 계속된다. 부활 후 날들은 약속된 성령을 기다리는 시기였다. 성령께서는 부활 후 오십 일째 되는 날(오순절) 드디어 제자들에게 내리셨다(사도 2,1-4). 예수 부활과 승천(혹은 성령 강림) 사이의 '중간기'Zwischenzeit는 루카의 구원사적 구분 방식에 의해서만 설명될 수 있다. 루카에게 이 '중간기'는 예수와 교회의 연속성을 나타내는 데 매우 중요하다. 그것은 공간(예루살렘)과 시간(사십 일 동안) 구도 속에서의 연속이다.[62] '증인들'은 이 연속의 당사자다.[63]

예수 시기와 교회 시기의 접점에 예수 승천이 있다. 승천은 오랫동안 난해한 문제들을 야기해 왔다. 왜 루카는 이 사건을 시야에서 사라지는 양상으로 묘사하는가? 이 중요한 구원사적 사건의 의미는 믿음으로만 이해할 수 있다. 예수께서 아버지께 회귀하시는 이 승천은 성령 강림으로 교회 시기가 시작되는 사건이며 구원사적 시기를 구분하는 실질적 분기점이다. 루카 복음서는 왜 예수의 승천으로 끝나며 사도행전은 왜 같은 사건으로 시작하는가? 왜 사도행전은 승천을 더 자세히 설명하는 데서 시작하는가?

루카는 시야에서 사라지는 이 양상을 구약성경과 유다 문헌(에녹, 엘리야, 에즈라와 바룩, 모세의 승천기)에서 물려받았을 뿐 아니라 고대 그리스 · 로마 세계에 유포되었던 승천기에서도 영향을 받았다.[64] 이 양상은 예수께서 통치자 메시아로, 하느님과 어좌를 공유하는 분으로 '들어 올림 받으심'을 상징한다. 그때까지의 예수 발현들로 예수를 지상에서 지상적 방식으로 체험할 수 있는 시기는 모두 끝난다. 예수 승천은 부활하신 분의 마지막 발현이라는 의미만 지니는 것이 아니다. 승천은 예수의 재림도 암시하기 때문이다. 예수의 재림은 부활과 거양이 지향하는 최후의 구원사적 사건이다(사도 1,11; 3,19-21; 10,42; 17,31).[65] 그러나 임박한 듯했던 재림이 지연되고 있

---

[62] LOHFINK, *Himmelfahrt* [각주 52] 262-267.　　[63] 같은 책 267-272.　　[64] 같은 책 51-79.

[65] 참조: R. SCHNACKENBURG, "Die lukanische Eschatologie im Licht von Aussagen der Apostelgeschichte", in: E. GRÄSSER/O. MERK (Hrsg.) *Glaube und Eschatologie*, FS W.G. KÜMMEL (Tübingen 1985) 249-265.

었다는 사실만 보더라도, 재림이 루카의 중심 사상일 수가 없다. 그렇다고 재림을 빼고 예수 그리스도의 길을 생각할 수도 없다. 예수께서 승천하실 때 "너희가 보는 앞에서 하늘로 올라가신 모습 그대로"(사도 1,11) 다시 오시 리라는 것은 전승에서 전해진 요소일뿐더러, 루카 복음서의 재림 비유에 서도 보듯이, 루카의 그리스도 선포를 구성하는 본질적 부분이다.

이렇게 승천은 재림의 대립상이자 재림 예고 사건이 되었다. 우선 승천 이 세상에 남은 제자들과 교회에 주는 의미를 성찰해야 한다. 이 시기에 교회는 세상에 남아 자기 길을 가야 하고 선교 사명을 완수해야 하기 때문 이다. 흔적 없이 하늘로 올라가신 주님께서는 교회에서 멀리 계시는 것이 아니라 성령을 부어 주심으로써 계속 교회와 결합해 계시다. 하느님 오른 쪽에 들어 올려지신 그리스도께서는 약속된 성령을 아버지에게서 받으신 다음 믿는 사람들에게 부어 주신다(사도 2,33). 승천은 예수 활동을 일단락 짓는 표시이자 새로운 방식의 활동 개시를 알리는 신호이기도 하다.

예수의 부활과 승천은 하느님 오른쪽에 거양되시는 것과 어떤 관련이 있는가? 부활이 죽음의 속박에서 해방되는 것이라는 관점에서 볼 때, 예수 부활과 천상 착좌는 서로 구별되는가? 예수께서 새 생명에 드시는 부활과 하느님 오른쪽에 앉아 전권을 받으시는 것은 구별되어야 한다는 일부 학 자들의 주장[66]을, 부스는 사도행전 13장 33절에 근거하여 정면으로 반박한 다.[67] 사실 부활은, 유다인들의 생각으로는 하느님의 권능을 입증하는 것 이고 시편 110의 1에 따르면 하느님께서 기름부음받은이에게 전권을 넘겨 주신다는 뜻이다(사도 2,34-35). 따라서 부활은 하느님께서 예수를 높이 들어 올리시어 당신 통치권에 참여시키신 것으로 알아들어야 한다. 하느님께서 예수를 부활시키셨고 당신 오른쪽에(혹은 '당신 오른쪽으로') 높이 들어 올리셨

---

[66] Lohfink, *Himmelfahrt* [각주 52] 272f; Kränkl, *Knecht Gottes* [각주 48] 49: "루카는 예 수의 거양을 부활로부터 개념적 · 사실적으로 분리한다". Wilckens, *Missionsreden* [각주 40] 143도 참조.

[67] M.F.-J. Buss, *Missionspredigt* [각주 46] 94.

다는(사도 2,33) 두 행위는 하나의 행위로 이해해야 옳다. 하느님께서는 이렇게 예수를 주님과 메시아로 삼으셨고(사도 2,36), 예수를 부활시킴으로써 선조들에게 하신 약속을 후손인 우리에게 실현시켜 주셨다(사도 13,32-33). 이것을 입증하기 위해 여기에 시편 2의 7을 인용했다면(사도 13,33), 이 인용구는 구약성경 문맥대로 하느님께서 당신 아들에게 메시아 통치권을 수여하는 것으로 이해되어야 한다. 다른 한편으로 루카는 승천을 통해(사도 1,9-10) 예수 부활과 거양을 뚜렷이 구별하는 것 같기도 하다.

이 긴장을 어떻게 설명할 것인가? 예수 부활은 근본적으로 예수를 인간의 영역에서 하느님의 영역으로 들어 높여 권좌에 앉히심을 의미한다. 권좌에 앉으심은 두 단계로 이루어진다. 죽음의 속박에서 해방되는 부활이 첫 단계요, 통치권을 **행사하기** 위한 거양이 둘째 단계다(사도 5,31 참조). 부활하신 분께서 나타나셨을 때 제자들은 죽음에서 살아나신 바로 그분의 모습을 보았고, 그분은 제자들에게 이 세상에서 가야 할 길을 가르쳐 주셨다(사도 1,3). 그러나 부활하신 예수의 마지막 발현인 승천 때 제자들은 그분의 떠나심을 목격하기도 했지만, 다시 오시는 날까지 성령으로 통치하시며 계속 자기들 곁에 항구히 현존하심을 체험하기도 했다.

이렇게 예수의 승천은 루카의 사고 체계 속에 특정한 구원사적 위상을 점하고 있다. 예수 승천에 이런 의미를 부여한 복음사가는 루카뿐이다. 여기에는 여러 이유가 있거니와, 루카는 예수의 지상 활동과 부활 후 활동을 연계시키고, 성령을 기다리는 시간을 메움과 동시에 임박한 재림에 관한 광신적 태도를 무마하며(사도 1,7 참조), 예수께서 갑자기 사라지신 사건을 그 당시 널리 유포되던 이야기들과 조화시키려 했던 것이다. 이런 이야기들은 예수께서 멀리 떨어져 계시면서도 그들과 아주 가까이 계시다는 것을 제자들에게 생생하게 느끼게 해 주었다. 구원사Heilsgeschichte가 전개되는 과정에서 십자가에 죽으시고 부활하신 분이 바야흐로 영원한 천상 통치자이며 구원의 중개자로 변모하는 모습이 이렇게 구체적이고 상징적인 사건으로 눈앞에 전개되는 것이다.

1.5 구원의 인도자

루카는 예수의 부활과 거양으로 말미암아 예수를 믿는 모든 사람이 구원을 받게 되었다는 사실을 매우 중요시한다. 베드로의 오순절 설교는 마지막 날 모든 사람에게 영을 부어 주시겠다는 하느님의 약속(요엘 3,1-5)을 언급하면서 이렇게 끝맺는다. "주님의 이름을 받들어 부르는 이는 모두 구원을 받으리라"(사도 2,21). 시편 16의 11(칠십인역)에 따르면 하느님께서는, 말하자면 부활을 통해 당신 그리스도에게 생명의 길을 가르쳐 주겠다고 하셨다(사도 2,28). 그러나 이것은 그리스도에게만 국한되지 않고, 그분과 결합하여 그분을 따르는 모두에게 똑같이 해당한다. 누구든지 회개하고 세례를 받으면 성령을 선물로 받아 죄를 용서받고, 이 '타락한 세대'로부터 구원을 얻게 될 것이기 때문이다(사도 2,38-40). 하느님께서는 이스라엘이 회개하고 죄를 용서받게 하시려고 예수를 '생명의 영도자'(사도 3,15)와 '구원자'로 삼아 당신 오른쪽에 들어 올리셨다(사도 5,31). 하느님께 나아가는 예수의 길은 그분을 믿는 모든 사람에게 구원의 길잡이가 되었다. 하느님께 인도하는 예수의 길이 구원의 길이라는 생각이 루카에게 지배적이었다.[68]

'길의 신학자' 루카는 예수를 따르는 모든 이에게 예수의 길이 '구원의 길'로 선포됨을 보았다. 필리피에서 점 귀신 들린 하녀가 바오로 일행을 쫓아오면서 "이 사람들은 … 구원의 길을 선포하고 있습니다"(사도 16,17)라고 외친 말은 루카 신학의 특징을 잘 드러낸다. 이 말은 당신 백성을 구원으로 인도하시려고 그들보다 앞서가시는 영도자 예수의 신원을 확인시키며 '그리스도론적 길의 구도Schema'를 제시한다. 이 구도는 예수의 부활과 거양에 이르는 그분의 길을 끝까지 따라가면서 제자들과 전 교회가 지향해야 할 목표를 설정한다.[69] "하느님께서는 다른 민족들에게도 생명에 이르는 회개의 길을 열어 주셨다"(사도 11,18). 바오로와 바르나바는 피시디아의

---

[68] 참조: I.H. MARSHALL, *Luke, Historian and Theologian* (Exeter 1970) 특히 103-215; R. GLÖCKNER, *Die Verkündigung des Heils beim Evangelisten Lukas* (Mainz 1978).

[69] P.-G. MÜLLER, *ΧΡΙΣΤΟΣ ΑΡΧΗΓΟΣ* [각주 36] 328-333.

안티오키아에 있는 유다인들에게 이렇게 말했다. "우리는 하느님의 말씀을 먼저 여러분에게 전해야만 했습니다. 그러나 여러분이 그것을 배척하고 영원한 생명을 받기에 스스로 합당하지 못하다고 판단하니, 이제 우리는 다른 민족들에게 돌아섭니다"(사도 13,46). 그러자 "다른 민족 사람들은 이 말을 듣고 기뻐하며 주님의 말씀을 찬양하였다. 그리고 영원한 생명을 얻도록 정해진 사람들은 모두 믿게 되었다"(사도 13,48). 영원한 생명을 주는 것은 오직 예수 그리스도를 통한 이 구원(사도 4,12)뿐이다.

1.5.1 구원 선포

부활로, 하느님과 함께하는 생명으로 인도하는 예수의 길은 사도들의 선포를 통해 인류에게 제시된다. 그들이 선포하는 것은 '하느님의 말씀',[70] 또는 '주님의 말씀'[71]이다. 성경 고사본에서도 이 두 용어는 혼용된다. 하느님의 말씀이 '주님'이신 예수의 구원 설교 속에서 선포되었다. 예수 그리스도의 구원의 길이 말씀 속에 굳게 자리 잡아 청중에게 다가온다. 이 '구원의 말씀'이 이스라엘 백성을 멸망에서 구하시려고 그들에게 '파견되셨다' (사도 13,26; 참조: 시편 107,20; 지혜 16,12). 예수 그리스도는 하느님의 말씀을 구현하기 위해 하느님이 파견하신 분이다. 이분은 말씀을 통해 구원하시되 다른 민족 사람들에게도 복음을 선포하심으로써 땅 끝까지 구원을 가져다 주신다(사도 13,47; 참조: 이사 49,6). 사도적 구원 선포는 십자가에 죽으시고 부활하신 예수께서 이루신 구원이 사람들에게 흘러가 전달되는 경로다.

사도 바오로는 예수의 피로써 이루어진 속죄와 모든 사람을 대신한 예수의 죽음을 강조했는데, 왜 루카에게 와서는 그것이 더 이상 강조되지 않았을까? 심지어 루카는 예수의 죽음에 구원의 의미를 두지 않는 듯 보이기도 한다.[72] 굳이 찾자면 최후 만찬 때 '너희를 위하여' 흘릴 예수의 피에 관

---

[70] 사도 4,29.31; 6,7; 8,14; 11,1; 13,5.7; 16,32; 18,11.

[71] 사도 8,25(?); 12,24(?); 13,44(?).49; 15,35.36; 19,10.20; 20,35.

한 말씀이 나타날 뿐이다. "이 잔은 너희를 위하여 흘리는 내 피로 맺는 새 계약이다"(루카 22,20). 하나 더 꼽는다면, 사도 바오로가 밀레토스에서 작별을 고할 때, 하느님의 교회는 "당신 아드님의 피로 얻으신 교회"(사도 20,28)라고 한 말을 들 수 있겠다.[73] 이것 말고는 예수 속죄의 죽음과 연관된 말씀이 없다. 사람의 아들은 "많은 이들의 몸값으로 자기 목숨을 바치러 왔다"(마르 10,45)는 이 독특한 표현을 루카는 인용하지 않는다(루카 22,27 참조). 앞의 인용문에는 다만 예수의 피가 지닌 효력과 상징이 반영될 뿐이다. 그럼에도 루카의 저서 속에 '내 피로 맺는 새 계약'에 관한 말씀이 나온다는 것은, 그가 전승과 깊은 관련을 맺고 있다는 사실을 드러낼뿐더러 그 사고를 자신의 길의 구도와 결합시킬 수도 있다는 뜻이다.

부활과 현양으로 가는 도상에 있는 예수의 죽음도 모든 이의 구원에 나름의 의미를 지닌다. '새 구원 계약'에 관한 생각은 빵을 나누고 다 같이 식사하는 새 구원 공동체와 관련되어 있다. 부활하신 주님이 베푸시는 이 선물은 최후 만찬을 기억함으로써 공동체를 실현시킬 힘을 지닌다. 그러나 전반적으로 이 생각은 복음 선포가 요구하는 회개와 그로 인해 열린 구원의 길 뒷전에 물러나 있다. 그것은 '구원의 말씀'에 대한 일종의 고유 개념이며 믿음으로 받아들여 자기 것으로 소화해야 하는 것이다.

1.5.2 믿음 그리고 죄를 용서받기 위한 회개

사도들의 선교적 복음 선포에 대한 첫 응답은 믿음이다. 복음 말씀을 들은 사람은 믿도록 부름 받고(참조: 사도 4,4; 15,7), 구원받은 사람 무리에 든다(참조: 사도 13,48; 14,23). 죄를 용서받는 데는 믿음이 절대적으로 필요하며 이 믿음을 통해 구원의 길에 들어선다(사도 10,43). 사도 바오로는 의롭게 하는

---

[72] WILCKENS, *Missionsreden* [각주 40] 185; CONZELMANN, *Mitte der Zeit* [각주 5] 187f.215, Anm. 2.

[73] 참조: CONZELMANN, *Die Apostelgeschichte* (Tübingen 1972) 119; G. SCHNEIDER, *Die Apostelgeschichte* 2 (Freiburg - Basel - Wien 1982) 297.

믿음을 선포했다. "모세의 율법으로는 여러분이 죄를 벗어나 의롭게 될 수 없었지만, 믿는 사람은 누구나 그분 안에서 모든 죄를 벗어나 의롭게 됩니다"(사도 13,38-39). 이 말씀에는 예수의 대속代贖적 죽음에 대한 어떤 암시도 없다(참조: 로마 3,24-25; 8,3; 갈라 3,13; 2코린 5,21). 그러나 '길의 구도'라는 관점에서 볼 때 하느님의 의로움은 부활하신 주님으로부터 믿는 사람들에게 온다. 수난과 죽음을 통해 영광에 이르는 그분의 길(루카 24,26)이 여기 전제되어 있다. 믿는 사람들을 구원하실 분은 영광받으신 그리스도뿐이다. 믿는 사람들은 예수 그리스도와 결합된 구원 공동체에 영입된다. 예루살렘의 유다인들 사이에서뿐만 아니라 멀리 그리스계 그리스도교 선교의 발원지 안티오키아에서도 믿음의 공동체가 크게 번창하고 있었다(사도 11,19-21). 이는 사도들의 설교가 거둔 성과일뿐더러, 깊이 들여다보면 당신 목표를 이루신 그리스도께서 거두신 성과이자 그분에게서 나온 성령의 성과였다(사도 9,31 참조).[74] 예수의 길은 그분의 구원 통치가 실현되는 곳, 교회에서 계속된다. "이 구원사적 임무를 수행하시는 예수를 알고 회개하는 사람은 하느님의 구원사에 참여함으로써 구원을 얻는다."[75] 예수의 대속적 죽음에 대한 언급이 없다 해서 여기에 '구원론적 공백'이 생기지는 않는다. 이 구원은 계속 이루어지고 있으며 그 결과는 교회에서 나타난다. 구원을 받아 입는 데는 주님이신 예수에 대한 믿음이 요구된다. 예수만이 구원을 약속하실 수 있기 때문이다(사도 16,31; 26,18). 루카적 '길의 신학'에서는 그리스도가 우선 하느님 오른쪽으로 높이 들어 올림 받으셔야 한다. 그리로부터 쏟아 부어진 성령을 통해 신앙 운동에 불을 붙이시기 위함이다.

믿음과 더불어 회개μετάνοια도 구원의 첫 단계로 꼽힌다. 회개는 믿음과 밀접히 연관되나 믿음보다 더 강하게 주목받는다. 마르코에게 회개는 하느님 나라 복음을 믿음으로써 이루어지지만(마르 1,15; 참조: 6,12), 루카에 와

---

[74] 참조: P. ZINGG, *Das Wachsen der Kirche*, OBO 3 (Freiburg/Schw. - Göttingen 1974).

[75] WILCKENS, *Missionsreden* [각주 40] 186.

서는 회개 자체가 고유한 의미를 지닌다. 루카 복음서에서 예수는 죄인을 불러 **회개시키러** 오셨다(루카 5,32; 참조: 15,7.10). 루카는 인간의 윤리적 태도에 주목한다. 그가 요구하는 회개란 모든 죄악으로부터의 결별을 뜻한다. 세례자 요한의 회개 설교를 자기 복음서에 받아들인 것도 이 때문이다(루카 3,3; 사도 10,37; 13,24; 19,4). 세례자 요한은 회개에 합당한 '열매'를 맺어 회개를 증명하라고 요구했다(루카 3,8). 이런 윤리적 시각은 사도행전에도 나온다. 거기서 유다인들에게 요구되는 것은, 회개하고 하느님께 돌아와 죄가 지워지게 하라는 것이다(사도 3,19). 그들의 진짜 잘못은 '생명의 영도자'를 죽였다는 사실이다(사도 3,15). 루카는, 그들이 그렇게 한 것은 그들의 지도자들과 마찬가지로 무지한 탓이라며 회개를 유도한다(사도 3,17). 다른 민족 사람들도 마음을 돌려 회개하도록 같은 충고를 한다(사도 17,30).

루카는 모두가 죄를 지었기 때문에 회개해야 한다고 확신했다(참조: 루카 13,3.5). 회개한 죄인의 모습은 빛나고, 하늘에서는 이 사람 때문에 더 기뻐할 것이다(루카 15,7.10). 예수의 지상 설교 말씀들은 부활 이후 시기에 더 크고 새로운 힘을 받는다. 하느님 오른쪽에 거양되신 메시아께서는 이스라엘에게 '회개와 죄의 용서'(사도 5,31)를 베푸신다. "하느님께서는 다른 민족들에게도 생명에 이르는 회개의 길을 열어 주셨다"(사도 11,18; 참조: 17,30). 이 길은 유다인이든 그리스인이든 모두에게 열려 있다(사도 20,21; 26,20). 이를 위해서는 주 예수를 믿어야 한다(사도 20,21). 믿음을 통해서만 용서받을 수 있기 때문이다(사도 2,38; 10,43; 13,38; 26,18). 구원 선포 시기의 회개는 하느님께서 인간에게 주시는 기회요 선물이자, 회개에 합당하게 행동하겠다는 인간 의지의 표현이기도 하다. 구원을 얻기까지의 과정을 정리하면 이렇다: 회개는 용서의 조건이며 구원의 필수적 전제다(사도 2,38; 3,19). 그리고 이 구원은 예수 그리스도의 이름으로 세례를 받을 때 성령의 은혜로 이루어진다.[76]

---

[76] 참조: H. MERKLEIN, *EWNT* 2:1028.

1.5.3 세례와 성령 수여

베드로의 오순절 설교에는 구원의 조건이 요약되어 있다. "회개하십시오. 그리고 저마다 예수 그리스도의 이름으로 세례를 받아 여러분의 죄를 용서받으십시오. 그러면 성령을 선물로 받을 것입니다"(사도 2,38). 용서는 회개만으로 되는 것이 아니라 예수 그리스도의 이름으로 세례를 받아야 베풀어진다는 것이다. 루카는 어떻게 이처럼 세세히 말할 수 있었을까?

루카는 여기서 초대교회에서 행해지던 물의 예식을 염두에 두었음이 분명하다. 그것은 성사적 효력과 성령이 충만한 세례다. 베드로의 그리스도 선포를 받아들인 이들은 모두 세례를 받았다(사도 2,41). 루카는 교회가 어떻게 세례를 베풀게 되었는지에 대해서는 침묵했다. 다만 세례에 관한 그의 기사에서 추론할 따름이다. 그는 그리스도교 세례를 요한의 세례와 비교한 적이 있다. 전자는 성령으로 주는 세례고 후자는 물로 주는 세례다(사도 1,5; 11,16; 참조: 19,4). 이런 차이는 예수의 세례에 관한 이야기에서 이미 강조된 바 있다. 요한은 이렇게 말했다. "나는 너희에게 물로 세례를 준다. … 그분께서는 너희에게 성령과 불로 세례를 주실 것이다"(루카 3,16). 잘 입증된 요한의 세례는 그리스도교 세례와 괄목할 유사성도 지니고 있다.

① 수세자의 몸을 요르단 강물 속에 담그는 요한의 세례는, 물로 이루어지는 그리스도교 세례와 외적 형태가 같다(참조: 사도 8,36.38; 10,47). ② 두 세례 모두 요한 자신이든 그리스도교 선교사든 주례자에 의해서 거행된다. ③ 세례는 한 번으로 효과가 지속된다. ④ 이 두 세례는 구원으로 한 걸음씩 인도한다. 요한이 베푸는 참회의 세례는 죄의 용서로 이끌어 주고(루카 3,3) 예수 그리스도의 이름으로 베풀어지는 세례는 그것을 넘어 성령을 내린다. ⑤ 요한의 세례는 이스라엘 백성을 다가올 심판에서 지켜 주기 위해 그들 가운데 참회하는 사람들을 모으려는 것이고, 그리스도교의 세례는 영도자 예수 그리스도의 인도로 이스라엘을 종말 시기의 거룩한 백성이 되게 모으려는 것이다. 예수께서 군중 한가운데서 요한에게 세례를 받으신 것처럼(루카 3,21), 예수 그리스도께서는 모든 사람이 세례를 받을 때 이

루어지는 구원 사건의 중심 인물이 되신다. '예수 그리스도의 이름으로'(사도 2,38; 10,48; 19,5) 세례를 받는다는 독특한 표현은 이 점을 분명히 밝히기 위함이다. 예수 그리스도의 영도하에 이렇게 하느님 백성이 형성된다. 누가 그리스도교 세례의 기원을 묻는다면, 그 시작은 요한의 세례와 관련이 있지만 예수 부활 후에는 그리스도교적 차원으로 승화되었다고 답할 수 있을 뿐이다.[77]

그리스도교 세례의 첫 효과는 회개하는 이들에게 베풀어지는 용서다(루카 24,47). 바오로가 다마스쿠스 가까이 이르러 개종하게 되었을 때, 하느님의 위임으로 그를 찾아온 하나니아스는 이렇게 말했다. "일어나 … 세례를 받고 당신의 죄를 씻어 버리십시오"(직역: 사도 22,16). 세례란 물로 죄를 '씻어 없애 버린다'는 뜻이다. 세례의 첫 효과인 죄의 용서와 별도로, 세례 때는 성령도 받는다. 성령은 간혹 안수를 통해 받기도 한다(사도 8,17-18; 9,17; 19,6).[78] 성령을 부어 준다는 것은 실제로 구원이 이루어진다는 것이다. 이로써 구약의 약속이 실현된다(사도 2,16-21). 그것은 성령의 세례요(루카 3,16; 사도 1,5.8) 하느님의 선물이며(루카 24,49; 사도 2,38; 8,15.19-20; 10,45), 하느님께서 예수 그리스도의 이름으로 세례 받는 이들에게 베푸시는 축복이다.

게다가 성령께서는 '신령한 언어'로 말하게 해 주심으로써 당신 모습을 드러내시는 것이다(참조: 사도 2,6; 10,44.46; 19,6). 이는 예언과는 성격이 좀 다르다. 예언은 궁극적으로 성령에게서 오지만 직접적으로 세례와 연결되어 있지는 않기 때문이다.[79] 베드로의 오순절 설교에서, '너희 아들딸들이 예언을 하리라'(사도 2,17)는 요엘의 예언(요엘 3,1-5)이 그대로 이루어졌다. 구약 성경과 유다교에 언급된 성령의 활동은 초대교회에서 여러 형태로 나타난다. 하가보스는 온 세상에 큰 기근이 들 것이라고 성령의 힘으로 예고하고(사도 11,28), 바오로에게는 예루살렘에서 유다인들이 그를 묶어 다른 민족

---

⁷⁷ 참조: G. Lᴏʜꜰɪɴᴋ, "Der Ursprung der christlichen Taufe", *ThQ* 156 (1976) 35-54.

⁷⁸ 참조: Bᴏᴠᴏɴ, *Luc le théologien* [각주 7] 251f.

⁷⁹ 참조: E. Sᴄʜᴡᴇɪᴢᴇʀ, *ThWNT* 6, 406f.

사람들에게 넘길 것이라고 알려 주었다(사도 21,11). 그리고 복음 선포자 필리포스에게는 예언 능력이 있는 처녀 딸 넷이 있었다(사도 21,9). 초대교회에는 개인적으로 예언 은혜를 받은 사람들이 있었을 뿐 아니라, 예언의 성령께서 온 교회에 내재하시면서 활동하셨다. 신령한 언어로 말하는 은혜와 예언을 하는 은혜가 결부되었다(사도 19,6). 사도 바오로가 가야 할 선교의 길에 관해 지시받는 장면이 사도행전에 나온다. 이 지시는 무엇보다 예언적 영감으로 내린 것이라고 해석해야 한다. 안티오키아 교회가 파견한 선교사들도 성령께서 선택한 이들이다(사도 13,2.4). 바오로는 성령의 영감을 받아 마술사 엘리마스의 가면을 벗기고 정체를 폭로한다(사도 13,9-10). 그밖에 사도 회의는("성령과 우리는 …") 몇 가지 필수 사항 외에는 다른 민족 출신 형제들에게 다른 짐을 지우지 않기로 결정했다(사도 15,28). 성령께서 사도들과 원로들을 감도하여 이런 결정을 내리게 하셨다고밖에는 달리 설명할 길이 없지 않은가? 사도 회의 때 야고보는 예언 말씀대로 실현되고 있음을 실감하면서 아모스서 9장 11절 말씀을 상기시킨다. "나(하느님)는 돌아와 무너진 다윗의 초막을 다시 지으리라"(사도 15;16-17; 참조: 예레 12,15-16). 이 예언 말씀은 사도 회의 결의문에 포함되었다.

성령은 모든 선교 활동을 지시하시고(참조: 사도 13,2.4; 16,6.7) 바오로가 갈 길도 정해 주셨다(사도 20,22-23). 교회 안에 살아 계시며 미래를 결정하시는 분이 성령이다. 성령께서 교회를 이끄시는 것과 세례 때 받는 성령은 구별되어야겠지만, 구원의 선물과 예언의 영감을 주시고 선교의 동력으로 교회에서 활동하시는 분은 결국 같은 성령이다. 세례 때 받는 성령의 선물(사도 2,38)은 온 교회에 충만한 성령의 포괄적 은혜에 포함된다. 루카에게는 교회가 성령 충만하고 성령으로 인도되고 있다는 사실이 부각된다.

성령 시기는 바로 교회 시기다. 이 시기에 모든 신자, 특히 설교자들은 하느님께서 부어 주시는 성령을 받으며 온 교회가 누리는 성령의 은혜에 동참하게 된다. 구원은 교회 안에서만 가능하고 교회를 통해서만 이루어진다. 이 점은 사도행전 아폴로 대목(사도 18,24-28)과 요한의 열두 제자(사도

19,1-7) 대목이 설명한다. 프리스킬라와 아퀼라는 요한의 세례밖에 모르던 그리스도교 선교사 아폴로에게 "하느님의 길"(사도 18,26)에 대해 소상히 가르친다. 아폴로와 요한의 열두 제자는 그리스도교 세례를 통해 내리는 성령에 관해 무지했다. 그들은 주님이신 예수의 이름으로 베푸는 세례를 받음으로써(사도 19,5) 비로소 그리스도 교회의 온전한 일원이 될 수 있었다. 그들은 성령을 받은 것과 성령께서 활동하시는 것을 보고 매우 기뻐했다.

이 아폴로라는 인물을 역사적으로 어떻게 평가하든(코린토 전서 1장 12절과 3장 4-9절에 따르면 사도 바오로는 이 사람을 처음부터 완전한 그리스도 신자요 선교사로 인정했다), 요한 제자들의 과거가 어떻게 밝혀지든(그들은 사도 바오로의 안수를 통해 성령을 받았다), 루카의 의도는 분명히 드러난다. 요한의 세례밖에 모르는 사람들이나 이 회개의 세례만 받은 사람들이나 모두 교회로 편입되어야 하고, 또 그리함으로써 구원 영역으로 들어와야 한다는 것이다. 교회는 이 구원 영역을 자신이 지닌 성령을 통해 드러낸다.[80] 루카는 교회가 지닌 구원의 의미를 밝히는 데 진력한 나머지, 역사적 사실에 관한 사료가 부족하다는 점에는 별로 신경을 쓰지 않았다. 그의 마음을 사로잡은 것은 교회가 지닌 구원의 의미였다. 하나인 교회, 사도들이 이끄는 교회, 성령 충만한 교회, 평화를 누리는 교회, 바로 이런 교회가 부활하신 주님께서 믿는 이들에게 베풀어 주실 구원의 보증이다(참조: 사도 4,32; 9,31; 20,28).

1.5.4 주님이신 그리스도와의 친교를 체험하는 성찬례

주님이신 예수를 구원의 인도자로 믿는 이는 세례를 받음으로써 그분에게 순종하고, 성찬례(미사)를 통해 그분과 활기찬 공동체를 이룬다. 본디 공동체 식사와 결합된 이 예식은 사도행전에 '빵을 떼어 나눔'(사도 2,42)이라

---

[80] 참조: E. KÄSEMANN, "Die Johannesjünger in Ephesus", in: DERS., *Exegetische Versuche und Besinnungen* 1 (Göttingen ⁴1965) 158-168. 그는 이 두 이야기를 루카의 신학적 픽션으로 보았다. 루카에게는 "사도적 공동체에 근거한 하나이며 거룩한 교회(una sancta)가 너무 절실하여 그것을 과거사를 통해 역사적 실체로 설명하려 했다"는 것이다(168).

는 명사나 '빵을 떼어 나누다'(사도 2,46; 20,7.11)라는 동사로 표현된다. 이 예식은 최후 만찬까지 소급된다(루카 22,19). 공동체 식사에서 맨 먼저 빵을 떼어 나누던 예식이 점차 빵과 포도주를 곁들인 예식 전체를 가리키게 되었다. 사도행전 2장 46절은 초기 신자들이 집에 모여 빵을 떼어 나누고 함께 식사했다는 것을 전제한다. 이것은 코린토 전서 11장 20-25절에도 나오듯이, 강조점은 다르지만(사도행전에는 즐겁고 순박한 식사로, 코린토 전서에는 예수의 죽음을 기억하는 식사로 표현), '주님의 만찬' 전체를 뜻한다.[81] 유다에는 집안 어른이 축복 기도를 바치며 빵을 떼어 나눔으로써 식사를 시작하는 관습이 있었다. 이런 관습이 최후 만찬 때 예수의 행동으로 의미심장하고 현실성 풍부한 표징이 되었다. 예수께서 제자들에게 나누어 주신 빵은 그들에게 내주시는 당신의 몸이다(루카 22,19). 이것이 속죄의 죽음을 가리킨다는 것은 잔에 관한 말씀에서 더 뚜렷해진다. 초대교회가 거룩한 식사를 뜻하는 말로 '빵을 떼어 나누어 주다'를 선택하게 된 데는, 예수의 지상 활동 당시 배고픈 군중에게 빵을 마련해 주시던 기억이 그때까지 생생히 남아 있었기 때문이 아닐까(참조: 루카 9,16; 마르 6,41; 8,6). 이 식사는 부활하신 분께서 제자들에게 나타나셨을 때도 거행되었고(루카 24,30.41-43; 참조: 요한 21,13), 지금도 교회의 성찬례에서 실현되고 있고, 앞으로도 계속될 것이다.[82]

믿는 사람들에게 약속된 구원, 죄의 용서, 성령의 수여 그리고 영원한 생명에 대한 기대는 더욱 새롭고 깊은 차원에서 실현되고 있다. 그들은 이 성찬례를 행함으로써 부활하신 주님과 긴밀히 교류한다. 주님께서도 이들이 서로 형제자매적 공동체를 이루게 해 주신다. 바오로는 그리스도와 함

---

[81] 참조: H.-J. KLAUCH, *Herrenmahl und hellenistischer Kult*, NTA NF 15 (Münster ²1986) 297-332는 코린토에서 거행되던 성찬례에 대해 이렇게 밝힌다: "식사 중에 빵을 떼어 주고 잔을 축성함으로써 주님을 기억했다"(329). "초대교회의 성찬례는 종말에 대한 경외와 임박한 재림의 간절한 기대로 충만해 있었다. 또한 거양되신 주님께서 성령의 새 몸을 입고 만찬의 주인으로 그 가운데 현존하신다는 의식이 살아 있었음이 분명하다"(330).

[82] 참조: J. WANKE, *Beobachtungen zum Eucharistieverständnis des Lukas aufgrund der lukanischen Mahlberichte*, EThSt 8 (Leipzig 1973); DERS., *EWNT* 2, 729-732(참고문헌).

께 이루는 공동체*koινωνία*와 신자들 상호 간의 공동체에 대해 상술한다(1코린 10,14-17). 원시 그리스도 공동체 생활의 기본 윤곽은 사도행전에도 드러난다. 복음을 받아들이고 세례를 받은 이들은 "사도들의 가르침을 받고 친교를 이루며 빵을 떼어 나누고 기도하는 일에 전념하였다"(사도 2,42).

원시 그리스도교 공동체 생활에 관한 이 종합 서술은 그리스도교 실존 실현의 본질적 요소들을 강조한다. '사도들의 가르침'을 받아들인다는 것은 신앙의 기초를 의미한다. 사도들은 "주님의 가르침"(사도 13,12)을 전했고, 그때까지 예수 그리스도에 관해 전해지던 모든 것이 믿을 만한 사실임을 보장했다(루카 1,2-4 참조). '공동체'란 초기 그리스도 신자들이 영위하던 생활 공동체를 뜻하며, 그 참모습은 재산의 공동 소유에서 드러난다(참조: 사도 2,44-45; 4,32). '빵을 떼어 나눈다'는 것은 공동체가 성찬례를 포함하여 다 같이 즐겁게 식사한다는 뜻이다(사도 2,46 참조). "기도하는 일에 전념하였다"(사도 2,42)는 것은 성전에 다 같이 모여(사도 2,46-47; 3,1.11; 5,12) 찬미와 감사와 청원의 기도를 올렸다는 것을 말한다(참조: 사도 1,14; 4,24-31; 6,4; 12,5). 이 모든 것에, 사도들의 말씀 속에, 사랑의 공동체 속에, 빵을 떼어 나누고 공동 기도를 바치는 가운데 그리스도께서는 현존해 계시다.

사도행전 2장 42절에 묘사된 공동체 생활은 헬레니즘계 교회에도 매력적인 공동체 상이었다. 헬레니즘적 사고에 의하면 재산의 공동 소유는 매우 이상적인 모습이었기 때문이다.[83] 특히 친구 간의 재산 공동 소유는(그리스 속담 '친구끼리는 모든 것을 함께 소유한다'; 사도 4,32 참조) 이민족계 그리스도교 독자들에게 하나의 자극제가 되었다. 성찬례를 곁들인 공동 식사를 했다는 것은 그리스의 향연*symposion*을 연상시키기도 한다.[84] 주님이신 그리스도께서 공동체에 쏟아 부으시는 이 축복들이 공동체의 삶 속에 구체적으

---

[83] 참조: H.-J. KLAUCK, "Gütergemeinschaft in der klassischen Antike, in Qumran und im Neuen Testament", *RdQ* 11 (1982) 47-79, 여기서는 48-52.

[84] 참조: H.-J. KLAUCK, "Präsenz im Herrenmahl: 1Kor 11,23-26 im Kontext hellenistischer Religionsgeschichte", in: DERS., *Gemiende – Amt – Sakrament: Neutestamentliche Perspektiven* (Würzburg 1989) 313-330, 특히 320-322.

로 드러난다. 이런 축복들은 교회의 치유 활동과 사도들의 안수로 이루어지는 그 밖의 표징들을 통해 줄기차게 나타난다(사도 1,43; 4,30; 5,12.15-16). 성령을 통한 그리스도의 구원은 하늘에서 땅으로 내려와 신자 공동체 속에 실현된다. 주님이신 그리스도와 이루는 친교는 빵을 떼어 나누고 성찬례를 거행할 때 가장 뚜렷하게 드러나 형제자매적 공동체를 형성시킨다. 이 공동체는 모든 신자를 하나로 묶고 가진 것을 나누며, 손님을 친절하게 대접하고(사도 10,6.18; 16,15; 21,16) 봉사 활동에 나서게 한다(과부들을 보살핌: 사도 6,1-3). 이 모든 일에서 길을 밝혀 주는 것은 예수의 말씀과 표양이다. 루카는 항간에 전하는 격언을 예수의 말씀으로 인용하여 이 점을 뒷받침한다. "주는 것이 받는 것보다 더 행복하다"(사도 20,35).

하늘에서 당신 교회를 영도하시는 그리스도의 모습은 루카의 지상적 예수 모습과 일치한다. "이 예수님께서 두루 다니시며 좋은 일을 하시고 악마에게 짓눌린 이들을 모두 고쳐 주셨습니다"(사도 10,38). 다만 모든 것이 부활 후 관점에서 제시되었을 뿐이다.

1.6 다시 오실 주님

예수의 재림이 루카 사고 체계의 핵심이 아니라는 것은 확인되었지만(재림이 지연되고 있다는 사실 하나만 봐도 그렇다), 그렇다고 그것을 예수의 길에서 배제할 수는 없다. 그렇다면 루카적 '길의 구도'에서 루카의 그리스도론과 교회의 구원 이해에 재림이 어떤 의미를 지니는지 자세히 규명해 보아야 한다. 콘첼만을 필두로 제기된 주장은 이렇다: 재림을 기다린다는 것은 루카에게 본질적으로 아무 의미가 없다. 당시 교회에서 재림의 기대는 성령 활동으로 대치되었거나 빛이 바랬다. 이 기대가 그때까지 남아 있었다면 그것은 오로지 세말에 관한 가르침이라는 교훈적 이유에서 유지되었을 뿐이다.[85] 재림을 과소평가하는 또 다른 주장은 구원의 미래성을 구원의 내세성으로 대치하는 것이다.[86] 여기서 우리는 세 가지를 규명한다: 첫째, 루카 신학에 나타나는 재림의 의미(1.6.1), 둘째, 루카의 저서에 나타나는 재림 지연이 루카의 종말론에 미치는 영향(1.6.2), 셋째, 루카에 있어서 교회와 재림의 관계(1.6.3).

1.6.1 루카 신학에 나타나는 재림의 의미

믿는 사람들에게 구원의 중개자이신 예수의 길을 따라가노라면, 사도행전에서도[87] 루카 복음서에서도 재림의 전망과 마주치게 된다. 루카 복음서의 긴 종말 담화 속에는 재림을 뚜렷하게 서술하는 대목이 나온다. 그때에 사람의 아들이 큰 권능과 영광을 떨치며 구름을 타고 오는 것을 사람들이 볼 거라는 대목이다(루카 21,25-27). 물론 그 전에 "다른 민족들의 시대"(루카 21,24)가 다 차야 하고, 해와 달과 별들에는 '표징들'(루카 21,25)이 나타나며, 땅에서는 바다와 거센 파도 소리에 자지러진 민족들이 공포에 휩싸이고, 사람들은 두려운 예감으로 까무러치게 될 것이다. 이것은 마르코의 서술(마르 13,24-26)을 그대로 옮겨 놓은 것이다. 다만 루카는 "다른 민족들의 시대가 다 찰 때까지"(루카 21,24)라고 말하며 장차 일어날 일들을 마르코("환난에 뒤이어": 마르 13,24)보다 더 먼 뒷날로 미룬다. 루카는 여기에 뼈 있는 말한마디를 덧붙인다. "이러한 일들(우주적 표징들)이 일어나기 시작하거든 허

---

[85] H. Conzelmann, *Mitte der Zeit* [각주 5] 87-127, 특히 87: "성령은 그 자체로 종말론적 선물이 아니라 최종적 구원을 누릴 때까지 임시로 베풀어지는 대체물이다." E. Grässer, *Das Problem der Parusieverzögerung in den synoptischen Evangelien und in der Apostelgeschichte* (Berlin - New York ³1977) 특히 199-215; ders., "Die Parusieerwartung in der Apostelgeschichte", in: J. Kremer (Hrsg.) *Les Actes des Apôtres*, BEThL 48 (1979) 99-127: 사도행전에서는(3,20-21; 10,40-42; 17,31) "전통적 심판 사상을 전파할 때 교훈적 이유에서 궁여지책으로" 재림을 거론한다(116). 비판: J. Ernst, *Herr der Geschichte: Perspektiven der lukanischen Eschatologie*, SBS 88 (Stuttgart 1978) 23-88.

[86] H. Flender, *Heil und Geschichte in der Theologie des Lukas*, BEvTh 41 (München ²1968) 23: "바오로는 예수 부활로 세상(αἰών)이 바뀌었다고 보지만 루카는 이 세상이 동시적 천상세계로 이행되었다고 생각한다." 91: "루카는 그전까지 재림과 관련된 신학적 진술들을 거양에 관한 자신의 진술로 바꾼다. 그에게는 미래적·천상적인 것이 내세적·천상적인 것에 대한 증언이다." 비판: Ernst, *Herr der Geschichte* [각주 85] 88-107.

[87] 사도 1,11; 3,19-21; 10,42; 17,31; R. Schnackenburg, "Die lukanische Eschatologie im Lichte von Aussagen der Apostelgeschichte" [각주 65].

리를 펴고 머리를 들어라, 너희의 속량이 가까웠기 때문이다"(루카 21,28).
이로써 사람의 아들의 재림은 구원에 중요한 의미를 지니게 된다. 이때 믿
는 사람들은 그들이 세례를 받고 성령을 받을 때 약속된 구원(사도 2,38)이
완성되고 결정적 속량이 이루어지는 것을 체험한다. 루카의 모든 저서를
통틀어 이곳에만 사용되는 '속량'ἀπολύτρωσις은 '구원하다'라는 어군에 속하
는 명사다. 주로 구원받는다는 뜻으로 사용되는 이 낱말은 예수 그리스도
와 관련하여 그분이 '구원자'σωτήρ(루카 2,11; 사도 5,31; 13,23)임을 표현한다.
하느님 오른쪽에 들어 올림 받으신 이 영도자 · 구원자께서는 시대가 끝나
는 날 당신 구원 사업을 완성하시려고 사람들이 보는 가운데 다시 오실 것
이다. 그러나 정작 루카의 관심을 끄는 것은 현재 시간과 종말 사건 사이
에 걸친 시기가 아니다. 물론 루카 복음서의 종말 담화가 이 시기에 관한
것임은 분명하고(1.6.2 참조) 학자들이 다루는 것도 주로 이 시기지만, 이 담
화의 중점이 루카 복음 21장 28절에 있음을 감안한다면, 루카의 관심은 모
든 이가 기대하는 결정적 구원에 집중되어 있다(루카 21,36 참조).

사도 바오로도 같은 기대를 한다: "우리는 … 구세주σωτῆρα로 오실 주
예수 그리스도를 고대합니다"(필리 3,20); 그분은 "닥쳐오는 진노에서 우리
를 구해 주실" 것이다(1테살 1,10); "하느님께서는 우리가 진노의 심판을 받
도록 정하신 것이 아니라, 우리 주 예수 그리스도를 통하여 구원을 차지하
도록 정하셨습니다"(1테살 5,9). 루카는 초기 교회, 어쩌면 바오로 이전의 교
회에서 형성된 성구Formel를 받아들여 구원자 예수 그리스도에 대한 자신
의 시각을 드러내는 데 활용했을 것이다. 루카 복음서의 종말 담화에 이어
지는 무화과나무의 교훈(루카 21,29-33)도 구원의 완성을 언급한다. "이와 같
이 너희도 이러한 일들이 일어나는 것을 보거든, **하느님의 나라가** 가까이
온 줄 알아라"(루카 21,31).[88] 부활하신 분은 하느님 나라에 관한 가르침(사도
1,3)을 통해 재림을 미리 내다보게 해 주셨다. 재림 때 하느님 나라가 완성

---

[88] 참조: G. Schneider, *Parusiegleichnisse im Lukas-Evangelium*, SBS 74 (Stuttgart 1975)
57f; Robinson, *Der Weg des Herrn* [각주 7] 59-66.

되어 나타날 것이다. 루카 복음서에는 다가오는 하느님 나라에 대한 기대가 도처에 나온다(루카 9,27; 13,29; 14,15; 22,16 등). 사도행전 3장 20절은 구원의 시대를 메시아 예수에게서 올 "생기를 찾을 때"로 특징짓는다. 이 모든 것이 종말론적 전망 속에 들어 있는 한, 루카에게 재림은 완성으로 인도하는 구원의 의미가 있음을 의심할 여지가 없다.[89]

루카 복음서에서 재림은 대부분 비유로 묘사되는데 그 일부는 어록 전승(Q)에서 인용되었다. 도둑의 비유(루카 12,39-40), 충실한 종과 불충실한 종의 비유(루카 12,41-46), 주인을 기다리는 종의 비유(루카 12,35-38), 미나(유다 화폐 단위)의 비유(루카 19,11-27) 그리고 홍수와 하늘에서 쏟아진 불비의 이중 비유(루카 17,26-30)가 그것이다. 무화과나무의 교훈(루카 21,29-33)은 마르코에게서 물려받았고, 불의한 재판관의 비유(루카 18,1-8)는 루카의 고유 자료에서 따왔다. 아마 어리석은 부자의 비유(루카 12,16-21)와 약은 집사의 비유(루카 16,1-8)도 여기서 유래했을 것이다.[90]

이 비유들은 한결같이 교훈적 성격을 띠고 있다. 주인이 언제 올지 모르니 항상 준비하고 있어라(루카 12,40), 세상 사는 동안 자기 직무에 충실하고 책임을 져라(루카 12,42-43; 19,15-23), 늘 정신 차려 깨어 있어라(루카 12,37), 이 세상 재물을 지혜롭게 관리하라(루카 16,1-9)는 등이다. 특히 재림과 관련해서는 현세적인 것에 마음을 빼앗기거나 잠과 술에 취해 세월을 보내지 말라고 촉구하신다. 그리고 늘 깨어 기도하라는 말씀으로 루카의 '긴 재림 담화'가 마무리된다. "너희는 스스로 조심하여, 방탕과 만취와 일상의 근심으로 너희 마음이 물러지는 일이 없게 하여라. 그리고 그날이 너희를 덫처럼 갑자기 덮치지 않게 하여라. … 너희는 … 사람의 아들 앞에 설 수 있는 힘을 지니도록 늘 깨어 기도하여라"(루카 21,34-36). 루카는 종말에 사람의

---

[89] CONZELMANN, *Mitte der Zeit* [각주 5] 104: 하느님 나라는 "형이상학적으로 멀리 밀려나 있다". 그러나 이 먼 곳은 그리스도의 재림으로 알려지게 된다. 그래서 의미가 있다. 예수께서 산 이들과 죽은 이들의 심판관으로 오실 것이기 때문이다(사도 10,42; 17,31).

[90] SCHNEIDER, *Parusiegleichnisse* [각주 88] 20-78. 그는 어리석은 부자의 비유와 약은 집사의 비유를 재림 기대의 '개별화 과정'으로 본다(79f).

아들이 오셔서 종말의 혼돈에서 우리를 구원해 주시리라는 것을 굳게 믿었다(루카 21,28). 그가 힘주어 강조하는 것은 우리의 종말론적 덕행이다. 우리는 세상 것에서 벗어나 종말을 주관하실 하느님을 바라보며 살아야 한다. 그러니 재림을 현세적 조건 속에 묻어 버리면 안 된다. 재림은 세상사에 파묻혀 사는 사람들이 전혀 생각하지 못한 때 들이닥쳐 그들을 새로운 상황으로 밀어 넣게 될 것이다. 그들 스스로 이 상황을 극복해야 한다. 노아와 롯 세대의 비유(루카 17,26-29)가 그러하다. 사람의 아들이 갑자기 나타나는 날, 사람들은 놀라서 제 목숨만 보존하려 애쓸 것이다(루카 17,33). 루카 복음 17장 22-37절 '소묵시록'die kleine Apokalypse 전체가 이 위기 상황을 상정한다.[91] 시대를 알아보라는 말씀(루카 12,54-56)과 늦기 전에 원수와 화해하라는 말씀(루카 12,57-59)도 이 위기 상황을 간과하지 말라는 경고다.[92] 재림은 전적으로 이런 것을 요구하는 현재의 표징 속에 있다. 전승에서 유래한 이 묵시록적 묘사는 사실적 역사 서술이 아니라, 사람의 아들이 현재 이 세상 상황 속으로 들어오시는 날(루카 17,30-31)을 요청적 사건으로 제시하기 위해 채택된 서술 방식이다.

학자들은 우주적 · 보편적 종말론die kosmisch-universale Eschatologie이 루카 특수 사료에서는 개인의 종말과 관련된 개별적 종말론die individuelle Eschato-logie으로 이행되고 있다는 사실을 발견했다.[93] 본디 종말론적 · 보편적 지

---

[91] 참조: R. SCHNACKENBURG, "Der eschatologische Abschnitt Lukas 17,20-37", in: DERS., *Schriften zum Neuen Testament* (München 1971) 220-273; B. RIGAUX, "La petite apocalypse de Luc" (XVII, 22-37), in: *Ecclesia a Spiritu Sancto edocta (Mélanges théologiques)* FS G. PHILIPS, BEThL 27 (Gembloux 1970) 407-438; R. GEIGER, *Die Lukanischen Endzeitreden: Studie zur Eschatologie des Lukas-Evangeliums* (Bern - Frankfurt a.M. 1973) 11-149; J. ZMIJEWSKI, *Die Eschatologie-Reden des Lukas-Evangeliums*, BBB 40 (Bonn 1972).

[92] 참조: J. JEREMIAS, *Gleichnisse Jesu* [각주 21] 39f. 본디 위기의 비유(마태 5,25-26)였던 것이 재림 관련 비유로 이행되었다고 보는 JEREMIAS의 견해는 정확하다.

[93] J. DUPONT, "L'après-mort dans l'œuvre de Luc", *RTL* 3 (1972) 3-21; DERS., "Die individuelle Eschatologie im Lukas-Evangelium und in der Apostelgeschichte", in: *Orientierung an Jesus: Zur Theologie der Synoptiker*, FS J. SCHMID (Freiburg - Basel - Wien 1973) 37-47; SCHNEIDER, *Parusiegleichnisse* [각주 88] 78-84.

평에서 서술되었을 어리석은 부자의 비유(루카 12,16-21)에서 부자는 한낱 죽을 운명을 지닌 존재에 불과하다는 것이 지혜문학적 언어로 묘사된다. 마찬가지로, 약은 집사의 비유(루카 16,1-8)에서도 본디 세말 이전 시대였을 위기 상황[94]이 오직 집사의 개인적 운명과 관계된 것으로 전제되고 있다. 이 두 비유에서 물욕을 버리고 하느님 앞에서 부자가 되든(루카 12,21) 불의한 재물(마몬)로 친구를 만들든(루카 16,9), 루카는 일관되게 개인의 죽음에 초점을 맞춘다. 하느님께서 각자의 목숨을 되찾아 가실 때(루카 12,20)나 재물이 없어질 때(루카 16,9)를 대비하라는 얘기다.

개인의 종말은 부자와 라자로의 비유(루카 16,19-31)와 십자가에서 참회한 죄수 이야기(루카 23,42-43)에서도 강조된다. 평생 즐겁고 호화롭게 살던 부자는 죽어서 지하 세계*Sche'ol*로 내려갔고, 가난하게 살던 라자로는 아브라함 품에 안겼다. 여기서 그들의 세말 운명에 관한 모습은 전혀 찾아볼 수가 없다. 예수와 함께 십자가에 매달린 한 죄수는, 예수께서 당신 나라에 들어가실 때, (혹은 다른 고사본에 따라 *ἐν τῇ βασιλείᾳ*로 읽으면) 그분께서 당신 통치권을 지니고 오실 때(나타나실 때: 재림 때) 자기를 기억해 달라고 예수께 간청했다. 이에 대해 예수께서는 바로 오늘 그가 당신과 함께 낙원에 들어갈 것이라고 약속하셨다. 이 '오늘'은 기대를 현재화하고, '낙원'은 의인들의 영혼이 사후에 가는 곳이다. "너희는 인내로써 생명을 얻어라"라는 루카 복음 21장 19절 말씀을, "끝까지 견디어 내는 이는 구원을 받을 것이다"라는 마르코 복음 13장 13절 말씀과 비교해 볼 필요가 있다. 마르코의 말씀에는 종말의 전망이 들어 있다. 그러나 루카는 '끝'이라는 말을 피하고 인내로써 생명을 얻을 것이라고만 한다. "예수께서 제자들에게 참고 견디라고 요구하신 것은 당신이 죽기까지 버티라는 뜻이다."[95]

---

[94] J. Jeremias, *Gleichnisse Jesu* [각주 21] 44; Dupont, "Die individuelle Eschatologie" [각주 93] 42.

[95] Dupont, "Die individuelle Eschatologie" [각주 93] 40; Schneider, *Parusiegleichnisse* [각주 88] 82.

이렇게 루카는 재림하신 주님과의 만남이 부분적으로는 개인의 죽음에서 이루어진다고 생각했다. 그렇지만 여전히 우주적·보편적 종말론을 굳게 믿으며, 세말의 주님 재림을 부여잡고 있다(참조: 루카 12,30-31.36). 이것은 루카가 전승에 동의했기 때문이기도 하지만 자신의 구원사적 사고의 결과이기도 하다.[96] 그는 예수를 하느님 백성의 역사 속에서 활동하시는 분으로 바라본다. 루카에게 예수는 구원 시기의 전환점이다(루카 16,16). 세례자 요한 시대부터 하느님 나라의 복음이 전해지고 있다면(루카 16,16) 그것은 루카에게 완성된 하느님 나라의 선포도 포함되고, 이 완성된 하느님 나라는 사람의 아들의 재림으로 실현된다(참조: 루카 9,27; 11,2; 14,15; 22,16.28.30). 그렇다면 루카는 이 다가오는 나라에 관한 생각을 단지 교훈적 근거에서 견지하고 있는가? 그리스도 신자들이 정신 차려 그 나라를 준비하고 온 힘을 쏟아 맞을 준비를 하도록 독려하기 위함인가? 이것은 분명 그가 당장 해결해야 할 과제였다. 그러나 그것은 개인의 '개별적 종말론'과도 결부되고 개인의 죽음에 대한 시각과도 연관되어 있다. 그것은 여기서 오히려 더 강력하고 효과적으로 제기될 수도 있었을 것이다. 그럼에도 루카가 다가오는 나라에 관한 전망을 포기하지 않았다면, 그것은 그가 개인에 대한 요구 외에도 예수의 재림을 구원사로 만드는 역사의 전개에 대한 시각을 놓치지 않으려고 했기 때문이다. 예수 이후에는 이 역사가 성령의 활동을 통해 교회 안에서 이루어진다. 그러나 교회는 아직 하느님 나라가 아니라 다만 그 나라를 향해 나아가고 있을 뿐이다. 개인은 각자의 죽음을 통해 종말을 체험한다. 그것은 삶의 덧없음을 성찰하게 하고 세상 재물에 대한 집착을 벗어 버리는 계기를 마련한다. 각자는 역사의 흐름과 더불어 살 뿐인즉, 역사의 종말이 조만간 다가온다는 사실을 명심해야 한다는 뜻이다.

루카의 저서에는 개인과 관련된 개별적 종말론과 인류 전체와 관련된 집단적·우주적 종말론이 노선상 아무 관련 없이 전개되고 있다. 하지만

---

[96] 참조: ROBINSON, *Der Weg des Herrn* [각주 7] 59-66.

이 두 종말론에는 그리스도 신자들에게 전하는 메시지가 있다. 루카는 중간적 상태에 대해서는 관심이 없다. 개인의 종말에 관한 전망이 오늘 우리에게 더 강력한 실존적 메시지를 전한다. 부활과 심판 중에 주님께서 오신다는 것이 인간의 시야에서 멀리 있는 듯 보이지만, 실은 인간이 죽을 때 각 개인의 배경과 표준을 마련해 주는 최후의 기준으로 남아 있다.

1.6.2 루카의 시각에서 본 재림의 지연

곧 오리라 믿었던 하느님 나라와 사람의 아들은(참조: 마르 1,15; 9,1; 13,30; 마태 10,23; 루카 10,18; 11,20; 13,28) (80년 이후 시점에서 볼 때) 긴 시간이 흘렀는데도 아직 오지 않았다. 루카는 이제 이 문제를 해결하지 않을 수 없게 되었다. 하느님 나라에 관한 예수의 선포는 두 가지 요소를 지닌다. 하나는 예수와 함께, 예수를 통해서 실현되고 있는 하느님 나라의 현재성이고, 또 하나는 아직 완성되지 않는 이 나라의 미래성이다. 이 점에 대해서는 오늘날 학자들 사이에 이견이 없다. 예수께서 (종말론적 만찬, 추수, 결실 같은) 여러 표상을 통해 약속하신 것들이 이루어질 때는 벌써 미래의 세상, 완성된 하느님 나라가 와 있는 것이다. 예수의 시선은 온통 여기에 집중되어 있다. 예수를 통해서 역동적으로 임박한 하느님 나라(루카 11,20)는 인간이 임시로 체험할 수 있는 것에 불과하다. 그것의 참된 완성은 인간이 간절히 기다리는 하느님 나라에서 이루어진다. 이것이 예수께서 선포하신 종말론적 메시지의 본질이다. 하느님 나라를 고대하며 기도하던 그리스도 신자들에게(루카 11,2; 18,7) 재림의 지연은 매우 힘겨운 일이었음이 틀림없다. 이 지연으로 그들의 희망이 흔들리고 있었다. 루카는 이 상황을 어떻게 이해하고 있었으며, 그것을 극복하기 위해 어떤 노력을 했을까?

이 재림 지연을 아주 심각한 문제로 의식한 루카는 이 문제를 해결하기 위해 우선, 하느님 나라가 곧 나타나리라는 언급들을 삭제하거나 그 의미를 약화·변경시켜 놓는다. 그는 "때가 차서 하느님의 나라가 가까이 왔다"(마르 1,15)라는 예수 설교의 결정적 요약을 마르코의 기본 문맥과 상관

없이 그냥 넘겨 버리는 대신 그 말씀을 예수께서 제자들을 파견하시는 장면(루카 10,9.11)에 삽입한다. 그러나 그 맥락은 매우 독특하다. 제자들은 병자들을 고쳐 주며 하느님 나라가 '여러분에게' 가까이 왔음을 알려 주면서도(루카 10,9; 참조: 11,20), 제자들을 받아들이지 않는 사람들에게는 심판의 위협을 선포한다(루카 10,11). "그 나라는 설교로 현존하지만 … 그것으로 그 나라가 **미래에** 출현한다는 사실이 지양되지는 않는다."[97] 이는 하느님 나라가 바로 눈앞에 와 있다는 뜻이 아니라 하느님 나라가 현재 드러내는 역동성을 의미한다. 루카는 마르코 복음서의 세말 담화 중 "먼저 복음이 모든 민족들에게 선포되어야 한다"(마르 13,10)를 삭제한다. 이 말은 그의 선교적 사고에도 부합했을 텐데 왜 그랬을까? 아마 루카는 제자들의 박해와 복음 증거가 재림 직전에 일어날 재림의 선행 사건이 아니라, 현세적 일상사로 보았기 때문일 것이다. 루카는 제자들에 대한 박해·증오·적대(루카 21,12-19)와 특히 예루살렘 멸망(루카 21,20-24)을 종말에 실제로 일어날 사건들과 구별하기 때문일 것이다. 이 모든 것을 현재와 미래의 이 세상에서 지속적으로 일어날 일로 보고 있는 것이다. 마르코 복음서에서는 재림에 선행하는 '징조'들이 종말의 시작을 알리는 역할을 하는 데 반하여(마르 13,8: "진통의 시작") 루카 복음서에는 그런 역할이 없다. 재림은 우주적 변괴가 일어날 때 비로소 시작된다. 그때 제자들은 구원이 다가오고 있음(루카 21,26-28)을 확신한다. 이 모든 위협이 지금 이 세상에서 진행되고 있기 때문에 재림은 멀리 밀려나 있거나 불확실한 미래의 일이 되어 버렸다. 루카 복음 21장 8절은 이에 관해 사람들을 현혹하는 자들의 등장을 조심하라고 분명히 경고한다. 인류가 기다리는 주님을 자칭하거나 "때가 가까웠다"고 하는 자들을 경계하라는 것이다. 재림 그리스도의 때는 아직 오지 않았다.

---

[97] CONZELMANN, *Mitte der Zeit* [각주 5] 98; 참조: GRÄSSER, *Parusieverzögerung* [각주 85] 140f: 루카 10,9에서 $\mathring{\eta}\gamma\gamma\iota\kappa\epsilon\nu$(가까이 왔다)와 함께 쓰인 $\dot{\epsilon}\phi'$ $\dot{\upsilon}\mu\hat{\alpha}\varsigma$(여러분에게)는 독자의 시선을 하느님 나라의 미래성에서 현재성으로 돌려놓는다; SCHNEIDER, *Parusiegleichnisse* [각주 88] 49-54.

전쟁과 반란도 종말의 전조가 되지는 못한다. "그러한 일이 반드시 **먼저** 벌어지겠지만 그것이 **바로** 끝은 아니다"(루카 21,9)라고 루카는 강조한다. 마르코는 "끝까지 견디어 내는 이는 구원을 받을 것이다"(마르 13,13)라고 하지만, 루카는 "너희는 인내로써 생명을 얻어라"(루카 21,19)고 한다. 루카 복음서에는 세상 종말에 관한 생각이 배제된다. 예루살렘 멸망도 재림의 징조가 아니다. 예루살렘이 적에게 포위된다는 것은 그 도성이 황폐ἐρήμωσις 해질 때가 가까이 왔음을 알려 줄 뿐이다(루카 21,20). 재림이 오기 전에 "다른 민족들의 시대"가 다 차야 한다(루카 21,24).

이렇듯 루카의 재림 담화는 교회가 체험한 당대 사건에 국한될 뿐이고, 우주적 변괴가 재림을 예고할 때 비로소 그 전망이 트인다. 재림 시점에 대해서는 언급이 없다. 무화과나무의 교훈(루카 21,29-33)은 재림 임박을 알리는 표징들을 통해 하느님 나라가 다가왔음을 생생하게 묘사해 준다. 그러나 맨 끝에 첨가된 말씀 "그 모든 일이 일어날 때까지 이 세대는 지나가지 않을 것이다"(직역: 루카 21,32)는 해석하기 매우 어렵다. 하느님 나라의 도래를 당시 세대가 경험하게 되리라는 뜻으로 이해한다면, 이 말씀도 "하느님의 나라를 볼 사람들이 더러 있다"고 하신 루카 복음 9장 27절 말씀처럼 은유적으로밖에는 이해되지 않기 때문이다. 그렇다면 '그 모든 일', 즉 "예수의 파견, 죽음 그리고 부활을 통해 실현된 구원 사건을 하나의 전체적인 사건으로"[98] 아주 폭넓게 이해해야 하지 않을까? '이 세대'에 관해서도 논란이 많다. 여기서 확실한 것은 루카가 재림의 지연을 번복할 의사가 전혀 없다는 것이다. 재림이 언제일지 알 수 없다는 것도 이 비유에 이은 경고 말씀(루카 21,34-36)에서 잘 드러난다. 사람들은 "방탕과 만취와 일상의 근심" 속에 살아가겠지만, 그날은 생각지도 않은 때 갑자기 들이닥칠 것이다(루카 17,26-30 참조). 그러므로 재림이 어느 때 들이닥칠지 모르니 항상 마음에 새기며 준비하라고 요구한다. 번개가 치면 그 빛이 온 누리를 뒤덮는

---

[98] GRÄSSER, *Parusieverzögerung* [각주 85] 166.

것처럼 사람의 아들도 당신의 날 그렇게 오실 것이다. 소묵시록(루카 17,22-37)에도 새삼 재림 지연의 동기가 나타난다. "그러나 그(사람의 아들)는 먼저 많은 고난을 겪고 이 세대에게 배척을 받아야 한다"(루카 17,25). 이 짧은 묵시록도 본디 어록집에 있을 때는 임박한 재림의 기대에 관한 것이었지만, 루카는 이것을 완화시켜 인용했다.[99]

루카 복음 9장 27절을 마르코 복음 9장 1절과 비교해 봐도, 본디 이 말씀 속에 담겨 있던 임박한 재림의 기대가 조율되었음을 알 수 있다. 마르코 복음 9장 1절에서는 "여기에 서 있는 사람들 가운데에는 죽기 전에 하느님의 나라가 **권능을 떨치며 오는 것을** 볼 사람들이 더러 있다"라고 하는 데 비해, 루카에서는 "하느님의 나라를 볼 사람들이 더러 있다"(루카 9,27)로 표현된다. 여기서 '하느님의 나라를 본다'라는 말은 종말론적으로 고정된 의미가 아니라 상징적 의미로 이해된다. 그렇지만 결코 곧이어 나오는 주님의 영광스러운 변모와 관련지어 이해할 수는 없고, 오히려 부활하신 분의 발현과 그로 말미암아 시작된 복음화와 연계하여 알아들을 수 있다.[100]

미나의 비유(루카 19,11-27) 들머리는 하느님 나라가 곧 오리라는 생각이 잘못임을 깨우쳐 준다. "예수님께서는 비유 하나를 덧붙여 말씀하셨다. 예수님께서 예루살렘에 가까이 이르신데다, 사람들이 하느님의 나라가 당장 나타나는 줄로 생각하고 있었기 때문이다"(루카 19,11). 그러고 나서 어떤 귀족 이야기가 시작된다. 그는 왕권을 받아 오려고 먼 고장으로 떠나게 되었다(이 이야기는 본디 왕권을 주장하던 사람의 비유였을 것이다). 재림 지연 문제와 관련해서 중요한 것은 그 사람이 **먼** 고장으로 떠나갔다가 세월이 얼마간 흐른 후에야 돌아왔다는 상황 설정이다. 루카는 이 비유에서 돌아온 주인이 왜 종들과 철저한 손익계산을 하는지 설명한다(그 나라 백성들은 그가 왕권을 받고 돌아오는 것을 바라지 않았다). 주인은 길 떠나기 전 종들에게 각각 한 미나씩

---

[99] SCHNACKENBURG, "Der eschatologische Abschnitt" [각주 91] 238f.

[100] 참조: FITZMYER, *Luke* 1 [각주 1] 789f; ERNST, *Evangelium nach Lukas* [각주 22] 554f.

나누어 주며 그것을 밑천 삼아 벌이를 하라 이르고, 돌아와서는 그것을 일일이 점검한다. 이야기의 전개 과정에서 주인의 귀향이 지연되었다는 사실, 이것이 본질이다. '깨어 있어라'(루카 12,35-40) 대목도 그에 상응하는 마르코의 대목(마르 13,35)에 비해 지연을 더욱 강조한다(루카 12,38). 도둑의 비유(루카 12,39-40)와 충실한 종과 불충실한 종의 비유(루카 12,42-48)도 같은 관점이다. 불충실한 종은 "주인이 늦게 오는구나"(루카 12,45)라고 생각하며 못된 본성을 드러낼 유혹에 빠진다. 이 모두가 재림의 비유로, 애초부터 재림 지연의 가능성을 그 안에 내포하고 위기의 빌미도 품고 있다.[101] 루카는 이 비유들을 전승에서 넘겨받아 자기 사고 체계 속에 편입시켰다. 언제 오실지 모르는 주님을 맞을 채비를 늘 하고 있어야 한다는 것이다.

루카에게 재림을 먼 훗날 일로 미루는 경향이 있음을 의심할 여지가 없다면, 그가 이렇게 생각하게 된 동기는 무엇일까?

① 그는 역사는 앞으로 나아간다고 믿었다. 이 역사 발전 양상은 앞으로 나아가는 교회의 역사 속에 드러난다. 루카가 체험하는 교회, 즉 복음을 전파하는 교회가 그 사명을 다하기 위해서는 충분한 시간이 필요하다. 재림이 갑자기 들이닥칠 가능성을 열어 놓았다 할지라도, 그는 교회에 좀 더 긴 시간이 필요하다고 보았던 것이다.

② 그는 항상 준비하고 있도록 일깨워 주고 싶었다. 재림 지연 사실은 자칫 의식을 무디게 하고 준비를 소홀히 할 위험이 있다. 루카는 교훈적 격려를 통해 이런 위험에서 보호해 주고 싶었다. 이 교훈들이 바로 재림이 멀어져서 생기는 문제의 해결책을 제시해 준다.

③ 구원에 대한 관심이 개인 구원의 운명으로 이행되었다. 재림 지연 사실은 이제 우주적 종말론이 개별적 종말론으로 전환되는 계기가 된다. 개인은 죽는 순간 삶의 종말을 맞고 하느님 앞에서 자기 삶의 책임을 지게 되었다. 개인이 이런 상황에 관심을 쏟게 된 것의 직접적 원인이 재림 지

---

[101] J. JEREMIAS, *Gleichnisse Jesu* [각주 21] 45-60. 그는 열 처녀의 비유(마태 25,1-13)도 포함시킨다.

연이라 할 수는 없겠지만, 적어도 재림 지연에 대한 신학적 결론이라고 보아도 무방할 것이다.

④ 교회 안에서 활동하시는 성령에 대한 신뢰다. 성령은 교회사를 영도하시는 분이므로, 신자들은 성령께서 늦게라도 재림을 실현시키리라 굳게 믿고 모든 것을 맡길 수 있게 되었다. "하느님께서 보내 주신 능력인 성령께서는 사도들에게 증거자 사명을 수행하게 해 주실뿐더러, 교회에 대해서는 재림 시기 문제를 주제에서 제외시킬 능력도 부여하셨다."[102]

1.6.3 루카에 있어서 교회와 재림의 관계

루카는 재림의 새로운 모습을 제시했다. 그것은 자신의 구원사적 시각에 근거하며 교회 시기에서 바라본 것이었다. 이제 이 분야 연구를 끝내면서 교회와 재림의 관계를 좀 더 규명해 보고자 한다. 예수의 부활과 승천 이후 루카에게 가장 시급하고 중요한 문제는 교회의 형성이었다. 그는 예수께서 아버지께로 돌아가신 다음, 사도들과, 주님을 따라다니며 뒷바라지하던 여자들, 예수의 형제들이 함께 모이고(사도 1,12-14) 오순절에 성령이 내림으로써(사도 2장) 교회가 탄생했다고 기술한다. 재림은 이제 시간적 관점에서는 자취를 감추고(사도 1,6-7), 근본적으로 주님께서 다시 오시는 사건으로 남게 되었다(사도 1,11). 이렇게 교회는 성령의 활동을 통해 가야 할 길을 인도받게 되었다. 이로써 교회와 재림의 관계는 다음과 같이 정리된다.

① 교회는 재림을 내다보며 살아간다. 예수께서는 교회의 주님이시고 언젠가 돌아오실 것이므로, 교회는 이 종말 사건으로부터 눈을 뗄 수가 없다. 그러나 '마지막 날' 이루어질 성령 강림이 이미 이루어져(사도 2,17) 성령이 교회에 현존하시기에, 재림 문제는 뒤로 물러났다. 이 '마지막 날'은 미래의 세상도 아니고, 사람들이 기다리는 하느님 나라도 아니다.[103]

---

[102] SCHNEIDER, *Parusiegleichnisse* [각주 88] 95.

[103] CONZELMANN, *Mitte der Zeit* [각주 5] 87: "실제로 루카는 '마지막 날들'을 어떤 긴 기간으로, 교회 시기로 연장시켜 놓았다."

② 재림에 관한 언급은 교회의 일부인 유다계 그리스도 신자들에게 회개를 한 번 더 촉구하는 계기가 된다(사도 3,19-21 참조). 재림까지의 중간기에 일어난 사건, 예수 승천은 예수의 종말론적 사명에 관한 시각을 가리는 것이 아니다. 오히려 이러한 기대는 누구보다 먼저 유다인들이 자신에게 보내 주신 메시아를 받아들이고 회개하도록 독려한다(사도 3,26).

③ 한편 이민족계 그리스도 신자들에게는 종말론적 심판관의 도래가 죽은 이들로부터 살아나 자신을 드러내신 이 구원자를 받아들이라는 강력한 권고가 된다(사도 17,30-31 참조). 하느님께서는 그분을 통해 심판을 면하려면 "어디에 있든 모두 회개해야 한다"(사도 17,30)고 선언하신다. 장차 만민이 예수 그리스도의 심판대에 서게 될 때, 예수 부활은 만민의 부활을 내다보게 해 준다(참조: 사도 17,31; 24,15.21; 26,6-8). 비록 큰 성과는 거두지 못했지만 바오로는 아레오파고스 설교에서 그렇게 역설하는 것을 잊지 않았다(사도 17,34). 바오로가 죽은 사람들의 부활에 대해 코린토 전서 15장에서 제시한 논거는 온 교회가 확신하고 있던 그대로다.

④ 교회는 장차 오실 주님을 향해 지상적 순례 길을 가면서 성장·발전하고 있다. 교회는 "거룩하게 된 모든 이와 함께 상속 재산을 차지하도록"(사도 20,32) 보장해 주시는 성령을 모시고 있기에, 깊은 신뢰를 가지고 차분하게 그분께로 가고 있다. 그러므로 재림 지연도 교회를 뒤흔들어 놓을 수는 없다. 결정적인 것은 십자가에 죽으신 분께서 부활하시고, 성령이 내림으로써 구원이 이루어지기 시작했다는 점이다. 그 밖의 모든 교회의 역사는 하느님께서 미리 정해 놓으신 길을 따라 나아갈 것이고, 이 길이 궁극적으로 그리스도의 재림을 맞이하도록 인도해 줄 것이다.[104]

예수 그리스도로 말미암아 구원이 시작되고, 교회를 통해 구원이 지금 우리에게 베풀어지며, 성령이 우리에게 부어지고, 세말에 오시기로 한 그

---

[104] Bovon, *Luc le théologien* [각주 7] 83: "재림, 적어도 종말 시각은 의미를 잃었다. 역사적 결정론이 아니라 신학적 필연성에 근거하면, 오직 시작($\dot{\alpha}\rho\chi\eta$)만이 중요할 뿐, 끝($\tau\acute{\epsilon}\lambda o s$)은 시작에 의존한다."

리스도의 재림이 지연되었다는 점을 통해 루카의 종말론이 새로운 양상을 띠게 되었다면, 루카 신학에서 종말론은 어떤 위상을 점하고 있는가? 에른스트는 이렇게 확신한다: 루카 복음서의 종말론은 "그리스도 사건에 강하게 종속됨으로써 판이한 위상을 지니게 되었다. 종말론은 예수께서 설교하시고 예언적으로 선언하신 하느님 나라와 더는 같지 않고, 오히려 한편으로는 현재와 미래 사이, 다른 한편으로는 땅과 하늘 사이를 관통하는 그리스도 실현의 기능을 하고 있다".[105] 루카의 그리스도 모습에서 재림의 전망도 중요한 의미가 있다. 부활하시고 승천하신 주님의 재림이 모두가 느낄 만큼 지연되는 것은 사실이지만, 교회 시기에 당신께서 시작하신 구원 사업을 최종적으로 완성하기 위해 언젠가 다시 오시리라는 것이다.

2. 여러 가지 예수 모습

2.1 예수의 인성

피츠마이어는 루카 신학에 관한 방대하고 사려 깊은 저서 말미에 '예수의 면모'를 이렇게 요약했다. "루카의 예수 모습은 본질적 그리스도론을 내포할뿐더러, 몹시 인간적이고 극적이며 때로는 낭만적이기까지 한 한 인간의 모습을 그리기 위해 능란한 필치를 구사한다."[106] 루카가 예수를 하느님

---

[105] J. ERNST, *Herr der Geschichte* [각주 85] 97f. "부활하시고 들어 올림 받으셨으며 다시 오실 이분 안에서 현재는 미래와 연결되고 미래는 현재화되어 있다"(98). ERNST는 대부분 ELLIS의 주장을 따른다: E.E. ELLIS, "Die Funktion der Eschatologie im Lukasevangelium", *ZThK* 66 (1969) 387-402. 참조: E. GRÄSSER, *Die Naherwartung Jesu* (Stuttgart 1973) 136: "하느님 나라의 미래성과 현재성은 예수 실체 속에 서로 얽혀 있다." R. SCHNACKENBURG, "Christologie des Neuen Testaments", in: *Mysterium Salutis* 3,1 (Einsiedeln - Zürich - Köln 1970) 227-388, 여기서는 301: "하느님 나라가 처음 선포된 이래 모든 구원사적 시기는 예수 그리스도로 말미암아 통합되었다. 따라서 '시간의 중심'(Mitte der Zeit)이 아니라 '케리그마의 중심'(Mitte des Kerygmas)을 논하는 것이 더 적절할 것이다. 케리그마의 중심은 당신 스스로 도입한 모든 구원 시기 속에 계시는 예수 그리스도다."

[106] FITZMYER, *Luke* 1 [각주 1] 257.

께서 보내신 분, 하느님에게서 오신 구원의 인도자, 하느님과 긴밀히 결합되어 계시는 하느님의 아드님이라고 깊이 의식하면서 기록했음에도 불구하고, 그가 묘사한 예수의 인간적 면모를 더 자세히 살필 필요가 있다.

2.1.1 인간 예수

유년기 이야기에서 루카는, 예수께서 성령으로 잉태되시고 동정녀 마리아에게서 나신 하느님의 아드님일 뿐 아니라(루카 1,35) 성장하는 인간임을 지적한 바 있다. 예수의 부모가 아기를 하느님께 봉헌하러 성전에 올라왔을 때 시메온이 그 아기를 주님의 메시아로 알아보고 찬양했고, 마침 거기와 있던 예언자 한나도 예루살렘의 구원을 기다리던 모든 사람에게 그 아기에 대해 이야기했다. 이야기는 이렇게 이어진다. "주님의 법에 따라 모든 일을 마치고 나서, 그들은 갈릴래아에 있는 고향 나자렛으로 돌아갔다. 아기는 자라면서 튼튼해지고 지혜가 충만해졌으며, 하느님의 총애를 받았다"(루카 2,39-40). 구유에 누워 있던 이 연약한 아기는 여느 또래 아기들처럼 튼튼하게 자라고 있었다. 그러나 이 아기는 지혜로 가득 차 있었고 하느님의 총애를 받았다. 예수께서 열두 살이 되셨을 때 온 가족이 파스카 축제를 지내러 예루살렘에 올라간 적이 있었는데, 그때 소년 예수께서 성전에 남아 계셨던 것을 부모는 알지 못했다. 성경은 다시 기록한다. "예수님은 부모와 함께 나자렛으로 내려가, 그들에게 순종하며 지냈다. … 예수님은 지혜와 키가 자랐고 하느님과 사람들의 총애도 더하여 갔다"(루카 2,51-52).

이렇듯 인간 예수는 하느님께서 베푸신 지혜와 총애와 밀접히 결합되어 있다. 그분은 부모에게 순종하셨다. 예수께서 사람들 곁에서 그들과 가까이 지내셨다는 것은 여러 치유 이야기에서 특히 뚜렷이 드러난다. 루카는 등 굽은 여자(루카 13,10-17)와 수종을 앓는 이(루카 14,1-6)를 고쳐 주신 이야기를 여기 더하면서도, 이 일들을 행하시는 예수의 동정심이나 불쌍히 여기시는 마음은 일체 언급하지 않는다. 루카는 마르코 복음서를 인용하되, 나병 환자를 가엾이 여기셨다는 1장 41절과, 더러운 영이 들린 아이를 가엾이 여겨 도와 달라는 9장 22절은 빼 버린다. 군중을 보시고 가엾은 마음이 드셨다는 6장 34절도 삭제하고 넘어간다. 루카는 오직 예수께서 병을 고쳐 주셨다는 사실만 기술한다. 하지만 그는 이렇게 자주 적극적으로 병자들을 고쳐 주시는 예수 모습을 그림으로써, 그분이 얼마나 병자들과 고통받는 이들을 가엾이 여기시는지 깨닫게 해 준다(제4장 2.1.2 참조). 루카 복음서에는 죽은 아들을 두고 슬퍼하는 과부에게 동정심을 드러내시는 예수의 모습만 기록되어 있다. 이것은 예수의 인성을 나타내는 특별한 표징이다. 더구나 여자들에 대한 예수의 각별한 모습이 드러나는 것은 말할 나위도 없다(루카 7,13). 루카 복음서에는 여자들에 대한 예수의 태도가 매우 두드러진다. 이것이 루카가 그리는 예수 모습의 한 특징이다(제4장 2.3 참조).

착한 사마리아인의 비유(루카 10,29-37)와 되찾은 아들의 비유(루카 15,11-32)에 예수께서 가엾이 여기시는 동기가 나타난다. 이 두 이야기의 배후에 불쌍히 여기시는 예수께서 서 계시다. 착한 사마리아인의 비유에서 루카는 멀찌감치 서 계시는 예수께서 이 이야기의 주인공임을 암시한다. 오랜 세월 이 착한 사마리아인이 다름 아닌 예수 자신이라고 해석하는 이들이 많았다.[107] 물론 강도 만난 사람을 도와준 사마리아인이 실제로 예수 자신이라거나 그를 예수의 예형 혹은 상징이라고 해석할 수는 없다. 하지만 병들고 상처받은 이들에 대한 예수의 마음(루카 4,18 참조)이 이 사마리아인의 모습을 그려 내게 했다. 되찾은 아들의 비유도 죄인에 대한 예수의 사랑을 생생히 보여 준다. 돌아온 아들을 불쌍히 여기시는 분은 하느님이다. 병자들을 고쳐 주시는 예수의 인간적 감정이 언급되지 않은 것은, 이 치유 이야기들이, 원수들의 공격에도 불구하고 강력한 힘으로 인간을 구원하시는 예수께 초점을 맞추고 있기 때문이다. 여기서 예수의 인성은 인도적 차원으로 평준화되는 것이 아니라, 인류를 구원하기 위한 하느님의 도움과 힘이 예수를 통해 인간에게 미친다는 통치적 사고에 종속된다. 사도행전 10

---

[107] 참조: W. MONSELEWSKI, *Der barmherzige Samariter: Eine auslegungsgeschichtliche Untersuchung zu Lukas 10,25-37*, BGBE 5 (Tübingen 1967).

장 38절은 예수의 지상 활동을 이렇게 회고한다. "예수님께서 두루 다니시며 좋은 일을 하시고 악마에게 짓눌리는 이들을 모두 고쳐 주셨습니다. 하느님께서 그분과 함께 계셨기 때문입니다." 여기서 예수의 활동은 헬레니즘 개념인 '신적 인간'의 행동으로 묘사된다. 예수는 인간에게 은혜를 베푸시는 '은인'이자[108] 인간을 모든 억압에서 해방시켜 주시는 분이며, 예수의 모든 활동은 당신과 함께 계시는 하느님의 도우심으로 이루어진다. 세례 때 예수께서는 성령과 능력으로 축성되셨으니, 바로 이것이 그분께서 다른 모든 사람과 다른 점이다. 예수께서 성령의 큰 힘을 지니게 되는 것은 사람들에게 좋은 일을 하고 병자들을 고쳐 주시기 위해서였다. 이처럼 예수의 신성과 인성은 동등하게 표현된다. 인간에 대한 예수의 헌신은 오직 그분의 신적 소명으로만 이해될 수 있다.

하느님께 뿌리내린 예수의 인성은 루카의 예수 족보(루카 3,23-38)에도 잘 나타난다. 루카는 예수께서 요한에게 세례를 받으신 후 공개적으로 세상에 등장하시는 시점에 맞추어 그분의 족보를 소개한다. 그때 예수께서는 서른 살쯤 되셨고, 사람들은 그분을 요셉의 아들로 여기고 있었다. 이로써 유다 가문의 후손임이 밝혀지고 예수의 가계는 아담까지 올라가며 궁극적으로는 하느님까지 소급된다. 이렇게 인류 가족 속에서 인간의 일원으로 태어나신 예수께서는 당신의 최종 기원을 하느님께 두신다. 하느님께서는 요르단 강에서 예수에게 성령을 가득히 내리신 후 사람들 가운데서 활동하게 하셨다. 아담에서 시작되는 인류의 보편적 역사(사도 17,26 참조)는 예수를 향해 전개되고 있다. 그러나 이 역사가 오직 하느님에서 비롯되었고 그분에 의해서 인도된다는 의미에서만 그러하다. 77대로 이루어진 예수의 가계는 예수까지 내려오는 구원사의 큰 흐름을 보여 준다(여기서 의미 있는 것

---

[108] 참조: CONZELMANN, *Die Apostelgeschichte* (Tübingen 1972) 65: "Θεῖος-ἀνήρ 스타일이 지배한다." 신들과 위인들에 대한 칭호인 '은인'에 관하여: G. BERTRAM, *ThWNT* 2, 651f; B. KÖTTING, *RAC* 6, 848-860; G. SCHNEIDER, *EWNT* 2, 191-193; C. SPICQ, *Notes de lexico-graphie néo-testamentaire* 1, OBO 22/1 (Freiburg/Schw. - Göttingen 1978) 307-313.

은 7이라는 숫자뿐이다). 사람들은 예수를 요셉의 아들로 여겼지만 사실은 하느님의 아드님이다. 이는 예수 탄생 때 천사가 이미 알려 주었고(루카 1,35), 세례를 받으실 때 하느님께서 친히 증언해 주셨다(루카 3,21-22). 예수의 인성은 그분께서 하느님의 아드님이라는 사실로 인해 모든 것을 초월하며 그 자체만 독립적으로 고찰된 적은 한 번도 없다. 이것은 예수의 전 생애와 활동에 그대로 적용된다.

그럼에도 치유와 친교 활동에서 보듯이 예수께서 인간이라는 사실에서는 그분의 인성과 사람들과의 교류가 부각된다. 예수께서는 나병 환자 만지기를 두려워하지 않으셨고(루카 5,13), 하혈하는 여자가 당신 몸에 손 대는 것을 내버려 두셨으며(루카 8,44-48), 안식일에 밀 이삭을 뜯어 먹는 제자들을 두둔하셨다(루카 6,1-5). 안식일에 손이 오그라든 사람을 고쳐 주시고(루카 6,6-11) 하느님 이름으로 인권의 수호자가 되셨다. 예수께서는 안식일에도 열여덟 해 동안이나 사탄에게 묶여 고생하던 여자의 병을 고쳐 주셨으며, 이에 분개한 회당장을 부끄럽게 만드셨다(루카 13,10-17). 안식일에 병을 고쳐 주면 안 된다는 율법 학자들과 바리사이들의 반대에도 아랑곳없이, 또 다른 안식일에는 수종 앓는 이를 고쳐 주셨다(루카 14,1-6). 루카가 전승을 보완·활용한 이 안식일 치유 이야기는, 예수께서 인간의 규범과 유다인의 저항에 맞서 오직 하느님께만 복종하고 인간을 구원하시려는 하느님의 뜻에만 따르셨음을 입증해 준다.[109] 그분은 한 죄 많은 여자가 당신 발을 씻어 주는 것을 그대로 내버려 두시고, 지켜보던 바리사이 시몬에게 그 여자가 행한 사랑의 의미가 무엇인지 설명해 주셨다(루카 7,44-46).

이 장면에서 예수는 바리사이의 초대도 받아들이셨고(루카 7,36; 14,1) 먹고 마실 기회는 굳이 내치지도 않으셨다는 점(루카 7,34)에 주목하자. 그분은

---

[109] 참조: J. ROLOFF, *Das Kerygma und der irdische Jesus: Historische Motive in den Jesus-Erzählungen der Evangelien* (Göttingen 1970) 52-88; M. TRAUTMANN, *Zeichenhafte Handlungen Jesu: Ein Beitrag zur Frage nach dem geschichtlichen Jesus*, FzB 37 (Würzburg 1980) 278-318.

사람들의 평판에 개의치 않고 자유롭게 행동하셨다. 회당장 야이로의 딸이 죽었을 때는 야이로에게 신뢰와 용기를 북돋아 주셨다(루카 8,50-52). 그리고 (더러운 영이 들려) 고통받는 아들을 살려 달라고 청하는 어떤 남자에게 아들을 고쳐서 돌려주셨다(루카 9,42). 예수 일행을 냉대한 사마리아인들에게 하느님의 보복이 내리기를 바라는 제자들을 꾸짖어 바로잡아 주시는 한편, 마을 사람들이 예수를 맞아들이지 않을 것을 알고 그들에게 가는 것을 단념하신다(루카 9,52-56). 낯선 사람이 마귀를 쫓아내는 것을 제자들이 막으려 하자 예수께서는 내버려 두라 이르신다. "막지 마라. 너희를 반대하지 않는 이는 너희를 지지하는 사람이다"(루카 9,50). 이 모든 것은 예수의 인간적 모습 속에 나타나는 관용과 아량을 잘 보여 준다. 간곡히 청하는 벗의 비유(루카 11,5-8), 종의 신분에 관한 비유(루카 17,7-10), 겸손에 관한 말씀(루카 14,7-14)과 혼인 잔치의 비유(루카 14,15-24), 약은 집사의 비유(루카 16,1-8), 불의한 재판관의 비유(루카 18,1-8) 그리고 바리사이와 세리의 비유(루카 18,9-14) 등에서 루카는 인간적 상황들을 묘사한다. 예수는 인간의 나약한 속성을 예리하게 관찰하신다.

이 모든 비유는 예수의 복음이 요구하는 인간의 태도, 궁극적으로 하느님 나라에 관한 복음의 관점 속에 들어 있다.[110] 현세적 · 인간적 여건은 어디서나 감지된다. 루카는 그것을 자기 의도에 따라 활용하고, 특히 부자에 대한 가차없는 비판과 함께 가난한 이들을 위한 논거의 자료로 활용한다. 이 모든 진술은 "그 자체를 뛰어넘어 하느님 나라에 관한 예수 복음 선포의 깊고 넓은 내용을 말해 준다".[111]

---

[110] 루카 복음에 나오는 예수의 특별 비유에 관하여: B. HEININGER, *Metaphorik, Erzählstruktur und szenisch-dramatische Gestaltung in den Sondergutgleichnissen bei Lukas*, NTA NF 24 (Münster 1991). 저자는 이 비유들의 구조 · 의미 · 전승, 그리고 그에 대한 루카의 편집을 면밀히 탐구하여 수사학적으로 탁월한 이야기꾼 루카의 면모를 부각시킨다.

[111] B. HEININGER, *Sondergutgleichnisse* [각주 110] 221: "비유 말씀과 하느님 나라 선포의 밀접한 연관성은 성경 본문들이 결정적으로 하느님의 모습을 하느님 나라의 주제로 설정하는 곳에서 비로소 분명히 드러난다."

예수께서는 인성으로는 따뜻한 분이지만 신성으로는 인류 구원의 깊은 사명 의식을 지닌 분이다. 세관장 자캐오 이야기(루카 19,1-10)가 좋은 예다. 키가 작은 자캐오는 예수를 보려고 돌무화과나무에 올라갔다. 예수께서는 그를 쳐다보시며 이르셨다. "자캐오야, 얼른 내려오너라. 오늘은 내가 네 집에 머물러야 하겠다." 자캐오는 은총이 넘치는 고마운 방문으로 여겼지만, "그것을 보고 사람들은 모두 '저이가 죄인의 집에 들어가 묵는군' 하고 투덜거렸다"(루카 19,7). 그러나 자캐오는 예수의 방문에 감격하여 재산의 반을 가난한 이들에게 주겠다고 했다. 예수의 인간적인 행동은 그를 완전히 새사람으로 변화시켜 '아브라함의 자손'으로 하느님 백성의 공동체 안에 다시 들게 했다. 세리가 베푼 잔치에 참석하신 일(루카 5,27-32)과 더불어 이것은 예수께서 "세리와 죄인들의 친구"(루카 7,34)라는 사실을 입증한다.

순박하고 가난한 사람들, 하느님을 공경하고 하느님을 위해 기꺼이 희생하며 사는 사람들에 대한 예수의 관심은, 가난한 과부의 헌금(루카 21,1-4)에 대한 짧은 이야기에 잘 드러난다. 하느님의 척도는 사람들의 척도와 전혀 다르다. 이 이야기는 재산에 관한 예수의 교훈, 혹은 지도층 인사들의 치부致富에 대한 비판으로 분류되기도 한다(루카 20,47 참조).

예수의 인성은 수난의 길에서도 드러난다. 루카는 올리브 산에서 기도하시는 예수의 모습을 자기 나름대로 묘사한다. 일견, 루카는 여기서 하느님 뜻에 온전히 복종하는 예수의 모습을 보여 주면서, 교회로 하여금 예수처럼 기도하고 하느님께서 정하신 수난을 받아들이도록 권면하는 것처럼 보인다. 예수께서는 모든 믿는 사람의 운명에 대해 큰 모범이 되시기 때문이다. "우리가 하느님의 나라에 들어가려면 많은 환난을 겪어야 합니다"(사도 14,22). 그러나 예수께서 당신을 온전히 아버지 뜻에 맡기며 기도를 드리실 때, "천사가 하늘에서 나타나 그분의 기운을 북돋아 드렸다"(루카 22,43)고 기록한 데 이어서, 놀랍게도 루카는 이렇게 적는다. "예수님께서 고뇌에 싸여 더욱 간절히 기도하시니, 땀이 핏방울처럼 되어 땅에 떨어졌다"(루카 22,44). 이렇게 죽음의 고뇌*agōnía*가 예수를 사로잡아 육체적으로도

짓누르고 있었다. 예수께서 피땀을 흘리셨다는 기록(일부 고사본에는 이 구절이
빠져 있다)은 앞서 묘사된 예수의 강한 이미지와 부합하지 않는 듯 보이나,
그것은 수난하시는 예수를 순교자처럼 그렸기 때문이다. 예수는 죽음의
고뇌에 깊이 빠져 드는 인간이기도 하다. 죽음에서 벗어나게 해 달라고 하
느님께 눈물로 기도와 탄원을 올리시는 히브리서 5장 7절의 모습이 루카
의 예수 모습에 그대로 나타나고 있다. 루카의 겟세마니 장면(루카 22,39-46)
은 예수께서 겪으실 죽음과의 투쟁을 미리 보여 준다. 예수께서는 마지막
순간 이 투쟁을 극복하신다. 아버지를 전적으로 신뢰하면서 당신 영을 그
분 손에 맡기셨기 때문이다(루카 23,46). 극도의 고뇌 속에서 기꺼이 수난을
감수하시는 예수의 자세는 수난기 전체에 걸쳐 승리의 힘으로 나타난다.
예수께서는 어떤 난관에도 흔들리지 않는 부동의 메시아요 하느님의 아드
님이지만(루카 22,67-70) 죽음을 통해서는 우리와 가까운 수난의 인간이다.

　　예수께서 인간 가까이 계시고, 십자가 죽음 때문에 절망과 좌절에 빠진
제자들의 부활 후 상황을 이해하신다는 증거가 엠마오로 가는 두 제자 이
야기(루카 24,13-35)에 나타난다. 이 이야기는 엠마오로 가는 두 제자의 슬픈
사연으로 시작된다. 그들은 여자들이 전해 준 소식에 한 가닥 희망을 걸고
있었다. 그때 예수는 토론하는 제자들 가까이 가시어 그들과 함께 걸으시
며, 이번 사건은 인류를 구원하시려는 하느님의 계획이 실현된 것이라고
설명해 주셨다. "그리스도는 그러한 고난을 겪고서 자기의 영광 속에 들어
가야 하는 것이 아니냐?"(루카 24,26). 이 말씀은 루카 그리스도론의 요지이
며, 성경의 약속에 근거한 '그리스도의 길'의 표현이다.[112] 부활하신 분께서
는 아직 인간적 요소들을 지니고 계시다. 이 요소들은 루카의 그리스도상
에 포함된다. 엠마오에서의 저녁 식사 장면과 함께 이야기의 2부가 시작되
며 새로운 전망이 제시된다. 식사 중에 그분께서 '빵을 떼어 나누어 주시

---

[112] 참조: J. WANKE, *Die Emmauserzählung: Eine redaktionsgeschichtliche Untersuchung
zu Lk 24,13-35*, EThSt 31 (Leipzig 1973) 85-95. 저자가 24,25-27을 루카의 가필일 것으로
생각하는 것은 옳다(95).

자', 그들의 눈이 열려 그분이 그리스도임을 알아보았다. 이 식사는 예수께서 지상 활동 중 사람들과 함께하셨던 식사의 연장선상에 있다. 즉, 세리(루카 5,29-32), 바리사이(루카 7,36-47), 군중(루카 9,12-17)과의 식사, 특히 최후 만찬 때 제자들과 함께하신 식사(루카 22,14-20)의 연장이다. 최후 만찬 때 예수께서는 제자들에게 빵과 포도주를 당신 몸과 피로 내어 주시면서, 당신을 기억하여 이를 행하라 명하셨다(루카 22,19). 이 특별한 식사는 같은 모양으로 "빵을 떼어 나누어 주며"(사도 2,42.46; 20,7-11) 거행하는 교회의 성찬례와 연결하는 다리 역할을 한다.

엠마오 제자들과의 식사 이야기는 교회의 부활 후 전망 속에 자리 잡고 있으며 예수께서 현세적·인간적으로 두 제자와 만나는 장면에 제시된다. 이 이야기를 읽는 교회는, 자기들의 주님을 기억하며 행하는 이 식사 중에 주님께서는 당신 자신을 내어 주심을 깨달아야 한다.[113] ['클레오파스'라는 이름, '엠마오'라는 지명, 그리고 예루살렘에서 이곳(엠마오)으로 내려왔다는 구체적 사실로 미루어] 본디 어떤 지역 전승과 연관되어 있었을 법한 이 이야기는, [성경이 증언한 메시아의 길을 깨달을 눈이 열림으로써(루카 24,31-32 참조)] 넓은 그리스도론적·신학적 지평을 획득하지만, 어디까지나 인간적으로 이해 가능한 상황 속에 설정된다. 인간적 동기와 그 배후의 신학적 동기를 조화롭게 결합시킬 줄 아는 루카의 작가적 재능은 다른 곳이 아니라 바로 여기서 빛을 발하고 있다.

2.1.2 의사 예수

'병을 고쳐 주다'를 뜻하는 어휘들이 루카 복음서보다 광범위하게 활용되는 복음서는 없다.[114] 그리스어 동사 θεραπεύειν(병을 고쳐 주다)는 본디 '봉사하다', '쓸모 있다'라는 뜻이었지만 신약성경에서는 대개 '병을 낫게 해

---

[113] J. WANKE, *Emmauserzählung* [각주 112] 124-126: "부활이란 부활 전 최후 만찬 거행의 전환을 의미한다. 거양되신 분께서는 당신을 따르는 사람들에게 새로운 방식으로 당신을 내어 주신다"(125).

주다', '건강하게 해 주다'와 같은 의미로 사용되는바, 이것은 루카에서도 마찬가지다.[115] 루카 복음서에서 예수는 육체적·영적 고통과 억압에서 인간을 구해 주시고 온전히 '편안하게 해 주시는(히브리어 샬롬shalom)' 의사로 그려진다. 예수께서 행하신 그 많은 치유는 하느님께서 내리신 힘으로 이루어졌다. 이 힘이 병을 고쳐 주도록(루카 5,17: *ἰᾶσθαι*) 그분을 움직였다. 사람들이 중풍 병자를 데려오자, 예수께서는 그의 죄를 용서해 주시면서 병든 몸까지 낫게 해 주셨다(루카 5,18-26). 이것은 하느님만이 죄를 용서해 주실 수 있다고 여기는 율법 학자들과 바리사이들의 생각을 뒤엎어 버린 본보기다. 그때 사람들이 크게 놀라 하느님을 찬양했다고 루카는 강조한다. "우리가 오늘 신기한 일을 보았다"(루카 5,26). 예수께서 행하신 치유 기적들은 에피다우로스(당시 유명한 병원이 있었다)에서의 놀라운 기적 치유처럼 그렇게 납득할 만한 일상적인 사건이 아니라 대단히 특이한 일로 인식되었다. 예수께서는 치료가 필요한 이들은 누구나 고쳐 주셨는데(루카 9,11) 하느님 나라 선포도 이런 치유와 연계되어 있다(같은 구절 참조). 임박한 하느님 나라가 예수의 치유와 관련된다는 뜻이다. 루카는 세례자 요한이 제자들을 보내 "오실 분이 선생님이십니까?"(루카 7,19) 하고 묻게 했을 때, 예수께서 보인 반응을 몇 단계로 서술한다. 우선 "그때에"(루카 7,21) 예수께서 많은 병자를 고쳐 주시고 마귀들을 쫓아내셨다고 쓴 다음, 어록 자료에서 유래하는 이사야서 혼합 인용구를 예수의 대답으로 제시한다. 눈먼 이들이 다시 보고, 다리저는 이들이 마음대로 걸어다니며 나병 환자들과 귀먹은 이들이 완쾌되고, 죽은 이들이 되살아나고 있다는 것이다. 예수의 대답은 이렇게 마무리된다. "가난한 이들이 복음을 듣는다"(루카 7,22). 예수의 이런 행동에 걸려 넘어지는 사람도 없지는 않을 것이다(루카 7,23 참조).

---

[114] 병을 고쳐 준다는 뜻의 동사 *ἰάομαι*는 마태오 복음에 네 번, 마르코 복음에 한 번, 요한 복음에 세 번, 루카 복음에 열한 번, 사도행전에 네 번 나오고, 명사 *ἴασις*는 루카 13,32와 사도 4,22-30에 나온다. 같은 뜻의 다른 동사 *Θεραπεύειν*은 마태오 복음에 열여섯 번, 마르코 복음에 다섯 번, 요한 복음에 한 번, 루카 복음에 열네 번, 사도행전에 다섯 번 나온다.

[115] 참조: H.W. Beyer, *ThWNT* 3, 128-132.

예수께서 병든 사람과 도움이 절실한 사람들을 불쌍히 여기셨다는 명시적 언급은 없으나, 병자를 고쳐 주시는 몇몇 장면에서 확인할 수는 있다. 예수께서는 하혈하는 여자가 당신 옷자락 술에 손을 대자(루카 8,43-48) "딸아" 하고 자비롭게 부르시며 그녀의 부정한 멍에를 모두 벗겨 주신다. 자기 딸이 죽어 슬퍼하던 회당장 야이로에게는 두려워하지 말고 믿기만 하라고 말씀하신다(루카 8,49-56). [사람들은 아이가 죽은 것을 알고 있었으므로, "아이는 죽은 것이 아니라 자고 있다"(죽음에 대한 상징적 표현)라고 하시는 예수를 비웃었다.] 마귀 들려 고통받는 아들을 둔 아버지에게도 구원을 베푸신다(루카 9,37-43). 예수께서는 자비를 갈구하는 예리코의 눈먼 이를 암흑에서 해방시키셨을 뿐 아니라 그를 제자로 삼으셨다. 그리하여 그는 하느님을 찬양하며 예수를 따랐다(루카 18,35-43). 거리에서 '다윗의 자손' 예수를 알아보고 큰 소리로 도움을 청한 이 사람은 그의 믿음으로 인해 제자의 전형이 되었다. 그는 예루살렘을 향해 죽음의 길을 가시는 예수를 따랐다.

루카는 이 이야기들을 공관복음 전승에서 물려받아 거의 그대로 전했다. 그는 여기에 등 굽은 여자(루카 13,10-17)와 수종 병자(루카 14,1-6)를 고쳐 주신 이야기를 자기 고유 자료에서 인용하여 첨가한다. 안식일에도 행해진 예수의 활동이 그분의 친인간적 자세를 보여 주기 때문이다. "예수님께서 이렇게 말씀하시니 그분의 적대자들은 모두 망신을 당했다. 그러나 군중은 모두 그분께서 하신 그 모든 영광스러운 일을 두고 기뻐하였다"(루카 13,17). 예수께서 안식일에 나병 환자 열 사람을 치유해 주셨다는 것(루카 17,11-19)을 의심하는 사람이 있을지도 모르겠다.[116] 그러나 루카가 예수를 안식일을 능가하는 주님으로 알았다는 것을 의심할 수는 없을 것이다.[117] 루카는 치유 이야기를 편집하여 자기의 케리그마적 목적에 활용했다. 그러나 병자들을 고쳐 주시는 예수의 확고부동한 모습은 그에게 중요했다.

---

[116] 참조: R. PESCH, *Jesu ureigene Taten?* QD 52 (Freiburg - Basel - Wien 1970) 28-134.

[117] 참조: ROLOFF, *Das Kerygma* [각주 109]. 그러나: "예수께서 안식일에 병을 고쳐 주신 일을 공동체는 예수와 유다교 간의 갈등에 대한 전형적 의미로 의식하게 되었다"(80).

예수께서 사회적으로 억업받고 소외된 사람들을 불쌍히 여기심은 그분의 하느님 나라 선포와 관련된 치유 활동의 동기로 인식되어야 한다(참조: 루카 4,18; 7,21-22). 그리스 · 로마 시대에는 카리스마적 기적가들이 사회적으로 각광을 받았다. 그들은 시대적 현상으로서 공관복음 전승에도 영향을 주었다.[118] 그러나 이들과 달리 예수께서는 범상치 않은 치유 활동을 통해 역사상 유일무이한 인물로 등장하신다. 이 치유 활동들이 지금 이미 역동적으로 임박한, 종말론적 하느님 나라의 기대 속에 이루어지고 있기 때문이다. "(고대 그리스에서 병원을 운영하던) 에피다우로스의 사제들은 날이면 날마다 볼 수 있는 것이 치유 기적인 양 단언하곤 했지만, 예수의 기적들은 전혀 생각지도 못한 뜻밖의 일이었다. '이런 일은 일찍이 본 적이 없다'(마르 2,12). 예수의 기적들은 그런 일들을 상시적으로 행하는 기관에 기대하고 바랄 수 있는 따위의 것이 아니라, 일체의 경험을 거스르는 역설적 사건이었다."[119] 예수와 가장 많이 비교된 인물이며 방랑 설교자이자 마술사인 티아나의 아폴로니우스Apollonius von Tyana는 복음서의 기적과 비슷한 기적 이야기들을 쓴 적이 있다.[120] 그러나 그것은 기적의 외적 현상과 과정만 관심 있게 다루었을 뿐이다. 예수의 경우, 모든 것이 인류를 구원하시려는 하느님의 뜻과 인간에 대한 예수의 헌신적 봉사로 귀결된다. 기적에 대한 당시 사람들의 의식과 관념은 기적가들의 행동을 통해 잘 드러난다. 가령 환자 머리 위에 손을 얹어 주고, 만져 주고, 침이나 기름을 발라 주는 따위의 행동이다. 예수께서도 그리하셨다는 것은 부인할 수 없다. 그러나 예수에게 결정적인 것은 언제나 그분의 **말씀**이다. 예수께서는 이 말씀으로 하느님께 간청하여 하느님의 힘으로 병자를 고쳐 주신다. 카파르나움

---

[118] 참조: R. BULTMANN, *Geschichte der synoptischen Tradition* (Göttingen ⁸1970) 247-253, und Ergänzungsheft (1971) 77-83; G. THEISSEN, *Urchristliche Wundergeschichten* (Gütersloh 1974) 262-272.

[119] THEISSEN, *Wundergeschichten* [각주 118] 280.

[120] 가령, 귀신을 쫓는다든가(Philostratus, *Vita Apollonii*, 3.38) 죽은 사람을 살려 내는 것 (같은 책 4.45). 그러나 죽은 사람을 살려 낸다는 것이 무엇을 의미하는지는 불확실하다.

의 한 회당에서는 사람을 사로잡아 병들게 한 마귀에게 명령하셨다. "조용히 하여라. 그 사람에게서 나가라"(루카 4,35). 한 게라사인은 마귀 들려 심한 고통을 겪고 정신까지 나갔는데, 예수께서는 그에게서 수많은 마귀를 쫓아내시고 그를 해방시키셨다. 결국 제정신 돌아온 사람을 집으로 돌려보내며 예수께서 분부하셨다. "**하느님께서** 너에게 해 주신 일을 다 이야기해 주어라"(루카 8,39). "지극히 높으신 하느님의 아들 예수님"(루카 8,28)께서는 사악한 권세를 제압하시고, 더러운 영에게 그 사람에게서 나가라고 명령하셨다(루카 8,29). 여기서 구마와 치유는 구별된다. 구마는 타락한 권세에 맞서 싸우시는 메시아, 하느님의 아드님, 예수의 우월성을 확연히 보여주는 일이고, 치유는 인간을 도와 병을 낫게 하시는 예수의 힘을 보여 주는 일이다. 그러나 루카에게 이 두 활동은 '병을 고쳐 주신다'는 관점에서 동일 선상에 배치된다(루카 6,18; 7,21; 8,2; 사도 5,16; 8,7; 10,38). 마귀 들린 사람들도 '병의 치유'를 받았다. 이것은 예수 치유 활동의 양면일 뿐이다.

예수께서는 열두 제자에게도 "마귀를 쫓아내고 질병을 고치는 힘과 권한"(루카 9,1)을 주셨다. 하느님 나라의 도래를 여러 지방에 널리 확인시켜 주기 위해서였다(루카 9,2.6). 루카에게 이 장면은 일흔두 제자의 파견으로 확대된다(루카 10,1-12). 이것은 원시 그리스도교 시대를 미리 내다보게 하는 열두 제자 파견을 확대·서술한 것이다. 본디 어록 자료는 원시 그리스도교의 유랑 예언자들을 염두에 두고 이 열두 제자 파견 이야기를 기록했을 것이다. 이들은 가능한 한 빨리 유다인 마을에 복음을 전하려고 가난과 궁핍 속에서도 기쁜 마음으로 활동했다.[121] 숭고한 정신에 따른 이 카리스마적 투신 활동은 부활 후 더욱 발전하게 된다. 그것은 다양한 형태로 표출되고 부활 후에는 더욱 차별화된 거대한 운동이었다.[122] 초기에는 설교와

---

[121] 참조: P. HOFFMANN, *Studien zur Theologie der Logienquelle*, 3. Teil: "Die Boten Jesu", 235-334.

[122] 참조: Th. SCHMELLER, *Brechungen: Urchristliche Wundercharismatiker im Prisma soziologisch orientierter Exegese*, SBS 136 (Stuttgart 1981).

병자 치유가 연계되어 있었다는 점이 특히 눈에 띈다. 파견된 제자들은 병자를 고쳐 주며 "하느님의 나라가 **여러분에게** 가까이 왔습니다"(루카 10,9)라고 했다. 청중 입장에서("**여러분에게** 가까이 왔습니다") 그것은 예수의 복음 선포와 활동의 연장이었다(참조: 루카 4,40; 6,18; 9,6). 이것을 받아들이지 않는 사람들에게는 하느님 나라의 설교가 심판이 될 것이다(루카 9,5; 10,10-11). 부활 후에도 병자 치유는 말하자면 선교 설교의 보증으로서 초대교회에서 계속된다.[123] 예수의 이름과(사도 3,6; 4,30) 성령의 힘으로(참조: 루카 8,18; 9,17) 행해지는 이 치유는 '하느님의 종' 예수께서 교회와 함께 계시며 교회로 하여금 용감히 말씀을 선포하도록 격려하신다는 '표징'이다(루카 4,30). 예수의 치유 활동(참조: 사도 5,15; 19,11-12)은 고대의 개념과 서술 방식에 따라 기록되었다. 따라서 치유 활동이 적어도 종합적 개관으로 기록되었다면 글자 그대로 해석될 수 없다. 이 치유 이야기들은 전반적으로, 교회가 선포하는 복음의 힘이 치유 활동을 통해 작용하고 있다는 초대교회의 확신을 반영한다. 의사이신 예수께서는 원시 그리스도교 발전의 모범이 되셨고, 그 후 고대 교회에 이르기까지 그리스도인들이 사회 문제에 헌신하는 데 큰 의미를 지니게 되었다.[124] 그리스도교의 설교는 "가상의 의신醫神 아스클레피오스Asclepios를 실제로 역사에 등장한 인물 예수로 대치했을뿐더러, 치유 종교와 영육의 치료제로서의 형태를 확실하고 의식적으로 갖추어, 육체적으로 병든 사람들을 적극적으로 보살피는 것이 교회의 가장 중요한 임무 중 하나로 여기게 했다".[125]

학계에서는 "사랑하는 의사 루카"(콜로 4,14)가 루카 복음서의 저자라는 의견이 제시된 바 있다. 이 복음서에 각종 의학 용어와 표현들이 등장한다는 것이다. 이를테면 시몬 베드로의 장모가 시달린 "심한 열"(루카 4,38), "온

---

[123] 참조: 사도 3,1-10; 5,15-16; 8,7-8; 9,32-34; 14,8-10; 19,11-12; 28,8-9.

[124] 참조: A. VON HARNACK, *Die Mission und Ausbreitung des Christentums in den ersten drei Jahrhunderten* 1 (Leipzig ⁴1924) 129-150, 특히 129-132.

[125] 같은 책 130.

몸에"(루카 5,12) 걸린 나병, '중풍에 걸리다'라는 표현(루카 5,18.24), 하혈하는 부인 이야기(루카 8,43-48) 등이다. 뿐만 아니라 하혈하는 여자와 관련해서 마르코 복음서는 '많은 의사'를 신랄하게 비판하지만, 루카의 이 대목은 현저히 부드럽다(루카 8,43). "그 여자는 숱한 고생을 하며 많은 의사의 손에 가진 것을 모두 쏟아 부었지만, 아무 효험도 없이 상태만 더 나빠졌다"(마르 5,26)고 한 마르코 복음서 구절을 루카는 매우 완화시켜 인용했다. 사도행전 28장 8절은 몰타 섬 수령의 아버지 병세를 의학적으로 정확하게 관찰한 기록이다. 그러나 이것들은 루카가 '의사'였다는 것을 확신할 만한 논거로 다소 빈약하다. 앞서 열거된 의학 용어들도 당시 교육받은 사람들이라면 누구나 쓸 수 있는 수준의 것이라는 것도 밝혀졌다.[126] 바오로의 협력자 루카(참조: 필레 24; 2티모 4,11)가 의사였다는 것은 콜로새서 4장 14절에 우연히 언급된 것이었다. 이런 가정 없이도, 훗날 제3복음서 저자로 알려진 이 '루카'가 치유를 강조하는 것은 충분히 이해된다. 루카 복음서와 사도행전, 이 2부작 작가의 이름을 지금으로서는 알 수 없다. 어쨌든 이 복음서의 저자에게 '의사'란 예수다. 이 예수께서 하느님에게서 부여받은 권능으로 병든 사람들을 고쳐 주셨고, 부활 후 이제 막 태동하는 교회에 당신 치유의 힘을 부여하셨다. 루카는 이 치유 활동이 예수의 인성을 드러낸다고 보았고, 바로 그것을 자기가 그리는 예수 모습에서 보여 주려 했던 것이다.

2.2 가난하고 고통받는 이들을 위하여

루카는 '사회의식을 지닌 복음서 저자'로 불려 왔다. 현대적 관점에서 보면 실로 지당한 호칭이다. 그러나 이것을 사회 정세의 변혁이나 개혁의 뜻으로 이해한다면, 예수는 분명 사회 개혁가가 아니다. 루카가 보았듯이 예수께서는 가난한 이들을 '행복하다'고 칭송하시고(루카 6,20), 부유한 사람들을 '불행하다'고 선언하셨다(루카 6,24). 이것은 당시 유다 사회 구조의 근본적

---

[126] 참조: FITZMYER, *Luke* 1 [각주 1] 51-53.

개혁을 천명하는 말씀이 아니다.[127] 부유한 사람들의 재산을 나누어 가난한 이들에게 "베풀어라"(루카 11,41; 12,33)는 예언자적 외침이자 호소다. 이 말씀은 자기 소유를 다 버리라는 뜻(루카 14,33)과 가진 것을 다 팔아 가난한 이들에게 나누어 주라는 뜻(루카 18,22)을 포함한다. 이는 예수를 가까이 따르고 싶어 하는 이들에게 하신 말씀이다. 누구나 '하느님의 나라 때문에' 가진 것을 버리고 가족과 인연을 끊지 않는다면 결코 예수의 제자가 될 수 없다는 것이다(루카 18,28-30 참조). 이 말씀은 예수를 따르려는 무리를 뛰어넘어 세상 재복財福을 향유하는 모든 이에게 해당한다. 가난한 사람들을 '행복하다' 칭송하시고 부유한 사람들을 '불행하다' 선언하신 것은 본디 예수 제자들에게 하신 말씀이 분명하지만(루카 6,20), 예수의 설교를 듣고 있던 모든 이에게 이르신 말씀이기도 하다(루카 6,27 참조). "점심이나 저녁 식사를 베풀 때, 네 친구나 형제나 친척이나 부유한 이웃"을 부르지 말고, "가난한 이들, 장애인들, 다리저는 이들, 눈먼 이들"(루카 14,12-13)을 부르라는 말씀 (루카 고유 자료에서 유래)은 모든 이, 특히 가진 자들을 향한 호소다. 부자와 라자로의 비유(루카 16,19-31)에서 부자에 대한 은근한 비판도 제자들의 작은 범위를 넘어 모든 이에게 적용된다. 루카는 보물을 하늘에 쌓아라는 말씀 (루카 12,33-34)을 어록 자료(마태 6,19-21)에서 인용하되, 재산을 가난한 사람들에게 나누어 주라는 데 주안점을 두고, "하느님과 재물을 함께 섬길 수 없다"(마태 6,24; 루카 16,13)는 말씀과 더불어 군중에게 하신 설교 속에 배치했다. 하느님 나라에 관한 통상적 설교보다 더 엄격하게 내리신 이 지침을 어떻게 평가하든, 재산의 완전한 포기는 예수를 따르는 작은 무리에만 해

---

[127] 참조: H.-J. DEGENHARDT, *Lukas, Evangelist der Armen* (Stuttgart 1965); W. SCHMI-THALS, "Lukas – Evangelist der Armen", *TV* 12 (1973/1974) 153-167; L. SCHOTTROFF/W. STEGEMANN, *Jesus von Nazareth: Hoffnung der Armen*, Urban-Taschenbücher 639 (Stuttgart 1978); F. HAUCK/W. KASCH, *ThWNT* 6, 326; E. BAMMEL, *ThWNT* 6, 904-907; F.W. HORN, *Glaube und Handeln in der Theologie des Lukas*, Göttinger Theol. Arbeiten 26 (Göttingen 1983); J. ERNST, *Lukas: Ein theologisches Portrait* (Düsseldorf 1985) 74-104; FITZMYER, *Luke* 1 [각주 1] 247-251.

당되는 요구가 아니다.[128] 루카는 재산 포기 요구, 부에 대한 경고, "불의한 재물"(루카 16,9)에 대한 질타, 하느님 나라에서의 축출 위협(루카 18,25) 등을 모든 사람에게 해당하는 예수의 설교 속에 명시했다. 제자들에 대한 훈계 (루카 14,33; 16,9)는 예수를 따르는 사람들에 대한 더 강력한 요구로 이해해야 한다. 물론 루카에게 예수의 극단적 요구는 주로 '제자들'μαθηταί을 향해 있다. 이들은 그리스도교의 원형 또는 모범으로 제시되었고, 그들에게 내려진 규범들은 교회에 반영되었다. 교회에 하시는 전형적 말씀은 이러하다: "너희들 작은 양 떼야, 두려워하지 마라. 너희 아버지께서는 그 나라를 너희에게 기꺼이 주기로 하셨다"(루카 12,32); "너희는 가진 것을 팔아 자선을 베풀어라. 너희 자신을 위하여 해지지 않는 돈주머니[를] … 마련하여라"(루카 12,33). 예수 제자단은 이스라엘과 후대 교회에 하나의 표징이 되었다.[129] 이어서 충실한 종과 불충실한 종의 비유(루카 12,41-48)가 나온다. 비유 첫머리는 베드로의 질문이다. "주님, 이 비유를 저희에게 말씀하시는 것입니까? 아니면 다른 모든 사람에게도 말씀하시는 것입니까?"(루카 12,41). 오시는 주님을 어떻게 준비하면서 기다려야 하는지가 이 비유의 핵심이다. 이에 대한 특별한 책임이 교회 지도자들에게 있다. 여기서는 교회를 잘 보살피라는 것만 강조될 뿐, 재산 포기에 대한 특별한 요구는 없다.[130]

2.2.1 가난한 사람들

예수의 설교를 통해 루카가 전하려는 바를 파악하려면 우선 '가난한 사람들'πτωχοί이 누구인지 확실히 규명해야 한다. 루카의 저서에 열 번 등장

---

[128] Degenhardt, *Lukas, Evangelist der Armen* [각주 127] 33.39-41.111 u.ö. 참조: Bovon, *Luc le théologien* [각주 7] 410-415. 모든 이에게 해당하는 특별한 성소와 부르심에 관하여: R. Schnackenburg, *Sittliche Botschaft* 1, 65-67.

[129] 참조: H. Schürmann, "Der Jüngerkreis Jesu als Zeichen für Israel", in: Ders., *Ursprung und Gestalt* (Düsseldorf 1970) 45-60.

[130] 참조: A. Weiser, *Die Knechtsgleichnisse der synoptischen Evangelien*, StANT 29 (München 1971) 216-219.

하는 이 용어는 늘 '거지처럼' 물질적으로 궁핍한 사람을 가리킨다. 루카 복음 6장 20절의 "가난한 사람들"은 "부유한 사람들"(루카 6,24)과 달리 찢어지게 궁핍하고 배고프고 울며 지내는 사람들이다. 이어지는 행복 선언들은 이 '가난한 사람들'의 모습을 더욱 선명하게 드러낸다. 마태오 복음서의 행복 선언(마음이 가난한 사람들)은 종교적 차원을 제시한다. 여기서 '가난한 사람들'이란 자신을 온전히 하느님께 내맡기고 하느님께만 모든 희망을 걸고 사는 사람들을 뜻한다. 슬퍼하는 사람들은 위로를 받을 것이고, 온유한 사람은 땅을 차지할 것이고, 의로움에 주리고 목마른 사람들은 흡족해질 것이다(마태 5,3-6). 마태오의 행복 선언은 하느님께 모든 것을 맡기면서 이 선언에 상응하는 삶을 살라는 권고일 뿐 아니라 우리가 실천해야 할 덕행 목록Tugendkanon이다. 그중 가장 중요한 것은 자비로운 사람, 평화를 이루는 사람, 의로움 때문에 박해받는 사람이 되라는 것이다. 그러나 루카는 예수 설교대로 가난을 현세적 · 물질적 빈곤으로 보고 종말론적 사고와 연관지었다. 하느님 나라는 이 가난한 사람들에게 주어진다는 것이다.

이 점은 굶주리는 사람들과 우는 사람들에 대한 루카 복음서의 행복 선언에서 더 뚜렷이 드러난다. '지금'은 그들이 굶주리고 울겠지만, 나중에는 배부르고 웃게 될 것이다. 다가올 세상, 하느님께서 이루어 주실 구원의 시대(루카 4,18-19 참조)에는 이 세상에서 억압받고 가난했던 사람들의 운명이 바뀌어 하느님과 함께 행복하게 살 것이다. 가난한 사람들에 대한 구원 선포는, 잡혀 간 이들이 석방되고 눈먼 이들이 다시 보며 억압받는 이들이 해방된다는 말씀과 결합하여, 첫머리에 제시된다(루카 4,18). 이 선포는 세례자 요한의 물음에 대한 답변 속에, 예수의 치유 활동을 열거한 후 맨 끝에 두드러지게 반복된다(루카 7,22). 우리는 현세의 가난하고 궁핍한 사람들을 이미 실현된 치유와 관련해서 생각해야 한다. 그러나 현재 지상에서 성취된 이 전환이 가난한 사람들에게 확약된 것은 아니다. 관건은 구원의 말씀, 곧 '복음 선포' 속에 들어 있다. 「마리아의 노래」*Magnificat*는 현세의 조건들이 장차 올 하느님 나라에서는 뒤바뀌게 되리라는 언질을 준다. "굶주린 이들을 좋은 것으로 배불리시고 부유한 자들을 빈손으로 내치셨습니다"(루카 1,53). 루카 복음서의 행복 선언과 불행 선언도 이 종말론적 대전환에 초점을 맞춘다. 부자와 라자로의 비유는 그 둘의 삶이 사후에 각각 달라짐을 묘사한다(루카 16,19-25). 지금까지의 두 인생을 뒤바꿔 놓은 이 전환은 가히 혁명적이다. 여기에 복수의 관념 따위는 없다. 지금까지 그늘 속에 억눌려 살아온 이들이 부자와 권력자를 타도하고 승리를 거두는 것과는 거리가 멀다. 다만 비참한 이들을 불쌍히 여기며 공평무사하게 대하시는 하느님께만 주목할 따름이다. 하느님께서 이 전환을 이루어 주신다. 하느님께서는 당신의 구원 계획 속에 하느님 나라를 세우심으로써 이 전환을 확정해 놓으셨다. 루카는 결코 가진 사람, 부유한 사람, 권력자들에게 반감을 가지지 않았다. 그들에게 회개하라고 힘차게 외칠 뿐이다.

루카가 예수의 설교에 얼마나 깊이 뿌리박고 있는지는 손님 초대에 관한 말씀(루카 14,12-14)에서도 잘 드러난다. 식사에 손님들을 초대할 때는 친척이나 부유한 이웃을 부르지 말고 가난한 이, 장애인, 다리저는 이, 눈먼 이들을 초대해야 한다. 그들은 그 은혜에 보답할 길이 없기 때문이다. 이들 장애인나 부정한 사람이 나병 환자들처럼 공동체에서 소외되었다는 것을 고려할 때, '가난한 사람들'도 민족 공동체 안에서 이질적이고 무관한 존재로 여겨질 수 있기 때문이다.[131] 가난한 사람과 버림받은 사람들에게 잔치를 베푼다는 것은 원수 사랑의 가르침과 맥을 같이한다. 원수에게 잘해 줌으로써 사랑을 실천할 때는 아무것도 바라지 않기 때문이다(루카 6,32-34). 행복 선언도 그와 같다. 아무 보답도 바라지 않고 베푸는 사람들은 의인들이 부활할 때 하느님께서 모두 갚아 주실 것이다(루카 14,14).

'가난한 사람들'을 이해하려면 이 말이 병들고 고통당하는 사람들과 거의 같은 뜻으로 쓰인다는 사실에 주목해야 한다. 가난한 사람들은 "장애인

---

[131] 참조: DEGENHARDT, *Lukas, Evangelist der Armen* [각주 127] 100f: "소외된 사람들을 부르겠다는 예수의 본질적 관심사가 명백해진다." 그러나 루카가 교회 지도자들을, 성찬례 때 가난하고 죄 많은 사람들을 돌봐야 할 가장으로 여겼는지는 확실하지 않다.

들, 다리저는 이들, 눈먼 이들"(루카 14,13.21)과 같은 부류였고, 특히 가난했
으며, 구걸로 겨우 연명할 수 있는 사람들이었다. 이 사람들은 스스로 생
계를 해결할 수 없었기에 빈민 구호에 의지할 수밖에 없었다. 예수 시대에
는 구약성경의 여러 규정에 따라 수확의 일부를 그들에게 나누어 가난한
사람들을 돕는 빈민 구호 제도가 있었으나, 라삐 시대의 유다에서처럼 조
직적이지는 못했다.[132] 당시는 공공복지가 빈약하여 개인 자선 행위로 이
를 보충했는데, 이 과정에서 각종 불미스런 사건이 일어나기도 했다. 가난
한 사람을 도우면서 우월감과 위선으로 가득 차 허세를 부리는 사람도 없
지 않았다. 예수께서는 자선을 적극적으로 부르짖으셨다(루카 12,33). 세관
장 자캐오는 재산의 반을 가난한 사람들에게 주겠다면서(루카 19,8) 예수의
외침에 응답한다. 예수께서는 바리사이들의 편협한 율법 정신을 질책하신
다. 그들은 잔과 접시의 겉은 깨끗이 하지만, 그들의 속은 탐욕과 사악으
로 가득했다. "속에 담긴 것으로 자선을 베풀어라. 그러면 모든 것이 깨끗
해질 것이다"(루카 11,41). 빠듯한 생활비 전부를 바친 가난한 과부의 예를
루카는 놓치지 않았다(루카 21,1-4; 참조: 마르 12,41-44).

루카에게 '가난'이란 짓눌린 상태, 형편이 나은 사람들의 도움으로 극복
되어야 할 상태다. 예수도 가난한 사람들 가운데 한 분이셨다. 그분은 친
히 병자들을 고쳐 주심으로써 짓눌리고 궁핍한 사람들을 도울 방향을 제
시하셨다. 가난도 나병처럼 사람을 죽음의 문턱까지 밀어붙인다. 그러나
예수께서는 "온몸에 나병이 걸린 사람"(루카 5,12)을 고쳐 주셨다. 종기투성
이 몸으로 부잣집 대문 앞에 누워 있던 라자로는(루카 16,20-21) 죽은 후 낙원
의 선조 아브라함 곁으로 인도되었다.

루카는 '가난한 사람들을 위한 선택'을 어떤 복음서 저자보다 강력히 추
진한다. 그에게 가난한 사람들은 하느님께서 선택하신 이들이고(행복 선언!),

---

[132] 참조: J. JEREMIAS, *Jerusalem zur Zeit Jesu* (Göttingen ³1962) 148-150; 라삐 시대의 개
인 자선 행위에 관하여: P. BILLERBECK, *Kommentar zum Neuen Testament aus Talmud und
Midrasch* 4/1 (München 1928) Exk., 536-558.

다가올 나라에서 한몫을 차지할 사람들이다. 그들은 부자들과는 달리 빛 속으로 들어 올림 받을 것이며, 하느님의 각별한 사랑을 체험하게 될 것이다(루카 16,22). 이로써 루카는 극빈자 우대의 선구자가 되었다. 이 입장은 훗날 원시 그리스도교, 특히 야고보의 편지(2,1-13)에서 계승·발전되었다. "하느님께서는 세상의 가난한 사람들을 골라 믿음의 부자가 되게 하시고, … 나라의 상속자가 되게 하지 않으셨습니까?"(야고 2,5).

2.2.2 부자들

루카는 두 주제가 상호 연관성이 있음에도 불구하고 가난보다 부富에 대해 집중적으로, 더 많이 언급한다. 루카 복음서에만 나오는 다음 대목들은 모두 그의 고유 자료에서 유래한다: 부자들에 대한 불행 선언(루카 6,24), 어리석은 부자의 비유(루카 12,16-21), 식사 초대에 관한 말씀(루카 14,12-14), 부자와 라자로의 비유(루카 16,19-31), 세관장 자캐오 이야기(루카 19,1-10).

루카가 묘사하는 부자는 물질적 풍요를 누리는 사람들, 특히 많은 부동산을 소유하고 유통과 교역으로 치부한 사람들이다. 그러나 어리석은 부자의 비유 말고는 이들에 관해 구체적으로 묘사된 것이 없다. 조정 대신들과 대사제급 인물 외에도 대지주, 대사업주, 세금 징수 청부인들, 백성 중에서도 부유층 사람들이었다.[133] 그러나 루카가 문제 삼는 것은 축재의 정당성이 아니라 재산을 대하는 그들의 태도다. 루카는 부가 사람을 탐욕에 빠지게 하고(루카 12,15; 참조: 16,14), 일생을 걱정으로 보내게 하며, 인생을 향락으로 낭비하게 만든다고 확신한다(루카 8,14; 12,19; 16,19; 21,34). 재산이 많을수록 욕망도 더 커진다. 부유한 사람들은 인정받고 칭찬받고 존경받기를 바란다(루카 14,7-10 참조). "모든 사람이 너희를 좋게 말하면, 너희는 불행하다! 사실 그들의 조상들도 거짓 예언자들을 그렇게 대하였다"(루카 6,26). 이 불행 선언이 질책하는 것은 "부유함(24절)이나 그것과 연관된 흡족

---

[133] 참조: J. JEREMIAS, *Jerusalem zur Zeit Jesu* [각주 132] 101-104.

한 결과(25절)가 아니라 … 자신감과 우월감에서 나오는 웃음(25절)과 사람들에게 두루 칭찬받기를 좋아하는 것이다".[134] 부는 여러 형태로 구원의 걸림돌이 된다. 사치스러운 생활을 하고(루카 16,19), 가난한 사람들을 멸시하며(루카 16,20-21), 명예욕과(루카 14,7-8) 우월감을 가지는 것(루카 14,16-20 참조) 등이 그것이다. 그것은 궁극적으로 하느님을 잊게 하고 예수의 부르심을 외면하게 한다(루카 18,22-23). 부는 이렇게 해로운 것이어서 부자는 하느님 나라에 들어가지 못한다. "부자가 하느님 나라에 들어가는 것보다 낙타가 바늘귀로 들어가는 것이 더 쉽다"(루카 18,25). 루카는 이에 대한 자료들을 전승에서 인용하고 다른 자료들로 보충해서 확대·완성시켰다.

루카는 재산과 부 자체를 악하고 하느님을 거스르는 것으로 보았는가? '불의한 재물'Mammon에 관한 말씀(루카 16,9.11)에 따르면 그랬던 것 같다. '마몬'은 아람어에서 온 외래어다. 이 말은 본디 중립적 의미로 재산을 뜻하지만 때때로 부정적 어조를 띠게 되었고, 여기에 '불의한'이 첨가되면서 부정적 의미가 강화되곤 했다. '불의한'이라는 말은 재산의 소유 자체를 부정하는 것이 아니라, 흔히 폭력·약탈·뇌물 수수·불법으로 자행되는 치부 과정을 부당하다고 질책하는 수식어다.[135] 약은 집사의 비유(루카 16,1-8)에 이은 재물을 올바르게 이용하라는 말씀(루카 16,9-13)에서 '불의한 재물'(참조: äthHen 63,10; CD 6,15; 8,5)로 친구들을 사귀라는 말씀이 나온다. 루카는 여기서 세상 삶이 끝날 때 하느님께서 우리를 받아들이시는 것과,[136] (이에 관한 루카의 구절들을 모두 읽어 보건대) 가난한 사람들에게 재산을 나누어 주는 것을 염두에 두고 있다.

---

[134] SCHÜRMANN, *Lukasevangelium* 1 [각주 8] 337. 그는 거짓 예언자들과의 비교를 통해 루카가 목자들의 교육 기능을 생각하고 있었다는 결론을 도출한다.

[135] F. HAUCK, *ThWNT* 4, 392; 다른 견해: FITZMYER, *Luke* 2 [각주 1] 1109: 재산의 오·남용; 참조: SAC. PASQUALE COLLELA, "Zu Lk 16,7", *ZNW* 64 (1973) 124-126; H.P. RÜGER, "Μαμωνᾶς", *ZNW* 64 (1973) 127-134.

[136] DEGENHARDT, *Lukas, Evangelist der Armen* [각주 127] 123f와 여기 제시된 J. JEREMIAS, *Die Gleichnisse Jesu* [각주 21] 43, Anm. 3.

루카는 이 비유에서 도출한 가르침을, 재물을 대하는 또 다른 태도를 가르쳐 주는 말씀으로 확대시켰다. 그는 맡겨진 재산을 얼마나 성실히 관리해야 하는지에 대해 말한다. 큰일에 성실하기 위해서는 아주 작은 일에도 성실해야 함(루카 16,10)을 강조함으로써 교회에 새 지평이 열린다. 교회가 위탁한 자금을 양심적으로 관리하라는 것이다.[137] 여기서 '불의한 마몬'과 '참된 재산'(11절), 사용권만 있는 '남의 재산'과 하느님 앞에서 제몫으로 번 '자기 재산'이 대비된다(12절). 루카 복음 16장 9-13절은 돈과 재산을 다루는 방법에 관한 간략한 지침서와 같다. 여기서는 가진 것을 모두 팔아라는 것이 아니라, 어떻게 올바로 활용할 것인가에 대해 말할 뿐이다. "재물을 전적으로 부정적으로만 보는 입장('불의한 마몬')과 실용적 차원에서 긍정적으로 보는 입장('재산의 성실한 관리') 사이에서 오락가락하던 것이 이제 '변경할 수 없는 것에 대해서는 내적 거리를 두라'로 결론지어졌다."[138] "너희는 하느님과 재물을 함께 섬길 수 없다"(루카 16,13)는 이 대목 마지막 말씀은 이 두 관점을 모두 정당화하지만, 재산의 완전한 포기에 더 무게를 둔다.

이 실용적 시각은 사도행전에서도 확인된다. 교회 구성원들이 각자의 것을 모두 팔아 필요한 사람에게 필요한 만큼 나누어 주는 것이 가장 이상적이다. 재산의 공동 소유를 바랐던 것이다(사도 2,44-45). 사도행전은 하나니아스와 아내 사피라가 사도들을 속이는 이야기[땅을 팔아 일부는 숨겨 두고 나머지를 사도들에게 바쳐 베드로를 속임(사도 5,1-11)]와 함께, 자기 밭을 판 돈을 사도들 발 앞에 갖다 놓은 요셉 바르나바의 행동을 높이 평가하며 소개한다(사도 4,36-37). 그는 당연히 해야 할 일을 한 것이 아니다. 하나의 모범 사례였다. 재산에 대해 철저한 원칙을 견지하면서도 실용주의자였던 루카는, 공동체가 돈과 재산에 대해 가져야 할 올바른 태도를 가르쳐 주었던 것이다.

---

[137] 참조: ERNST, *Evangelium nach Lukas* [각주 22] 467f(제4장 2.2.3 참조); FITZMYER, *Luke* 1 [각주 1] 247.250: "재물에 대한 근본적 태도는 사도행전에 묘사된 초기 유다계 그리스도 공동체 모습 속에 나타난다."

[138] ERNST, *Evangelium nach Lukas* [각주 22] 467.

루카의 두 가지 자세가 구분된다. 하나는 재물을 슬기롭게 활용할 것을 권하는 절제된 자세고, 또 하나는 자기 재산을 완전히 포기할 것을 요구하는 근본적 자세다.[139] 재산에 관한 올바른 시각은 하느님과의 관계에서 나온다. 사람은 하느님 앞에서 부유해야 하며(루카 12,21), 보물은 하늘에 쌓아야 한다(루카 12,33-34). 이 세상 보물은 진정한 재산이 될 수 없다. 진정한 재산은 가진 것을 전부 내주고 포기하여 가난한 사람들을 도움으로써 비로소 모인다. 이런 식으로 가난한 사람들을 묘사하고 재물을 평가하는 것은 결국 '가난한 사람들을 위한 선택'에 기여하는 것이다.

2.2.3 교회

가난과 재산 문제에 대해 루카가 강조하려는 바를 이해하려면, 루카 시대의 교회도 함께 살펴야 한다. 루카는 바로 이 교회를 위해 복음서를 썼기 때문이다. 그 교회는 가난했을까, 부유했을까? 그 교회가 빈민으로 구성된 가난한 교회였다면, 새로운 세상에서는 현세의 상황이 뒤바뀔 거라는 말씀이 큰 위로가 되었을 것이다(루카 16,25 참조). 그러나 사회사적으로, 루카가 접한 공동체들이 빈민의 교회였다고는 볼 수 없다. 사도행전에는 새로 설립된 교회의 부유한 그리스도인들 이야기가 나온다. 예컨대 야포의 타비타(사도 9,36), 필리피의 자색 옷감 장수 리디아(사도 16,11-15) 그리고 카이사리아의 백인대장 코르넬리우스(사도 10,1-2) 등은 부자였다. 테살로니카에서 하느님을 경외하는 그리스인들의 큰 무리가 바오로를 따랐고, 그 중에는 귀부인들도 적지 않았다(사도 17,4). 안티오키아 교회는 유다에 사는 형제들을 돕기 위해 형편에 따라 구호 헌금을 보냈다(사도 11,27-30). 헬레니즘계 교회에는 저명인사와 부자들이 있었고, 또 그들이 필리피 교회에서처럼 사도를 도왔다는 사실이 사도 바오로의 편지에 기록되어 있다(필리 4,10-20). 코린토 교회의 모습은 상업·교역 도시의 전형을 여실히 보여 준

---

139 FITZMYER, *Luke* 1 [각주 1] 249f.

다. 교회 구성원 중에는 가난하고 교육을 받지 못한 하층 서민들도 있었지만(1코린 1,26-28 참조) 영향력이 있는 명망가들도 있었다. 예컨대 유다교 회당장 크리스포스, 아퀼라와 프리스킬라, 가이오스, 스테파노 그리고 포이베 등이다. 이들은 사도들이 자기 집에 묵으면서 전례를 거행하고 교회 활동도 할 수 있도록 크게 도왔다.[140] 부자와 빈자, 노예로 여겨지는 사람들 사이의 분열이 주님의 만찬을 거행할 때 불거져 나오기도 했다(1코린 11,17-22). 루카가 교회의 이런 상황을 잘 알고 있었다고 전제해도 좋다. 그렇다면 루카는 이런 상황에 대해 어떤 반응을 보였을까?

루카는 청빈과 재산 공동 소유의 이상을 견지했지만 부자들에게도 할 말이 있었다. 부자는 가난한 사람을 돕고 자선을 베풀 자세가 되어 있어야 한다는 것이다. 그는 재물을 어려운 사람들에게 나누어 주라는 말을 줄기차게 하고 있다(루카 11,41; 12,33; 18,22; 19,8; 사도 4,34-35; 4,37). 백인대장 코르넬리우스(사도 10,2.4.31)와 여제자 타비타(사도 9,36)의 선행과 자선을 칭송하며 이들의 태도를 부각시킨다. 그리고 재산의 반을 가난한 사람들에게 나누어 준 세관장 자캐오의 행동(루카 19,8)을 후대 교회의 귀감으로 삼는다. 초기 그리스도 공동체에서 일어난 사건들을 종합해 볼 때, 루카는 자신의 사회적 메시지를 부유하고 명망 있는 신자들에게 전하고 있는 것이 분명하다. 나아가 그는 '부자들의 복음서 저자'로까지 불리게 되었다.[141] 사실 이것은 재산 소유를 완전히 포기하라는 말씀과 재물을 슬기롭게 활용하라는 상반된 말씀들을 이해하는 데 큰 도움이 된다. 그는 부자들에게 서슴없

---

[140] 참조: G. THEISSEN, "Soziale Schichtung in der korinthischen Gemeinde: Ein Beitrag zur Soziologie des hellenistischen Urchristentums", *ZNW* 65 (1974) 232-272, DERS., *Studien zur Soziologie des Urchristentums*, WUNT 19 (Tübingen 1979) 231-271에 재수록. 그는 이렇게 주장한다: 예수 전승의 급진주의는 바오로가 세운 공동체에 발을 붙이지 못했다. 이 교회 공동체에서 원시 그리스도교적 사랑의 가부장 윤리가 탄생했다(268f).

[141] L. SCHOTTROFF/W. STEGEMANN, *Jesus von Nazareth* 1 [각주 127] 127-176. 혼인 잔치의 비유(루카 14,15-24)와 부자와 라자로의 비유(루카 16,19-31)에서 도출한 결론이 전부 납득할 만한 것은 아니지만, 혼인 잔치의 비유로써 가난한 사람들이 위로를 받은 것이 아니라, 유복한 사람들이 경고를 받았다는 견해는 옳다(132).

이 가혹한 발언을 하지만 그들에게도 기회를 준다. 부자들이 자선을 베풀고 가난한 사람들을 도우며, 교회에서 사랑을 실천하면, 교회 안에서 제자리를 찾고 다가올 하느님 나라에서 한몫을 차지할 수 있다는 것이다.[142] 가진 것을 다 팔 필요는 없다. 교회 안의 궁핍한 사람들을 돕고 필요한 사람들에게 필요한 만큼 나누어 주는 것으로 족하다(사도 2,45; 4,35). 재산의 반을 가난한 사람들에게 나누어 준 세관장 자캐오가 귀감이다.

루카는 교회 내의 사회적 갈등을 간과하지 않았다. 예루살렘 초대교회에서는 가난한 과부들을 위해 매일 식량을 배급했다. 이들 중에는 해외에서 이주하여 그리스 말을 쓰는 '그리스계', 본토에서 태어나 히브리 말을 쓰는 '히브리계' 그리스도인들이 섞여 있었다. 그런데 그리스계 과부들이 히브리계 과부들에 비해 홀대를 받고 있다고 불평을 터뜨리자(사도 6,1), 제자 공동체에서 일곱 봉사자를 뽑아 이 부당한 처사를 바로잡게 했다고 한다. 안티오키아 교회가 기근에 시달리는 예루살렘 교회에 구호 헌금을 보냈다는 기사(사도 11,27-30)도, 루카가 교회 내 사회 문제(빈곤)를 해결한 사례를 제공한다. 대부분 이방계 그리스도인들로 구성된 안티오키아 교회가 기아에 직면한 자기들의 예루살렘 모교회를 위해 모금하여 바르나바와 사울 편에 전달했다는 것이다. 예언자 하가보스의 기근 예언에 따라 안티오키아 교회가 모금하여 예루살렘에 보냈다는 정황이 역사적으로 어떻게 전개되었는지 알 길은 없으나, 이 구호 헌금 전달 사실이 루카에게는 매우 중요하기 때문에 이 이야기를 강조하며 사도행전에 실었던 것이다.[143] 다른 민족 사람들이 입교할 때 할례를 베풀어야 하는가 하는 신앙 문제가 부각되었을 때처럼(사도 15장), 루카는 이 사회 문제에 대해서도 균형을 잡으려고 애쓴다. 그는 세상 사람들의 구체적 삶 속에 예수의 복음을 심어 주

---

[142] 같은 책 136-148.

[143] 참조: A. WEISER, *Apostelgeschichte* 1 [각주 13] 280: "루카가 사도 11,30에서 언급한 사울의 예루살렘 여행은 역사적으로 증명될 수 없다." 같은 견해: J. ROLOFF, *Die Apostelge-schichte*, NTD 5 (Göttingen 1981) 181-183. 그는 안티오키아의 바르나바 전승에 담긴 모종의 역사적 진실을 보고 있다.

는 것이 얼마나 어려운지 잘 알고 있었다. 그는 예수의 요구를 깊이 의식하면서, 그것을 가능한 한 당대의 교회 현실 속에 실현시키려고 진력했다. 교회의 주님 예수께서는 가난하고 고통받는 사람들에게 구원을 베푸시는 분이다. 루카는 부유한 사람들에게 이 뜻을 전하면서 그들이 가난한 사람들의 운명을 바꾸어 줄 수 있는 길을 제시한다. 그는 어려운 여건 속에서도 교회 안에 가난한 사람들의 보금자리를 마련해 주려 한다. 부유한 사람들에게는 의무를 일깨워 주려는 것이지 과도한 짐을 지우려는 것이 아니었다. 그것은 예수의 근본적 요구가 새로운 상황에 어떻게 적용되어야 하며, 또 어떻게 예수의 정신으로 실현되어야 하는지 보여 주는 하나의 예다. 예수의 부르심과 당대의 요청에 이 '사회의식을 지닌 복음서 저자'는 가난한 사람들을 위한 선택과 부유한 사람들에 대한 권고로 응답했다.

2.3 여자들에 대한 예수의 적극적 태도

루카 복음서만큼 여자 이야기가 많이 나오는 복음서는 없을 것이다. 그것은 단지 루카가 활용한 고유 자료 속에 여자들의 이름이 숱하게 들어 있었고 그들과 관련된 예수 이야기가 많이 기록되어 있었기 때문인가? 전승을 통해 전해지던 이야기들을 루카가 쉽게 인용할 수 있었다 하더라도, 그가 이 자료들을 자기 복음서 속에 수용했다는 것이 단순한 우연은 아니다. 예수께서 예루살렘으로 올라가셨다는 사실 하나만 보아도, 예수 이야기 전개 과정에서 드러난 여자들의 역할은 결코 작은 것이 아니었다. 루카는 일찍이, 예수께서 고을과 마을을 두루 다니시며 하느님 나라의 복음을 선포하셨다고 쓴 바 있다. "열두 제자도 그분과 함께 다녔다. 악령과 병에 시달리다 낫게 된 몇몇 여자도 그들과 함께 있었다"(루카 8,1-2). 루카는 이어서 세 여자의 이름을 들고, "다른 여자들도 많이 있었다. 그들은 자기들의 재산으로 예수님의 일행에게 시중을 들었다"(루카 8,3)고 덧붙였다. 이것은 그들이 예수의 활동을 도왔다는 말이다(루카 8,1-3). 이 여자들은 갈릴래아에서 예루살렘을 거쳐 십자가 아래까지 예수를 따라갔으며, 모든 것을 자기 두 눈으로 목격했다(루카 23,49). 그들은 예수 활동의 증인이고, 열린 무덤에서 십자가에 죽으신 분이 부활하셨다는 사실을 맨 먼저 알게 된 사람들이었다(루카 24,1-6). 갈릴래아에서 예수를 따라 이곳까지 왔던 이 여자들은 예수께서 죽고 묻히시는 현장에 있었으며, 시신이 어떻게 안장되는지도 지켜보았다(루카 23,55). 그들은 예수의 죽음과 안장을 직접 목격했기 때문에, 예수께서 부활하셨다는 천사들의 소식에 더욱 놀라지 않을 수 없었다. 천사들은 이렇게 말했다. "어찌하여 살아 계신 분을 죽은 이들 가운데에서 찾고 있느냐? 그분께서는 여기에 계시지 않는다. 되살아나셨다"(루카 24,5-6). 그러고는 예수께서 십자가에 못 박히셨다가 사흘 만에 다시 살아나야 한다고 갈릴래아에서 그들에게 하신 말씀을 상기시켜 준다(루카 24,6-8).

예수 부활 기록에서 마르코(16,1-8)나 마태오(28,1-8)와 차이를 보이는 루카의 이 서술 방식은, 여자들의 역할에 관한 루카의 생각을 이해하는 데 많은 것을 시사해 준다. 루카는 두 공관복음서 저자들과는 달리, 이 여자들이 갈릴래아에서부터 예수를 따라왔을 뿐 아니라(루카 23,49), 예수께서 갈릴래아에 계셨을 때 이미 그들에게 당신의 죽음과 부활에 관해 알려 주셨다는 것(루카 24,6-8)을 부각시킨다. 예수의 지상 활동 중 내내 따라다녔고, 그분의 죽음과 안장을 목격했으며, 예수께서 그들에게 당신의 부활을 미리 알려 주셨다는 사실에서, 이 여자들은 예수의 제자들과 어깨를 나란히 한다. 이들은 이런 방식으로 지상에서 활동하시고 십자가에 죽으시고 부활하신 예수에 관한 복음을 선포한다. 또한 그들은 사도의 보결 선거 때 사도직 후보 요건을 다 갖춘 사람들이었다(사도 1,21-22 참조). 게다가 이들은 부활의 기쁜 소식을 열한 제자와 그 밖의 모든 이에게 전함으로써(루카 24,9) 사도들과의 연결 고리가 되었다. 그래서 그 이름(마리아 막달레나, 요안나, 야고보의 어머니 마리아)들이 각각 명기되었고 그들과 함께 있던 다른 여자들도 사도들에게 이 일을 전했다고 기록되었다(루카 24,10). 성령 강림을 기다리던 사람들 중 사도들의 명단이 먼저 나오고(1,13), 이어서 여자들도 그들과 함께 있었다(1,14)는 사도행전의 기록은 이상할 것이 없다. 루카에게 이 여자들은 초기 교회의 예수 역사와 밀접한 관련이 있었기에 전 교회에 대한 역사적·케리그마적 의미가 있었다. 그들은 이제 막 태어난 교회에 완전히 편입되어 초기부터 중요한 임무를 부여받았다.

현대 여권 운동에서 여성의 역할을 더욱 심도 있게 연구하여 남성 중심의 왜곡된 평가와 경향을 분명히 부각시키고 그 역할을 남자들과 평등하게 평가하는 것은 정당하다.[144] '친여성 복음서 저자'라 할 만한 루카는 그래서 중요한 의미를 지닌다. 루카가 '예수와 여자들'이라는 주제와 관련해서 기록한 많은 내용은 그 자체로 여권 문제에 훌륭한 자료가 된다. 나아가 루카는 여성들에 대해 적극적 태도를 취하신 예수의 모습을 새로운 방식으로 조명·발전시킨다. 그렇다면 루카는 예수와 교류한 여자들의 모습을 통해 전승이 전하는 예수 모습을 얼마나 더 뚜렷하게 부각시켰으며 어떻게 조정했고 어느 선까지 변경시켰는가?

2.3.1 루카 전승 속의 여자들

예수 유년기 이야기 속의 여자들을 살펴보자. 먼저 예수의 어머니 마리아와 마리아의 친척 엘리사벳이 등장한다. 마리아가 연로한 친척 엘리사벳을 방문했을 때, 그들에게 부여된 구원사적 역할이 분명히 드러난다(루카 1,39-56). 엘리사벳은 예언자적으로 외친다. "당신은 여인들 가운데에서 가장 복되시며 당신 태중의 아기도 복되십니다"(루카 1,42). 다음은 엘리사벳처럼 예언의 은사를 받은 여예언자 한나 이야기다. 한나는 시메온 노인과 마찬가지로 예루살렘의 구원을 알린다(루카 2,36-38). 엘리사벳과 한나는 곧

---

[144] 참조: RUETHER R. RADFORD, *Mary: The Feminine Face of the Church* (Philadelphia 1974); ELISABETH MOLTMANN-WDNDEL (Hrsg.) *Frauenbefreiung: Biblische und theologische Argumente* (München - Mainz ³1978); CATHARINA J.M. HAKLES, *Gott hat nicht nur starke Söhne: Grundzüge einer feministischen Theologie* (Gütersloh 1980); MAGDALENA BUSSMANN, "Anliegen und Ansätze feministischer Theologie", in: G. DAUTZENBERG/H. MERKLEIN/K. MÜLLER (Hrsg.) *Die Frau im Urchristentum*, QD 95 (Freiburg - Basel - Wien 1983) 339-358; ELISABETH SCHÜSSLER FIORENZA, *In Memory of Her: A Feminist Theological Reconstruction of Christian Origins* (New York 1983).

오실 구원자를 맞을 채비를 하고 있었다. 마리아의 모습과 역할은 매우 독특하다. 마리아는 하느님의 은총을 받으셨고, 성령으로 잉태하셨으며, "피앗"fiat(저에게 '이루어지기를 바랍니다': 루카 1,38)이라고 응답하셨고(루카 1,26-38), 메시아의 어머니로서 엘리사벳의 인사를 받으셨다(루카 1,42-43). 마리아는 하느님의 길을 찬미하는 노래 「마니피캇」을 불렀고(루카 1,46-55), 예수 탄생 때 구유에서 일어난 모든 일과(루카 2,19) 예수께서 열두 살 되셨을 때 성전 순례에서 겪은 일들을 마음속에 간직하셨다(루카 2,51). 마리아를 이렇게 높이 기리는 것은 마리아의 구원사적 · 그리스도론적 의미 때문이며, 이 복음서에 나오는 다른 모든 여인에 비해 월등하시기 때문이다.

예수 유년기 이야기 속에 나타나는 마리아의 존귀한 위치, 메시아의 어머니로서 누리는 특전, 그리고 그것과 연관된 그분의 인간적 위대함을 여기서 평가할 수는 없다.[145] (그것은 '예수와 여자들'이라는 주제를 훨씬 넘어선다.) 그러나 이는 루카가 여자들을 높이 평가하고 있다는 증거로, 마리아에게서 정점에 이른다. 그럼에도 루카의 복음서 본문에는 마리아의 모습에 대한 묘사가 현저히 절제되어 있다. 이 복음서 어느 곳에도 예수 어머니의 이름이 나타나지 않는다. 단지 예수께서 백성들 가운데서 활동하고 계실 때 예수의 어머니께서 형제들과 함께 그분을 만나기 위해 찾아왔다는 이야기가 단 한 번 나올 뿐이다(루카 8,19-21). 공관복음 전승에서 전해 받은 이 대목은, 하느님의 말씀을 듣고 실행함으로써 이루어지는 영적 가족의 중요성을 더 강조하기 때문에 혈연 가족의 의미를 상대화시킨 것일 뿐이다. 루카는 말씀을 듣고 받아들이는 사람들 속에 예수의 어머니와

---

[145] 참조: R. Laurentin, *Structure et théologie de Luc*, 2 vols. (Paris 1957); Ders., *Court traité sur la Vierge Marie* (Paris ⁵1967); J. McHugh, *The Mother of Jesus in the New Testament* (Garden City, N.Y. 1975); R.E. Brown, *The Birth of the Messiah: A Commentary on the Infancy Narratives in Matthew and Luke* (Garden City, N.Y. 1977); R.E. Brown/K.P. Donfried/J.A. Fitzmyer/J. Reumann, *Mary in the New Testament* (Philadelphia - New York 1978) 및 수록 참고문헌; H. Räisänen, *Die Mutter Jesu im Neuen Testament* (Helsinki 1969); J. Ernst, *Lukas, ein theologisches Portrait* (Düsseldorf 1985) 160-181.

형제들도 포함된다는 긍정적 시각을 지니고 있었을 것이다.[146] 하여, 루카가 예수의 어머니에 대한 행복 선언(루카 11,27-28)을 전해도 놀라울 것이 없다. 이 행복 선언은 예수를 낳아 키우신 그분의 어머니가 행복하다는 데서 출발하여, 하느님의 말씀을 듣고 지키는 이들이 '오히려' 행복하다는 것으로 발전된다. 군중 속에서 어떤 여자가 목소리를 높여 예수의 어머니를 칭송하고, 이 어머니를 통하여 그분의 아드님 예수를 칭송했다는 이 이야기는 루카만이 전하는 전승이다. 예수 유년기 이야기에 묘사된 마리아의 모습(참조: 루카 1,42에 나오는 엘리사벳의 찬미)을 계승한 이 이야기는 마리아를 메시아의 어머니로 존경한다는 또 다른 증거가 된다.[147] 마리아의 이 예외적 위상이 여자들에 대한 루카의 시각을 포괄적으로 드러내지 않은 채 품위 있게 초월해 버렸기 때문에, 마리아 문제는 이 정도로 접고 이 복음서에 수록된 예수와 여자들의 관련 대목들을 자세히 고찰하려 한다.

루카의 고유 자료에서 유래하는 여자 관련 대목들은 다음과 같다.

사렙타의 과부: 루카 4,25-26

나인의 과부: 루카 7,11-17

향유를 발라 드린 죄 많은 여자: 루카 7,36-50

예수를 동행한 여자들: 루카 8,1-3

마르타와 마리아: 루카 10,38-42

군중 속에서 외친 한 여자의 행복 선언: 루카 11,27-28

등 굽은 여자를 안식일에 고쳐 주심: 루카 13,10-17

---

[146] 참조: R.E. BROWN et al., *Mary in the New Testament* [각주 145] 167-170; ERNST, *Evangelium nach Lukas* [각주 22] 175f.

[147] R.E. BROWN et al., *Mary in the New Testament* [각주 145] 170-172. 하느님의 말씀을 듣고 지키는 이들에게 대한 이 두 번째 행복 선언은 첫 번째 것과 모순되는 것이 아니라, 오히려 마리아의 신앙(참조: 루카 1,45)을 확인시켜 준다('아니다, 오히려'). 마리아는 그분의 육적 어머니이기 때문이 아니라, 하느님의 말씀에 순종하셨기 때문에 축복받으셨다. 참조: FITZMYER, *Luke* 2 [각주 1] 927.928f.

되찾은 은전의 비유: 루카 15,8-10

과부의 청을 들어주는 불의한 재판관의 비유: 루카 18,1-8

십자가의 길에서 통곡하던 여자들: 루카 23,27-31

여기에 루카 이전 전승에서 유래한 여자 관련 대목과 이야기들도 첨가되어야 할 것이다.

시몬 베드로의 병든 장모를 고쳐 주심: 루카 4,38-39; 참조: 마르 1,30-31; 마태 8,14-15

하혈하는 여자를 고치시고 야이로의 딸을 살려 주심: 루카 8,40-56; 참조: 마르 5,21-43; 마태 9,18-26

남방의 여왕: 루카 11,31; 참조: 마태 12,42

누룩의 비유: 루카 13,20-21; 참조: 마태 13,33

우선 루카의 고유 자료들을 차례로 검토해 보자. 사렙타의 과부(루카 4,25-26)는 예수께서 나자렛 회당에서 설교하실 때 시리아 사람 나아만(루카 4,27)과 함께 예수 말씀 속에 등장하는 인물이다. 그녀는 하느님께서 이스라엘 사람이 아닌 이들에게도 은혜를 베풀어 주신 사례로 제시되었다. 이 말씀으로 예수께서는 당신의 예언자적 메시지를 받아들이지 않는 유다 청중들의 각성을 촉구하신다. 여기서 남녀 한 쌍으로 구성된 이야기 구조가 발견된다. 가령 겨자씨와 누룩의 이중 비유, 되찾은 양과 되찾은 은전의 비유, 그리고 회개하는 니네베 사람들과 멀리서 온 남방 여왕을 병치시키는 것 등, 이런 경우가 잦다. 루카는 이 여왕 이야기(루카 11,31)를 니네베 사람 이야기(루카 11,32) 앞에 배치한다. 니네베 사람 이야기가 사람의 아들의 위협 말씀(루카 11,30)에 바로 연결되었더라면 오히려 더 논리적이었을 뻔했다는 생각도 든다. 이 복음서 저자에게는 솔로몬의 지혜를 들으려고 땅 끝에서 온 이 남방 여왕이 매우 중요했다. 지금 여기서 거론되는 것이 지혜이고,

이 지혜도 예수의 모습을 드러내기 때문이다(루카 2,40.52; 7,35; 11,49; 21,15).[148]

나인의 과부 이야기(루카 7,11-17)도 예수를 의사요 불쌍한 사람을 돕는 분으로 묘사하는 치유 이야기들 속에 포함된다. 열여덟 해 동안이나 병마에 시달리던 등 굽은 여자를 풀어 주시고 "아브라함의 딸"(루카 13,16)로 인정하신 이야기(루카 13,10-17)도 거기 들어 있다. 나인에서 과부의 외아들을 살리신 사건은 안식일에 등 굽은 여자를 고치신 기적을 훨씬 능가한다. "큰 예언자가 나타났다", "하느님께서 당신 백성을 찾아오셨다"(루카 7,16) 하고 사람들이 예수를 찬양했기 때문이다. 외아들을 잃고 통곡하는 과부 때문에 하느님께서 당신 백성을 찾아오셨다는 이 은총적 사건은 여자에 대한 예수의 적극적 태도를 드러낸다. 죄 많은 여자(루카 7,36-50)나 당신을 따르며 시중들던 여자들(루카 8,1-3)을 대하실 때도 일관적으로 지속되는 태도다. 힘없는 여자에 대한 예수의 연민은, 사회의 냉대 속에 살아가지만 예수께 향유를 발라 드린 죄 많은 여자 이야기에서 더욱 빛난다. 사람들에게 멸시당하고 사회에서 소외된 이 여자를 괴롭힌 것은 질병이나 죽음이 아니라 영적 갈망이었다. 이런 상황에 처한 여자에게 특별한 관심을 기울이신 예수께서는 그녀를 온전한 인간으로 대해 주시고 모든 죄를 용서하셨다. 그분은 이 여자가 당신께 얼마나 깊은 사랑과 감사를 드리는지 아셨다. 흔히 중풍 병자(루카 5,17-26)와 더불어 은총 받은 사람으로 묘사되지만, 이 여자의 경우 영혼의 심연에 도사린 구원의 갈망과 사랑이 특히 두드러진다.[149]

---

[148] 참조: U. WILCKENS, "σοφία", *ThWNT* 7, 515-518; 어록 자료는 "예수께서 언급하신 지혜의 말씀들을 포함한다"(516,2-3); A. FEUILLET, "Jésus et la sagesse divine après les évangiles synoptiques", *RB* 62 (1955) 161-196; P.E. BONNARD, *La sagesse en person annoncée et venue*, LeDiv 44 (Paris 1966); F. CHRIST, *Jesus Sophia: Die Sophia-Cristologie bei den Synoptikern*, AThANT 57 (Zürich 1970); H. VON LIPS, *Weisheitliche Traditionen im Neuen Testament*, WMANT 64 (Neukirchen 1990) 197-266.

[149] 참조: E. SCHWEIZER, *Das Evangelium nach Lukas*, NTD 3 (Göttingen 1982) 92: "그 여자에게 베푸신 은혜는 육체적 치유 이상으로 감동적이다. 그 여자는 삶의 의미를 상실한 고통(병고)을 겪고 있었기 때문이다. … 이 여자에게 보이지 않게 일어났던 것이 이 여자의 삶에서 비로소 드러나 보이게 되었다."

이 죄 많은 여자는 당시 유다 여자들의 상황과 예수께서 그들에게 베푸신 해방을 집중 조명한다. 예수께서는 남녀를 차별하지 않으시고 오직 구체적 상황 속에서 하느님 앞에 선 한 인간만 보실 뿐이다. 이 여자가 예수께 바친 사랑만이 평가의 척도였고 이 여자도 오직 이 척도로만 평가되었다. 루카가 베타니아에서 어떤 여자가 예수께 향유를 부었다는 마르코 복음서의 이야기(마르 14,3-9: 루카는 마르코를 통해 이 이야기를 알았을 것이다) 대신 또 다른 형태의 유사한 이야기를 자기 복음서(루카 7,36-50)에 실었다면, 전승사적으로 많은 문제가 있음에도 불구하고,[150] 죄인과 여자에 대한 예수의 사랑을 잘 드러내는 이 이야기가 마음에 들었기 때문이었을 것이다. 수난을 앞둔 어느 날 예수께서 시몬의 집에서 식사를 하고 계실 때 한 여자가 머리에 향유를 부었다는 이야기는 마르코도 자기 복음서에 수록했다. 복음이 선포되는 곳마다 "이 여자를 기억하게 될 것"(마르 14,9)이기 때문이다. 그러나 루카는 예수의 발에 향유를 발라 드린 여자의 인간성과 예수에 대한 헌신을 높이 산다. 루카에게 이 여자는, 우리가 모든 여자에 대해 마땅히 지녀야 할 존경과 사랑의 상징이다.

여자들에 관한 주제는 루카 복음 8장 1-3절에서 계속된다. 예수를 따라다니며 뒷바라지하던 여자들이 예수의 길에 어떤 의미를 지니는지는 부활후 관점에서 살핀 바 있다(제4장 2.3 첫머리 참조). 이 여자들 중에는 악령과 병마에 시달리다가 치유받은 여자들도 있었다. 일곱 마귀에 짓눌려 고통을 받다 해방된 마리아 막달레나는 유난히 많은 재앙을 겪으며 영육 간에 시달려온 여자였다. 그런데 요안나, 그리고 야고보의 어머니와 함께 예수 부활의 기쁜 소식을 맨 먼저 접한 이가 바로 이 여자다(루카 24,10). 여기서 여자들을 하나하나 거명하는 것은 여자들의 고통을 마음 깊이 공감한 루카

---

[150] 참조: R.E. BROWN, *The Gospel According to John* 1 (Garden City, N.Y. 1966) 449-452; R. SCHNACKENBURG, *Das Johannesevangelium* 2 (Freiburg - Basel - Wien 1965) 464-467; R. HOLST, "The One Anointing of Jesus: Another Application of the Form-Critical Method", *JBL* (1976) 435-446; FITZMYER, *Luke* 1 [각주 1] 684-686.

의 연민을 표현하는 것이라 하겠다. 그들은 자신을 고통과 절망에서 해방시키고 치유해 주신 분, 예수께 대한 사랑을 날로 키워 갔다.

여자들의 감수성은 예수께서 겪으신 불의와 고통을 함께 느꼈다. 이는 십자가의 길 장면에서 잘 드러난다. 여자들은 예수를 보고 가슴을 치며 통곡했다(루카 23,27-31). 그들은 예수 수난을 찢어지는 아픔으로 바라보아야 했다. 예수를 도와 십자가를 진 키레네 사람 시몬과는 달리 여자들은 이 사건을 더욱 깊이 이해하고 있었다. 이들은 "유다인들의 임금"(루카 23,37-38)이 지금 죽음으로 내몰리고 있다고 여겼다. 이 모든 것에 대한 예수의 응보는 장차 예루살렘에 내려질 심판으로 나타날 것이다. 이 점이 여자들의 마음을 더욱 짓눌렀던 것 같다. 어쩌면 자신들도 준엄한 심판의 대상이 되어 벌받을지 모른다. 시메온이 마리아에게 예언한 그대로다(루카 2,34-35). 갈릴래아에서 예루살렘까지 예수를 따라온 여자들처럼(루카 23,49) 이 여자들도 예수의 운명을 깊이 감지한 백성의 소리를 대변한 사람들이었다.[151]

여자는 그러나, 하느님 복음의 기쁨을 증거하는 존재이기도 하다. 되찾은 양의 비유(루카 15,1-7)와 되찾은 은전의 비유(루카 15,8-10)는 하느님께서 잃었던 이들을 구원하신다는 것을 기본 주제로 삼아, 하느님께서는 죄인의 회개를 매우 기뻐하신다는 차원으로 승화된다(루카 15,10). 잃었던 아들을 되찾고 기뻐하는 아버지의 비유 속에 상세히 묘사된 이런 모습(참조: 루카 15,24.32)은 잃었던 은전을 되찾고 즐거워하는 여자의 기쁨 속에 이미 드러나 있다. 하여튼 루카는 이 비유들을 이런 의미로 이해했고, 또한 이로써 복음을 기쁘게 받아들인 여자들에 대해 길이 남을 증언을 한 셈이다.

예수께서 마르타와 마리아의 집을 방문하신 일화도 이런 맥락에서 이해되어야 한다(루카 10,38-42). 이야기의 핵심은 예수의 말씀을 받아들인다는

---

[151] J.H. NEYREY, "Jesus' Address to the Women of Jerusalem (Luke 23,27-31) – A Prophetic Judgement Oracle", *NTS* 29 (1983) 74-86은 상징적으로, '예루살렘의 딸들'을 하느님의 사자를 받아들이지 않은 일부 예루살렘 사람들로 해석한다(76). 이 주장은 정당화되기 어렵다. 예수의 죽음을 앞당겨 통곡하고 눈물 흘리는 것은 예수의 죽음에 적극적으로 참여하는 행위다.

데 있다(루카 10,39). 예수를 대접하는 일에 여념이 없었던 언니보다 마리아가 더 좋은 몫을 선택했다는 것이다(42절). 여기 등장하는 두 여자 중 하나는 활동적 삶을 또 하나는 관상적 삶을 대표하는 인물로 여겨져, 마치 관상적 삶이 활동적 삶보다 더 가치 있는 것처럼 오랫동안 해석되어 왔다.[152] 이는 이야기의 본디 의도를 간과한 해석이라 하겠다. 여기서 현실적 활동과 관상이 대립되는 것이 아니라, 일상에만 몰입하는 자세와 복음 말씀을 듣는 자세가 대립된다. 예수의 전도 여행 중 일어난 이 사건은 예수께서 제자들에게 행복 선언을 하신 후(루카 10,23-24), 제자들에게 어떻게 살아야 하는지 가르쳐 주시는 장면 가운데 삽입되어 있다. 그것은 '서로 사랑하라', '복음 말씀을 들으라', 그리고 '기도하라'는 것이다. 영원한 생명을 얻기 위해서는 무엇보다 먼저 하느님과 이웃을 사랑해야 한다. 강도를 만나 초주검 된 사람에게 착한 사마리아인이 했던 것처럼 그렇게 실천해야 한다는 것이다(루카 10,25-37). 그리스도인 생활에서 둘째로 중요한 요구는 예수의 말씀을 들어야 한다는 것이다. 예수께서 마리아의 집을 방문하셨을 때 마리아가 한 것처럼, 그렇게 해야 한다는 것이다. 셋째로 중요한 것은 기도하는 것이다. 기도로써 하느님께 모든 것을 맡기고 신뢰하면 예수의 제자가 되는 힘을 얻는다(루카 11,1-13). 루카는 전승에서 물려받은 자료들을 주제별로 정리하여 이 단락을 구성했다. 사랑의 기본 계명을 착한 사마리아인의 비유와 연계시키고 기도에 관한 본문들을 모아 편집한 것을 보면 알 수 있다. 그 사이에 삽입된 마르타와 마리아 장면도 사랑의 실천과 기도 생활 사이에 포함되는 지침을 다룬다: 예수의 말씀을 듣고 깊이 묵상하라. 이것은, 많은 예언자와 임금이 보려고 했지만 보지 못했고 들으려고 했지만 듣지 못했던 것을 지금 듣고 볼 줄 아는 제자들의 탁월함에 대한

---

[152] 이런 해석은 중세 영성 서적에 널리 나타난다. 그런데 마르타에 대한 전혀 다른 시각이 Jacobus DE VORAGINE의 *Legenda Aurea*에서 발견되는데, 여기서 마르타는 그리스도의 초대자이며 죽음의 정복자로 그려진다. E. MOLTMANN-WENDEL, "Die domestizierte Martha: Beobachtungen zu einer vergessenen mittelalterlichen Frauentradition", in: DERS., *Frauenbefreiung* [각주 144] 228-240도 이 견해를 따른다.

응답이다(루카 10,23-24). 루카는 마르타와 마리아 자매의 이야기를 미지의 전승에서 인용하여 기록했다. 예수를 따르는 여자들의 감수성을 높이 산 그는, 여자들이 예수의 말씀을 듣는 것을 예수의 시중을 드는 것보다 높이 평가했던 것이다(루카 8,3 참조). 이로써 마리아는 예수 참제자의 전형이 된다. 여자들이야말로 하느님의 생각을 더 깊이 되새기고 이해하는 능력을 지닌 것이 아닌가 느껴진다. 이 능력은 예수의 어머니 마리아를 통해 입증된 바 있다(루카 2,19.51).[153]

과부의 청을 들어주는 불의한 재판관의 비유(루카 18,1-5)에서 재판관에게 올바른 판결을 내려 달라고 조르는 과부는, 절대로 기도를 멈추지 말라는 예로 제시된다(루카 18,1). 불의한 재판관에게 탄원해 봐야 아무 소용 없는 줄 뻔히 알면서도 이 과부는 계속 졸라대며 끈질기게 매달렸기 때문에 뜻을 이룰 수 있었다. 재판관의 독백을 자세히 들여다보면, 이 여자의 성격이 루카 복음서에 나오는 다른 여자들과 전혀 다르다는 것을 확연히 느낄 수 있다(루카 18,5). 이 과부는 우선 저돌적이고 난폭하기까지 하다. 그러나 이런 성격 이면에는 기댈 곳 없는 여자들, 가난한 사람들, 고통 중에 살아가는 사람들의 어려움이 숨어 있다. 이 복음서 저자는 예수의 설교에 따라 이런 사람들에게 특별한 관심을 쏟는다. 여자들은 괴로움 속에서 바치는 자기들의 기도를 들어주실 하느님께 울부짖을 수 있었고, 또 그리할 수밖에 없었을 것이다. 이 과부도 예수를 통해 하느님의 자비를 얻는 여자들의 대열에 들어선다.[154] 루카 복음서에서 만나는 여자들의 모습은 참으로 각양각색이다. 이제 루카 복음서의 서술 배후에 여자들이 어떻게 평가되고 있는지 고찰해 보자.

---

[153] 참조: SCHNEIDER, *Das Evangelium nach Lukas* 1 [각주 61] 252: "루카는 어머니 마리아에게서 '말씀'을 관상적으로 듣는 제자의 모범을 보았다"(참조: 루카 2,19.51; 8,15; 11,28).

[154] 참조: HEININGER, *Sondergutgleichnisse bei Lukas* [각주 110] 206: "구약성경의 패러다임과 비교하건대 이 과부는 여자로서 엄청나게 평가 절상된 인물이다. 말하자면 이 여자는 재판의 대상이 아니라 자기 성취의 주체였다."

2.3.2 루카의 서술에 나타나는 여자들에 대한 평가

여자들에 관한 한, 루카가 활용한 전승과 자기 고유의 생각은 물론 구별되어야 한다. 루카가 다듬은 전승 사료들을 검토해 보면, 루카는 그 자료들을 항상 여자들의 본질과 구원사적 역할에 대한 나름의 판단과 결부시킨다는 것을 알 수 있다. 루카가 그리는 여자의 모습은 대략 다음과 같다.

① 인간으로서의 여자

루카에게 여자는 완전한 인간이다. 남자와 여자의 창조에까지 거슬러 올라가는 이혼 논쟁(마르 10,1-12; 마태 19,1-9)을 자기 복음서에서 다루지 않지만, 그는 이혼 금지를 힘주어 강조한다(루카 16,18). 남편이 아내를 버려도 안 되고 남편에게 버림받은 여자가 재혼해도 안 된다는 생각이다. 이렇게 예수께서는 혼인에 있어서 여자를 보호하는 입장을 취하신다. 따라서 아내는 남편과 동등한 권리를 갖는 배우자라는 결론을 내리지 않을 수 없다. 예수께서 여자의 인간적 존엄성을 존중하신다는 것을 하혈하는 여자 이야기보다 더 철저하고 강력하게 피력하는 곳은 없다. 예수께서는 하혈하는 여자를 "딸"(루카 8,48; 마르 5,34; 마태 9,22)이라 불렀고, 등 굽은 여자도 "아브라함의 딸"(루카 13,16)이라 하셨다. 아브라함의 남자 후손들이 어떤 의미를 지니는지 생각한다면(루카 1,55 참조), 여기서 이 여자를 아브라함의 자손으로 명시하는 것은 실로 주목할 만한 사건이다. 예수께서 "아브라함의 자손"(루카 19,9)이라 하신 세관장 자캐오처럼 이 여자도 하느님 백성의 일원인 것이다. 예수께서는 남녀 불문하고 병자들은 모두 고쳐 주시되 때로는 여자들을 더 많이 배려하셨다(루카 8,2). 예수와의 만남에서 여자들의 인품이 명백히 드러난다. 이들은 도움이 절실했던 예수의 제자들을 뒷바라지 했을뿐더러(루카 8,3), 진심으로 예수와 운명을 함께했고(루카 23,27), 예수를 따라 십자가 아래까지 동행했으며(루카 23,49), 예수의 안장을 현장에서 지켜보았다(루카 23,55). 여기서 그들의 인간적 참모습이 드러난다. 루카는 죄 많은 한 여자가 예수께 따뜻한 사랑을 바치며 뉘우치는 모습을 섬세하게 묘사하는 한편, 예수를 초대한 바리사이 시몬은 예수께 최소한의 인간적 예의도 갖추지 못했다고 전한다(루카 7,44-46).

되찾은 은전의 비유(루카 15,8-10)에 등장하는 여자는 잃었던 은전을 되찾은 것이 너무 기쁜 나머지, 친구와 이웃을 다 불러서 기쁨을 같이 나누자고 한다. 여기서 누구보다 먼저 동정녀 마리아를 생각하지 않을 수 없다. 마리아는 친척 엘리사벳이 늘그막에 아들을 잉태했다는 소식을 듣자마자 엘리사벳에게 달려가 그녀를 뒷바라지해 주었다(루카 1,39-56). 루카 복음서에는 여자들의 인간성이 적나라하게 묘사된다. 동생 마리아에 가려 뒷전으로 밀려나 있던 마르타도 성격이 발랄해서 매력적으로 그려진다. 마르타는 예수께 저 혼자 시중을 들자니 너무 힘들다고 투덜댔다(루카 10,40). 불의한 재판관을 제 고집대로 밀어붙인 과부 이야기도 다소 익살스럽지만 전적으로 일상에서 취한 것이다.

② 남자와 동등한 여자

시메온과 여예언자 한나, 시리아 사람 나아만과 사렙타의 과부, 니네베 사람들과 남방의 여왕, 잃은 양을 찾는 목자와 잃은 은전을 찾는 여자 등, 루카는 남녀를 나란히 등장시킨다. 시몬 베드로의 장모와 나병 환자(루카 4,38-39; 5,12-16), 그리고 키레네 사람 시몬과 통곡하는 여자들(루카 23,26-27)의 병렬 구조도 여기 추가될 수 있다. 당시 사회적 여건이 허락하는 한, 여자들도 제자들과 동등하게 예수를 따를 수 있도록 부름 받았다는 것을 알아야 한다. 루카 복음 8장 1-2절에는 이렇게 기록되어 있다. "열두 제자도 그분과 함께 다녔다. 악령과 병에 시달리다 낫게 된 몇몇 여자도 그들과 함께 있었"다. 당시 유다에서는 여자들과 그렇게 가깝게 지낸다는 것은 상상조차 할 수 없었다. 그러나 예수께서는 여자들도 당신을 따르는 사람들 속에 받아들이셨다. 여자들이 제자들처럼 하느님 나라를 선포할 수는 없었지만(루카 9,2), 예수와 그분의 제자들이 복음을 선포할 때 항상 그들 곁에서 활동을 뒷받침하며 도왔다.

이렇게 예수께서는 여자들을 남성 중심적 시각에서 구해 내어 남자들과 동등한 지위에 두셨다. 당시 유다 사회의 장벽을 점잖게 허물어 버리신 것이다. '감히' 남자들의 만찬장에 들어온 죄 많은 여자를 감싸 주신다거나 당신 제자 무리 속에 여자들을 받아들이시는 것만 봐도 그렇다. 예수에게는 '여성성'도 내재한다. 그분은 '남성적인 것'만을 지고의 인간상으로 내세우지 않는 '조화로운' 남자였다.[155]

③ 여자들의 구원사적 역할

여자들의 구원사적 의미는 예수 유년기 이야기에 가장 강력히 반영되어 있다. 어머니 마리아가 읊은 「마리아의 노래」(Magnificat: 루카 1,46-55)는 하느님께서 마리아를 메시아의 어머니로 선택하심으로써 시작된 인류 구원의 대역사, 대혁명을 노래한다. 하느님께서는 당신 여종을 굽어보시며 장차 이루실 일들을 알려 주신다. 또한 교만으로 가득 찬 자들을 흩으시고, 통치자들을 왕좌에서 끌어내리시며, 비천한 이들을 들어 높이신다. 예수께서 행복 선언과 불행 선언을 통해 천명하신 바대로(루카 6,20-26) 종말론적 전환이 이루어진다. 마리아는 하느님께서 당신 구원 계획을 실현하시기 위해 예정하신 혁명적 전환의 실제 상징이다. 마리아를 여인들 가운데서 가장 복되신 분이라고 칭송한 엘리사벳(루카 1,42)도 이러한 시각 속에 편입된다. 그의 아들 요한도 회개를 설교하며 예수를 통해 실현되고 있는 하느님의 길을 준비한다(참조: 루카 1,13-17.68-79; 3,3-6). 마찬가지로 여예언자 한나도 이스라엘의 구원을 예고한다(루카 2,38). 메시아께서 오심으로 말미암아 이루어지는 이 구원사적 대변혁, 구원을 향한 대전환이 예수 유년기 이야기에 나오는 여자들의 예언자적 발언에 그대로 반영된다. 이것은 훗날 루카 복음서 본문에 등장하는 군중 속 어떤 여자의 칭송에도 다시 한 번 더 반영된다(루카 11,27-28).

---

[155] 참조: H. WOLFF, *Jesus der Mann: Die Gestalt Jesu in tiefenpsychologischer Sicht* (Stuttgart 1975) 23-28.74-78.178.

갈릴래아에서 예루살렘까지 예수의 길을 따라온 여자들에게도 구원사적 역할이 부여되었음은 말할 나위도 없다. 십자가와 부활로 특징지어지는 예수의 길을 명료하게 보여 주고 사도들에게 예수 부활 소식을 전해 줌으로써(루카 24,10), 그들이 우리를 구원 사건의 중심으로 인도했기 때문이다. 사도들이 이 여자들의 말을 믿지 않고 단지 여자의 실없는 소리로 치부한 것은(루카 24,11) 남성 중심적 사회상을 그대로 반영한다. 당시 여자들의 말은 증언으로 인정되지 않았다. 그렇지만 엠마오로 가던 제자들이 예수와 대화하는 가운데, 그들은 예수께서 부활하셨다는 여자들의 말을 듣고 깜짝 놀랐다는 말을 한다(루카 24,22). 예수께서 부활하셨다는 사실에 대해 한번 곰곰이 생각해 보도록, 적어도 여자들이 제자들에게 자극을 준 것은 사실이다. 부활 후 그리스도 교회가 형성될 때는 여자들이 구성원 가운데 포함되어 있었다(사도 1,14). 이제 이들은 신자 공동체의 완전한 일원이 되었다. 여자들의 증언이 인정받았다고 믿어도 좋다.

2.3.3 전망: 사도행전 속의 여자들

여자들에 대한 예수의 적극적 태도에 자극받은 루카의 여성상은, 초대교회의 삶과 선교 활동을 기록한 사도행전에도 그대로 반영된다. 루카가 예수의 활동을 회고하며 묘사한 여자의 모습도 여기서 그대로 보존·발전된다. 그렇다면 초대교회의 일상과 선교 활동에서 보인 여자들의 역할이 루카의 예수 모습에 영향을 끼친 것은 아닐까? 그러나 그런 흔적은 미미하다. 기껏해야, 여자들이 예수와 제자들의 시중을 들었다든가(루카 8,3), 여자들에게 치유 기적을 행하셨다는 것 정도다. 전반적으로 루카는 여자들에 관한 자신의 사료를 충실히 따랐다.

사도행전에 나오는 여자들의 모습은 예수에 대한 기억 아닌 다른 요소의 영향을 받았다.[156] 그것은 바로 루카의 체험이다. 초대 그리스도인들의 삶과 선교 활동에 대한 루카의 체험이 복음서에 나타나는 여자들의 모습을 확증하고 발전시켰다. 여자들은 계속 그리스도의 구원과 치유 능력을 체험하게 된다. 사도들의 활동에 관한 집약문은 더 많은 남녀 신자 무리가 주님께 인도되었고 병자들은 모두 치유받았다고(사도 5,14-16) 알려 준다. 예컨대, 리따의 중풍 병자 애네아스를 치유한 이야기(사도 9,32-35)와 야포 여자 타비타를 되살린 이야기(사도 9,36-43)가 있다. 여기서도 여자 이야기와 남자 이야기가 나란히 나오는데, 여자가 남자보다 더 큰 기적을 체험한다. 사도행전은 여자들이 공동체 활동과 선교 활동에 적극적으로 협력하는 모습을 거듭 보여 준다. 자색 옷감 장수 리디아는 필리피에서(사도 16,11-15), 프리스킬라는 아테네와 에페소에서(사도 18,2.18-19.26) 적극적으로 도왔다. 프리스킬라와 아퀼라 부부는 사도 바오로의 선교 활동을 도우며(로마 16,3 참조) 아테네에서 에페소까지 동행했다(사도 18,19-20). 신자들의 집회를 위해 자기 집을 내놓은 요한 마르코의 어머니 마리아를 보면(사도 12,12) 여자들이 이 사도를 어떻게 도왔는지 짐작할 수 있다. 바오로가 안부를 전하는 인사들의 명단이 수록된 로마서 16장은 여자들 주변에 '가택 교회'가 형성되었음을 암시한다. 루카는 여자들의 이러한 적극적인 역할을 알고 있었고, 그것이 루카의 여성상을 형성하는 데 영향을 주었다. 여자들도 주님의 제자들과 똑같이 박해를 감수해야 했다(사도 8,3; 9,2; 22,4).

루카는 '하느님을 섬기는' 여자들에게 특별한 관심을 기울인다. 다른 민족 출신으로 유다교를 신봉하다가 다시 그리스도교로 개종한 이 신심 깊은 이들은, 바오로의 가르침을 받아들여 그를 따르던 여신도들(예컨대 다마리스)이었다(사도 13,50; 17,4.12.34). 바오로가 예루살렘으로 항해하던 중 티로에 들렀을 때, '부인들과 아이들'이 바오로 일행에게 작별 인사를 하려고 모였다(사도 21,5-6). 일행이 떠나기 직전 그들이 바닷가에서 함께 기도를 바친 것은 부인과 아이들로 이루어진하느님의 가족, 곧 교회의 모습을 보여

---

[156] A. WEISER, "Die Rolle der Frau in der urchristlichen Mission", in: *Die Frau im Urchristentum* [각주 144] 158-181. 여기서 여자들과 예수와의 관계 외에 언급되는 요소들: 예수의 구원 활동에 관한 원시 그리스도교의 반성, 남녀 불문하고 하느님의 성령을 선물로 받는 종말론적 하느님 백성에 속한다는 의식, 유다교가 이미 닦아 놓은 길 위를 달리는 원시 그리스도교의 선교 활동, 그리고 사회사적 현상(164-167).

준다. 그 한복판에 사도 바오로가 우뚝 서 있다. 카이사리아에 도착한 바
오로는 복음 선포자 필리포스의 집에서 예언자 하가보스(사도 21,10-11)처럼
예언 은사를 입은 그의 네 딸을 만난다(사도 21,8-9). 오순절 때 예고된 것이
이렇게 이루어졌다. "너희 아들딸들은 예언을 하고 …"(사도 2,17).

　　루카는 성 차별을 모른다. 그는 새로 태어난 그리스도 교회에서 활동하
는 남녀를 차별하지 않는다. 그는 바오로의 선교 활동에 있어서 여자들의
역할을 긍정적으로 평가한다.[157] 이로써 루카는 예수의 활동에 남녀가 평
등하다는 것을 확인시켰고, 나아가 남성 중심적 편견을 극복한 새 구원 공
동체가 형성되었음을 알렸다. 여기서 여자들은 빈민 구제 소임뿐 아니라
복음 선포와 교육 직무도 수행했다. 그들은 교회를 세우고 교회가 활동할
수 있도록 적극 협력했으며 특히 '가택 교회'를 통해서 많은 기여를 했다.
이렇게 루카는 '친여성 복음서 저자'의 면모를 보여 준다. 그는 자기 능력
범위 안에서 현대 여성 운동의 기초를 닦았다고 해도 과언이 아니다.

2.4 기도하시는 예수

루카는 기도와 기도하시는 예수, 그리고 기도하는 교회에 관심이 많다. 예
수의 말씀과 행적을 기억하고 기도하는 것은 온 교회의 중차대한 사명이
었다.[158] 루카 복음서가 예수 자신뿐 아니라 훗날 초대교회도 열심히 기도
했다는 것을 특히 강조하는 데서 예수의 중요한 면모가 발견된다. 루카에
게 예수는 지상 생애의 획을 긋는 중요한 순간, 결정적 상황에서 기도하는
하느님의 사자로 나타나신다. 예수께서는 교회가 어떻게 기도해야 하는지

---

[157] 여자들의 포괄적 전도 봉사에 관해서는, 같은 책 175-179 참조.

[158] 참조: A. HAMMAN, *La prière*, vol. 1: *Le Nouveau Testament* (Toulouse 1959) 특히 59-
169, 170-213; O.G. HARRIS, "Prayer in the Gospel of Luke", *SWJT* 10 (1967) 59-69; W. OTT,
Gebet und Heil: Die Bedeutung der Gebetsparänese in der lukanischen Theologie, StANT 12
(München 1965); P.T. O'BRIEN, "Prayer in Luke-Acts", *TynB* 24 (1973) 111-127; H. BALZ,
EWNT 3, 396-409, 특히 407f(참고문헌); ERNST, *Evangelium nach Lukas* [각주 22] 368-371;
BOVON, *Luc le théologien* [각주 7] 420-422.

모범을 보임으로써 기도를 독려하신다. 루카는 기도 중에 아버지와 말씀
을 나누고 그분 손에 모든 것을 맡기시는 예수의 독특한 모습을 기도에 관
한 전승 문헌(텍스트)에서 알게 되었고, 그것을 바탕으로 자신만의 예수 모
습을 그려 냈다. 예수께서는 교회의 뛰어난 기도 스승이셨고 장차 제자들
가운데 세워질 교회의 모습을 미리 내다보고 계셨다(루카 11,1 참조). 기도와
관련해서 루카가 특별히 다루는 주제는 셋이다: 첫째, 기도하시는 예수,
둘째, 교회의 모범이 된 예수의 기도, 셋째, 기도하는 초대교회.

2.4.1 지상 활동 중의 기도

마르코 복음서와는 달리, 아래 루카 복음서 대목들은 예수를 기도하시
는 분으로 소개한다.

> 3,21: 예수께서 세례를 받으시고 기도를 하시는데, 하늘이 열렸다.
>
> 5,16: (나병 환자를 고쳐 주신 다음) 예수께서는 외딴곳으로 물러가
> 기도하셨다.
>
> 6,12: (사도들을 부르시기 전) 예수께서는 기도하시려고 산으로 나
> 가시어, 밤을 새우며 하느님께 기도하셨다.
>
> 9,18: (베드로의 고백 직전) 예수께서 혼자 기도하실 때, 제자들도
> 함께 있었다.
>
> 9,28-29: (예수의 영광스러운 변모 때) 그분은 기도하시러 산에 오
> 르셨다. 예수께서 기도하시는데 ….
>
> 11,1: (「주님의 기도」를 가르쳐 주시기 전) 예수께서 어떤 곳에서 기
> 도하고 계셨다.
>
> 22,32: 나는 너(베드로)를 위하여 기도하였다.
>
> 23,34: 예수께서 말씀하셨다. "아버지, 저들을 용서해 주십시오."
>
> 23,46: 예수께서 큰 소리로 외치셨다. "아버지, '제 영을 아버지 손
> 에 맡깁니다.'"

이 대목들을 보건대, 예수께서는 세례를 받으실 때부터 죽으실 때까지 계속 기도하셨음을 알 수 있다. 예수께서 기도하시는 계기는 임의로 설정되는 것이 아니라, 예수의 등장과 활동 중 결정적인 상황이 전개될 때마다 생긴다. 그 계기는 운명의 기로(세례)나 생의 전환점(수난)에서 나타난다. 이때 예수의 길이 확정된다. 하늘이 열리고 성령께서 비둘기 모습으로 당신께 내려오시는 것을 본 세례 순간(참조: 마르 1,10; 마태 3,16)을, 루카는 예수께서 기도하시는 기회로 설정했다(루카 3,21). 마르코에 의하면 이때 예수께서는 현시를 체험하셨고, 마태오에 의하면 예수 친히 어떤 사건에 참여하셨다. 예수께서 가야 할 구원의 길은 이렇듯 아버지와의 긴밀한 연결 속에서 열렸다. 예수께서는 외딴곳으로 가셔서 기도하시면서(루카 5,16 참조) 성령의 힘으로 구원 활동을 수행하셨다.[159] 그러고 나서 열두 사도를 부르시고 다시 온밤을 새우며 기도하셨다(루카 6,12).

이 맥락은 부활 후 교회에 하나의 모델이 된다. 마티아를 사도로 뽑기 전에 모두 한마음으로 기도에 전념하였다(사도 1,14). 제자들을 '사도'라 강조하며 거행한 이 사도 선출은 제자들을 부활 후 교회와 연결시키는 교량적 역할을 한다(사도 1,21-26 참조). 예수께서 제자들에게 군중이 당신을 누구라고 하느냐고 물으신 것(루카 9,18)도 홀로 기도하시고 난 후의 일이었다. 예수의 기도에 힘입어 베드로는 예수께서 메시아임을 고백하고, 예수께서는 이어서 당신 수난과 죽음의 길을 알려 주신다(루카 9,20-22). 아마 기도하시는 예수께서는 당신 수난의 신비를 알려 주시기 위해 제자들을 굳건히

---

[159] 루카는 자기 복음서에 기도하라는 예수의 가르침을 더러 빼고 넘어가기도 한다: 마태 6,3-8(위선자들처럼 기도해서는 안 된다); 마르 11,24/마태 21,22(마르/마태는 청을 다 들어주시리라는 신뢰를 가지고 기도하는데, 루카 17,6에서는 믿음을 강조한다); 마르 11,25(용서하는 마음으로 기도하라. 참조: 마태 6,14); 마태 18,19(한마음으로 기도하라); 마르 13,18/마태 24,20(환난이 겨울에 일어나지 않도록 기도하라). 그러나 이것은 이 말씀들의 전승 상황과 관련 있는 듯하다. 부적절한 기도에 대한 비판(마태 6,3-8 참조)은 바리사이와 세리의 비유(루카 18,9-14)에도 나오지만 루카는 올바른 기도 자세에 더 큰 비중을 둔다. 루카 11,5-8과 11,9-13에서는 꼭 들어주시리라는 확신과 깊은 신뢰로 기도하라는 점을 강조한다(마태 7,7-11 참조). 참조: OTT, *Gebet und Heil* [각주 158] 14-18.

다잡으려 하셨을 것이다. 예수의 영광스러운 변모도 같은 모양으로 기도
하시고 난 후에 이루어졌다(루카 9,28-36). 예수의 부활을 암시하는 이 계시
는 목도한 제자들을 신성한 공포numinose Furcht에 휩싸이게 했다(루카 9,34).
그러나 예수의 기도로 이 사건의 전 과정은 하나의 예외적 천상 발현으로
이해되었고, 현장의 세 제자에게는 특별한 계시의 성격을 띠게 되었다. 영
광에 싸여 예수 본디의 모습을 드러낸 이 그리스도 현현Christophanie은, 죽
음을 목전에 두고 제자들과 후대의 교회를 지켜 주고 힘을 북돋우려는 것
이었다. 모세와 엘리야는 "예수님께서 예루살렘에서 이루실 일, 곧 세상을
떠나실 일"(루카 9,31)에 대해 예수와 함께 이야기 나누었다. 예수께서 기도
하시는데, "그 얼굴 모습이 달라지고 의복은 하얗게 번쩍였다"(루카 9,29).
예수의 지상 생애에서 이 세 제자는 잠시나마 부활의 증인이 되었다. 예수
의 영광스러운 변모 직전 기도하신 예수는 올리브 산에서 수난하신 예수
와 같은 맥락이다.[160] 다만 후자의 경우, 모든 것이 부활이라는 빛의 조명
을 받고 있다는 점이 다를 뿐이다. 죽음에서 부활에 이르는 구원사적 길(루
카 24,26)이 예수의 기도 속에 종합된다. 이 수난 사건은 오직 기도로만 극
복할 수 있다. 예수께서는 모든 것을 하느님 뜻에 맡겼음에도(루카 22,42) 죽
음의 공포ἀγωνία를 어쩔 수 없었다. 그래서 더 간절히 기도하셨다(루카
22,44). 올리브 산에서의 이 순간 모든 공포가 한꺼번에 몰려와 예수를 짓누
르고 있었다. 막상 죽음이 현실로 다가왔을 때는 아버지를 깊이 신뢰하신
예수를 아버지로부터 떼어 놓을 두려움은 어디에도 없었다(루카 23,46).

예수께서는 외롭게 기도하시는 분이 아니다. 기도하실 때는 늘 주변 사
람들을 염두에 두셨다. 베드로의 믿음이 약해지지 않도록 그를 위해 기도
하셨고(루카 22,32) 지금 무슨 짓을 하는지 모르는 형리들을 위해서도 기도
하셨다(루카 23,34). [물론 이 말은 문제의 이 구절이 성경 본문에 들어 있음
을 전제할 때 성립한다(제4장 2.4.2 참조)]. 십자가의 길을 가실 때 따라가며

---

[160] 참조: J. ERNST, *Evangelium nach Lukas* [각주 22] 302f.

통곡하던 부인들에게는, 당신 때문에 울지 말고 그들과 그들 자녀들 때문에 울라고 위로하셨다(루카 23,27-28). 함께 십자가에 달린 죄수가 회개했을 때 예수께서는 바로 그날 당신과 함께 낙원에 있을 것을 보장하셨다(루카 23,43). 예수 수난에서 나타나는 이 특이한 일들은 모두 죽는 순간까지 지속된 예수 기도의 힘으로 이루어진 것이다. 이 점, 분명히 언급된 곳은 없지만 지금까지 열거된 기도 모습이 이런 해석을 정당화시켜 주고도 남는다. 기도는 예수께 당신의 길이 거쳐 가야 할 곳들을 밝혀 주었다.

그러나 예수께서는 개인적으로 기도하시는 것이 아니라, 당신 교회를 기도의 길로 인도하시는 분으로도 묘사된다. 루카 복음서에 「주님의 기도」가 수록되는 사연이 루카 복음 11장 1절에 나온다. 이 도입부는 기도의 시야를 기도하시는 예수로부터 기도하는 교회로 확장시킨다. 예수의 제자들은 세례자 요한이 제자들에게 기도하는 법을 가르쳐 준 것처럼 자기들에게도 기도를 가르쳐 달라고 한다. 세례자 요한의 공동체에서 어떻게 기도했는지 자세히는 알 수 없으나 아마 그들은 단식과 기도를 병행했을 것이다(루카 5,33 참조). 여기서 루카는 예수의 세례 후에 형성되는 요한의 제자 집단을 내다보는 듯하다(사도 19,2-7 참조). 그리고 그들의 기도를 예수께서 직접 가르쳐 주신 그리스도 공동체의 기도, 즉 「주님의 기도」와 대비한다. 예수 시대에 요한의 제자들이 특별한 기도를 바치고 있었다면, 예수의 제자들도 기도를 가르쳐 달라고 했음직한 역사적 상황을 짐작할 수 있다. 그러나 루카는 그 시대 상황을 뛰어넘어 멀리 내다보고 있다. 근거인즉 이러하다.

① 올리브 산에서의 기도는 제자들과 후대 교회가 유혹에 빠지지 말라는 경고다(루카 22,40.46). 따라서 이 기도는 당시대 상황을 뛰어넘는다.

② 기도에 관한 가르침 맨 끝에, 성령을 주시리라는 약속(루카 11,13)은 장차 믿는 사람들에게 성령이 내리실 초대교회 시기를 염두에 둔 것이다.

③ 하느님께서는 기도를 반드시 들어주신다는 이야기(루카 11,5-8)는 기도에 관한 예수의 가르침과 역사적으로 잘 들어맞지만, 과부의 청을 들어주는 불의한 재판관의 비유(루카 18,1-8)는 부활 후 교회 상황을 전제로 한다.

그때 신자들은 주님의 재림이 지연되는 것을 보고 기도에 확신을 가질 수 없을 지경에 이르렀다. "하느님께서 당신께 선택된 이들이 밤낮으로 부르짖는데 그들에게 올바른 판결을 내려 주지 않으신 채, 그들을 두고 미적거리시겠느냐?"(루카 18,7). 후대 교회를 두고 말씀하신다는 것은 루카 복음 18장 8절에 더 분명하게 드러난다. "사람의 아들이 올 때에 이 세상에서 믿음을 찾아볼 수 있겠느냐?"[161] 루카는 기도에 관한 예수의 권고를 받아들여 그것을 교회에 하시는 말씀으로 해석한다. 믿음을 굳건히 하려면(루카 17,5 참조) 기도가 필요하다(루카 22,32). 루카는 기도에 관한 예수의 권고를 초대교회 상황에 맞추어 제시해 준다(루카 18,1; 19,11).

당신 아버지께 이렇게 간청하시는 것은 예수께서 하느님의 아드님이라는 사실과 어떤 관련이 있는가? 그분이 하느님의 아드님이라는 것은 그분을 하느님과 가깝게 결합시켜 준다. 예수께서는 당신 아버지에게서 모든 것을 넘겨받으셨고 아버지와 아드님은 서로를 잘 아신다(루카 10,22). 그렇지만 이 아드님은 아버지께 예속되어 있고, 아버지께서 계획하신 바를 마음대로 처리할 수 없다. 아버지와 본질이 같으신 아드님께서 도대체 왜 기도를 드려야 하는가 하는 요한 복음서의 문제점은 루카에게 전혀 문제가 되지 않는다. 예수께서는 이미 아버지의 뜻을 완전히 알고, 그분의 간청을 아버지께서 다 들어주신다는 것을 확신하시기 때문이다(요한 11,41-42; 12,27-28). 루카에게 예수는 즐거워하며 아버지께 감사드리는 분이며(루카 10,21), 극심한 고통 중에서도 구원을 애타게 청하는 인간이다(루카 22,44). 그분은 기도하시는 가운데 하느님의 섭리를 받아들일 힘을 얻으시며(루카 9,22와 연계하여 9,18), 죽음의 순간에도 당신을 하느님 손에 맡기는 힘을 발휘하신다(루카 23,46). 그분에게 기도는 하느님의 뜻을 밝혀 주는 계시이자, 당신의 지상 활동을 전개해 나갈 중요한 근거다.

---

[161] 끊임없이 간청하는 친구의 비유와 과부의 청을 들어주는 불의한 재판관의 비유의 연관성에 관하여: OTT, *Gebet und Heil* [각주 158] 32-72.

2.4.2 교회의 모범이 된 예수의 기도

루카가 기도하시는 예수를 소개할 때는 몇 가지 목적이 있었다. 먼저 그는 후대 교회를 위해 예수의 기도를 제자들의 모범으로 삼았다. 이것은 특히 스테파노의 순교에서 잘 드러난다. 스테파노가 죽음을 눈앞에 두고 "아버지, 저들을 용서해 주십시오. 저들은 자기들이 무슨 일을 하는지 모릅니다"(루카 23,34)라는 예수의 말씀을 가슴에 새겼다면, 사람들이 자기를 돌로 칠 때 "주님, 이 죄를 저 사람들에게 돌리지 마십시오"(사도 7,60)라고 외친 것은 형리들을 용서하신 예수의 선한 모습을 본받은 것으로 볼 수 있다. 그러나 루카 복음 23장 34절이 본디부터 성경 원문에 들어 있었는지 확실하지 않기 때문에, 예수께서 두 죄수 사이에서 처형되실 때 과연 이렇게 말씀하셨는지는 분명하지 않다.[162]

스테파노의 죽음은 예수의 죽음을 모범 삼아 서술된다. 살인자들을 위한 스테파노의 기도뿐 아니라 그 밖의 말에서도 예수님의 말씀이 연상된다. 아버지께 자기 영을 맡긴다는 기도(사도 7,59; 참조: 루카 23,46)나 하느님 오른쪽에 서 계신 사람의 아들이 보인다는(사도 7,56; 참조: 루카 22,69) 말 등이 그것이다.[163] 예수의 순교는 스테파노의 순교를 낳았고 그 과정을 예견할 수 있게 했다. 심지어 최고 의회 의원들이 큰 소리를 지르며 귀를 막는 것까지도 그렇다(사도 7,57; 참조: 루카 23,23). 스테파노의 재판 과정은 예수의 재판을 상기시킨다. 예수의 도전에 적들이 거세게 반발했고 그 초연하고 숭고한 탁월함 때문에 적들은 그분을 고발하고 죽였지만, 이 모든 과정 또한 지존 예수의 빛 속에서 진행되었다.

---

[162] 사도 7,60이 십자가에 못 박히실 때 용서를 빌어 주시는 예수의 말씀에서 비롯되었다는 견해는 성립될 수 없다. 불의한 이와 원수까지 보살피시는 모습은 이미 루카에게 확고히 정립된 예수상이다: "너희를 학대하는 자들을 위하여 기도하여라"(루카 6,28). 예수께서는 길손을 홀대한 사마리아 마을에 하느님의 응징이 내리기를 바란 제자들을 꾸짖으셨고(루카 9,54-56) 낯선 사람이라도 마귀를 쫓아내는 것을 막지 말라 하셨다(루카 9,49-50). 따라서 이 용서의 말씀은 예수의 청에서 스테파노의 외침으로 옮겨 갔다고 보는 편이 더 설득력이 있다.

[163] 참조: G. SCHNEIDER, *Apostelgeschichte* 1 [각주 13] 478.

예수의 기도는 또 다른 각도에서 후대 교회의 모범이 된다. 올리브 산에서의 기도 이야기는 "유혹에 빠지지 않도록 기도하여라"(루카 22,40)고 제자들에게 이르시는 데서 시작된다. 예수께서 그들과 떨어져 혼자 무릎을 꿇고 기도하셨다면, 제자들은 기도하라고 당부하신 이 말씀이 예수께 얼마나 중요한 것인지 깨달았어야 했다. 예수께서 붙잡혀 수난하시는 순간, 그들은 믿음과 예수의 제자됨을 회의하는 유혹에 빠져 들고 있었다. 통상적인 것은 아니지만, 이러한 시험은 모든 제자에게 느닷없이 닥칠 수 있다. 바로 이 순간 아버지 뜻에 자신을 온전히 내맡기신 예수께서 당하시는 유혹을 그들도 함께 당하고 있었다. 기도하시는 동안 땀이 핏방울처럼 되어 땅에 떨어지고 유혹이 예수를 죽음의 고뇌에까지 몰고 갔다면(루카 22,44), 이 구절(주요 성경 고사본에는 더러 빠져 있지만, 성경 본문의 말씀일 가능성이 크다)은 육체적 한계에까지 이른 예수의 나약한 모습을 노출시킨다. 이 기도 장면은 이중 구조로 되어 있다. 첫 부분에서 예수께서는 죽음의 공포에서 지켜 달라고 기도하시고, 다음 부분에서는 천사가 기운을 북돋아 드리지만 고뇌에 싸여 더욱 간절히 기도하신다. 이 구도의 점진성은 의도된 것이다. 우선 잠든 제자들과 예수를 대비하기 위함이며 다음으로 "유혹에 빠지지 않도록 일어나 기도하여라"(루카 22,46)는 예수의 권고를 강조하기 위함이다. 말하자면 올리브 산 장면은 기도 권고로 짜여 있고, 예수께서는 기도가 유혹을 이긴다는 것을 생생하게 보여 주신다. 다른 공관복음서의 이 장면에는 '깨어' 기도하라고 되어 있는데, 루카 복음서에는 '깨어'라는 말이 눈에 잘 띄지 않는다(루카 21,36은 예외다). 루카 복음서에는 모든 것이 기도에 집중되어 있다. 어떻게 기도를 해야 하는지, 제자들이 예수의 기도를 보고 배우게 하기 위해서다. 유혹이 심할수록 더 간절히 기도해야 한다.

이 점은 기도에 관한 루카 복음서의 다른 가르침과도 잘 부합한다. 하느님께서는 '당신께 밤낮으로 부르짖는 선택된 사람들'(루카 18,7)에게 지체없이 '올바른 판결'을 내려 주실 것이다(루카 18,8). 그들은 낙심하지 말고 끊임없이 기도해야 할 것이다(루카 18,1). 늘, 끊임없이 행하는 기도는 지상적 예수의 기도를 모범으로 삼는다. 그분은 아버지께 바치는 기도에 항상 몰두하셨다. 그것은 들어주시리라는 확신 속에서 바친 끊임없는 기도였다.[164]

기도하시는 예수께서는 제자들과 후대 교회에 모범만 보여 주신 것이 아니라 내용적으로도 새로운 기도(「주님의 기도」)를 가르쳐 주셨다. 교회가 무엇을 어떻게 기도해야 하는지 가르쳐 주신 것이다. 예수께서는 미래의 교회에 대해 기도의 스승이 되신다.[165] 「주님의 기도」는 하느님 나라가 오기를 바라는 기도로서 현세에 꼭 필요한 것을 구하는 기도와 결합되어 있을뿐더러 제자들이 세상에 사는 동안 무엇을 어떻게 기도해야 하는지 **가르쳐 준다**("주님, … 저희에게 기도하는 것을 **가르쳐 주십시오**": 루카 11,1). 「주님의 기도」에 성령 기도가 하느님 나라 기도를 대체 · 보완하는지는 그리 중요하지 않다.[166] 어쨌든 「주님의 기도」는 하느님 나라의 시작에서 완성까지 이 중간기를 살아가는 교회의 기도 속에 자리 매김 한다. 그리스도 신자들은 "사람의 아들 앞에 설 수 있는 힘을 지니도록 늘 깨어 기도하여"(루카 21,36)야 한다. 제자들은 현세적 기도도 할 수 있지만(루카 11,11-13 참조) 성령을 내려 주십사고 기도하는 것이 더 중요하다. 하느님께서는 궁핍과 곤궁에 처한 신자들이 청하는 모든 것을 성령을 통해 베풀어 주시기 때문이다. 궁극적으로 중요한 것은 기도 내용이 아니라 끊임없는 기도 그 자체다. 신자들

---

[164] OTT, *Gebet und Heil* [각주 158] 139-143은 바오로와 루카의 기도의 차이를 상론한다: 바오로의 기도는 구원을 받은 사람들의 기도이고 끝없는 기쁨이며 항상 감사하는 기도다. 한편 루카의 기도는 부끄러운 줄 모르고 한밤중에 친구를 찾아가 애걸하는 듯한 청원 기도다 (루카 11,8). 이 설명은 지나치게 날카로운 감이 있지만 OTT는 일말의 진실을 보았다.

[165] OTT, *Gebet und Heil* [각주 158] 94-99는 모범적 성격만을 지나치게 강조했다. 반박: BOVON, *Luc le théologien* [각주 7] 420-422; HARRIS와 O'BRIEN [각주 158].

[166] A. VON HARNACK, *Über einige Worte Jesu, die nicht in den kanonischen Evangelien stehen*, SPAW I (1904) 170-208의 주장을 계승하여, OTT, *Gebet und Heil* [각주 158] 102-123은 성령 기도와 「주님의 기도」에 관한 루카의 고유 형태가 있음을 새삼 강조한다: "「주님의 기도」의 루카적 형태는 루카가 재작성한 기도문으로서 기도에 관한 루카의 가르침 속에 자리 잡고 있다"(122). 그러나 B.M. METZGER, *A Textual Commentary on the Greek New Testament* (London - New York 1971) 154-156은 이렇게 설명한다: 이 구절이 다양한 형태로 전해지는 것은 그 구절이 활용되던 환경에 문학적으로 적응되었기 때문이며, 필경 세례나 안수 예식에서 성령의 정화 능력의 표현으로 이 기도가 바쳐졌을 것이다.

은 기도하는 가운데 하늘에 계신 아버지와 친교를 이룰 수 있기 때문이다
(루카 12,30). 그분은 우리가 사는 데 필요한 것이 무엇인지 잘 아신다. 가장
중요한 것은 하느님 나라를 위하여 노력하는 것이다. 우리는 「주님의 기
도」를 바치면서 그 나라가 임하도록 기도한다. 주님께서 더디 오신다 할지
라도(루카 12,38) 끊임없이 기도함으로써 이 기다림의 시기를 극복할 수 있
다. 루카가 정작 말하고 싶었던 것은 어떤 상황 속에서도 발휘되는 기도의
위력이었다.

2.4.3 부활 이후 교회의 기도

사도행전 2장 42절(참조: 사도 1,14; 2,46-47)에 요약된 교회의 이상상에는
끊임없는 기도도 포함되어 있다. 사도행전에는 '빌다'δέομαι라는 말을 빼고
도 **기도와 기도하다**라는 단어가 25번 정도 나온다. 초대교회 전체가 기도
하는 교회였다.[167] 사도들에게는 식탁 봉사보다 "기도와 말씀 봉사"(사도
6,4)가 더 중요했다. 사도들과 교회는 부여된 임무를 수행할 때 항상 기도
로 시작했다. 과부들을 돌볼 일곱 사람을 뽑을 때(사도 6,6), 사마리아 신자
들에게 성령이 내리시도록 안수할 때(사도 8,17), 안티오키아의 바르나바와
바오로에게 선교의 사명을 주어 파견할 때(사도 13,3), 각 교회 원로들을 임
명할 때(사도 14,23), 예루살렘으로 떠나는 바오로와 작별을 할 때(사도 20,36;
21,5) 항상 기도했다. 베드로가 체포되어 생명의 위협을 받을 때 교회는 이
교회 지도자를 위해 끊임없이 기도했다(사도 12,5.12).

베드로와 요한이 연행되어 최고 의회의 신문을 받고 무사히 석방되었을
때 교회가 한마음으로 소리 높여 하느님께 바친 기도는 특히 주목할 만하
다(사도 4,23-31).[168] 그것은 찬양 기도이자 청원 기도였다. 하늘과 땅과 바다
를 만드신 하느님을 찬미하고(참조: 시편 146,6; 이사 37,16), 시편 2의 1 말씀

---

[167] OTT, *Gebet und Heil* [각주 158] 124-135.

[168] 참조: D. RIMAUD, "La première prière liturgique dans le livre des Actes (Actes 4,23-
31)", *MD* 51 (1957) 99-115.

("어찌하여 민족들이 술렁거리며 …")을 지금 이 구체적 상황 속에 실현시켜 주신 하느님을 찬양한다. 예수와 교회를 거슬러 결탁한 원수들, 곧 헤로데, 본시오 빌라도, 그리고 다른 민족들과 유다인들은 소기의 목적을 이루지 못하고, 오히려 하느님께서 당신의 손과 뜻으로 예정하신 일들을 수행할 뿐이었다. 그러나 원수들의 위협은 계속되고, 교회의 기도는 이제 청원 기도로 바뀌어 하느님 말씀을 자유롭게 전파할 수 있게 해 주시기를, 하느님의 거룩한 종 예수의 이름으로 치유와 기적과 표징들이 일어나게 해 주시기를 간청한다. 이것은 이런 기도를 바치지 않을 수 없었던 교회의 특별한 상황을 반영한다. 위험하긴 하지만 구원사적으로 의미 있는 상황이다. 루카가 서술한 기도 이야기는 초대교회에 거듭 발생한 상황과 일치한다. 스테파노가 박해받을 때 교회는 열심히 기도했다. 이 박해로 말미암아 복음은 오히려 더 넓은 지역으로 전파되었다. 하느님의 뜻과 계획은 이렇게 실현되었다(사도 8,1.3). 야고보가 순교하고 베드로가 투옥되었을 때도 교회는 끊임없이 기도했다(사도 12장). 이 박해를 계기로 교회는 이들을 박해하던 헤로데 왕에게 승리를 거둔다. 사도 바오로의 행적을 추적하건대 그가 걸어간 길은 그가 선택된 도구로서 예수의 이름을 다른 민족들과 임금들과 이스라엘 자손들에게 알리도록 인도해 준 길이었다(사도 9,15). 이는 원수들이 결탁해서 교회를 박해할 때 교회가 무엇을 기도해야 하는지 가르쳐 주는 사례다(사도 4,27-31). 성령께서는 교회를 계속 인도해 주실 것이고 크게 성장시키고 굳건히 세워 주실 것이다(사도 9,31).

초대교회의 기도는 예수의 기도와 어느 정도 병행하고 있다. 예수께서 세례 받으실 때 하신 기도는 성령께서 내려오시는 계기가 되었다. 예수의 이 기도는 베드로와 요한의 성령 기도를 미리 보여 준다. 이 사도들이 사마리아에서 세례 받은 신자들에게 안수하자 그들은 성령을 받게 되었다(사도 8,15-17). 세례를 받는 것과 성령을 받는 것은 서로 연관되어 있다(사도 2,38 참조). 그것은 예수의 이름으로 세례를 받아 그리스도 교회의 일원이 된 사람들에게 성령을 선물로 주신다는 약속이다. 여기서는 세례 받고도 아직 성령을 받지 못한 사람들에게 성령께서 내려오시도록 안수 기도를 바치고 있다. 사도행전 1장 14절과 10장 31.44절에서 보듯이 기도는 성령을 받을 준비를 하는 것이다. 예수께서 사도들을 선택하시기 전에 기도하셨던 것처럼, 교회도 중대한 일을 목전에 두고 그렇게 기도했다. 가난한 과부들을 돌보기 위해 일곱 사람을 뽑아 세울 때(사도 6,6), 안티오키아 교회가 바오로와 바르나바를 선교사로 파견할 때(사도 13,3), 각 교회 원로들을 임명할 때(사도 14,23) 교회는 기도를 바쳤다. 이때 교회에서는 추가로 안수 예식을 거행했다. 어떤 외적 표징이 필요했기 때문이다. 예수께서 당신 제자들을 위해 바치신 기도와 교회가 선교사나 지도자들을 위해 바친 기도가 물론 똑같지는 않았다. 그러나 단식까지 하며 열심히 바친 교회의 기도는 예수의 모범을 따른 것이었다. 교회가 어렵고 박해를 받을 때면 올리브 산에서 기도하시는 예수를 떠올렸을 것이다. 예수의 끊임없는 기도와 견줄 만한 기도는 사실 어디에도 없다. 그러나 예수에게서 시작하여 지금도 교회 안에서 바쳐지는 기도의 흐름은 유구하다. 기도는 예수에 대한 기억을 깊이 간직하고 교회가 살아가는 데 새로운 힘이 되어 준다.

그러나 예수의 기도와 교회의 기도에는 차이가 있다. 예수의 기도는 당신 아버지와 내밀한 인격적 대화 속에 이루어지는 것이고, 교회의 기도는 신자들이 항상 공동으로 바치는 것이다. 이런 모습은 루카 복음서에서 찾아볼 수 있다. 「주님의 기도」를 가르쳐 주실 때, 예수께서는 제자들에게 공동으로 기도를 바치게 하셨다. 이것은 부활 이후 교회에서 그대로 실현되었고 예수 시기가 끝나고 교회 시기로 넘어가는 구원사의 전개와도 잘 부합한다. 예수께서 이 세상에서 병을 고쳐 주시고 기도하시고 악의 세력에 대항하시고 박해와 수난을 이겨 내시던 모든 활동은 성령의 인도로 초대 교회에서 교회 활동의 큰 흐름으로 발전했고, 이 활동은 다시 그리스도의 구원을 온 세상에 전파하고 있다.

루카의 예수 모습은 철두철미 그리스도론이다. 그러나 여러 독특한 측면을 지닌 넉넉한 모습으로 나타난다. 이 예수 모습은 마르코 복음서와 예수 어록 자료에서 유래한 전승들로 이루어졌지만, 이스라엘 시대에서 교회 시대로 넘어갈 무렵 루카의 구원사적 사고에 의해 하나의 독특한 시각을 형성하게 되었다. 이방계 신자들로 구성된 그리스도교가 옛 이스라엘의 유업을 이어받게 되었다는 점도 예수 그리스도의 모습을 새롭게 조망하는 데 영향을 주었다. 예수 모습의 여러 측면들은 이 복음서 저자의 깊은 체험과 확신에서 우러나온 것이다. 그러나 이 모습 속에는 앞선 그리스도교 세대의 예수에 관한 기억들이 고스란히 담겨 있으며, 한편으로는 예수의 인성에 관한 헬레니즘계 작가 루카의 지대한 관심도 엿볼 수 있게 해준다. 그 열매가, 가난하고 고통받는 사람들을 도와주시고 여자들을 적극적으로 옹호하시며 깊은 하느님 신심을 지닌 예수의 모습이다.

5

요한

요한의 그리스도론은 초기 그리스도교가 예수 그리스도에 관해
깊이 사색하며 수확한 가장 잘 익은 열매 중 하나다. 이에 대한 연구는 셀
수 없이 많다.[1] 요한의 그리스도론은 고대 교회에서 시작하여 수세기를 거
쳐 오늘에 이르는 유구한 세월 동안 교회에 큰 영향을 미쳤다.[2] 요한 복음
서에서 역사적 예수는 부활 후 신앙의 시각 속에 완전히 흡수된다. 이 점
은 공관복음서에서도 마찬가지지만, 요한의 그리스도관은 신적 로고스
Logos(말씀)가 사람이 되시는 강생降生에서 출발하여, 예수의 등장과 지상 활
동 전반을 지배하고 있다. 예수께서는 하늘에서 내려오신 분이고 다시 하
늘로 올라가실 분이다(요한 3,13.31; 6,62). 그분은 모든 것 위에 계시고(요한
3,31), 당신 아버지 곁에서 친히 보고 들으신 것을 증언하신다(요한 3,32). 그
분의 초월성은 십자가 위에서 들어 올림 받으시고 영광받으시고 부활하실
때 비로소 완전히 밝혀지지만, 지상적 예수께서는 천상세계에 들어가신

[1] J.P. MIRANDA, *Der Vater, der mich gesandt hat: Religionsgeschichtliche Untersuchungen zu den johanneischen Sendungsformeln* (Frankfurt a.M. - München ²1976); M. DE JONGE, *Stranger from Heaven and Son of God* (Missoula, Montana 1977); J.-A. BÜHNER, *Der Gesandte und sein Weg im 4. Evangelium*, WUNT 2/2 (Tübingen 1977); I. DE LA POTTERIE, *La vérité dans S. Jean*, 2 vols., AnBib 73/74 (Roma 1977) 특히 vol.1, 117-278; J. BECKER, "Ich bin die Auferstehung und das Leben: Eine Skizze der johanneischen Christologie", *ThZ* 39 (1983) 136-151; M.L. APPOLD, *The Oneness Motif in the Fourth Gospel*, WUNT 2/1 (Tübingen 1976); F.J. MOLONEY, *The Johannine Son of Man* (Roma ²1978); W. THÜSING, *Die Erhöhung und Verherrlichung Jesu im Johannesevangelium* (Münster ³1979); R. KYSAR, *The Fourth Evangelist and His Gospel* (Minneapolis 1975) 특히 178-206: "The Christology of the Gospel"; W. LOADER, *The Christology of the Fourth Gospel*, BEvTh 23 (Frankfurt a.M. - Bern 1989); M. THEOBALD, *Die Fleischwerdung des Logos*, NTA NF 20 (Münster 1988); K.-J. KUSCHEL, *Geboren vor aller Zeit? Der Streit um Christi Ursprung* (München - Zürich 1990).

[2] R.-M. BRAUN, *Jean le théologien et son évangile dans l'église ancienne* (Paris 1959); M.-F. WILES, *The Spiritual Gospel: The Interpretation of the Fourth Gospel in the Early Church* (Cambridge 1960); T.E. POLLARD, *Johannine Christology and the Early Church*, MSSNTS 13 (Cambridge 1970); R. SCHNACKENBURG, *Das Johannesevangelium* 1: *Das Johannesevangelium in der Geschichte* (Freiburg - Basel - Wien 1965) 171-196. 각 고대 그리스도교 저자와 현대의 주석가들에 관하여: G. VAN BELLE, *Johannine Bibliography 1966~1985* (Louvain 1988) 413-430.

분만의 언어로 말씀하시고 기적도 행하시는데, 이 기적들은 그분께서 아버지께로 돌아가셔서 영광받으신 다음에야 그 깊은 의미가 밝혀질 것이다. 이미 지상 생애에서 예수께서는 자신을 아버지께서 '모든 것을 그분 손에 내주신 이'(요한 3,35; 13,3)라고 알려 주신다. 그분의 모든 활동은 그분께서 하느님에게서 내려오셨고 아버지와 밀접하게 결합되어 계시다는 것에 근거를 둔다. 공관복음서들은 한 인격으로서의 예수께서 지상에 등장하신 데서부터 그분 구원의 의미를 설명하지만, 요한 복음서는 그분이 태초부터 하느님과 함께 계셨다는 것, 그분의 선재先在(Präexistenz)로부터 모든 것을 설명한다.[3] 이제야 '위로부터의 그리스도론'을 말할 수 있게 되었고, 이로써 공관복음서의 모든 말씀을 초월하며 예수의 '신성'神性에까지 접근하는 '높은' 그리스도론을 논할 수 있게 되었다(요한 1,1; 10,34-38; 20,28).

1. 요한 복음서와 요한의 그리스도론

요한 복음서에는 십자가에 죽으신 분께서 부활하셨다는 원시 그리스도교의 믿음이 전제되어 있다. 그분은 지금 하느님과 함께 계시고 성령을 통해 당신 구원 사업을 계속하신다. 그러나 요한에게 그리스도는 늘 하느님과 함께 계셨고 그분과 매우 긴밀히 결합되어 계시는 분이었다. 이것은 지상에서 활동하시다가 십자가에 죽으시고 부활하신 분으로부터, 이제는 하느님에게서 오셨고 이 세상에서 하느님과 함께 활동하시는 분께로 시각이 이동했다는 뜻이다(요한 5,19). 그분의 모든 언행은 아버지와 하나 되어 있다. 아버지께서 그분 안에 계시고, 그분이 아버지 안에 계시다(요한 10,38; 14,10-11). 예수의 말씀은 곧 아버지의 말씀이다(요한 3,34; 12,49-50; 14,10). 그분께서 하신 일들은 모두 아버지께서 맡기신 일이다(요한 5,36; 14,11). 뿐만

---

[3] 참조: THEOBALD, *Fleischwerdung* [각주 1]; KUSCHEL, *Geboren vor aller Zeit?* [각주 1].

아니라 그분을 보는 사람은 그분을 보내신 아버지를 보는 것이다(요한 12,45; 14,9). 그분은 당신 안에 가지고 계신 아버지의 생명을(요한 5,26) 우리에게 중개해 주신다. 이 세상을 떠나시면서 제자들에게 보장해 주신 말씀 그대로다: "내가 살아 있고, 너희도 살아 있을 것이기 때문이다"(요한 14,19).

이렇게 부활하신 그분의 활동이 지금의 현실로 옮겨지면 예수의 말씀과 표징적 행동은 독자들에게 직접 영향을 준다. 예수의 전 생애가 믿는 사람들에게 직접 건네는 말씀이고, 믿는 사람들은 이런 식으로 살아 계신 그리스도를 만난다. 이것이 모든 구체적 사건을 초월하여 믿는 이들에게 나타나는 그리스도의 모습이다. 여기서 이 사건들에 대한 역사적 접근은 공관복음서에서보다 더 어렵다. 이 사건들에 역사적 배경이 전제되어 있고 많은 경우 개별적 사실을 인식할 수 있다 할지라도, 역사적 사실을 추구하거나 파악하기란 쉬운 일이 아니다. 이 믿음의 해석은 단순히 신앙적 사색의 결과가 아니라, 예수 그리스도의 명백한 모습을 담은 전승에 근거한다.

요한은 예수 그리스도의 유일하고 독특한 모습을 보여 주기 위해 당시 쉽게 접할 수 있던 표현 양식들을 활용한다. 풍부한 그리스도 신원 서술어와 그리스도 칭호만 하더라도 이미 그리스도 신앙고백의 광범위한 파노라마를 형성한다. 신앙고백은 복음서를 쓴 목적에 명료한 문장으로 요약되어 있다: "이것[표징]들을 기록한 목적은 예수님께서 메시아시며 하느님의 아드님이심을 여러분이 믿고, 또 그렇게 믿어서 그분의 이름으로 생명을 얻게 하려는 것이다"(요한 20,31). 이스라엘 사람으로 유다 백성의 기대를 채워 줄 메시아에 대한 고백은 이 복음서 첫 부분 나타나엘의 말 속에 나타난다. "스승님, 스승님은 하느님의 아드님이십니다. 이스라엘의 임금님이십니다"(요한 1,49). 죽은 라자로를 살려 내신 것은 예수께서 행하신 표징 계시의 절정을 이루는 사건인바, 그때 마르타는 이렇게 고백한다. "예, 주님! 저는 주님께서 이 세상에 오시기로 되어 있는 메시아시며 하느님의 아드님이심을 믿습니다"(요한 11,27). 교회의 그리스도 신앙을 증거하는 이 고백에는 역사에 등장하신 나자렛 예수가 인류를 위해 하느님께서 정립하신 유일한 의미라는 확신이 서려 있다. 이분이야말로 '이 세상에 오시기로 된 하느님의 아드님'이라는 것이다. 요한 복음 20장 31절은 독자들에게 "이렇게 믿어서 그분의 이름으로 생명을 얻게" 되리라는 것을 밝힌다. 구원의 주체Heilsperson와 구원의 기능Heilsfunktion은 상호 불가분의 관계다.

'메시아', '기름부음받은이', '기다리는 구원의 임금님'이라는 유다교적 개념만 구원자를 표현하는 유일한 방법은 아니었다. 예수 그리스도라는 인격체와 긴밀히 연결되어 있으면서 풍부한 의미를 지닌 칭호와 전문 용어들이 있다. 아래에서는 이 칭호와 용어들이 어떻게 구원자를 뜻하게 되었으며 이를 통해 요한의 그리스도론이 어떻게 정립·발전되었는지 논구할 것이다. 강력한 표현력을 지니고 다양한 모습으로 나타나는 이 그리스도론을 역사적으로 이해하기 위해서는 그 생성 시기와 역사적 상황을 고찰하지 않을 수 없기에, 우선 이 문제부터 다루자.

1.1 역사적 지평

현존하는 형태의 요한 복음서는 1세기 말에야 비로소 생성되었다는 것이 학계의 대체적인 정설이다.[4] 물론 현존 형태의 복음서 이전에 전 단계의 형태가 이미 존재했거나, 이 복음서가 종래 전해지던 사료들을 활용해서 집필되었으리라는 개연성은 대단히 높다. 이 문헌비평적 문제에 관한 학자들의 다양한 견해를 여기서는 일일이 다룰 수 없다. 이 복음서의 주된 그리스도론은 그 최종 생성 단계에서 형성되었을 것이다. 예수의 역사적

---

[4] 참조: W.G. KÜMMEL, *Einleitung in das Neue Testament* (Heidelberg [21]1983) 211; A. WIKENHAUSER/J. SCHMID, *Einleitung in das Neue Testament* (Freiburg - Basel - Wien [6]1973) 343f; KYSAR, *Fourth Evangelist* [각주 1] 166-168. 더 일찍(60년대에) 생성되었다는 견해: F.L. CRIBBS, "A Reassessment of the Date and the Destination of the Gospel of John", *JBL* 89 (1970) 38-55; J.A.T. ROBINSON, *The Redating of the New Testament* (Philadelphia 1976); DERS., *The Priority of John* (London 1985). 이 복음서의 원본이 가장 오래된 공관복음서보다 더 오래되었을 것으로 추정하는 견해: O. CULLMANN, *Der johanneische Kreis* (Tübingen 1975) 101. 복음서 자료들의 점진적 확충에 관하여: M. HENGEL, *The Johannine Question* (London - Philadelphia 1989) 80.94f.

등장과 십자가의 죽음 이후 이 복음서가 현존 형태로 완성될 때까지는 상당한 시간이 흘렀기 때문이다. 예수께서 사람들에게 직접 말씀하시고 그들 가운데서 활동하신 사실, 그분의 재판과 수난에 관한 기억들을 이 복음서가 모두 배제한다는 뜻은 물론 아니다. 다만, 예수 전승이 원형 그대로 보존되지 못하고 부활 이후 시각에 의해 새롭게 다듬어져, 그리스도론적 시각이 투명하게 드러나게 되었음을 처음부터 염두에 두어야 한다는 뜻이다. 역사적 예수의 말씀과 행적에 더 가까이 다가갈 수 있는 것은 요한 복음서보다 2~30년 전에 출현한 공관복음서다. 물론 이 공관복음서에서도 예수의 말씀과 행적들이 부활 후 새롭게 다듬어지고 해석되지만, 요한 복음서에 비하면 역사적 사실에 더 가깝다. 제4복음서가 다른 복음서에 비해 예수의 말씀과 행적을 훨씬 더 넓고 깊게 해석한다는 것은 이론異論의 여지가 없다. 그러므로 여기서 시대적 간격, 이 복음서가 대상으로 삼는 독자층, 시대적 영향 같은 역사적 전제들을 함께 고려해야 마땅하다.

1.1.1 생성 장소

요한 복음서의 생성에 대한 직보直報가 전혀 없으므로, 문헌 내적 증거에 의존할 수밖에 없다. 예수의 활동 무대, 세례자 요한의 활동 지역, 예수께서 사마리아와(요한 4장) 예루살렘에서 활동하셨음을 강조하는 것을 눈여겨보면, 이 복음서의 관심이 어디 있는지, 이 복음서가 생성될 만한 곳이 어디였는지 대강 짐작할 수 있다. 그러나 이렇게 특정 지역을 생성 장소로 단정하면, 연관된 다른 문제들을 해결해야 한다. 가령, 요한 복음서에서는 모든 것이 예루살렘에 집중되어 있다는 이유로 이 복음서가 예루살렘 인근에서 생성되었다고 추정해 버리면, 이 복음서 저자에게는 예루살렘에서 활동하신 예수에 관한 정보가 특별히 풍부했기 때문에 그리된 것이 아니겠느냐는 반문에 답해야 한다. 이 복음서는 세례자 요한의 활동이나 사마리아 지방과도 모종의 관련이 있다는 것이 감지된다. 세례자 요한의 주활동 무대는 요르단 강가이고 사마리아도 예루살렘에서 멀리 떨어져 있다.

그렇다면 이 복음서는 예루살렘에서 멀리 떨어진 곳에서 생성되었을까? 이는 요한 공동체가 일찌감치 그곳으로 이주해서 정착해 있었다는 것을 전제한다. 그러나 요한 공동체의 초기 형태는 아직까지 수수께끼로 남아 있다.[5] 이 공동체가 훗날 시리아(안티오키아)나 소아시아(에페소)로 이주했을 가능성도 배제할 수 없다. 요한 복음서의 발원지가 이집트(알렉산드리아)라는 의견도 제시된 바 있다. 이 모든 것은 가설적 이론일 뿐이다. 최근 벵스트는 요한 복음서의 생성 장소로 헤로데 아그리파스 2세Herodes Agrippa II 왕의 통치 지역인 가울라니티스, 바타내아, 트라코니티스 지방을 들었다.[6] 꽤 근거 있는 주장인 듯했으나 헹겔이 강력한 반론을 제기했다.[7]

그렇다면, 제자 중 하나가 대사제와 아는 사이였다는 사실(요한 18,15-16), 빌라도가 주재한 재판의 시간과 장소(요한 18,28; 19,13-14), 예수의 죽음과 안장(요한 19,31-35.41-42)에 관한 정확한 정보를 이 복음서 저자는 어디서 입수했을까? 정보의 출처는 사건 현장에 있던 사람, 예수의 죽음을 직접 본 증인(요한 19,35), 즉 '예수께서 사랑하시던 그 제자'에까지 소급된다. 그는 이 복음서 저술의 권위 있는 배후 인물이었다(요한 21,24: "이 제자가 이 일들을 증언하고 또 기록한 사람이다"). 제자와 친구들은 그의 증언과 기록들을 오래 남을 소중한 자료로(요한 21,23 참조) 간직해 왔다. 이 복음서와 요한 서간들은 바로 이 '요한의 제자 공동체'에서 생성되었던 것이다(제5장 1.1.3 참조).[8]

---

[5] 참조: R.E. BROWN, *The Community of the Beloved Disciple* (London 1979) 25-58("Before the Gospel"). 그는 이 시기를 50년대 중반에서 80년대 말로 잡고(22), 요한계 그리스도 신자를 두 그룹으로 나눈다.

[6] K. WENGST, *Bedrängte Gemeinde und verherrlichter Christus: Der historische Ort des Johannesevangeliums als Schlüssel zu seiner Interpretation* (Neukirchen 1981/1990).

[7] M. HENGEL, *The Johannine Question* [각주 4] 115f.161, Anm. 5.

[8] 참조: CULLMANN, *Der johanneische Kreis* [각주 4]. 스테파노와 헬라계 중심의 공동체에 가깝다는 설명(41-57)은 회의적이다. R.A. CULPEPPER, *The Johannine School: An Evaluation of the Johannine School Hypothesis Based on an Investigation of the Nature of Ancient Schools* (Missoula, Montana 1975). HENGEL, *The Johannine Question* [각주 4]: "'요한의 제자 공동체'와 관련 자료, 서간, 복음서(와 묵시록) 배후에는 탁월한 스승이 있었다. 그는 60/70년경~100/110년경 소아시아에 제자단을 설립하고 지역 너머까지 놀라운 활약을 펼쳤다"(80).

1.1.2 수신인

　이 복음서가 그리스도 신자 공동체를 대상으로 한 것임은 분명하다. "예수님께서 메시아시며 하느님의 아드님이심을 **여러분이** 믿고 …"(요한 20,31)라는 말을 이 복음서 덕에 비로소 믿음을 가지게 될 외교인外敎人들에게 하기란 쉽지 않다. 이는 동사 $\pi\iota\sigma\tau\epsilon\acute{\upsilon}\sigma\eta\tau\epsilon$('여러분이 믿고 있다')의 부정 과거 Aorist 시상으로 설명된다. 그리스어에서 (기동적) 부정 과거 시상은 (믿는) 행위가 이미 시작되었음을 표현한다. 그러나 이 동사의 본디 시상이 현재형($\pi\iota\sigma\tau\epsilon\acute{\upsilon}\eta\tau\epsilon$: '여러분이 지금 믿고 있다')이었을 개연성과는 상관없이,[9] 믿음 공동체에 대한 선교 의도가 말씀 배후에 깔려 있는 것이 아닌가 하는 의문은 남아 있다. 전반적으로 요한 복음서는 '대내 언어'Insider-Sprache로 기록되었다. 대내 언어란 구원의 진리를 추구하는 교회의 믿음을 더욱 심화시키기 위해 개발된 양식이다. 요한 복음 20장 31절에 전제된 이 복음서 수신인에는 메시아 고백에서 추정되는 유다인들뿐 아니라 비유다권 사람들도 포함된다. 요한 복음의 주요부인 사마리아 장(제4장)에서 예수께서는 사마리아 여인을 '당신이 약속된 바로 그 메시아'라는 믿음으로 인도하신다(요한 4,25-26.29). 이 사마리아 장은 시카르 주민들의 고백에서 절정에 이른다. "우리가 직접 듣고 이분께서 참으로 **세상의** 구원자이심을 알게 되었소"(요한 4,42). 유다인들이 반半외국인으로 취급하던 사마리아인들이 여기서 비유다계 세계의 대표자로 등장한다. 예수가 '세상의 구원자'(예수의 보편적 의미를 강조하는 당당한 칭호)라면, 이 표현은 유다적 사고방식과 유다적 종교성(요한 4,21-24 참조)을 초월하여 전 인류에게 넓은 지평이 열리는 것을 의미한다.

　그러나 이 점은 요한 복음서의 다른 대목에서도 상징적·지시적deiktitsch 언어로 나타난다. 유다인들은 아무것도 모르면서 (요한의 풍자에 따르면) 아는 척하며 예수께서 '그리스인들 사이에 흩어져 사는 동포들에게 가서 그리스인들을 가르치게 될 것'이라고 지레짐작한다(요한 7,35). 축제 때 예루

---

[9] 참조: Schnackenburg, *Johannesevangelium* 3 [각주 2] 403f.

살렘에 온 몇몇 그리스인이 예수를 만나려는 장면(요한 12,20-22)도 같은 배경이다. 그들은 필립보에게 그 뜻을 밝혔고, 필립보는 이를 안드레아에게 전했으며, 이 둘은 예수께 말씀드렸다. 여기서 이 두 제자의 이름이 그리스계인 것으로 미루어 그리스인과 친인척 관계가 아닌가 짐작되기도 한다. 그리스 세계는 이제 예수께 활짝 열려 있다. 밀알 하나가 땅에 떨어져 죽으면 많은 열매를 맺듯이(요한 12,24), 그분의 죽음을 통해 헬레니즘 세계에 대한 선교가 성공적으로 이루어짐을 암시하는 것이다.[10]

비유다계 사람들까지 포괄하는 관점을 근거로, 이 복음서 저자는 자신의 그리스도론에 구원 약속에 대한 유다적 지평을 고려했을 뿐 아니라 헬레니즘적 개념까지 도입했다고 보아도 좋다. 실제로 이 점은 요한 복음서 서론격인 로고스 그리스도론die Logos-Christologie에, 적어도 유다·헬레니즘적 지혜 개념과 관련해서 확실히 나타난다. 그 밖에도 이 복음서에는 당대의 물음과 갈망들이 등장한다. 이를테면 구원자는 어디서 와서 어디로 가는지 줄기차게 묻고 있는데, 이는 인간의 실존적 의미에 대한 물음을 함축하는 것이다. 이것은 영지주의에서 활발하게 제기된 물음을 연상케 한다: 우리는 누구인가, 우리는 무엇이 되었는가, 우리는 어디에 버려졌는가, 우리는 어디로 가는가, 우리는 무엇에서 해방되었는가, 탄생은 무엇이며 환생은 또 무엇인가.[11] 이것은 예수의 길이 던지는 실존적 물음이다. 이 길은 예수께서 앞서 가신 길이고 제자들도 가야 할 길이다(요한 14,2-6). 중요한 차이를 간과할 수는 없으나, 요한은 영지주의와 가깝다. 영지주의자들은 인간이 자신의 천상적 기원과 목표를 기억할 때, 참자아를 깨달을 때, 구원의 길이 열린다고 생각했다. 그러나 그리스도인은 영지주의의 길에서 구원을 얻는 것이 아니라, 십자가 죽음을 통해 천상 길을 열어 주신 예수 그리스도를 믿고 따름으로 구원을 얻는다(참조: 요한 12,26; 13,36-37). 이것은

---

[10] 참조: M. Rodriguez Ruiz, *Der Missionsgedanke des Johannesevangeliums*, FzB 55 (Würzburg 1987).

[11] Clemens v. Alexandria, *Excerpta ex Theodoto* 78,2 (SChr 202).

지상에서 당신의 길을 끝까지 걸어가신 분, 하느님께서 보내신 분을 따라가는 길이며(요한 13,1; 19,30), 빛으로 가는 길이다. 그러나 이 길은 믿음으로만 따라갈 수 있다(요한 8,12 참조). 사람의 아들은 하늘에서 내려와 다시 하늘로 올라간다는 이 독특한 표현(요한 3,13; 6,62)은 요한 복음서에만 나온다. 이는 사람의 아들이 들어 올려지고(거양), 영광스럽게 되신다는(현양) 뜻이다(요한 3,14; 8,28; 12,23.34; 13,31). 이 표현은 영혼이 세상에 내려와 다시 하늘로 올라간다는 영지주의 신화와 많이 닮았다. 지상적 예수와 동일시되는 "사람의 아들"(요한 9,35; 12,34)의 독특성을 신화적으로 설명하는 것이 불리할 텐데도, 요한 복음서는 그렇게 표현했다.[12] 이 문제는 차후 자세히 검토할 것이다. 요한 복음서는 영지주의 신화를 받아들여 새롭게 해석한 것이라고 불트만이 강력히 주장한 이래,[13] 이 복음서의 종교사적 문제는 한순간도 잠잠할 날이 없었다는 것만 지적해 둔다. 예수를 천상세계에서 온 '이방인'으로 보는 시각 때문에 이 문제를 방치할 수는 없다.[14] 이것은 요한 복음서의 독자층이 넓었다는 것을 확인시켜 준다.

1.1.3 저자 혹은 영감을 준 자

'예수께서 사랑하신 제자'(요한 21,20)는 요한 복음 21장 24절에 암시된다. 이 제자가 바로 이 복음서의 내용을 증언하고 기록한 사람이다. "우리는 그의 증언이 참되다는 것을 알고 있다"(요한 21,24)라는 말은 일단의 복음서 편찬자들이 쓴 '편집자 주'에 해당한다. 저자 문제의 열쇠를 쥔 사람은 예수께서 사랑하신 그 제자밖에 없다. 이 제자 이야기는 최후 만찬을 필두로(요한 13,23-26), 십자가 곁에 서 있을 때(요한 19,26-27), 부활 첫새벽 예수께

---

[12] BÜHNER, *Der Gesandte* [각주 1] 24-47.

[13] 참조: R. BULTMANN, *Theologie des Neuen Testaments* (Tübingen ⁹1984) 169f: "Der gnostische Mythos". 요한에게 이 신화는 표현의 수단이다(419). 그의 요한 복음 주석 여러 곳 참조. 그에 따르면 예수께서는 당신이 계시자라는 **사실**만 계시하셨다.

[14] 참조: DE JONGE, *Stranger from Heaven* [각주 1]; W.A. MEEKS, "The Man from Heaven in Johannine Sectarianism", *JBL* 91 (1972) 44-72.

서 묻히신 무덤으로 달려갔을 때(요한 20,1-10), 부활하신 예수께서 티베리아스 호숫가에 발현하셨을 때까지(요한 21,1-14) 차례로 나온다. 이때 부활하신 주님을 맨 먼저 알아본 이가 이 제자였다고 복음서는 기록한다(요한 21,7.20-23). 세례자 요한의 제자였다가 스승의 권유로 예수를 따른 두 제자 중 안드레아 말고 다른 무명의 제자가 이 사람일 가능성도 있다(요한 1,40). 예수께서 붙잡혀 대사제 한나스에게 끌려갔을 때, 베드로와 함께 대사제 저택 안뜰까지 들어갈 수 있었던 제자가 이 사람일 수도 있다(요한 18,15-16). 대사제와 아는 사이였기 때문이다. 베드로와 함께 대사제 저택으로 들어간 "또 다른 제자"(요한 18,15)가 예수께서 사랑하신 제자라는 것이 전적으로 확실하지는 않지만, 이 복음서가 나올 무렵까지 생존해 있지 않았던 것만은 의심할 여지가 없다. 그렇지 않다면, 예수께서 오실 때까지 그 제자가 죽지 않으리라(요한 21,23)는 소문이 형제들 사이에 퍼져 나가지 않았을 것이다. 이것은 예수께서 활동하실 때 직접 본 그분의 삶과 죽음을 증언했고(요한 19,35) 이제는 고령이 된 어떤 역사적 인물을 두고 하는 말임을 강력히 시사한다. 예수를 특별히 가까이 모시면서 하느님 곁에 계시는 분으로 깊이 인식한(요한 13,23) 제자의 이상형으로 모든 상징적 특징을 두루 갖추고 있다 해도, 예수께서 사랑하신 이 제자, 수수께끼 같은 이 무명의 제자를 단순히 상징적 인물로 해석하지는 말아야 한다 [15] 베드로와 더불어 그는 온전히 그리고 철저히 믿은 사람이었고, 부활하신 주님을 단번에 알아본 사람이었다(요한 20,8; 21,7). 그러나 제자들 가운데 단연 으뜸이었고 훗날 교회의 수장이 된 베드로도 결코 과소평가할 수는 없다(요한 21,15-17).

요한 복음서 형성 과정에서 절대 권위를 가진 이 제자는 일찍부터 제베대오의 아들 사도 요한과 동일 인물로 알려졌다. 고대 교회로부터 오래 지

---

[15] 참조: J. KÜGLER, *Der Jünger, den Jesus liebte*, SBB 16 (Stuttgart 1988). 그는 '예수께서 사랑하신 제자'란 요한 공동체(die johanneische Gemeinde)의 사도적 기원이 이야기 형태로 압축되어 의인화된 것이라고 상술한다(486). 그러나 이 가설은 그 제자가 이미 죽었고(요한 21,23) 의식적으로 베드로와 나란히 언급한다는 사실에 의해 무너진다. 참조: M. THEOBALD의 서평, in: *BZ* NF 34 (1990) 138-140.

속되어 온 이 전승은 2세기 마지막 분기 교부 이레네우스Irenaeus와 그가 인용한 역사의 증인(원로Presbyter)들의 증언에 근거를 둔다. 그중 한 분이 스미르나의 주교 폴리카르푸스Polycarpus(†156년)다. 여기서 이 어려운 전승사적 문제를 다룰 수는 없다.[16] 그러나 오늘날, 사도 요한과의 동일시는 교부 파피아스가 언급한 '원로 요한'(에우세비우스 『교회사』 III, 39,3-4)과 혼동했거나, 원로 요한을 이 복음서의 저자로 보는 전승이 역사에서 사라져 버렸기 때문이라고 확신한다. 요한 복음서의 내적 증언을 면밀히 검토하면, 갈릴래아 어부의 아들이 이 복음서를 저술했을 개연성은 희박해진다.

요한 복음서 저자 문제에 대해 나는 『요한 복음 주석서』에 훨씬 설득력 있는 새 이론을 개진한 바 있다.[17] 예수께서 사랑하신 이 제자는 예루살렘 출신으로, '열두' 제자단에 속하지는 않았지만 최후 만찬 현장에는 있었다. 그는 처음에는 세례자 요한의 제자였다가 훗날 예수를 따르게 된 듯하지만(요한 1,35-40 참조), 이것도 어디까지나 추측일 뿐 확실한 것은 아니다. 이 사람이 어느 정도까지 예수의 지상 활동에 참여했는지는 모른다. 최후 만찬 때 비로소 예수 품에 기대앉아 있던, 예수께서 특별히 사랑하시는 제자로 소개되었다(요한 13,23-26). 예수께서 붙잡혔을 때 다른 제자들은 모두, 심지어 베드로까지 다 도망쳤지만(요한 16,32 참조), 그는 예루살렘에 머물면서 예수의 십자가 처형을 끝까지 지켜보았다. 예수께서는 십자가 아래 서 있던 그를 당신 어머니에게 맡기시고(요한 19,26) 당신 어머니를 그에게 부탁하셨다(요한 19,27).[18] 예수의 옆구리 상처에서 피와 물이 흘러나왔다는 것을 증언한 이도 이 사람이다(요한 19,35). 그가 이 일들을 겪은 예루살렘 사람이었다는 것은 대사제를 알고 있었다는 데 근거한다(요한 18,15-16). 그러나 이 모든 것은 이 복음서 저자에게 그리 중요하지 않았다. 진실로 감동한 것은

---

[16] 참조: SCHNACKENBURG, *Johannesevangelium* 1 [각주 2] 63-76; HENGEL, *The Johannine Question* [각주 4] 1-23.

[17] SCHNACKENBURG, *Johannesevangelium* 3 [각주 2] Exk. 18, 449-464.

[18] 이 장면의 의미에 관해서는 같은 책 323-328 참조.

예수께서 사랑하신 이 제자가 최후 만찬 때 그분 품에 기대앉아 식사할 만큼 가까웠다는 사실이었다. 이 점은 21장에 한 번 더 언급된다(요한 21,20). 그는 예수의 두터운 신뢰를 받아 그분의 생각을 들여다보고, 그 활동의 의미를 설명할 수 있는 사람이었다.

예수께서 사랑하신 이 제자는 분명히 요한 복음서의 저자가 아니다. 그가 저자라면 자신을 이렇게 과분한 호칭으로 소개하지 않았을 것이기 때문이다. 이 영광스러운 호칭은 그의 제자와 친구들이 붙여 준 것이다. 이들은 그를 예수 전승의 전달자로 받들고 예수 자신과 그분 말씀의 해석자로 존경했다. 여기서 요한 서간들도 함께 고려한다면, 어떤 '요한의 제자 공동체'나 '제자단'Schule을 이 복음서 저자로 상정하지 않을 수 없다.[19] 이들 집단이 예수께서 사랑하신 제자가 예수에 대해 입으로 혹은 어쩌면 약간의 기록으로 전해 준 것들을 복음서 자료로 활용했을 수도 있다. 이 복음서를 최종 편집하여 현재 형태로 완성한 것이 '요한의 제자 공동체'라면, 핵심부(1장~20장)는 헬레니즘적 고등 교육을 받은 한 신학자에게 거슬러 올라간다. 그가 예수께서 사랑하신 제자의 전승을 수용해서 이 복음서의 핵심부를 서술했다.[20] 하여튼 표현 양식에서 유일무이하고 깊은 신앙적 관점에서 우러나온 예수 그리스도의 모습을 요한 복음서는 제시해 준다. 이것은 역사적 전승이 예수께서 "길이요 진리요 생명"(요한 14,6)이라는 믿음과 무르녹아 하나로 어우러진 모습이다.

---

[19] 참조: CULLMANN, *Der johanneische Kreis* [각주 4]; CULPEPPER, *Johannine School* [각주 8]; HENGEL, *The Johannine Question* [각주 4] 124-135; H.-J. KLAUCK, *Der erste Johannesbrief*, EKK 23/1 (Zürich - Neukirchen 1991) 45-47; JAN DU RAND, *Johannine Perspectives*, Part 1 (Orion, South Africa 1991) 85-91.

[20] 참조: CULLMANN, *Der johanneische Kreis* [각주 4] 70f: "저자는 고등 교육을 받은 흔적이 있다. … 그는 헬레니즘의 영향을 받은 유다 사회의 사고방식과 사고 형태에 익숙했다. 그는 이 유다 사회 출신이었다"; SCHNACKENBURG, *Johannesevangelium* 3 [각주 2] 456-458. HENGEL, *The Johannine Question* [각주 4]도 그가 제자단을 창설한 명망 높은 스승이었다고 믿는다(80).

1.2 복음서로서의 '요한 복음'

요한 복음이라는 이 독특한 문헌을 도대체 '복음서'라고 부를 수 있는가? 그리고 그 이전에 출현한 복음서들과 동종의 문헌으로 분류할 수 있는가? 복음서임을 지시하는 단어가 요한 복음서에는 한 번도 등장하지 않는다.[21] 교부 이레네우스를 따라 '네 형태의 복음서' 운운하는 것이 정당한가? 알렉산드리아의 클레멘스처럼 공관복음서와 제4복음서를 각각 '육적' 복음서, '영적' 복음서로 구분해도 좋은가? 우리가 지금 복음서라 부르는 이 문헌들의 문학 유형은 모두 동일한가? '복음서'란 본디 서책으로 저술된 문헌이 아니라 구두로 선포된 구원의 소식(복음)이었다. 이 복음은 예수 그리스도께서 가져다주셨고, 초대교회가 부활 후 상황에 따라 구원을 베푸시는 예수 그리스도께 관한 소식으로 확신하면서 선포한 것이다. 이분이 바로 십자가에서 죽으시고 부활하셨으며 하느님 오른쪽에 들어 올림 받으신 메시아요 주님, 예수 그리스도다. "하느님의 복음을 선포"(마르 1,14)하신 예수 그리스도께서는 이제 그분에 대한 신앙고백에 의해 당신 자신이 "하느님의 복음"(참조: 1테살 2,2; 로마 1,1)이 되셨다. 교부 오리게네스는 『요한 복음 주해』에 이렇게 썼다. "복음서는 믿는 사람들이 기대하는 좋은 것의 현존을 선포하는 이야기다. … 복음서는 믿는 사람들을 위한 뜻 깊은 구원 소식 모음집이다. 이 소식을 왜곡하지 않고 바르게 받아들이는 사람은 구원을 얻는다."[22] 이런 의미에서 요한 복음 역시 하나의 복음서로 봐도 좋다.

요한 복음서는 새로운 형태의 복음서다. '은밀한 발현들'(M. Dibelius)을 통해 마르코 복음서도 예수 안에 숨겨진 신성神性을 드러내고자 한다. 제4복음서 저자는 예수의 신적 영광을 사륵스Sarx(몸) 안에 머물게 하여 오직 믿는 사람들만 알아볼 수 있게 한다(요한 1,14; 2,11; 11,40). 믿는 사람들은 가시적 표징, 예수께서 행하신 위대한 기적들을 알아본다. 예수께서는 이 표

---

[21] 참조: 이 책 제1장 2절 '복음서'.

[22] Origenes, *Commentarii in evangelium Joannis*, 1.5; 독일어 역: R. GÖGLER, *Origenes, das Evangelium nach Johannes* (Einsiedeln 1959) 101.

징들을 통해 당신이 하느님에게서 오셨고 그분과 긴밀히 결합되어 계시며 인류를 구원하실 것임을 드러내신다. 이런 관점에서 표징들은 '은밀한 발현들' 이상의 의미를 지닌다. 이처럼 요한 복음서는 완전히 독립된 시각에도 불구하고 공관복음서의 구도를 따르고 있다.

① 요한 복음서는 대체로 예수 세례(요한 1,32-34)부터 예수 부활(요한 20장)까지의 사건 범위 내에서 기록되었다. 같은 구도가 사도행전의 전도 담화(사도 10,37-41; 13,23-31)에도 요약되어 있고 마르코 복음서에서는 발전적으로 나타난다. 다만 요한 복음서는 신자들이 예수의 신적 기원을 미리 조망하고 그분 활동의 신적 근거를 이해하게끔 서론(요한 1,1-18)을 제시했다.

② 예수 이야기가 '갈릴래아에서 예루살렘까지의 여정'으로 짜여 있음은 역사적으로 입증될 뿐만 아니라 내적으로도 중요한 의미를 지닌다. 각 공관복음서가 나름대로 초점을 달리하여 강조한(참조: 특히 루카 9,51-19,48) 이 사실을 요한 복음서도 고수한다. 예루살렘 '축제력'(참조: 요한 2,13; 5,1; 6,4; 7,2.14; 10,22; 11,55)도, 갈릴래아에서의 예수 활동이 공관복음서에 비해 상대적으로 소략하게 서술되어 있다는 사실도 이 점을 왜곡할 수는 없다. 어쨌든 갈릴래아에서의 활동 시작(요한 2,1-12; 4,46-54)과 그곳 활동의 정점(요한 6장)은 늘 주목받는다. 요한 복음서에서 이 지리적 관점은 신학적으로 깊은 이유가 있다. 유다 세계의 중심 예루살렘(참조: 요한 5; 7; 11-12장), 성전을 지키는 거룩한 도성 예루살렘(요한 2,13-22 참조)의 의미가 크게 강조된다. 아마 '예수께서 사랑하신 제자'가 예루살렘 출신이라 예루살렘을 대하는 시각에 영향을 끼쳤을 것이다. 유다교 대표자들과의 논쟁도 주로 이곳에 집중되는 경향을 나타낸다. 이 점은 불신의 유다인들과 갈등을 빚던 요한의 그리스도 교회에 주요 관심사가 아닐 수 없었을 것이다.

③ 요한 복음서는 서술의 영적 깊이에도 불구하고 예수 활동의 특정한 외적 사건에 가치를 두었다. 이 복음서에는 공관복음서에 전혀 언급되지 않는 여러 고을과 장소가 등장한다. 예컨대 요르단 강 건너편의 세례 장소 베타니아(요한 1,28; 10,40), 사마리아의 한 고을 시카르(요한 4,5), 에프라임 마

을(요한 11,54), 벳자타 못 가의 주랑(요한 5,2), 실로암 못(요한 9,7), 포석지 가빠타(요한 19,13) 등이다. 이 장소들이 특별한 '요한 전승'에서 유래했기 때문이라는 것 말고는 달리 설명할 길이 없다.[23] 부분적으로 공관복음 전승과 긴장 관계에 있는 이 전승은, 최후 만찬과 예수 재판 날짜를 유다교의 과월절 **이전으로** 설정하고(요한 18,28 참조) 예수에 대한 유다인과 로마인들의 심리審理 절차가 공관복음서와 다르게 서술되고 있다는 데서도 제 모습을 뚜렷이 드러낸다. 이런 차이는 신학적 모티프[예컨대 요한 복음서는 예수의 죽음을 파스카 희생으로 본다(요한 19,31-32)]뿐 아니라 역사적 전승이 서로 다른 데서 온다고 보아야 할 것이다. 대개 오늘날에는 요한 복음서의 고유 기사(요한 18,28.31; 19,1.13-14.34.41-42)에 더 큰 무게를 두는 경향이 있다.[24]

④ 요한 복음서의 예수 담화는 역사적 신빙성에 한계가 있다. 공관복음서의 예수 말씀이 도처에 반영된다 해도,[25] 요한 복음서의 계시 담화는 철저히 '케리그마적으로' 구성되기 때문이다. 이 담화는 예수께서 하느님에게서 보냄받은 분이고, 아버지와 긴밀히 결합되어 있는 '아들'이라는 주장을 바탕으로 이루어져 있다. 예수께서는 자신 외에는 아무것도 알려 주지 않는 신적 계시자로서 말씀하신다. 예수의 표징들은 당신이 구원과 생명을 가져오시는 분임을 보여 주지만, 그분의 말씀들은 이 표징 속에 숨은 실체를 밝혀 줄 뿐이다. 공관복음서의 예수 말씀과 요한 복음서의 예수 말

---

[23] C.H. DODD, *Historical Tradition in the Fourth Gospel* (Cambridge 1963); B. SCHWANK, "Ortskenntnisse im Vierten Evangelium", *EuA* 57 (1981) 427-442.

[24] 각종 주석서 참조. 특히 당시 유다인들에게는 사형 집행권이 없었다는 말(요한 18,31)은 오늘날에도 믿을 만하다. 참조: A. STROBEL, *Die Stunde der Wahrheit: Unterscuchungen zum Strafverfahren gegen Jesus*, WUNT 21 (Tübingen 1980) 18-45. 요한이 최후 만찬을 파스카 축제 이전으로 설정한 것이 역사적 사실과 부합하는가 하는 것은 매우 어려운 문제다. 요한의 최후 만찬과 그 문제점에 관하여: SCHNACKENBURG, *Johannesevangelium* 3 [각주 2] Exk., 38-53; 다른 견해: J. GNILKA, *Jesus von Nazaret* (Freiburg - Basel - Wien 1990) 280-291[정한교 옮김 『나자렛 예수』 분도출판사 2002]. 그는 파스카 만찬의 성격을 견지하여 공관복음서의 수난기를 그대로 따른다.

[25] 참조: R. SCHNACKENBURG, "Tradition und Interpretation im Spruchgut des Johannesevangeliums", in: DERS., *Johannesevangelium* 4 [각주 2] 72-89.

씀을 비교해 보면, 전혀 다른 세계에 들어서는 느낌을 받는다. 전자는 다채로운 표상과 많은 비유를 활용하며 단순하게 회화적으로 표현되는 반면, 후자는 깊은 신학적 담화로 표현되기 때문이다. 요한의 언어는 '생명, 빛, 진리, 하느님으로부터 태어나다'와 같은 핵심 개념들로 인해 풍요롭고, '나는 … 이다', '너희는 내 안에 있고 나는 너희 안에 있다', '… 안에 머물러 있다' 같은 의미심장한 어구들로 특징지어지며, '빛과 어둠', '생명과 죽음', '아래로부터와 위로부터', '진리와 허위' 같은 이원론적 대립 개념으로 다듬어져 있다. 요한 복음서의 담화는 '보다', '떠나가다', '높이 들어 올려지다', '생수', '생명의 빵'처럼, 표면적 자의字義에서 은유적 진의眞義로 이행하는 복합 의미어로 점철되어, 수수께끼와 오해도 없지 않다.[26]

요한 복음서는 역사와 케리그마, 역사적 보도와 신앙적 해석이 결합된 복음서로 보아야 한다. 이 복음서가 특별한 것은 모든 것을 하나의 물음으로 집중시키는 그리스도론적 시각 때문이다: 지금 여기서 말씀하시고 표징을 행하시는 분이 과연 누구신가? 이 복음서의 그리스도 증언이 모든 세기의 믿는 사람들에게 얼마나 부단한 영향을 끼쳐 왔는지는 그 영향사를 보면 알 수 있다. 신적 로고스의 강생은 참된 그리스도론을 식별하는 시금석이 되었고, 거양Erhöhung('십자가에서 들어 올려지심')과 현양Verherrlichung('아버지 곁에서 영광받으심')을 통한 그분의 길은 사람이 되셨다가 다시 아버지께 돌아가시는 그리스도를 바라보는 관점이 되었다.[27] 이로써 요한 복음서는 신학적 통찰의 원천이자 종교적·신비적 관상觀想의 기초가 되었다.

1.3 요한 복음서의 구조

복음서 문헌으로서의 기본 구조를 모두 갖추었음에도 불구하고(제5장 1.2), 요한 복음서는 공관복음서와 전혀 다른 얼개로 구성되어 있다. 공관복음

---

[26] 참조: H. LEROY, *Rätsel und Mißverständnis*, BBB 30 (Bonn 1968); J. BECKER, *Das Evangelium nach Johannes Kap.1-10* (Gütersloh - Würzburg 1979) 135f.

[27] THÜSING, *Die Erhöhung und Verherrlichung Jesu* [각주 1] .

서에는 예수의 생애와 활동이 상당히 연속적으로 서술되는 반면, 요한 복음서는 전혀 다른 노선을 취한다. 공관복음서처럼 요한 복음서에서도 예수의 여정은 세례 장소에서 출발되고, 표징 계시Zeichenoffenbarung는 갈릴래아 카나에서 시작하지만(요한 2,1-11; 4,46-54), 머지않아 예수의 갈릴래아 활동은 예루살렘 입성과 함께 중단되고 만다. 그분은 예루살렘에서 성전을 정화하시고(요한 2,13-22), 벳자타 못 가에서는 병자들을 고치기도 하신다(요한 5,1-9). 예수께서는 갈릴래아와 유다-예루살렘을 끊임없이 오가셨다.

1.3.1 갈릴래아에서 예루살렘까지

예수께서 [요한 복음서가 전하는 만큼 그렇게] 이른 시기에 예루살렘 성전 상인들을 쫓아내신 것 같지는 않다(요한 2,13-22). 공관복음서에는 이 사건이 예수 수난 직전에 일어난 것으로 되어 있다.[28] 그렇다면 요한 복음서 저자는 왜 이 사건을 예수 활동 초기로 당겨 놓았을까? 믿게 된 제자(요한 2,11.17.22)들과 대조적인 불신의 '유다인 지도층'(요한 2,18-20)과 예수의 대결을 활동 초기부터 곧바로 노출시키려 한 데 주된 이유가 있을 것이다. 이 대결은 이때부터 시작해서 이 복음서 끝까지 일관하고 있으며, 공적 활동이 끝나는 시점에는 성경 인용으로(요한 12,37-43) 강조되기 때문이다. 동시에 성전 정화는 유다인의 제례가 이제 예수, 예수의 실체 그리고 그분의 공동체에 의해 완전히 극복되었음을 보여 주는 것이다. 요한의 교회는 자신을 예배 공동체라고 생각했다. 예수로 말미암아 가능해진 '영과 진리 안에서의 예배'(요한 4,23-24)가 여기서 비로소 실현되는 것이다. 부활 후 교회가 깨달았듯이, 예수는 새로운 성전이다(요한 2,21-22). 니코데모와 이야기하신 후(요한 3,1-12: 이 대화는 최고 의회 의원인 바리사이가 예수의 자기 계시를 전혀 이해하지 못했음을 밝혀 낸다), 예수께서는 유다 땅에 머무르시며 요한과는 별도로 세례를 주시고(요한 3,22-30) 사마리아를 거쳐 갈릴래아로 돌아오셨다. 사마

---

[28] 참조: SCHNACKENBURG, *Johannesevangelium* 1 [각주 2] 370.

리아인들은 유다인들과 적대 관계였다(요한 4,9-10). 사마리아인들의 개종은 유다 세계 밖에서도 예수를 받아들일 수 있다는 긍정적인 신호였다.

갈릴래아에서 예수께서는 큰 호응을 얻으셨다(참조: 요한 4,45; 6,1-2; 7,1.9). 사마리아를 거쳐 갈릴래아로 돌아오셨을 때(요한 4,3), 갈릴래아 사람들은 예수께서 파스카 축제 때 예루살렘에서 하신 일을 본 것만으로도 큰 감명을 받아 그분을 환영했다(요한 4,45; 참조: 2,23). "예수님께서는 친히, 예언자는 자기 고향에서 존경을 받지 못한다고 증언하신 적이 있다"(요한 4,44)라는 말씀은 공관복음 전승에서 인용되었다(마르 6,4; 마태 13,57; 루카 4,24). 문맥상 이것은 예루살렘-유다를 두고 하신 말씀으로 보이지만(요한 4,3 참조),[29] 딴 데서 늘 예수의 지상 고향으로 등장하는(참조: 요한 1,45-46; 6,42; 7,3.41.52) 갈릴래아일 수도 있다. [30] 유다 세계의 중심 예루살렘이 예수에게 위험한 곳이라는 것 하나는 확실하다(요한 11,54.57). 갈릴래아는 안전하기는 하지만(요한 7,1) 온전한 신앙이 피어날 만한 곳은 못 된다(참조: 요한 4,48; 6,42.66). 전승에서 부분 인용된 이 지리적 자료들은 신앙/불신의 관점에서 활용된다. 예수의 예루살렘 방문은 오직 믿음의 역사를 밝히는 역할을 하지만 이 역사는 예루살렘이 지독한 믿음의 불모지라는 것만 보여 줄 뿐이다(요한 5장; 7장; 9장).

표징 계시가 진행되면서 예루살렘 상황은 점점 첨예해진다. 예수께서 라자로를 살리시자 많은 이가 예수를 믿었고(요한 11,45; 12,10-11), 유다 지도자, 바리사이와 대사제들은 예수를 죽이기로 결의한다(요한 11,46-53). 모든 것이 드라마틱하게 서술된다. 요한 신학에는 시공적 표현들이 활용된다.[31]

---

[29] 참조: J. WILLEMSE, "La patrie de Jésus selon S. Jean IV.44", *NTS* 11 (1964/65) 349-364; W.A. MEEKS, "Galilee and Judea in the Fourth Gospel", *JBL* 85 (1966) 159-166, 특히 163-166; R. KIEFFER, "L'espace et le temps dans l'Evangile de Jean", *NTS* 31 (1985) 393-409, 여기서는 408, Anm. 14.

[30] SCHNACKENBURG, *Johannesevangelium* 1 [각주 2] 494f와 기타 주석서들. 유동적 입장: DODD, *Historical Tradition* [각주 23] 239f; 참조: G. REIM, "John IV.44 – Crux or Clue?" *NTS* 22 (1976) 476-483. 요한 1,11의 "땅"ἴδιοι이 고향 유다(참조: 4,44 ἐν τῇ ἰδίᾳ πατρίδι)로 해석될 수 있기 때문에, 나는 유다와 예루살렘을 가리킨다는 해석을 선호한다.

[31] 참조: KIEFFER, "L'espace" [각주 29] 398-405.

역사의 기억들이 케리그마적 의도와 결합한다. 이 점은 베타니아 여정 중에 제자들과 나눈 대화 속에 특히 두드러진다(요한 11,7-16). 일전에 유다인들이 예수께 돌을 던지려 했지만 그분은 죽은 라자로를 살리려고 되돌아가신다(요한 11,8). 이는 제자들을 믿게 하려는 것인바, 위급 상황을 간파한 토마스는 "우리도 스승님과 함께 죽으러 갑시다"(요한 11,16)라고 말한다.

부활하신 분의 발현은 예루살렘에서 일어나지만, 마지막 발현만은 티베리아스 호숫가에서 이루어진다(요한 21,1-14). 현존 복음서의 최종 편집 단계에서 추가된 21장에 마지막 발현 장면이 수록되었기 때문이다. 예수께서 사랑하신 그 제자로 소급되는 본디 복음서는 예루살렘에서의 예수 수난과 부활 사건에 집중되어 있다. 그러나 부활하신 예수의 갈릴래아 발현을 생생하게 기억하는 이 제자의 제자 공동체는 예수 활동 초기 이야기들(갈릴래아 카나 출신 나타나엘, 제베대오의 아들들, 겐네사렛 호수에서의 고기잡이)까지 매우 상징적으로, 공동체 상황에 맞추어, 전해 주었다. 매우 많은 물고기를 잡은 이야기(루카 5,4-7)도 채택하여 사도적 보편 교회의 관점 속에 편입시켰다.

결국, 장소에 대한 언급도 사건이 과연 거기서 일어났는지는 확실히 알려 주지 않는다. 빵의 기적 이야기 말미의 '갈릴래아 위기'와 카파르나움 회당에서 하신 말씀(요한 6,16-17)은 예수 활동의 실질적 전환점이 아니라, 유다든 갈릴래아든 사람들이 예수의 사명과 자기 계시를 깨닫지 못했다는 것을 보여 줄 따름이다. 많은 제자가 예수를 두고 되돌아갔다는 것은 요한의 첫째 서간에 등장하는 이단자들과 관련된 요한 공동체의 상황을 반영하는 것일 수 있다. 요한 복음서의 구조로 볼 때 심화되는 유다인의 불신앙이 이 복음서의 결정적 계기가 되고, 갈릴래아와 예루살렘에서 예수를 둘러싸고 벌어진 논쟁(요한 7,14-30; 10,22-39)이 주도적 주제로 등장한다.

1.3.2 공적 활동과 '당신의 사람들'을 구분함

요한은 예수의 공적 활동과 당신 제자들('당신의 사람들')과의 내밀한 교분을 구분함으로써 이 복음서 구조에 새로운 신학적 관점을 설정했다. 예수께서 마지막 계시 담화(요한 12,20-36)를 하실 때, 군중은 이미 예수의 임박한 죽음과, '십자가에서 들어 올려지심'과, 전 인류(비유다인까지!)를 위한 영광된 희생의 표징을 보았다. 이 담화는 믿음에의 마지막 호소(요한 12,20-36)로 절정에 이른다. 요한은 이 담화 끝에 결정적 기록을 남겼다. "예수님께서는 이렇게 말씀하시고 나서 그들을 떠나 몸을 숨기셨다"(요한 12,36). 요한 복음서의 큰 부분을 마감하는 언급이 아닐 수 없다. 바로 앞의 그리스인 관련 대목(요한 12,20-26), '때'를 눈앞에 둔 예수의 번민에 관한 기록(요한 12,27-28), "사람의 아들이 누구입니까?"(요한 12,34)라고 군중이 묻는 장면을 마무리할 뿐 아니라, '표징의 책'(요한 복음서 전반부. 참조: 요한 12,37) 전체를 반추·요약하는 언급이기도 하다. 나는 믿으라고 외치는 이 마지막 호소(요한 12,35-36)가 마땅히 있어야 할 자리에 있다고 본다.[32] "몸을 숨기셨다"(요한 12,36)는 표현은 예수의 공적 출현이 끝났음을 알린다. 이 점은 이전 장章에서 거듭 되새긴 바 있다(참조: 요한 7,3-5.14.26; 10,24; 11,54). 예수께서는 세상 사람들에게 "드러내 놓고"(요한 18,20) 말씀하셨다. 그러나 '유다인들'은 그분에 대한 믿음을 한사코 거부했다. 이제 백성과 지도자들 앞에서의 계시 담화는 끝났다. 그들의 마음이 무디고 눈이 멀어 눈으로 보지 못하고 마음으로 깨닫지 못하는 것은 다 하느님의 뜻이다(요한 12,40). 유다인들의 불신과 하느님의 배후 결단에 관한 성찰이 예수의 퇴장을 정당화한다. 세상의 빛으로 그들 곁에 계실 시간이 얼마 남지 않았기에(요한 12,35) 예수께서는 백성들의 믿음을 거듭 요구하신다. 그러나 예수 이야기의 끝은 이미 정해 졌다. 빛은 곧 꺼질 것이고, 불신은 예수를 죽음으로 몰아넣을 것이다. 예수께서 떠나시고 몸을 감추시는 것은 표징적 행동이고 실제적 상징이다.[33]

---

[32] 다른 견해: R. KÜHSCHELM, *Verstockung, Gericht und Heil: Exegetisch-bibeltheologische Untersuchung zum sogenannten "Dualismus" und "Determinismus" in Joh 12,35-50*, Athenäum Monografien (Frankfurt a.M. 1990) 16-22. 그는 자기 주제와 요한 12,35-50의 전체 맥락 때문에 12,35 바로 앞에서 전반부가 끝난다고 본다. 그러나 12,34는 마무리로 적절치 못하다. 12,35의 *oὖv*도 참고할 것.

[33] 같은 책 163-167 참조.

전망이 이리도 어둡지만 믿음의 실마리가 전부 사라진 것은 아니다. 인간의 완고함을 뼈저리게 묵상하면서도 이 복음서 저자는 출구를 다 막아 버리지는 않는다(요한 12,42). 빛은 갈라놓는 힘과 더불어 구원하는 힘도 가지고 있다. 이 대목을 매듭짓는 12장 44-50절에 이 점이 잘 드러난다.

여기서 요한은 역사 서술로 되돌아온다. 이제 우리는 파스카 축제 며칠 전(요한 13,1) 예수께서 제자들과 함께하신 죽음의 파스카, 최후 만찬 현장(요한 13,2)으로 들어선다. 예수께서는 잡혀 가시는 순간까지(요한 18,1-11) 당신이 끝까지 사랑하신 "당신의 사람들"(요한 13,1)과 함께 계셨고, 이제부터는 당신 제자들에게만 신비하고 은밀하게 말씀하신다. 지금까지 드러내 놓고 복음을 선포하시던 대외적 활동이 이제는 당신과 긴밀히 결합된 제자들과만 이야기하시는 대내적 활동으로 바뀌는 양상이 뚜렷한데, 이는 요한 복음서의 기본 구조이기도 하다. 요한은 마르코와 달리 예수께서 군중을 떠나 제자들에게 따로 가르치신 것들을 한데 모았다. [마르코 복음서에는 제자들만 따로 가르친 이야기가 예수의 비유나 어록과 결부되어 복음서 도처에 산재되어 있다(마르 4,34; 6,31-32; 7,17-23; 8,17-21; 9,2.28-29.33-50)]. 그가 택한 가장 좋은 기회는 최후 만찬이다. 최후 만찬이야말로 예수와 제자들 간에 긴밀한 공동체가 형성되어 있음을 전제하고, 교회 상황을 내다보며 큰 지침을 내리기 좋은 자리이기 때문이다. 여기서 이별 담화가 나온다. 이 담화들은 지금까지 걸어오신 예수의 길을 돌아보게 하고, 아버지께 돌아가시는 것이 예수와 제자 공동체를 이해하는 좋은 계기가 된다는 것을 알려 준다. 루카 복음서도 예수의 이별 담화를 한데 모아 두었지만(루카 22,24-38) 요한 복음서(13-17장)처럼 광범위한 구성은 아니다. 이별 담화는 불신의 '세상'이 아닌 '당신의 사람들'에게만 하시는 말씀이며, 미래에 대한 특별한 지침이다(요한 14,16: '보호자'에 관한 말씀 참조). 이 부분도 요한 복음서의 역사 기록 가운데 삽입되어 있다(참조: 요한 13,1.27-30; 18,1).

이 부분은 예수께서 제자들의 발을 씻어 주시는 장면에서 시작된다(요한 13,4-5). 매우 상징적으로 해석되고(요한 13,8-10) 제자들에게 귀감이 되는(요한

13,13-17) 장면이다. 배신자가 '밤' 속으로 사라지자(요한 13,26-30) 예수께서는
당신의 영광을 찬미하시고(요한 13,31-32) 제자들이 당신을 찾게 될 것도 예
고하신다. 당신이 안 계시는 동안 서로 사랑하라는 새 계명도 주신다(요한
13,33-35). 베드로가 예수를 세 번이나 모른다고 할 거라는 예고도 요한 복
음서의 이 역사적 틀 속에 들어간다(요한 13,36-38). 곧이어 나오는 이별 담화
본문은(요한 14장) 전적으로 요한의 신학에 의해 구성된 것이다. 제자들에게
보호자를 보내 주시겠다고 약속하실 때 예수께서는 '세상'이 그분을 보지
도 못하고 알지도 못할 거라는 것을 재차 강조하신다(요한 14,17). '세상'은
평화를 줄 수 없지만(요한 14,27) 예수께서는 제자들에게 당신 평화를 남기
고 가실 것이니 그들 마음이 산란해지는 일도, 겁을 내는 일도 없을 것이
다. 이 이별 담화는 믿음을 가지라는 예수의 격려로 끝맺는다. 그러나 "일
어나 가자"(요한 14,31)라는 이 '신호'는 18장 1절에서야 실천에 옮겨지고 그
사이에 담화는 계속된다. 이 신호는 새로운 이해의 지평으로 들어가자는
격려의 신호일 수도 있다. 그 사이에 계속되는 이별 담화들과(요한 15-16장)
아버지께 바치는 예수의 큰 기도(요한 17장)는 요한의 제자 공동체가 첨가한
것이 분명하고, 이는 14장에 나오는 이별 담화의 사상을 더욱 심화시킨다.
이로써 '세상'을 철저히 등진 '당신의 사람들'에게 예수께서 내부적으로 은
밀하게 하신 말씀들이 종합·정리되어 더욱 선명하게 복음서의 한 부분을
이루게 되었다. 이 담화에는 '세상'과 '제자들'의 대비가 이원론적으로 강
화된다(요한 15,18-27; 16,8-11.33).[34] 부활 후 요한의 교회가 전파한 복음이 예
수의 이별 담화 속에 편입된 것이다. 예수께서 '당신의 사람들'에게 하신
이 담화가 세상과 마주한 교회를 위해 계시 담화로 확장되었다.

　　요한이 예수의 공적 말씀/활동과, 제자/후대 교회를 위한 대내적 계시
를 구분하는 데는 신학적 이유가 있다. 예수의 자기 계시에서 유다 사회가
무엇을 저항하고 거부했는지, 교회의 삶을 통해, 교회가 세상과 맞서는 가

---

[34] 참조: T. ONUKI, *Gemeinde und Welt im Johannesevangelium*, WMANT 36 (Neukirchen
1984).

운데 이해가 된다. 요한이 구분한 두 부분은 서로 연관되고 서로를 보완한다. 예수 시기에서 교회 시기로의 이행은 이 복음서 구도와 구조의 특징이자 의미다. 이런 방식은 역사적 서술의 흐름을 근본적으로 뒤흔들었다.

1.3.3 수난과 부활

이 복음서 저자는 18장에서 역사의 현장으로 되돌아온다. 그는 사건을, 체포, 대사제의 신문, 빌라도에게 송치, 로마 총독의 재판, 수난이라는 순서로 전개시켜 나간다. 공관복음서 저자들과는 현저히 다르지만, 이로써 요한은 역사적 서술 방식으로 회귀한다. 로마 군대 협조하의 예수 체포, 한나스의 신문, 처형 일자, 죽음과 안장을 둘러싼 정황 등에서 드러나는 개별적 차이를 규명하는 대신, 여기서는 요한 그리스도론의 특별한 요소들만 간단히 검토하려 한다. 예수 체포 장면(요한 18,1-11)에 이미 요한의 그리스도상이 각인되어 있다. 당신께 닥칠 일들을 모두 아시는 예수께서는 당신을 잡으러 온 군인들을 숭고한 모습으로 맞이하신다. 그들이 잡으려는 나자렛 사람 예수가 바로 당신임을 확인시켜 주시는 "나다", 이 말씀에는 단순한 신분 확인 이상의 의미가 있다. "나다"라는 말씀은 모두 세 번 나온다(요한 18,5.6.8). 예수께서 신적 존재라는 신원 서술의 성격을 지닌 이 지존의 어조는 경비병들을 물리치고 쓰러뜨릴 만큼 위엄이 있었다. 베드로가 칼을 뽑아 예수를 지키려 했을 때, 예수께서는 아버지의 뜻을 따라야 한다고 하시며 말리셨다. "아버지께서 나에게 주신 이 잔을 내가 마셔야 하지 않겠느냐?"(요한 18,11). 대사제가 예수께 그분의 제자들과 가르침에 관해 물었을 때, 당신은 드러내 놓고 회당과 성전에서 가르쳤고 은밀히 이야기한 것은 하나도 없다고 말씀하신다(요한 18,20). 이것은 그분이 세상에 공개적으로 말씀하셨음을 확인시키는 한편, 이전 장들에 수록된 당신 지존의 자기 계시를 상기시킨다. 뿐만 아니라 당신 말씀을 들은 이들에게 물어보라고 하시는 것(요한 18,21)은 그리스도교 복음 선포자들을 신뢰하라는 요구로 보인다. 이들은 처음부터 예수와 함께 있었고 예수를 증거할 수 있

는 사람들이기 때문이다(요한 15,27; 참조: 1요한 1,2).[35] 요한 복음서의 예수는
'당신의 사람들'과 함께 계시다(요한 18,8-9 참조). 당신의 뺨을 친 경비병에게
하신 말씀에도 지존의 위엄이 충만했다(요한 18,23).

예수의 품위와 지존은 빌라도의 신문에서 더 뚜렷이 부각된다. '유다인
들의 임금'으로 고발된 예수께서는 당신 왕권을 천명하시되, 그것은 이 세
상에 속한 것이 아니라, 이 세상에서 하느님의 진리를 증언하도록 부여된
권력이라고 설명하신다(요한 18,36-37). 하늘에서 오신 계시자 예수께서는
"모든 것 위에 계신다"(요한 3,31). 예수의 왕권[십자가에 '유다인들의 임금 나자렛
사람 예수'라는 명패가 달림(요한 19,19)]은 온 세상에 두루 미치지만(요한 19,20 참
조), 하느님에게서 오신 분임을 깨달을 때만 그 의미를 성찰할 수 있다. 그
분의 '나라'는 "진리에 속한 사람"(요한 18,37)과 그분 목소리를 듣는 모든 사
람을 포괄한다. 예수 안에 실현된 하느님 나라는 세속 국가와 그 지도자들
이 원하는 권력과 다르다(요한 19,10-11 참조).[36] 예수의 왕권은 십자가 위에서,
겉으로는 예수께서 가장 비천하고 무력하실 때, 그러나 깊이 들여다보면,
하느님께서 부여하신 권능으로 완성된다. 십자가의 예수께서는 이 권능으
로 모든 사람을 당신께 이끌어 들이시고(요한 12,32) 구원을 쏟아 부으신다(요
한 19,34 참조). "그들은 자기들이 찌른 이를 바라볼 것이다"(요한 19,37).

예수의 왕권은 하느님과의 가늠할 길 없이 깊은 결합에 근거한다. 예수
를 고발한 유다인들이 "십자가에 못 박으시오! 십자가에 못 박으시오!" 하
고 외칠 때, 빌라도는 예수에게서 아무 죄목도 찾지 못했기 때문에 그 요
구를 거부한다(요한 19,6). 그러나 예수가 하느님의 아들이라고 자처했기 때
문에 죽어 마땅하다는 근거를 제시하자, 빌라도는 더욱 두려운 생각이 들
었다. 그것은 인간이 신성을 체험할 때 느끼는 두려움이고 전율이다. 그는

---

[35] 참조: SCHNACKENBURG, *Johannesevangelium* 3 [각주 2] 270.

[36] 참조: M. HENGEL, "Reich Christi, Reich Gottes und Weltreich im Johannesevange-
lium", in: DERS./A.M. SCHWEMER (Hrsg.) *Königsherrschaft Gottes und himmlischer Kult im
Judentum, Urchristentum und in der hellenistischen Welt*, WUNT 55 (Tübingen 1991) 163-
184.

신적 전율에 사로잡혀 예수께 "당신은 어디서 왔소?"(요한 19,8-9) 하고 묻지만 예수께서는 묵묵부답이다. 얼마 후 이 로마 총독도 예수께서 "위로부터"(요한 19,11) 권한을 받은 분임을 분명히 알아야 했다. 빌라도의 석방 시도는 그것이 황제에 대한 반역이라는 유다인들의 외침에 묻혀 버린다. 결국 빌라도는 재판석에 앉았고(요한 19,13)[37] 예수를 정치적 반역자로 단죄하여 십자가형을 선고한다.

예수의 십자가 처형은 당시 전승에 따라 묘사되지만(두 죄수 가운데서 십자가에 매달림, 예수의 옷을 나누어 가짐, 신 포도주를 마심) 그 배경에는 상징적 의미가 부여된다. '유다인들의 임금 나자렛 사람 예수'라는 십자가 명패는 온 세상을 포용하는 예수의 왕권을 드러낸다. 이 칭호는 당시 널리 통용되던 히브리어, 라틴어, 그리스어로 기록되었고(요한 19,20), 빌라도는 자기네 뜻에 맞는 다른 죄목으로 바꾸라는 유다인들의 요구를 거부했다(요한 19,21-22). 솔기 없이 위에서부터 통으로 짠 예수의 속옷(요한 19,23)은 주님의 죽음과 부활로 세워졌기에(요한 2,21 참조) 나뉠 수 없는 교회의 단일성을 상징한다. 예수께서 신 포도주를 드신 것(요한 19,28-29)은 성경의 예언이 이루어졌을 뿐 아니라, 예수께서 당신 사업을 모두 완성하시고 아버지께 돌아가시는 마지막 행위로도 이해된다(참조: 요한 13,1; 18,4. 예수께서 모든 것을 미리 아심). "다 이루어졌다"라는 말씀과 "숨을 거두셨다"(요한 19,30)는 기록은 예수의 지상 활동에 마침표를 찍는 것이다(참조: 요한 4,34; 17,4). 예수의 죽음 기사도 요한의 그리스도론에 의해 서술되었다. 군사 하나가 창으로 예수의 옆구리를 찔렀더니 피와 물이 흘러나왔다는 요한의 고유 자료(요한 19,34-35)도 상징적으로 이해해야 한다. 안장 장면(요한 19,38-42)도 예수의 품위를 강조한다(몰약과 침향, 아무도 묻힌 적 없는 어느 정원의 새 무덤). 전체적으로, 요한의 수난기는 저자의 관점을 표현하는 하나의 패러다임이다. 그는 예수 수난에

---

[37] 사람들은 가끔 요한 19,13을 '그는 그분(예수)을 재판석에 앉혔다'로 번역하여 어떤 상징성을 부여하고 싶어 한다. 나는 이런 시도를 *Johannesevangelium* 3 [각주 2] 304-306에서 단호히 배격했다.

관한 특정 역사 전승들을 받아들여 그리스도론적 · 상징적으로 해석해 냄으로써 자기 고유의 그리스도상을 전개시켰던 것이다.

이는 요한 복음 20장의 부활 기사에도 그대로 적용된다. 요한이 기사를 위해 인용 · 변형 · 활용한 전승들을 일일이 검토할 필요는 없겠다. 여기서 일정 역할을 하는 인물은 마리아 막달레나, 베드로, 예수께서 사랑하신 제자, 열두 제자, 토마스 등으로, 더러는 공관복음 전승에서, 더러는 요한 복음 전승에서 인용되었다. 20장의 구조는 다분히 의도적이다. 여기에는 마리아 막달레나와 그의 말을 듣고 무덤에 달려온 두 제자, 한데 모여 있던 열두 제자 그리고 토마스가 등장한다. 토마스의 고백은 부활하신 예수에 대한 고백의 정점이다("저의 주님, 저의 하느님": 요한 20,28). 요한의 신학에서 마리아 막달레나에게 하신 예수의 말씀은 시사하는 바가 크다. "내가 아직 아버지께 올라가지 않았으니 나를 더 이상 붙들지 마라"(요한 20,17). ('사람의 아들') 예수가 하느님께 올라가리라는 것은 이미 3장 13절과 6장 62절에, 그분의 떠나심과 아버지께 돌아가심은 더 자주 수시로 언급되었다(요한 7,33; 8,21-22; 13,3.33; 14,4-5.28; 16,5.10.28). 그러나 어디서도 부활과 분명하게 연결짓지는 않는다. 다만 2장 22절; 10장 18절; 12장 16절에 근거해서 짐작할 뿐이다. 부활하신 분께서 마리아 막달레나에게 모습을 드러내셨을 때는 아직 아버지께 "올라가지"(요한 20,17) 않으셨고 영광스럽게 되지 않으셨다(요한 7,39). 당신 아버지께 올라가실 참이었을 뿐이다(요한 20,17). 이런 긴장은 예수의 형제들에게 가서, 전에 약속하신 것이 이제 모두 이루어지리라는 것을 전하라고, 마리아 막달레나에게 이르신 말씀과 관련이 있다고 본다. 그것은 영을 보내 주시고(요한 14,16-17; 참조: 20,22), 기도를 들어주시고(요한 14,13; 15,16; 16,23), 믿는 사람들이 더 큰 일을 하게 되고(요한 14,12), 하느님의 사랑을 체험하는 것(요한 14,23) 등이다. 이 모든 것은 예수께서 이루신 업적의 열매다.[38] 요한에게 예수 부활은 예수의 지상적 현존이 천상

---

[38] 참조: SCHNACKENBURG, *Johannesevangelium* 3 [각주 2] 376-379.

적 · 초월적 현존으로 이행하는 사건이다. 부활하신 분의 발현들은 겉으로
는 극히 소박하게 표현되었지만, 더는 이 세상에 속하지 않는, 천상적이며
거양된 주님의 자기 계시다. 이 점, 복음서 저자는 확고히 견지한다. 마리
아 막달레나 앞에 육신을 지니고 나타나신 사건은 예수께서 아버지께로
돌아가시는 것을 부활하신 분의 발현으로 균형 잡는 것이라 설명될 수 있
다. 요한은 역사적 전승을 따르며 예수 수난을 부활 사건으로 마무리한다.

요한 복음서 구조에는 일관된 흐름이 있다. 예수께서 세례를 받고 활동
을 시작하여 갈릴래아와 유다에서 활동하시다가 재판받고 죽지만 부활하
신다는 것이다. 공관복음과 요한 복음서는 예수의 공적 활동, 특히 거듭된
유다와 예루살렘 여행에서 두드러진 차이를 보이지만, 요한은 역사적 사
실의 기본 틀을 벗어나지는 않는다.

1.3.4 시간적 구도

요한이 예수 생애의 특정 활동 주간週間을 지정하여 이를 상징적으로 해
석했는지는 의심스럽다: 예수 세례부터 카나의 혼인 잔치까지는 첫 주간
(요한 1,29-2,1), 예수 수난(요한 12,1-19,14)의 또 한 주간, 끝으로 예수 부활(요한
20,1-26) 주간.[39] 예수 활동의 첫 주간을 새로운 창조의 한 주간으로 보고 하
느님의 창조의 한 주간과 대비시키기는 어렵다.[40] 요한 복음서의 수난 주
간은 매우 모호하게 서술되어 있는데, 그나마도 요한 자신의 시간표에 따
라 기록된 것이다. 그러나 부활 주간은 부활하신 예수께서 토마스에게 발
현하신 것이 여드레 뒤라고 되어 있어서 그것이 부활 주간인 줄을 안다.[41]
하여튼 요한 복음서에서 예수의 길은 어떤 시간적 구도에 따라 전개되고

---

[39] KIEFFER, "L'espace" [각주 29] 396f.

[40] M.-E. BOISMARD, *Du Baptême à Cana (Jean 1,19-2,11)* (Paris 1956) 15.

[41] 참조: C.K. BARRETT, *The Gospel According to St John* (London ²1978) 410: "주요 주간
들을 구분하는 이면에는 전례적 동기가 있었으리라 짐작되기도 한다. 그렇다면 그것은 요한
이 활용한 원자료의 문제지, 요한 자신의 관심사가 아니다."

있음이 분명하다. 예수께서 한 지역에서 활동을 마치고 다른 지역으로 옮겨가실 때는 항상 '그 뒤에'라고 명시되기 때문이다(요한 2,12; 3,22; 4,43; 5,1; 6,1; 7,1; 11,7). 요한 복음서에서 예수의 길은 요르단 강 건너편 베타니아의 세례 장소에서 시작하여, 첫 제자들을 부르시어 갈릴래아에서 활동하신 다음, 예루살렘 입성까지 유다와 예루살렘으로 건너가 활동하시다가 수난 주간으로 이어진다. 이 길도 명확한 시간적 구도에 따른다. 이러한 구도를 통해 예수의 활동에 영향을 미친 축제력의 존재가 감지된다. 예수께서는 축제력에 따라 여러 번 예루살렘으로 가셨다. 첫 번째 파스카(요한 2,13.23), 갈릴래아에 계실 때 맞은 두 번째 파스카(요한 6,4), 초막절(요한 7,2.14.37)과 성전 봉헌 축제(요한 10,22-39), 그리고 죽음의 파스카(요한 11,55; 12,1.12; 13,1; 19,14)다. 한 가지 불확실한 것은 5장 1절에 언급된 '유다인들의 축제'인데 오순절일 가능성이 가장 크다.[42] 이 축제력이 예루살렘 입성의 계기가 되었고, 그때마다 불신의 유다 지도자들과 충돌하다가 급기야 극단으로 치닫게 된다. 초막절(요한 7장) 때만 해도 군중과 지도자들이 예수께 제각각의 반응을 보이다가, 성전 봉헌 축제 때는 현저히 과격한 대결 양상을 띠게 되었고, 마지막 파스카에 가서는 배척과 박해가 거의 화해 불가능의 상황으로 치달았다(요한 11,57; 12,9-10). 이 시간적 구도도 공간적 구도처럼 요한의 그리스도론적 관심에 따라 설정되었다. 이로써 요한이 성전 정화를 왜 예수 활동 초기에 배치했는지, 예수께서 성전에 올라가실 때마다 유다인들의 공격이 왜 점점 더 심해졌는지 설명된다. 예수의 길을 극적으로 서술하려는 요한의 의도를 이 시간적 구도에서 엿볼 수 있다.

'예수의 때'에 관한 성찰은 이 복음서의 시간적 관점에 그리스도론적 사고가 얼마나 깊이 자리 잡고 있는지 잘 보여 준다.[43] '예수의 때'는 매우 독특한 변증법적 성격을 띤다. 이 '때'는 예수의 현존 속에 '이미' 와 있고(요한

---

⁴² 참조: SCHNACKENBURG, *Johannesevangelium* 2 [각주 2] 118f.

⁴³ 참조: G. FERRARO, *L'"ora" di Christo nel Quarto Vangelo*, Aloisiana 10 (Roma 1974).

5,25) 동시에 "아직 오지 않았다"(요한 7,30; 8,20). 여기서 문제 되는 것은 예수의 죽음과 영광의 때다. 그분께서 백성 가운데서 활동하시는 동안, 원수들은 그분을 붙잡을 수 없었다. 하느님께서 정하신 그분 죽음의 때가 아직 오지 않았기 때문이다. 다른 한편으로 요한 복음 11장 9절에 언급된 열두 시간이나 되는 예수의 낮 시간은 결정적 '때'로 향하고 있다. 그것은 사람의 아들이 당신의 죽음을 통해 '영광스럽게 될 때'다. 이 죽음은 예수를 믿는 사람들을 모아들여 많은 열매를 맺을 것이다(요한 12,23-24). 예수께서는 십자가에서 '들어 올려지실' 때 모든 사람을 당신께 이끌어 들이신다(요한 12,32). 유다의 배반으로 시작되는 어둠의 사건은 결국 사람의 아들이 영광스럽게 되고 또 그분을 통하여 하느님께서도 영광스럽게 되시는 결과를 낳는다(요한 13,31). 하느님께서는 "이제 곧 그를 영광스럽게 하실 것이다"(요한 13,32). 카나의 혼인 잔치 때 예수께서 "아직 저의 때가 오지 않았습니다"(요한 2,4)라고 하신 것은 이 영광의 때를 미리 내다보셨기 때문일 것이다.[44] 예수의 '표징들'은 그분의 영광을 드러냈다(요한 2,11; 11,4.40). 이 영광은 예수의 표징들 속에 이미 드러나 있으며(요한 1,14 참조), 아버지께서 미리 정해 두신 죽음의 때가 비로소 그분의 영광을 완전하게 계시해 줄 것이다. 처음에는 절망적이다. 요한의 '올리브 산의 때'(요한 12,27)가 보여 주듯, 죽음의 때는 수난을 앞둔 예수를 산란하게 한다. 이 고뇌의 시간 속에서도 예수께서는 이미 당신을 영광스럽게 하셨고 또다시 영광스럽게 하시리라는 보장을 아버지에게 받으신다(요한 12,28). 요한의 신학은 끔찍한 절망의 때를 아버지께서 보호하시고 영광스럽게 하시는 때로 변모시킨다.[45] 최후 만찬 때 예수께서는 당신의 때가 온 것을 '아셨고'(요한 13,1), 기도드리실 때는 아버지께서 당신을 영광스럽게 하시리라는 확신을 잃지 않으셨다(요한 17,1).

---

[44] 애매하고 다의적인 해석. 나는 *Johannesevangelium* 1 [각주 2] 332-336에서 이 '때'가 예수의 죽음과 영광의 때로 해석될 가능성을 열어 두었다. 카나의 기적은 죽음으로써 비로소 성취될 예수의 완전한 영광을 표징적으로 암시한다. 참조: W. THÜSING, *Die Erhöhung und Verherrlichung Jesu im Johannesevangelium*, NTA 21 (Münster ³1979) 92-96.

[45] THÜSING, *Erhöhung* [각주 44] 76-86: 수난을 받아들임으로써 예수의 '때'를 받아들임.

모든 사건의 시간적 전개는 신학적으로만 의미 있는 예수의 '때'에 따라서만 이루어지고, 예수의 지상 활동도 그 '때'에 따라서만 최고의 의미를 획득한다. 이제 시간적 요소들은 예수의 재판, 수난, 부활로 이행한다. 이런 의미에서 요한도 역사적 사건의 제약을 받지만, 그는 예수의 '때'에 대한 성찰을 통해 이를 초월한다. 요한이 '예수의 구원 사업을 두 단계'로 설정한 후 서로 연계시키려 했다고는 주장하기 어렵다.[46] '표징' 속에서 당신의 영광을 드러내시는 예수의 지상 활동도 영광받으신 그리스도 입장에서 본 것이다. 그분의 지상 활동은 죽음에서 부활하여 현양되신 분으로서만 표징적 의미를 지닌다. 그분의 강생Inkarnation이 우리에게 '그분의 영광을 보게'(요한 1,14) 해 준다. 그러나 그것은 오직 강생하신 그분께서 아버지의 영광 속으로 들어가셨기 때문에 가능하다. 예수의 지상 활동과 성령으로 계속되는 활동이 요한에게는 하나로 통합되었다.

요한 복음서에서 표징 계시는 조금씩 진전된다. 첫 번째 표징인 카나의 혼인 잔치는 여러 '표징의 시작'(요한 2,11)에 지나지 않는다. 멀리서 왕실 관리의 아들을 살려 주신 두 번째 표징은 유다를 떠나 갈릴래아로 가시어 일으키셨다(요한 4,54). 그곳에서는 또 다른 표징들도 병자들에게 일으키셨다(요한 6,2). 5장과 6장의 순서가 바뀌었다면,[47] 갈릴래아에서의 예수 활동은 오천 명을 먹이신 빵의 기적(요한 6,1-15)으로 이어지고, 또 그것은 중요한 계시 담화를 발표하시는 계기가 된다(요한 6,26-59). 현존하는 순서에 따르면 예수께서는 그 사이 예루살렘으로 가셔서 벳자타 못 가에서 반신불수 환자를 고쳐 주셨다(요한 5,1-9). 이 표징 역시 계시 담화로 이어진다(요한 5,10-47). 이 표징들을 연결시키는 것은, 예수께서 생명을 선사하신다는 생각, 혹은 당신이 빵의 기적을 통해 죽을 운명의 세상에 새 생명을 주시는 '하늘의 빵'임을 증명하신다는 생각이다. 그러한 한, 표징을 계속 행하심으로써

---

[46] THÜSING, *Erhöhung* [각주 44]; 참조: 같은 책 3판 부록, 311-316.

[47] 참조: SCHNACKENBURG, *Johannesevangelium* 2 [각주 2] 6-11.

계시가 점증되는 것이 아니라, 다음 표징들은 계시 담화들을 통해 카나의 처음 두 표징들(요한 2,1-11; 4,46-54)보다 한 걸음 더 진전될 뿐이다.

표징이 무엇을 계시하는지는 계시 담화들 속에 두루 펼쳐진다. 태어나면서부터 눈먼 사람을 고쳐 주시고(9장) 라자로를 다시 살리신(11장) 마지막 두 기적은 예수 표징 활동의 정점이다. 이 두 표징은 세상의 빛이요 생명이라는 예수의 의미를 독특한 방식으로 드러낸다. 요한 복음서 머리글에서는 말씀이 사람들을 비추는 생명(요한 1,4)이자 모든 사람을 비추는 참빛(요한 1,9)으로 찬미받는다. 둘을 한마디로 묶으면: "나를 따르는 이는 어둠 속을 걷지 않고 생명의 빛을 얻을 것이다"(요한 8,12). 눈먼 사람을 고치는 기적은 빛이신 예수의 역할을 상징한다. "내가 이 세상에 있는 동안 나는 세상의 빛이다"(요한 9,5). "나는 이 세상을 심판하러 왔다. 보지 못하는 이들은 보고, 보는 이들은 눈먼 자가 되게 하려는 것이다"(요한 9,39). 예수 활동의 결정적 위력이 드러난다. 빛과 생명은 예수 구원의 의미를 규정하는 용어다. 죽은 사람을 살리신 것은 예수께서 생명을 주실 힘을 가지고 계심을 보여 준다. 효과는 이중적이다. 마르타처럼 예수의 계시를 '부활과 생명'으로 믿는 이(요한 11,25-27)는 믿음을 통해 생명으로 인도될 것이고, 수석 사제나 바리사이들처럼 계시를 거부하고 저항하는 사람(요한 11,47-53)은 죽음의 길로 들어설 것이다. 요한은 이 두 가지 큰 표징을 예수 '드라마'의 정점으로 보고 의도적으로 표징 계시의 맨 끝에 배치했다.

요한 복음서의 이 '표징들'이 '표징 자료'(σημεῖα-Quelle)를 근거로 기록되었는지에 대해서는 논란이 분분하다. 명확히 순서가 매겨진 (카나에서의) 첫 두 '표징들', 그리고 요한 복음 12장 37-38절과 20장 30-31절의 회고에 근거하여 이를 수긍하는 이가 많다. 그러나 '표징들'의 순서 매김과 그 범위가 명확하지 않다(예수께서 물 위를 걸으신 것은 어떻게 보아야 하나?). 그보다는 오히려 복음서 저자나 최종 편집자가 '표징' 이야기들을 받아들여 손본 다음 이 복음서에 활용했다고 보는 것이 옳을 것이다. 여기서 전승과 편집, 역사적 실체와 상징적 해석을 명쾌하게 구별하기란 매우 어렵다. 그러나 예수 활동을 체포와 수난으로 매듭짓는 이 시간적 구도는 '표징의 책'das Buch der Zeichen(요한 2-12장)을 분명히 경계지을 뿐 아니라, 모든 것을 점점 더 강력하게 예수 수난에 집중하여 결국 부활과 현양에 이르도록 배열하고 있다. 요한 복음서의 본디 맺음말인 20장 30-31절에서 예수께서 제자들 앞에서 행하신 '표징들'을 언급하는 데는 이유가 없지 않다.[48] 전체적으로 요한 복음서의 시간 · 장소 기록들은 예수의 등장이라는 역사적 틀 안에서 설정되었지만, 동시에 요한의 그리스도론에 기여하고 있다.

1.4 공관복음서와 요한 복음서의 그리스도 모습 비교

공관복음서를 읽고 요한 복음서를 접하면 상이한 예수 그리스도 모습에 여러모로 놀란다. 전자와 후자의 그리스도상에는 긴장이 있다.[49] 공관복음서의 예수 모습은 따뜻하고 자비롭다. '자비'와 '동정'이라는 말은 세 공관복음서에 모두 등장하지만 요한 복음서에는 나타나지 않는다. 가령, 여행에 지친 예수께서 사마리아 여인에게 물을 청하는 장면처럼(요한 4,7) 요한 복음서에도 예수의 인간적 면모를 보여 주는 대목은 물론 있다. 그러나 여인과의 대화는 즉시 '생명의 물'이라는 다른 주제로 넘어간다. 그분이 청하신 마실 물 이야기는 더 나오지 않는다. 라자로는 예수의 친구였고 "예수님께서는 마르타와 그 여동생과 라자로를 사랑하셨다"(요한 11,5). 그런데 라자로가 병을 앓고 있다는 말을 들으시고도 베타니아로 즉시 떠나지 않고 계시던 곳에 이틀을 더 머무르셨다. 그동안 라자로는 죽고 만다. 이제 예수께서는 큰 기적을 행하시게 되었다(요한 11,11-15). 마리아와 유다인들이 우는 것을 보시고 예수께서는 마음이 북받치고 산란해지셨다(요한 11,33).

---

[48] 여기서 언급된 '다른 많은 표징'은 예수의 다른 부활 발현들이 아니라, 복음서 본론에 언급되었거나 서술된 '표징들'을 말한다. 부활 발현들은 예수 '표징 활동'의 강화된 표현 정도로 이해될 뿐이다. 참조: SCHNACKENBURG, *Johannesevangelium* 3 [각주 2] 401-403.

[49] 참조: R. SCHNACKENBURG, "Synoptische und johanneische Christologie – Ein Vergleich", in: F. VAN SEGBROECK u.a. (Hrsg.) *The Four Gospels* 3, FS F. NEIRYNCK (Louvain 1992) 1723-1750.

예수께서도 눈물을 흘리시자 유다인들은 "보시오, 저분이 라자로를 얼마
나 사랑하셨는지!"(요한 11,35-36) 하고 말했다. 이것은 요한의 아이러니다.
예수께서 '마음이 북받치고 산란해지신 것'은 라자로의 죽음 때문이 아니
라 유다인들의 불신과 죽음의 횡포 때문이었다. 요한의 '겟세마니 장면'(요
한 12,27-33)에서는 당신을 위협하는 죽음에 몸서리치면서도 곧 아버지께서
당신 아들을 영광스럽게 하시리라는 소리를 들으신다. 이것은 예수의 인
간적 면모와 감수성의 기억이 아직 희미하게 간직되어 있다는 뜻이다. 그
러나 이런 모습들은 실제로 드러나지 못하고 그분의 탁월성과 신적 능력
에 대한 확신으로 무색해지고 만다. "인간을 사랑하고, 고통을 감수하며,
온전히 희생할 준비가 된 예수의 친인간성"은 요한 복음서에 겉으로 잘 드
러나지 않는다.[50] 병을 고치고, 빵의 기적으로 많은 사람을 먹이고, 물 위
를 걷고, 죽은 사람을 살리는 것은 예수가 누구신지 알리는 상징이자 그분
이 주실 생명을 암시하는 '표징'이다. 이렇게 심화된 예수의 모습은 하느님
에게서 오셨으되 사람이 되신 로고스의 그리스도론과 결합되어 있다.

공관복음서의 '믿음'과 요한 복음서의 '믿음'을 주의 깊게 살피면 그 차
이는 더욱 분명해진다. 공관복음서의 치유 이야기에서 병자들을 치유하는
것은 믿음이다. 구약성경에서 일관되게 믿음의 자세로 부각되던 그 신뢰
다. 예수의 요구는 당신이 메시아라는 믿음을 가지라는 것이 아니라, 인간
에게는 불가능하지만 하느님의 능력으로 모두 이루어질 수 있다는 믿음을
가지라는 것이다(마르 9,23 참조). 요한 복음서는 전혀 다르다. 여기서는 **예수
에 대한** 믿음이 핵심이다. 요한 복음서에서 믿는다는 것은 예수의 자기 계
시를 받아들이고 한 분이신 이 구원의 중개자와 결합하는 것을 말한다.[51]

---

[50] KUSCHEL, *Geboren vor aller Zeit?* [각주 1] 488.

[51] 참조: SCHNACKENBURG, *Johannesevangelium* 1 [각주 2] Exk., 508-524; F. MUSSNER,
Die johanneische Sehweise und die Frage nach dem historischen Jesus (Freiburg - Basel -
Wien 1965); F.M. BRAUN, "La foi selon s. Jean", *RThom* 69 (1969) 357-377; F. HAHN,
"Sehen und Glauben im Johannesevangelium", in: *Neues Testament und Geschichte*, FS O.
CULLMANN (Zürich - Tübingen 1972) 125-141.

최후 만찬에 들 때까지도 아버지께 가는 길인 예수의 계시가 제자들에게 완전히 실현되지 않았다(요한 14,4-10). 예수께서는 믿음을 가지라고 요구하시고, 믿지 못하겠거든 적어도 당신이 하신 일을 보아서라도 믿으라 강조하신다(요한 14,11-12). 예수에 대한 제자들의 불완전한 믿음이 이별의 순간에 특히 도드라지지만, 아버지께 바치는 예수의 큰 기도에서는 이런 믿음이 문제 되지 않는다(요한 17,6-8). 모두가 교회의 신앙고백 속에 포용된다.

요한 복음서의 믿음은 본질상 구원론적이다. 믿음의 구원적 의미는 영원하고 신적인 생명을 중개해 주는 데 있다. 벳자타 못 가의 치유 사건은 예수가 누구신지를 묻게 만든다(요한 5,12). 이 치유가 이루어지는 동안 예수께서는 '죽은 이들을 일으켜 다시 살리기 위해' 아버지와 긴밀히 협력하시는 아들로 당신 자신을 계시하신다(요한 5,19-21). 태어나면서부터 눈먼 사람을 고쳐 주시는 사건에서도, 이 사람을 실로암 못으로 보내 눈 뜨게 하신 이분은 누구신가라는 물음에 모든 관심이 집중된다. 예수께서 이 눈먼 사람에게 비추어 주신 그 빛은 예수의 상징이다. 예수께서는 세상의 빛(요한 9,5)이요 영원한 생명의 빛(요한 8,12 참조)이다. 라자로를 다시 살리신 것은 예수께서 '부활이요 생명'(요한 11,25-26)이라는 계시의 절정이다. 요한의 예수께서 부단히 요구하시는 믿음은 그리스도론적 신앙고백이다. 요한 복음서에서 이런 고백이 끊임없이 나온다. 나타나엘을 필두로(요한 1,49) 사마리아 사람들(요한 4,42), 베드로와 다른 제자들(요한 6,69), 태어나면서부터 눈먼 사람(요한 9,37-38), 마르타(요한 11,27), 최후 만찬장의 제자들(요한 16,30)을 거쳐 예수 부활 후의 토마스(요한 20,28)에 이르기까지, 모두 이런 그리스도론적 신앙고백을 한다. 이 고백들은 그리스도론적 믿음 전체를 내포하며 예수 역사 속에서 믿는 이들의 입을 빌려 관철시킨다. 이 그리스도론적·구원론적 신앙은 공관복음서의 신앙과 다소 차이가 있다. 공관복음서의 신앙이 지상에서 활동하신 예수에 대한 체험과 더 긴밀히 연관되어 있다.

요한 복음서는 예수의 비밀을 지키고 드러내는 방식도 공관복음서와 다르다. 마르코 복음서에는 예수의 등장이 베일에 싸여 있다. 대사제의 공식

질문에 대답하지 않을 수 없는 '진리의 시간'이 올 때까지(마르 14,62), 마르코
복음서 어디에도 예수께서 공개적으로 당신이 메시아요 하느님의 아드님
이라고 증언하신 적이 없다. 제자들의 무지(마르 6,51; 8,17-18)는 예수의 가장
가까운 동반자들조차도 당신의 권능을 얼마나 이해하기 어려웠는지 말해
준다. 예수의 신원을 비밀에 붙이려는 경향('메시아 비밀')이 전체 마르코 복음
서를 일관하고 있다. 요한 복음서는 다르다. 여기서는 예수 친히 메시아요
하느님의 아드님임을 계시하신다(요한 20,31). 예수께서는 담화 중에 '나다',
'내가 나다'(ἐγώ εἰμι)라는 지존至尊의 어구로 당신을 생명 주시는 신적 존재
로 소개하며, 심지어 당신의 선재先在(요한 8,58)까지 포괄하는 전대미문의 자
의식을 표명하신다. 이런 태도는 제자들뿐 아니라 불신의 유다인들 앞에서
까지 견지된다. 그것이 결국 거센 반발을 샀다(요한 6,42; 8,16.25.51.53; 10,33).
이 고백들이 부활 후 교회의 신앙을 반영한다 하더라도, 요한 복음서에서
는 (토마스의 경우를 제외하고) 모두 예수의 지상 생애 중의 일로 설정된
다. 공관복음서에서 예수 비밀은 당신의 구원 활동을 통해 추측되지만, 요
한 복음서에서는 요한의 그리스도론적 시각을 통해 비로소 공개된다.

　　요한 복음서의 계시 담화에는 또 다른 중심 이동이 발견된다. 공관복음
에서는 하느님 나라를 기다림이 중심이었는데, 그 중심이 요한 복음서에
서 신적 생명의 현재적 보장으로 이동된다. 요한 복음서는 '하느님 나라에
들어가다'라는 공관복음서의 표현을 그대로 받아들이지만(요한 3,3.5), 그것
을 천상 영역으로 들어간다는 뜻으로 이해하도록 해석하고 있다. 공관복
음서의 시간성이 요한 복음서에서는 피안적·수직적 관점으로 전환된다.
신적 생명의 본성은 항구히 머무는 것이다. 따라서 그 시각도 미래로 향할
수 있지만(요한 4,14; 6,27; 12,25) 신적 생명의 현재성을 전제할 때만 가능하
다. 신적 생명은 육적 죽음을 넘어서도 지속되지만(요한 11,25) '부활이요 생
명'이신 분으로 말미암아 이미 믿는 사람들 안에 현존하고 있다.

　　요한의 그리스도론에는 공관복음서의 여러 개념을 도입·발전시켜 활
용한 흔적도 여러 곳에 나타난다. 우선, 하느님으로부터 '보냄받으신 분'이

라는 개념을 들 수 있다. 이분은 인간을 치유하고 구원하기 위해 하느님으로부터 이 세상에 보냄받으신 분이다. 그리고 '하느님의 아드님'이라는 개념이 있다. 요한 복음서에서 '하느님의 아드님'은 단순히 아버지와 결합해 계시는 '아들'을 뜻한다. 또 '사람의 아들' 개념을 들 수 있다. 요한 복음서에서 '사람의 아들'은 인류가 기다리는 장차 오실 분에서 현재 와 계시는 분으로(요한 1,51; 9,35-38), 십자가에 죽으시고 부활하신 분에서 높이 들어 올림 받으시고 영광스럽게 되신 분(요한 3,14; 8,28; 12,23.32; 13,31-32)으로 전의轉意되었다. 요한 복음서는 세례자 요한에 관한 공관복음서의 기사도 새롭게 해석한다.[52] 이 모든 것은 요한의 그리스도론이 근거 박약한 공론空論이 아니라 '말씀이 사람이 되셨다'는 전제하에 독자적으로 발전해 왔음을 말해 준다. 요한 복음서는 공관복음서의 그리스도론과 접하면서 새롭고 독특한 그리스도상을 탄생시켰다. 그 속에 긴장이 없지는 않으나 원시 그리스도교의 근본적 그리스도 신앙고백은 고수하고 있다. 그 독특한 성격은 차후에 따로 논구할 것이다(제5장 2절 참조).

1.5 요한의 그리스도상에 대한 해석학적 접근

성경 본문을 저술 연대, 시대 배경, 저술 목적에 근거하여 설명하고 현대 독자들이 이해할 수 있게 제시해 줌으로써, 그 본문이 이 시대를 사는 사람들에게 말하고자 하는 바를 밝히는 것이 해석학 본연의 임무라면,[53] 요한 복음서에 대해 이런 과업을 수행하는 일은 매우 어렵다. 역사적 사실의 재구성 작업만 하더라도 난감한 부분이 한둘이 아니다. 더구나 그 역사성을 의심하는 회의론자들에게 요한의 고차원적 그리스도론을 이해시키기란 더욱 어려운 일이다. 요한 복음서의 역사적 지평에 관한 견해가 다양하

---

[52] 참조: SCHNACKENBURG, "Synoptische und johanneische Christologie" [각주 49] 1746ff.

[53] 참조: R. BULTMANN, "Epilegomena", *Theologie des Neuen Testamens* [각주 13] 585-600. 그는 결국, 역사적 과거의 재구성은 "신약성경 문헌들이 현재에도 뭔가 할 말이 있을 거라고 전제할 때"(600) 성경 해석에 기여하는 바 있을 것이라고 확신한다. W. LOADER, *Christology* [각주 1] 220-225도 이 문제에 큰 관심을 기울였다.

다는 것은 제5장 1.1에서 살핀 바 있다. 바로 이 역사적 지평의 불확실성 때문에, 이 복음서를 누가, 누구를 위해, 어떤 목적으로, 어떠한 여건에서 집필했는지 명료하지 않다. 앞에서 개진한 통찰에 공감하는 바 있어도, 우리 시대에 이 복음서는 쉽게 이해되지 않는다.

① 최신 해석학의 주요 원칙 중 하나는 전제 없는 판단이란 있을 수 없다는 것이다. 이해에는 반드시 어떤 선입견이나 선이해가 작용하기 마련이다. "어떤 텍스트를 이해하고자 할 때는 항상 그에 대한 어떤 윤곽을 미리 그려보고, 첫 의미가 떠오르자마자 곧 전체 의미를 예단한다. 그 의미가 자꾸 떠오르는 것은 텍스트를 읽을 때 특정 의미를 기대하기 때문이다. 텍스트의 의미를 이해한다는 것은 선구상先構想을 완성시켜 간다는 것이다. 물론 이 선구상은 의미를 더 깊이 파고들 때 드러나는 진실에 의해 끊임없이 교정된다."[54] 미리 형성된 이 선입견이 이해의 조건이다. 그릇된 선입견의 교정은 문헌 분석을 통해 가설들을 버리고 반박하는 비판적 탐구 과정을 통해 이루어진다. 요한 복음서의 생성과 특성, 목적과 역사에 대해 지나치게 정립된 가설들은 부단히 검토되어야 하고, 역사적 진실에 접근하는 과정에서 늘 새롭게 수정되어야 한다.

해석학적 이해에 중요한 또 다른 통찰은 이것이다: "이해는 늘 전체에서 부분으로 그리고 다시 전체로 움직인다. 이해된 의미의 통일성을 중심부에서 확대시키는 것이 과제다. 각 부분과 전체의 일치가 올바른 이해의 기준이다. 일치되지 않았다는 것은 이해되지 않았다는 뜻이다."[55] 요한 복음서의 경우, '말씀이 사람이 되셨다'(요한 1,14)라는 선재先在 그리스도론의 근본 명제가 요한 그리스도론에 불가결한 전제인지, 이 그리스도론을 뒷받침하고 이해할 수 있게 해 주는지, 이 원칙이 밝혀 주어야 한다.[56]▶

② 요한 그리스도론의 통일성에서 출발하여 다양한 진술 범주들을 그

---

[54] H.-G. GADAMER, *Wahrheit und Methode: Grundzüge einer philosophischen Hermeneutik* (Tübingen 1960) 252.

[55] 같은 책 275.

안에 통합시켜야 한다. 방식은 다양하다. '하느님으로부터 보냄받으신 분'이라는 개념에서 출발하자. 아버지께서 이 세상에 보내신 이 아들은 계시자요 생명을 가져오신 분이다. '사람의 아들'의 개념도 결정적 사고 범주 가운데 하나다. 하늘에서 내려오신 사람의 아들은 다시 그곳으로 올라가셔서 인류를 하느님께 인도하실 것이다. 유다권에서 유래한 신앙고백문 '예수는 메시아요 하느님의 아드님이시다'는 구세주를 가리키는 보편적 진술로 발전되었다고 볼 수 있다. 긴장이 남아 있음에도 불구하고 요한 그리스도론의 통일성은 포기할 수 없다. 요한 복음서의 의미를 보장하는 예수 그리스도라는 인물이 중심에 있기 때문이다. 다양한 이야기들과 상이한 칭호와 표현들이 하나의 통일체를 이루고 있음을 설명하지 못한다면, 이 복음서는 완전히 와해되고 말 것이다. 보냄받으신 분, 아들, 모세와 비슷한 종말론적 예언자, 사람의 아들 등의 여러 상이한 그리스도론적 개념들을 확인하는 정도에 그친다면, 여러 개념을 엮어서 예수 그리스도의 모습을 그리고자 했던 이 복음서 저자의 시각은 설명될 길 없이 수수께끼로 남아 있을 수밖에 없을 것이다.

로우더는 주목할 만한 통일적 그리스도론을 발전시켰다: 아버지께서는 아들을 보내시고 전권을 수여하셨다. 아들은 아버지를 알고 아버지로부터 와서 사람들에게 아버지를 알렸고 세상에 빛과 생명과 진리를 주셨다. 그리고 아버지께 돌아가셨다. 높이 들어 올려지시고 영광받으셨으며 하늘로 올라가셨다. 세상에 제자들을 파견하시고 더 깊은 깨달음을 주려고 성령을 보내셨다. 신앙 공동체를 세우기 위해 제자들이 선교 사명을 다할 수

◄56 참조: LOADER, *Christology* [각주 1] 148-154; 177-180: "저자는 아들의 선재를 받아들여 아들의 권위를 확립하기 위한 기반으로 활용한다"(154). THEOBALD, *Fleischwerdung*[각주 1]은 복음서 생성기 끝 무렵에 수록된 이 머리글을 독자를 위한 '일러두기'로 이해했다(483-470, 특히 468-470); KUSCHEL, *Geboren vor aller Zeit?*[각주 1]는 선재적 아들의 지상 활동사와 관련하여 그것을 "요한의 대담한 종합"(468-511)이라고 한다. 예수께서는 "메시아요 하느님의 아들이며 이스라엘의 임금이다. 그분은 하느님께서 보내신 아들이고, 이 세상에 오시어 사람이 되시기 전부터 이미 당신 아버지이신 하느님과 늘 함께 계셨기 때문이다"(477).

있도록 그들을 무장시키셨다.[57] 교회 안에서의 지속적 활동에까지 이 그리스도론을 확장하는 것은 다소 문제가 있다. 그러나 교회 안에 계속 사시는 그리스도를 성령(파라클레토스)이 대리하기 때문에 그리스도론의 확장이 그리 부당하다고 할 수는 없다. 아버지께 돌아가시는 그리스도와 교회에 내려오시는 성령 사이, 구원 사업을 완성하신 그리스도(요한 19,30)와 세상의 죄를 없애시고(요한 1,29) 생명의 물이 흘러나오게 하신(요한 19,34) 하느님의 어린양 사이, 사람이 되신 말씀(요한 1,14)과 당신 살과 피를 내주시는 사람의 아들(요한 6,53-56) 사이의 갈등 등은 전체 그리스도론으로 통합되어야 한다. 현재적 종말론도 미래적 종말론과 균형을 이루어야 한다. 다양한 그리스도론적 입장들이 최종 편집에서 하나의 그리스도론으로 통일되었다.

③ 요한 복음서를 그리스도론적으로(그리스도 중심으로) 이해해야 할지 신론적으로(하느님 중심으로) 이해해야 할지가 문제다. 그리스도론에 의거해서 하느님, 창조주, 인류사를 움직이는 힘을 보도록 그리스도론에 집중해야 하는가, 아니면 아들을 보내시어 세상에 새로운 사랑과 빛과 생명을 주시고, 아들을 통해 세상을 완성시키시는 하느님과 세상에 대한 그분의 사랑(요한 3,16)에서 출발해야 하는가? 그러나 요한 복음서에는 신론Theologie과 그리스도론Christologie이 서로 긴밀히 결합되고 연관되어 있어서 양자택일은 잘못이다. "요한에게 그리스도교 신앙의 중심은 예수 그리스도를 통한 아버지 하느님과의 결합이다. 하느님으로부터 보냄받으신 분, 예수에 대해 요한이 주장하는 형식적 특성(이 복음서에 여러 변형으로 표현된다)은 엄격한 의미의 신론에 비중을 두는 결과를 초래했다."[58] 그릇된 양자택일이 불가하다는 해석학적 근본 원칙이 바로 여기 적용된다. 이 '세상'을 어둡고, 사악하고, 하느님에 대적하는 것들의 영역이라는 부정적 의미로만 볼 것인가, 아니면 하느님에게 인정받고 그분의 사랑을 체험하는 긍정적 의미로

---

[57] W. LOADER, *Christology* [각주 1] 76-92, 참조: 226.

[58] LOADER, *Christology* [각주 1] 220.

도 볼 것인가? 요한 복음서는 둘 다 포용한다.[59] 요한의 '이원론'은 하느님을 이해하는 데 한계를 드러낸다. 유다인들에 대한 태도도 마찬가지다. 유다인들은 악마의 활동 영역이기도 하고(요한 8,44) 동시에 구원의 원천이기도 하다(요한 4,22).[60] 이처럼 이율배반적인 담화 방식이 이 복음서 도처에 등장하지만, 복음서 저자의 시각에서는 역사적 체험을 통해 자신이 내린 평가의 양면을 표현한 것일 뿐이다. 하느님의 아드님이 이 세상에 오셨다는 사실에는 양면이 다 포함된다. 그분의 오심은 구원을 뜻하기도 하고 멸망을 뜻하기도 한다. 그분 안에 드러나는 하느님의 사랑으로 구원을 얻을 수도 있고, 불신앙·죄악 그리고 죽음의 심판으로 떨어질 수도 있다(요한 3,17-19). 하느님께서 아들을 보내심으로써 인간 세계는 결단에 직면했다. 믿느냐 믿지 않느냐가 인간의 운명을 결정한다. 그러나 구원을 더 바라시는 하느님의 뜻이 간과될 수는 없다.[61] 이로써 이원론적 담화 방식이 구원을 중시하는 요한의 그리스도론에 새삼 도입된다.

④ 요한 복음서에는 의미 그대로 이해되어야 할 표상·상징·은유가 많이 사용되었다. 그것들은 대부분 예수를 직접 가리키는 상징어들로서, 생명, 빛,[62] 하늘에서 내려온 빵, 생명의 빵, 생명의 샘, 목자, 문, 길, 포도나

---

[59] 참조: N.H. CASSEM, "A Grammatical and Contextual Inventory of the Use of κόσμος in the Johannine Corpus with Some Implications for a Johannine Cosmic Theology", *NTS* 19 (1972/73) 81-91. 참조: J. BLANK, *Krisis: Untersuchungen zur johanneischen Christologie und Eschatologie* (Freiburg 1964) 186-198.

[60] 참조: H. THYEN, "Das Heil kommt von den Juden", in: D. LÜHRMANN/G. STRECKER (Hrsg.) *Kirche*, FS G. BORNKAMM (Tübingen 1980) 163-184. 요한 복음서에서 '유다인'도 '세상'처럼 양면적 의미가 있다. 참조: SCHNACKENBURG, *Johannesevangelium* 1 [각주 1] 275f. 참조: E. GRÄSSER, "Die antijüdische Polemik im Johannesevangelium", *NTS* 11 (1964-65) 74-90; F. MUSSNER, *Traktat über die Juden* (München 1979) 49-51.281-293; F. HAHN, "Die Juden im Johannesevangelium", in: P.-G. MÜLLER/W. STENGER (Hrsg.) *Kontinuität und Einheit*, FS F. MUSSNER (Freiburg - Basel - Wien 1981) 430-438.

[61] 참조: BLANK, *Krisis* [각주 59]. 그는 "더 우세한 하느님의 구원 의지"를 언급한다(88).

[62] 참조: O. SCHWANKL, "Die Metaphorik von Licht und Finsternis im johanneischen Schrifttum", in: K. KERTELGE (Hrsg.) *Metaphorik und Mythos im Neuen Testament*, QD 126 (Freiburg - Basel - Wien 1990) 135-167.

무처럼 예수께서 실제로 그 낱말이 뜻하는 그런 분임을 나타낸다. 이 모든 것을 연결하는 것은 예수께서 생명을 주신다는 생각이다. '위로부터 태어나다'(요한 3,3),[63] 십자가에서 '들어 올려지다'(요한 3,14), 생수를 마시다(요한 4,14), 길이 남을 양식(요한 6,27), 천사들의 오르내림(요한 1,51), 하늘로 올라가다(요한 6,62), 세상의 빛(요한 8,12; 9,6; 11,9), 눈이 멀다(요한 9,39; 12,40) 등과 같은 은유는 늘 하느님으로부터 계시와 생명을 가져오신 예수라는 인물에 초점을 모은다. 그러한 한, 모든 것은 그리스도 중심적이며 동시에 하느님 중심적이다. 예수께서는 '내가 나다'($\dot{\epsilon}\gamma\dot{\omega}$ $\epsilon\dot{\iota}\mu\iota$: 요한 8,24.28.58; 13,19)라는 신적 지존의 어구로 당신을 소개하신다. 이 말은 예수를 가리키는 상징어와 자주 결합한다.[64] 이 표상적 · 은유적 표현 방식은 사람이 되어 이 땅에 오신 말씀의 구원 의미를 둘러싼 요한 그리스도론의 통일성을 깨닫게 한다. 이 모든 상징어는 그 전승사적 기원과 요한의 의도에 근거해서 규명되어야 한다. 다양한 그리스도론적 표현 방식이 밝혀지고서야(제5장 2절 참조) 요한 그리스도론에 대해 어떤 결론이든 내릴 수 있겠다.

⑤ 요한의 첫째 서간과 비교하는 것이 요한의 독특한 시각을 이해하는 데 도움 된다. 이 서간은 사람의 몸으로, 물과 피를 통해 오신 그리스도를 부인하는 모든 이단을 배척한다(1요한 4,2-3; 5,6-8). 하느님의 아드님 그리스도에 대한 참된 가르침(1요한 2,23; 4,15; 5,5)이 확립될 때, 강생하신 분께서 '생명의 말씀'으로 교회 안에 계속 살아 활동하심이 밝혀질 것이다.[65] 이 서간이 요한 복음서 머리글(요한 1장)에 개진된 그리스도론에 얼마나 깊이

---

[63] 참조: T. SÖDING, "Wiedergeburt aus Wasser und Geist: Anmerkungen zur Symbolsprache des Johannesevangeliums am Beispiel des Nikodemusgesprächs" (Joh 3,1-21), in: K. KERTELGE (Hrsg.) *Metaphorik und Mythos* [각주 62] 168-219.

[64] 참조: SCHNACKENBURG, *Johannesevangelium* 2 [각주 2] 59-70; H. KLEIN, "Vorgeschichte und Verständnis der johanneischen Ich-bin-Worte", *KuD* 33 (1987) 120-136.

[65] '생명의 말씀'이 강생하신 그리스도를 뜻하는지, 예수 그리스도를 기원과 내용으로 하는 그분의 메시지를 뜻하는지는 판단하기 어렵다. 나는 전자를 택했지만[*Die Johannesbriefe* (⁷1984) 60-63], KLAUCK, *Der erste Johannesbrief* [각주 19] 64f는 후자를 선호한다.

뿌리박고 있는지는 이 서간의 머리말과 요한 복음서의 머리글을 비교해
보면 쉽게 알 수 있다.[66] 요한 복음서의 그리스도론은 그것을 둘러싼 논쟁
이 거듭되는 가운데 강화되고 확증된다. 검증 기준(1요한 4,1)은 이미 알려져
있다. 요한 복음서와 요한의 서간들은 그리스도론에 관한 통일된 시각으
로 수렴한다. 요한계 문헌에서 입증된 그리스도론, 상호 조화 가능한 개개
의 본문들로부터 이 복음서 이해에 확신을 줄 만한 해석학의 길이 열린다.

2. 요한의 그리스도론의 고유 개념들

요한의 예수 그리스도상은 오직 한 분이신 하느님을 우리에게 알려 주신
(요한 1,18) '아버지의 외아드님' μονογενής(요한 1,14)께 대한 믿음에서 비롯되
었다. 요한은 이 '하느님의 외아들'(요한 3,16.18)에게 자신을 온전히 내맡긴
사람이다. 이분으로 말미암아 영원한 생명을 얻을 수 있다고 굳게 믿었기
때문이다.[67] 요한의 신앙적 관점에서 볼 때 이것은 예수 그리스도에 대한
가장 짧고 가장 함축적인 표현이다. '아버지의 외아드님'은 하느님 · 세
상 · 인간과의 다양한 관계와 관점에서 고찰될 수 있다. 요한의 그리스도
론에는 각각 고유한 의미의 그리스도 신원 서술어와 표현들이 허다하다.

2.1 보냄받으신 분

예수 그리스도에 대한 요한 복음서의 가장 기본적이고 포괄적 언급은 그
분이 아버지로부터 이 세상에 보냄받으신 분이라는 것이다. 벡커에 따르
면 요한의 그리스도론은 본질적으로 '파견의 신학'이다. 다른 학자들도 요

---

[66] 참조: KLAUCK, *Der erste Johannesbrief* [각주 19] 56-58; THEOBALD, *Fleischwerdung* [각주 1] 422-431.

[67] μονογενής에 관하여: SCHNACKENBURG, *Johannesevangelium* 1 [각주 2] 246f; F. BÜCHSEL, *ThWNT* 4, 745-750; J.A. FITZMYER, *EWNT* 2, 1081-1083.

한 복음서의 여러 언급들을 파견 개념에 귀결시킨다.[68] '나를 보내신 아버지'는 요한이 '즐겨 사용하는 어구'다(요한 5,37; 6,44; 8,16[v.l.].18; 12,49; 14,24). 이 어구에는 보냄받으심과 보내신 분으로서의 '아버지'가 결합되어 있다.[69] 그러나 '아버지'를 명시적으로 밝히지 않고 하느님으로부터 보냄받으셨다고 나오기도 하고(참조: 요한 3,17.34; 6,29; 8,42), 문맥에 따라서 아버지로부터 보냄받으셨다는 것이 넉넉히 언급되기도 한다. 여기서 '아버지'로부터 왔다는 것을 주목해야 한다. 예수가 '아버지와 하나'(요한 10,30; 14,10)라는 것은, 하느님과 동등한 예수와 하느님에게서 임무를 부여받은 예수를 어떻게 조화시킬 것인가 하는 문제를 제기하기 때문이다. 아버지의 사명을 수행할 의무가 예수께 있다는 것과 이 아들이 아버지와 하나라는 것 사이에는 긴장이 있다. 아버지 하느님께서 보내셨음은(요한 17,3.8.18.21.23.25) 하느님과 그리스도의 불가분적 단일성을 보여 주기 때문이다(요한 17,10.21.23).[70] 아버지와 아들의 기능적 단일성이 요한 복음 5장 19절에 나온다. "아버지께서 하시는 것을 보지 않고서 아들이 스스로 할 수 있는 것은 하나도 없다." 아버지께서 하시는 것을 아들도 그대로 하기 때문이다. "내가 아버지 안에 있고 아버지께서 내 안에 계시다"(요한 14,10-11.20; 참조: 17,21.23), 또는 "아버지와 나는 하나다"(요한 10,30)라는 단일성 어구들은 아버지와 아들의 공동 작업을 뛰어넘어 아버지와 아들이 본디 본질적으로 하나라는 것을 시사한다. 아버지께서는 아들과 동일하지 않으면서 아들 안에 현존하신다. "아버지와 나는 하나다"라는 문장이 예수의 양 떼(아버지께서 그분에게 맡기신 사람들)를 지키라고 부여하신 권한(참조: 요한 10,29)의 근거를 제시하려는

---

[68] J. BECKER, "Ich bin die Auferstehung und das Leben" [각주 1] 141; 참조: M. THEOBALD, *Fleischwerdung* [각주 1] 373-380; Y. IBUKI, "Die Doxa des Gesandten", *AJBI* 14 (1988) 38-81, 특히 57-68; W. LOADER, *Christology* [각주 1] 171-173.

[69] E. HAENCHE, "Der Vater, der mich gesandt hat", *NTS* 9 (1962/63) 208-216.

[70] 참조: R. SCHNACKENBURG, "'Der Vater, der mich gesandt hat': Zur johanneischen Christologie", in: C. BREYTENBACH/H. PAULSEN (Hrsg.) *Anfänge der Christologie*, FS F. HAHN (Göttingen 1991) 275-291.

것이라 해도, 던은 이것이 "일종의 존재 동일성"[71]을 주장하는 것이라고 말한다. 예수께서 행하신 **일들을** 보고, 그분 안에 아버지께서 계시고 아버지 안에 그분이 계시다는 것을 깨닫고 알아야 한다(요한 10,38). 예수께서 이렇듯 당신 아버지와 친교를 이루고 계시기 때문에, 원수들은 그분을 해할 수 없다(요한 10,39). '보냄받으신 분 그리스도론'과 '아들 그리스도론'은 변증법적 긴장 속에서 상호 연관되어 있다.

'보내다'(파견하다)라는 그리스어 동사 $\pi\acute{\epsilon}\mu\pi\epsilon\iota\nu$(25번)과 $\acute{a}\pi o\sigma\tau\acute{\epsilon}\lambda\lambda\epsilon\iota\nu$(17번)은 거의 뜻 차이가 없다.[72] '오다', '…로부터 오다', '…에게서 나와 여기에 와 있다'(요한 8,42) 등의 다른 표현 방식도 하느님께서 보내셨음을 함의한다.[73] 이런 견해는 어디에서 오는 것일까? 영지주의 구원자 신화에서 유래했다는 설명이 지배적이나, 좀 더 깊이 탐구하면 이 주장은 극복되리라 본다. 소위 영지주의 구원자 신화란 고대 이란과 만다Manda의 문헌들과 후기 영지주의 문헌들을 근거로 구성된 것이다. 그러나 이 문헌들에는 인간의 원형Urmensch/Prototyp인 '구원자'의 통일된 상도 없고, 하늘에서 이 세상에 내려와 다시 천계의 충만pleroma으로 돌아가는 길의 통일된 상도 없다.[74] 따라서 최근 연구들은 보냄받은 분의 개념이 영지주의에서 왔다는 주장에 매우 회의적인 반면[75] 구약성경과 유다교에서 그 뿌리를 찾는다. 뷔너의

---

[71] J.D.G. DUNN, "Let John Be John", in: P. STUHLMACHER (Hrsg.) *Das Evangelium und die Evangelien*, WUNT 28 (Tübingen 1983) 309-339, 여기서는 329.

[72] K.H. RENGSTORF, *ThWNT* 1, 404는 이 두 동사의 차이를 확인하려 시도했다.

[73] 참조: J. KUHL, *Die Sendung Jesu und der Kirche nach dem Johannes-Evangelium* (St. Augustin 1967) 53-57.

[74] 참조: C. COLPE, *Die Religionsgeschichtliche Schule: Darstellung und Kritik ihres Bildes vom gnostischen Erlösermythus*, FRLANT 78 (Göttingen 1961); H.-M. SCHENKE, *Der Gott "Mensch" in der Gnosis* (Göttingen 1962); M. HENGEL, *Der Sohn Gottes: Die Entstehung der Christologie und die jüdisch-hellenistische Religionsgeschichte* (Tübingen 1975) 53-57; SCHNACKENBURG, *Johannesevangelium* 1 [각주 2] 435-437.

[75] 참조: J.-P. MIRANDA, *Der Vater, der mich gesandt hat: Religionsgeschichtliche Untersuchungen zu den johanneischen Sendungsformeln* (Bern - Frankfurt a.M. ²1976) 203-283; DERS., *Die Sendung Jesu im vierten Evangelium*, SBS 87 (Stuttgart 1977) 52-68.

저서 『제4복음서에 나타나는 보냄받으신 분과 그분의 길』[제5장 각주 1]은 이 문제에 매우 중요한 단서를 제공한다. 뷔너는 요한적 관점의 근거를 하늘과 땅을 오르내리는 유다교의 하느님 사자와, 샬리아 연구소Schaliach-Institut가 제시한 '대리 이론'Vertretungslehre에서 찾으려 한다.

그에 따르면 '보냄받으신 분 그리스도론'은 "사실상 파견과 대리에 관한 세속적·법률적 이해로 귀결된다".[76] 그러나 하늘을 오르내리는 하느님의 천사(참조: 요한 1,51; 3,13), 특히 유다 신비 사상에서 유래한 천사 사상과 연관짓는 데는 의심의 여지가 있다. 율법주의의 법적 '대리인' 사상은 불신의 유다인들과 대결하던 요한의 시대 상황에서 설명될 수 있다. 그러나 전체적으로, 요한 복음서의 이 개념이 영지주의 신화에서 생성되었다기보다는 유다적 전제들, 예언자 파견, 에녹 문헌 그리고 유다 신비 사상에서 유래했다고 보는 것이 훨씬 더 설득력 있다.[77]

요한의 보냄받으신 분 그리스도론의 기원에 관한 이 난제에 더는 천착하지 말고, 하느님으로부터 보냄받으신 분을 어떻게 이해해야 할지 요한의 진술들을 토대로 좀 더 자세히 논구해 보자. 일관된 단초는 하느님께서 당신 아들을 **이 세상에** 보내셨다는 것이다. 요한의 케리그마는 하느님께서 이 세상을 이토록 사랑하시어 당신 외아들을 내주시기까지 하셨다고 한다. "하느님께서 아들을 세상에 보내신 것은, 세상을 심판하시려는 것이 아니라 세상이 아들을 통하여 구원을 받게 하시려는 것이다"(요한 3,16-17). 이것은 모든 인간을 구원하기 위해 당신 아들을 세상에 보내시는 우주적 파견이다(요한 4,42 참조). 파견의 범위는 이스라엘 백성과 사마리아인들을 넘어선다. 모세와 같은 이 종말론적 예언자가 당신 동족 가운데 나타나셨을 뿐 아니라(신명 18,15.18), 이분이야말로 "정말 세상에 오시기로 되어 있는 그 예언자시다"(요한 6,14). 예수께서는 당신 아버지께 들으신 것을 '이 세상

---

[76] BÜHNER, *Der Gesandte* [각주 1] 262.

[77] 같은 책 422-433. "따라서, 종교사적·역사적으로 제4복음서는 유다 소외 집단의 역사이자 이 집단에 속한 그리스도교의 역사다"(429).

에' 이야기해 주신다(요한 8,26). 아버지께서는 당신이 거룩하게 하신 이분을 '이 세상에' 보내셨다(요한 10,36). 오빠 라자로가 죽었을 때 마르타는, 예수 께서 "이 세상에 오시기로 되어 있는 메시아시며 하느님의 아드님"(요한 11,27)이라고 고백한다. 유다적 메시아 고백이 이 세상에 오시는 하느님의 아드님에 대한 넓은 관점에 편입된다. 예수께서는 '진리'를 증거하러 이 세 상에 오셨다(요한 18,37). 그리고 아버지께서 예수를 이 세상에 보내신 것처 럼, 예수께서도 당신 제자들을 이 세상에 보내셨다(요한 17,18). 예수께서는 두루 말씀하신다. "나는 아버지에게서 나와 세상에 왔다가, 다시 세상을 떠나 아버지께 간다"(요한 16,28).

요한의 신학은 예수 파견의 광대한 우주적 차원을 담고 있다. 하느님이 창조하시고 말씀이 인류를 위해 생명과 빛이 된 세상과, 현존하는 세상 사 이에는 현격한 차이가 있다. "모든 사람을 비추는 참빛이 세상에 왔다"(요 한 1,9). "말씀이 세상에 계셨고, 세상이 그분을 통하여 생겨났지만 세상은 그분을 알아보지 못하였다. 그분께서 당신 땅에 오셨지만, 그분의 백성은 그분을 맞아들이지 않았다"(요한 1,10-11).[78] 요한의 이원론은 '위'의 하느님 세계와 '아래'의 '이' 세상을 대비시킨다. 계시자는 '위'에서 오셨다(요한 8,23; 3,31). 이 이원론이 하느님 아들의 파견을 위한 틀을 제공한다. 예수께서는 인류를 어둠 속에 머무르지 않게 하기 위해 이 어두운 죽음의 세계에 빛으 로서 오셨다(요한 12,46). 예수께서는 사람들을 하느님 빛과 생명의 영역으 로 인도하기 위해 세상을 비추는 생명의 빛이다(요한 8,12; 9,5). 여기에 우주 론, 그리스도론, 구원론이 서로 결합되어 있다.

구약 시대 하느님의 사자인 예언자들은 하느님 백성 이스라엘을 대상으 로 파견되었다. 하느님이 선택하신 하느님의 종은 이민족에게도 빛이 되 겠지만(이사 42,6; 49,6; 51,4), 그것은 그들이 시온에서 나오는 하느님의 가르 침을 받아들이고 주님의 산으로 올라갈 때만이다(참조: 이사 2,1-5; 미카 4,1-3).

---

[78] '이스라엘'의 해석과 관련하여: SCHNACKENBURG, *Johannesevangelium* 1 [각주 2] 236.

이민족의 시온 순례와, 말씀 안에서 온 세상을 비추는 생명의 빛은 다소 차이가 있다. 하느님의 아드님 메시아는 **세상의** 죄를 없애시는 하느님의 어린양이다(요한 1,29; 1요한 2,2). 하늘에서 오신 이분은 세상에 생명을 주시는 참된 생명의 빵이니(요한 6,32-33), 누구든지 이 빵을 먹으면 영원히 살 것이다(요한 6,51). 이것은 모세가 하느님의 계명과 약속, 그리고 구원을 선물한 이스라엘의 상황을 훨씬 능가한다. 조상들은 광야에서 만나를 먹고도 죽었다(요한 6,49.58). 그러나 예수께서는 참된 생명을 가져오신 분이고, 생명의 중개자다. 이분은 당신 말씀을 통해 믿는 사람들을 죽음에서 구해 내신다(요한 5,25-26). 이 세상에 오신 이분은 당신에게 맡겨진 특별한 임무를 말씀과 행동으로 완수하신다(참조: 요한 5,36-47; 10,25). 이분은 당신이 어디에서 왔고 어디로 가는지 알기 때문에 자신에 관하여 이렇게 증언하실 수 있다(요한 8,14). 그러기에 당신의 선재(요한 8,58)와 아버지께 돌아가시는 것(요한 8,28; 14,28)을 함의한 '내가 나다' 어구로 표현하신 것이다.

하느님으로부터 보냄받으신 분께서 인간에게 중개해 주시는 구원을 (**영원한**) **생명**이라 한다.[79] 그분은 사람들이 생명을 얻고 또 얻어 넘치게 하려고 오셨다(요한 10,10). 하느님에게서 오고 그분의 사랑에서 솟아나는 이 생명은 믿는 사람들에게 항상 새로운 표상과 상징어로 표현된다. 생수의 강(요한 4,14; 7,37-38), 썩어 없어지지 않고 길이 남아 영원한 생명을 누리게 하는 양식(요한 6,27.33-35), 생명의 빛(요한 8,12; 12,46), 부활이요 생명(요한 11,25-26), 길(요한 14,6), 포도나무(요한 15,1-8) 등이 그것이다. 하느님의 자녀가 되다(요한 1,12), 위로부터 태어나다(요한 3,3.5), 영으로 채워지다(요한 7,39; 14,16)와 같은 은유적 표현들도 하느님으로부터 보냄받은 이분을 통해 알려 주시고 실제로 부활 후에 그대로 실현된 약속들이다(요한 20,22). 하느님으로부터 보냄받으신 이분은 당신이 베푸시는 생명의 은혜로 이미 현재 속에 새로운 전환기를 이루셨다(요한 5,25). 생명에 대한 새로운 가능성과 하느님

---

[79] 참조: F. MUSSNER, *ZΩH: Die Anschauung vom "Leben" im vierten Evangelium* (München 1952); L. SCHOTTROFF, *EWNT* 2, 267-269(참고문헌 포함).

께로 나아가는 길이 그분을 통해서, 그분 안에서 믿는 사람들에게 열리게 되었다(요한 14,6-7). 이로써 요한은 생명에 대한 동경으로 충만했던 당시 사회 속으로 파고든다.[80] 하느님에게서 오는 이 생명이 인간 실존과 의미 문제에 해답을 내린 것이다. 자기의 지상적·자연적 '생명'ψυχή을 사랑하는 사람은 목숨을 잃을 것이고, 그것을 '미워하고' 대수롭지 않게 여기는 사람은 영원한 생명에 이르도록 목숨을 간직할 것이다(요한 12,25). 이 신적 생명이 모든 인간적 노력의 목표가 되어야 한다.

파견에 관한 진술의 배경이 되는 **그리스도론적·구원론적 구상**은 특히 요한 복음 3장 31-36절과 12장 44-50절의 케리그마적 대목에서 발견된다. 예수 그리스도는 '위로부터' 오는 분이고 모든 것 위에 계시는 분이다. 그분은 인류를 생명과 빛으로 가득 찬 하느님의 세계로 데려가기 위해 그리로부터 보내졌다. 예수 그리스도는 사람들에게 보내졌고 사람들은 예수 그리스도에게 맡겨졌고 '주어졌다'. 그분은 하늘에서 구원의 지혜를 가져오셨고, 당신 친히 보고 들으신 것을 사람들에게 증언하셨다(요한 3,32). 이 증언을 받아들이는 사람은 하느님께서 진실하시다는 것을 확인하고 확신한다. 아버지로부터 계시를 받는다는 것은 '보고 듣는다'는 인간적 유비로 묘사된다. 몸소 성령에 충만한(요한 1,33 참조) 예수께서는 영으로 가득 찬 생명의 말씀(요한 6,63.68)을 인간에게 전해야 한다. 하느님께서 그분에게 모든 것을 넘겨주셨으니 그분은 하느님의 합법적 대리인이다. '모든 것'이란 구원에 관한 포괄적 권한을 뜻한다. 하느님께서는 아들에게 "모든 사람에 대한 권한"(요한 17,2; 참조: 13,3)을 주셨다. 그러나 그것은 우선 계시 지혜를 전하는 것을 전제한다. 요한에게 이것은 신화적 언급이나 사변思辨이 아니라 체험으로 확인된 사실이었다. 그것은 계시를 들은 사람들(유다인들)이 하느

---

[80] 참조: C.H. DODD, *The Interpretation of the Fourth Gospel* (Cambridge 1953) 144-150; R. BULTMANN, *ThWNT* 2, 871-874; SCHNACKENBURG, "Der Gedanke des Lebens im Johannesevangelium", in: *Johannesevangelium* 2 [각주 2] Exk., 434-445; 영지주의 문헌인 나그함마디 사본에 관하여: MIRANDA, *Die Sendung Jesu* [각주 75] 57-62.

님의 대변자를 거부하는 것을 그가 주시하고 있다는 데서 잘 드러난다. 그분이 직접 보고 들은 것을 증언하는데도 아무도 이 증언을 받아들이지 않았다(요한 3,32). 지상 활동 중의 우울한 경험으로 내린 판단이 좀 지나쳤는지, 뒤이은 절은 그분의 증언을 받아들이는 사람도 있다고(요한 3,33) 수정된다. 이것이 믿는 이들의 공동체다. 이들은 대개 타락한 이 세상 한가운데서 하느님의 말씀을 듣고 그분에게 속하는 무리로 나타난다(참조: 요한 1,12-13; 10,14.27). 이들이 하느님으로부터 보냄받으신 분께서 하나로 모으신 "하느님의 자녀들"(요한 11,52)이며 "아버지의 사람들"(요한 17,6.9)이다. 이렇게 보냄받으신 분께서는 갈라진 세상에 오셔서 '이방인'처럼 활동하셨지만 여기서 당신 사람들을 찾아내셨다.

예수께서 공적 활동을 마감하시는 말씀 속에, 앞서 언급된 것과 같은 내용이 이원론적 색채를 띠고 나타난다(요한 12,44-50). 여기서 예수께서는 한 번 더 이 세상을 향해 외치신다. "나를 믿는 사람은 나를 믿는 것이 아니라 나를 보내신 분을 믿는 것이다. 그리고 나를 보는 사람은 나를 보내신 분을 보는 것이다"(요한 12,44-45). 그분은 하느님께서 정하신 하느님의 대리인이자 하느님의 화신이다. 아버지와 모든 점에서 일치하여 일체를 이루시므로 당신 말씀을 받아들이지 않는 자는 심판을 면치 못한다(요한 12,48). 하느님의 사자인 그분 말씀은 분리시키는 힘이 있다(요한 3,17-19 참조). 그분 말씀은 아버지의 말씀과 일치하고 거듭 반복된다. 보냄받으신 분의 입에서는 다른 말이 나올 수 없다. "내가 하는 말은 아버지께서 나에게 말씀하신 그대로 하는 말"(요한 12,50)이기 때문이다.

보냄받으신 분 개념을 유다적 기대의 독특한 범주에서 유래하는 다른 진술 방식들과 연관지을 수 있다. 이를테면 '메시아', '구원의 임금님', 종말론적 '예언자', '사람의 아들'이 이에 해당한다. 그러나 이 독특한 표현들의 특성이 모두 보내심에 관한 말씀에서 드러나는 것은 아니다. '사람의 아들'에 관한 말씀에는 '보내다' 혹은 '보냄받다'라는 표현이 없다. 한편 종말론적 '예언자'의 경우에는 "세상에 오시기로 되어 있는"(요한 6,14)이라는 어구가 추가됨으로써 의미가 강화된다. '그리스도'로 번역되는 '메시아'에는 (요한 1,41) 인류가 기다리는 분임이 전제되어 있다. 안드레아는 형 베드로에게 "메시아를 **만났다**"(요한 1,41)고 증언한다. 나타나엘은 예수를 하느님의 아드님, 이스라엘의 임금님으로 알아뵙고 고백한다(요한 1,49). 이 이스라엘의 임금님이 예루살렘에 입성하실 때 군중은 그분을 "주님의 이름으로 오시는 분"(요한 12,13)으로 환영했다. '오시는 분'이라는 표현(요한 1,15.27)은 오랜 세월 메시아를 지칭하던 용어일 가능성이 크다(참조: 마태 11,3; 루카 7,19-20). '오시는 분'은 메시아 기대의 맥락 속에 있다. 사마리아 여인은 말한다. "저는 그리스도라고도 하는 메시아께서 오신다는 것을 압니다"(요한 4,25). 예루살렘 사람 여럿이 예수가 메시아일 것 같다고 생각하면서도, "메시아께서 오실 때에는 그분이 어디에서 오시는지 아무도 알지 못할 터인데"(요한 7,27) 하며 의구심을 표하기도 했다. 예수를 믿게 된 사람도 많았다. 그들은 "메시아가 오시더라도 저분께서 일으키신 것보다 더 많은 표징을 일으키시겠는가?"(요한 7,31) 하며 그분이 메시아임을 확신했다. 또 다른 사람들은 "메시아가 갈릴래아에서 나올 리가 없지 않은가?"(요한 7,41) 하며 이의를 제기하기도 했다. '오다'라는 이 말은 반드시 하느님께서 보내셨음을 함의하는 것이 아니라 그럴 가능성도 있다는 것이다(참조: 요한 7,28; 8,42). 보냄받은 분이라는 개념은 또 다른 표현 양식도 수용할 수 있는 넓은 사고 영역을 지닌다. 인류를 구원하기 위해 하느님으로부터 이 세상에 보냄받으신 분이라는 개념은 요한 복음서에서 주도적 역할을 하며, 때로는 그 밖의 진술들을 대동하기도 한다.

2.2 아버지와 결합되어 계시는 아들

하느님으로부터 이 세상에 보냄받으신 이분은 **아버지**로부터 보냄받으신 **아들**이라는 사실 때문에 특별한 성향을 지닌다. 그분은 흔히 보는 보통 사람도 아니고 예언자도 아니다. 그분은 그분에게만 허락된 방식으로 하느님과 관계 맺고 계시다. 세례자 요한도 하느님께서 보내신 사람으로 이 세상에 왔다고 할 수 있다(요한 1,6). 그가 하느님께서 보내신 사람임은 전적으로 인정되지만(요한 5,33-35 참조), 아버지로부터 보냄받으신 아들의 존귀함에는 비할 바 아니다. 요한은 이분을 위한 증인에 불과하다. 그는 증언을 통해 사람들을 신적 계시자요 생명을 주시는 분께 인도할 사명을 지닌 사람일 따름이다. '나를 보내신 아버지'라는 표현 속의 '아버지'는 아무도 거역할 수 없는 말씀의 힘을 지닌 분이다.

'아들'이라는 용어가 서술어 없이 단독으로 쓰일 때는 구원자를 의미한다. 거의 요한 복음서에만 쓰이는 용법이다(예외: 마태 11,27; 24,36; 28,19; 루카 10,22; 마르 13,32). 단독으로 쓰이는 '아들'과 '하느님의 아드님'은 구별되어야 한다.[81] '아들'은 단순한 그리스도 칭호가 아니다. 아버지 하느님과의 독특한 관계를 설정함으로써 다른 모든 신원 서술어와 차별화한다. 요한 복음서에서 '아버지'도 서술어 없이 단독으로 (열여덟 번 정도) 쓰이는데, 특히 '나를 보내신 아버지'라는 표현이 그러하다(요한 5,37; 6,44; 8,16.18; 12,49; 14,24.26). 단독으로 쓰이는 '아들'이 아버지와 맺는 관계는 아버지와 아들의 상호 결속력을 강화시킨다.

① 아버지께서는 '주신다'는 말을 자주 하신다. 아들에게 선물하시고 아들을 풍요롭게 하신다는 뜻이다. 아버지께서는 아들에게 말씀(요한 17,8)과 이름(요한 17,11.12)과 영광(요한 17,22.24)을 주셨고 일들(요한 5,36; 17,4)을 맡기셨다. 아버지께서는 모든 것을 아들 손에 내주셨고(요한 3,35; 13,3), 자신 안에 생명을 가지게(요한 5,26) 해 주셨으며, 심판하는 권한과(요한 5,22.27) 모든 사람에 대한 권한을 주셨다(요한 17,2). 아버지께서는 아들에게 믿는 사람들도 주셨다(요한 6,37.39; 10,29; 17,2.6.9.24; 18,9). 이 '주신다'는 말이 그리스도론적 · 구원론적으로 가장 강력하게 집약된 것은, 아버지께서 외아들을 하늘에서 내려온 참된 빵으로(요한 6,32) 이 세상에 '내주셨다'(요한 3,16)는 표현이다. 이 빵은 하느님의 생명을 간직하여 사람들에게 전한다. 요한에게 아버

---

[81] 참조: F. HAHN, *Christologische Hoheitstitel* [제2장 각주 6] 319-333.

지는 오직 주기만 하시는 분이다. 사랑으로 베푸시고 '주심으로써' 인류 구원의 뜻을 드러내신다. 구원을 갈망하는 인류에게 아버지께서 주시는 가장 크고 포괄적인 선물은 다름 아닌 당신의 아들이다. 하느님의 베푸심은 영을 선물하심으로써 아들을 통해 계속된다(요한 14,16). 아들은 영을 통해 당신의 구원 사업을 계속하신다(요한 14,16). 예수께서 인간에게 주시는 생수(요한 4,10.14), 길이 남는 음식(요한 6,27), 생명의 빵(요한 6,33), 평화(요한 14,27), 영광(요한 17,22) 등은 모두 아버지께서 이미 주고자 하셨던 것들이다. 아들은 아버지께 받은 것만 주시고, 아버지께서는 아들이 믿는 사람들에게 다시 나누어 줄 수 있도록 '모든 것'을 그분 손에 내주셨다(요한 3,35).

② 아버지께서는 아들을 사랑하시고(요한 3,35; 5,20; 10,17; 15,9; 17,23) 아들도 아버지를 사랑하신다(요한 14,31). 아버지의 사랑은 당신이 하시는 모든 것을 아들에게 보여 주시는 데서 드러나고(요한 5,20), 아들의 사랑은 아버지께서 명령하신 대로 하시는 데서 드러난다(요한 14,31; 참조 10,18). 이 사랑은 감정이 아니라 활동을 통해 서로를 배려하는 가운데 아버지와 아들을 하나로 묶는다. 예수의 활동은 아버지와 함께 이루어진다. 아버지와 함께 활동하시니(요한 5,17.19.20), 아들이 스스로 할 수 있는 것은 하나도 없고(요한 5,19) 아버지께 보고 듣고 배운 것만 말하고 행하신다(참조: 요한 8,28.38.40; 12,50; 15,15). 아들은 자신을 아버지의 뜻에 내맡기고(요한 8,29; 14,31) 아버지의 영광만을 찾는다(요한 8,50; 참조: 7,18). 아버지께서는 아들을 적대자 가운데 혼자 버려두지 않고 '그분과 함께'(요한 8,29; 16,32) 계시며, 그분을 영광스럽게 하신다(요한 8,54; 13,31-32; 17,1-5). 아버지께서는 믿는 사람들을 예수로 말미암아 당신 사랑 안에 받아들이시고(요한 14,21.23; 16,26-27), 예수 이름으로 청하는 것은 다 이루어 주겠다고 약속하신다(요한 14,13; 15,16; 16,23-24).

③ 아버지께서는 아들을 아시고 아들도 아버지를 안다(요한 10,15). '안다'는 것은 아들과 아버지의 깊은 신뢰와 결합을 뜻한다. 이것은 하느님께서 당신 백성을 선택하시고 그들에게 당신을 계시하시는 구약성경적·유다적 노선과 궤를 같이한다(참조: 이사 41,20; 43,10; 45,3; 호세 13,4 등). 하느님께서

당신 백성을 알고 인정하시듯, 백성도 그분이 유일한 구원자임을 알아야
한다. 그러나 하느님께서 백성을 '아시고' 백성이 구원자를 아는(예레 31,34
참조) 정도가, 요한 복음 10장 15절에서 아버지와 아들의 관계로 전제하는
두 분 사이의 '앎'에는 미치지 못한다. 이 '앎'이 예수께서 당신 '양들'과 이
루시는 공동체의 모범이자 원형이다. 예수께서는 당신 양들을 아시고 당
신 양들도 예수를 안다(참조: 요한 10,3-4.27). 예수께서는 당신 아버지와의 특
별한 결합을 당신 양들에게도 적용시키신다. 요한 복음서(10,15)의 이 말마
디는 공관복음서에 나오는 환희의 외침(마태 11,27; 루카 10,22)과도 연관된다.
아버지는 아들을 아시고 아들도 아버지를 안다는 말이 여기도 나온다. 다
만 "나의 아버지께서는 모든 것을 나에게 넘겨주셨다"(마태 11,27; 루카 10,22)
라는 도입부를 통해 아들에게 전권을 위임한다는 하나의 다른 관점이 부
여된다. 그 모티프는 사람의 아들에 관한 묵시문학 전승과 지혜문학 전승
에서 유래했다.[82] 요한 복음 10장 15절 말씀이 전승사적으로 마태오 복음
11장 27절/루카 복음 10장 22절에 수록된 환희의 외침에서 직접 유래했다
고 볼 수는 없다. 동일한 사유思惟가 전해지는 과정에서 후기 형태로 나타
났다고 보는 것이 타당하겠다.[83] 요한 복음서에서, 깊이 알고 사랑하는 아
들과 아버지의 친밀성은 영원으로부터 아들이 아버지와 결합하여 계시다
는 그분의 선재에 근거하고 있다(요한 1,14; 17,5.24). 이 선재가 아버지와 아
들의 관계를 설정하고, 이 관계는 예수의 지상 생애를 통해 유지된다.

④ 아버지께서는 예수의 말씀과 활동 속에 현존하신다. 아들과 아버지
는 강하게 합일되어 있어서 예수의 말씀이 아버지의 말씀이고(요한 12,50)
예수의 활동이 아버지의 활동이다. 아버지께서는 아들을 통해 활동하신다
(요한 14,10). 아버지와 아들은 분명히 구별되지만(요한 14,8), 아버지께서는
아들을 통해 당신을 드러내시기 때문에, 아들을 본 사람은 곧 아버지를 본

---

[82] 참조: P. HOFFMANN, *Studien zur Theologie der Logienquelle*, NTA NF 8 (Münster
1972) 118-142.

[83] 같은 책 134 참조: "마태 11,27/루카 10,22의 연관 전승이 여기 수용되고 전해졌다."

것이다(요한 14,9). "내가 아버지 안에 있고, 아버지께서 내 안에 계시다"(요한 14,10-11; 참조: 10,38; 17,21)라는 말씀은 아버지와 아들이 구별되면서 동시에 하나임을 강조한다. 인간은 하느님을 볼 수 없다. 아무도 본 적 없는 아버지께서는(요한 1,18; 5,37; 6,46) 아들에게서 당신을 '볼 수 있게' 하시고 직접 체험할 수 있게 해 주신다. 아들은 당신의 말씀과 활동과 전 인격을 통해 아버지를 너무나 완전하게 보여 주셔서, 믿음으로 보는 사람들에게 하느님은 더 이상 멀리 계시는 분도 인식할 수 없는 분도 아니시다. 아들은 '아버지 품 안에 계시는'(요한 1,18: 직역) 분이시므로 하느님의 신성을 공유하시며(요한 1,18의 θεός 참조), 이 세상에서 하느님의 모상이 되셨고 인간을 위해 하느님의 말씀이 되셨으며 인류를 해방하는 진리가 되셨다. 이 진리가 하느님의 진리와 구원의 힘을 증언한다(요한 18,37). 아들과 아버지가 하나라는 이 진술들은 아들이 아버지 안에 완전히 몰입되는 경계까지는 어렵사리 접근하나, 이 세상에 보내진 아들과 아버지는 분명히 구별한다.

⑤ 아버지는 아들보다 위대하시다(요한 14,28). 아들과 아버지가 하나라는 언급 뒤에 이 말이 나와서 놀랍겠지만, 아들을 이 세상에 보내셨다는 맥락에서 봐야 한다. 예수께서는 야곱보다 더 훌륭한 분(요한 4,12), 아브라함보다 더 위대한 분으로(요한 8,53) 묘사된다. 예수께서는 더 큰 일들을 하실 수 있지만(요한 5,20) 그것은 아버지께서 하시는 모든 일을 아들에게 보여 주셨기 때문이다(요한 1,20). 아버지께서는 누구보다 위대하시어 아무도 당신 양들을 당신 손에서 빼앗아 가지 못한다(요한 10,29). 아들의 위대함은 아버지의 위대함에 근거한다. 아버지께서는 아들을 영광스럽게 하심으로써 당신이 '더욱 위대하신 분'임을 입증하시고 제자들의 활동도 열매 맺게 하신다(요한 15,8 참조). 제자들은 예수께서 아버지께 가시는 것을 기뻐해야 한다(요한 14,28). 따라서 예수께서 떠나시는 것이 그들에게 이롭고(요한 16,7), 예수의 영광에 참여함으로써 그들이 기쁨으로 충만할 것이다(요한 15,11 참조).

아버지의 우위성은 이렇게 확보되지만, 그것은 더 큰 존재 충만성이나 막강한 통치력이 아니라 아버지께서 아들을 위해, 그리고 이 아들과 결합된 사람들을 위해 활동을 시작하심으로써 드러난다. 아들을 이 세상에 보내심(요한 3,16-17), 아들에게 맡기신 모든 사명, 아들에게 그리고 그 아들 때문에 믿는 사람에게 베푸시는 사랑(요한 16,27), 이 모든 것이 아버지로부터 온다. 마침내 아들의 길이 끝나고 아버지께서 이 아들을 영광스럽게 하실 때, 제자들도 이 영광에 포함될 것이다. 아버지의 위업이 이렇게 완성될 때 그 위대함도 드러난다. 사람의 아들을 영광스럽게 하시는 것은 곧 아버지와 아들이 서로를 영광스럽게 하시는 것이다(요한 13,31-32).[84] 그러나 십자가에서 들어 올림 받으신 분을 영광스럽게 하시는 것은 하느님의 몫이다. 하느님께서 사람의 아들을 통해 영광스럽게 되셨으면, 하느님께서도 그분을 십자가에서 들어 올리실 때 영광스럽게 하실 것이다(요한 13,32). 아들을 영광스럽게 하시는 것은 요한 복음 14장 28절도 귀띔한다. 아들은 들어 올림 받으시고 영광스럽게 되심으로써 아버지께 가시는 것이다. 예수와 아버지의 단일성/동질성과 아버지가 예수보다 위대하시다는 진술 사이의 긴장은 이렇게 해소된다. 예수께는 목숨을 내놓을 권한도, 다시 얻을 권한도 있다는 것과(요한 10,18), 아버지 뜻에 절대 순종하신다는 것 사이의 긴장도 마찬가지다. 결국 이 긴장은 강생의 그리스도론에 근거한다.

아버지와 아들의 관계는 아버지께 바치는 예수의 큰 기도 속에 인상 깊게 나타난다(요한 17장).[85] 아들은 들어 올려져 영광받으실 이 시점에 눈을 들어 하늘을 향해 기도하신다. 아들은 "아들이 아버지를 영광스럽게 하도록 아버지의 아들을 영광스럽게"(요한 17,1) 해 달라고, 아들로 하여금 아버지께서 주신 모든 이에게 영원한 생명을 줄 수 있게 해 달라고 기도하신다(요한 17,2). "영원한 생명이란 홀로 참하느님이신 아버지를 알고 아버지께

---

[84] 참조: SCHNACKENBURG, *Johannesevangelium* 3 [각주 2] 54-58.

[85] 참조: W. THÜSING, *Herrlichkeit und Einheit: Eine Auslegung des Hohenpriesterlichen Gebetes Jesu (Johannes 17)* (Düsseldorf 1962); E. KÄSEMANN, *Jesu letzter Wille nach Johannes 17* (Tübingen ³1971); 비판: G. BORNKAMM, "Zur Interpretation des Johannesevangeliums", in: DERS., *Geschichte und Glaube* 1, BEvTh 48 (München 1968) 104-121; H. RITT, *Das Gebet Jesu zum Vater: Zur Interpretation von Joh 17*, FzB 36 (Würzburg 1979).

서 보내신 예수 그리스도를 아는 것"(요한 17,3)이다. 아들은 아버지께서 맡기신 '일'을 지상에서 완수했으므로(요한 17,4) 영광스럽게 해 달라고 간청할 수 있다. 아버지께서는 아들을 이미 지상에서 영광스럽게 하셨으니, 이 죽음의 시간에도 하늘의 영광으로 인도하시어 영광스럽게 해 주실 것이다(요한 12,28 참조). 이는 세상이 생기기 전부터 아들이 아버지 앞에서 누리던 영광을 다시 누리게 된다는 뜻이다(요한 17,5). 그 영광은 아들이 아버지와 존재를 완전히 같이 누리고 깊이 사랑하는 친교 아닌 다른 것일 수 없다. 예수께서 아버지께 돌아가시면, 예수께 속한 사람들도 아버지와 아들이 함께 누리는 그 존재, 그 사랑의 친교 속으로 영입될 것이다(요한 17,24 참조).

사람들을 하느님과의 완전한 친교로 인도하는 것이 예수의 기도 주제다. 기도 중에 예수께서는 이 세상에서 당신의 사람들을 어떻게 얻었고 어떻게 지켜 왔는지 자세히 설명하신다(요한 17,6-11). 예수께서는 그들에게 하느님의 이름을 드러내셨고, 그들은 아버지의 말씀을 지켰다. 모든 것이 아버지에게서 나왔다. 제자들은 예수께서 아버지에게서 나왔고 아버지께서 보내셨다는 사실을 참으로 알게 되었다. 아버지께서는 예수께 제자들을 주셨다. 본디 이들은 아버지의 것이다. 이제 이들이 예수께 속하게 되었다면, 그것은 아버지와 아들이 이들을 공유하고 계시다는 뜻이다. "저의 것은 다 아버지의 것이고 아버지의 것은 제 것입니다"(요한 17,10).

예수의 기도 중 '아버지'라는 부름에 주의를 기울이면, 그때마다 아들의 간청이 새로 시작됨을 알 수 있다. 요한 복음 17장 11절에서는 "거룩하신 아버지, 아버지께서 저에게 주신 이름으로 이들을 지켜 주십시오"라고 청하시고, 24절과 25절에서는 믿는 사람들이 아버지와 친교를 이루게 하시어 그들의 구원을 완성시켜 주시기를 기도하신다. 점차 고조되는 기도의 기준은 늘 예수와 당신 아버지의 일치다. 아버지께서 당신에게 주신 이름으로 제자들을 지키시어 "이들도 우리처럼 하나가 되게 해"(11절) 주시기를 기원하신다. "아버지께서 제 안에 계시고 제가 아버지 안에 있듯이, 그들도 우리 안에 있게 해 주시고"(요한 17,21), "우리가 하나인 것처럼 그들도 하나 되게"(요한 17,22) 해 주시기를 기도하신다. 아버지와 아들이 하나라는 사실을 바탕으로, 믿는 사람들을 이 단일성으로 이끌어 들이신다(요한 17,23).

이상에서, 아버지와 아들의 단일성과 특별한 결합이 아버지께 바치는 예수 기도의 결정적 모티프라는 결론이 도출된다.[86] 그렇지만 이 모티프는 항상 예수께서 보냄받으셨다는 파견 사상과 연관되어 있음도 유념해야 한다(요한 17,8.18.21.23). 신자들의 일치 속에 반영되는 예수와 아버지의 단일성은 예수가 하느님의 사자使者임을 세상에 확신시켜 주어야 한다. 여기서도 예수의 신성이 아버지와 동등하다는 데까지 육박하지는 않는다. 이 세상에 보냄받으신 아들은 강생하신 분으로서 아버지와 동일한 신성으로 결합되어 있지만 이 세상에서 완수해야 할 일들을 아버지에게서 부여받으셨다. 그것은 흩어져 있는 하느님의 자녀들을 하나로 모으시는 것이고(요한 11,52), 그들을 악에서 지키는 것이며(요한 17,12.15), 진리로 거룩하게 하시는 것이다(요한 17,17-19). 아들만이 이 일을 해내실 수가 있다. 이분께서는 아버지와 깊이 결합되어 사시기 때문이고, 당신에게 맡겨진 사람들을 아버지와의 친교로 인도해 주실 수 있기 때문이다. 아들은 끊임없이 이들에게 아버지의 '이름', 하느님의 본질, 하느님의 거룩하심과 사랑을 알려 주실 것이다. 그것은 하느님의 사랑을 그들 안에 있게 하고 아들도 이 사랑 속에서 그들 안에 현존하기 위해서다(요한 17,26). 이 모든 말씀은 강생의 그리스도론으로만 이해될 수 있다. 그 시각은 이제 믿음의 공동체인 교회로 향한다. 아버지께 바치는 예수의 기도에서 교회는 자의식을 갖고, 불신과 적대감으로 가득 찬 세상과 대결하며, 교회의 고향은 하느님께 있다는 확신을 얻는다. 신론, 그리스도론, 교회론은 상호 연관되어 있으되 그중에도 모든 것을 결정하고 움직이는 하느님의 활동, 곧 신론이 우월성을 점하는 방식으로 나타난다.

---

[86] 참조: M.L. APPOLD, *The Oneness Motif in the Fourth Gospel*, WUNT 2/1 (Tübingen 1976) 261-272.280-289(교회론적 개념의 결론을 강조한다).

2.3 하늘에서 내려오셨고, 다시 그곳으로 올라가실 사람의 아들[87]

요한 복음서에는 '사람의 아들'이 모두 열세 번 언급된다. 이 칭호는 다름 아닌 지금 이 지상에 머무르며 활동하시는 예수 그리스도를 지칭한다. 요한 복음서에는 사람의 아들의 특별한 모습을 묘사하는 독특한 표현들이 여러 곳에 등장한다.

> 1,51: 하느님의 천사들이 사람의 아들 위에서 오르내리다.
>
> 3,13: 하늘에서 내려온 사람의 아들 말고는 하늘로 올라간 이가 없다.[88]
>
> 3,14: 광야에서 들어 올려진 뱀의 모습(예형)대로 사람의 아들도 들어 올려져야 한다.
>
> 5,27: '아들'은 '사람의 아들'이므로 아버지께서는 그에게 심판을 하는 권한도 주셨다.
>
> 6,27: 사람의 아들은 영원한 생명을 누리게 하는 양식을 줄 것이다.
>
> 6,53: 사람의 아들의 살을 먹고 그의 피를 마시지 않으면, 생명을 얻지 못한다.
>
> 6,62: 사람의 아들은 하늘로 올라갈 것이다.
>
> 8,28: 유다인들은 사람의 아들을 들어 올릴 것이다.
>
> 9,35-38: 눈을 뜬 태생 소경이 사람의 아들을 믿는다.[89]

---

[87] 참조: SCHNACKENBURG, Exk. in: *Johannesevangelium* 1 [각주 2] 411-423; C. COLPE, *ThWNT* 8, 403-481, 특히 468-474; E.D. FREED, "The Son of Man in the Fourth Gospel", *JBL* 86 (1967) 402-409; R.C. HAMERTON-KELLY, *Pre-Existence, Wisdom and the Son of Man*, SNTSMS 21 (Cambridge 1973); E. RUCKSTUHL, "Die johanneische Menschensohnforschung 1957~1969", in: Theol. Berichte 1 (Einsiedeln 1972) 171-284; J. COPPENS, "Le Fils de l'homme dans l'Evangile Johannique", *EThL* 52 (1976) 28-81; B. LINDARS, *Jesus Son of Man: A Fresh Examination of the Son of Man Sayings in the Gospels in the Light of Recent Research* (London 1983) 145-157; F.J. MOLONEY, *The Johannine Son of Man* (Roma ²1978).

[88] 요한이 여기서 사람의 아들이 전에 계시던 하느님 곁으로 다시 올라가시는 것을 생각하고 있다면(참조: 1,18), 많은 비알렉산드리아계 고사본에서 발견되는 추가구 '하늘에 계신'은 본문일 가능성이 있다. 사람의 아들에 관한 본문에서 이 표현은 그 밖의 어디서도 나타난 적이 없다. 참조: SCHNACKENBURG, *Johannesevangelium* 1 [각주 2] 406f.

12,23: 사람의 아들이 영광스럽게 될 때가 왔다.

12,34: 사람의 아들이 들어 올려져야 한다(12,32 참조).

"그 사람의 아들이 누구입니까?" 하고 군중이 묻는다.

13,31-32: 사람의 아들을 통해서 하느님께서 영광스럽게 되셨고,
하느님께서도 그를 영광스럽게 하실 것이다.

이상 열거된 구절들을 토대로 요약하면 이렇다.

① 이 구절들은 지상에 계시는 사람의 아들에 관한 진술이다. 공관복음서 전승과는 달리 그분이 장차 오실 분이라는 언급은 전혀 없다. 또 예수께서 영원히 아버지와 함께 계시며 아버지와 하나를 이루신다는, 결코 포기할 수 없는 사실에 관해서도 아무런 암시가 없다. 이 구절들은 현존하시는 그리스도, 지금 감지되는 그대로의 그리스도(요한 1,51; 9,35-38), 이미 정해진 길을 가고 계시는 지상 그리스도에 대한 진술이다. 기껏 요한 복음 3장 13절의 동사 '올라가다'의 완료형 '올라갔다'를 근거로 예수께서 이미 하늘에 계시다고 생각할 수도 있겠다. 그러나 3장 13절에 나오는 동사 '내려오다'의 부정 과거 시상(*ὁ καταβάς*: 내려온 이)은 예수께서 역사적으로 이 세상에 오셨음을 말하고, "하늘로 올라간 이가 없다"(요한 3,13)라는 어구는 실제로 사람의 아들의 경우 말고는 누군가 하늘로 올라갔으리라는 생각을 불허한다. '올라간다'는 말은 6장 62절(요한 20,17 참조)에 와서야 언급되는데, 교회는 예수의 길을 되돌아보면서 이를 확신한다.

② 사람의 아들을 높이 들어 올리는 것(요한 3,14; 8,28; 12,34)과 영광스럽게 하는 것(요한 12,23; 13,31-32)이 주도적 진술로 두드러진다. 들어 올림 받는다는 것과 영광스럽게 된다는 것, 이 둘은 밀접한 관련이 있으나 십자가 죽음, 부활 그리고 아버지께 돌아간다는 관점에서 보면 서로 구별된다. 요한

---

[89] 이 사람은 무릎을 꿇어 사람의 아들을 경배함으로써 예수의 신성에 대한 믿음을 드러낸다. 예수와의 만남은 그의 유다교적 믿음이 그리스도교적 믿음으로 진전한다는 것을 뜻한다. 참조: SCHNACKENBURG, *Johannesevangelium* 2 [각주 2] 320-323.

에게 이것은 예수의 '때'가 오면 서로 연결된다. 예수의 모든 활동이 이 '때'를 향해 전개되기 때문이다. 예수의 '때'에 서린 운명을 눈여겨보지 않는다면, 사람의 아들에 대해서 아무것도 이해할 수 없다.

③ 사람의 아들이 구원자라는 것도 마찬가지로 명백한 사실이다. 이분은 십자가에서 높이 들어 올려져야 할 분이다. 그분을 믿는 사람은 누구나 그분 안에서 영원한 생명을 얻어 누리게 하기 위해서다(요한 3,15). 그분은 길이 남아 영원한 생명을 누리게 하는 양식을 주실 것이다(요한 6,27). 그 양식은 곧 믿는 사람들을 기르실 당신의 살과 피다. 그것으로 믿는 사람들은 영원한 생명을 얻는다(요한 6,53). 그분의 심판은 부차적인 개념일 뿐이다(요한 5,27). 사람의 아들이라는 인물에는 다양한 개념이 혼합되어 있다. 그것은 전승에서 받아들여 발전시킨 개념들의 혼합체다. 이 개념들은 요한의 그리스도상에 본질적 의미를 지닌다. 요한 복음서의 독특한 표현 방식과 개관 때문에 사람의 아들에 대한 진술들을 둘러싸고 많은 논의가 전개되었고 관련 문헌들도 숱하게 발표되었으나(제5장 각주 87 참조), 여기서 일일이 천착할 수는 없다. 다만 사람의 아들의 주요 면모들을 검토하고 그것들이 그리스도상에 지닌 의의를 평가해 보고자 한다.

2.3.1 아드님과 사람의 아들

아드님과 사람의 아들이 나란히 등장하는 일은 없다. 나타나엘이 예수를 하느님의 아드님이라고 고백했을 때(요한 1,49), 예수께서는 이렇게 말씀하셨다. "너희는 하늘이 열리고 하느님의 천사들이 사람의 아들 위에서 오르내리는 것을 보게 될 것이다"(요한 1,51). 하느님의 아드님, 이스라엘의 임금님, 하늘과 맺어진 사람의 아들을 이제는 유다인들의 메시아 기대를 능가하는 방식으로 체험할 수 있게 되었다. 하느님의 아드님께서 이 세상에 보내지셨다는 것(요한 3,16-18)은 그분이 하늘에서 내려오신 사람의 아들이라는 사실로 인해 정교해진다. 그분은 모세가 광야에서 뱀을 들어 올린 것처럼 (십자가에서) "들어 올려져야 한다"(요한 3,13-14). 믿는 사람들은 이 아들에게서, 더 자세히 말하면 들어 올림 받으신 이 사람의 아들 안에서 영원한 생명을 얻는다(요한 3,15). 이분은 그들에게 길이 남을 음식을 주신다(요한 6,27). 그러나 그것은 사람의 아들이 전에 계시던 곳으로 올라갈 때 비로소 가능하다(요한 6,62). 믿지 않는 유다인들은 사람의 아들을 (십자가에서) 들어 올린 뒤에야 그분이 누구신지 깨달을 것이다(요한 8,28). 그분은 아버지께서 가르쳐 주신 대로만 가르쳐 주시는 아들이다(요한 8,28). 아버지께서는 사람의 아들이 가는 길을 함께 가시고, 죽음의 시간에도 혼자 버려두지 않으신다(요한 8,29). 눈먼 사람을 고쳐 주시는 이야기와 관련하여, 어떤 고사본에는 예수께서 '너는 하느님의 아드님을 믿느냐?'라고 물으셨다고 기록되어 있고 또 다른 고사본에는 '너는 사람의 아들을 믿느냐?'라고 기록되어 있는데, 후자가 원전에 더 가깝다. 이유인즉 이렇다: 눈을 뜬 사람은 예수께서 하느님과 결합해 계시는 분이기 때문에 볼 수 있게 해 주셨다는 것을 깨닫지만(요한 9,31-33), 그분이 하느님과 어떤 관계인지는 몰랐다. 그는 죄인이 이런 비범한 치유 활동을 할 수 없다는 유다적 사고에 사로잡혀 있어서 예수께서 어떻게 이런 능력을 지니게 되셨는지 짐작조차 할 수 없었다. 바리사이들이 그를 믿음의 공동체에서 쫓아내 버렸을 때(요한 9,34) 예수는 그에게 더욱 불가사의한 분이 되었다. 그가 예수를 믿기 위해서는, 예수가 불신의 유다인들에게는 배척당하겠지만 하느님으로부터는 들어 올림 받으실 사람의 아들임을 깨달아야 했다. 유다인들의 배척에도 불구하고 사람의 아들을 믿느냐고 물음으로써 예수는 그를 시험대에 세웠다. 그가 예수를 사람의 아들로 고백한 것은 예수가 하느님에게서 보냄받으신 분임을 인정하는 것이고, 하느님에게서 와서 다시 하느님께 올라가실 하느님의 사자라는 것을 긍정하는 것이었다. 보지 못하는 이들은 보고, 보는 이들은 눈먼 자가 되도록 이 세상을 심판하러 오신(요한 9,39) 예수의 특별한 역할을, 그는 눈을 치유받음으로써 비로소 깨달았다.

사람의 아들은 사람들을 분리하는 기능을 수행한다. 십자가로 성취되는 그분의 거양(들어 올림)과 현양(영광스럽게 하심)을 깨닫지 못하는 이(요한 12,34)

는 믿음에 이를 수 없고 어둠 속에 머무른다(요한 12,35 참조). 이 세상에 대한 심판이 십자가에서 이루어지고 '이 세상의 우두머리'는 밖으로 쫓겨나겠지만, 들어 올려지신 분께서는 믿는 사람들을 당신께 이끌어 들이실 것이다(요한 12,31-32). 십자가 사건은 사람의 아들의 길과 거기서 생기는 모든 것을 분명히 밝힌다. 사람의 아들을 숙고함으로써만 십자가 사건과 그것이 맺을 많은 열매(요한 12,23-24)를 이해할 수 있다. 그분은 많은 열매를 맺기 위해 '영광스럽게 되어야' 한다. 사람의 아들을 통해 하느님께서도 영광스럽게 되시고(요한 13,31), 예수의 '때'가 지나면 곧, 아니 지금 이 '때', 하느님께서도 이분을 영광스럽게 하실 것이다(요한 12,23; 13,32). '영광스럽게 된다'는 말은 아드님에게서도 나온다(요한 11,4; 17,1.5). 이 세상에 보냄받으신 아드님은 다시 아버지께 돌아가신다. 그분은 세상이 생기기 전부터 아버지 앞에서 누리던 영광을 다시 누리게 될 것이다(요한 17,5). 보냄받으신 분의 길은 '아드님'의 사고 범위에서나 '사람의 아들'의 사고 범위에서나 같다. 이 길의 종점은 모두 영광이다. 사람의 아들 개념이 도입됨으로써 이 길이 십자가 상의 거양을 통해 영광으로 인도하는 길임이 더욱 뚜렷해졌다. 십자가는 예수께서 아버지의 영광으로 올라가시도록 인도하는 사다리다.

2.3.2 메시아와 사람의 아들

제법 거리가 있지만 사람의 아들은 유다적 메시아관과도 관련이 있다. 나타나엘의 '이스라엘의 임금님' 고백(요한 1,49)은, 믿는 사람은 하늘과 끊임없이 교류하는 사람의 아들을 보게 될 것이라는 사실(요한 1,51)에 압도된다. 선조 야곱의 베텔 환시(창세 28,12)처럼 천사들이 사람의 아들 위를 오르내리는 것이다. 유다인의 미드라쉬 주석 전통에서 이 구약성경 구절은 다양하게 '이스라엘'로 해석되어 왔지만, 아직 유다적 메시아 신앙에 뿌리를 내리지는 못했다.[90] 아마도 땅 위의 잠자는 이스라엘(야곱)은 하늘의 참된

---

[90] MOLONEY, *Johannine Son of Man* [각주 87] 26-30.

이스라엘과 관련 있을 것이다.[91] 어쨌든 여기서 사람의 아들은 천사들을 통해 맺는 하늘과의 교류 때문에 탁월한 하느님 계시 장소로 소개된다.[92]

'사람의 아들' 칭호에 주목하면 마르코 복음 14장 62절 말씀이 연상된다. 당신이 메시아냐고 대사제가 물었을 때, 예수께서는 이렇게 대답하셨다. "그렇다. 너희는 **사람의 아들**이 전능하신 분의 오른쪽에 앉아 있는 것과 하늘의 구름을 타고 오는 것을 볼 것이다." 지금 여기 있는 사람의 아들이 어느 날 유다 지도자들에게 심판관의 모습으로 나타날 그분이다. 요한 복음서 저자가 이 말씀을 떠올렸다면, 그것을 자기의 현재적 종말론die präsentische Eschatologie에 맞게 지금 이미 제자들에게 자신을 드러내신 사람의 아들로 새롭게 해석할 수 있었을 것이다. 제자들은 심판의 권능이 아니라 구원의 표징을 행하는 사람의 아들을 지금 '볼' 것이다. 제자들을 부르시는 대목 맨 끝자락에 배치한 것만 봐도 이것이 요한적 메시아 이해의 정점임을 알 수 있다. 제자들 사이에 싹트고 있던 이 메시아 신앙(요한 1,41.45.49)은 사람의 아들의 말씀에서 더욱 정교하게 해석된다. 메시아는 이미 지상에서 하늘과 맺어진 사람의 아들이기 때문에, 제자들은 하늘이 열리고 영광 중에 위로부터 오시는 이 하느님의 사자를 체험한다.

사람의 아들에 관한 이런 메시아적 이해는 백성의 불신과 저항에 부딪친다. 태생 소경이 완쾌되자 그는 예수의 본질을 깊이 숙고하면서 그분을 메시아로 받아들일 준비를 했다. 예수께서 사람의 아들이 땅에서 들어 올려지면 모든 사람을 당신에게 이끌어 들이겠다고 하시자, 군중은 이렇게 대들었다. "우리는 율법에서 메시아는 영원히 사실 것이라고 들었는데, 어떻게 선생님은 사람의 아들이 들어 올려져야 한다고 말씀하십니까? 그 사람의 아들이 누구입니까?"(요한 12,34). 요한은 유다인의 메시아관을 호교론적으로 배척하면서 예수께서 참된 메시아임을 입증하고자 한다.[93]▶ 요한에

---

[91] 참조: H. ODEBERG, *The Fourth Gospel: Interpreted in Its Relation to Contemporaneous Religious Currents in Palestine and the Hellenistic-Oriental World* (Amsterdam 1968) 35-42.

[92] MOLONEY, *Johannine Son of Man* [각주 87] 31f.

게 그것은 십자가에서 들어 올림 받아야 할 사람의 아들과 연관되어 있다. 하늘에서 이 세상에 내려오신 사람의 아들은 십자가에서 들어 올림 받으심으로써 영광에 이르는 당신의 길을 가신다. 이것을 이해하지 못하는 군중에게 사람의 아들은 이방인이며 딴 세상에서 온 사자일 뿐이다. 유다인들이 기대하던 메시아는 다윗의 후손이어야 하고(요한 7,41-42) 정치적 해방자여야 했으므로(요한 6,15 참조), 사람들은 사람의 아들이 어떤 인물인지 파악할 수 없었다. 사람들은 예수를 두고 수군거렸고 논란이 많았다(참조: 요한 7,12; 7,40-43). 유다인들은 그분의 기원이 하느님께 있다는 메시아 비밀을 깨닫지 못했다(요한 7,28-29). 사람의 아들의 말씀을 이해하지 못하니, 예수께서 메시아라는 사실을 그들이 알 리가 만무했다.

이렇게 사람의 아들에 대한 믿음과 메시아에 대한 믿음을 연결하는 여러 연결선이 등장한다. 그렇지만 예수를 이스라엘의 임금님으로 고백할 때는 유다적 메시아 신앙에 가까워진다. 예수께서 예루살렘에 입성하실 때 사람들은 이렇게 외쳤다. "'호산나! 주님의 이름으로 오시는 분은 복되시어라.' 이스라엘의 임금님은 복되시어라"(요한 12,13). 이것은 나타나엘의 고백과 똑같다. 그러나 이 고백은 예수가 사람의 아들이라는 계시에 의해 압도되고 만다(요한 1,49-51). 제자들은 예수께서 예루살렘으로 입성하실 때 이스라엘의 임금님으로 찬미받는 것을 이해할 수 없었다. 그러나 영광스럽게 되셨을 때 비로소 성경 말씀과 이 사건의 의미를 깨달았다(요한 12,16). 그리스 사람들이 찾아왔을 때 예수께서는 필립보와 안드레아에게 말씀하셨다. "사람의 아들이 영광스럽게 될 때가 왔다"(요한 12,23). 예수의 죽음과 영광스럽게 되심이 동시에 이루어지는 이 '때'에 사람의 아들이 계시된다. 개선하는 '이스라엘의 임금님', 메시아는 사람의 아들과 다르다. 각 신원

---

[93] 참조: R. SCHNACKENBURG, "Die Messiasfrage im Johannesevangelium", in: J. BLINZLER/O. KUSS/F. MUSSNER (Hrsg.) *Neutestamentliche Aufsätze*, FS J. SCHMID (Regensburg 1963) 240-264; M. DE JONGE, *Jesus: Stranger from Heaven and Son of God* (Missoula, Montana 1977) 77-116.

서술어의 사용 영역이 따로 있다. 사람의 아들의 경우, 십자가에서의 거양이 결정적 시점視點이다. '유다인들의 임금' 칭호는 예수 재판 때 중요한 역할을 한다(요한 18,33.37.39; 19,3.14-15.19). 사람의 아들이 '들어 올림 받으신다'는 생각이 메시아에 대한 오해를 낳았다. 그러나 유다적 메시아 오해에서 들어 올림 받으신 사람의 아들이 메시아라는 참된 인식이 나왔다. 역설이 아닐 수 없다.

2.3.3 거양과 현양[94]

"모세가 광야에서 뱀을 들어 올린 것처럼, 사람의 아들도 들어 올려져야 한다"(요한 3,14)는 말씀은, 무엇보다 민수기 21장 8-9절의 예형론적 해석이다. 여기서 모세의 구리뱀에 향하던 시선은 십자가 형틀에 들어 올려진 그리스도께 향한다. 공관복음서(마르 14,41; 루카 22,53)와 달리, 예수의 죽음은 외견상 암흑(요한 13,30)과 혼돈(요한 12,27)의 때로밖에는 보이지 않을지 모르겠지만, 실은 예수께서 이 세상에서 아버지께로 건너가실 때고(요한 13,1), 영광스럽게 될 때다(요한 12,23; 17,1). 하느님의 종에 관한 이사야서 52장 13절 말씀은 이 복음서 저자가 예수께서 십자가에서 들어 올림 받으시는 것을 영광스럽게 되시는 것으로 새롭게 해석할 계기를 마련했을 것이다. "그는 높이 들어 올려지고 더없이 존귀해지리라"(직역). 신학자 요한은 하느님 종의 모습에 구리뱀 예형을 결합시킴으로써 예수 그리스도의 모습을 성서 신학적으로 확대시켰다. 이것은 전승사적으로 마르코 복음 8장 31절의 수난 예고와도 연관되어 있다. "사람의 아들이 … 해야 한다($\delta\epsilon\hat{\iota}$)"라는 표현은 수난 배후의 하느님 뜻을 암시하기 때문이다.[95] 요한에게 수난의 필연성은

---

[94] 참조: W. THÜSING, *Die Erhöhung und Verherrlichung Jesu im Johannesevangelium*, NTA NF 21 (Münster ³1979); SCHNACKENBURG, Exk. in: *Johannesevangelium* 2 [각주 2] 498-512; M. MEES, "Erhöhung und Verherrlichung Jesu nach dem Zeugnis neutestamentlicher Papyri", *BZ* NF 18 (1974) 32-44; MOLONEY, *Johannine Son of Man* [각주 87] 160-202.

[95] 참조: SCHNACKENBURG, "Tradition und Interpretation" [각주 25] 81f.

사람의 아들을 들어 높이고 영광스럽게 하기 위해 하느님께서 정하신 길이다. '낮추심'(필리 2,8 참조)으로 표현되던 예수 수난이 요한에 와서는 '들어 올리심'(거양)으로 바뀐다. '거양'이 십자가 처형을 의미한다면, 요한이 보기에 이 의미는 신학적으로 '현양'(영광스럽게 하심) 개념을 내포한다. 그것은 사람의 아들 예수께서 아버지께 돌아가시는 구체적인 길이다. 십자가, 즉 '들어 올림'은 사람의 아들에게만 적용되고(요한 3,14; 8,28; 12,34), '영광스럽게 하심'은 사람의 아들뿐 아니라(요한 12,23; 13,31-32) '하느님의 아들'에게도 적용된다(요한 11,4; 12,28; 17,1.5). '사람의 아들'이라는 말은 '예수의 때'가 죽음과 영광을 동시에 예고하는 곳에 등장한다(요한 12,23; 17,1; 참조: 7,30; 8,20). 예수는 아버지께서 정하신 '때'를 받아들임으로써 수난에 임하신다(요한 12,27-28; 13,1). 그러나 그와 더불어 영광도 개시·전개된다.

예수 '거양'의 의미는 요한 복음 8장 28절 둘째 부분에서도 간과될 수 없다. 다른 구절과 달리 여기서는 '유다인들이 예수를 들어 올린다'는 능동형을 쓴다. 그러나 인간은 하느님 일에 아무 영향도 끼칠 수 없으므로, 이 구절은 하느님께서 사람의 아들을 들어 올리는 데 인간도 한몫하기를 원하셨다고 해석되어야 한다. 인간은 십자가 처형을 감행함으로써 하느님의 계획을 완수한 것이다. 요한에게 '거양'은 십자가 처형이라는 외적 행동 이상의 것이었다. 그것은 지존에 관한 그리스도론적 언급이자 구원론적 약속이었다. 유다인들은 예수를 십자가에 못 박았지만 없앨 수 없었고 오히려 그분을 영광스럽게 하는 데 기여했을 뿐이다. 그들은 자기네가 들어 올린 분의 구원 사업을 함께 완수한다. 그러면 십자가 죽음으로 아버지의 뜻을 이루신 예수가 참으로 누구신지(ἐγώ εἰμι: 내가 나다) 깨닫게 될 것이다. 십자가 처형의 실질적 주역이 마치 유다인 지도자들인 듯 보인다. "빌라도는 예수님을 십자가에 못 박으라고 그들에게 넘겨주었"(요한 19,16)고 "그들은 예수님을 넘겨받았다"(요한 19,17). 그러나 요한도 알다시피 십자가 처형의 주역은 사실상 로마 군사들이었지만(요한 19,23-24 참조) 그 책임은 유다인들이 전부 떠안게 되었다.

요한 복음 12장 32절은 세상이라는 무대 뒤에서 일어나는 일에 대해 분명히 밝힌다. 여기서 예수 말씀은 다시 수동형이다: "나는 땅에서 들어 올려지면 …." 12장 34절은 그에 대한 군중의 반응이다. "우리는 율법에서 메시아는 영원히 사실 것이라고 들었는데, 어떻게 선생님은 사람의 아들이 반드시δεῖ 들어 올려져야 한다고 말씀하십니까?" 새삼 이 복음서 저자는 이 반응에 숨은 하느님의 뜻을 본다. 하느님께서는 "이 세상의 우두머리"(요한 12,31; 참조 16,11)도 심판하실 것이다. 그러나 들어 올려지신 분에 대한 진술은 인간의 구원과 관련된다. 그분은 "모든 사람을 나에게 이끌어 들일 것이다"(요한 12,32)라고 말씀하신다. 이것은 십자가에서 '땅으로부터' 들어 올려진 분이 모든 사람을 '들어 올려진' 당신의 위치까지 끌어 올리시는 생생한 장면을 보여 준다. 믿음 없는 사람은 무력해 보이는 이분의 이 큰 힘을 알아챌 수 없다. 예수의 말씀을 이해하지 못하고 그분에 대해 의혹만 품고 있는 사람들에게(요한 12,34), 그래서 마지막으로 한 번 더 믿으라고 절박하게 호소하는 것이다(요한 12,35-36).

요한의 양면적 표현 방식은 **'예수의 때'**에서 잘 드러난다. 이 '때'는 예수를 죽음으로도, 영광으로도 인도한다. 이 '때'가 거양과 직접 관련된 적은 없지만, 요한 복음 12장 32-33절의 큰 맥락은 이 점을 분명히 지적한다. "사람의 아들이 영광스럽게 될 때가 왔다"는 12장 23절의 주제는 27절에서도 이어진다. 여기서 기다리는 '때'가 바로 23절의 그 '때'다. 27절에서 '때' 대신 쓰인 부사 '이제'νῦν가 31절에는 두 번이나 나온다. 시간적 의미가 아니라 신학적 의미를 지닌 이 '예수의 때'에는 밝은 면과 어두운 면이 공존한다. '올리브 산에서의 예수의 때'(요한 12,27-28)도 여기 포함되어 밝혀지고 있다. 공관복음서 저자들이 묘사한 예수의 수난은 잊혀지지 않았다. 다만 아버지께서 예수께 베푸신 영광에 의해 압도되고 빛을 잃을 뿐이다. '예수의 때'를 언급하는 그 밖의 구절도 똑같은 양면성을 드러낸다. 그것은 죽음의 때이자(요한 7,30; 8,20) 동시에 영광의 때다(요한 13,31; 17,1). 유다인들이 예수에게 적대감을 가지고 등장할 때는 '예수의 때'가 죽음의 때로 나타난다. 그들은 예수를 "잡으려고 하였지만, 그분께 손을 대는 자는 아무도 없었다. 그분의 때가 아직 오지 않았기 때문이다"(요한 7,30; 참조: 8,20). 반대로 예수께서는 당신의 때를 항상 영광의 때라고 말씀하신다. 이는 외견상 십자가 처형이지만, 그분에게는 당신이 영광스럽게 되는 것을 뜻한다.

'들어 올리다', '때', '영광스럽게 하다'와 같은 표현들은 의도적으로 선택되었다. '영광스럽게 하다'에는 다른 측면이 있다. 가령, 지상 예수께서 표징으로 계시하심(요한 2,11; 11,4.40), 제자들이 많은 열매를 맺음(요한 15,8), 성령을 보내심(참조: 요한 7,39; 16,14) 등이다. '현양'은 '거양'의 목표다. 예수께서 영광스럽게 되심으로써 구원과(요한 17,1-2) 심판이 동시에 이루어진다면(요한 5,22.27; 12,31; 16,11), 이는 요한적 '결단의 이원론'Entscheidungsdualismus이 낳은 결과다. 이 이원론은 믿음으로 구원을 받아들이느냐 불신으로 거부하느냐를 말한다. 아버지께 가시는 아들을 알아보지 못하고 그것으로 드러나는 '의로움'도 깨닫지 못하는 사람(요한 16,10)은 '이 세상의 우두머리'에게 자신을 내맡기며, 스스로 죽음의 심판을 불러들인다(요한 16,11). 우주적 차원을 지닌 이 심판도 예수의 '거양' 속에서 이루어진다(요한 12,31). 이 밖에는 구원이 항상 전면에 등장하기 때문에, 요한 복음 5장 27절의 말씀은 놀라울 뿐이다. "아버지께서는 그(아들)가 사람의 아들이므로 심판하는 권한도 주셨다." 여기서 사람의 아들은 무엇보다 심판해야 할 분으로 나타난다. 이곳말고는 이런 모습이 전혀 없다. 심판을 주재하시는 사람의 아들이라는 공관복음서적 시각이 여기 유입되었다면, 요한 복음 5장 27-29절은 요한의 제자 공동체가 복음서를 편집할 때 삽입했을 가능성이 농후하다.[96]

2.3.4 생명의 중개자이신 사람의 아들

사람의 아들에 관한 다른 부류의 말씀을 고찰하자. 하늘에서 내려온 생명의 빵에 관한 말씀이다(요한 6,27.53.62). 담화 첫머리에 예수께서 말씀하신

---

[96] SCHNACKENBURG, *Johannesevangelium* 2 [각주 2] 143-149.

다. "너희는 썩어 없어질 양식을 얻으려고 힘쓰지 말고, 길이 남아 영원한 생명을 누리게 하는 양식을 얻으려고 힘써라. 그 양식은 사람의 아들이 너희에게 줄 것이다"(요한 6,27). 예수께서 빵의 기적을 행하자 사람들은 하느님께서 보내신 이분을 믿을 수 있게 표징을 보여 달라고 청한다(요한 6,30). 그때까지 행하신 표징들만 가지고는 만족할 수 없다는 것이다. 그들은 조상들이 광야에서 먹었던 만나를 기억하고 있었다. "그분께서는 하늘에서 그들에게 빵을 내리시어 먹게 하셨다"(요한 6,31). 예수께서는 그들의 약한 믿음을 꿰뚫어 보시고(요한 6,26), "길이 남아 영원한 생명을 누리게 하는 양식을 얻으려고 힘써라"(요한 6,27) 하신다. 이 말씀은 생명의 빵에 관한 뒤이은 담화 전체를 앞당긴 계시 말씀이다. 인간에게 약속하신 이 양식은 세 가지 특징을 지닌다: 첫째, 영양분을 계속 공급하기 때문에 '길이 남을', 다시 말하면 결코 배고프거나 목마르지 않을 음식이고(요한 6,35); 둘째, '영원한 생명'을 위한 음식이며; 셋째, 사람의 아들이 주실 음식이라는 것이다.[97]

그러면 여기서 왜 '사람의 아들'이라고 부르는가? 예수의 이 자기 지칭이 하늘에서 내려와서 다시 그곳으로 올라가시는 사람의 아들에 관한 전반적인 표상을 불러일으키기 때문이다! 하늘로 올라가신 사람의 아들(요한 6,62) 예수께서는 천상의 선물을 주실 것이다, 아니 몸소 이 선물이 되실 것이다(요한 6,33.41.42.51.58). 사람의 아들에 관한 말씀은 '나는 하늘에서 내려왔다'라는 말씀(요한 6,41)과 연결되고, 이 말씀이 유다 청중들에게 큰 반발을 불러일으킨다(요한 6,42). 이제 예수의 모습에 변화가 일어난다. 예수께서는 길이 남을 음식을 **주시겠다**면서 당신 자신이 바로 생명의 빵이라 하신다. 이는 해갈의 상징을 통해 영원히 목마르지 않을 물을 주시겠다고 약속하시는 요한 복음 4장 14절과 비교할 만하다. 예수께서 주실 물은 그것

---

[97] (P[75]를 포함하여) 성경 원문을 충실하게 반영하는 이집트계 고사본은 물론, 다른 고사본에 등장하는 미래 동사, 즉 사람의 아들의 활동을 표현하는 동사의 미래 시상이 우선적으로 채택되어야 한다. 사람의 아들이 내려 주실 은혜는 그분께서 하늘로 돌아가신 다음에야 비로소 나타나기 때문이다(요한 6,62). 성경 속의 현재 시상(6,32)은 하늘에서 내려온 빵에 관한 근본 진술이다. 이 빵이 그 힘을 보유하고 있다.

을 마신 사람 안에서 샘이 되어 영원한 생명을 누리게 할 것이다. 선물을 주시는 분께서 이제 선물 자체가 되신다. 여기서 물과 빵은 둘 다 생명을 상징하며, 생명을 주시는 예수를 가리킨다. "나에게 오는 사람은 결코 배고프지 않을 것이며, 나를 믿는 사람은 결코 목마르지 않을 것이다"(요한 6,35). 허기와 갈증, 이 두 상징은 광야에서 굶주리고 목마르던 이스라엘에게 내리신 만나와 바위에서 솟은 물을 연상시킨다. 요한 복음서에는 하늘에서 내려와 영원한 생명을 주는 빵(요한 6,33.51)과 더불어 생수의 강이 흘러나오는(요한 7,37-38) 샘도 등장한다.

약속된 음식이 하늘에서 온다는 것, 이것이 이 복음서 저자에게는 중요하다. "하늘에서 너희에게 빵을 내려 준 이는 모세가 아니다. 하늘에서 너희에게 참된 빵을 내려 주시는 분은 내 아버지시다"(요한 6,32). 하느님의 빵은 하늘에서 내려오신 분이다(요한 6,33). 요한 복음 3장 13절에서 "하늘에서 내려온 이"라고 언급된 바로 그 사람의 아들이요, 전에 계셨던 하늘로 다시 올라가실 분이기도 하다(요한 6,62). 사람의 아들의 지상 활동은 미래 시상으로도(요한 6,27) 현재 시상으로도 서술된다(강조: 요한 6,32; 6,50). 우유부단한 유다인들에게는 약속이요, 믿는 사람들에게는 현실이다. 미드라쉬(유다인의 성경 주석)적으로[98] 전개되는 6장 계시 담화의 구조는 대략 이러하다.

1) 하늘에서 내려온 참된 빵: 성경 인용과 예수의 주석(요한 6,31-35)
2) 믿음의 필요성(요한 6,36-40)
3) 예수의 지상 기원을 근거로 반발하는 유다인들을 예수께서 하늘에서 내려오신 사람의 아들이라는 사실로 극복(요한 6,41-43)
4) 아버지께서 일깨워 주시는 믿음의 필요성(요한 6,44-47)
5) 하늘에서 내려오시어 영원한 생명을 주는 생명의 빵에 관한 거듭된 계시(요한 6,48-51)

---

[98] 참조: P. BORGEN, *Bread from Heaven*, NT.S 10 (Leiden 1965).

6) 사람의 아들의 살과 피를 먹고 마심(요한 6,51-58)

7) 반발을 잠재움: 사람의 아들이 전에 계시던 곳으로 올라가심(요한 6,60-65).

대체로 이 계시 담화는 의심과 불신에 가득 찬 유다인들과의 토론 형식으로 진행된다. 유다인들은 예수의 말씀을 두고 '수군거리거나'(요한 6,41.43) '말다툼을 벌였다'(요한 6,52). 예수의 제자들 가운데도 많은 사람이 이해할 수 없는 예수의 말씀을 거북해하며 투덜거렸다(요한 6,60-61). 사람의 아들이 하늘로 올라가실 것을 전망하며(요한 6,62) 이 담화는 끝맺는다. 이 담화는 유다인들과의 토론과 결부되면서, 다시 말해 역사적 맥락 속에 삽입되면서(요한 6,59 참조) 그 서술 구조와 의미가 일관성을 잃고 불투명해짐으로써, 서로 상이한 여러 해석을 야기했다.[99] 특히 어려운 문제를 일으킨 구절이 6장 52-58절이다. 이 구절 직전까지는 믿음으로 생명의 빵을 먹는다고 했는데, 이제부터는 사람의 아들의 살과 피를 먹고 마신다고 한다. 분명 성찬례를 두고 하는 이 말씀 속에 새로운 이해의 차원이 있다. 지금까지는 믿음 속에서 하느님의 빵을 받아 모시던 것이 이제부터는 성체 안에 현존하는 예수의 살과 피를 받아먹고 마신다.[100] 그렇다면 이 대목은 훗날 요한의

---

[99] BORGEN[각주 98]에게는 이 담화 전체가 통일적으로 전개된 미드라쉬다. 이 미드라쉬는 "그분께서는 하늘에서 그들에게 **빵을 내리시어 먹게** 하셨다"(요한 6,31)를 인용함으로써, 이 담화가 요한 6,52-58의 성찬례 부분으로 넘어간다는 것도 설명한다(86-90). 요한 6,52는 6,31에 인용된 구약성경의 석의(釋義)다(90). 기타 구조적 분석: J.-N. ALETTI, "Le discours sur le pain de la vie (Jean 6)", *RSR* 62 (1974) 169-197; J.D. CROSSAN, "A Structuralist Analysis of John 6", in: J.A. SPENCER (ed.) *Orientation and Disorientation*, FS W.A. BEARDSLEE (Pittsburgh 1980) 235-249; L. SCHENKE, "Die formale und gedankliche Struktur von Joh 6,26-58", *BZ* NF 24 (1980) 21-41; 참조: Forschungsbericht von H. THYEN, *ThRu* 43 (1978) 328-359.

[100] 참조: H. SCHÜRMANN, "Jo 6,51c – Ein Schlüssel zur großen johanneischen Brotrede", in: DERS., *Ursprung und Gestalt: Erörterungen und Besinnungen zum Neuen Testament* (Düsseldorf 1970) 151-166(Lit.); X. LÉON-DUFOUR, *Lecture de l'Evangile selon Jean* 2 (Paris 1990) 164-176.

제자 공동체가 이 복음서를 편집할 때 여기 삽입한 것인가?[101]

이 계시 담화가 다른 차원으로 넘어가는 것을 어떻게 평가하든, 초점은 다시 사람의 아들에게 맞추어진다. 이분은 성체 안에 현존하는 당신의 살과 피를 통해 영원한 생명을 주시고, 이 성찬례에 참여하는 사람들과 완전한 친교를 이루신다. 예수의 살을 먹고 그분의 피를 마시는 사람은 예수 안에 머무르고 예수도 그 사람 안에 머무른다(요한 6,56). 여기에 파견 개념이 새삼 등장한다. 예수께서 아버지로 말미암아 사시는 것과 같이 예수의 살을 '먹는' 사람도 예수로 말미암아 살 것이다(요한 6,57). 이것이 '사람의 아들'에 관한 언급이라면, 이 말씀은 하늘로 다시 올라가신 사람의 아들께서 당신의 살과 피를, 영에 의해 거룩하게 변모된 전혀 다른 형태로(요한 6,63 참조) 우리에게 먹고 마시도록 내주시겠다는 것을 뜻한다. 사람의 아들이 "길이 남아 영원한 생명을 누리게 하는 양식을 … 줄 것이다"라는 6장 27절의 미래형 말씀은 현재 교회의 성찬례(미사)에서 실현되고 있다. 믿음이 전제될 때 생명의 빵을 먹는 것은 성찬례의 영성체로, 사람의 아들의 살과 피를 먹고 마시는 성사적 참여로 실현된다. "내가 줄 빵은 세상에 생명을 주는 나의 살이다"라는 6장 51절 말씀은 성찬례 대목으로 넘어가는 가교 역할을 한다. 물론 최후 만찬의 성찬례 제정을 뚜렷이 연상시키는 대목은 뒤이은 6장 53절이나, 51절 이 구절도 믿음으로 생명을 얻어 누린다는 것의 은유적 이해일 수 있다고 본다.[102] 믿음으로 생명의 빵을 받아들이는 것과 성찬례에서 생명의 빵을 받아먹는 것은 상호 보완적이다. 근본적인 것은 생명의 빵에 관한 말씀을 굳게 믿으며 받아들이는 것이다(요한 6,63.

---

[101] R. BULTMANN, G. BORNKAMM 이래 여러 학자가 거듭 피력한 견해. 참조: SCHNACKENBURG, *Johannesevangelium* 2 [각주 2] 85-87. U. WILCKENS, "Der eucharistische Abschnitt der johanneischen Rede vom Lebensbrot" (Joh 6,51c-58), in: J. GNILKA (Hrsg.) *Neues Testament und Kirche*, FS R. SCHNACKENBURG (Freiburg - Basel - Wien 1974) 220-248은 문헌적 단일성을 주장하는 반면, L. WEHR, *Arznei der Unsterblichkeit: Die Eucharistie bei Ignatius von Antiochien und im Johannesevangelium*, NTA NF 18 (Münster 1987) 196-207은 편집에 의해 증보되었다는 입장을 지지한다.

[102] SCHÜRMANN, "Jo 6,51c" [각주 100].

68 참조). 이를 전제로, 성사적 선물은 계속 살아 계시며 교회에 현존하시는 천상적 사람의 아들 예수의 육적 실존과 십자가 죽음을 기억하게 한다. 그저 기억하게 하는 데만 그치지 않고 신적 생명을 실제로 중개해 주기까지 한다. 죽음을 통해 생명에 이르신 사람의 아들은 성찬례에서 생명을 일깨우는 권능으로 당신을 드러내신다.

2.3.5 '사람의 아들' 개념의 기원

'사람의 아들' 개념의 기원에 관해서는 의견이 분분하다. 혹자는 이 개념이 '원초적 인간'·구원자에 관한 영지주의 신화를 수용·재해석한 것이라는 불트만의 입장을 따른다. 그러나 그 설명 방식에는 서로 현격한 차이를 보이는데, 구원 과정의 설명이 특히 그러하다. 이 영지주의적 구원자가 신神 '인간'이든, 지혜든, 그에 상응하는 어떤 존재든, 그는 구원받아야 할 인류의 대표로 초월적 세상에서 내려왔고, 인간 영혼들을 당신에게로 끌어 모아 자기들이 누구인지 자신을 깨닫게 함으로써 다시 충만pleroma으로 인도한다는 것이다. 그와 달리 요한의 그리스도는 아버지와 함께 계시던 당신의 선재로부터 오신 것이 사실이지만, 이 선재는 그분에게만 해당하는 것일 뿐, 모든 인간에게 해당하는 것은 아니다. 결정적인 것은 그분이 아버지께서 당신에게 맡기신 사람들을 믿음과 따름의 길을 통해 하늘 나라로 인도하신다는 것이다. 그것은 그분이 십자가에서 들어 올림 받으시고 아버지에 의해 영광스럽게 되실 구체적인 길을 통해서 이루어진다.[103] 여기서는 오히려 구원자의 퇴장과 승천을 언급한 유다 묵시 사상, 메르카바Merkaba 사유를 지닌 유다 신비 사상, 그리고 유다·헬레니즘적 지혜관이 하늘로 올라가신 이 구원자 개념의 생성 기반으로 대두된다.[104] ▶ "몇몇 유다인 공동체가 … 인류 구원 임무를 수행하기 위해 하늘에서 내려와 다

---

[103] 참조: E.M. SIDEBOTTOM, "The Ascent and Descent of the Son of Man in the Gospel of John", *ATR* 39 (1957) 115-122; C. COLPE, *ThWNT* 8, 417: "선재에 관한 진술은, 그것이 전체 영혼에 해당하는 것일 때, 비로소 영지주의 신화를 암시한다"; 참조: *ThWNT* 8, 468-474.

시 그곳으로 올라간 천상 구원자에 관한 모종의 표상을 가지고 있었는데, 이 구원자는 말씀 · 진리 · 천사 · 아들 · 사람 · 대사제 등 여러 이름으로 불렸다. … 이러한 천상 구원자 신화는 그리스도 이전의 유다 전통은 물론, 1~2세기 그리스도교에도 전해지고 있었다."[105]

사람의 아들에 관한 요한의 생각에는 두 뿌리가 있을 법하다. 하나는 오시는 사람의 아들에 관한 공관복음서의 말씀들이다. 이 말씀들은 요한의 현재적 종말론으로 변형되었다(요한 1,51; 3,14-15; 5,27; 8,28; 12,33-34). 또 하나는 당시 널리 퍼져 있던, 하늘에서 내려와 다시 하늘로 올라간 구원자 신화다. 이 두 뿌리가 요한 복음서에서 함께 자라며 하나의 통일된 이미지, 곧 하늘에서 내려오신 구원자상을 형성했다. 이 구원자는 지상에서 당신에게 속한 사람들을 당신 곁으로 모으신 다음, 이들을 당신의 거양과 현양을 통해 하늘 나라로 인도하신다. 말러니는 이 문제를 이렇게 보았다. "예수에게 (**사람의 아들**이라는) 칭호를 사용하던 한 공동체를 추적했다. 이 공동체는 첫째, 예수와 유다인의 전통적 메시아를 동일시하는 것을 개선하기 위해; 둘째, 십자가 예수의 인간적 면모를 통해 드러나는 하느님의 특별한 계시를 강조하기 위해; 셋째, 예수를 1세기 말 혼합 종교에 익숙한 **언어**로 제시하기 위해 이 칭호를 사용했다. 그러나 초기 그리스도교 전승의 **내용**은 아무것도 버리지 않고 그대로 간직하고 있었다."[106]

어쨌든 요한 복음서의 사람의 아들은 온전히 그리스도 신앙으로 형성된 인물이다. 그분은 신화적 인물이 아니라, 실제 역사에 등장한 **인간**, 나자렛 예수다. 십자가를 통해 일생을 사신 분, 역사상 절대로 혼동될 수 없는 유일무이한 분이다. 그분은 유다적으로 축소된 의미에서의 메시아가 아니

◀[104] 참조: CH. H. TALBERT, "The Myth of a Descending and Ascending Redeemer in Mediterranean Antiquity", *NTS* 22 (1976) 418-439; ODEBERG, *The Fourth Gospel* [각주 91] 35f.94-98; BÜHNER, *Der Gesandte* [각주 1] 374-399(der johanneische Christus als prophetischer Gottesbote).

[105] TALBERT, "Myth" [각주 104] 429f.

[106] F.J. MOLONEY, *Johannine Son of Man* [각주 87] 254.

라 세상의 구원자(요한 4,42)로서의 **메시아다**. 그분은 하느님으로부터 오신 **하느님의 아드님**이다. 위에서 내려오셨고, 당신 아버지와 결합되어 계시는 하느님의 사자이자 하느님의 지상 대리자이며, 인간에게 신적 생명을 중개해 주시는 분이다. 그분은 하느님에 의해 **영광스럽게 되신 분**으로, 창조 이전부터 아버지와 함께 누리던 영광을 부활을 통해 다시 누리게 되셨고, 믿는 사람들을 이 영광에 참여하게 해 주신다. 예수의 '때'에 집약된 십자가와 부활에 관한 진술은 사람의 아들을 신화적 사고에서 탈피시켜, 원시 그리스도교 복음 선포 한가운데 당신의 자리를 잡게 해 주었다.

2.4 종말론적 예언자[107]

요한 복음서에서 예수는 아버지에게서 보냄받으셨고 그분과 결합되어 계시는 아드님이자 사람의 아들 말고 다른 모습으로도 등장하신다. 그것은 곧 종말론적 예언자로서의 예수다. 이것은 구약성경 예언에서 유래하는 놀랍고 독특한 개념이다. 이 개념은 지금까지 고찰한 개념 범주들과 직접적인 관련은 없지만 그래도 어느 정도 연관되어 있다.

2.4.1 종말론적 예언자 개념의 범위

요한 복음 6장 14절은 신명기 18장 15.18-19절에 예언된 모세와 같은 예언자를 염두에 둔 것이 분명하다고 일반적으로 인정하고 있다. 예수께서 행하신 빵의 기적을 본 사람들이 말했다. "이분은 정말 세상에 오시기로 되어 있는 그 예언자시다." 옛날 이스라엘 조상들이 광야에 있을 때, 하

---

107 선별 문헌: J. JEREMIAS, *ThWNT* 4, 852-878, 특히 862-864; O. CULLMANN, *Die Christologie des Neuen Testaments* [제2장, 각주 48] 11-49; HAHN, *Hoheitstitel* [각주 81] 351-404, 특히 356-371.397f; R. SCHNACKENBURG, "Die Erwartung des 'Propheten' nach dem Neuen Testament und den Qumranschriften", *SE* 1 (= TuU 73; Berlin 1959) 622-639; W.A. MEEKS, *The Prophet-King: Moses Traditions and the Johannine Christology*, NT.S 14 (Leiden 1967); M. DE JONGE, "Jesus as Prophet and King in the Fourth Gospel", *EThL* 49 (1973) 160-177; M.-E. BOISMARD, *Moïse ou Jésus: Essai de christologie Johannique*, BEThL 84 (Louvain 1988).

느님께서 그들에게 주시기로 약속하신 땅에는 온갖 '복술가와 점쟁이'(신명 18,14)들이 활동하고 있었다. 이스라엘이 이 약속의 땅을 차지하면 하느님께서는 백성에게 그들과 판이한 한 예언자를 일으켜 주시겠다고 약속하셨다. 이 예언자는 "동족 가운데에서"(신명 18,15) 일어나 주님께서 그에게 맡기신 말씀을 선포할 것이다. 예수께서 많은 사람을 먹이신 빵의 기적을 행하셨을 때, 이 기적은 광야에서 모세를 통해 이루신 만나의 기적을 상기시켰다. 군중들은 한편으로는 이해가 되기도 했지만 다른 한편으로는 그저 놀라울 뿐이었다. 요한 복음 6장 30-31절의 기록대로, 사람들이 광야의 만나 같은 표징을 보여 달라고 요구했을 때, 그들은 예수를 모세와 같은 예언자라고 고백한 사실을 까맣게 잊어버린 듯했다. 예수께서 '표징'을 행하신 후 그분을 모세가 약속한 바로 그 예언자로 알아보았던들, 그분에게 새 표징을 보여 달라고 새삼 요구하지는 못했을 것이다. 나는 6장 14절의 고백이 실제로 기적의 빵을 먹은 사람들의 역사적 체험이라기보다 이 기적의 의미에 대해 이 복음서 저자가 내린 판단의 표현이라고 본다.[108] 이 복음서 저자는 예수께서 '이 세상에 오시기로 되어 있는', '모세와 같은'(신명 18,15) 예언자라는 결론을 이 큰 기적에서 도출했다. '이 세상에 오시기로 되어 있는'(요한 11,27)이라는 문구는 전형적인 요한의 어투다(참조: 요한 1,9; 3,19.31; 9,39; 12,46; 16,28; 18,37). 이 예언자는 동족 가운데 등장하실 뿐 아니라, 자신을 세상에 생명을 가져오시는 이로 계시하기 위해 이 세상에 파견되신다(요한 6,33.51). 이로써 예수 안에서 모습을 드러내시는 종말론적 예언자에 관한 요한의 개념이 윤곽을 드러낸다.

이런 그리스도론적 해석이 요한의 사고 체계 안에 굳건히 자리하고 있음을 보여 주는 다른 대목들도 있다. 세례자 요한이 자신은 '그 예언자'가 아니라고, 엘리야와 같은 종말론적 구원자가 아니라고 선언한 것은(요한 1,21.25), 예수께서 '그 예언자' 또는 '엘리야'라는 사실을 간접적으로 강조하

---

[108] 참조: SCHNACKENBURG, *Johannesevangelium* 2 [각주 2] 23-27.

는 것이었다. 예루살렘 사람들 중 어떤 이들은 예수께서 "참으로 그 예언자시다"(요한 7,40)라고 생각했다. 요한 복음 6장 14절에 기록된 것과 같은 말이다. 그러나 또 어떤 이들은 "저분은 메시아시다"(요한 7,41)라고 말하기도 했다. 이것으로 '그 예언자'는 이제 '메시아'의 모습으로 바짝 다가서고 있다. 그러나 갈릴래아에서는 메시아가 나올 리 없다는 반론이 대두했다(요한 7,41). 이 반론은 바리사이들과 니코데모의 토론 중에, 바리사이들이 "갈릴래아에서는 (그) 예언자가[109] 나지 않소"(요한 7,52)라고 대답하는 형태로 재등장한다. 이렇게 '그 예언자'는 기다리던 메시아를 지칭하는 특별한 용어가 되었다. 그렇다고 이 (관사 없이 쓰인) '예언자'가 메시아 아닌 그보다 낮은 인물을 가리키는 말로 사용될 수 있음을 배제하는 것은 아니다. 그 예가 다음 두 대목에 나온다. 하나는 사마리아 여인이 "선생님, 이제 보니 선생님은 예언자시군요"(요한 4,19)라고 한 것이고, 다른 하나는 태어나면서부터 눈먼 사람이 눈을 뜨게 해 주신 분을 두고 "그분은 예언자이십니다"(요한 9,17)라고 한 것이다. 이들은 메시아에 대한 믿음의 도상에 있었고(요한 4,25-26; 9,35-38), 예수께서는 그들에게 당신이 바로 그 '사람의 아들'임을 계시해 주셨다. 종말론적 구원자에 대한 유다인 혹은 사마리아인들의 기대가[110] 예수를 통해 이루어지고 있었다.

봐마르는 신명기 18장 18-19절의 예언이 요한 복음서 또 어디에 반영되고 있는지 철저히 규명한 결과, 이 말씀과 관련된 것이 요한 복음서 전체를 관통하는 흐름을 형성하고 있다는 결론을 얻었다. 그에 따르면 이 말씀은 요한 복음 7장 16-17절; 17장 8절; 19장 17-18절; 13장 1절; 14장 1-4

---

[109] 요한 7,52의 명사 '예언자'가 관사와 함께 기록된 고사본은 P⁶⁶뿐이다. 그러나 P⁷⁵의 빈 자리에 관사가 있었을 가능성이 있고, Boharischer Pap. Bodmer III 사본에도 관사가 발견된다. 현재 대부분의 주석가들은 내용상 원문에 관사가 있었으리라고 추정한다.

[110] 사마리아인들의 *Ta'eb* 기대에 관하여: MEEKS, *Prophet-King* [각주 107] 216-257; J. MACDONALD, *The Theology of the Samaritans* (London 1964) 147-222; F. DEXINGER, *Der Taheb, ein "messianischer" Heilsbringer der Samaritaner* (Salzburg 1986); BOISMARD, *Moïse* [각주 107] 33-44.

절; 9장 26-29절과 연결되면서, 12장 48-50절; 8장 28-29절; 14장 10절에 간접 인용되어 있다는 것이다.[111] 봐마르가 제시한 모든 구절에 이 구약성경 말씀이 반영되었다고 확신할 수는 없으나, 아버지께서 예수께 당신의 말씀을 전할 사명을 주셨다는 말씀(요한 12,48-50)과 예수 스스로는 아무것도 하지 않고 오직 아버지께서 가르쳐 주신 대로만 하신다는 말씀(요한 8,28-29) 배후에는 '내가 스스로는 아무것도 하지 않는다'라는 말과 더불어 "나는 … 나의 말을 그의 입에 담아 줄 것이다. 그러면 그는 내가 그에게 명령하는 모든 것을 그들에게 일러 줄 것이다"라는 신명기 18장 18절의 근본 진술이 있다. 예수께서 제자들을 부르시는 요한 복음 1장 35-51절에서도 봐마르는, "우리는 모세가 율법에 … 기록한 분을 만났소"(요한 1,45)라고 나타나엘에게 필립보가 증언한 내용이 정확히 신명기 18장 18절과 관련된다고 본다.[112] 그러나 "예언자들도 기록한 분"이라는 어구를 여기(요한 1,45) 첨가함으로써, 필립보는 일반적으로 메시아를 지칭하려 한다(요한 1,41 참조).

더 강력한 증거는 요한 복음 5장 45-47절이다. 여기서 모세는 믿지 않는 유다인들을 법정에 고발하는 고소인으로 묘사된다. "그가 나에 관하여 성경에 기록하였기 때문이다"(요한 5,46). 신명기 18장 19절에 따르면 하느님께서는 당신이 세우신 그 예언자의 말을 듣지 않는 사람은 누구든지 직접 추궁하실 것이다. 요한 복음서에서 이 종말론적 예언자의 예언은, 깊이 살필 것까지는 없다 하더라도, 중요한 위치를 점하고 있다. 여기서 예수의 '표징들'을 모세가 이집트에서 행한 표징들(탈출 4,1-9)과 연계시킬 것인가?[113] 그리하면 모세-그리스도 예형론이 더 뚜렷해지기는 하겠으나, 요한 복음서에는 여기 말고 어디에도 이집트의 표징과 연관되는 곳이 없다. 요

---

[111] BOISMARD, *Moïse* [각주 107] 11-25.　　　　[112] 같은 책 29.32.

[113] 같은 책 66-68. 그는 세 표징에 관해 이야기하는 어떤 자료를 가정한다. 첫 번째와 두 번째 카나의 표징과, 많은 물고기를 잡아 올린 요한 21,1-14의 이야기다(44-57). 그러나 요한 21,1-14의 이야기가 요한 이전의 자료에서 표징으로 꼽히고 있었는지는 의문이다. 지금 맥락에서는 부활하신 예수께서 제자들에게 나타나신 세 번째 발현과 관계될 수 있다(20,19-23; 20,24-29; 21,1-13).

한 복음서에서 모세와 관련되는 단 하나의 표징은 광야에서 조상들에게 만나를 내려 주신 것이다. 그러나 요한 복음서의 미드라쉬는 하늘에서 내려온 빵이 모세와 전혀 무관함을 분명히 밝힌다. "하늘에서 너희에게 빵을 내려 준 이는 모세가 아니다. 하늘에서 너희에게 참된 빵을 내려 주시는 분은 내 아버지시다"(요한 6,32). 모세는 어느 모로나 그리스도의 예형이 아니다. 군중에게 하느님의 말씀을 선포하는 종말론적 예언자일 뿐이다.

당시 군중은 현세적·정치적 해방자인 왕을 고대하고 있었다. 그러나 기적 이야기의 맥락에서 예수를 왕과 연관짓는 것은 피상적이다. 예수께서 빵의 기적을 행하시자 사람들이 그분을 억지로 모셔다가 임금으로 삼으려 했다(요한 6,15). 이것은 광야에서의 체험을 오해한 탓이다. 배불리 먹은 군중들은 예수께서 세상의 온갖 궁핍과 억압에서 자기들을 구해 주실 거라는 엉뚱한 결론을 내렸다. 그렇지만 예수께서는 그들을 피해 혼자서 다시 산으로 물러가셨다(요한 6,15). 그러므로 이 장면에서 예수를 '예언자-임금'으로 지칭해야 할지는 의문이다.[114] 모세가 유다교에서는 물론, 라삐들의 '하가다'와 심지어 사마리아인들에게까지 예언자-임금으로 여겨졌음은 두말할 나위가 없다. 그러나 요한의 그리스도에게 이 이중 기능이 부여되는지는 명확하지 않다. '유다인들의 임금'이라는 뉘앙스와 예수의 왕권에 대한 긍정적 시각 사이에는 긴장이 있기 때문이다. 후자는 전혀 다른 근거를 지닌다: 예수께서는 진리를 증언하러 이 세상에 오셨고(요한 18,37), '그분의 나라는 이 세상에 속하지 않는다'(요한 18,36). 이런 맥락에서는 종말론적 예언자의 흔적을 전혀 찾을 수가 없다. 예수는 메시아요 '이스라엘의 임금님'(요한 1,49; 12,13.15)이다. 군중 가운데서는 메시아와 '그 예언자'에 대해 논의가 분분했다 할지라도(요한 7,40-41.52), 이 메시아와 종말론적 예언자는 전혀 범주가 다른 개념이다. 이 인물들은 서로 다르고, 이 두 개념은 전혀 다른 사고 체계에서 왔다. 그러나 '하느님의 아드님'과 '사람의 아들'

---

[114] (다른 학자들을 따라) MEEKS, *Prophet-King* [각주 107] 25-29.87-99. 이것이 그의 저서를 일관하는 주제다. 참조: M. DE JONGE, "Jesus as Prophet" [각주 107].

에 관한 고찰에서 이 개념들의 상호 연관성을 발견했듯이, 이 두 인물 역시 그러하다. 이것은 요한의 다면적 그리스도론에서 비롯된다.

2.4.2 근거와 배경

요한은 왜 이 모세와 같은 종말론적 예언자 개념을 활용했을까? 이유는 다양하다. 첫째, 예수 시대의 유다 전통에서 예언자적 인물에 대한 기대가 매우 컸다는 것이다(참조: 마태 21,11.46; 루카 24,19). 그러나 요한은 예수를 여러 예언자 중 **하나**가 아니라, 그때까지 등장한 모든 예언자들을 능가하는 최후의 예언자로 보려 했다. 모세와 같은 종말론적 예언자에 관한 예언은 이 목적에 부합할뿐더러 훗날 원시 그리스도교에서도 한몫을 담당했다(참조: 사도 3,22-23; 7,37-38). 둘째, 이 복음서 저자는 빵의 기적을 재수용할 생각을 했다. 이 빵의 기적은 예수께서 당신을 하늘에서 내려온 생명의 빵이라 하신 것과 연결된다. 그래서 이렇게 쓴다. "그들은 모두 하느님께 가르침을 받을 것이다.' … 아버지의 말씀을 듣고 배운 사람은 누구나 나에게 온다"(요한 6,45). 종말론적 예언자는 이런 방식으로 시야에 등장한다. 사람들은 그의 말을 들어야 하고(신명 18,15) 그는 하느님의 말씀을 전해야 한다(신명 18,18). 이 계시 담화를 전망하면서 저자는 예언자에 대한 고백을 여기에 편입시켰을 것이다. 셋째, 세례자 요한이나 훗날 그의 제자들과의 대립 관계가 모종의 역할을 했을 것이다. 세례자 요한 자신이 '그 예언자'임을 부인하며(요한 1,21.25) 예수의 증인에 불과하다고 스스로 낮추는 것(요한 1,8.15.30; 5,33-34)이 요한의 제자들과 대립 관계를 형성하게 했으리라 유추되기 때문이다(요한 3,25). 요한의 제자들은 아마 세례자 요한을 메시아요, 최후의 계시자며, 구원자로 여겼을 것이다.[115] 이와 대조적으로 예수께서는 세례자

---

[115] 참조: R. SCHNACKENBURG, "Das vierte Evangelium und die Johannesjünger", *HJ* 77 (1958) 21-38; J. ERNST, *Johannes der Täufer: Interpretation – Geschichte – Wirkungsgeschichte*, BZNW 53 (Berlin 1989) 187-191(W. BALDENSPERGER와는 반대로 세례자 집단과의 논쟁에 의혹을 표명); 349-384(세례자 집단의 흔적은 발견하나 명백하지는 않다).

요한이 태어나기 전부터 존재하시고, 영원으로부터 하느님과 함께 계시는
아들이자, 사람이 되신 후 지상에서 하느님의 말씀을 전하시는 분으로 소
개된다(요한 3,34). 세상에 오시기로 되어 있는 이 예언자에 관한 말씀이 어
떻게 평가되든, 그것은 이 복음서 저자의 해석으로 족히 이해될 수 있다.

2.4.3 모세와의 관계

요한 복음 6장 14절에 모세와 같은 예언자가 언급되었다면 모세는 요한
복음서에 어떻게 비치고 있는지 묻지 않을 수 없다. 상반된 두 관점이 있
다. 일단, 모세는 예수에 관해 성경에 기록하고 증언한 이로서(요한 5,46-47)
높이 평가받지만, 다른 한편으로는 예수에 비해 현격히 평가절하되고 있
다. 그러나 모세는 예수를 메시아로 인정하지 않는 불신의 유다인들을 하
느님의 법정에 고소할 사람이다(요한 5,45). 유다인들은 모세에게 희망을 걸
어 왔다. 모세는 그들에게 할례를 하라고 명령하였다. 그러나 "사실 할례
는 모세가 아니라 선조들에게서 비롯되었다"(요한 7,22)는 말씀으로 의미를
곧 축소시킨다. 모세는 유다인들에게 율법을 주었다. 그것은 하느님께서
그들에게 베푸신 구원의 큰 선물이었다. 그러나 그들 가운데 율법을 지키
는 자가 하나도 없었다(요한 7,19). 그들은 모세의 율법을 어기지 않으려고
안식일에도 할례를 베풀었다(요한 7,22-23). 라삐의 가르침도 그러했다. 율법
은 반드시 지켜져야 한다고 믿었던 그들은 예수께서 안식일에 벳자타 못
의 병든 사람을 고쳐 주신 일을 놓고 예수와 충돌했다(요한 7,24; 참조: 5,1-9).

모세는 하느님께서 세우신 입법자로 인식되었고, 예수께서도 그렇게 인
정하셨다. 예수와 유다인의 충돌이 예수께서 모세의 권위를 철저히 존중하
신다는 사실을 배제하지 않는다. 모세에 대한 긍정적 평가는 지속되고 있
다. 모세는 자신의 활동을 통해 하느님의 구원 의지를 표명하는 구약성경
적 예형이다. 모세가 광야에서 구리뱀을 들어 올린 것은 예수께서 십자가
에서 들어 올림 받으심의 원초적 예형이다(요한 3,14). 구리뱀을 만드는 데
있어 모세의 역할은 그리 부각되지 않는다. 여기서 비교하는 것은 오직 뱀

혹은 사람의 아들을 '들어 올리는 것'에 집중된다. 그럼에도 모세의 구원사적·예형론적 역할은 간과될 수 없다. 성경의 기록을 통한 모세의 증언, 입법자로서의 의미, 심판 때 등장할 유다인들의 고소인, 곧 오실 사람의 아들의 원초적 예형, 이 모든 것이 모세라는 인물의 긍정적 이미지를 형성한다.

이러한 긍정적 이미지에도 불구하고 요한 복음서에는 모세가 예수에 비해 분명히 평가절하되고 있다. 요한 복음서 머리글 끝 부분에 결정적으로 언급한다. "율법은 모세를 통하여 주어졌지만 은총과 진리는 예수 그리스도를 통하여 왔다"(요한 1,17). 이 진술을 날카로운 대당명제로 해석할 수는 없을지라도, 이로써 예수 그리스도의 우월성이 강조된다는 것만은 부인할 수 없다.[116] 모세에 대한 평가절하는 하늘에서 내려온 빵에 관한 요한 복음서 미드라쉬(요한 6,32-51)에서 더욱 분명해진다. "하늘에서 너희에게 빵을 내려 준 이는 모세가 아니다. 하늘에서 너희에게 참된 빵을 내려 주시는 분은 내 아버지시다"(요한 6,32). 앞서 예수를 모세와 같은 종말론적 예언자라고 칭한 것을 생각하면, 이 말씀은 그저 놀랍기만 하다.

모세에 대한 이 상반된 평가를 어떻게 이해할 것인가? 모세에 대한 긍정적 평가는 믿지 않는 유다인들과의 논쟁 과정에서 요한 자신이 견지하던 구약성경 전승에서 왔다. 그러나 이는 약속된 메시아 예수를 거부하는 유다인들을 그 전승을 배경으로 더욱 강하게 비난하기 위함일 뿐이다. 이 신랄함은 당시 요한 공동체가 바리사이들이 주도한 유다 정통 사상과 대결하던 상황 때문이었다. 태어나면서부터 눈먼 사람이 눈을 뜨게 된 기적을 두고 벌인 논쟁에서(이 이야기는 멸시받던 요한 공동체와 멸시하던 유다 사회 사이의 골이 얼마나 깊은지 잘 보여 준다)[117] 바리사이들은 이렇게 말한다. "우리는 모

---

¹¹⁶ 참조: J. Jeremias, *ThWNT* 4, 877. 그에 따르면 요한 복음서만큼 모세와 그리스도를 강하게 대비시키는 문헌이 신약성경에 없다.

¹¹⁷ 참조: J.L. Martyn, *History and Theology in the Fourth Gospel* (Nashville ²1979); ders., "Glimpses into the History of the Johannine Community", in: M. de Jonge (Éd.) *L'Evangile de Jean: Sources, rédaction, théologie*, BEThL 44 (Gembloux - Louvain 1977) 149-175; R.E. Brown, *Community of the Beloved Disciple* [각주 5] 59-91, 특히 66-69.

세의 제자요. 우리는 하느님께서 모세에게 말씀하셨다는 것을 아오. 그러
나 그자가 어디에서 왔는지는 우리가 알지 못하오"(요한 9,28-29). 모세를 최
고 권위로 내세우는 바리사이들은 예수께서 하느님으로부터 오셨다는 사
실에 대해서 눈감아 버렸다. 여기에는 모세냐 예수 그리스도냐, 양자택일
이 있을 뿐이다. 그러나 요한은 모세를 예수께서 종말론적 예언자로서의
사명을 완수할 수 있도록 돕는 조력자의 모습으로 그렸다.

　모세냐 예수 그리스도냐? 이렇게 묻는다면 제4복음서 저자는 문제를 따
로 떼어 대답할 것이다. 봐마르는, 이 복음서 저자가 여러 상이한 자료와
문헌을 활용하는 바람에 요한 복음서의 모세 모습들 간에 긴장이 발생한
다고 설명했다.[118] 그에 따르면, 요한이 인용한 최고最古 문헌(C)에는 예수
가 새로운 모세, 모세와 같은 종말론적 예언자로 매우 '조심스럽게' 묘사되
어 있다. 다음 문헌(II A)에는 빵의 기적과 관련해서 예수가 지혜와 결합된
참된 예언자로 더욱 뚜렷이 부각된다. 그다음 문헌(II B)은 하느님의 말씀
이자 아버지의 외아들 예수에게 더 큰 비중을 둔다. 마지막 문헌(Jean III)에
서는 유다 전통에서 물려받은 주제들을 다시금 숙고했다. 가령, '구원은 유
다인들에게서 온다'(요한 4,22)라는 명제가 삽입되었다는 것이다.

　특정 문헌비평 이론을 근거로 전개한 이런 주장이 확신을 줄 수는 없지
만, 모세와 예수의 관계를 언급하는 복음서 본문들 간에 긴장이 있다는 것
은 주지의 사실이다. 그렇다고 그것이 과장되어서도 안 된다. 내 생각에,
요한은 '하느님의 아드님', '사람의 아들' 그리고 강생하신 말씀의 경우처
럼 모세의 경우에도 여러 전승으로부터 영향을 받았을 터이나, 어느 것도
그에게 명확한 모세상을 제시하지 못했던 것 같다. 요한이 유다인들의 모
세상과 거리를 두는 것은 근본적으로 예수가 모세와는 비교할 수 없는 인
물이기 때문이다. 그분은 하느님의 외아드님으로서, 말씀이 사람이 되시
어 우리 가운데 사셨기 때문이다(요한 1,14).

---

[118] BOISMARD, *Moïse* [각주 107] 137-143.

2.5 하느님의 어린양

예수께서 요르단 강에서 세례를 받고 역사에 등장하실 때, 세례자 요한은 특별히 예수를 가리켜 "세상의 죄를 없애시는 하느님의 어린양이시다"(요한 1,29)라고 소개한다. 이는 이스라엘을 위한 증언이다. 세례자 요한은 이스라엘에 예수를 알리려 한다(요한 1,31). 그는 예수께 세례를 베풂으로써, 그분을 "성령으로 세례를 주시는 분"(요한 1,33), "하느님의 아드님"(요한 1,34. 다른 고사본에는 '하느님의 선택된 분')이라 증언한다. 요한 복음서의 세례 장면은 공관복음서의 세례 기사를 발전시킨 것이다. 우리의 관심사는 이 세례 사건의 의미가 아니라, '하느님의 어린양'이라는 독특한 표현을 규명하는 것이다. 공관복음서에서는 이 표현의 단서조차 찾을 수 없을뿐더러, 요한 복음서의 맥락 속에도 상세한 근거가 나오지 않는다. 물론 세례자의 증언이 다음 진술을 통해 그리스도론적으로 심화되어 있다. "저분은, '내 뒤에 한 분이 오시는데, 내가 나기 전부터 계셨기에 나보다 앞서신 분이시다' 하고 내가 전에 말한 분이시다"(요한 1,30). 예수의 선재를 함의한 이 진술은 예수께서 성령으로 세례를 베푸실 분이라는 증언을 애초부터 넘어선다. 따라서 '세상의 죄를 없애시는 하느님의 어린양이시다'라는 언급은 세례 장면에 근거하는 것이 아니라, 그 자체로 독립된 그리스도론적 진술이라고 봐도 좋다. 세례자 요한은 예수 세례의 의미를 하느님께서 특별한 계시로 자기에게 일러 주셨다고 밝히면서(요한 1,33), 예수가 선재하시는 하느님의 아드님이며, 세상의 죄를 없애시는 하느님의 어린양이라고 증언한다. 세례자 요한은 예수 세례 때 체험한 것의 의미를 나중에야 밝힌다. 세례 계시의 직접적 목표는 이스라엘 백성에게 예수를 하느님의 아드님이자 하느님이 선택하신 분으로 알리는 것이다.[119] 예수의 선재성과 '하느님의 어린양'

---

[119] 원문이 '하느님의 아드님'인지 '하느님의 선택된 이'인지 판단하기 쉽지 않다. 대부분의 고사본에는 '하느님의 아드님'으로 나오지만 그리스·라틴·시리아어권에서는 일찍부터 '하느님의 선택된 이'가 등장한다. 흔히 쓰이는 '하느님의 아드님'이 드물게 쓰이는 '하느님의 선택된 이'(참조: 루카 23,35; 9,35)로 바뀌었다고 보기는 어렵다. 나는 *Johannesevangelium* 1 [각주 2] 305에서 세례 때 들려온 목소리와 관련하여 '하느님의 선택된 이'를 택했다.

으로서의 대속代贖의 의미는 세례 때 예수께 내리시는 성령을 바라보면서 체험한 의미를 능가한다. 이 복음서 저자는 예수의 선재성과 대속성을 매우 중히 여겨 세례자 요한의 증언 첫머리에 배치한다.

이 두 그리스도론적 진술 가운데 예수의 선재에 관해서는 요한 복음서 머리글에 세례자 요한의 증언으로 언급되었다(요한 1,15). 이에 의지하여 저자는 예수의 선재를 세례와 관련지어 부각시킨다. 선재성은 하느님인 말씀이 사람이 되셨다는 저자의 강생 신학(요한 1,14)에 특별한 의미를 가진다. 이 문제는 다음 절(2.6 '선재하시며 사람이 되신 말씀')에서 논구할 것이다.

"보라, 세상의 죄를 없애시는 하느님의 어린양이시다"(요한 1,29)라는 말은 이스라엘에게 예수를 따르라고 외치는 소리다. 이튿날 세례자 요한은 지나가시는 예수를 눈여겨보며 함께 서 있던 두 제자에게 "보라, 하느님의 어린양이시다"(요한 1,36) 하고 다시 외친다. 그러자 두 제자는 예수를 따라갔다. 둘째 대목 첫머리에 날이 바뀌었음을 알리는 "이튿날"(요한 1,35)이 나오는 것은 이 장면을 바로 앞 세례자 요한의 증언과 연결시키기 위한 장치인 듯하다. 앞 대목과 차이가 있다면, 이 대목에는 "세상의 죄를 없애시는"(요한 1,29)이라는 설명어가 나오지 않는다는 것뿐이다. 그러나 예수를 따라간 두 제자에게 하신 말씀을 자세히 살펴보면, 이런 생략이 그리 놀라울 것도 없다. '하느님의 어린양이시다'라는 세례자 요한의 축약된 말 속에는 '세상의 죄를 없애시는' 분이라는 1장 29절의 설명이 고스란히 들어 있다. 두 제자에 대한 권유도 하느님의 어린양이라는 세례자 요한의 증언이 이 이야기 속에 확고히 자리 잡고 있다는 징표다.[120] 그러므로 '세상의 죄를 없애시는 하느님의 어린양'이라는 진술도 요한 그리스도론의 표현으로 존중해야 하고, 요한의 사고 체계 안에 정위시켜야 마땅하다. 그러나 이것은

---

[120] J. BECKER, *Das Evangelium des Johannes, Kap. 1-10* (Gütersloh - Würzburg 1979) 91f
는 "세상의 죄를 없애시는"(요한 1,29)이 교회의 편집으로 삽입되었다고 주장한다. 그렇다면
그 구절의 신원 서술어 '하느님의 어린양'에 대해서는 더 자세한 성격 규명이 필요하지 않았
단 말인가? 예수의 죽음을 인류 구원을 위한 죽음으로 말하는 요한 복음서의 모든 대목을 '교
회의 편집'에 의한 삽입 구절로 볼 수는 없다.

어려운 작업이다. 이 표현이 요한 복음 1장 29.36절에만 나올 뿐인 데다가 그것이 구약성경이나 유다적 배경에서 유래하는지도 불분명하여 논란의 여지가 많기 때문이다.

2.5.1 하느님의 어린양의 상징

종말론적 예언자 개념의 성경적 배후로는 신명기 18장 15.18절을 분명히 지목할 수 있었는데, '하느님의 어린양'의 경우에는 그럴 형편이 못 된다. 여러 가능성이 제기되곤 하지만 그중 어느 것도 확실하지는 않다.

① 이사야서 52장 13절에서 53장 12절에 서술된, 수난하고 속죄하는 하느님의 종이 제일 먼저 떠오른다. 예레미아스의 해석이다.[121] 이사야서 53장 4절에서 하느님의 종은 "우리의 병고를 메고 갔다". 물론 이 말이 죄를 '없애시다'(요한 1,29)와 같은 정도의 뜻을 지닌다고는 할 수 없다(참조: 1요한 3,5). '죄를 없앤다', 모든 죄짐을 없앤다는 것이 죄에 대한 모든 **벌**Sünden*strafe*을 자기가 받겠다는 뜻으로 이해할 수는 있겠으나, 그것으로 예수께서 인간의 **죄책**Sünden*schuld*까지 대신 없애 주신다는 그리스도교적 사유에 미치지는 못한다. 하느님의 **어린양**과 하느님의 **종**은 좀 다른 모습이다. 예레미아스와 일부 해석가들은, '종'(παῖς)과 '어린양'(아람어 *talja*)의 이중 의미 때문에 하느님의 **종**이 '하느님의 어린양'으로 되었다고 생각한다.

이중 의미의 이 아람어 단어가 어떻게 단일 의미의 그리스어 '종'으로 번역되었을까? 단순 오역이라기에는 필경 어떤 신학적 이유가 있으리라 추측된다. 주님의 종의 노래(이사 52,13-53,12)를 도살장으로 끌려가는 어린 양, 털 깎는 사람 앞에 잠자코 서 있는 어미 양(이사 53,7)과 비교해 보면 더 넓은 접점을 찾을 수 있을지도 모르겠다. 그러나 비교는 어디까지나 비교일 뿐, 그것이 직접 '하느님의 어린양'을 지칭하는 것은 아니다. 원시 그리스도교에는 예수의 죽음을 대속 행위로 보는 입장이 분명히 존재했거니와(갈라

---

[121] J. Jeremias, *ThWNT* 5, 685-698.

3,13; 2코린 5,21; 1베드 2,24; 1요한 2,2; 4,10 등), 이런 생각이 어린양의 상징과 융합되었으리라 가정해야 할 것이다. 그러나 어린양의 상징과 결합하는 이 과정은 어디까지나 예수의 죽음이 대속 행위라는 확신에 근거해서만 비로소 진척될 수 있었을 것이다. 두 어구 '하느님의 어린양'과 '세상의 죄를 없애시는'은 제4복음서 저자의 조합이라 보는 것이 차라리 옳다.

② 어린양의 배경에 관한 또 다른 영향력 있는 해석은 파스카 양에 관한 것이다. 일찍이 사도 바오로는 우리의 파스카 양이신 그리스도께서 희생되셨다고 말했다(1코린 5,7). 베드로 전서 1장 19절에서도 그리스도는 탈출 예형론Exodus-Typologie 범주 내에서 '흠 없고 티 없는 어린 양'에 비유된다. 요한은 파스카 양의 뼈를 부러뜨려서는 안 된다는 파스카 규정을 예수께 예형론적으로 적용했고 또 그것이 이루어졌다고 보았다(요한 19,36). 예수의 죽음은 이 예형론과 잘 맞아떨어진다[요한의 그리스도론에 의하면 예수께서는 파스카 준비일에 숨을 거두셨다(참조: 요한 18,28; 19,31)]. 파스카 양을 속죄의 제물로 보았는지는 확실하지 않지만 적어도 종말 시기의 파스카에 대해서는 그럴 수 있다.[122] 다른 학자들은 파스카 예형론에 대해 회의적이다. 이 예형론이 요한의 그리스도론에서야 비로소 발전되었다고 보기 때문이다. 그러나 예수의 죽음을 파스카 전날 저녁으로 설정한 데는 그 자체로 상당한 이유가 있다(특히 요한 18,28). 요한 복음서 범위 내에서 '하느님의 어린양'이 파스카 양으로 이해될 가능성이 없지는 않으나, 속죄 사상이 내포되어 있는지가 의문스러워 아직 문제의 소지는 다분하다.

③ 유다인의 제사에서는 어린 양이 제물로 바쳐졌다. 이 어린 양의 희생은 '하느님의 어린양'의 상징이 되었다. 성전에서는 매일 조석으로 흠 없는 일년생 어린 양이 봉헌되었다. 그러나 반복되는 봉헌은 요한 복음서가 주목하는 예수의 유일회적 죽음과 부합되지 않는다(요한 19,37 참조). 유다인의 속죄일에 광야로 보내는 숫염소는 백성의 죄를 대속할 속죄 제물로 인정

---

¹²² 참조: SCHNACKENBURG, *Johannesevangelium* 1 [각주 2] 287.

되었지만(레위 16,9-10), 예수께서는 백성의 죄 때문에 아자젤에게 보내지던 그 속죄의 숫염소가 아니다. 그것은 온 백성의 죄와 잘못을 없애기 위해 고안된 끔찍한 장치였지, 세상의 죄를 없애시는 하느님의 어린양에 합당한 구원 사건은 아니었다. 하느님의 어린양은 온 세상의 죄짐을 없애신다(참조: 1요한 2,2). 이 보편적 속죄는 인류를 대신한 예수의 대속적 죽음에 의해 비로소 그리스도교의 확신이 되었다. 하느님께서는 그리스도 안에서 세상을 당신과 화해시키셨다(2코린 5,19). 예수의 희생을 '속죄의 숫염소 이론'으로 설명하려는 시도가 있었다. 이에 따르면 예수께서 백성의 분노와 복수심을 모두 당신에게 돌리게 하시어 스스로 폭력과 죽음을 짊어지심으로써 그것을 무력하게 하셨다는 것이다.[123] 그러나 심리학적 맹아에서 싹튼 이 이론은 어디까지나 이론적 해석의 수준을 벗어나지 못한다.

④ 자기 아들 이사악을 하느님께 희생 제물로 바치려 했던 아브라함의 자세(창세 22장)가 유다인들의 신학에 넓은 영역을 차지했다. 그렇다면 혹시 하느님께서 아낌없이 내주신 사랑하는 아들의 예형으로서 이사악이 '하느님의 어린양' 배후에 있는 것은 아닌가? 하느님께서는 아브라함에게 이렇게 요구하셨다. "너의 아들, 네가 사랑하는 외아들 이사악을 데리고 … 가거라. … 내가 너에게 일러 주는 산에서 그를 나에게 번제물로 바쳐라"(창세 22,2). 여기서 강조는 모두 '외아들'에 집중된다(창세 22,12.16). 세례 장면에서 하느님께서는 예수를 당신의 '사랑하는' 아들로 계시하셨다(마르 1,11/마태 3,17; 참조: 요한 3,16.18의 '외아들'). 그리고 이제 이 사랑하는 외아들이 세상의 죄를 없애시는 하느님의 어린양으로 여겨지고 있다.[124] '이사악을 제물로 바침'이 유다인들의 '하가다'에는 이사야서 53장의 속죄하는 하느님의

---

[123] 참조: R. SCHWAGER, *Brauchen wir einen Sündenbock? Gewalt und Erlösung in den biblischen Schriften* (München 1978) 176-205.

[124] 참조: G. VERMÈS, *Scripture and Tradition in Judaism* (Leiden 1961) 193-226; R.A. ROSENBERG, "Jesus, Isaac, and the 'Suffering Servant'", *JBL* 84 (1965) 381-388, 특히 386; J.E. WOOD, "Typology in the New Testament", *NTS* 14 (1987/88) 583-589, 특히 586f.

종 뿐 아니라 파스카 희생과도 결부되어 나타난다. 여기서 이사야서 53장의 하느님의 종과 파스카 양의 공통 접점이 있을 법하다. '하느님의 어린양'이 이 두 개념과 결부되면서, 아브라함의 봉헌에서 그 출발점을 발견했을 수도 있다. 그러나 어린양의 상징에 관해서는 아직 아무것도 설명된 게 없다. 아브라함이 이사악 대신 바친 '숫양' κριός(창세 22,13)은 여기서 아무 역할도 하지 않는다. 로마서 8장 32절("당신의 친아드님마저 아끼지 않으시고")에 따르면 아브라함이 자기 사랑하는 외아들을 바친 것은 예수의 죽음이 우리를 위한 속죄의 죽음으로("우리 모두를 위하여 내어 주신 분") 해석될 수 있는 예형론적 배경을 제공했다. 이런 생각은 이미 마련되어 있었으나, 요한에게는 기껏 간접적으로만 하느님의 어린양 상징에 영향을 주었을 뿐이다.

⑤ 예수를 '하느님의 어린양'으로 지칭하는 것은 요한 묵시록의 '어린양'을 상징적 모티프로 굳히게 했다. 요한 묵시록에는 '살해된 것처럼 보이는' 어린양이 서 계셨고(묵시 5,6.12; 13,8), 증거자들이 "어린양의 피로 자기들의 긴 겉옷을 깨끗이 빨아 희게 하였다"(묵시 7,14)고 기록되어 있다. 이것을 제4복음서 저자가 자기 복음서(요한 1,29.36)에 인용했다는 것이다.[125] 그러나 요한 묵시록의 '어린양'은 시종일관 ἀρνίον이지 ἀμνός가 아니다. 그것은 지존의 인물이며 메시아와 동의어다. 물론 죽임을 당하셨지만, 하느님에게서 생명과 권능을 받으신 메시아다(묵시 5,12-13).[126] 지금 이 어린양이 구원을 베푸시고(묵시 7,17) 하느님의 원수들을 무찌르시며(묵시 17,14) 당신의 통치권을 행사하신다. 그러나 요한 묵시록에도, "주님께서 살해되시고 또 주님의 피로 … 사람들을 속량하시어 하느님께 바치셨다"(묵시 5,9)라는 암시는 나오지만 어린양의 속죄 수난에 관한 언급은 없다. 큰 환난을 이긴 증거자들이 "어린양의 피로 자기들의 긴 겉옷을 깨끗이 빨아 희게 하였다"(묵시 7,14). 어린양과 함께 시온 산 위에 서 있던 구원받은 이들은 "어린양

---

[125] C.H. DODD, *The Interpretation of the Fourth Gospel* [각주 80] 230-238.

[126] 참조: H. KRAFT, *Die Offenbarung des Johannes* (Tübingen 1974) 107-110.

이 가는 곳이면 어디든지 따라간다"(묵시 14,4). 그들만이 "하느님과 어린양을 위한 맏물로 모든 사람들 가운데에서 속량되었다"(묵시 14,4). 그러나 여기서 '세상의 죄를 없애시는' 어린양 개념이 왔을 성싶지는 않다.

요한의 하느님의 어린양 개념의 구약성경·유다적 유래 가설을 입증하려는 이 모든 노력은, 이 복음서 저자에게 영향을 주었을 사상들을 밝히는 데는 기여한 바 컸지만, 하느님의 어린양의 구체적 상징을 설명하는 데는 실패했다. 이 상징은 오히려 예수 그리스도에 대한 그리스도교적 시각에서 유래했을 가능성이 크다. 다른 그리스도론적 신원 서술어도 그렇듯이 여기서도 그리스도교적 이해의 지평이 결정적 지표다. 이사야서 53장의 하느님의 종과 파스카 예형론이 이 상징 형성에 가장 큰 영향을 주었을 것이고, 여기에 외아들을 아낌없이 봉헌한 아브라함의 희생이 결부되었을 가능성이 있다. 자유로운 승리자적 모습으로 자주 등장하는 요한 묵시록의 어린양도 이 상징의 성격을 형성하는 데 마찬가지로 일조했을 것이다. 코린토 전서 5장 7-8절의 파스카 양이 암시하듯이, 하느님의 어린양은 아마 초기 그리스도교 전례에서도 어떤 역할을 했을 것이다. 여기서 축제가 언급되기 때문이다. 그러나 사도 바오로는 주로 '누룩 없는 빵'에 대해서만 말하고 어린양은 잠시 짚고 넘어간다. 요한 묵시록의 어린양 찬미도 전례적 여운을 남긴다. 그러나 '어린양'이 전례 생활에서 차지하는 '삶의 자리'는 추측으로 남을 뿐이다.[127] 우리는 요한 자신이 앞서 언급된 구약성경 구절들에 영향을 받아 이 상징어를 창작했다고 믿는다.

2.5.2 요한 복음서의 속죄 개념

'세상의 죄를 없애시는' 하느님의 어린양과 결부된 속죄 개념이 요한의 그리스도론에 얼마나 깊이 뿌리박고 있는지 고찰하자. 요한 복음서에서 십자가는 보편적 속죄 장소가 아니라 십자가를 통해 아버지의 영광에 이

---

[127] 참조: W. BAUER, *Das Johannesevangelium* (Tübingen ³1933) 36: 이 모든 표현은 "아마 전례 용어에서" 왔을 것이다.

르실 사람의 아들이 들어 올림 받으시는 장소로 이해된다. 요한의 구원론
에서 속죄 사상이란 도대체 이질적 요소가 아닌가? 그러나 예수의 죽음이
예수께 맡겨진 사람들을 위한 희생으로 이해된 흔적도 없지 않다.[128]

① 양들을 위한 죽음

착한 목자 예수께서는 "양들을 위하여"(요한 10,11.15) 당신 목숨을 바치겠
다고 두 번이나 다짐하셨다. 그리스어 전치사 *ὑπέρ*(위하여)에 대속 개념이
반드시 들어 있어야 할 필요는 없다. 예수께서 목숨을 내놓으신다는 것은
당신의 양들을 보살피고 염려하신다는 것을 가장 강하게 표현한 말씀이다
(요한 10,3-4 참조). 위험이 닥칠 때 그분은 삯꾼들과 달리 목숨을 걸고 양들을
지키고, 필요하다면 양들을 위하여 목숨을 내놓는다는 것이다. 그러나 양
들 대신 죽겠다는 말씀이 아니다. 참된 목자는 "양들이 생명을 얻고, 또 얻
어 넘치게 하려고"(요한 10,10) 한다. 물론 예수께서는 기꺼이 당신 목숨을
내놓기 때문에 목숨을 다시 얻으신다(요한 10,17-18). 이어서 예수께서는 "목
숨을 내놓을 권한도 있고 그것을 다시 얻을 권한도 있다"고 말씀하심으로
써, 예수의 죽음에 관한 또 다른 전망을 여신다. 그것이 바로 부활에 이르
는 통로다. 예수의 속죄 의미에 익숙한 독자들에게 대속 행위는 목자가 자
기 양들을 위하여 죽는다는 것과 결부될 수도 있겠지만, 여기서는 그것이
분명히 드러나지 않는다.

② *ὑπέρ*(위하여) 어구와 연결된 그 밖의 구절들

"온 민족이 멸망하는 것보다 한 사람이 백성을 위하여 죽는 것이 여러분
에게 더 낫다"(요한 11,50)라는 대사제 카야파의 조언을 이 복음서 저자는 이
렇게 설명한다. "이 말은 카야파가 자기 생각으로 한 것이 아니라, 그해의
대사제로서 예언한 셈이다. 곧 예수님께서 민족을 위하여 돌아가시리라는

---

¹²⁸ 참조: Loader, *Christology* [각주 1] 92-102.

것과, 이민족만이 아니라 흩어져 있는 하느님의 자녀들을 하나로 모으시려고 돌아가시리라는 것이다"(요한 11,51-52). 대사제의 조언은 현세적·정치적 고려에서 나온 것이다. '백성을 위하여'(여기서는 $\lambda\alpha\acute{o}\varsigma$) 죽는다는 표현이 하느님 백성을 위한 예수의 속죄의 죽음을 의미할 필요도 없고, 그것이 이 복음서 저자의 의도라고 볼 수도 없다. 오히려 저자는 여기서 다른 민족 사람들의 입교로 성장한 새로운 계약(신약성경)의 백성을 언급하고 있다.[129] 이 언급에 ('세상'이 아니라) 하느님 백성을 위한 속죄의 죽음 사상이 함의될 수도 있지만 반드시 그래야 하는 것은 아니다.

요한 복음 6장 51절을 더 엄밀히 검토하자. "내가 줄 빵은 세상에 생명을 주는 나의 살이다"라는 말씀이 단지, 하늘에서 내려온 빵이 세상에 생명을 준다는(요한 6,33) 것만 뜻한다면, 이는 (하느님의 빵에 관한 미드라쉬처럼) 생명의 선물을 주시겠다는 예수의 약속일 뿐이다. 그러나 이 말씀은 사람의 아들의 '살'과 연계되면서 성체적 뉘앙스를 띤다. '세상에 생명을 주는'이라는 어구도 이런 맥락에서 의미심장하다. 예수께서는 빵을 떼어 사도들에게 주시며 말씀하셨다. "이는 너희를 위하여 내어 주는 내 몸이다"(루카 22,19; 참조: 1코린 11,24). 여기서 대속 사상이 감지된다. 예수께서는 당신의 죽음으로 그들이 구원받도록 자신을 바치려는 것이다. 이 점, 다음 절에서 더 뚜렷해진다. "이 잔은 너희를 위하여 흘리는 내 피로 맺는 새 계약이다"(루카 22,20). "이는 많은 사람을 위하여 흘리는 내 계약의 피다"(마르 14,24). 6장 51절이 성체와 관련된다면, 예수의 살은 세상에 생명을 주기 위한 속죄의 방편이 되고, 이 생명은 예수의 속죄 죽음을 통해 얻어진다.

땅에 떨어져 많은 열매를 맺게 될 밀알(요한 12,24)도 '많은 사람을 위한' 예수의 죽음을 시사한다. 요한은 사람들을 위하여 목숨을 바친다는 개념

---

[129] E.M. BOISMARD, *RB* 60 (1953)는 이 표현을 복음서 저자 자신의 것으로 보았다. 이로써 복음서 저자는 구원하시고 속죄하시는 그리스도 죽음의 신학 전체를 표현하려 했다지만, 굳이 그럴 필요는 없었다. 참조: S. PANCARO, "'People of God' in St. John's Gospel", *NTS* 16 (1969/70): 114-129, 특히 120-123.

을 받아들여 그것을 예수께 속하는 사람들에게 적용시킨다(요한 15,13 참조). 제자들의 발을 씻어 주는 장면이 상징하듯이(요한 13,6-8 참조), 예수의 죽음은 구원 사건에 관여한다. 예수께서 당신 사람들을 대신한다는 생각은 제자들을 위한 기도에도 나온다. "저는 이들을 위하여 저 자신을 거룩하게 합니다. 이들도 진리로 거룩해지게 하려는 것입니다"(요한 17,19). 제자들이 당신의 사업을 계속하려면 그들 자신도 거룩해져야 하는데, 예수께서는 이를 위해 중개자 역할을 수행하신다. 이 말씀을 ὑπέρ(위하여)와 연결시킨 것이 예수께서 죽음으로 당신을 바치심을 표현하기 위한 것임은 의심할 여지가 없다. 이는 칠십인역 성경에도 나오는 봉헌 전문 용어다(제물 축성: 탈출 13,2; 신명 15,19). 예수를 사제요 동시에 제물로 보는 그리스도교적 시각은 히브리서 9장 13절; 10장 4-14절; 13장 12절에서 전개된다. 여기서도 예수의 피로 깨끗해진 이들을 '거룩하게 되었다'(히브 2,11; 10,10.14.29)고 여긴다.[130] 히브리서의 이 구절들이 요한 복음서 본문과 종속 관계를 맺고 있다고 단정할 수는 없으나 그 배경을 같이한다는 것은 확실하다.

요한 복음 19장 36절에 나오는 파스카 양의 예형론도 대속 사상을 함의한다. 자기들이 찌른 이를 바라본다는 것은(요한 19,37), 사람들이 예수의 죽음을 파스카 양의 희생으로 보았기 때문에 그리했음을 전제한다. 여기서 예수의 죽음은 인간을 위한 희생 제물 역할을 한다. '하느님의 어린양'이 파스카 양에 투영된 것이라면(2.5.1 ② 참조) 속죄 개념이 배제될 수 없다.

이 모든 대목을 보건대, 다만 전면에 내세우지만 않았을 뿐, 제4복음서 저자는 예수의 죽음에 속죄의 의미가 있음을 적어도 알고 있었다는 것을 눈치챌 수 있다. 그는 이 속죄 개념을 전제하고 "기회가 있을 때마다 조명하면서 신앙고백적으로"[131] 활용하고 있다. 십자가 죽음에 대한 요한의 시각은, 예수께서 이 죽음으로 지상 과업을 완수하시고(요한 19,30) 이제 아버

---

[130] 참조: I. DE LA POTTERIE, "Consécration ou sanctification du Chrétien", in: E. CASTELLI (éd.) *Le Sacré* (Paris 1974) 333-349.

[131] LOADER, *Christology* [각주 1] 102.

지께 돌아가시는 것으로 절정에 이른다. 요한 복음서는 예수께서 백성의 죄를 속죄하기 위하여 죽으시는 것으로 묘사하지 않는다. 예수께서 아버지와 함께 계실 때 누리신 영광을 다시 차지하시고, 더 나아가 그 영광의 한몫을 차지하게 될 제자들에게 성령을 전하려 하신다는 것을, '영을 넘겨주셨다'(직역: 요한 19,30) ― '숨을 거두셨다'(의역) ― 라는 표현에서 엿볼 수 있다. 이런 관점에서 "목마르다"(요한 19,28)라는 예수의 말씀은 당신 교회에 성령을 전해 주시려는 간절한 소망 같기도 하거니와, 이 소망은 당신이 떠나시는 순간 실현되었다(요한 19,30).[132] 이것은 요한의 상징론에 따라 얼마든지 가능하지만 확실하지는 않은 상징적 · 신학적 해석일 뿐이다. 전반적으로, 예수의 속죄 죽음은 이 복음서 저자에 의해 수용은 되었으되 어디에도 상론되지는 않은 사상으로 머물러 있다. 그러한 한 '세상의 죄를 없애시는 하느님의 어린양'은 원시 그리스도교의 광범위한 시각 속에 편입된 하나의 축약적 상징 어구인 것이다.

2.6 선재하시며 사람이 되신 '말씀'

"말씀이 사람이 되시어 우리 가운데 사셨다"(요한 1,14). 이것이 요한 그리스도론의 핵심이다. 요한 복음서 '머리글'(요한 1,1-18)에서만 발견되는 신원 서술어 '말씀'(로고스)은 요한의 첫째 서간(1요한 1,1)에 '생명의 말씀'으로 새삼 등장한다. 요한 묵시록은 하느님을 거역하는 세력들을 물리친 종말론적 승리자를 '하느님의 말씀'(19,13)이라 부른다. 그러나 요한 복음서와 요한의 첫째 서간의 '말씀'은 예수의 지상 시기를 지향한다. '말씀'이 사람들 가운데 사셨으므로, 그분 생애의 증인들은 그분을 자기 눈으로 보고, 손으로 만지며 그분을 '생명의 말씀'으로 선포할 수 있었다. 이것은 종래의 모든

---

[132] E.C. HOSKYNS/F.N. DAVEY, The Fourth Gospel (London ²1947) 532; B. BAMPFYLDE, John XIX,28, NT 11 (1969); I. DE LA POTTERIE, "La sete di Gesu morente e l'interpretazione giovannea della sua morte in croce", in: La sapienza della Croce oggi 1 (Torino 1976) 33-49; J. BEUTLER, NTS 25 (1979) 54-56.

그리스도 신원 서술어, 즉 하느님의 아드님·사람의 아들·예언자·하느님의 어린양을 능가하며, 이로써 유일한 관점을 전개한다. '말씀'이 요한 복음서에 더는 언급되지 않지만 예수의 선재가 전제되어 있고, 1장 14절의 진술이 요한 그리스도론 전체의 요약으로 보이므로, '머리글'에 포함된 표현은 요한 복음서 전체를 되돌아보는 가운데, 어쩌면 독자들을 위한 '일러두기' 조로 생성된 것이 아닌가 추정된다.[133]

'말씀' 그리스도론에 더 가까이 다가가기 위해 '말씀' 개념, 선재 개념 그리고 '말씀'의 강생이라는 세 측면을 살피려 한다. 이 모든 측면이 1장 14절에 수용·결집되어 있다. '말씀' 개념은 머리글 전반부(요한 1,1-4.9-11)에 길게 설명되고, 선재 개념은 1장 15절에서 새삼 강조되며, '말씀'의 강생은 선재하시는 '말씀'의 지상 활동의 출발점으로 제시된다.

2.6.1 '말씀' 개념

'말씀' 개념에 관한 무수한 논문들은 견해가 다양하고 종교사적 배경도 상이하여 여기서 전부 고찰·평가할 수는 없다.[134] '말씀' 개념이 유다인들의 지혜/'말씀' 신학에 깊이 뿌리박고 있다는 사실을 확인하는 정도로 충분할 것이다. 그리스 철학(헤라클레이토스, 스토아 학파)의 로고스 개념이나 만다

---

[133] THEOBALD, *Fleischwerdung* [각주 1] 438-493.

[134] 참조: SCHNACKENBURG, *Johannesevangelium* 1 [각주 2] Exk., 257-269; R.E. BROWN, *The Gospel of John* 1 (New York 1966~1970) 519-524; H. HEGERMANN, *Die Vorstellung von Schöpfungsmittler im hellenistischen Judentum und im Urchristentum*, TuU 82 (Berlin 1961) 67-87; F.B. CRADDOCK, *The Pre-existence of Christ in the New Testament* (Nashville - New York 1968); B.L. MACK, *Logos und Sophia: Untersuchungen zur Weisheitstheologie im hellenistischen Judentum*, StUNT 10 (Göttingen 1973); D.H. DIX, "The Heavenly Wisdom and the Divine Logos in Jewish Apocalyptic", *JTS* 26 (1975) 1-12; R.G. HAMERTON-KELLY, *Pre-existence, Wisdom and the Son of Man* (Cambridge 1973); P. PERKINS, "Logos Christology in the Nag Hammadi Codices", *VC* 35 (1981) 379-396; J. PAINTER, "Christology of the Fourth Gospel: A Study of the Prologue", *ABR* 31 (1983) 45-63; G. NEYRAND, "Le sense de 'logos' dans le prologue de Jean: Un essai", *NRT* 106 (1984) 59-71; THEOBALD, *Fleischwerdung* [각주 1] 509f.

문헌die Mandäische Literatur, 솔로몬의 송가die Oden Salomos, 나그 함마디Nag Hammadi의 콥트어 영지주의계 문헌 등에 나타나는 신화적 사유들이 이 개념의 모태로 간주될 수는 없다. 요한의 말씀 개념은 하느님의 말씀/지혜에 관한 유다적 사유나 토라Torah에서 유래했다. 구약성경에 따르면 하느님의 말씀에는 창조의 힘이 있다. "주님의 말씀으로 하늘이, 그분의 입김으로 그 모든 군대가 만들어졌네"(시편 33,6). "조상들의 하느님, 자비의 주님! 당신께서는 만물을 당신의 말씀으로 만드셨습니다"(지혜 9,1; 참조: 시편 147,15-18; 148,5; 이사 48,3; 55,11; 집회 42,15; 43,9-10). 요한 복음서의 '말씀'도 바로 이 점을 말하고 있다. "모든 것이 그분을 통하여 생겨났고, 그분 없이 생겨난 것은 하나도 없다"(요한 1,3). 이것이 창조 이야기, 특히 "한처음에"(창세 1,1)라는 표현에서 영감을 받았음은 의심의 여지가 없다. 하느님께서 말씀하시면, 말씀하신 것은 늘 그대로 이루어진다. 그러나 요한 복음서 '머리글'이 구약성경을 어떻게 넘어서는지 보자. 첫째, 동사 '말하다' 대신 명사 '말씀'을 쓴다. 둘째, '주님의 말씀' 혹은 '하느님의 말씀'이 아니라 오직 '말씀'만 거론한다. 셋째, 하느님과 관련되는 다른 진술이 '말씀'에 추가된다: "말씀은 하느님과 함께 계셨는데 말씀은 하느님이셨다"(요한 1,1).

이 진술을 "그분 안에 생명이 있었으니, 그 생명은 사람들의 빛이었다"(요한 1,4)와 함께 고려하면, '하느님 말씀 신학' Wort-Gottes-Theologie만 가지고는 안 되고, 여기에 지혜문학적 사유를 더해서 읽어야 비로소 이해가 된다. 지혜문학에서 지혜는 의인화된 모습으로, 가령 천지창조의 관조자요 동참자(잠언 8,27-30; 지혜 9,9)며 조언자(지혜 8,4)요 예술가(지혜 8,6)로, 심지어 창조자(지혜 7,12; 참조: 잠언 3,19; 집회 24,3)로까지 묘사된다. 지혜는 하느님과 동등하지는 않으나 하느님 안에 가득 차 있으면서 그분을 움직이는 힘이었고, 하느님께서도 이 지혜로 만물을 창조하셨다. 지혜문학적 배경에서 말씀은 만물의 창조자요 인간에게 생명과 빛이다(요한 1,4). 지혜서 9장 1-2절은 하느님께서 만물을 당신 말씀으로 만드시고 인간을 당신 지혜로 빚으셨다고 한다. 지혜는 "대대로 거룩한 영혼들 안으로 들어가 그들을 하느님의 벗과 예언자로 만든다"(지혜 7,27). 지혜는 사람들 속에서 작용하여 영적·신적 생명을 중개하는 힘이다. "지혜는 사람들에게 한량없는 보물, 지혜를 얻은 이들은 … 하느님의 벗이 된다"(지혜 7,14).

바른 길과 덕을 가르쳐 주기 때문에(지혜 8,7), 지혜는 하느님의 법인 토라와 자매 격이다. 시리아어 바룩 묵시록(2 Bar) 54장 12-14절에는 생명과 빛, 지성, 지혜, 율법이 밀접히 연관되어 있다. 시편 119에는 '하느님 말씀'과 '율법'이 동의어로 등장한다. 바룩서에서는 '사람들과 어울리게 되었던'(3,37-38) 슬기(지혜)가 율법으로 해석된다. "슬기는 하느님의 명령과 길이 남을 율법을 기록한 책이다. 슬기를 붙드는 이는 살고 그것을 버리는 자는 죽는다"(바룩 4,1). 잠언 8장 32-36절, 지혜서 6장 18절, 집회서 24장 23-24절에서 계명 준수도 유사한 평가를 받는다. 지혜론에서 토라론Toralogie으로의 발전 과정은 특히 라삐 전통에서 관찰된다. '말씀'에 관한 요한 복음서 머리글의 진술과 토라에 관한 진술이 유사하다. 토라는 신적 말씀이 지닌 구원 기능을 넘겨받는다.[135] 그렇다고 요한 복음 1장 17절의 유다적 '말씀'이 토라를 대신한다고 말할 수는 없다. 오히려 유다교에서 토라가 수행하던 구원 기능을 넘겨받았다고 보아야 할 것이다.

유다인 종교철학자 알렉산드리아의 필론Philo von Alexandrien(†45/50)은 철학적 사고에서 성경적 하느님 말씀 신학과 지혜 신학으로 넘어가는 다리를 놓았다. 그의 수많은 논고에는 의미심장한 표현 '로고스'가 자주 등장한다. 철학적으로는 플라톤과 스토아 학파로부터, 종교적으로는 선조들의 신앙으로부터 많은 영향을 받은 그는, 이 둘을 결합하는 데 진력했다. 그는 자신의 로고스 이론으로 순수한 영적 하느님과 물질세계의 간극을 메우려 했을 뿐 아니라, 하느님께서 영혼 안에 거하시며 활동하심을 설명하려 했다.[136] 하느님께서는 창조 이전에 이미 당신 영 안에서 영적 우주를

---

[135] P. BILLERBECK, *Kommentar zum NT aus Talmud und Midrasch* (München 1928) 2: 353-358; 3:129ff.

[136] Philo, *Opif.* 146; *Poster.* 122: *Immut.* 134; *Somn.* II, 249 u.a.

구상하셨다. 이것이 곧 당신의 로고스(말씀)다.[137] 하느님은 모든 존재의 원인이고 로고스는 당신의 도구다.[138] 이 로고스에 신적 속성이 부여되었다. 따라서 로고스는 '하느님의 맏아들', '하느님의 모상', '제2의 하느님'이다. 이분이 인류 구원 활동에 관여하신다. 신적 로고스는 현자의 영혼을 감도하시고, 어떤 도시에 살듯 그 영혼 안에 거하며 활동하신다. 영혼에 생기를 불어넣고, 마치 신성한 음료 담당관처럼 영혼을 행복하게 한다.[139] 또한 하느님과 신비적 합일을 이루어 주는 중개자이자 스승이다.[140] 요한 복음서 머리글의 진술들과 필론의 본문들을 비교하면 그러하다.[141] 물론 필론의 본문은 그 명확성과 함축성에서 요한 복음서 '머리글'에 미치지 못한다. 요한의 '머리글'은 말씀(로고스)을 예수 그리스도 안에서 사람이 되신 신적 인격으로 분명히 밝힌다. 필론과 요한 둘 다 하느님의 말씀 또는 지혜를 사상의 출발점으로 삼지만, 신적 로고스 개념을 서로 다른 방식으로 발전시켰다. 필론은 이 개념을 우주론과 인간론의 철학적 단초로부터 전개한 데 반해, 요한은 자신의 그리스도 신앙에서 전개했다. 요한은 "필론의 사상과 마찬가지로 헬레니즘·유다 사상에 힘입어 적절한 그리스적 표현을 발견했다".[142] 요한은 필론에 직접 의존하지는 않으나 필론과 동일한 헬레니즘·유다 정신세계에 뿌리내리고 있다.

요한의 '말씀'을 이해하는 데 가장 도움 되는 것이 하느님 말씀 신학, 지혜 신학 그리고 유다인의 토라 해석이다. 그러나 유다교에서는 단계적으로 발전된 사상이 요한의 '머리글'에서는 밀도 있는 진술로 압축된다. 출발

---

[137] Philo, *Opif.* 17, 24.   [138] Philo, *Cher.* 127.

[139] 참조: Philo, *Poster.* 128; *Somn.* II, 247ff.

[140] 참조: E. BRÉHIER, *Les idées philosophiques et religieuses de Philon d'Alexandrie* (Paris ³1950) 101-107.230-237; E.R. GOODENOUGH, *By Light Light* (New Haven 1938) 235-264; W. VÖLKER, *Fortschritt und Vollendung bei Philo von Alexandrien* (Leipzig 1938) 158-198.

[141] 참조: C.H. DODD, *Interpretation of the Fourth Gospel* [각주 80] 276f.

[142] DODD, *Interpretation of the Fourth Gospel* [각주 80] 278.

점은 창조 이야기다. '말씀'은 창조력을 지닌 중개자($\delta\iota\acute{a}!$)로 활동하셨다. 그런 다음 시선은 인간세계로 향한다. 모든 것을 비추고 생기를 불어넣어 행복하게 하는 지혜처럼, '말씀'은 인간세계의 생명과 빛이었다. 그러나 인간은 이 '말씀'을 외면했다. 도저히 이해할 수 없는 일이다. 끝으로 모든 것을 뛰어넘는 사건, '말씀'의 강생을 서술한다. '말씀'이 사람이 되시어 사람들 가운데 사셨다. 이로써 마침내 인간에게 하느님의 계시가 이루어졌고 생명에 이르는 길이 열렸다(요한 1,18).

2.6.2 선재 개념

요한의 '말씀'은 천지창조 때 하느님과 함께 계신 창조의 중개자였다(요한 1,1-3). '말씀'은 이미 세례자 요한이 태어나기 전부터 참된 선재를 누리고 계셨다. 이 확신은 이 복음서의 다른 곳에도 나타난다. 사람의 아들은 전에 계시던 곳으로 올라가신다(요한 6,62). 요한의 그리스도께서는 아브라함이 태어나기 전부터 계셨다. 그리스도께서는 과거와 현재를 통틀어 이렇게 천명하신다. "나는 아브라함이 태어나기 전부터 있었다"(요한 8,58). 아버지께 바치는 기도 중에는 세상이 생기기 전부터 아버지 곁에서 누리시던 영광에 대해 분명히 표명하신다(요한 17,5.24). 이 밖에도 그분의 선재를 전제하는 대목이 여러 곳에 나온다.[143] 아버지로부터 보내심 받으셨다는 것, 혹은 아버지로부터 오셨다는 것, 아버지께서 당신에게 전하라고 명하신 말씀을 전하신다는 것, 당신 자신을 하늘에서 내려온 생명의 빵으로 내주신다는 것, 이 세상에 나타나셨다는 것 등이다. 그분이 '위에서 오신 분'(요한 3,31-32; 8,23)이라는 것을 아버지와 함께 선재해 계셨다는 뜻으로 알아듣지 못하는 한, 이 모든 것은 전혀 이해될 수 없다. 이 선재 사상이 요한 그리스도론의 본질이다. '말씀'의 강생(요한 1,14)이란 선재하시던 '말씀'이 사람이 되셨다는 뜻이다.

---

[143] 요한 6,33.50-51.58; 7,28-29; 8,14.23.26.42; 10,36; 16,28.

그렇다면 이 선재 개념은 어디서 왔을까? 하늘에서 온 예수의 계시 내용을 설명하기 위한 요한의 그리스도론에서만 생겨난 것일까, 아니면 다른 어떤 사상적 배경도 있는가? 종교사적으로는 이 선재 개념의 기원을 유다적 전제나 영지주의적 신화에서 도출하려는 시도가 있었다. 유다교에 여러 단초가 있는데, 특정 신학 체계의 선재설이 그러했다. 토라, 속죄, 간 에덴der Gan Eden, 게헨나der Gehinnon, 영광의 어좌, 성소das Heiligtum, 메시아의 이름 등과 같은 것들이 천지창조 이전에 이미 존재했다고 한다.[144] 이 모든 것이 하느님의 생각 속에 이미 있었고, 하느님께서는 이 모든 것을 이미 당신 계획 속에 확정지어 놓으셨다는 것이다. 그러나 이것은 사람들이 천지창조 이전 시기의 것으로 여겼던 관념적 선재였다.

또 다른 노선은 선재 개념의 종말론 기원설이다. 장차 올 세상의 좋은 것들은 이미 마련되어 있다는 것이다. 에즈라 4서 8장 52-53절은 이렇게 말한다. "너희에게 낙원은 열려 있고, 생명의 나무가 심어져 있으며, 미래의 세상이 마련되어 있고, 행복이 이미 준비되어 있다. …" 장차 누릴 구원의 선재를 염두에 둔 말이다. 구원의 인도자 또는 '메시아의 이름'의 선재도 이와 맥을 같이한다. 그의 실제적 선재가 에티오피아 에녹서의 회화적 서술 속에는 '사람의 아들'로 더 분명하게 언급되어 있다.[145]

영지주의적 선재 개념은 전혀 다르게 형성되었다. 영지주의는 인간의 본질과 기원을 신화적 언어로 설명한다. 인간 영적 본질의 기원과 본향은 영원하고 고결하고 순수한 영적 존재 속에 있었다. 모든 영혼은 이런 선재를 지니므로, 자신을 깨닫고 자기만의 본질적 실존을 되찾을 때 본향으로 돌아가게 된다. 바로 여기서 요한의 선재 개념과 영지주의적 선재 개념의 차별성이 극명하게 드러난다. 요한에게는 모든 영혼의 선재나 자아 인식을 통한 천상적 존재 방식으로의 회귀가 없기 때문이다. 위경 토마스 복음

---

[144] 참조: SCHNACKENBURG, *Johannesevangelium* 1 [각주 2] 291f.

[145] äthHen 39,7-8; 48,3.6; 52,9; 62,7.

서에 이런 문구가 있다. "예수께서 말씀하셨다. 태어나기 전부터 있었던 사람은 행복하다"(『어록』 19). 그렇다면 이것은 영혼이 자기의 천상 고향을 기억한다는 신화적 사고를 받아들인 것에 지나지 않는다. 이 영혼은 천상 고향이 그리워 그곳에 돌아가려 새삼 애쓰고 있다는 것이다.

따라서 요한의 선재 개념의 기원은 유다적 영역에서 찾아야 한다. 여기에는 '사람의 아들'이 어떤 역할을 했을 법하다(제5장 2.3 참조). 이분은 하늘에서 내려와서 다시 그곳으로 올라가시기 때문이다. 그렇다면 지혜 신학은 묵시문학 전승에서 유래하는 사람의 아들과 연관되었을 수도 있다.[146] 에티오피아 에녹서에는 사람의 아들이 실제로 영들의 주님 앞에 거명된다. 사람의 아들은 세상이 창조되기 전에 선택되셨고 주님 앞에 숨겨져 있었다. "그리고 영들의 주님의 지혜가 그분을 성인들과 의인들에게 계시하였다"(48,1-7). 진리의 영이 그분 안에 거하신다(49,3). 사람의 아들과 지혜는 이렇게 서로 연관된다. 둘 다 선재하고 이 선재 속에 서로 연관되어 있었다. 이 지혜의 개념이 사람의 아들에게 전이되었을 것이다.

지혜 문학 문헌들은 선재 개념에 관해 중요한 근거를 제공한다. 지혜 문학은 '지혜 신화'를 수용했다. 이 신화는 지혜를 인격체로 대하면서, 이 지혜가 세상이 생기기 전에 이미 하느님과 함께 있던 영원한 존재였고 창조 때 큰 역할을 했다고 말한다.[147] 집회서 24장에 수록된 '지혜의 찬미'는 이 신화의 배경에서 이해되어야 한다. 지혜는 "지극히 높으신 분의 입에서 나와 안개처럼 땅을 덮었다"(집회 24,3). "한처음 세기가 시작하기 전에 그분(하느님)께서 나(지혜)를 창조하셨고 나는 영원에 이르기까지 사라지지 않으리라"(집회 24,9). 지혜는 지극히 높으신 하느님의 계약의 글인 율법과 동일시된다(집회 24,23-27). 여기서 말하는 것은 지혜의 실제적 인격화도, 하느님 '밖에' 존재하는 현실적 선재도 아니다. 그럼에도 그것은 '관념적' 선재 이

---

[146] 참조: HAMERTON-KELLY, *Pre-existence* [각주 134] 224-242.

[147] 참조: U. WILCKENS, "Sophia", *ThWNT* 7, 508-510.

상의 것이다. 하느님께서는 이 지혜/토라를 창조의 도구로 사용하시고 설계 도면으로 활용하셨다. 그리고 이 지혜를 지상에 내려 보내시어 사람들에게 향기를 풍기게 하시고 열매를 맺게 하셨다(집회 24,13-19).

선재 개념의 발전 과정을 정리하면 이렇다: 우선 선재하다가 지상에 내려왔다는 지혜의 개념은 지혜에 관한 사유에서 떠올랐다. 그다음 이 지혜는 하느님의 말씀과 토라와 결합했다. 그리고 마침내 '사람의 아들'에서 우리가 구체적으로 감지할 수 있는 모습이 되었다. 이분은 하느님과 함께 계시는 분이고, 민족들의 빛이 되신 분이며, 억눌린 사람들에게 희망이 되신 분이다(에티 에녹 48,4). 여기서 "'사람의 아들' 개념은 요한 복음서 **머리글**의 '말씀' 개념과 유사하게 사용되었다. 이 '머리글'이 요한 복음서 맨 앞에 배치된 데는 나름의 내적 이유가 있었을 것이다."[148]

2.6.3 말씀의 강생

"말씀이 사람이 되시어 우리 가운데 사셨다"(요한 1,14). 이 진술로써 요한은 세상 사람들 속에서 살며 활동하는 어떤 선재적 · 영적 능력에 관한 사고를 뛰어넘었다. 당시 사람들은 이 능력을 지혜, 말씀, 하느님의 율법이라 불렀다. 요한이 그 시대의 사고를 뛰어넘었다는 것은, '사람(살)이 되셨다'는 이 강한 표현이 살과 피로 이루어진 참인간 예수 그리스도를 의미한다는 데 의심의 여지가 없기 때문이다. 이분은 역사 속에, 사람들 가운데 나타나시어 그들에게 하느님 지혜를 샘솟게 하시고, 말씀의 빛을 비추셨으며, 아버지의 외아드님이 누리는 영광을 드러내셨다. 여기서(요한 1,14) '말씀'을 새삼 분명하게 거론하고 요한 복음 1장 1절과 연관짓는 것은, 말씀의 창조 활동에서 출발하여 사람들 가운데서 활동하시고 말씀 신비의 절정으로 사람이 되셨다는 사실을 모두 함축해서 표현하고자 하는 것이다. 요한 복음서 머리글에 말씀이 '계셨다', '… 이었다'(요한 1,4.9.10)라고 수

---

[148] C. COLPE, *ThWNT* 8, 474, 11ff.

차 언급한 다음, 1장 14절에서 마침내 이 신적 말씀이 사람이 '되셨다'ἐγέ-νετο라고 표현한다. 이 '되셨다'는 창조 행위를 통해 생겨나는 것(요한 1,3.10)과 다르다. 이 근본 진술은 말씀이 육(살)으로 변하셨다는 뜻이 아니다. 말씀은 '우리 가운데 사셨다'라는 그다음 진술의 주체이며, 믿는 사람들에게 (육으로서) 당신의 신적 영광을 드러내셨기 때문이다. 또한 이 진술은 말씀이 육이라는 옷을 입고 나타나셨다는 뜻도 아니다. 이 해석에는 동사 '되셨다'의 의미가 충분히 고려되지 않았다. '되셨다'는 것은 말씀의 존재 양식에 변화가 생겼음을 의미한다. 그 전에는 말씀이 '하느님과 함께' 계셨는데(요한 1,1), 이제는 사람들 가운데, 그것도 사람의 모습으로, 온전한 '육적 실제성'을 지닌 사람으로 살게 되셨다는 것이다. 말씀이 '사람이 되셨다'는 것은 하나의 전환점이고, 인간에게 궁극의 구원 가능성을 여는 것이다. 교부 히에로니무스Hieronymus는 "말씀이 사람이 되셨다. … 그러나 그 전에 존재하시던 대로 존재하심을 그치는 것은 아니다"라고 했다.[149]

그렇다면 '말씀 찬가'(로고스 찬가) 원문은 왜 그냥 '사람이 되셨다'(Mensch-Werden)고 하지 않고, '육sarks이 되셨다'(Fleisch-Werden)고 하는 걸까?(한국 천주교 주교회의 간행 『성경』은 '사람'으로 번역 — 역자). '육'이 단독으로 쓰일 때는 단순히 '사람'의 다른 표현이 아니라(육 = 사람인 요한 17,2에서처럼), 요한적 사고로는 지상에 매인 존재, 허약하고 무상한 존재(요한 6,63), 말하자면 인간 존재 양식의 전형을 표현한다. 이는 모든 천상적·신적·영적 존재와 대비된다. 그러나 이 개념에 죄악에 경도되고 사로잡힌 육의 요소(1요한 2,16)는 들어 있지 않다. 요한에게 육의 모습을 지닌 그리스도는 사도 바오로가 말하는 바와 같은(로마 8,3 참조) 그런 아담Adam적 인류의 대표가 아니고, 지상에 얽매인 인류를 생명과 영광의 천상세계로 인도하시는 구원자다.

'말씀이 육이 되셨다'는 이 진술은 엄청난 역설을 내포한다. 지금까지 '말씀'은 하느님과 결합되어 계신 영적 존재로 서술되어 왔기 때문이다.

---

[149] HIERONYMUS, *Adversus Jovinianum* 2, 29 (PL 23, 326).

창조 때 활동한 것은 그분의 창조적 힘이었고, 인류를 위해 행하신 것은 생명과 빛이었다. 그런데 이제 와서 요한 복음서 '머리글'의 저자는 이 '말씀'을 무력하고 나약한 인간으로 묘사한다. 그럼에도 '말씀'에는 구원의 힘이 있다. 육의 허약과 영의 능력이 역설적으로 결합되어 있다. 사고의 이러한 전개는 요한 복음서 '머리글'의 구원사적 구조로 설명된다. 세상은 '말씀'으로 창조되었고 '말씀'의 것이지만, 막상 '말씀'이 세상에 오시니 사람들은 그분을 받아들이지 않았다. '말씀'은 사람들에게 생명과 빛을 가져다주려 하셨지만, 그들은 그분을 거부했다. 이제 하느님께서는 인간을 죽음의 흑암에서 해방시켜 신적 세계의 영광으로 인도하기 위한 마지막 기회를 마련하신다. 그것은 당신 아드님을 육의 형태로 세상에 보내시어, 그분의 '말씀'으로 하여금 사람들 가운데 살게 하시는 것이다. 그리스도교 복음이란 사람들이 '말씀'을 배척해도(요한 1,10-11), '말씀'은 새롭고 특별한 방식으로 사람들 가운데 사셨다(직역: 천막을 치셨다)는 것이다. '천막을 치다'라는 말은 하느님께서 이스라엘 한가운데 당신의 항구한 거처를 마련하셨던 것을, 무엇보다 성막에 거하셨던 것을 상기시킨다. 탈출기 40장 34-35절에는 이렇게 기록되어 있다. "구름이 만남의 천막을 덮고 주님의 영광이 성막에 가득 찼다." 성막 속 계약의 궤는 야훼의 옥좌로 여겨졌다. 하느님께서 당신 백성 한가운데 사셨다는 것이 이제 사람이 되신 '말씀'께 그대로 전이되었다. 물론 이 하느님 현존의 축복은 믿는 사람들만 체험한다. 이들은 강생하신 '말씀'의 영광을 목격한 사람들의 증언을 통해(요한 1,14) 그분의 은총을 넘치도록 받았다. 믿음의 공동체는 감사하는 마음을 이렇게 고백한다. "그분의 충만함에서 우리 모두 은총에 은총을 받았다"(요한 1,16).

'육'이라는 표현이 십자가 위에서 피 흘리며 돌아가실 예수를 전망하는 것은 아닌가? 생명의 빵에 관한 담화에서 예수께서는 당신이 주실 빵은 "세상에 생명을 주는 나의 살이다"(요한 6,51)라고 확언하셨다. '말씀'의 강생 때 입으신 이 살은 피 흐르는 십자가 죽음의 전제다(요한 19,34 참조). 요한의 첫째 서간은 이단자들을 거슬러 그리스도 신앙을 힘차게 고백한다. "예

수 그리스도께서 사람의 몸으로 오셨다"(1요한 4,2; 참조: 2요한 7). 이로써 정
통 신앙고백의 핵인 예수의 십자가 죽음과 연결 고리가 생기는 듯하다(1요
한 5,6 참조). 예수 그리스도를 (세례의) 물로 오신 분으로만 인정하고, (십자
가의) 피를 통해서 오신 분으로 고백하지 않는 사람은 완전한 그리스도 신
앙고백을 하지 못한다. 그리스도 신앙고백에는 예수의 속죄 죽음이 포함
되기 때문이다(참조: 1요한 2,2; 4,10). 그러나 여기서 사람이 되신 '말씀'의 육
을 "세상에 생명을 주는"(요한 6,51) 당신의 육과 직접 연결짓지는 않고, 십
자가에 못 박히신 예수의 몸이 구원의 샘이라는 것을 암시할 뿐이다(참조:
요한 7,38; 19,34; 20,20.25). 믿는 사람들은 강생하신 '말씀'의 육에서 그분의 영
광, 아버지의 외아드님의 영광을 본다(요한 1,14). 이 구절이 십자가 위에 피
를 흘리시는 예수의 육을 시사하는지는 확실하지 않다. '육'의 개념은 그리
스도론적 신앙고백 전승에서 유래했을 수도 있다.[150]

요한의 첫째 서간은 영지주의적 그리스도론의 이단을 배격한다. 이것과
관련해서 요한 복음서 '머리글'은 '말씀'이 사람이 되셨다고 거칠게 표현함
으로써 족히 반가현론反假現論(Antidoketismus)적 경향을 드러낸다.[151] '머리
글' 저자가 요한 공동체 내의 논쟁을 회고했다면, '말씀'이 사람으로 오셨
다는 이 표현을 이단 반박용으로 강조할 만하다. 그러나 이단자들이 어느
정도까지 영지주의자나 가현론자들이었는지는 불명확하다.[152] 골수 영지
주의에서 적대 노선을 발견할 수 없는 경우라 할지라도, '사람으로 오셨
음'을 특히 강조하는 것은 '머리글'의 저자가 '육'에 강조점을 두었다는 신
호다. '말씀'의 작용에 대한 다른 해석은 아마 반박되었을 것이다.

---

[150] THEOBALD, *Fleischwerdung* [각주 1] 248, Anm. 194.

[151] 참조: M. SCHNELLE, *Antidoketische Christologie im Johannesevangelium: Eine Unter-suchung zur Stellung des vierten Evangeliums in der Johanneischen Schule*, FRLANT 144 (Göttingen 1987). 요한 복음서 앞에 요한의 첫째 서간을 배치한 SCHNELLE의 순서는 의아하지만(65-75), 강생에 관한 진술이 반가현론적이라는 점은 확실히 입증되어 있다(231-246).

[152] 참조: H.-J. KLAUCK, *Der erste Johannesbrief*, EKK 23/1 (Zürich - Neukirchen 1991) 34-42.

'말씀이 사람이 되셨다'(요한 1,14)는 이 역설적 진술은 신학적 파급 효과가 크다. 예수 그리스도와 관련해서는 천상적·신적 영역에 자리를 튼 이분의 신적 기원뿐 아니라, 사람들 가운데서 활동하시고 그들을 위해 희생하시는 이분의 인간적 현실을 표현한다. 이분은 많은 이들의 몸값으로 당신 목숨을 바치러 오신 사람의 아들이다(마르 10,45). 요한 식으로 표현하면, 이분은 "세상의 죄를 없애시는 하느님의 어린양이시다"(요한 1,29). 공관복음서에서 지존의 신원 서술어(하느님의 아드님, 사람의 아들, 메시아 등)로 표현되거나, 군중·병자·고통받는 이·죄인들을 만난 이야기를 통해 묘사되던 것들이, 사람이 되신 말씀에 관한 요한의 요약에서 역설적으로 종합된다. 예수의 지상 생애에서 그분 신성神性의 비밀, '메시아'의 비밀이 공관복음서에서는 암암리에, 베일에 덮여 계시되지만, 요한 복음서에서 그것은 예수의 신성이 그분의 선재에서 연역되는 새로운 단초가 된다. 이제 '육'을 입음으로써 인성이 부각되었다면, 그것은 신성과 인성을 예수라는 하나의 인격 안에 통합시키려는 시도를 드러낸 것이다. 교부들은 하느님이자 사람이신 예수의 '두 본성'이 이로써 입증되었다고 믿었다. 그러나 이런 철학적 개념들은 요한과 거리가 멀다. 칼케돈 공의회의 신경信經은 그리스도의 두 본성이, 하느님의 '외아들이며 신적 말씀이신 우리 주 예수 그리스도'의 인격 안에 '혼합되거나 변화되지 않고 분리되거나 나누어질 수 없이' 통합되어 있다고 천명했다.[153] 합리적인 해법은 아니라 할지라도, 이것은 요한의 진술에 담긴 역설을 깨닫게 한다.

한편, '말씀이 사람이 되셨다'는 이 극도로 첨예한 진술에는 장점도 있다. 모든 신화적 사고를 거부하기 때문이다. 신화적 사고란 어떤 신적 존재의 강림을 이야기하면서, 이것을 하나의 영적 과정으로 파악한다. 이 과정을 통해 인간의 본질 인식이 충족되어야 한다. '말씀이 사람이 되셨다'는 것과 비견할 만한 요소가 영지주의에는 없다. 말씀의 강생에는 "그리스도

---

[153] DENZINGER-SCHÖNMETZER, *Enchiridion Symbolorum* (Barcelona - Freiburg i.Br. -Roma [36]1976) Nr. 302.

사건에 감명을 받아 이제는 퇴락한 표상들을 계속 발전시켜 나갈 용기, 역설이 빚어내는 결과를 두려워하지 않는 용기가 드러난다. 말씀의 강생과 사람의 아들의 지상 활동은 인간이 구원받느냐 배척받느냐를 결정하는 새로운 사실의 표명이다".[154]

이 사건의 역설은 요한의 그리스도론이 자아내는 몇 가지 긴장을 설명한다. 하느님의 아드님은 아버지와 가장 긴밀히 결합되어 그분과 동등한 위치를 점하시지만, 아버지의 뜻을 받들어 죽기까지 순종하신다. 한처음에 하느님과 함께 계신 말씀이셨고 본성상 하느님이셨으므로(요한 1,1), 그분은 아버지 안에 계시고 아버지께서도 그분 안에 계시다(요한 14,10-11). 그러나 그분은 '사람'이 되셨고, 하느님으로부터 사람으로 세상에 보냄받으셨기 때문에, 이런 관점에서는 하느님에게 종속된 분이다. 그래서 예수께서는 '아버지께서 나보다 위대하시다'(요한 14,28)라고 말씀하시고, 아버지께서 당신에게 명령하신 대로 하시는 것이다(요한 14,31). 반대로, 참담한 예수의 십자가 사건은 그분이 가시는 인간적 길에서 최악의 밑바닥이 아니라, 오히려 높이 들어 올림 받으시고 영광스럽게 되시는 사건으로 이해된다. 종속 그리스도론die subordinatianische Christologie은 예수와 아버지가 하나이기 때문에 아버지께서 하시는 것을 아들도 그대로 하신다(요한 5,19)는 사실로 보완된다. 신적 말씀에 관한 진술에서 출발하면, 이 점은 예수의 지상 활동 속에서도 견지되고, '말씀이 사람이 되셨다'는 사실에서 출발하면, 지상 예수의 지난至難한 실존이 십자가 사건 속에서 드러나게 된다. 이 역설이 신적 말씀의 강생에 내재한다.

예수의 '때'에, 거양과 현양의 특별한 결합도 강생에 근거한다. 그것은 죽음의 때일 수도, 영광의 때일 수도 있다. 위에서, 곧 천상세계에서 오신 (참조: 요한 18,37; 19,9) 예수의 지존성은 재판을 받으실 때나 십자가를 향해 가실 때 드러난다. 그러나 그분은 빌라도 앞에 선 가련한 인간이셨고(요한

---

[154] C. Colpe, *ThWNT* 8, 474, 30-35.

19,5), 창으로 옆구리를 찔리실 분이셨다(요한 19,34). 이 역설은 점점 더 심해져, 다른 곳이 아니라 바로 죽임을 당하신 그분의 몸에서 인류를 구원할 '피와 물'이 흘러나왔고(요한 19,34), 그분을 찌른 자들이 이 모습을 바라보게 될 것이었다(요한 19,37).

몸과 관련해서 예수 부활에는 두 측면이 있다. 하나는 시신이고, 또 하나는 영광스럽게 되신 몸이다. 예수의 시신은 무덤에 안장된다. 마리아 막달레나는 무덤에서 예수의 시신이 사라진 것을 보고 울었다(요한 20,13). 그러나 시야에서 사라지셨던 예수께서 그 여인에게 나타나, 당신이 살아 계심을 보여 주시고 아버지께 다시 올라가야 한다는 것도 알려 주셨다(요한 20,16-17). 통곡과 수모의 장소였던 예수의 무덤은 이제 새로운 영광의 장소가 되었다(요한 19,38-42). 사람이 되신 분께서 비천함으로부터 부활의 영광으로 변모하시는 전환점이 도처에서 나타난다. 아직도 십자가의 상흔이 남은, 부활하신 예수의 몸(요한 20,20.27)은 제자들이 받을 성령의 샘이 된다(요한 20,22; 참조: 7,39). 성령은 제자들에게 흘러넘치게 내려오실 것이다.

요한의 그리스도론에 내재된 이 모든 긴장, 이 모든 난제는 말씀의 강생에서 궁극적 설명을 발견한다. 이는 선재하시는 아드님의 지상 강림에 대한 "요한의 모험적 종합"[155]이었다. 요한은 이 강생을 시발점으로 예수 그리스도의 모습을 구상하고 그에 따라 완성시켰다. 그는 인간 예수가 아니라, 신적 말씀에서 출발했다. 이 '말씀'이 살과 피를 지닌 사람이 되셨다. 이런 입장에서 그는 예수의 신성과 인성을 정당화한다. 마침내 그는 우리를 하느님의 신비로 인도한다. "아무도 하느님을 본 적이 없다. 아버지와 가장 가까우신 외아드님, 하느님이신 그분께서 알려 주셨다"(요한 1,18).

---

[155] KUSCHEL, *Geboren vor aller Zeit?* [각주 1] 468-475. 말씀의 강생에 관한 KUSCHEL의 견해는 다소 미흡하다.

6

네 형태의 복음서

그리스도 증언의 다양성과 단일성

네 복음서에 나타난 예수 그리스도의 모습을 돌이켜 보면, 저자들은 각자가 활용한 전승에 따라 예수 모습을 구상하고, 이를 각자의 의도에 따라 묘사했음을 확인할 수 있다. 그러나 그들이 증거하는 신앙을 깊이 들여다보면, 마음속 깊이 자리한 근본은 다 같다는 사실도 알게 된다. 이 장에서는 다음 두 주제를 특별히 검토하려 한다: 하나는 시간과 환경이 변함에 따라 다른 모습으로 소개되는 나자렛 예수의 역사적 모습이다. 복음서 저자들이 처한 조건들이 각각 달랐기 때문에, 그들이 그려 낸 예수의 모습도 서로 달랐던 것이다. 또 하나는 이 역사적 예수 모습 속에 담긴 그들의 신앙이다. 그들은 이 신앙적 예수 모습을 능력껏, 확신을 가지고 서술하고 선포하고자 노력했다. 지금까지는 이 복음서 저자들을 개별적으로 탐구하면서 그들이 서술한 예수 그리스도의 모습을 그대로 밝히려고 애썼다. 남은 과제는 시간적으로나 내용적으로 다소 거리가 있지만, 믿음 속에 깊은 조화를 이루고 있는 이 복음서들을 서로 비교해 보는 것이다.

1. 예수 그리스도의 여러 모습

1.1 각 복음서의 예수 그리스도

본 연구를 마르코에서 시작한 것은 마르코가 최초의 복음서 저자였고, '복음서'라는 문학 유형을 창조했으며, 가장 오래된 전승을 자료로 복음서를 저술했기 때문이다. 이 전승은 범위와 신빙성에 따라 학계의 논쟁이 뜨겁고 '역사적' 예수에 대한 견해는 혼미하리만큼 다양하여, 검토할 필요가 있었다(제1장 참조). 그럼에도 이 전승은 비교적 신뢰할 만한 근거로 인정되기에 연구의 전제로 삼았다. 제2장의 주제는 예수 그리스도에 대한 마르코의 시각이었다. 이 시각은 부활하신 주님에 대한 믿음 속에서 개진되었다. '메시아 비밀'에 관한 절(제2장 2.4)에서 보았듯이, 예수 그리스도에 대한 명쾌한 결론에 이르지는 못했어도, 이 시각은 그분에 관한 제법 분명한 믿음의

상을 밝혀 주었다고 사료된다. 우리는 이 상을 마르코가 서술한 예수의 등
장과 활동, 복음 선포와 가르침, 치유와 구마驅魔, 기적과 발현Epiphanien,
적과의 대립과 대결, 수난과 죽음의 길, 그리고 마르코가 예수께 사용한
존칭과 칭호들에서 얻으려 했다.

여타 복음서에 대해서는 연구 과제를 달리 설정했다. 적어도 마태오 복
음서와 루카 복음서 저자들은 마르코 복음서를 잘 알고 있었음을 전제할
수밖에 없기 때문이다. 이 두 복음서 저자들은 마르코가 개진한 예수 그리
스도 모습을 깊이 신뢰했으므로, 이들이 마르코 복음서를 어떻게 받아들
여 어떻게 발전시켰는지, 어떻게 조정하고 변경시켰는지를 먼저 살펴야
했다. 따라서 마태오에 관한 논구는(제3장), 그가 마르코와 달리 예수 이야
기를 새로운 관점에서 새롭고 폭넓게 전하려 했다는 사실에서 출발했다.
이 새로운 관점은 그가 유다교와 관계를 맺고 대결하는 과정에서, 나아가
그가 예수의 지속적 활동 영역인 예수 그리스도의 교회에 기울인 절박한
관심에서 생겨난 것들이었다. 이어서 우리는 마태오 복음서에 서술된 예
수 그리스도의 모습을 고찰했다. 이 복음서는 예수께 새로운 신원 서술어,
특히 '다윗의 아들'을 도입하여 그분을 더욱 강하게 구약의 실현자로 보았
으며, 그분의 모습과 복음 선포, 특히 윤리적 가르침을 구약성경과 유다교
를 배경으로 서술하려고 했다.

루카 복음서에서는(제4장) 지평이 현저히 확장되었다. 이 유다·헬레니
즘계 작가가 자신의 작품을 2부작(루카 복음서, 사도행전)으로 완성했기 때문
이다. 이 저서는 예수 시기를 넘어 교회의 생성과 성장까지 구원사적 시각
에서 기술하고 있다. 교회는 예수의 활동과 의지에서 출현했다. 루카 복음
서는 예수 시기로 되돌아가 예수의 등장과 활동을 풍부한 자료를 토대로
폭넓게 상술하되, 근본적 신앙의 시각을 벗어나지 않았다. 루카에 따르면,
예수는 성령의 힘으로 하느님으로부터 보냄받으신 분이고, 은총의 복음을
선포하시는 분이며, 유다인들뿐 아니라 그리스인들에게도 똑같이 소개된
구원자요, 메시아이자 주님이시고, 죽음과 부활을 통해 하느님께 돌아가

신 분이며, 교회에 성령을 보내신 분이다. 이것이 루카가 각별히 새롭게 강조하는 예수 모습이요, 구원의 인도자 예수를 보는 그의 새로운 시각이다. 헬라계 작가 루카는 자기 주변 환경에서 많은 영감을 얻어 그리스인의 사고와 정서와 소망에 부합하는 예수 모습을 그려 냈다. 그는 병자들을 고쳐 주시고, 가난하고 불쌍한 사람들을 보살피시며, 여자들을 극진히 배려하신 인간 예수의 따뜻한 모습과 그분의 기도 생활과 신심도 묘사했다. 이 모든 것이 역사적 예수 모습에 그대로 부합하는가? 루카는 자기가 활용한 전승 사료들을 충분한 증거로 내세워 이 물음에 답한다. 당시 문화적 환경에 터하여 묘사된 그의 예수 모습은 진지하게 받아들일 만하다.

논의가 요한 복음서에 이르렀을 때(제5장) 힘찬 발걸음을 다시 한 번 내디뎌야 했다. 첫눈에 이 복음서는 모든 점에서 공관복음서와 달라 보인다. 치유 활동, 빵의 기적, 물 위를 걸으신 사건, 믿지 않는 유다인들과의 대결 과정 등, 요한 복음서의 여러 사건을 통해서도 공관복음서의 예수를 만날 수는 있지만, 그 모습은 베일에 싸여 있다. 모든 것이 처음부터 높은 차원으로 고양되어 있으며, 예수께서 하느님으로부터 오셨고 다시 아버지께로 돌아가실 분임을 굳게 믿는 철저한 신앙적 관점에서 성립한다. 공관복음서의 그리스도론과 요한 복음서의 그리스도론이 제시하는 예수 그리스도의 모습은 크게 다르다. 그렇다면 과연 나자렛 예수의 모습을 일관되게 논할 수 있겠는가? 그러나 이 복음서 저자는 역사적으로 지상에 등장하신 인간 예수에 대해 결연한 확신을 지니고 있었다. 그에게 예수는 하느님의 마지막 참된 사자, 하늘에서 세상에 내려오신 사람의 아들, 종말론적 예언자, 죽음으로써 인류의 죄를 없애시는 하느님의 어린양이다. 그분은 아버지와 가장 긴밀하게 결합되어 계시면서 아버지와 함께 활동하시고 아버지께 순종하시는 아드님이다. 그러하되, 바로 사람으로서 그러하다. 영원으로부터 아버지와 함께 계시던 말씀이 사람이 되셨다. 나약과 결핍을 그대로 간직한 인간이 되셨다. 그분의 영원한 존재, 말씀의 신성을 생각할 때 이것은 하나의 역설이다. 예수의 참되고 진정한 인성 때문에, 요한의 그리스도 역시 예수 그리스도의 모습에 속하며, 이 모습이 공관복음서의 예수 묘사가 제기한 물음에 대한 답이다. 나자렛 예수의 지상적 기원은 요한 복음서에서도 계속 견지되지만, 그분의 지상 출현과 활동에 의미를 부여하는 천상 기원에 가려 빛을 잃는다. 이 결연한 믿음의 시각이야말로 다음 물음에 대한 최종 답변을 신앙 공동체에 내린다: 예수 그리스도는 누구셨으며 또 누구이신가? 예수 그리스도의 지상적·역사적 영역에 속하는 모든 것이 제외되었음에도, 예수 그리스도에 관한 시각은 요한 복음서에서 절정에 이른다. 이 믿음이 훗날 교회의 전통과 신학에서 관철되었다.

1.2 마르코의 예수 모습과 마태오의 예수 모습

마태오 복음서의 구조와 서술은 마르코 복음서와 비교적 유사하다. 마태오와 마르코를 비교하고 그 차이점을 밝히되, 마태오 복음서에 관한 논의에서(제3장) 상론한 바 있으므로, 여기서는 간략히 정리하는 데 그친다.

① 예수의 공적 등장과 활동에 대해 마태오는 마르코의 내밀한 모티프를 도외시한다. 마르코에 따르면 예수께서는 군중을 떠나 자주 한적한 곳으로 가셨다(적어도 그렇게 하려 애썼다). 예수께서는 카파르나움 활동 초기부터 당신을 에워싼 많은 병자와 부마자들을 고쳐 주셨다. 그리고 "다음 날 새벽 아직 캄캄할 때, 예수님께서는 일어나 외딴곳으로 나가시어 그곳에서 기도하셨다"(마르 1,35). 군중의 청을 들어주자는 제자들에게는 이렇게 말씀하셨다. "다른 이웃 고을들을 찾아가자. 그곳에도 내가 복음을 선포해야 한다. 사실 나는 그 일을 하려고 떠나온 것이다"(마르 1,38). 이 장면을 마태오는 전해 주지 않는다. 루카만 마르코의 전승에서 이것을 넘겨받아 전해 준다(루카 4,42-43). 대개 마태오는 군중이 모여드는 것을 크게 강조한다. 마르코도 이 장면을 기술하고는 있지만(마르 3,7-8), 어떻게 하면 예수를 숨겨진 모습으로 묘사할까 고심했다. 마르코는 완쾌된 나병 환자가 치유 사실을 퍼뜨리는 바람에, 예수께서 그 고을에 들르시지 않고 "바깥 외딴곳에 머무르셨다"(마르 1,45)고 기록한다.

마르코의 예수께서는 임무를 마치고 돌아온 제자들에게 이렇게 말씀하셨다. "너희는 따로 외딴곳으로 가서 좀 쉬어라"(마르 6,31). 마태오도 예수께서 외딴곳으로 물러가셨다는 사실을 전한다(마태 14,13). 그러나 여기서 예수께서는 세례자 요한의 죽음 소식을 듣고 떠나시기 때문에 마치 피신하는 것처럼 묘사된다. 결과적으로 예수께서는 각각 다른 동기로 물러나시는 셈이 되어 버렸다. 이어서 두 복음서 저자 모두 빵의 기적 이야기와 예수께서 물 위를 걸으신 이야기(마르 6,45-52/마태 14,22-33)를 전하면서 그 동기를 서로 다르게 설정한다. 마르코는 제자들이 아무것도 알아듣지 못하며 그들의 마음이 완고하다는 것을 말하고, 마태오는 예수께서 물에 빠진 베드로를 죽음의 공포에서 구해 배에 오르게 하셨을 때, 제자들이 "스승님은 참으로 하느님의 아드님이십니다"(마태 14,33)라고 고백하는 것으로 이야기를 맺는다. 마르코에는 '메시아 비밀'이 작용하고, 마태오는 예수께 대한 완전한 신앙을 가져야 할 후대 교회를 전망한다.

② 마르코는 예수를 스승으로 묘사하지만 마태오는 산상 설교 때야 비로소 예수를 설교자로 서술한다. 이때 그는 예수의 가르침을 "옛사람들에게 이르신 말씀"(마태 5,21-48)과 대립시킨다. 이 가르침을 서술할 자료들을 그는 예수 어록집(Q)에서 확보했다. 예수께서는 유다 율법을 폐기시키려는 것이 아니라 새로운 방식으로 완성시키려 하셨다. 마르코도 "조상들의 전통"(마르 7,3.5)을 뛰어넘은 바 있으나, 유다 율법과의 근본적 대립은 마태오에서 비로소 나타나는데, 이는 예수의 실체에 대한 그의 시각에서 유래한다. 마태오는 예수를 바리사이/율법 학자들과 엄격히 구별하고(마태 23장) 바리사이/사두가이들의 가르침과도 분명한 선을 긋는다(마태 16,12). 예수께서는 옛 하느님의 백성 이스라엘을 버리고 새로운 구원 공동체인 교회를 세우신다(마태 16,18). 그분은 당시의 민족 지도자들에게 말씀하신다. "하느님께서는 너희에게서 하느님의 나라를 빼앗아, 그 소출을 내는 민족에게 주실 것이다"(마태 21,43). 예수께서는 이제 하느님의 옛 백성이 종말을 고하고 새로운 하느님 백성이 등장하는 구원사적 전망으로 들어오신다. 이 새

로운 하느님 백성이 이제 하느님 나라의 요구와 축복을 받게 된다. 이 백
성이 바로 세상의 빛과 소금이다(마태 5,13-16). 율법을 철저히 준수하는 유
다 전통과의 시대사적 대결에서 새로운 구원 공동체에 대한 전망이 싹튼
것이다. 예수께서는 믿는 사람들을 당신 곁으로 불러 모아 새로운 구원 공
동체를 세우시고 그들에게 편한 멍에와 가벼운 짐을 내려 주셨다(마태
11,30). 마태오는 예수의 말씀과 가르침과 요구에서 이 구원사적 전환이 실
현됨을 보았다. 마르코는 아직 이 정도까지는 이르지 못했다. 마태오의 교
회론적 시각이 예수 복음의 지평을 넓혔고, 예수를 하느님 나라의 선포자
로 확립시켰다. 이 하느님 나라는 교회 안에서 시작되고 실현된다.

③ 마태오가 받아들인 예수 전사前史(마태 1-2장)는 마태오의 예수 모습에
영향을 끼쳤다. 마르코 복음서(12,35-37)에서 율법 학자들이 예수가 어떻게
다윗의 자손 메시아일 수 있겠느냐고 의심했을 때, 예수께서는 당신이 그
정도가 아니라 그 이상인 하느님의 아드님임을 암시하신다. 마태오도 이
대목을 그대로 인용하지만(마태 22,41-45), 복음서 서두에 예수 족보를 내세
워 다윗 자손 예수께서 메시아임을 적극적으로 증명한다. 족보에 따르면
예수의 가계는 각각 십사 대로 이루어진 세 번의 전환기를 거치는데, 각
세대는 메시아를 지향하고 있다(마태 1,17). 예수께서는 요셉을 통해 이 가계
에 입적됨으로써 다윗의 자손이 되신다(마태 1,20). 이것은 예수께서 다윗의
자손이며 메시아라는 마르코의 시각(참조: 마르 10,47-48; 11,10)을 확대 · 강화
했음을 의미한다. 마태오 복음 2장에서 예수께서는 동방 점성가들의 경배
를 받으심으로써 새로 태어나신 유다인들의 임금(마태 2,2), 신적 아기(마태
2,11), 하느님의 아드님으로(마태 2,15) 부각된다. 이것은 마태오 복음서에 새
롭게 나타나는 예수 모습들인바, '유다인들의 임금'은 예루살렘 입성 때 더
욱 강화되는 모습이다(마태 21,4-5). 마태오는 예수께서 이스라엘을 구원하
실 임금이라는 것을 구약성경의 예언에 근거해서 제시한다.

"동정녀가 잉태하여 아들을 낳았다"(마태 1,23)는 마태오의 확신은 마태오
복음서의 예수 모습에 어떤 영향을 끼쳤을까? 예수의 법적 아버지 요셉에

게 또 다른 자녀들(예수의 형제자매)이 있었는가 하는 역사적 문제는 나자렛 대목(마르 6,1-6/마태 13,54-58)의 난제였다. 그러나 정작 마태오는 이 문제에 아무 관심이 없다.[1] 그는 마리아가 동정녀로 예수를 잉태하셨다는 것을 입증하려고 이사야서 7장 14절을 인용한다. 그러나 그의 관심사는 이 인용구 중의 한 구절, '임마누엘(= 하느님께서 우리와 함께 계시다)'을 아기 이름으로 삼는 것이었다(마태 1,23). 우리와 함께 계시는 하느님상은 예수께서 어떤 분인지 평가하는 데 중요한 역할을 한다. 예수께서는 죽음을 넘어 그리스도 교회와 결합되셨고, 이 교회 안에서 계속 가르치고 활동하시는 분이다. 신자들이 모여 기도할 때 그분은 그들 한가운데 계시며(마태 18,20), 이 세상 끝 날까지 이 교회 안에 머물러 계실 것이다(마태 28,20). 지상에서 제자들을 부르시고 가르치신 예수에서, 교회 안에 살아 계시며 계속 활동하시는 그리스도께로 시각이 확대되었다. 마태오에게 이 점은 예수 탄생 때 그분을 '우리와 함께 계시는 하느님'으로 부름으로써 이미 확립되었다. 수난하실 그분의 지상적 운명도 탄생 직후 일어난 사건들을 통해 이미 예고되었다 (이집트 피신: 마태 2,13-15; 유아 학살: 마태 2,16-18).

④ 마태오는 박해받는 예수 모습을 마르코보다 더 생생하게 기술한다.[2] 포도밭 소작인의 비유(마태 21,33-41)는 예언자들의 체험을 회고하며 사랑하는 아들의 운명을 전망한다. 포도밭 소작인들이 '포도밭 밖으로' 던져 죽여 버리는 아들의 운명을 생생하게 그린다(마태 21,39). 마태오는 예수 수난 여정의 끝, 십자가 죽음을 떠올리고 있다. 그러나 그 죽음의 길은 유다의 치욕적 종말(마태 27,3-10), 빌라도 아내의 불길한 꿈(마태 27,19), 예수 피에 대한 책임을 지겠다는 백성(마태 27,25), 숨을 거두실 때 일어난 이변(마태 27,51-54) 등과 같이 예수께서 유다인의 배신과 적개심, 죽음의 공포를 이길 것을 확

---

[1] 참조: R.E. BROWN/K.P. DONFRIED/J.A. FITZMYER/J. REUMANN, *Mary in the New Testament* (Philadelphia - New York 1983) 102: "동정녀 잉태는 전체 논의에서 이질적인 문제임이 거의 확실하다."

[2] 참조: B. GERHARDSSON, "Jésus livré et abandonnè d'après la Passion selon Saint Matthieu", *RB* 76 (1969) 206-227.

증하는 사건들로 인해 빛난다. 이 모든 표징은 깨인 의식으로 죽음을 향해 가시는 예수의 지존하신 모습을 부각시키는 것이다. 붙잡히실 때, 그분과 함께 있던 이들 가운데 하나가 칼을 빼어 드는 것을 보시고 예수께서 말씀하신다. "너는 내가 내 아버지께 청할 수 없다고 생각하느냐? 청하기만 하면 당장에 열두 군단이 넘는 천사들을 내 곁에 세워 주실 것이다. 그러면 일이 이렇게 되어야 한다는 성경 말씀이 어떻게 이루어지겠느냐?"(마태 26,53-54). 마태오에게는 이 모든 것이 성경에 근거하고, 이 점 예수께서도 의식하셨다. 마르코의 예수 수난기는 모든 악과 어둠을 극복하는 예수의 지존하신 모습을 묘사하는 데 더 큰 힘을 기울였지만, 마태오는 교회의 기초를 정립했다는 데 예수 수난의 본질적 의미가 있다고 보았다.[3]

⑤ 마태오가 그린 예수의 지존하신 모습은 부활 사건에서 완성된다. 그에 따르면 부활 새벽 빛나는 천사가 하늘에서 내려와 무덤을 막은 돌을 치우고, 그곳에 온 여자들에게 십자가에 못 박히신 예수의 부활을 선포한다(마태 28,1-7). 그러자 부활하신 분께서 여자들에게 나타나셨고, 그들은 "그분의 발을 붙잡고 절하였다"(마태 28,9-10). 마르코에게는 예수의 부활을 선포하는 것으로 충분했지만, 마태오에게는 부활하신 예수가 육체적으로도 계속 살아 계시다는 것이 중요했다. 부활하신 예수께서 갈릴래아의 산에서 제자들을 만나는 것이 마태오 복음서의 끝 장면이다. 이 장면에서 예수께서 부여받으신 신적 권능이 찬연히 빛난다. 여기서 제자들도 무덤 가 여자들처럼 부활하신 예수를 뵙고 엎드려 경배했다(마태 28,17). 그들 중 더러는 의심했지만, 의심은 이 권능의 계시로 명쾌히 극복된다.[4] 예수께서는 당신 활동을 제자에게 계속하게 하심으로써 완성시키신다. 예수의 활동을 의식적으로 교회의 범위로 확장시킴으로써 예수의 모습도 확대된다. 그것

---

[3] 참조: G. SCHNEIDER, *Die Passion Jesu nach den drei ältesten Evangelien* (München 1973) 159-164.

[4] 제자들이 부활하신 분의 실체를 의심했다는 모티프는 루카 24,37-40; 요한 20,25-27; 마르 16,11.13-14에도 나타난다. 마태오는 그것을 호교적·교육적 차원에서 활용하지만, 일부 제자들만 의심했다는 식으로 내용을 완화시킨다.

은 부활하신 분께서 살아 계시고 당신 권한을 행사하고 계시다는 뜻이다. 예수 이야기의 구도가 확대되었을 뿐 아니라, 지상 예수의 모습이 교회 안에서 계속 살아 계시는 그리스도의 모습으로 매끄럽게 전이되었다.

⑥ 마태오 복음서에는 어록집에서 유래하는 예수 모습에 관한 또 다른 해석도 발견된다. 그것은 지혜문학적 사고가 가미되어 풍부해졌다. 세례자 요한과 비교하면서 예수를 사람의 아들로 소개하지만 사람들은 이분을 알아보지 못한다. 먹고 마시는 예수를 '먹보요 술꾼'으로 몰아붙이고 '세리와 죄인들의 친구'라고 비방한다(마태 11,19). "그러나 지혜가 옳다는 것은 그 지혜가 이룬 일로 드러났다"(마태 11,19). 예수는 세례자 요한과 전혀 달랐다. 세례자 요한은 먹고 마시는 즐거움을 포기하고 살았지만 예수께서는 세리와 죄인들과 식사까지 같이 하며 친하게 지내셨다. 이러한 친교가 그분의 가르침과 활동에 깊은 의미를 부여한다. 인류를 구원하시려는 하느님의 자비를 드러내는 것인바, 이 자비는 제물이나 속죄 예식보다 더욱 소중하다(참조: 마태 9,13; 12,7). 하느님께서는 예수의 활동, 특히 치유 활동을 통해(마태 11,2-5) 당신의 친인간적 지혜를 깨닫게 하신다. 여기서 예수는 지혜와 거의 동일시되지만, 요한 복음서 '머리글'에서 예수와 '말씀'이 동일시되는 정도만큼은 아니다. 그래도 어쨌든 예수의 실체에 대한 지혜문학적 이해에 한 걸음 더 나아갈 수는 있다.

어록집에서 유래하는 또 한 대목이 예수의 실체에 관한 마태오의 시각을 심화시킨다. '환희의 외침'(마태 11,25-27)이 바로 그것이다. 예수만이 아버지를 드러내 보여 줄 수 있다. 아들에게 모든 것을 넘겨주신 아버지만 아들을 아시는 것처럼, 아들이신 그분 외에는 아무도 아버지를 알지 못하기 때문이다(마태 11,27). 그 바로 앞에(마태 11,25-26), 하느님께서 "지혜롭다는 자들과 슬기롭다는 자들에게는 이것을 감추시고 철부지들에게는 드러내 보이셨다"는 말씀이 나온다. '지혜롭다고 하는 자들과 슬기롭다는 자들'과 하느님께서 '철부지들에게' 내려 주신 계시, 즉 하느님의 지혜를 대비시키는 이 말씀은 아직 지혜의 사유 영역에 머물러 있다. 예수의 활동을 통해서야 이 지혜가 정당성을 확보하는 것이다. 예수께서는 세상에서 멸시받고 힘없는 사람과 철부지들을 품에 안으시고 하느님의 숨은 사랑과 지혜를 드러내 보여 주신다. 고생하며 무거운 짐을 진 사람들을 부르시는 대목(마태 11,28-30)도 이 관점에 속한다. 예수께서는 지혜가 부르는 말(잠언 8,1-21; 9,4-6; 집회 51,24-27), 안식과 평화를 주시겠다는 약속(집회 51,24-27), 굶주림과 목마름을 풀어 주겠다는 것(잠언 9,5; 집회 15,3) 등, 지혜문학적 어구도 인용하신다. 이렇게 이 치유를 통해 구원하시는 예수 모습이 마르코 복음서의 그것과 다르지 않을지라도, 마태오 복음서는 지혜문학적 어구들을 예수의 말씀으로 옮김으로써 마르코를 확연히 능가한다.

더할 수도 있겠지만, 지금까지의 고찰만으로도 마태오가 마르코의 예수 모습을 받아들이되 이 모습을 새로운 사고, 시대적 맥락, 교회 상황, 자기의 독특한 복음 선포 의도에 따라 발전시켰다는 것을 알 수 있다. 예수 현상은 역사의 테두리를 넘어 초역사적 후광 속에서, 현재적 메시지를 통해, 교회적 삶과 복음 선포에 활용되는 가운데 성찰되고 있다.

1.3 마르코 · 마태오와 비교한 루카의 예수 모습

루카는 예수 활동에 관해 풍부한 자료를 활용했다. 마르코 복음서뿐 아니라 예수 어록집과 구전口傳 전승도 있었다. 그는 이런 자료를 통해 제자들과 후대 교회의 인도자로 나타날 예수 모습을 구성했다. 그가 변모시킨 예수 모습을 다른 복음서들과 비교해서 열거하면 다음과 같다.

1.3.1 성령으로 무장하신 예수

예수께서 성령을 가득히 받아 누리고 계시는 분임을 루카만큼 부각시켜 서술한 복음서 저자는 없다. 마르코와 마태오도 예수께서 세례를 받으실 때 성령께서 그분 위로 "비둘기처럼"(마르 1,10/마태 3,16) 내려오셨다고 기록했다. 루카는 여기에 비둘기 같은 "형체로"(루카 3,22)를 추가함으로써 성령의 실체를 강조한다. 세례를 받으신 예수께서 악마에게 유혹받으셨다는 이야기 다음에, 루카는 갈릴래아로 돌아가신 예수의 나자렛 '첫 설교'에 대해 기술한다. 예수께서는 "성령의 힘을 지니고"(루카 4,14) 갈릴래아로 돌아가시어, "주님의 영이 내 위에 내리셨다"(루카 4,18)는 이사야 예언자의 말씀을 인용하시면서 나자렛에서 첫 설교를 시작하셨다고 한다. 여기서 예수께서는 가난한 이들에게 기쁜 소식을, 잡혀 간 이들에게 해방을, 눈먼 이들에게 광명을 약속하시는, 영으로 가득 찬 분으로 묘사된다. "그때에 예수님께서 성령 안에서 즐거워하며 말씀하셨다"(루카 10,21).

루카의 저서에는 성령으로 가득 찬 예수 모습이 마르코와 마태오를 훨씬 뛰어넘어 발전적으로 서술된다. 첫째, 예수께서는 하느님의 성령으로 무장한 유일한 분이다. 예수께서 제자들에게 당신 권한을 나누어 주신 것은 사실이지만(루카 10,19), 그들에게 아직 성령은 내려 주시지 않았다. 둘째, 성령은 죽음까지 포함한 예수의 모든 활동을 감도하신다. 예수께서는 죽으실 때 당신 영을 아버지께 맡기신다(루카 23,46). 악마는 "다음 기회를 노리며"(루카 4,13), 즉 그분께서 붙잡혀 수난하실 때까지 그분에게서 물러나 있어야 했다. 셋째, 이를 통해 메시아 예수가 환히 드러난다. 메시아가 영을 받으리라는 예언서의 약속이 예수에게서 실현된다(이사 11,2-4; 61,1-2; 참조: 솔로몬 시편 17,37; 18,7; 에티 에녹 49,3; 62,2). 넷째, 예수께서 성령으로 무장하심은 교회가 성령을 받아 누리는 가운데 계속된다. 따라서 교회는 예수께 부여된 성령의 활동으로 나타난다(사도 2,33 참조).

1.3.2 제자와 후대 신자들을 위한 구원의 인도자

예수가 유일무이한 인류의 구원자(사도 4,12)라는 초대교회의 근본 확신은 마르코나 마태오와 달리 표현된다. 마르코에서처럼(마르 1,15) 회개와 믿음을 통한 구원의 길도 있지만 다른 길도 있다는 것이다. 마르코와 마태오에는 예수께서 많은 이들의 몸값으로 당신 목숨을 바치신다는 구절(마르 10,45/마태 20,28)이 나온다. 루카는 그들과 달리 예수를 '섬기는 사람'으로 기억한다(루카 22,26-27). 예수는 섬기는 사람으로 그들 가운데 계신다. 성찬례 제정에 관한 대목에서(루카 22,14-20) 루카는 예수가 피 흘려 인류를 대속하신다는 사실을 견지하면서도 예수의 구원 행위를 그 밖의 다른 방식으로 묘사한다. 예수께서는 수난과 죽음의 길을 통해 하느님의 영광으로 들어가신다. 예수의 길은 구원의 길잡이다. 하느님께서 예수를 당신 오른쪽으로 들어 올리신 이래(사도 5,31), 그분을 생명의 '영도자'(사도 3,15)요 '구원자'로 지칭한 것보다 이 점을 더 잘 설명하는 것은 없다. 루카만 구사하는 이 신원 서술어의 의미는 구원 개념으로써만 설명된다. 예수를 십자가에 못 박혀 죽으시고 부활하신 분으로 받아들이는 이들은 모두 구원받을 것이다. 먼저 이스라엘 백성이(사도 5,31), 다음으로 다른 민족 사람들이 구원받는다. 예수께서는 다른 민족들의 빛으로 세워지고, 만민의 구원자로 정해지신 분이다(사도 13,47-48). 이것이 이스라엘 백성의 선택에서 시작하여(사도 13,16-23) 십자가에 죽으시고 부활하신 예수를 향해 나아가는(사도 13,26-34) 구원사적 시각이다. 하느님 백성의 역사에서 예수께서는 죄인을 용서하고 믿는 사람들을 의롭게 하는(사도 13,38-39) 새로운 구원의 길이 되신다. 모세의 율법으로는 불가능했다. 예수의 죽음은 새로운 의미를 지니게 되었다. 죽음은 예수께서 영광으로 들어가시는 불가결의 통로였다(루카 24,26). 그분을 믿으면 누구나 구원받는 길이었다. 예수 부활은 구원의 원천이요 구원의 은혜를 누릴 희망이며(사도 13,32-35), 다가오는 구원 시기와 결정적 구원자에 대한 약속이다(사도 3,20-21). 마르코나 마태오와 비교하건대, 이것이 예수와 그분의 활동을 바라보는 루카의 새롭고도 확장된 시각이다.

1.3.3 유다인들과 그리스인들의 구원자

비유다인들도 하느님 나라에 들어갈 수 있도록 부름 받았다는 것은 마르코 복음서 도처에 이미 암시되었다. 시리아 페니키아 여자의 믿음(마르 7,24-30), '모든 민족을 위한 기도의 집'인 성전에 관한 말씀(마르 11,17), 모든 민족에게 복음이 선포되어야 한다는 말씀(마르 13,10) 등이 그것이다. 마태오에 와서는 이 내용이 카파르나움의 다른 민족 사람 백인대장 이야기로 확대된다. 이 백인대장은 "하느님 나라의 상속자들"(마태 8,12)이 쫓겨나고 다른 민족 사람들이 부름 받을 시대의 상징적 인물이다. "많은 사람이 동쪽과 서쪽에서 모여 와, 하늘 나라에서 아브라함과 이사악과 야곱과 함께 잔칫상에 자리 잡을 것이다"(마태 8,11). "다른 민족들에게 가는 길로 가지 말고, 사마리아인들의 고을에도 들어가지 마라"(마태 10,5)고 이르신 분이 지상적 예수라면, 모든 민족에게 복음을 전하라고 제자들을 보내시는 분은 부활하신 예수다(마태 28,19). 하느님의 이 종은 민족들에게 올바름을 선포할 것이고(마태 12,18), 민족들은 그의 이름에 희망을 걸 것이다(마태 12,21). 세상을 심판하실 이 판관께서는 사람을 차별하지 않으시고 다만 그들이 실천한 사랑에 따라 심판하실 것이다(마태 25장).

온 세상 만민을 품어 안으시는 그리스도의 이런 모습에 대하여 루카가 새로운 지평을 열 수 있을 것인가? 나는 그럴 거라고 본다. 루카의 구원사적 사고에 의하면 다른 민족 사람들도 하느님의 구원 계획 속에서 큰 역할을 한다. 세상 통치자와 임금들은 폭력과 공포로 다스리고(참조: 루카 22,25; 사도 4,25-28), 다른 민족 사람들은 하느님의 백성으로 부름 받는다(사도 15,14-17; 18,10). 사도행전은 다른 민족 사람들이 어떻게 부름 받게 되는지 자세히 서술한다. 예수께 선교 임무를 부여받고 파견된 일흔두 제자가 돌아와 보고하는 대목(루카 10,17-20)에서, 파견된 제자의 수가 많다는 것과 그들이 기쁨으로 가득 차 선교 활동을 보고했다는 것은, 루카에게 있어서 이 선교 활동이 비유다인들 사이에서 큰 성과를 거두었다는 것을 의미한다. 더 중요한 것은, 루카가 베들레헴에서 태어난 이 아기를 제국의 막강한 통치자와 대비시킨다는 것이며 목자들에게 나타난 천사가 이 아기를 구원자, 메시아, 주님으로 선포한다는 것이다(루카 2,11).

유다인뿐 아니라 그리스인들에게도 예수께서 구세주임을 알리는 지평이 루카의 언어를 통해서도 열렸다(제4장 1.3 참조). 루카의 언어는 헬레니즘 세계를 향해서도 열려 있었다. 사도행전 10장 38절은 헬레니즘 세계에서 받아들이기 쉽게 다듬어진 문장이다. 예수는 인류의 은인이자 의사다. "하느님께서 그분과 함께 계셨다"(사도 10,38)는 것이 루카가 그린 예수 모습이다. 유다적 메시아는 모든 민족에게 파견된 구세주가 되셨다. "하느님께서는 사람을 차별하지 않으시고, 어떤 민족에서건 당신을 경외하며 의로운 일을 하는 사람은 다 받아 주십니다"(사도 10,34-35). 하느님을 찾는 사람은 근본적으로 다 받아들이신다는 것이 루카가 새삼 강조하는 예수 모습이다. 이 모습은 마르코와 마태오에게서는 찾아볼 수 없다.

1.3.4 소외 계층을 당신 구원 활동에 포함시킨 친인간적 협조자이자 의사

루카만이 전해 주는 예수의 독특한 면모를 주의 깊게 관찰하면(제4장 2절 참조), 마르코와 마태오가 밝힌 역사적 예수의 몇몇 태도가 루카 복음서에서 더 뚜렷하게 부각된다는 사실을 알 수 있다. 그것은 바로 예수께서 죄인을 불쌍히 여기시고, 병자를 고치시며, 가난하고 힘없는 사람을 돌보시고, 여자를 특별히 배려하신다는 것이다. 루카는 다른 예수 모습들은 복원하지 않았지만 활용 가능한 전승들을 근거로 역사적 예수 모습을 분명하게 밝혔다. 부자들에 대한 가차없는 배척[불행 선언(루카 6,24-26), 잔치에 관한 담화(루카 14,7-24), 부자와 라자로의 비유(루카 16,19-31) 참조], 제자가 되려면 자기 소유를 다 버리라는 요구(루카 14,33), 그리고 그 밖의 모습들이 루카의 마음을 사로잡은 예수의 독특한 모습들이다. 그는 예수께서 세리와 죄인들과 자주 어울려 식사하시는 것을 바리사이와 율법 학자들이 못마땅해했다는 것을 잘 알고 있었다(루카 5,30). 그는 되찾은 양의 비유(루카 15,1-7)를 이런 맥락 속에 삽입했다. 루카는 예수께서 안식일에 병을 고쳐 주신 일 때문에 유다인들과 충돌했다는 것도 알았고, 그 이야기를 자기가 수집한 비유들 속에 포함시켰다(참조: 루카 13,10-17; 14,1-6). 그는 여자들이 예수를 십자가 아래까지 따라가 시중들었다는 사실을 자기가 전해 받은 전승에서 알게 되었다. 그래서 이 여자들을 예수의 충직한 추종자요 협조자로 기록한다(루카 8,1-3). 대부분 우리가 검증할 길은 없지만, 예수의 생애와 활동을 루카가 표상한 대로 일별할 수는 있다. 루카는 예수를 묘사할 때 대체로 그분의 인성을 강하게 부각시킨다. 그러나 바로 이 인성을 통해 그분의 신적 소명도 밝혀진다. 루카는 헬레니즘 세계의 독자들, 특히 자기 저서를 헌정한 테오필로를 위해 예수에 대한 자기 나름의 통찰을 개진했던 것이다.

1.3.5 기도 중에 아버지와 결합해 계시는 아들

루카 복음서에서 예수는 자주 기도하신다(제4장 2.4). 예수의 기도에 관한 루카의 기록은 마르코와 마태오의 그것을 훨씬 능가한다. 어떤 동기에서 그랬을까? 예수의 기도가 그분 인성의 표현으로 이해될 수 있는가? 아버지에 대한 예수의 종속성을 나타내려는 그리스도론이 배후에 존재하는가? 종속성이란 아버지와 가장 친밀하지만 아버지께 전적으로 복종하시는 것을 말한다. 루카의 구원사적 사고에 의하면 예수는 하느님께서 선택하신 분이다(루카 9,35; 23,35). 예수께서는 세례 때 아버지께서 내리신 임무를 기꺼이 받아들여 완수하셨다. 모든 구원 활동은 하느님에게서 온다. 부활 후에야 하느님께서는 그분을 주님과 메시아로 세우셨다(사도 2,36). 하느님께 전적으로 종속된 이 모습이 루카가 본 예수의 지상 활동 모습이다. 예수께서 위기에 직면하여 결단을 내리시기 전에 빛과 힘을 주시기를 아버지께 간청하시는 모습은 이런 그리스도론적 시각에서 이해될 수 있다. 루카 복음서에 나타난 아버지와 아들의 관계는 이러하다: "하느님께서는 당신 영을 통하여 예수와 하나가 되셨고, 예수께서는 기도를 통하여 아버지와 결합하신다".[5] 이것은 아버지와 아들이 서로 깊이 알고 계시다는 것을 배제하지 않는다(루카 10,22 참조). 오히려 아버지께서는 아들이 당신을 깊이 알게 해 주심으로써, 아들이 아버지의 뜻을 사람들에게 알려 주게 하셨다. 예수께서는 사람들이 아버지를 알게 하시려고 성심껏 기도를 바치신다.

이것은 루카가 복음서를 어떻게 전개하는지 엿보게 해 주는 좋은 예다. 그는 자기에게 전해진 전승의 예수 모습을 토대로 자기에게 전해지지 않

---

[5] F. BOVON, *Luc le théologien: Vingt-cinq ans de recherches 1950~1975* (Genève ²1978) 161.

은 새로운 기도 상황들을 설정해 제시한다. 그의 예수 모습은 메시아이자 하느님의 아드님에 대한 믿음을 견지하면서도(참조: 루카 9,20; 22,67-70) 예수 이야기에 변화를 준다. 루카에게는 예수의 인성과 신성이 문제 되지 않는다. 인간 예수에게서 하느님과의 밀접한 관련과 결합을 보았기 때문이다. 예수께서는 하느님에게서 버려진 듯한 올리브 산에서의 고난과 죽음의 때에도 아버지의 뜻을 따랐고(루카 22,42), 죽음의 공포 속에서도 끊임없이 기도했으며(루카 22,44), 죽는 순간에도 기도 속에 당신을 아버지 손에 내맡기셨다(루카 23,46). 그분은 생의 마지막 순간까지 자신을 온전히 아버지 뜻에 내맡기신 "의로운 분"(루카 23,47)이셨다.

1.4 요한 그리스도론으로의 이행

앞(제5장 1.4)에서 공관복음서 그리스도론과 요한 복음서 그리스도론의 차이를 고찰한 바 있다. 공관복음서 저자들은 역사적 예수상을 제시하면서 서술을 시작하는 데 반해, 요한은 상징적 의미가 전면에 부각되는 그리스도론 예수상을 제시한다. 이 현저한 차이를 생각할 때, 도대체 요한에게 예수의 등장과 활동, 수난과 부활을 연대기적으로 서술할 의도가 있었는지 의문스럽다. 우리는 요한 복음서도 하나의 복음서로 이해한 바 있지만(제5장 1.2), 이 복음서는 사람이 되신 '말씀'에 대한 믿음, 하느님의 아드님에 대한 믿음에 기반을 두는 전혀 다른 지평에 자리 매김 한다. 요한 복음서가 공관복음서에 비해 특히 다른 점은 사람의 아들에 관한 진술들에서 확인된다(제5장 2.3 참조). 공관복음서에서 세상 종말에 오실 사람의 아들이, 요한 복음서에서는 하늘에서 내려오셨고(요한 3,13) 하늘과 밀접한 관련을 맺으며(요한 1,51) 십자가에 들어 올림 받으심으로써 하느님으로부터 영광 받으실 사람의 아들이 되셨다(요한 12,23; 13,31-32). 이 독특한 사람의 아들 신학은 시각의 향방을 미래에서 현재로 전환시켰다. 이 현재적 시각은 '말씀'이 사람이 되셨다는 진술과 맥을 같이한다. 사람이 되신 '말씀'께서 당신의 계시 활동과 구원 사업을 지상에서 수행하고 계시기 때문에, 장차 오실 사람의 아들에 관한 사고는 뒤로 물러나야 했다. 공관복음서 저자들도 이미 전망한 바 있는 사람의 아들의 부활이 요한 복음서에서는 사람의 아들에 관한 시각 전체를 뒤바꾸는 전환점이 된다. 이제 사람의 아들은 지상 활동에서 신적 능력으로 활동하시며 죽음을 통해 완전한 영광을 누리는 분으로 자신을 드러내신다. 요한의 역설대로 예수의 신성과 인성이 사람의 아들 속에 결합되어 있다. "말씀이 사람이 되시어 우리 가운데 사셨다"(요한 1,14). 강생하신 '말씀'은 바로 요한이 서술한 이 사람의 아들이다.

강생의 신비에 근거한 요한의 그리스도론이 제기하는 문제는 이것이다: 공관복음서의 예수 모습이 새로운 관점에서 다른 모습으로 부각되고 서술되는 한, 요한의 예수 모습은 공관복음서의 예수 모습과 조화되겠는가? 이제, 모든 복음서가 동일한 그리스도를 증언한다는 데 대해서 상론하겠다.

2. 다양한 구도로 기록된 동일한 믿음의 예수 그리스도

2.1 메시아 예수에 대한 확신

모든 복음서는 예수께서 과거 특정 시기에 유다 백성 가운데 등장하셨음을 전제하고 서술되었다. 여기에는 예수께서 구약의 예언자들이 약속한 메시아라는 확신이 서려 있다. 그분은 세상의 전환기, 종말 시기에 오시기로 되어 있는 '기름부음받은이'다. 이 점, 마르코는 필립보의 카이사리아 장면에서 분명히 밝힌다(마르 8,28-29). 예수께서는 사람들이 생각한 것처럼 다시 살아난 세례자 요한도 아니고(마르 6,14 참조), 엘리야나 예언자 중 하나도 아니며 오로지 '그리스도'라는 것이다. 열두 제자를 대표한 베드로의 이 고백을 그 밖의 모든 복음서 저자가 그대로 받아들였다. 마르코의 이 메시아가 마태오에는 "하느님의 아드님"(마태 16,16)으로, 루카에는 "하느님의 그리스도"(루카 9,20)로, 요한에는 "하느님의 거룩하신 분"(요한 6,69)으로 더욱 선명해지는 것은 이분에 대한 복음서 저자들의 시각이 저마다 조정·

확대되었음을 의미할 뿐이다. 마태오에게 그것은 전적으로 초대교회의 그리스도론적 신앙에서 왔고, 루카에게는 하느님에게서 사명을 받아 오신 분에 대한 시각에서 유래했으며, 요한에게는 하느님과 가까이 계시는 계시자요 구원의 중개자라는 시각에서 비롯된 것이다(요한 10,36 참조). 그러나 예수께서 (유다적) 메시아라는 믿음은 모든 복음서가 굳게 지니고 있다.

예수께서 메시아라는 확신은 복음서 여러 곳에 나타난다. 제자들에게만 유보되어 있던 베드로의 신앙고백 외에도 대사제의 물음에 대한 예수의 대답이 공개적으로 등장한다(마르 14,61-62와 그 병행구). 마태오는 메시아, 다윗의 자손, 구원의 임금이신 예수를 성경 예언의 실현을 통해 증언하고 예수를 구원사의 선상에 올려 이스라엘의 메시아 기대에 부응하게 했다(마태 1,16-17; 2,6 등). 루카에게는 장차 태어나실 다윗 자손 예수께서 제왕적 통치자의 신분을 지니신 분이라는 것이 천사를 통해 마리아에게 통보되고(루카 1,32-33), 목자들에게 구원자로 선포된다(루카 2,10-11). 요한에 오면 예수의 첫 제자들이 예수를 만나자마자 그분을 모세와 예언자들이 예언한 그 메시아로 알아본다(요한 1,41.45. 이 점은 주목할 만한 가치가 있다). 제4복음서 저자는 강생하신 말씀에 대한 확고한 시각에도 불구하고 예수가 성경이 증언하는 나자렛 출신 메시아라는 입장을 견지한다. 당시 유다인들과 그 지도자들에게 메시아가 갈릴래아에서, 그것도 나자렛과 같은 하찮은 고을에서 나온다는 것은 불가능한 일이었다. 유다인들의 이런 신념에도 불구하고 예수께서 변변치 못한 곳에서 출생하셨다는 사실이 그분이 메시아라는 요한의 확신에 어떤 영향도 끼치지 못했다(참조: 요한 7,26-27.40-41.52). 오히려 요한에게는 예수의 천상 기원을 숨겨 주는 이 비천한 출생이 사람으로 오신 '말씀'의 역설을 더욱 극적으로 드러내는 것이었다. 그러나 지상에 등장하신 '말씀'은 여전히 역사적 인물 나자렛 예수 그분이고, 유다인들뿐 아니라 사마리아인들도 기대하던 그 메시아다(요한 4,25-26). 요한 복음서 저자는 예수의 지상 활동과 제자들 앞에서 행하신 표징들을 되돌아보며, 이 복음서에 기록하지 못한 것이 아직 많이 있다고 토로한다. 그러나 그가 기록한 것은 "예수께서 메시아이시며 하느님의 아드님이심을 여러분이 믿게 …
하려는 것이다"(요한 20,31). 예수의 메시아성(더 자세한 규명이 필요하다)은 예수
의 실체를 특징짓기 위한 포괄적 장치다.

이 메시아 모습에는 모든 복음서 저자가 공통으로 지닌 특별하고 중요
한 내용이 담겨 있다. 그분은 모든 유다인의 기대를 뛰어넘어 인류의 구원
을 위해 당신 목숨을 바치시는 메시아라는 것이다. 예수의 죽음이 구원사
적 의미에서 각각 다르게 해석된다 할지라도, 메시아 예수의 수난과 죽음
여정은 네 복음서 저자 모두의 눈앞에 선명히 드러나 있다. 그 속에서 하
느님의 섭리가 드러나는 것으로 족하다(마르코/마태오). 그것은 하느님께서
베푸시는 영광으로 들어가는 문이고(루카), 죽음의 때에 하느님에 의해서
이루어질 영광이며(요한), 하느님 백성을 하나로 모으기 위한 풍요로운 사
건이다(요한 12,44). 그것은 당시 유다 전통에서는 유래를 찾을 수 없고 오직
원시 그리스도교의 케리그마*Kerygma*(복음 선포)에서만 나타나는 메시아관이
다. "그리스도께서는 성경 말씀대로 우리의 죄 때문에 돌아가시고 묻히셨
으며 성경 말씀대로 사흘날에 되살아나셨다"(1코린 15,3-4). 모든 복음서 저
자는 바로 이 케리그마를 충실히 지켰다.

2.2 하느님의 아드님 예수에 대한 믿음

한 가지 명백한 사실은, 모든 복음서 저자가 신원 서술어를 통해 메시아
예수와 하느님·이스라엘 백성·인류와의 관계를 더 확실히 밝히려고 노
력했다는 것이다. 그들은 더 자세한 규정 없이 메시아 개념만 쓰기를 원하
지 않았던 듯하다. 가장 선호한 보충어는 '하느님의 아드님'이었다. 마르코
는 이 어구를 자기 복음서의 '헤드라인'으로 부각시켰다. 고사본 중 충실히
검증된 문장에 따르면, 마르코 복음서의 첫 구절은 이렇다: **"하느님의 아
드님** 예수 그리스도의 복음의 시작"(마르 1,1). 메시아와 다윗의 자손에 관
한 대화(마르 12,35-37)에서 마르코는, 예수께서 다윗의 자손 이상이며 하느
님의 아드님인 주님이라는 것을 그리스도인 독자들에게 넌지시 알려 준

다. 모든 복음서 저자에게 예수의 세례는 그분을 '메시아로 축성하는 것'일
뿐 아니라 하느님의 아드님으로 계시하는 사건이다. 마태오는 동정녀 마
리아에게서 태어나신 분, "그리스도라고 불리는"(마태 1,16) 이 예수를 약속
된 임마누엘로 인지했다(마태 1,23). 하느님께서는 이분을 통해 당신 백성과
함께 계시다. 하느님께서는 친히 당신 '아들'을 이집트에서 불러내셨다(마
태 2,15). 예수께서 갈릴래아에서 전도하실 때, 배를 타고 호수를 건너던 제
자들이(이들은 믿음의 공동체를 대표한다) 호수 위를 걸어 오시는 예수를 보고 외
친다. "스승님은 참으로 하느님의 아드님이십니다"(마태 14,33). 베드로의
신앙고백은 이렇게 확대된다. "스승님은 살아 계신 하느님의 아드님 그리
스도(메시아)이십니다"(마태 16,16). 마태오는 예수를 메시아 정도로 지칭하는
것은 충분하지 못하고, 완전한 그리스도 고백은 예수께서 하느님의 아드
님이라는 것까지 포함되어야 한다고 생각했다. 천사가 마리아에게 예수
탄생을 예고할 때, 이 아기는 "지극히 높으신 분의 아드님"(루카 1,32)이고,
"하느님의 아드님"(루카 1,35)이라 불릴 것임을 루카는 분명히 밝힌 바 있다.
최고 의회에서 예수를 신문할 때, 대사제와 율법 학자들은 "'사람의 아들
은 전능하신 하느님의 오른쪽에 앉을' 것이다"(루카 22,69)라는 예수의 대답
에 만족하지 못하고 다시 묻는다. "그렇다면 당신이 하느님의 아들이라는
말이오?"(루카 22,70). 예수께서는 그러하다고 대답하신다.

　　이 문제와 관련하여 요한은 많은 것을 밝혀 준다. 성경에 예언된 메시아
를 만났다는 필립보의 말을 듣고(요한 1,45) 예수를 찾아간 나타나엘에게 예
수께서 인식의 기적을 베풀어 주시자, 그는 이렇게 고백한다. "스승님, 스
승님은 하느님의 아드님이십니다. 이스라엘의 임금님이십니다"(요한 1,49).
예수께서는 인류가 기다리던 구원의 임금님, 아니 그 이상이신 하느님의
아드님이라고 고백한 것이다. 이것이 그가 예수에게서 받은 첫인상이었
다. 마르타도 예수께서 이스라엘이 기대하던 메시아를 훨씬 능가하는 분
임을 고백한다. "저는 주님께서 이 세상에 오시기로 되어 있는 메시아시며
하느님의 아드님이심을 믿습니다"(요한 11,27). 이 복음서 저자는 믿음의 공

동체가 고백하는 그리스도 신앙을 여기 이입하고자 했으나, 그리하자니 메시아 개념만으로는 부족했다. 이 개념은 하느님의 아드님이라는 고백을 통해 격상된다. 이 추가적 신원 서술어가 이 복음서 저자의 요약에 한 번 더 등장한다. '예수께서는 메시아시며 하느님의 아드님이시다'(요한 20,31). 예수를 아버지와 긴밀히 결합해 계신 아들로 지칭하는 것이 놀랄 일은 아니다(5장 2.2 참조). 그러나 요한이 가장 선호하는 이 개념을 메시아 고백과 결부시킨다는 사실은 주목할 만하다. 이렇게 그는 공관복음서 저자들의 복음 선포와 맥을 같이한다. 예수께서 하느님의 아드님이라는 사실과 메시아라는 사실이 밀접히 연관되고, 또한 그것은 원시 그리스도교 신앙고백을 지탱하는 기둥이다.

'하느님의 아드님'은 인간의 영역에서 취한 유비類比적 표현 방식인바, 이 방식만으로는 애매성을 피할 길이 없다. 구약성경에서 '하느님의 아드님'은 이스라엘 백성이나(탈출 4,22-23; 예레 31,9.20; 호세 11,1) 왕을 지칭하는 용어로도 사용되었다(2사무 7,12-14; 시편 2,7; 110,3; 1역대 17,13; 22,10). 팔레스티나 유다 전통에서도 '하느님의 아드님'이라는 칭호는 특히 지혜문학적 사고와 관련해서 전혀 생소한 것이 아니었다.[6] 신약성경에서는 일찍부터 예수를 '하느님의 아드님'으로 불러 온 것이 거의 확실하다.[7] 이것이 발전을 거듭하여 요한 복음서에 와서는 이 '아들 그리스도론'Sohneschristologie이 절정에 이른다. 이 발전 과정에서 하느님의 아드님에 관한 공관복음서 진술들이 크게 기여했다. 공관복음서 포도밭 소작인의 비유에 나오는, 주인에게 하나 남은 사랑하는 아들(마르 12,6)은 바로 요한 복음서에서 말하는, 하느님께서 세상을 너무나 사랑하신 나머지 내주신 외아들(요한 3,16) 이외에

---

[6] 참조: M. HENGEL, *Der Sohn Gottes* (Tübingen ²1977) 67-89 [제1장, 각주 48].

[7] 참조: F. MUSSNER, "Ursprung und Entfaltung der neutestamentlichen Sohneschristologie", in: L. SCHEFFCZYK (Hrsg.) *Grundfragen der Christologie heute*, QD 72 (Freiburg - Basel - Wien 1975) 77-113. 그는 아들 그리스도론이 예언자 그리스도론에서 발전된 것으로 보고 있으며(97-100), 그가 그리스도론적인 아들 신원 서술어들의 다양한 해석을 강조하는 것은 옳다고 본다(104-107).

다른 이가 아니다. 공관복음서에 따르면 아버지께서 아들을 아시는 것처럼 아들도 아버지를 아신다(마태 11,27/루카 10,22). 이 아들이 다름 아닌 아버지께서 '모든 것을 그분 손에 내주셨던' 요한 복음서의 그 아들이다. 그것은 이 아들이 하느님의 말씀을 인간에게 전하고(요한 3,34-35) 그들에게 완전한 계시를 내려 주도록 하시기 위함이다(요한 1,18). 공관복음서에서 예수께서 세례를 받으실 때나 영광스럽게 변모하실 때 하느님께서 증언하신 이 아들이 바로, 요한 복음서에서 아버지께서 특별한 방법으로 증언하신 바로 그분이다(요한 5,37; 8,18; 참조: 1요한 5,9).

여하간 요한 복음서에서 예수는 당신 아버지와 긴밀하게 결합하여 함께 활동하시는 분이고(요한 5,19), 당신 말씀과 활동을 통해 아버지를 계시하시는 분이며(요한 10,37-38; 14,10-11), 이분을 보는 사람은 곧 아버지를 보는 것이라 할 만큼(요한 14,9) 아버지와 결합되어 계시는 분으로 묘사된다. 이런 진술들은 요한의 그리스도론으로만 이해될 수 있는 요한 복음서의 관건이다. 그러나 예수께서 오직 하느님의 권능으로 병자들을 고치시고 기적들을 행하셨다는 것은 요한 복음서뿐 아니라 공관복음서에도 충분히 밝혀졌다. 마귀 들린 사람들조차 예수를 '하느님의 아드님'으로 인정해야 했다(마르 3,11; 5,7). 마르코 복음에 묘사된 예수 모습은 '하느님의 아드님' 표상으로 점철되어 있다(제2장 2.1 참조). 이 '하느님의 아드님'이 최초의 복음서 저자로부터 마지막 저자, 즉 하느님의 신비가 완전히 밝혀지는 요한의 '아들 그리스도론'에 이르기까지 예수에 관한 모든 것을 하나로 묶는 노끈 역할을 한다. 예수를 하느님의 아드님으로 이해하는 데는 그리스도론적 반성이라는 큰 흐름이 모든 복음서를 관통한다. '예수께서는 하느님의 아드님이시다'라는 신앙고백구의 의미가 애매하여 다양한 표상들과 연관될 수 있다 하더라도, 요한 복음서에 서술된 하느님과 아드님의 '행동 통일성'과 '일치성'[8]은 아들의 동질성Sohneshomologese을 나타내는 일관된 정점이다. '하느

---

[8] MUSSNER, "Ursprung und Entfaltung" [각주 7] 107 u.ö.

님의 아드님' 칭호는 사도 바오로에게도 그리스도론적 진술의 핵심이다(갈라 1,16; 2,20; 4,4; 로마 1,3-4; 8,3.32 등). 이 표현을 발견함으로써 초대교회는 예수의 핵심 본질을 드러내고 그 의미를 설명할 효과적이고도 항구한 어구를 가지게 되었다. "**하느님의 아드님**은 그리스도교 신학에서 확고부동한 은유가 되었다. 그것은 하느님의 본질에서 유래하는 예수의 기원, 즉 모든 피조물에 대한 당신의 사랑을 뜻할 뿐 아니라, 그분이 하느님과 독특하게 결합해 계시면서 동시에 진정한 인간임을 뜻한다."[9]

2.3 구세주 예수

복음서 저자들이 공유하는 그 밖의 근본 확신은 예수께서 치유자요 구세주라는 것이다. 공관복음서에 예수께서는 병자들을 고치고 사람들의 영육을 치유하시는 의사로 나타난다. **마르코 복음서**는 예수의 치유 활동을 당시 민간 요법과 거의 유사하게 묘사한다. 즉, 병자들과 접촉하고, 그들의 몸을 만지며, 침을 발라 낫게 하는 것이다. 그러나 이때 예수의 권능이 사람들에게 흘러들어 그들이 완쾌된다. 이는 육체뿐 아니라 영혼도 치유함으로써 사람들을 다시 믿음의 공동체 안에서 하느님 평화 속에 살 수 있게 해 준다. 여기서 사람들은 하느님의 창조력과 그분의 인자하심을 체험한다(마르 7,37). 사람들은 마귀의 폭압에서 벗어나고 죄와 벌에서 해방된다(마르 2,5). 결정적인 것은 예수의 명령조 말씀이다. "내가 하고자 하니 깨끗하게 되어라"(마르 1,41). 치유 활동에는 상징적 요소도 있다(참조: 마르 5,41; 7,35). 구마와 치유에는 더 깊은 해석 가능성이 열려 있다. **마태오 복음서**에는 예수께서 백성들 한가운데서 병자들을 고쳐 주신 이야기가 증가한다. 치유 행위는 '메시아의 행위'로 이해되었다(마태 11,2-6). 마태오에게 예수의 치유 행위는 당신이 다윗의 자손이며 하느님의 종임을 입증하는 것이었다. 예수께서는 병자만 치유하신 것이 아니라 억압받는 사람들도 일으켜

---

[9] HENGEL, *Der Sohn Gottes* [각주 6] 142f.

세우신다(마태 12,19-20). 예수의 치유 활동은 구세주로서의 본질과 깊이 연관되고 비유다인들과도 관련된 당신 사명의 일부다. **루카 복음서**의 예수는 단순히 의사로 묘사된다(제4장 2.1.2 참조). 그러나 이 의사는 사람들의 병만 고치는 것이 아니라, 사회에서 소외된 사람들을 본디 상태로 회복시켜 주고, 그들을 짓누르는 죄악에서 해방시키며, 비참한 처지에서 구해 주신다. 예수께서는 바로 이 '잃어버린 사람들'에게 관심을 가지고 그들에게 이런 방식으로 하느님의 기쁨을 전해 주신다. 이분은 당신께 돌아오는 사람이면 누구에게나 하느님의 기쁨을 나누어 주신다(루카 15장; 19,10). 예수께서는 잡혀 간 사람들을 석방시키고, 눈먼 이들에게 빛을 주시며, 짓눌린 사람들을 해방시키고, 주님의 은혜로운 해를 선포하시는, 넓은 의미의 구원자다(루카 4,18-19). 마르코에서 출발하여 마태오를 거쳐 루카에 이르는 동안, 예수 구원 활동의 영역은 점점 더 넓어지고 있다.

요한 복음서에서는 하느님의 구원 진술들이 근원적인 것으로 고양된다. 하느님께서 당신 아드님을 세상에 보내셨다는 진술은 목적문과 결합된다. "믿는 사람은 누구나 사람의 아들 안에서 영원한 생명을 얻게 하려는 것이다"(요한 3,15; 참조: 3,16.17; 6,40; 10,10; 12,36.46-47). 공관복음서 패러다임에서 명백해진 것이 요한 복음서에서는 하느님께서 당신 아드님을 통해 인류에게 생명과 구원을 베푸신다는 신학적 진술이 되었다. 생명을 되살리시는 예수의 능력은 요한 복음서의 큰 표징들을 통해서도 생생하고 구체적으로 드러난다. 왕실 관리의 아들을 살리신 이야기(요한 4,49-53)에는 아들이 살아날 것이라는 말씀이 세 번이나 나온다. 벳자타 못 가의 반신불수를 고치시고는 이렇게 말씀하신다. "아버지께서 죽은 이들을 일으켜 다시 살리시는 것처럼, 아들도 자기가 원하는 이들을 다시 살린다"(요한 5,21). 요한 복음 6장 빵의 기적에서도 예수께서는 당신을 생명의 빵으로 계시하신다. 태어나면서부터 눈먼 사람을 고치신 것은 하느님의 일이 그 사람에게서 드러나게 하려는 것이었다고 말씀하신다(요한 9,3). 죽은 라자로를 살리시면서 예수께서는 당신을 부활이요 생명으로 계시하신다(요한 11,25).

예수의 언행은 당신을 생명 주시는 분으로 드러낸다. 공관복음서는 예수가 구원의 중개자라는 포괄적 시각의 토대를 마련했다. "그분 말고는 다른 누구에게도 구원이 없습니다"(사도 4,12)라는 베드로의 말은 초대교회의 보편적 확신이었다. 메시아요 하느님의 아드님이신 예수에 대한 시각은 그분의 구원에 관한 진술들 속에서 점점 더 공고해진다.

예수께서 메시아요 하느님의 아드님이며 생명을 가져오신 분임은 (본디의) 요한 복음서 말미에 인상 깊게 함축되어 있다. "이것들을 기록한 목적은 예수님께서 메시아시며 하느님의 아드님이심을 여러분이 믿고, 또 그렇게 믿어서 그분의 이름으로 생명을 얻게 하려는 것이다"(요한 20,31). 예수 그리스도에게서 유래하고 그분을 통해 얻어지는 생명으로 표현된 '이것'은 포괄적 구원, 인류의 새로운 창조를 말한다(요한 3,6-7). 공관복음서는 그것이 이미 예수의 말씀과 활동 속에 실현되고 있음을 보았다(참조: 마르 7,37; 루카 4,18-19; 7,22-23). 요한의 그리스도론은 구원 메시지의 완전한 형태다.

2.4 우리와는 전혀 다르신 분, 사람들 가운데서 하느님과 그분의 지존을 증거하시는 분

그리스도 선포에 함의된 하느님의 메시지에서 확실한 것 하나는, 인류 구원을 위해 세상에 오셔서 활동하신 하느님의 아드님은 놀랍고 도전적인 새 방식으로 하느님을 계시하신다는 것이다. 그분께서 선포하신 하느님은 사람들이 상상하고 기대하는 하느님과는 전혀 다르다. 예수께서는 위대하시고 세상을 초월하시며 인간이 이해할 수 없는 하느님을 선포하셨다. 예수 그리스도의 종교적 메시지는 지상적 · 인간적 사고와 맞서는 관점에서 이해될 수 있다. 이것은 모든 복음서의 일관된 관심사다. 예수께서 당신 백성 가운데서 하느님 나라의 선포자요 당시 지도층 인사들의 도전자로 등장하시든(마르코/마태오), 종교 · 사회 정세의 비판자요 새로운 사회 질서를 요구하는 예언자로 등장하시든(루카), 하늘에서 이 세상으로 보냄받아 내려오셨으나 호응을 얻지 못하신 분으로 등장하시든(요한), 그분은 늘 낯선 분이셨고, 갖은 오해를 받으셨으며, 이 세상과 전혀 다른 나라에 관해 증언하는 하느님의 사자이셨다. 그분은 우리와 판이한 하느님을 역설하시며, 자기 속에 갇힌 인간에게 당신의 복음을 받아들이라고 간곡히 호소하셨다. 예수께서 선포하신 이 종교적 메시지의 핵심은 모든 복음서 저자들이 묘사한 예수 모습에서 감지되며, 그들이 기획한 그리스도론적 구도에서 발견된다. 그러나 그것은 당시의 시대적 관심사와는 무관한 것이었다.

수난의 길을 가로막는 베드로에게 예수께서 내리신 준엄한 꾸중은 그분이 우리와 다르다는 것을 알리는 경구와 같다. "너는 하느님의 일은 생각하지 않고 사람의 일만 생각하는구나"(마르 8,33/마태 16,23). 인간의 생각을 거스르는 장면은 여기 말고도 여러 곳에 나타난다. 제자들이 서열 다툼을 할 때(마르 9,33-37과 병행구), 제자 아닌 사람이 마귀를 쫓아냈을 때(마르 9,38-41/루카 9,49-50), 제베대오의 아들들이 하느님 나라의 첫째 자리를 놓고 다툴 때(마르 10,35-45/마태 20,20-28; 루카 22,24-27), 사마리아의 한 마을 사람들이 예수님을 받아들이지 않을 때(루카 9,51-53), 잃었던 것들을 되찾는 비유에서(루카 15장), 부유함에 대해 입장을 취하실 때(마르 10,25-27과 병행구), 선한 포도밭 주인의 비유에서(마태 20,1-16), 바리사이와 세리의 비유에서(루카 18,9-14) 등이 그러하다. 모든 인간적 행위와 노력을 초월한다는 것은 마태오의 산상 설교(마태 5-7장)와 루카의 평지 설교(루카 6,20-49)가 더없이 잘 설명한다. 언제나 하느님과 그분의 뜻이 만물의 척도다. 예수께서는 군중에게 하느님을 바라보며 살라고 요구하시고, 하느님을 기준으로 행동할 규율을 제시하시면서 당신 가르침을 알아듣게 하시려고 애쓰셨음이 분명하다. 그러나 마르코 복음서에서는 제자들조차 아무것도 알아듣지 못했고, 유다 지도층과 대결하시는 마태오 복음서에서는 그 정도가 아니라, 사람들이 예수의 하느님 선포를 이해한다는 것이 불가능한 것으로 드러난다. 이러한 관점에서 마르코의 메시아 비밀은 예수의 공적 출현을 적절하게 해석한 것이다. 유다 지도자들과 예수의 대결은 예수를 죽음으로 몰고 가는 피할 수 없는 충돌을 낳고(마태오), 소외되고 가난하고 억압받는 사람들에 대한 예수의 헌신은 그분께서 박해와 수난의 길을 가야 할 중요한 이유가 된다(루카). 예수께서 유다적 메시아상이나 헬레니즘적 구세주상과 여러 모로 달리 묘사되는 것은, 당신의 자리를 시대적 관점에서가 아니라 하느님께서 정하신 당신의 길에서 찾으시는 예수의 사고방식 때문이다. 모든 것은 하느님을 통해 십자가와 부활로 나아가고 있다. 예수의 범상치 않은 출현은, 그분이 하느님은 인간과 다른 존재라는 것을 인류에게 일깨우러 오신 하느님의 대리자이며 대행자라는 데 근거한다. 그분은 모든 인간적 척도를 뛰어넘기에 운명적 고난의 길을 가실 수밖에 없다.

하느님에게서 오셔서 하느님의 '진리'를 알려 주시고, 이 진리로써 인간과 대결하시는 이 계시자에 관한 시각은 요한 복음서에서 절정에 이른다. 사람들이 그분을 이해하지도 받아들이지도 않기 때문에, 이 시각은 이원론적일 수밖에 없다. 그분은 지상이 아니라 하늘에서 오셨다. 그분은 "모든 것 위에 계신다"(요한 3,31). "그러나 아무도 그분의 증언을 받아들이지 않는다"(요한 3,32). 사람들은 모두 "아래에서" 왔고, 그분은 "위에서" 오셨다(요한 8,23). 하느님께서 보증하시고 입증하시는 그분의 말씀과 행적에도 불구하고, 사람들은 그분을 거부하고 미워했다(요한 15,22-24). 그들에게 그분은 낯설고 도저히 이해될 수 없었다(요한 6,41-42). 그분은 당신 말씀 때문에 사람들과 충돌하시고(요한 6,61-62), 놀라운 일들을 하시고도 사람들을 납득시킬 수 없으셨다(요한 10,32.37-38). 하느님께서 그분을 보내셨음을 믿는 이들만 그분을 이해한다. 그분은 하느님께 등 돌린 이 어두운 세상에서 그들을 지켜 주시려고 아버지께 빈다(요한 17,9-11). 이를 위해 그분은 성령을 보내신다(요한 14,16-17). 눈먼 인류를 구원하시려고 지상에 오신 하느님의 외아들이 사람들에게 세상을 초월해 계시는 거룩하신 하느님을 알려 주신다는 것이 이 복음서의 핵심 주제다(요한 1,18; 3,16; 17,3).

이렇게 공관복음서에서 예수의 복음 선포와 활동의 기본 노선으로 인식되던 것이 이제 더 높은 차원으로 승화된다. 예수 그리스도는 하느님이 우리와는 전혀 다르시다는 것을 가르쳐 주시고, 인류를 구원하시려는 그분의 뜻을 알려 주시며, 인류에 대한 그분의 변함없는 배려를 깨우치고 입증하시는 하느님의 사자요 세상의 구원자다. 오직 하느님에 의해서만, 그리고 강생하신 말씀으로 이루어지는 그분의 자기 계시에 의해서만 예수의 등장과 그분께서 겪으신 저항이 이해될 수 있다. 하느님은 요한의 그리스도께서 알려 주신 그런 분이시기에, 예수 역사의 드라마도 그렇게 전개된다. 요한 복음서에서 사람들이 예수를 오해하고 박해하여 십자가 죽음으로까지 내몬 것은 공관복음서의 서술과 조금도 다르지 않다. 하느님께서는 오해받아 죽임 당하신 이 사람의 아들을 십자가에서 높이 들어 올리시어 당신 영광 속으로 받아들이셨기 때문에, 이 드라마는 예수 부활로 끝난다. 이 또한 공관복음서의 서술과 다르지 않다. 바로 이곳에, (공관복음서 저자들이 이미 밝힌바) 하느님 계획에 따른 인류 구원이 보장되어 있기 때문에, 요한의 그리스도는 당신이 실제로 행하신 것과 다르게 말씀하실 수도 처신하실 수도 없다. 그분은 하느님의 존재와 그분의 뜻, 우리를 해방하는 하느님의 진리를 증거하기 위해 태어나셨고 이 세상에 오셨다(요한 18,37). 요한이 그리스도의 모습을 하느님, 인간 그리고 하느님께 등 돌린 세상과 연관 지었다면, 그 모습은 이전 복음서들의 그리스도 모습과 다를 바 없다.

3. 복음서 저자들이 서술한 믿음의 예수 그리스도와 역사에 등장하신 나자렛 예수와의 관계

역사에 등장하신 나자렛 예수의 모습을 역사비평적 방법으로 신빙성 있게 복원한다는 것은 불가능하며, 설사 어느 정도까지 가능하다 해도, 그것만으로는 부족하다는 것을 이 책 제1장에서 고찰한 바 있다. 그 때문에 우리는, 복음서 저자들의 서술 구도와 의도를 규명함으로써 그들이 구성한 믿음의 예수 그리스도의 모습을 밝히고, 묘사 방식은 서로 다를지라도 그것이 근본적으로는 동일한 예수 그리스도상임을 입증하고자 했다. 이것이 그리스도교가 오늘에 이르기까지 모든 세기를 통해서 받아들이고 간직해 온 그분의 모습이다. 여기서 피해 갈 수 없는 문제가 있다. 그렇다면 이성적·학문적 연구보다 이런 방법으로 예수의 실체에 더 가까이 접근할 수 있단 말인가? 믿음에서 생성된 모습이란 결국 복음서 저자의 구상에 불과하고, 착각에 지나지 않으며, 신화 외에 다른 것이 아니지 않은가? 이 모습이 과연 예수의 실체를 더 깊이 인식하게 해 줄 수 있는가, 아니면 역사적 예수의 문제 있고 제한적인 모습에 만족해야 하는가? 역사적 예수에 관한 지식이 충분하지 않다 하더라도 이를 기초로 각자 믿음의 예수 그리스도 상에 관해 숙고해 보도록, 이런 문제들을 진지하게 고민하는 사람들에게 맡겨 두는 것이 옳지 않겠는가? 이 믿음의 예수 그리스도 모습 속에는 십자가에 죽으신 분이 부활하셨다는 원시 그리스도교의 믿음도 오롯이 포함되어 있을 수 있다. 원시 그리스도교의 '케리그마'도 복음서 저자들과 다르게 해석될 수 있는가? 각자 다르게 서술한 것은 사실이지만 복음서 저자들은 서로 조화를 이루며 동일한 케리그마를 선포했다.

사도행전에 수록된 담화들, 사도 바오로, 요한 그리고 그 밖의 원시 그리스도교 신학자들의 문헌 속에 전개되는 신약성경의 그리스도론이, 십자가에 죽으시고 부활하시고 이제는 하느님과 함께 계시는 그리스도 현존에 대해 또 다른 설명 가능성을 제시해 주는지도 물어야 한다. 신약성경의 다양한 '그리스도론들'은 예리하게 탐구되어, 그 다양한 전개 방식들과 구조적 윤곽들이 밝혀졌다. 이 다양한 그리스도론들이 궁극적으로 (코린토 전서 15장 3-5절에 요약되어 있듯이) 원시 그리스도교 케리그마에 귀결된다는 점에 대해서는 이론異論의 여지가 없다. 초기 교회에서 전개되던 이 그리스도론들과 비교하건대 네 복음서 저자들은 명백한 장점을 가지고 있었다. 그들은 역사적 예수에 관한 전승을 받아들여, 그것을 십자가에서 죽으시고 부활하시고 들어 올림 받으신 주님과 결합시켰다. 그 후 교부들도 예수 그리스도에 대해서 깊이 사색할 때마다 항상 이 복음서들을 참조했다. 특히 마태오 복음서[10▶]와 요한 복음서[11▶]의 영향이 지대하여 복음서 영향사에 괄목할 만한 족적을 남겼다. 그리스도론 발전 과정에서 이 네 복음서들은 탁월한 위상을 점했다. 복음서 저자들이 제시한 믿음의 예수 그리스도상은 이런 의미에서 중요하다.

일찍이 초대교회가 역사적 예수의 말씀과 행적을 수집하여 이야기 형태로 꾸미고, 때로 해석을 덧붙여 전한 흔적은 모든 복음서에 나타난다. 오늘날 누군가 예수 역사성의 근거를 묻는다면, 역사적 예수에 관한 전승들을 근거로 저술된 복음서들을 제시하면 된다. 복음서 저자들은 모두 예수의 삶에서 유래한 이야기들을 서술함으로써 역사상 실제로 일어난 사실들을 전한다는 확신을 가지고 있었다(이 점은 특히 루카 복음 1장 1-4절에 분명히 드러난다). 물론 그것을 재전달하는 방식은 각기 다르다. 공관복음서들을 서로 비교하고 더 나아가 공관복음서들과 요한 복음서를 비교해 보면, 그들 사이에 내재한 긴장이 발견되고, 심지어 서로 모순되는 난제들도 간혹 드러난다. 이 전승들에 대한 입장도 각양각색이다. 이 전승들을 정밀 분석하여 역사적으로 신뢰할 수 있는 데까지 추적·규명하려는 성서주석학적 노력은 이해할 만하고 정당한 것이다. 그러나 그 결과, 전승사와 편집사를 둘러싼 끝없는 논쟁 속에서 하루도 편한 날이 없었던 것도 사실이다. 이러한 학문적 노력으로 예수의 복음 선포, 제자들을 모음, 적대자들과의 대결 그리고 십자가의 길에 관한 보편적 시각을 획득할 수 있었고 전승의 여러 개별적 문제도 해결할 수 있게 되었다. 그리고 현저히 확대·변경된 예수의 말씀과 행적들은 부활 후 공동체에 의한 것으로 여기게 되었다. 예수의 전사前史와 부활 이야기만 보더라도, 우리의 역사적 인식을 뛰어넘는 해석은

◀10 참조: E. MASSAUX, *Influence de l'Evangile de saint Matthieu sur la littérature chrétienne avant S. Irénée* (Louvain - Gembloux 1950).

◀11 참조: W. VON LOEWENICH, *Das Johannes-Verständnis im zweiten Jahrhundert*, BZNW 13 (Gießen 1932); J.N. SANDERS, *The Fourth Gospel in the Early Church: Origin and Influence on Christian Theology up to Irenaeus* (Cambridge 1943); F.M. BRAUN, *Jean le théologien et son évangile dans l'église ancienne, EB* (Paris 1959) 69-296; T.E. POLLARD, *Johannine Christology and the Early Church*, MSSNTS 13 (Cambridge 1970).

대개 복음서 저자들이 활용한 전승의 일부였고, 그곳에 나타난 예수 모습과 결합되어 있었다. 예수 생애의 개별적 사건에서도 적지 않은 것들이 여기 해당한다. 복음서 저자들의 예수 모습은 많은 전승에서 영향을 받았다. 여기서 유념할 것은 그로 인해 예수의 모습이 왜곡·폐기된 경우는 없었다는 것이다. 복음서 저자들은 예수에 대한 특정 시각을 가지고 집필에 착수했고, 예수의 말씀과 행적에 관한 구체적 전승들을 일정한 구도 속에 배치시켜 복음서를 완성했다. 이를 확인할 수 있는 사례는 다음과 같다.

예수의 복음 선포에서 역사적으로 가장 확실하게 확인할 수 있는 것은 임박한 하느님 나라에 관한 메시지다. 이것은 그분의 등장과 가르침, 인간에 대한 요청과 약속을 규정하는 기본 주제다. 다음 경구에 예수의 자의식이 집약되어 있다. "내가 하느님의 손가락으로 마귀들을 쫓아내는 것이면, 하느님의 나라가 이미 너희에게 와 있는 것이다"(루카 11,20/마태 12,28). 그러나 하느님 나라가 예수의 활동 속에 이미 온존하는가, 아니면 이제 오기 시작하여 종말에 비로소 완성될 것인가 하는 문제는 논란거리다. 예수의 미래 지향적 시각에 대해서는 이의가 없고, 다만 하느님 나라의 현재성과 미래성의 관계가 논란의 여지를 남긴다. 이 문제는 예수 전승의 임박한 재림에 대한 기대 때문에 민감해졌다. 슈바이처A. Schweitzer나 바이스J. Weiss 같은 학자들과 그 밖의 종말론자들은, 예수께서 임박한 종말을 심각하게 기다리셨는데 이루어지지 않자, 재림에 대한 초대교회의 관심도 점차 잦아들었다고 주장한다. 확정된 종말 시기(세대가 살아 있는 동안)를 전망하는 말씀이 예수 전승에서 전해지고 있다(마태 10,23; 마르 9,1과 병행구; 마태 13,29-30과 병행구). 그러나 전승사적으로, 이 '삶의 자리'가 교회라는 것은 아무도 부정하지 못할 것이다.[12]

---

[12] 참조: L. OBERLINNER, "Die Stellung der 'Terminworte' in der eschatologischen Verkündigung des Neuen Testaments", in: D. ZELLER (Hrsg.) *Gegenwart und kommendes Reich* (Stuttgart 1975) 51-66; 역사적 예수가 확정된 종말 시기를 언급했다는 주장을 이구동성으로 거부하는 기타 최근 주석서들.

　복음서 저자들은 이 전승을 어떻게 대했을까? 그들은 예수 말씀의 진실
성을 확신했기 때문에 그것으로 흔들리지는 않았다. 그들은 예수 말씀이
실현되지 않음을 주님에 대한 믿음과 결부시켰다. 사태의 심각성을 절감
한 루카는 그 시기를 교회로 연장시킴으로써 문제를 해결하려 했다(제4장
1.6 참조). 그의 해법은 이렇다. "그때와 시기는 아버지께서 당신의 권한으
로 정하셨으니 너희가 알 바 아니다"(사도 1,7). 훗날 이 입장이 관철되었다.
예수 시기가 성령 시기인 교회 시기로 넘어온 것이다. 고대 교회는 재림
문제에 더 이상 관심을 두지 않았다. 신자들은 교회 안에 계속 살아 계신
주님의 현존을 확신했고, 그리스도의 재림과 시대의 완성은 하느님 뜻에
맡겼다. 이 역사비평적 난제는 성령 안에 계속 살아 계신 예수라는 복음서
저자들의 시각으로 극복되었다. 예수께서 하느님 나라의 도래를 선포하셨
으되 확실한 시점에 관해서는 침묵하셨음을 확신한 복음서 저자들의 시각
이, 역사비평론자들의 생각보다 오히려 역사적 진실에 더 가깝지 않을까?
　또 다른 예는 예수의 치유 기적 문제다. 많은 경우, 치유 기적은 당시의
관념에 따라 원시적·주술적 어조로 묘사된다. (특정 양식을 지닌) 이야기
구도들은 시대적 배경에서 이해될 수 있지만, 예수 치유 활동의 고유성도
튼실히 견지한다. 이 기적 이야기에는 예수의 활동을 비범하게 제시하려
는 역사적 의도가 깔려 있다. "이런 일은 일찍이 본 적이 없다"(마르 2,12).
"태어날 때부터 눈이 먼 사람의 눈을 누가 뜨게 해 주었다는 말을 일찍이
들어 본 적이 없다"(요한 9,32). 복음서 저자들의 서술에는 과장도 더러 있고
개연성이 희박한 부분도 없지 않지만, 예수께서 병자들을 고쳐 주셨다는
사실만큼은 확실하다. 치유 이야기가 이토록 많이 전해지고 또 그것이 시
대 상황과 부합한다는 사실은 예수의 치유 기적에 대한 근본 확신을 흔들
리지 않게 지탱하는 요소다. 타이센은 예수의 기적에 관한 그의 비평적 개
관에서 이렇게 썼다. "예수께서는 분명히 기적을 행하셨고, 병자를 고치셨
으며, 마귀를 쫓아내셨다. 그러나 기적 이야기는 이 역사적 사건들을 다소
과장했다. … 예수께서는 묵시문학적이며 기적을 행하시는 카리스마적 인

물로서 종교사에 독특한 분으로 서 계시다."[13] 하느님 권능에서 솟아 나오는 힘으로 예수께서 병자들을 치유하여 주셨다는 확신과 예수께서는 오로지 당신의 말씀 한마디로 병자들을 고쳐 주셨다는 것이 이 모든 이야기의 배후에 깔려 있다. 이것이 바로 복음서 저자들이 예수에 대해서 강조하고자 했던 것이다. 따라서 치유에 관한 이야기들이 모두 그 신빙성을 지니고 있는지 검토해 볼 필요가 없다고 본다. 복음서 저자들은 본질적인 것에 초점을 맞추고 있기 때문이다.

세 번째 예는 예수의 윤리적 가르침이다. 모든 공관복음서에서 예수께서는 때로 인간에게 상식을 초월하는 극단적 요구를 하신다. 다가오는 하느님 나라에 들어가려는 이들에게 예수께서 특별히 요구하시는 것은, 많은 재산과 권력을 포기하고, 하느님의 사랑과 자비를 체험한 그대로 이웃에게도 성심껏 실천하며, 가난하고 소외된 사람들에게 헌신하고, 예수를 따라 고난의 길을 걸어라는 것이다. 복음서 저자들이 수집한 전승 사료들은 풍성했다. 그들은 예수의 말씀들을 예수께서 사람들과 만나면서 겪으신 구체적 사건들과 결부시켜 보완했고, 예수께서 들려주신 비유들과 결합시켜 풍요롭게 했다. 예수의 윤리적 가르침에 관한 자료가 이토록 많으니, 예수께서 윤리적 문제에 투신하셨다는 사실에 이의를 제기하는 사람도 없을뿐더러, 오히려 이 점을 본질적 사명으로 인정하고 있다. 역사적 예수와 그분에 대한 일화들에 비판적인 신학자들조차도 이 점에 대해서만큼은 감히 반론을 제기하지 못했다(참조: 슈바이처, 불트만).

그러나 이런 요구들과 그 모티프의 근본 정신을 따지고 들면 현격한 차이가 드러난다. 여기서 모든 유다 도덕률의 근원인 율법은 어떤 역할을 하는가? "율법에서 한 획이 빠지는 것보다 하늘과 땅이 사라지는 것이 더 쉽다"(루카 16,17; 참조: 마태 5,18). 그러나 마치 새로운 율법을 가르치고 유다인의 율법 해석과 율법 준수를 준엄하게 꾸짖는 듯한 예수의 말씀들도 전해

---

[13] G. Theissen, *Urchristliche Wundergeschichten* (Gütersloh 1974) 274.

진다. 예수께서는 토라의 이혼, 맹세, 보복 규정을 폐기하지 않으셨던가? 정결법과 안식법도 폐기하지 않으셨던가? 율법 해석에 관한 예수의 일관된 입장을 찾기란 쉽지 않다. 이 문제에 관해 불트만은 하나의 기본적 해답을 제시한다. 예수께서는 인간에게 근본적인 순명을 요구하셨다는 것이다. 이 해답은 새로운 실존 이해를 내포하고 있다. 하느님의 뜻을 밝혀 주는 것은 외적 권위가 아니다. "하느님께서 요구하는 것이 무엇인지 인간 스스로 깨닫기를 바라시고 또 그리하도록 맡겨 두셨다. 인간은 하느님께서 무엇을 요구하시는지 알 수가 있다".[14] 자율을 추구하는 현대인들에게 이 설명은 매우 환영할 테지만, 여기에는 아직 물질적 가치윤리의 문제들이 남아 있어서 예수의 구체적인 결단들을 도외시할 수 없게 만든다. '삶의 자리'와 복음서 저자들의 편집에 주목하는 비평적 개별 연구가 율법 문제를 해결할 수는 없다.[15] 율법 문제와 예수의 윤리 지침에 관한 제반 주장들을 제대로 평가하려면 복음서 저자들의 시각을 각자의 시대 상황에서 비교·고찰해 보아야겠으나, 이 책에서는 다할 수도 없고 그럴 필요도 없다.

개개의 복음서 저자를 살펴보면, 예수의 윤리관에 관한 시각차가 발견된다. 가령 마르코는 하느님의 계명과 사람의 규정의 대립과(마르 7,6-13), 다른 두 공관복음서에서도 전면에 부각되는 하느님 사랑과 이웃 사랑의 이중 계명을 강조한다(마르 12,28-34). 마태오는 유다적 율법과 그 준수에 대한 결정적이고 차별화된 시각을 지니고 있다(제3장 2.3 참조). 루카는 가난한 이, 고통받는 이, 여자에 대한 사회적 요구를 부각시킨다(제4장 2.2-3 참조). 요한은 그리스도의 사랑 안에 머무르기 위한 형제(자매)적 사랑의 새로운 계명을 강조한다(요한 13,34-35; 15,12-17). 각 복음서 저자는 나름의 그리스도론에 입각해서 예수의 윤리적 가르침을 전개했다. 그러나 모든 복음서 저

---

[14] R. BULTMANN, *Jesus* [제1장, 각주 6] 68.

[15] 참조: H. HÜBNER, *Das Gesetz in der synoptischen Tradition* (Witten 1973); A. SAND, *Das Gesetz und die Propheten* (Regensburg 1974); H. MERKLEIN, *Die Gottesherrschaft als Handlungsprinzip*, FzB 34 (Würzburg ²1981); R. SCHNACKENBURG, *Die sittliche Botschaft des Neuen Testaments* 1: *Von Jesus zur Urkirche* (Freiburg - Basel - Wien 1986) 69-76.

자가 기본적으로 합의하는 인식은 하느님께 근거한 예수의 권위다. "내가 너희에게 명령한 모든 것을 가르쳐 지키게 하여라"(마태 28,20). 예수의 권위를 강조하는 데는 모든 복음서 저자의 의견이 일치한다. 그들에게 예수는 하느님의 뜻을 알려 주는 절대적 계시자다.

복음서 저자들이 재구성하여 전하는 기사들이 개별적 문제에까지 답할 수는 없지만, 예수의 윤리적 설교의 본질은 보게 해 준다. 역사적 근거가 전제되어 있긴 하지만, 복음서 저자들의 신앙적 시각 속에서는 그냥 넘겨 버리고 만다. 이 역사적 토대는 예수의 하느님 나라 선포와 치유 기적 속에 그대로 보존되어 예수의 말씀과 담화, 유다인들과의 대화와 대립을 통해 더욱 강화되었지만, 본연의 주제로 인식되지는 않는다. 모든 것은 듣는 이에게 받아들여져야 하고, 예수 그리스도를 믿는 이들이 실천해야 한다. 모든 것은 이러한 직접적 요구를 목표로 책정되었다.

복음서 저자들은 개별 전승들이 전하는 예수의 모습을 단순히 나열한 것이 아니라 이미 그들이 구상하고 있던 예수의 전체적 표상에서 출발했고, 이 믿음을 더 선명하게 표현하기 위해 예수에 관한 개별 전승들을 자료로 활용했다. 그들은 모자이크를 만들려고 한 것이 아니라, 다채로운 요소로 구성된 하나의 온전한 초상화를 그리고 싶었던 것이다. 이 초상화는 예수의 설교와 가르침, 치유 활동과 기적 행위, 공적 활동과 제자 교육으로 이루어져 있다. 그것은 역사적 예수를 그대로 찍은 사진이라기보다는 그분을 그린 한 폭의 그림이다. 그분의 중요한 행적들을 정확하게 사실적으로 전해 주는 사진보다 오히려 이 그림이 그분에 대해 더 풍부하고 깊은 이해를 제공한다. 이 그림은 사실적이랄 수는 없지만 그 어떤 사진보다 진실하다. 그것은 예수의 의지와 동기, 그분을 움직이는 내면의 힘을 충분히 밝혀 주며, 예수의 신비를 들여다볼 눈을 열어 준다. 이 신비를 있는 그대로 파악할 수는 없지만 충분히 짐작할 수 있고 믿음으로 이해할 수 있다.

예수의 실체를 정확하게 보여 주는 그분의 모습은 그렇게 생성되었다. 이것은 그분과 하느님과의 관계와 결합을 떠나서는 결코 이해될 수 없다.

마르코가 자기의 메시아 비밀을 통해 강조했고 다른 복음서 저자들도 사람들 한가운데서 활동하시는 모습을 통해 조명한 예수 실체의 신비를, 그분의 인간적 측면, 말하자면 출현의 겉모양만 가지고는 이해할 수 없고, 오직 하느님 안에 뿌리내린 그분의 숨겨진 내면을 함께 바라볼 때 옳게 이해할 수 있다. 복음서 저자들이 각각 자기 방식대로 표현하고자 했던 것이 바로 이것이다. 그들은 예수께서 하느님과 결합되어 계시는 분임을 특정 신원 서술어를 통해 표현했다. 유다적 사유를 초월하는 포괄적 의미로서의 '하느님의 아드님', '메시아', 모세 같은 '예언자', '임금', '주님' 등이다. 하느님 안에 닻을 내리지 않았다면, 예수의 실체는 그림자에 지나지 않고, 실제가 아니며, 설명될 수 없다. 복음서에서 복음서로 이어지면서 예수 실체의 비밀이 밝혀져 오다가, 요한 복음서에 이르러 선재하시는 하느님의 아드님에 관한 진술로 절정을 맞는다. 하느님의 아드님은 하느님과 함께 계셨고, 스스로 하느님이시며, 그분의 영광 속에 계시는 하느님의 본질과 진리를 인간에게 알리기 위해 사람으로 이 세상에 오셨다.

　복음서의 예수 모습과 역사적 예수의 관계는 이렇게 규정할 수 있겠다: 복음서 저자들은 예수에 관해서 서술할 때, 그분에 관한 역사적 전승들을 전제하고 활용하여, 그들이 그리고자 하는 예수 모습에 색을 입힘으로써 강렬하게 표현했다. 그들은 진실을 보장하는 전승을 근거로 예수의 역사적 등장과 활동을 회억懷憶하면서, 지상에 출현하신 이 신비로운 하느님의 아드님에게 '사람'이라는 옷을 입혔다. 여기서 그 역사적 지평을 직접 식별할 길은 없으나, 적어도 그것이 허황된 미망은 아니라는 것은 알 수 있다. 신앙의 시각은 과거로 향하고 있지만 동시에 현재적이며, 인류에게 중요한 의미가 있는 미래도 내다보고 있다. 그것은 마치 높은 산에 올라 인간 세상의 계곡을 내려다보면서도, 한편으로는 끝없이 펼쳐진 하늘을 올려다보는 것과 같다.

4. 전망

예수를 저마다 고유한 시각으로 전하는 이 네 형태의 복음서가 남아 있어 고맙기 그지없다. 긴 세월에 걸쳐 일어난 일들을 수록한 이 네 복음서는, 시간의 흐름 속에서, 그 흐름과 더불어, 예수 그리스도의 복음이라는 하나의 복음을 증언한다. 각 복음서의 시대적 상황, 역사적 배경, 수신인과 수신 공동체에 특별히 전하는 내용들이 예수의 역사를 복원하는 데 새로운 단서들을 제공한다. 네 복음서 정경Vier-Evangelien-Kanon 형성 과정 자체가 초대교회의 역사를 증언한다. 네 복음서 정경 형성은 2세기 초를 소급 상한선으로 삼는다. 2~4세기에 출현한 위경 복음서들die apokryphen Evangelien은 내용상 가치가 없어서 네 정경 복음서에 비할 바 못 된다. 이 위경 복음서들은 전설과 부분적으로는 판타지로 점철되어 있다. 리옹의 이레네우스(†202년경)에게는 더도 덜도 아닌, 오직 네 복음서만 있었다. 이 네 복음서만 사도 전승을 보증하고 예수와 그분의 복음에 표준이 되었다. 영으로 충만한 이 복음서들은 '복음'이라는 건물을 떠받치는 네 기둥이다.

그러나 이 네 기둥의 상징은 복음의 실체를 표현하기에 불충분하며 논란의 여지도 많다. 그것은 강처럼 살아 흐르는 전승의 성격을 간과한 정적인 모델에 불과할뿐더러, 이 네 기둥이 어떻게 건물을 떠받치고 있는지도 설명하지 못한다. 네 복음서는 단순히 별개로 다루어질 수 없으며 상호 비교를 통해 가능한 한 조화를 이루게 해야 한다. 네 복음서는 긴 형성 과정을 거치면서 하나씩 완성되었다. 맨 먼저 출현한 마르코 복음서는 뒤이어 나올 두 공관복음서(마태오, 루카)는 물론, 요한 복음서의 토대가 된다. 마르코 복음서에 예수 어록(Q) 전승, 유다계 그리스도교 전승, 그리고 그 밖의 다양한 개별 사화들과 해석이 추가 · 보완되고 일부 변경되어 마태오 · 루카 복음서가 출현한다. 이처럼 복음서 전승 전체는, 마치 강이 지류에서 흘러드는 새 물을 받아들여 점차 더 큰 강이 되어 가듯, 큰 흐름으로 전해졌고, 예수의 실체를 깊이 묵상해 가는 가운데 예수의 모습을 더욱 깊고

넓게 전해 줄 수 있게 되었다. 예수에 대한 깊은 그리스도론적 관조는 요한 복음서에 와서 절정에 이른다.

2세기 시리아 지방에서는 다양한 복음서들을 종합해서 통일된 예수 역사를 정립하려는 시도가 있었다. 170년경 시리아의 타티아누스Tatianus는 『디아테사론』Diatessaron('네 복음서에 따라' 균형 있게 편찬된 복음서)이라는 일종의 복음서 조화록을 출간했다.[16] 네 복음서를 통합적으로 보려는 이 시도는 복음서가 하나라는 생각에서 출발했겠지만, 네 복음서도 저마다 고유한 시각을 지닌다는 사실을 간과했다. 이것은 복음서가 견고한 건물과 같다는 인상을 리옹의 이레네우스보다 더 강하게 풍기고 있다. 이레네우스는 『디아테사론』의 출간 사실을 몰랐던 것 같다. 이 네 복음서 정경은 그리스도 계시의 가장 중요하고 항구한 부분을 전함으로써 역사적 예수의 실체와 그 초역사적 의미를 깨닫게 해 준다.

나는 예수 그리스도의 복음이라는 건물을 지탱하는 네 기둥이라는 정적 상징 대신, 복음서 생성 과정의 유동성과 역동성을 생생하게 보여 주는 다른 상징을 성경의 맥락에서 취하고자 한다. 그것은 에덴에서 흘러나와 당시 알려진 모든 지역을 적시던 낙원의 네 강줄기다(창세 2,10-14). 이 신화적 분위기의 오래된 텍스트가 낙원 이야기에 유입되었다. 동쪽에서 흘러나온 이 네 갈래의 강줄기(현재 확인된 것은 티그리스와 유프라테스 강뿐이다)가 하느님에게서 흘러나오는 생명의 강을 상징한다. 요한 묵시록은 완성된 하느님 나라, 새로운 예루살렘을 그리기 위해 상징적 의미를 지닌 이 서술을 끌어들인다. "그 천사는 또 수정처럼 빛나는 생명수의 강을 나에게 보여 주었습니다"(묵시 22,1). 바로 이 상징이 네 복음서에도 적용될 수 있지 않겠는가? 이 네 복음서가 예수 그리스도를 통해 나타나는 계시와 생명의 강에서 흘러나오기 때문이다. 이 하나의 복음이 종말에 구현될 하느님 나라의 도래, 하느님의 세계 통치의 신비를 밝히며, 인간에게 치유와 구원을 가져다

---

[16] 참조: A. WIKENHAUSER/J. SCHMID, *Einleitung in das Neue Testament* (Freiburg - Basel - Wien ⁶1973) 128-134.

주는 신적 생명의 강물을 흘려보낸다. 이것을 요한 묵시록의 환시에 따라
더 넓게 해석할 수 있을 것이다. "강 이쪽저쪽에는 열두 번 열매를 맺는 생
명 나무가 있어서 다달이 열매를 내놓습니다. 그리고 그 나뭇잎은 민족들
을 치료하는 데에 쓰입니다"(묵시 22,2). 복음도 이렇게 발전하면서 민족들
을 구원하는 데 쓰일 열매를 제공한다. 복음은 생명의 강으로 끝없이 흘러
온 세상 모든 민족에게 선포되어야 하고 항상 새롭게 전해져야 한다(마르
13,10; 마태 28,19). 그것은 메마른 대지를 적시고 인류의 갈증을 풀어 준다.
요한 복음서는 예수께서 주시는 물을 마시는 사람은 다시는 목마르지 않
으리라고 한다. "내가 주는 물은 그 사람 안에서 물이 솟는 샘이 되어 영원
한 생명을 누리게 할 것이다"(요한 4,14). 사도 바오로의 가르침도 결코 다르
지 않다. "복음은 … 믿는 사람이면 누구에게나 구원을 가져다주는 하느님
의 힘입니다"(로마 1,16).

역자 후기

오랫동안 서울 가톨릭 대학교에서 신약학을 강의하면서 학생들에게 도움될 참고서를 마련해 주어야겠다는 생각이 간절했으나, 사정이 여의치 못해 실현하지 못하다가, 마침 정년퇴임과 함께 시간적 여유를 얻어 그 뜻을 이루게 되었다.

루돌프 슈낙켄부르크R. Schnackenburg는 역자가 1960년대 유럽에서 공부할 때, 먼발치에서 깊이 존경하며 많은 가르침을 받았던 뷔르츠부르크Würzburg 대학의 신약학 교수였다. 20세기 후반 신약학에 큰 족적을 남긴 이 대가가 평생 연구하고 묵상하던 주제, 즉 예수님은 어떤 분이신가, 그분은 우리에게 어떤 의미를 지니는가라는 근본 문제를 만년에, 특히 젊은이들을 위해 학문적으로 정리·설명한 책이 『복음서의 예수 그리스도』다.

번역이 끝나갈 무렵, 당대의 석학 교황 베네딕도 16세께서 자신의 저서 『나자렛 예수』Jesus von Nazareth(2007) 서문에 슈낙켄부르크의 연구를 높이 평가하고, 본문에도 자주 인용하신 것을 보았다. 서울 대교구장 정진석 추기경께서도 '추천사'에서 이 사실을 언급하셨다. 이 책이 거듭 추천을 받은 셈이다. 예수님을 찾는 사람들에게 이 역서가 조금이라도 도움이 된다면, 역자에게 그보다 기쁜 일은 없겠다.

'추천사'를 써 주신 정 추기경님과 이 책이 나오기까지 여러모로 도와주신 모든 분, 특히 분도출판사에 감사의 뜻을 전한다.

2009년 주님 공현 대축일
김병학

성체 435-6 456 ☞ 미사; 성찬례; 영성체;
　　주님의 만찬; 최후 만찬
세금 54 84 264 328
세례 22 34 49 70 82-3 97-8 100-1
　　103-4 106 126-7 133 154 170 182
　　186-7 215 227 240 242-4 269 283
　　287-91 293 296 311-2 317 351-2
　　354 358 360 378 381 391-2 448-9
　　452 469 484 489 494 496
세례자 요한의 공동체 354
세리 76 189 223 227 313-4 316 352
　　483 488 500
세말 294 299-300 302 307
세상 23 30 38-41 51 53 56-7 60 64 71
　　76 108 118 147 152 159 162 164
　　168 171 177-9 182 186-92 197 210
　　215 221 251 256 263 268 275 281-
　　2 289 295 297-8 300-3 306 311
　　323 325 328-9 331 333 353 355
　　358 361 366-8 371 373 384-9 391
　　394 400 402-6 408-11 413-5 418-21
　　423-6 428-9 431-2 436-40 443 445
　　447-9 451-2 454 456 458 463-6
　　468-71 477 480-1 484 487 490-1
　　494-5 498-502 510 513
세상 심판 162 191
세상의 빛 178 384 395 398 405 480
세상의 소금 178 210
소금 178 210 480
소묵시록 298 304
속량 296 453-4
속죄 81 111 119-20 270 284-5 292
　　450-8 464 469 483
솔로몬의 송가 460
솔로몬의 지혜 339
수난 25-6 38-9 52 56 62 68 70-1 80
　　86-94 96 103-4 108-12 114 120-1
　　128 131 133-5 138-9 141-2 153

157-8 160-1 172 179 180 185 188
　191 198 201-2 240 245 264-5 270
　272-3 276 278-9 286 314-5 341-2
　352-4 357 361 369 381 383 387
　389 391-4 396 429-31 450 453 476
　481-2 485-6 490 493 500-1
수난 예고 56 91-2 109-10 114 120 202
　240 429
수난하는 의인 38 111
순교록 279
순교자 278-9 315
스테파노 275 279 332 356 360 370
스토아 학파 459 461
승천 271-3 275 278 280-2 306-8 437
시돈 168 258
시리아 페니키아 여자 52 62 125 486
시메온 244 257 309 336 342 346
시몬 158 247 268 321 339 341 346
　☞ 베드로
시몬(바리사이) 312 346
시몬(키레네 사람) 342 346
시몬 베드로의 장모 247 321 346
시온 36 410-1
식사 공동체 168
신문(訊問) 83 88 122 195 269 359 387-
　8 494
신성(神性) 5 72 104 197 311 314 366
　377 388 418-9 423 470 472 477
　490-1
신앙 5-8 21 23-6 28 31 37 40 45 65
　80 125 176 238 261 286 293 333
　365 367 382 398-9 403 426-8 438
　461-2 468 475-6 479 492 495 510
　☞ 믿음
신앙고백 27 31 86 183 191 195 197
　367 377 398 400 457 469 492 494-5
신앙고백문 23 109 265 402
신앙 공동체 91 402 478 ☞ 믿음(의) 공동체

팔레스티나 40 203 258 495
편집 7 37 49 60 63 65-6 79 119 128
    130-2 138 153 160 162 164 173
    179 218 261 313 318 343 376 383
    395 403 432 436 449 508
평등 226 336 350
평지 설교 247 251 500
평화 36 66 101 123 165 192 201 205
    210 253 255 265 291 325 386 416
    484 497
포도밭 소작인의 비유 34 83 90 95 102
    111 168 206 258 481 495
포도주 202 292 316 389
표징 40 51 64 79 81 96 100 112 115
    148 157-8 186 238 245 264 272 292
    294-5 298 303 310 321 324 360-1
    367 377-82 384 393-7 414 427 432-
    3 440 442-3 482 492 498 ☞ 기적
표징의 책 384 396
풍랑 62 68 72
플라톤 33 461
피 78 92 167 206 227-8 279 284-5 315-
    6 375 389 403 405 422 424 435-6
    453 456-7 466 468-9 472 481 486
피시디아의 안티오키아 263 269 277 283-4
필론 260 461-2
필립보 372 428 442 491 494

하가다 101 149 443 452
하가보스 289 333 350
하나니아스 289 330
하느님 5-6 21-3 25 28 32-9 41 50 53
    56 58-68 70-3 76-86 89-90 95-112
    114-7 123-7 132-4 136-7 140-1
    146-50 152 154-8 161-3 168-9 171
    174-5 177-88 190 192 195-6 198-9
    202 205-10 212-3 215-6 218-32 237

239-40 242-6 246 248-57 259-87
    289-91 296 298-9 305-15 317-20
    322-3 325-31 337-44 347 349 351
    354-60 362 366-7 373-4 377-80 384
    388 390-1 393 397 399-400 402-28
    430-1 433-5 438-40 442-5 447-9
    452-4 456 458 460-8 470-2 476-7
    479 481 483-503 505 507-10 512
하느님 나라의 도래 303 320 506 512
하느님 나라의 선포 32 35 56 60 182
    300 480 499
하느님의 가족 155 349
하느님의 기쁨 253 498
하느님(의) 나라 22 28-9 31-2 35-6 39
    49-50 53 55-60 84 92 102 105 124
    137 140 153-4 156 159 172 174
    176 178 182 187 206 208 210 214
    218-20 222 227 230 239 246 251-2
    258 279 286 296-7 300-4 306 308
    313-4 317 319-21 323-6 329 333-4
    346 358-9 388 399 479 480 486-7
    499-500 505-7 509 512
하느님(의) 뜻 38 78 94 109 128 134
    188 201-2 205 210 216-9 222 253
    276 278 312 314 319 353 355 360
    384 404 429 431 506 508-9
하느님(의) 백성 28 51 73-4 103 147-8
    156-7 161 166 178 187 208 229
    257 274-5 289 300 314 345 349
    410 456 479-80 486 487 493
하느님의 사람 73 103
하느님(의) 사랑 215 226 228 232 390
    404 421 507-8
하느님의 사자(使者) 50 103 171 241 342
    350 409-10 413 421 425 427 439
    500 502
하느님의 아드님 25 28 33-4 49 68 70
    85 87 90 94-7 101-9 111-2 114-5

루돌프 슈낙켄부르크 Rudolf Schnackenburg

1914년 오버슐레지엔Oberschlesien 카토비츠Kattowitz 출생. 20세기 최고의 가톨릭 신학자, 신약성서학자, 성서주석가. 브레슬라우Breslau와 뮌헨München에서 철학과 신학을 공부, 1937년 '요한 복음에서의 믿음'에 관한 연구로 브레슬라우 대학에서 신학박사 학위를 취득. 같은 해 사제 수품 후 슐레지엔에서 사목 활동. 1947년 뮌헨 대학에서 *Das Heilsgeschehen bei der Taufe nach dem Apostel Paulus*로 신약성서주석학 교수 자격 취득. 1948년 뮌헨 대학 사강사, 1952년 딜링엔 철학-신학 대학Philosophisch-Theologische Hochschule Dillingen, 1955년 밤베르크Bamberg 대학, 1957~1982년 뷔르츠부르크 대학Julius-Maximilians-Universität Würzburg 신약성서학/신약성서주석학 교수 역임. 교황청 국제 신학위원회 위원. 은퇴 후 수도원, 양로원, 공동체 등의 지도 신부로 봉사하다가 2002년 뷔르츠부르크에서 선종.

주요 저작:

- *Das Evangelium nach Markus. Erläuterungen zum Neuen Testament für die geistliche Lesung* (Düsseldorf: Patmos, Bd. 1: 1966, Bd. 2: 1971)
- *Matthäusevangelium* (Die Neue Echter Bibel. Kommentar zum Neuen Testament mit der Einheitsübersetzung, Würzburg: Echter, Teil. 1: 1994, Teil. 2: 1985)
- *Das Johannesevangelium* (Herders theologischer Kommentar zum Neuen Testament 4, Freiburg: Herder, Teil. 1: 1986⁶, Teil. 2: 1990⁵, Teil. 3: 1986⁵, Teil. 4: 1994³)
- *Der Brief an die Epheser* (EKK zum Neuen Testament 10, Düsseldorf: Benziger u.a. 2003²)
- *Die sittliche Botschaft des Neuen Testaments* (Herders theologischer Kommentar zum Neuen Testament, Supplementbd. 2, Freiburg: Herder, Bd. 1: 1986, Bd. 2: 1988)
- *Der Jesusweg. Meditationen zum lukanischen "Reisebericht"* (Stuttgart: Katholisches Bibelswerk 1990)
- *Gott hat seinen Sohn gesandt. Das Weihnachtsgeheimnis* (Freiburg: Herder 1990)
- *Freundschaft mit Jesus* (Freiburg: Herder 1995)
- *Predigt in der Gemeinschaft Sant'Egidio* (Würzburg: Gemeinschaft Sant'Egidio 2003)
- *Die Bergpredigt. Utopische Vision oder Handlungsanweisung?*(Düsseldorf 1984)

김병학

1935년 평북 의주 출생. 서울 가톨릭 대학교 수학 후, 1964년 오스트리아 인스브루크Innsbruck 대학교에서 신학석사 학위 취득. 1964년 인스브루크에서 사제 수품. 1967년 교황청 성서대학Pontificio Istituto Biblico에서 성서학석사, 1970년 교황청 성 토마스 데 아퀴노 대학Pontificia Università S. Tommaso d'Aquino에서 신학박사 학위 취득. 1970~2000년 서울 가톨릭 대학교 교수 역임. 이태원, 역촌동, 방배동, 제기동, 돈암동, 대치2동 본당에서 주임신부로 일하다가 2006년 은퇴.